JIASHAN NIANJIAN

2011

嘉善县地方志编纂委员会 编

上海文艺出版社

图书在版编目（CIP）数据

嘉善年鉴.2011/嘉善县地方志编纂委员会编.—上海：上海文艺出版社，2011.12

ISBN 978-7-5321-4297-2

Ⅰ.①嘉… Ⅱ.①嘉… Ⅲ.①嘉善县-2011-年鉴 Ⅳ.①Z525.54

中国版本图书馆CIP数据核字（2011）第266801号

嘉善年鉴2011

编　　者：嘉善县地方志编纂委员会
责任编辑：徐如麒
封面设计：张懿春
出版发行：上海文艺出版社
　　　　　地址：上海绍兴路74号
经　　销：新华书店
印　　制：上海文艺大一印刷有限公司
开　　本：889×1194　1/16
印　　张：24.5　插页34页
字　　数：800千字
版　　次：2011年12月第1版　2011年12月第1次印刷
印　　数：0001~1500册

定　　价：180.00元

嘉善县地方志编纂委员会

主　　任：姚高员
副 主 任：郑　明　　俞鹤祥　　何慧琴　　丁金华
委　　员：县委办、县人大办、县府办、县政协办、县发改局、县建设局、县经贸局、县外经贸局、县农经局（渔业局）、县水利局、县教育局、县财政局、县劳动保障局、县交通局、县文化局、县民政局、县卫生局、县人事局、县司法局、县国土局、县环保局、县科技局、县工商局、县质监局、县档案局、县人行、县统计局、县史志办主要领导和县委组织部、县委宣传部、县公安局分管领导。

《嘉善年鉴》编辑室

主　　　编：沈庆中
常务副主编：吕新建
副 主 编：包燕蔷　沈路婧
编　　　辑：张桂兴　朱凤飞　林丽冬　苏丽华
排 版 设 计：阚学育

编　辑　说　明

一、《嘉善年鉴》是中共嘉善县委员会、嘉善县人民政府主办，由嘉善县地方志编纂委员会编纂出版的综合性年鉴，是具有政府公报性质的嘉善县地方资料工具书。编辑出版《嘉善年鉴》旨在全面、系统、翔实地记载全县经济建设和社会各项事业的发展情况，为嘉善“科学发展示范点”建设服务，为各级领导科学决策服务，为国内外人士了解、研究、宣传嘉善情况服务，也为记载嘉善历史服务。

二、《嘉善年鉴》(2011)采用分类编辑法。全书框架分为篇目、分目、条目三个层次，即篇目下设分目，分目下设条目。为方便检索，篇目标题用1号隶体字通栏，分目标题用3号小标宋，条目标题用5号黑体字加方头括号【】表示。

三、《嘉善年鉴》(2011)记载时限为2010年1月1日至2010年12月31日，部分内容作简要的历史回溯和适当延伸，以求内容完整。

四、《嘉善年鉴》(2011)分为36个篇目：特载、专记、大事记、嘉善概貌、农业经济、工业经济、经济开发区、交通运输、科学技术、邮政通信、城乡建设、环境保护、旅游、国内贸易、专业市场、外经外贸、财政税务、银行保险、经济管理、中共嘉善县委、嘉善县人民代表大会、嘉善县人民政府、政协嘉善县委员会、民主党派(无党派)、人民团体、政法、军事、教育、文化体育、媒体、卫生、社会生活、镇(街道)、名录、国民经济统计资料、文件选编、附录，共设248个分目，收录1295个条目。全书前有目录，后有索引。

五、《嘉善年鉴》(2011)采用的文稿，由嘉善县级机关各部门、各有关单位和所辖镇(街道)落实专人撰写或提供，并经撰稿和供稿单位领导审核。撰稿人或供稿人姓名加圆括号“()”列在条目后面右下方。书中各种数据均经有关部门、单位核实确认，综合性数据均以嘉善县统计年鉴公布资料为依据。

六、《嘉善年鉴》(2011)的索引分汉语拼音音序和汉字笔画索引。采用主体分析索引的方法，按主题词首字汉语拼音字母和笔画顺序排列，使用方法详见索引说明。

七、《嘉善年鉴》(2011)的编纂、出版工作，得到全县各有关部门、单位、镇(街道)和社会各界人士的关心、帮助和支持，广大撰稿人员付出辛勤的劳动，在此一并感谢！由于编辑水平有限，不当之处敬请批评指正。

1 1月13日，嘉善县第十四届人民代表大会第四次会议召开。 王建超 摄

1 1月12日，中国人民政治协商会议嘉善县第十二届委员会第四次会议召开。 王建超 摄

1 3月5日，中共嘉善县委书记张明超在全县三级干部大会上作报告。 王建超 摄

2 1月13日，代县长姚高员在嘉善县第十四届人民代表大会第四次会议上作《政府工作报告》。 王建超 摄

1 8月4日，全省创先争优活动推进会在嘉善县召开。 王建超 摄

2 6月19日，嘉善县召开领导干部党风廉政教育大会。 王建超 摄

1 8月4日，中共浙江省委书记赵洪祝（中）到嘉善县调研创先争优活动开展情况。 王建超 摄

2 4月16日，浙江省省长吕祖善（左二）到嘉善县大云卡点检查世博安保工作。 王建超 摄

1 7月10日，交通运输部部长李盛霖（右二）一行来善调研交通工作。 胡凌翔 摄

2 10月25日，中组部到嘉善调研创先争优活动开展情况。 王建超 摄

1 6月10日，民政部副部长、党组成员，全国老龄工作委员会委员、全国老龄工作委员会办公室副主任窦玉沛（左三）和全国人大代表组到嘉善考察养老服务工作。 民政局 供稿

2 4月9日，中共浙江省委常委、省纪委书记任泽民（右二）在市、县领导冯志礼、张明超、李泉明等陪同下，到大云镇缪家村调研。 王建超 摄

3 7月6日，中共浙江省委常委、组织部长蔡奇（右二）到嘉善县调研创先争优活动开展情况。 王建超 摄

1 8月19日，中共浙江省委统战部部长汤黎路（左二）来嘉善县检查指导民族宗教工作。 王建超 摄

2 5月17日，中共嘉兴市委书记陈德荣（右二）来善调研统筹城乡发展工作。 王建超 摄

3 8月24日，中共嘉兴市委副书记、市长李卫宁（右二）率嘉兴市世博安保督导检查组来善检查安保工作。 教育局 供稿

1 7月26日，中共嘉兴市委副书记、市政法委书记鲁俊（女）到大云镇调研。 大云镇 供稿

2 “六一”前夕，县委书记张明超看望慰问少年儿童。 王建超 摄

3 3月10日，嘉善县县长姚高员调研省重点工程。 王建超 摄

1　2月4日，嘉善县人大常委会主任盛玉良检查食品卫生安全工作。　人大办　供稿

2　5月31日，嘉善县政协主席吴金林视察教育工作。　政协办　供稿

3　4月29日，中共嘉善县委副书记郑明出席劳模座谈会，欢迎全国劳动模范——王志康（图左）。　胡凌翔　摄

1 1月4日，嘉善县5.27万满60周岁以上的老人收到政府发放的首批基础养老金。 周 诚 摄

2 5月12日，嘉善县各校成立护校队，确保学生安全。 教育局 供稿

3 7月19日，姚庄镇桃园新邨向住户发放钥匙，交付新房。 胡凌翔 摄

1

2

3

1 10月26日，沪杭客运专线通车，嘉善南站启用。 王建超 摄

2 10月29日，'10国际低碳生态灯光艺术展在古镇西塘举行。 王建超 摄

3 12月26日，361° 中国女排联赛（2010～2011）浙江开元女排主场收场比赛在嘉善县体育馆打响。 王建超 摄

1 2月4日，举办“嘉善之春·魏塘之夜”春节文艺晚会。 王建超 摄

2 5月25日，来自浙江省13个市、县（区）的演出团队在嘉善体育馆进行“世博浙江周”有关文艺演出节目合成。 胡凌翔 摄

3 6月21日，嘉善《水乡花鼓》亮相上海世博会。 王建超 摄

1 3月27日，第五届嘉善姚庄桃花节开幕。 王建超 摄

2 8月16日，第十届中国·姚庄黄桃节开幕。 王建超 摄

3 11月9日，陶庄镇举办第五届汾湖民间文化艺术节。 王建超 摄

1 1月27日，“嘉善新闻网”正式开通。 周诚摄

2 3月22日，嘉善科创中心二期工程开工暨科技创新载体揭牌仪式在县科创中心举行。 王建超摄

3 5月8日，“中国归谷”全球招商项目正式启动暨第一批高端企业项目入驻“中国归谷嘉善园区”签约发祥发端仪式在嘉善县举行。 周诚摄

1 6月13日，对入沪车辆进行检查，做好世博安保工作。 王建超 摄

2 7月23日，罗星街道“小蜜蜂”葡萄基地首批500箱“小蜜蜂”生态葡萄正装箱上车，供应北京市民。 王建超 摄

3 9月，嘉善四中新校区正式投入使用。 教育局 供稿

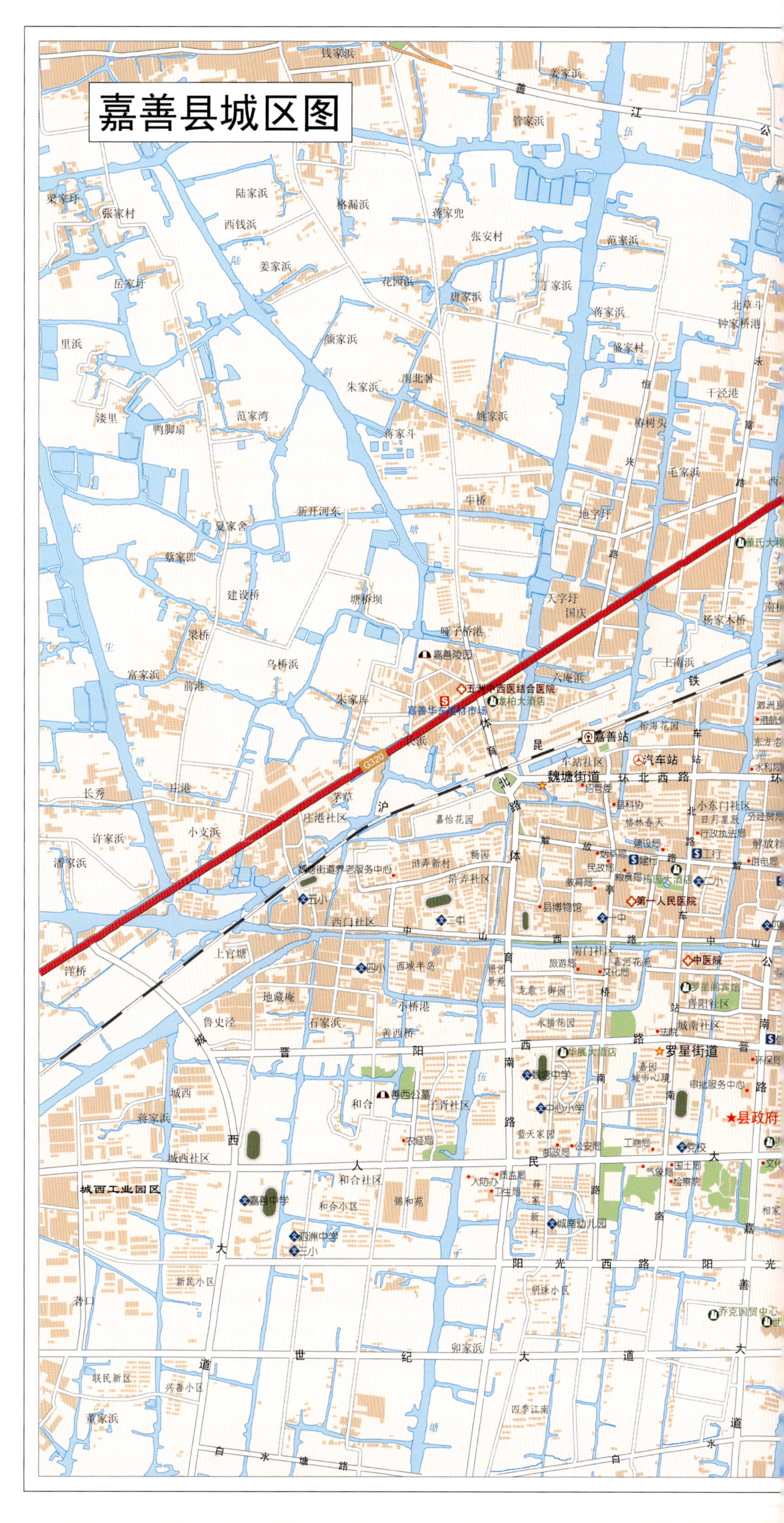
嘉善县城区图
钱家浜
姜家浜
管家浜
善江公
梁家圩
张家村
陆家浜
西钱浜
格漏浜
蒋家兜
张安村
范家浜
姜家浜
岳家圩
花园浜
唐家浜
丁家浜
蒋家浜
北草斗
钟家桥港
里浜
颜家浜
盛家村
朱家浜
南北暑
干泾港
溇里
鸭脚扇
范家湾
蒋家斗
姚家浜
樟树头
毛家浜
牛桥
新开河东
夏家舍
地字圩
蔡家郎
建设桥
塘桥坝
天字圩
国庆
杨家木桥
梁桥
哑子桥港
嘉善陵园
乌桥浜
富家浜
前港
上南浜
六庵浜
五洲中西医结合医院
朱家库
嘉善华东建材市场
龙柏大酒店
嘉善站
汽车站
车站社区
魏塘街道
环北西路
长秀
庄港
招商处
茅草
小东门社区
庄港社区
嘉怡花园
格林春天
日月星辰
许家浜
小支浜
解放路
行政执法局
潘家浜
建设局
工行
妇联局
建行
民政局
粮食局
魏塘街道养老服务中心
浒弄新村
浒弄社区
教育局
五小
县博物馆
第一人民医院
西门社区
二中
一中
中山西路
南门社区
洋桥
上官塘
旅游局
嘉河花苑
中医院
四小
西城半岛
银河景苑
文化局
地藏庵
小桥港
龙鼎·御园
罗星阁宾馆
晋阳社区
鲁史泾
石家浜
永福花园
法院
城南社区
善西桥
晋阳西路
华展大酒店
罗星街道
环保局
嘉园城市心境
魏塘中学
审批服务中心
城西
和合
善西公墓
子胥社区
中心小学
县政府
蒋家浜
蓝天家园
农经局
邮政局
公安局
工商局
党校
城西社区
人民大道
质监局
国土局
城西工业园区
和合社区
人防办
卫生局
气象局
检察院
嘉善中学
和合小区
锦和苑
蒋家新村
城南幼儿园
泗洲中学
三小
阳光西路
新民小区
明珠小区
乔克国贸中心
巷口
卯家浜
世纪大道
联民新区
兴善小区
董家浜
四季江南
白水塘路
G320
沪

图 例
县政府驻地
镇(乡)、街道
铁路及车站
国道及编号
主干道
次干道
支线
学校
医院
宾馆 酒店 大楼
商场 超市
金融机构
政府机关
汽车站
浙江省第一测绘院 编制
地图审核：浙S(2010)27号
本图资料截止到2009年
惠民街道
嘉善经济开发区管委会
G320
新华路
湘家浜
程家小区
永星新村
端门埭
西江泾
魏中
黄山路
盛家浜
戴家浜
新桥浜
南桥新村
利民小学
宛风浜
金城花苑
新世纪学校
嘉善商城
嘉善宾馆
银城苑
银泰花园
东方医院
金嘉社区
湾泾港
嘉善大道
毛家社区
毛家新村
松海路
城桥社区
城桥
善东花苑
嘉辰社区
嘉辰花苑
国税局
泗洲公园
湾泾港小区
嘉善老年公寓
四中
钱塘路
台商会馆
城东社区
张家桥小区
嘉业·阳光城
阳光社区
晋吉路
东升路
泰山路
优家新村
优家
一小
日晖社区
解放三村
解放二村
乐安里小区
颐景园
紫薇园
玉兰社区
第二实验小学
李家新区
嘉华世纪城
科创中心
科技局
嘉兴出入境检验检疫局嘉善办事处
嘉兴海关驻嘉善办事处
横泾桥社区
西孙家浜
张江西
西村头
张泾汇社区
干枯湾
张汇社区
张汇新村
南圩村
苏家浜
南河泥浜
嘉湖社区
香溪美林
水木晶华
柳州社区
李家社区
李家
凤泽泗洲
名嘉酒店
体育馆
嘉善高级中学
柳洲公园
浙江电大嘉善学院
上海杉达大学嘉善光彪学院
魏南学校
唐家浜
白漾里
马家横泾
新村庄
大石楼
冯家门
千金港
交通局
汽车站(在建)
华仕计算机学校
烧香浜
星岛花园
国际农商城
烧基浜
沙浜北
范家村
世纪大道
惠民开发区路

目　　录

工业经济

经济园区

交通　运输

科学技术

邮政　通信

城乡建设

环境保护

旅　　游

国内贸易

专业市场

外经　外贸

财政　税务

银行　保险　证券

经济管理

中共嘉善县委

嘉善县人民代表大会

嘉善县人民政府

政协嘉善县委员会

民主党派　无党派

人民团体

政　法

军　　事

教　　育

文化体育

媒　　体

卫　　生

社会生活

街道　镇

名　　录

国民经济统计资料

文件选编

附　　录

索　　引

Content

Post and communication

Construction of urban and rural areas

Environmental protection

Tourism

Domestic trade

Professional markets

Foreign economy and foreign trade

Finance and taxation

Bank, insurance and security

Economic management

Jiashan County Committee of CPC

Jiashan County People's Congress

Jiashan County People's Government

Jiashan County Committee of Political Consultative Conference

Democratic parties and non – party personages

People's organization

Politics and laws

Military

Education

Culture and sports

Media

Health

Civil life

Streets and towns

List

Statistical data of national economy

Selected Documents Series

Appendix Index

加快全面转型　实现良好开局
为全面建设“科学发展示范点”而努力奋斗

——在县委十二届十次全体(扩大)会议暨
政府十四届八次全体(扩大)会议上的讲话

中共嘉善县委书记　张明超

(2010 年 12 月 20 日)

同志们:

这次会议的主要任务是:全面贯彻落实党的十七大、十七届五中全会和中央、省、市有关会议精神,回顾总结今年工作,全面部署 2011 年任务,审议通过《中共嘉善县委关于制定国民经济和社会发展第十二个五年规划的建议》,动员全县各级各部门和广大党员干部群众进一步解放思想,抢抓机遇,奋勇拼搏,为推动嘉善经济社会全面转型,加快建设“科学发展示范点”而努力奋斗。

下面,我代表县委常委会讲四个问题。

一、肯定成绩,振奋精神,进一步增强实现“十二五”良好开局的信心和决心

即将过去的 2010 年,是“十一五”时期的收官之年。一年来,面对国内外环境的深刻变化,县委常委会团结带领全县各级党组织和广大党员干部群众,紧紧围绕“科学发展示范点”建设,以创先争优活动为强大动力,扎实开展“转型升级深化年、城乡建设攻坚年、效率效能提升年”活动,抢抓机遇加快转型升级,加大力度统筹城乡发展,千方百计改善民计民生,与时俱进加强党的建设,科学发展取得了新的业绩,“十一五”规划目标任务有望全面完成。预计全年实现生产总值 270 亿元,增长 15.5%;财政总收入 38 亿元,增长 13.8%,其中地方财政收入 18.8 亿元,增长 16%;全社会固定资产投资 170 亿元,增长 15.8%,其中工业生产性投资 108 亿元,增长 8%;合同利用外资 4.8 亿美元,实际利用外资 2.8 亿美元,引进县外内资 30 亿元;进出口总额 29 亿美元,增长 35%,其中出口 20 亿美元,增长 30%;全社会消费品零售总额 87.5 亿元,增长 19.2%;城镇居民人均可支配收入 27700 元,农民人均纯收入 14150 元,分别增长 10%和 11%。

一年来,县委常委会主要抓了以下五个方面的重点:

1. 坚持把握要求明方向,科学发展思路不断完善。一年来,县委常委会认真贯彻落实中央和省市决策部署,坚持解放思想、转变观念,总揽全局、把握方向,统筹兼顾、突出重点,科学发展不断深入推进。一年来,致力于完善科学发展思路,在深刻把握时代发展要求和自身良好优势的基础上,抓住我县被纳入《长江三角洲地区区域规划》的重大机遇,引导全县上下进一步明确建设“科学发展示范点”这一宏伟目标,把握全面转型这一工作主线,突出接轨上海这一重要途径,为

"十二五"的科学发展奠定了扎实的思想基础。致力于把握科学发展方向,坚持继承和创新相结合,认真制定《中共嘉善县委关于制定国民经济和社会发展第十二个五年规划的建议》,提出了"全面建设'科学发展示范点',率先实现惠及全县人民的更高水平小康社会"的奋斗目标,确定了建设"全面融入上海都市圈的现代新城、经济转型升级示范基地、长三角中心区经济重地、主动接轨上海前沿高地、城乡一体发展先行之地"的发展定位,明确了"融入上海、创新发展、统筹提升、生态立县、民生优先"五大战略,为"十二五"的科学发展指明了方向。致力于落实科学发展举措,在坚定全面转型信心和决心的基础上,出台了《关于推进经济社会全面转型建设"科学发展示范点"的决定》、《关于贯彻省市委精神扎实推进生态文明建设的实施意见》等文件,对经济社会全面转型和生态文明建设等重大问题作出全面部署,为"十二五"的科学发展打下了良好的工作基础。

2. 坚持结构调整求提升,转型升级步伐不断加快。一年来,县委常委会牢牢把握国内外经济形势的新变化,充分发挥自身优势条件,着力巩固经济回升向好势头,大力推进经济结构调整,转型升级取得新的成效。在接轨上海上,围绕"合作共赢、共谋发展",先后与闵行、普陀、长宁三个区进行了多次交流,选派10名干部到闵行区挂职锻炼,初步建立了党政互访、部门联动、人员互动的合作交流机制。大力发展世博经济,开展迎世博百日招商行动和产业招商月活动,上海农商行等重点项目落户嘉善。在产业升级上,坚持增量提升和存量调整并举,围绕集聚新兴产业和提升传统产业,全面实施县领导联挂30个转型升级重点项目制度,大力推进产业招商,成功举办电力电子轨道交通投资推介会、现代服务业发展论坛、海峡两岸现代农业合作交流会等招商活动,华震、九洲药业等一批优质项目成功落户,华瑞赛晶、众成包装等企业成功上市,富士康项目成功投产;实施木业家具等六大传统产业转型升级行动方案,电子信息产业集群被列入全省块状经济转型升级示范区第二批试点名单。坚持做精现代农业,"西塘—姚庄"省级现代农业综合区建设扎实推进,32个精品农业示范点建设进展良好。坚持做大做特服务业,大云温泉旅游度假区建设扎实推进,特易购等现代物流重点项目建设进展顺利,新增注册资本100万元以上生产性服务业企业174家。在自主创新上,注重发挥创新平台、企业和人才三方面的作用,启动西南自动化研究所长三角分所等行业研发中心建设,县科创中心新引进孵化企业17家,大云加速器投入运行,全县新增国家高新技术企业9家,各类企业研发中心29家,4个项目列入国家创新基金,授权专利增长117%。启动"创新嘉善·精英引领计划",人才政策进一步完善。在平台建设上,进一步加大基础设施投入,不断完善园区功能配套,嘉兴出口加工区B区实现封关运作,县经济开发区荣获全省唯一的中国十佳省级经济开发区的称号,中国归谷嘉善园区、多维谷等各类专业平台建设加快推进。同时,土地投入产出水平稳步提高,基本完成上级下达的节能减排目标任务。

3. 坚持统筹推进促协调,城乡发展水平不断提升。一年来,县委常委会牢牢把握城乡统筹发展的新要求,大力推进新型城市化和新农村建设,城乡一体化发展步伐不断加快。新型城市化加快推进。注重发挥城市规划的龙头作用,进一步完善城市新区(南部)规划。沪杭客运专线嘉善南站和配套工程投入运行,新区道路框架进一步完善,乔克国贸中心等一批重点项目加快建设,旧城改造稳步推进。"数字城管"建设不断加强,城市管理水平不断提高。新农村建设成效显著。"两分两换"全面推进,23个重点集聚区规划编制全部通过评审,9个新市镇集聚区全部启动基础设施建设,姚庄镇顺利完成新社区一期试点工程,管理工作有序跟进,成为全国统筹城乡发展(嘉兴)研讨会的现场。"强村计划"深入实施,经济薄弱村实现项目全覆盖,预计全县村均可支配收入达159万元,同比提高9万元。城乡环境不断改善。"六个一"交通工程建设成效显著,新客运中心投入使用,平黎公路拓宽工程已经通车,城乡居民出行条件进一步改善。国家级生态县创建工作全面启动,省级森林城市和生态镇(村)创建扎实推进,绿化工作全面加强。

4. 坚持以人为本惠民生,和谐社会建设不断巩固。一年来,县委常委会始终坚持以人为本,把发展惠民作为根本目的,大力推进社会建设,和谐社会构建取得新成效。富民保障不断强化。城乡统筹就业扎实推进，新增就业岗位6612个，帮助3396名城镇失业人员实现再就业，实现农村劳动力转移就业6853人。城乡居民社会养老保险全国和全省试点工作成效明显，新增参保人员57453人，合作医疗参保率达到98.08%，筹资标准调升至300元，成为“全国养老服务示范县”。社会事业全面发展。顺利通过国家三类城市语言文字工作评估，义务教育学校教师流动工作被列为国家级教育改革试点项目。省级卫生强县创建工作深入推进，医药卫生体制改革全面启动，县第一人民医院迁建工程加快推进。大力实施“春泥计划”，开展了纪念吴镇诞辰730周年活动，实现亚运会金牌零的突破，成功举办省运会相关比赛。同时，计划生育、妇女儿童、老龄、关心下一代等工作取得新的成绩。平安建设深入推进。圆满完成世博安保任务，切实守好了浙江北大门，为上海世博会的顺利举办作出了重要贡献，得到了省市的高度肯定。全员维稳责任制深入推进，社会稳定风险评估机制有效建立，社会治安综合治理成效明显，信访工作全面加强，社会管理不断创新，安全生产、校园安全、食品安全等工作有效加强。“法治嘉善”建设深入推进，荣获“全国法治县(市、区)创建活动先进单位”。

5. 坚持创先争优强党建，科学发展保障不断加强。一年来，县委紧紧围绕执政能力建设和先进性建设这一主线，着力推进思想、组织、作风、制度和反腐倡廉建设，各级组织和党员干部推动科学发展的能力不断提升。创先争优活动扎实推进。围绕打造“创先争优活动示范点”的目标，扎实开展“为民先锋”创先争优活动，大力实施“八大先锋行动”，细化争创标准，抓好践行承诺，强化示范激励，为全省开展创先争优活动提供了新的经验，作出了新的示范。干部队伍建设不断强化。制定出台《嘉善县领导干部德的评价实施办法(试行)》等文件，圆满完成干窑镇党委换届公推直选试点工作，开展部门和镇(街道)党政正职人选“海推”提名、面向优秀村党组织书记和“大学生村官”公开选拔副科级领导干部、镇(街道)和县级机关部门中层干部竞争性交流等工作，先后选派67名干部进行挂职锻炼。基层组织建设不断加强。深入推进城乡统筹基层党建工作，积极创新基层党组织设置模式，强化城乡一体新社区党建工作，实施新社会组织党建“立体式工程”和非公企业党建“创优工程”，一个村党总支升格为党委，24个村党支部升格为党总支，新建新社会组织党组织30个。全面实行村党组织书记“业绩档案”制度，圆满完成村级后备干部选拔工作，探索“大学生村官”全员成长管理模式。服务作风更加务实高效。扎实开展“效率效能提升年”活动，确立了打造“临沪新城，效率嘉善”软环境品牌，选派近200名县级部门优秀中层干部分批到基层进行实践锻炼，服务群众水平有了新的提升，软环境建设总体评价名列全市前茅。党风廉政建设成效显著。认真落实党风廉政建设责任制，切实加强对党员领导干部的教育、监督和管理，推进廉政文化建设，完善领导干部勤廉预警机制，严肃查处各类违纪违法案件。深入推进惩防体系建设，“两分两换”、国有企业惩防体系专项构建取得良好成效，农村基层党风廉政建设扎实推进。

纵观即将过去的2010年，全县经济社会发展全面推进，各项建设硕果累累，得到了各级领导的充分认可尤其是习近平副主席重要批示的高度肯定，为我们加快建设“科学发展示范点”和“创先争优活动示范点”注入了新的强大动力。

今年又是“十一五”建设的最后一年。过去的五年，是嘉善发展历史上极不平凡的五年，是应对重大挑战、经受重大考验、取得重大成就的五年，是在科学发展道路上迈出坚实步伐的五年。五年来，综合实力显著增强，地区生产总值、人均生产总值、财政总收入、地方财政收入均实现了翻一番；转型升级扎实推进，三次产业不断向高端攀升，产业竞争力不断增强，形成了先进制造业、现代农业、现代服务业齐头并进的良好发展态势；城乡统筹发展加快，一大批城乡重大基础设施项目相继建成，形成了新型城市化和新农村建设城乡互动发展的良好局面，城乡统筹发展水平列全省县(市、区)第7位；社会民生明显改善，基本实现了充分就业和“劳有所得”、“学有所教”、“病有所医”、“住有所居”、“老有所养”，城乡居民人均收入年均分别增长11.1%和12.2%。五年来取得的巨大成绩和积累的发展经验，为全面建设“科学发展示范点”奠定了坚实的基础。

在肯定成绩的同时,我们也要清醒地认识到发展中存在的困难和问题:一是转型升级面临重大挑战。经济发展中的结构性、素质性矛盾仍然比较突出,结构调整任务还相当繁重,平台承载能力依然较弱,自主创新任重道远,节能减排面临较大压力。二是统筹城乡任务十分艰巨。城市化水平还不高,中心城市功能不够完善,要素集聚能力和对县域的带动能力还不够强,推进农村改革发展的难度在加大。三是改善民生任务十分繁重。以改善民生为重点的社会建设还需加快推进,新形势下促进城乡居民增收、维护社会和谐稳定需要新的举措。四是干部队伍建设有待加强。少数党员干部的能力和作风与建设"科学发展示范点"的要求还存在差距,党的执政能力建设和先进性建设还需进一步加强。以上这些问题,需要我们高度重视,认真加以研究,切实采取有效措施,努力加以解决。

二、坚定方向,明确目标,牢牢把握实现"十二五"良好开局的总体要求

"十二五"时期是我县全面实现小康并向基本实现现代化迈进的重要时期,也是建设"科学发展示范点"的关键阶段。明年作为"十二五"发展的开局之年,需要我们牢牢把握全球加快新一轮产业革命和科技革命的机遇,牢牢把握国家加快转变经济发展方式的机遇,牢牢把握长三角加快区域一体化的机遇,进一步增强加快科学发展、努力走在前列的责任感和紧迫感,始终保持开拓进取、奋发有为的精神状态,努力实现"十二五"良好开局,为全面建设"科学发展示范点"奠定扎实基础。

2011年我县经济社会发展的总体思路是:全面贯彻落实党的十七大、十七届五中全会、中央经济工作会议和省委十二届八次全会精神,以建设"科学发展示范点"为总目标,以经济社会全面转型为工作主线,以全面融入上海为主要途径,以深化改革为强大动力,扎实推进经济、政治、文化、社会和生态文明建设,全面加强党的建设,加快建设全面融入上海都市圈的现代新城,为率先实现惠及全县人民的更高水平小康社会、提前基本实现现代化努力开好局、起好步。

2011年全县经济社会发展主要预期目标建议是:全县生产总值增长11%;财政总收入增长12%以上,其中地方财政收入增长13%以上;全社会固定资产投资增长11%,其中工业生产性投资增长11%;合同利用外资4.8亿美元,实际利用外资2.8亿美元,引进县外内资30亿元;进出口总额增长13%以上,其中出口增长13%以上;社会消费品零售总额增长16%;城镇居民人均可支配收入增长11%,农村居民人均纯收入增长11%;人口自然增长率稳定在1.5‰以内;万元GDP综合能耗下降、COD和SO2等削减量完成上级下达的目标任务。

实现上述目标,必须牢牢把握三点要求。

实现"十二五"良好开局,必须把率先发展作为重大使命。率先发展、走在前列是建设"科学发展示范点"的必然要求,是我县"十二五"时期鲜明的发展导向。因此,站在新的发展起点上,我们必须要全面贯彻落实上级要求嘉善率先发展、走在前列的指示精神,进一步强化科学发展的紧迫感和责任感,切实把率先发展这一历史使命转化为全县上下的共同认识和一致行动,以勇立潮头的姿态争先进位、勇创一流,努力推动经济转型升级、城乡统筹协调发展、民生保障建设、体制机制创新等四个方面走在省市乃至全国前列,切实在加快科学发展上作好示范。

实现"十二五"良好开局,必须把全面转型作为工作主线。全面转型是建设"科学发展示范点"的必由之路,是"十二五"发展必须牢牢把握的工作主线。因此,站在新的发展起点上,我们必须深入贯彻落实中央关于转变发展方式的要求,把全面转型贯穿于明年经济社会发展的全过程和各领域,为实现"十二五"转型发展重大突破奠定基础。要以经济转型为核心,进一步明确转型方向、找准转型路径、突出转型重点,使经济发展牢固建立在优化结构、提高质量、增进效益的基础上,实现经济转型的新突破;要以社会转型为基础,顺应社会转型的客观形势,坚定不移地落实以人为本的理念,把统筹协调作为重要工作方法,把民生优先作为重大战略,不断增强社会转型与经济转型的协调性;要以管理转型为保障,全面推动以政府管理转型为重点的管理转型,不断更新管理理念,大胆创新管理方式,为经济社会的转型提供有力支撑。

实现"十二五"良好开局,必须把激情干事作为自觉行动。五年发展看头年。能不能抓好明年各项全局性、关键性、基础性工作,在激情干事中不断增创科学发展新优势,开创科学发展新局面,对于“十二五”期间全面建设“科学发展示范点”至关重要。因此,站在新的发展起点上,我们必须要强化责任、勇于担当,紧紧围绕全县发展大局,进一步强化科学发展的责任意识,兢兢业业干事业,一心一意谋发展,勇为嘉善发展多挑重担、多作贡献。必须要自我加压、负重拼搏,进一步拔高标杆、争创一流,激励全县上下积极投身于全面建设“科学发展示范点”的光荣使命中,不为任何风险所惧,不为任何干扰所惑,进一步展示“面对竞争有激情、面对困难有豪情、面对事业有热情”的精神风貌。必须要创新破难、开拓奋进,把改革创新作为推动科学发展的强大动力,敢于打破传统和常规,勇于突破瓶颈和障碍,用创新的思维谋划发展、用创新的机制推动工作、用创新的方法破解难题,加快形成创新发展的良好态势。

三、突出重点,狠抓落实,确保“十二五”发展实现良好开局

做好2011年工作,全县上下要紧紧围绕“科学发展示范点”建设,牢牢把握工作重点,落实有效举措,完善工作机制,确保实现“十二五”良好开局。

*1. 全面深化接轨上海,努力在提升开放水平上取得新突破。*要紧紧抓住长三角一体化发展的新机遇,大力实施融入上海战略,深化区域交流合作,进一步提升开放型经济带动力,不断增创我县开放发展新优势。

*一是接轨上海要有新亮点。*要突出融入上海的首位战略,有效发挥高铁优势,全面加强战略配套和战略协作,扎实推进政策、规划、产业、要素、基础设施、医疗教育等方面与上海的全面对接,全力打造“沪浙门户”,努力实现“沪嘉同城”。要巩固扩大与上海闵行、长宁、普陀、金山、青浦等区域的合作交流成果,加快形成多层次、宽领域、全方位的友好协作关系,努力在功能对接、产业配套、园区合作等方面取得新突破。要加强对“后世博经济”、“大虹桥”开发的相关研究,主动出击,积极作为,努力抢抓接轨新机遇。

*二是平台建设要有新突破。*要大力推进“浙江临沪经济区”建设,精心谋划,科学规划,明确功能定位、发展思路、产业布局,持之以恒做好向上对接工作,力争将“浙江临沪经济区”纳入省级产业集聚发展大平台,县经济开发区争取成为国家级经济技术开发区。要加快推进光伏新能源、电子信息、电力电子、生物医药研发销售、科技孵化产业园、中国归谷嘉善园区等专业平台建设,充分发挥嘉兴出口加工区B区物流保税功能,加快主体功能区转型升级步伐。积极推进大云温泉生态旅游区建设,加快西塘古镇旅游的拓展和提升步伐。

*三是招商选资要有新提升。*要强化产业招商,紧紧围绕“三新一高”等重点发展产业,以高端外资、优质民资、央企国资为招商重点,大力引进战略定位高、科技含量高、带动力强,代表行业先进水平和发展方向的内外资高端项目;全面加强服务业和农业招商,以高端项目引领现代服务业和现代农业发展。要强化科技引智,大力引进带技术、带项目的高层次人才,全面加强对上海、北京、中西部等科研机构和科技孵化器的招商。要强化定向招商,加强对省内外优质民资特别是上市公司的跟踪对接,充分利用嘉善紧挨上海的区位优势,积极承接新募投项目落户嘉善。要加强招商队伍建设,切实优化招商统筹协调机制。

*四是外经外贸要有新发展。*加快转变外贸增长方式,提高自主知识产权出口比重、自主品牌产品出口比重和服务贸易出口比重,不断提高出口产品附加值,推动外贸出口从扩大规模向更加注重提高质量转变。优化进口结构,加快引进先进技术装备、关键零部件和紧缺原材料。按照市场导向和企业自主决策原则,引导各类企业到境外建立资源基地、生产基地和营销网络,加强对“走出去”的宏观指导和政策服务。

*2. 加快转变发展方式,努力在经济转型升级上取得新突破。*要把加快经济转型升级作为推动科学发展的重中之重,大力实施创新发展战略,加快打造现代产业体系,着力提升自主创新能力,不断增强经济核心竞争力。

*一要加快产业优化升级步伐。*围绕发展先进制造业,认真制订实施新兴产业发展规划和行动计划,大力发展新兴信息电子、新能源、新材料、高端装备制造等产业,积极培育发展数字处理、电力电子、节能环保、生物医药、医疗器械等产业,加快新兴产业集聚发展。要加快传统产业改造提升步伐,积极淘汰落后产能,锁定行业技术高点,大力扶持培育龙

头企业,推动传统块状经济向现代产业集群转型升级。要大力发展精品农业,在抓好粮食生产功能区的基础上,深入推进省级现代农业综合示范区、主导产业示范区和特色农业精品园建设,积极发展休闲观光农业等新业态。要按照“筑平台、扩总量、拓领域”的要求,大力发展现代金融、现代物流等生产性服务业,提升发展休闲旅游业,加快发展文化创意、健康服务等新兴服务业,大力推进现代服务业集聚区建设。

二要加快大项目大企业建设。要把大项目建设作为推动经济转型升级的关键举措,切实抓好一批工业投资重点项目、企业技术改造重点项目、工业转型升级示范项目和政府性投资重大项目建设,尤其要大力推进精迪敏手机、嘉园新能源、航天五院科强公司新能源、众成募投、博洋物流、华东金属物流、安平老年健康生活社区等项目建设。深入推进扶优扶强,加大企业上市工作力度,加快培育和扶持一批“标杆型”企业,力争实现超100亿元企业1家,超30亿元企业2家。

三要加快提升自主创新能力。要大力引进有实力的科研机构,加快推进县科创中心二期等创新载体建设,优化完善运营管理,加快创新要素集聚。大力支持各级企业研发中心、博士后工作站、产学研基地等建设,引导企业在研发新产品、掌握核心技术上下功夫,着力建设创新型企业。深入实施“创新嘉善·精英引领计划”,加快人才公寓建设步伐,力争在引进高层次人才和创新团队上实现突破。强化科技公共服务体系建设,积极探索资本与技术相结合的有效路径,更加有效推动高新技术产业化。深入推进“质量强县”工程,大力实施专利、标准化和品牌战略。

四要加快提升节约集约水平。全面推进节能节水节材,推广实施重大节能降耗新技术、新工艺、新产品,严格落实节能降耗强制性地方标准,切实提高重点领域和重点企业节能水平,促进单位生产总值能耗进一步下降。积极推进“腾笼换鸟”、“退低进高”、提高容积率、增加投资强度等工作,大力支持零土地技改,不断提高土地利用水平。

3. 加大统筹协调力度,努力在城乡一体发展上取得新突破。要坚持统筹发展理念,大力实施统筹提升战略,协调推进新型城市化和新农村建设,加快城乡一体发展步伐。

一要强化中心城市6带动力。要大力实施中心城区“东拓南进北优西延”策略,不断完善城市功能,提升城市能级。高水平规划高铁嘉善南站周围南部新城,尽快启动相关项目;推进沪昆高速和亭枫高速互通口科技商务中心规划建设,抓好拆迁和基础设施建设等工作;扎实推进320国道沿线区域改造提升,加快新型专业市场和国道物流集聚;启动嘉善—嘉兴第三通道建设准备工作,加快中国归谷嘉善园区的规划建设。加快推进中央商务区建设,推动乔克国贸中心、世纪广场等一批重点项目加快建设。积极稳妥推进旧城改造,不断提升城市管理水平。

二要全面推进新农村建设。要更加注重小城镇建设,扎实推进姚庄省级小城市和省市中心镇建设。积极稳妥推进“两分两换”工作,启动县城中心集聚区建设,推进各镇(街道)中心集聚点建设。加快推动土地流转,积极探索新社区管理的有效模式,加快推动农民生产方式的根本转变。要深入推进“强村计划”,切实抓好项目建设和招商等工作。要不断深化村庄整治工程,推进“美丽乡村”建设。

三要加快城乡基础设施建设。要在巩固拓展“六个一”交通工程建设成果的基础上,按照统筹城乡、交通先行的要求,认真研究综合交通体系建设的有关问题。开工建设丁栅至新埭(疏港)公路工程,全面完成平黎公路嘉善连接线工程。要加快推进城乡供水扩容工程(四期)建设和太浦河取水二期工程建设,抓好推进水利工程建设,全力推进二轮圩区整治工程。

4. 全面建设生态文明,努力在改善环境质量上取得新突破。要牢固树立生态文明理念,大力实施生态立县战略,不断优化发展环境,着力建设资源节约型和环境友好型社会。

一要大力推进生态建设。要深入推进国家级生态县创建工作,深入开展省级森林城市、生态镇(村)创建活动。要进一步加强生态绿化建设,按照“点上求精、线上求景、面上求量”的要求,大力实施绿色城区、绿色通道等六大“绿色家园创建工程”,力争新增绿化面积6100亩。要积极倡导绿色、环保、健康的生活方式和消费理念,广泛开展绿色社区、绿色家庭等绿色系列创建活动。

二要全面落实减排举措。要

加强对主要污染物排放总量的控制，加快推进各镇(街道)污水管网建设和小区雨污分流改造，抓好印染、电镀等重点行业排污技术提升改造等工程建设，积极防治农业面源污染。要全面推进污染源达标排放工作，着力提高主要污染物的达标排放率，确保完成上级下达的COD和SO2等年度减排工作指标任务。

三要切实强化环境治理。要深入开展水环境、大气环境综合治理，加强对太浦河等饮用水源地保护工作，加大企业污水入网工作力度，提高城镇生活污水收集率，加强畜禽养殖污染长效管理，抓好河道疏浚整治和长效保洁工作，加大企业生产工艺废气治理力度。要加大城乡生活垃圾处理设施建设力度，推进垃圾无害化处理。

5. 全力促进社会和谐，努力在改善民计民生上取得新突破。要坚持以人为本理念，大力实施民生优先战略，更加注重改善民计民生，全力维护社会和谐稳定。

一要切实提高城乡居民收入。要实施积极的就业政策，多渠道开发就业岗位，做好城镇“零就业家庭”和农村“低保家庭”就业援助工作，抓好就业困难人员劳动力技能培训工作。要积极开展省级创业型城市创建工作，加大对县域块状经济、现代精品农业等富民经济的扶持力度，努力促进城乡居民增收致富。

二要着力提高社会保障水平。要深入推进城乡居民社会养老保险全国和全省试点工作，不断完善城镇职工基本养老保险制度、推进被征地农民社保政策，提高城乡合作医疗筹资标准和报销比例，探索建立城乡统一的基本医疗保险等制度，进一步提高保障水平。要全面推进居家养老服务，大力推进保障性住房建设，进一步完善最低生活保障制度，大力发展社会救助事业，着力推进慈善事业。

三要全面加强社会事业建设。要全面完成“校舍安全工程”建设，认真实施义务教育学校教师流动国家级改革试点工作，积极发展社区教育和职业教育，推动城乡教育均衡发展。要大力推进卫生强县建设，认真做好国家级卫生县城复查工作，加快推进县第一人民医院迁建工程。要加强体育基础设施建设，认真抓好双拥、老干部、老龄和关心下一代等各项工作。

四要努力保持社会和谐稳定。要深入推进“平安嘉善”建设，扎实推进全员维稳责任制，全面推行重大事项社会稳定风险评估机制。创新改进新形势下的群众工作，健全基层矛盾纠纷排查化解工作机制，进一步构建大调解格局。完善重大突发性事件应急处理体系，加强社会治安综合治理，严密防范、依法打击违法犯罪活动，认真抓好安全生产和食品药品安全监管工作。进一步加强对新居民的服务、管理、教育，着力构建“新嘉善人”服务管理长效机制。

6. 推动社会管理创新，努力在提升发展软实力上取得新突破。要大力推进体制机制改革，深入推进精神文明建设，不断加强民主政治建设和“法治嘉善”建设，努力提升发展的软实力。

一要大力推进体制机制改革。要全面推进经济、社会、管理等重点领域的改革，切实承担起先行先试、先行突破的重任，努力在体制机制改革上走在前列、当好示范。要围绕建设现代服务型政府，积极推进行政管理体制改革，深化公共财政管理改革，推动“三位一体”机制高效运行，提高财政管理的绩效；积极推进政府机构改革，深化行政审批制度改革；积极探索综合行政执法机制，提高执法整体水平。要围绕建立市场化的要素资源配置机制，完善农村宅基地空间置换等制度，探索建立土地承包经营权流转市场，严格实施初始排污权交易机制；积极引进创业基金、风险投资基金，加强金融产品创新，探索中小企业融资新模式。要深化社会事业体制改革，稳步推进医疗卫生体制改革，全面实施国家基本药物制度；深化扩权强镇，完善小城镇管理体制。同时，稳妥推进公务用车改革。

二要大力加强精神文明建设。要围绕社会主义核心价值体系建设，广泛开展全民读书月、乡风文明百村赛等活动，扎实推进公民思想道德建设。要大力推进文化名县建设，加大非物质文化遗产保护力度，加快吴镇书画院等文化设施建设，深入开展“十万农民种文化”等系列文化活动，不断丰富人民群众的精神文化生活。大力发展文化产业，积极推进文化旅游、文化创意、动漫等产业发展，搭建文化载体。

三要深入推进民主政治建设。要进一步完善党委统揽全局、协调各方的体制机制，坚持和完善人民代表大会制度、共产党领导的多党合作和政治协商制度，充分发挥各社会团体、群团组织、老干部的重要作用,切实做好民族、宗教和侨务工作。要大力推进基层民主法治建设,稳步开展社区居务公开民主管理规范化建设,积极推行村务公开"信息化"、"数字化"管理。

四要大力推进"法治嘉善"建设。要大力实施"六五"法制宣传教育,深入推进民主法治村(社区)创建,积极推进基层依法治理。要健全科学民主决策机制,加强人大依法监督、政协民主监督和司法保障。要加强法律援助宣传,努力扩大援助覆盖面。

四、创先争优,提升能力,为实现"十二五"良好开局提供有力的组织保障

实现"十二五"良好开局、全面建设"科学发展示范点",要求我们必须加大力度,改革创新,全面加强党的思想、组织、作风、制度和反腐倡廉建设,为全县经济社会发展提供强大的保障。

一要进一步争做创先争优的示范。要以习近平副主席的重要批示精神为强大动力,深入开展创先争优活动,全力打造"创先争优活动示范点"。全面实施"双强争先"行动,推动"双强争先"活动向各领域基层党组织拓展和延伸,形成立体式创建新体系。全面实施"双百服务"行动,开展"百对城乡基层党组织共建联创"、"百场党员志愿服务村村行"活动,进一步引导基层党组织和广大党员在服务基层、服务群众、奉献社会中创先争优。明年是中国共产党成立90周年,也是习副主席来嘉善视察3周年,要认真谋划、精心组织系列纪念活动,对学习实践活动以来的三年发展作一次"回头看",表彰一批创先争优活动中涌现出的先进典型,进一步营造良好的活动氛围。

二要进一步建设干事创业的班子。明年是县、镇(街道)、村(社区)三级换届之年。要认真做好班子回访考察、人事调整、换届选举等工作,选好配强各级领导班子尤其是党政"一把手",进一步优化领导班子结构,增强班子的整体功能和合力。要加强领导班子思想政治建设,强化班子成员顾全大局、团结协作、合力拼搏、奋勇争先的自觉性,进一步激发领导干部的内在动力。要大力建设学习型领导班子,争当学习型领导干部,不断提高领导班子和领导干部推动科学发展、促进社会和谐的能力。

三要进一步夯实基层组织的基础。要以村、社区换届为契机,扎实开展"选好领头雁、建设新农村"活动。深入推进城乡统筹基层党建工作,开展第二轮村级"组织共建、干部帮带"活动,开设城乡社区党组织论坛。要实施发展党员"源头工程"、党员教育"育优工程"、远程网络"助创工程"和党员互助"关爱工程",进一步提高党员队伍整体素质。要全面深化基层党务公开工作,认真开展县委权力公开透明运行试点工作。积极推行镇(街道)党代表公推直选工作,探索县党代表公推直选的有效方式,组织党代表广泛开展"创先争优作贡献,引领示范当表率"主题实践活动。同时,认真抓好非公企业、新社会组织、机关事业单位党建工作。

四要进一步打造永葆先进的队伍。坚持正确的用人导向,进一步拓宽选人用人视野,把政治上靠得住、工作上有本事、作风上过得硬、人民群众信得过的干部选拔上来,进一步完善领导干部"德"的评价机制。加大教育培训和实践锻炼力度,进一步加强与清华大学、浙江大学、上海交通大学等知名高校的合作办学,大力培养一批善于领导科学发展、善于推动转型升级、善于解决突出问题的优秀干部。切实加强作风建设,深化领导干部蹲点调研、民情沟通、连心结对、下访约访接访等制度,健全各级领导干部联系基层、服务群众的长效机制。全面实施"软环境提升工程",深入推进"五型机关"创建,加大治庸治懒和效能监察力度,着力提高执行力,进一步打响"临沪新城、效率嘉善"软环境品牌。

五要进一步营造风清气正的环境。要坚持标本兼治、综合治理、惩防并举、注重预防的方针,抓住党风廉政建设责任制这个龙头,贯穿惩防体系构建这条主线,深入推进反腐倡廉建设。进一步深化惩防体系构建,着力推进国有企业专项构建,开展国有企业党风廉政建设巡察工作,探索开展行政执法裁量权规范监管试点工作,深化工程建设领域突出问题专项治理工作。进一步推进农村"三资"监管,着力实现"组织网络化、产权明晰化、运作阳光化、监督刚性化、管理信息化",积极推行村级集体资产产权制度改革。进一步加强反腐倡廉宣传教育,深入推进廉政文化建设,着力打响"水乡清风"嘉善廉政文化品牌。

同志们,站在新的发展起点,迈上新的发展征程,使命光荣而艰巨，前程光明而远大。让我们紧密团结在以胡锦涛同志为总书记的党中央周围，高举中国特色社会主义伟大旗帜，深入贯彻落实科学发展观，以更加坚定的信心、更加旺盛的斗志、更加扎实的举措，抢抓机遇，奋勇拼搏，为全面建设“科学发展示范点”而努力奋斗！

12月20日，召开县委十二届十次全体（扩大）会议暨政府十四届八次全体（扩大）会议。 王建超 摄

政府工作报告

——在嘉善县第十四届人民代表大会第五次会议上的讲话

嘉善县县长　姚高员

各位代表:

现在,我代表县人民政府向大会作政府工作报告,请予审议,并请县政协委员和其他列席人员提出意见。

一、2010 年工作回顾和"十一五"发展主要成就

2010 年是实施"十一五"规划的最后一年。一年来,我们深入贯彻落实科学发展观,在中共嘉善县委的正确领导下,在县人大、县政协的监督支持下,全力推进"科学发展示范点"和"创先争优活动示范点"建设,较好地完成了年度目标任务。全年实现地区生产总值 275.37 亿元,增长 15.4%,增幅连续四年列嘉兴市第一;完成财政总收入 38 亿元,其中地方财政收入 18.82 亿元,分别增长 13.9% 和 17.8%;全社会固定资产投资 179.63 亿元,增长 22.3%;合同利用外资 5.42 亿美元,实际利用外资 2.96 亿美元,实到县外内资 36.08 亿元;进出口总额 29.4 亿美元,其中出口 20.65 亿美元,分别增长 37% 和 33.6%;实现全社会消费品零售总额 87.74 亿元,增长 19.4%;城镇居民人均可支配收入 28190 元,增长 12%,农民人均纯收入 14383 元,增长 12.8%。

一年来,我们立足加快发展,坚持转型升级,发展质量进一步提高。优化产业支撑转型升级。大力发展精品农业,抓好粮食生产功能区和现代农业园区建设,落实各项惠农政策,超额完成上级下达的粮食生产任务,建立 1300 亩富硒稻米生产基地,新建 32 个精品农业示范点,提前超额完成 3 万亩标准鱼塘建设任务,新增省级休闲渔业示范基地、省级百强合作社和省级农业龙头企业各 1 个。健全"三位一体"农业公共服务体系,注册"银加善"农业精品集体商标,开展农产品质量安全可追溯试点。推动农业规模化经营,新增土地流转面积 15200 亩。强化工业产业导向,出台传统产业转型升级和新兴产业发展意见,推动木业家具等六大传统产业改造提升,大力发展新兴信息电子、新能源、新材料、高端装备制造等四大新兴产业,电子信息产业集群列入省转型升级示范区试点,新兴产业实现规模以上工业产值 185.77 亿元,增长 46.4%。大力培育规模型企业,规模以上工业企业完成产值 655.8 亿元,增长 40.8%,实现利税 66.54 亿元,增长 76.6%,新增上市企业 1 家,产值超亿元工业企业达 132 家。加快发展服务业,完成三产投资 63.93 亿元,增长 55%。"世博"效应拉动明显,接待国内外游客 631.97 万人次,实现旅游综合收入 57.53 亿元,分别增长 20.1% 和 27.8%,成功创建省旅游经济强县,举办'10 国际低碳生态灯光艺术展,启动大云温泉生态旅游开发项目。加快发展物流业,特易购项目建设基本完工,普嘉仓储、博洋家纺、爱仕达等一批物流项目成功落户或开工建设。消费市场购销两旺,乐购、大润发超市和景文百货罗星店等商场建成营业。科技创新推动转型升级。预计全县研究与试验发展经费支出占生产总值比重达 2%,新认定国家高新技术企业 9 家,列入国家级科技项目 14 项,省级新产品立项数保持全省各县(市、区)首位,规模以上工业新产品产值率达 36.2%。强化创新平台建设,科创中心二期工程完成地下工程,科创加速器、中科院微电子所和西南自动化所等公共平台投入运行,电声公共科技创新平台被认定为省级重大公共科技平台。启动"质量强县"创建工作,授权专利 1278 件,增长 130.4%,参与制订国家标准、行业标准 5 个,新增浙江名牌产品 2 个,在国内首次发布旅游品牌体验指数,获得"中国商标发展综合实力百强县"称号。节能减排倒逼转型升级。全力推进节能降耗工作,实施有序用电,强化月度用电量分配和监管,确保居民生活用电,严控高能耗工业企业用电量,完成清洁生产审核验收企业 20 家,启动可再生能

源应用国家示范县建设。全力推进主要污染物减排工作，抓好排污权交易和初始排污权核定，实施重点减排工程12个，铺设城镇污水管网33.8公里，嘉兴联合污水处理工程二期嘉善支线投入运行，运用在线监控实施全天候执法监管，抓好重金属、锅炉烟尘污染等专项整治。预计化学需氧量和二氧化硫排放总量分别下降4%和6%，万元地区生产总值综合能耗下降3.6%，如期完成"十一五"节能减排目标。

一年来，我们立足改革创新，坚持开放带动，发展活力进一步增强。开放发展成效显著。接轨上海步伐加快，直接从上海及长三角地区引进项目413个，积极与闵行、普陀、长宁等区开展友好合作交流，选派11名干部到世博局和闵行区挂职锻炼，被评为"长三角最具投资价值县市"。产业招商不断加强，成立六大产业招商组，开展"迎世博百日招商行动"、"产业招商活动月"等系列活动，新兴信息电子、新能源、高端装备制造产业合同利用外资3.98亿美元，占全县总数的73.5%，新批总投资2000万美元以上外资项目14个、总投资亿元以上内资项目14个，华震数字、九洲药业等一批优质项目成功落户。服务业招商不断拓展，新增服务业企业572家，新增注册资本27.45亿元，增长48.4%。农业推介不断深化，成功举办农产品供沪洽谈会和海峡两岸现代农业合作交流会，供沪农产品销售额达23.8亿元，增长28.6%。平台建设强势推进。实施"855工程"，工业园区平台建设投入8.5亿元，在建和竣工基础设施项目48个，新增开发面积5196亩。全面推进开发区整合提升，积极做好国家经济技术开发区申报工作，县经济开发区荣获"中国十佳省级经济开发区"称号，批准设立嘉兴出口加工区B区并实现封关运作，姚庄光伏产业园建成"两纵三横"道路框架，西塘纽扣产业园完成一期开发，启动归谷、多维谷、陶庄循环经济园等专业园区建设。着力推动工业项目建设，完成工业生产性投入110.5亿元，其中技改投入58.67亿元。要素保障不断强化。加强土地节约集约利用，修编完成新一轮土地利用总体规划，开展土地卫片执法检查并完成整改，消化利用转而未供土地4161亩，盘活利用存量建设用地744亩，完成土地复垦1156亩，取消新城区农房拆迁独立式宅基地安置。推进金融平台建设，设立县金融办，建立中小企业债权型信托基金，引进上海农商银行，全年新增本外币存款64.35亿元、贷款40.62亿元。强化企业债券资金管理和使用，建立地方政府性债务偿债准备金和还债机制，加强国有公司的贷款融资管理。制订落实"一意见五办法"等人才政策，引进精英引领项目4个、重点创新团队6个、国外智力项目3个，新批企业博士后科研工作站1家。努力破解企业用工难，组织企业举办大型用工招聘会26场。

一年来，我们立足优化环境，坚持统筹发展，城乡面貌进一步改善。新城开发全面实施。编制完成《嘉善城市新区(南区)概念性规划》、《嘉善县绿道网总体规划》等专项规划，建成全长17公里的新城区道路并基本形成"五横十纵"道路框架，新客运中心、高铁嘉善南站及站前广场一期、新华书店投入使用，综合档案馆基本竣工，电力大楼主体工程完工，乔克国贸中心、建筑业协会大厦等项目顺利推进。稳妥推进旧城改造，绿逸公园二期工程竣工，完成小东门、乐安里老旧小区改造。加强城市管理，建成中心城区"数字城管"，开展车辆乱停放、经营户乱设摊等专项整治，拆除违法违章建筑2.74万平方米。"两新"工程扎实推进。编制完成县域村庄布点规划，出台"两新"工程建设"四意见一办法"，启动9个新市镇(街道)中心集聚区、14个集镇型新社区和8个一般集聚区建设，实施农房改造集聚7113户。姚庄镇试点一期工程完成637户置换户入住。新市镇培育取得新成效，姚庄镇和天凝镇被列入第二批省级中心镇培育工程，姚庄镇被确定为省小城市培育试点。"强村计划"取得明显成效，启动建设项目43个，其中竣工项目26个，经济薄弱村项目申报实现全覆盖。生态建设步伐加快。全面启动国家级生态县创建工作，编制《生态文明建设规划》，出台城乡绿化造林三年行动计划，新增绿化造林面积7080亩，罗星街道创建成为省级生态街道，姚庄镇通过省级森林城镇验收，17个村创建为市级生态村，畜禽养殖污染治理通过省市"摘帽"验收，完成20个省定村庄整治建设项目，开工建设太浦河—长白荡饮用水水源地保护工程。公共设施不断完善。加快交通"六个一"工程建设，完成平黎公路西塘至省界段拓宽工程，实现公交线路港湾式停靠站全覆盖,改造农危桥62座,完成平黎公路炮台口至干窑段工程建设的70%。建成天然气利用一期工程。调整统一水价,实施城乡供水运营一级管理体制,全面完成省政府下达的封停深井任务。推进全国小型农田水利重点县建设,新建标准化圩区5.3万亩,整治河道162.8公里。建成50万伏超高压、丁栅输变电等工程。

一年来,我们立足改善民生,坚持协调发展,各项事业进一步繁荣。社会保障稳步推进。加大困难群体就业帮扶力度,实施高校毕业生就业促进行动,创建“充分就业村(社区)”136个,新增城镇就业岗位6612个,帮助3396名失业人员实现再就业,被确定为首批省级创建创业型城市。调低用人单位基本养老保险费缴费费率,扩大社会保险覆盖面,新增参保人员5.75万人次,全县养老保障覆盖面达85.3%。提高职工最低月工资标准和城乡居民最低生活保障标准,及时做好企业职工、被征地居民养老待遇增资调整工作。抓好全国、全省城乡居保试点县工作,为6.6万60周岁以上人员发放基础养老金5426万元。妥善解决乡村医生养老保险问题。合理确定合作医疗筹资标准,保障水平不断提高,参保率达98.1%。加快社会化养老服务体系建设,被命名为全国养老服务示范单位和全国老龄工作先进县。加大困难群众救助力度,发放低保救助金和基本生活价格补贴979.75万元,慈善救助496万元。强化住房保障,完成2010年度经济适用房配售和第七期廉租房配租工作,改造农村危旧房183户。推进省扶残助残爱心城市创建工作,率先在全省实现残疾人养老保险全覆盖,获得“全国白内障无障碍县”称号。社会事业蓬勃发展。致力城乡教育均衡发展,新建和改扩建嘉善四中、泗洲小学等4所学校,顺利完成城区中小学的学区划分调整工作,“义务教育学校教师流动”被确立为国家级教育改革试点项目。教育质量不断提高,高考重点大学上线人数万人比增长12%。顺利通过国家三类城市语言文字工作评估。推动省卫生强县创建工作,全面启动医药卫生体制改革,统筹县镇两级医学检验资源,建立县医学临床检验中心,开工建设县第一人民医院迁建项目,抓好重点传染病防控,落实优生“两免”政策。积极发展文体事业,举办吴镇诞辰730周年活动,6个群众文艺节目首次走进中央电视台。启用县体育场和国家级水上训练基地,成功承办十四届省运会5个比赛项目,圆满完成参赛任务,实现亚运会和亚残会金牌零的突破。成功举办县十二届运动会和第四届残运会。做好第六次全国人口普查工作,创建成为省级科普示范县,获得“省级爱国拥军模范单位”称号,国防、民族宗教、史志、妇儿等工作取得新进展。平安建设不断深入。严守世博安保入沪卡点,严密管控社会面治安,圆满完成为期214天的“环沪护城河”安保维稳任务,荣获“浙江省世博安保突出贡献单位”称号。加快社会治安视频监控系统建设,安装视频监控器600个,盗窃“两车”、“两抢”发案率分别下降31.8%和35.9%。建立重大事项社会稳定风险评估机制,深化领导干部定期接访下访活动,扎实推进矛盾纠纷排查和信访积案化解工作。全面落实安全生产责任制,全年事故起数、死亡人数和直接经济损失三项指标控制在上级下达指标之内。强化校园安全管理,有效落实人防技防物防等安全措施。成立县级法律服务中心,加强社区矫正和帮教安置。积极推进新居民参政议事。全面完成省“十小”行业专项整治工作任务。

同时,我们立足政风建设,坚持高效有为,自身建设进一步加强。认真开展“创先争优”活动。做好“十二五”规划编制工作。加强民主法制建设,广泛听取人大、政协及社会各界意见和建议,认真办理197件人大代表建议和188件政协委员提案,开展行政许可自由裁量权规范监管工作。深化“三个子”公共财政管理改革,加强预算编制、执行、监督“三位一体”组织体系建设,完善整合促进产业升级经济转型的财政扶持政策。配合做好县长经济责任审计。强化行政监察,严肃查处违法违纪行为,规范乡镇机关干部收入分配,落实党政机关厉行节约各项规定。创新农民负担源头防范机制,有效推行各项减负举措。不断提高审批办事效率,着力打响“临沪新城、效率嘉善”软环境品牌。

各位代表,2010年全县经济社会各项目标任务的完成,为全面实现“十一五”规划画上了圆满的句号。五年来,我们在中共嘉善县委的正确领导下,着力实施“开放带动、经济品质提升、城乡一体化、科教兴县、生态立县”

五大战略，以深入学习实践科学发展观活动为强大动力，扎实推进“科学发展示范点”建设，解放思想，实事求是，与时俱进，开拓创新，全面完成和超额完成“十一五”规划目标任务，全县经济社会发展取得了显著成就，为“十二五”时期又好又快发展奠定了坚实基础。

——“十一五”期间，我们坚持以结构优化为主线，加快产业转型，强化提质增量，综合实力显著提升。全县地区生产总值增长1倍；财政总收入、地方财政收入分别增长1.5倍和1.6倍；固定资产投资增长1.46倍；三次产业比例调整为7.5 ∶ 59.6 ∶ 32.9。粮食安全保障和精品农业发展齐头并进，“四色”产业带建设成效明显，获得“全国粮食生产先进县”称号。工业经济快速发展，五年工业累计投入433.84亿元，规模以上工业产值实现翻番。服务业发展全面提速，服务业增加值年均增长13.5%，实现翻番。金融业发展迅速，增加银行机构5家，存贷款规模分别增长2倍和2.3倍。自主创新不断强化，累计认定县级以上高新技术企业76家，每万人拥有人才数达1122人，连续五次荣获“全国科技进步先进县”称号，创建成为省科技强县和省新农村建设科技示范县，中国驰名商标和国家免检产品双双实现零的突破，全国纽扣标准化技术委员会和自润滑轴承技术委员会分会落户我县。

——“十一五”期间，我们坚持以开放发展增活力，创新体制机制，深化开放合作，发展后劲持续增强。撤并调整乡镇行政区划，设立6镇3街道，行政村数量由162个缩减至118个，相继成立城市管理行政执法局、国有资产管理局、服务业发展局、农村合作经济组织联合会，组建四大国有投资集团。鼓励扶持有条件的企业实施股份制改造及上市融资，上市企业4家，募集境内外资金近60亿元。优化区域空间布局和产业功能定位，形成“三个三”发展格局，工业园区基础设施累计投入28.45亿元，开发面积1.51万亩。深入推进接轨上海，开放型经济发展迅猛，外贸进出口、出口总额年均分别增长22.2%和20.7%，累计合同利用外资25.75亿美元，实际利用外资14.76亿美元，实到县外内资127.57亿元，分别是“十五”期间的1.4倍、2倍和2.6倍，已连续十年获得“浙江省利用外资成绩显著县”称号。全面完成四川省青川县前进乡对口支援恢复重建的11个援建项目。

——“十一五”期间，我们坚持以规划引领为先导，立足统筹发展，加速基础配套，城乡面貌日新月异。县城建成区由“十五”末的17.1平方公里扩大到25平方公里。稳步推进“两新”工程，全县村庄布点规划从256个调减到77个，形成“9+68”城乡一体新社区布局。全面实施“强村计划”，村年均集体可支配收入由“十五”末的80.68万元提高到173.14万元。顺利完成第一轮村庄整治任务，建成省级全面小康建设示范村22个，连续两年被省委省政府授予社会主义新农村建设先进县，城乡统筹发展水平列全省县（市、区）第7位。不断完善区域交通，累计投入20.99亿元，实现村村通公交，结束千年渡运史，全县通车公路总里程由“十五”末的531公里提高到752公里。完善电网及配套设施，实现新农村电气化村全覆盖。加强水利建设，获得“全国农田水利建设先进县”称号。积极建设生态文明，荣获“国家园林县城”、“省级示范文明县城”、“全国文明县城”、“省级生态县”等称号。

——“十一五”期间，我们坚持经济社会协调发展，注重共建共享，优化服务举措，社会事业全面发展。建立“以县为主”的义务教育体制，全面落实义务教育免缴学杂费，累计投入5.1亿元，新建迁建改扩建学校22所。卫生事业加快发展，建成县公共卫生中心，率先实现省级卫生镇创建满堂红，新建改扩建卫生院7所和社区卫生服务站115个。合作医疗保障水平进一步提高，最低报销比例从“十五”末的30%提高到53%。组织农民免费健康体检64.3万人次。开展二轮县志修编工作。文体、计生、广电等事业快速发展，原创音乐剧《五姑娘》荣获全国第十届精神文明建设“五个一工程”提名奖，长篇纪实小说《长征》和儿童广播剧《茅山笛声》获得省精神文明建设“五个一工程”奖，嘉善田歌被列入第二批国家级非物质文化遗产名录，荣获“中国民间文化艺术之乡”称号，被授予省级优生“两免”工作先进单位和流动人口计划生育工作先进集体。

——“十一五”期间，我们坚持改善民生促进和谐，突出以人为本，加大投入力度，人民生活更加殷实。全县财政一般预算支出中用于民生的比重平均达75.2%，城乡居民人均收入分别比“十五”末增长70.5%和78.8%。就业再就业工作成效明显,城镇登记失业率控制在3.6%以内,转移农村劳动力3.33万人。大力推行“五费合征”制度,参保人数净增48.97万人次。全面实施新型城乡居民社会养老保险制度,形成县、镇、村(社区)三级社会化养老服务体系,城乡居民最低生活保障标准比“十五”末分别增长70.4%和57.3%。完善保障性住房体系,建成经济适用房、廉租房等3.75万平方米,改造危房15.2万平方米和农村危旧房805户。完成总投资8.55亿元的城乡供水一体化工程,在嘉兴市率先实现同网同质同价供水。深入开展“平安嘉善”建设,加强安全生产监管和保障能力建设,严厉打击各类违法犯罪活动,刑事打击人数比“十五”期间上升67.1%,连续五年被省委省政府命名为“平安县”,获得“省食品安全示范县”和“省药品两网一规范示范县”称号。服务流动人口新模式入选浙江省改革开放30周年百例典型事例。

——“十一五”期间,我们坚持强化政府自身建设,促进依法行政,转变工作作风,执政能力不断提升。坚持重大事项向人大报告和向政协通报制度,自觉接受人大法律监督和政协民主监督,充分发挥工会、共青团、妇联等群团组织的桥梁纽带作用,积极听取各民主党派、工商联、无党派人士及人民团体的意见和建议。不断强化审计监督作用,政府部门在财政资金使用、投资项目管理等方面进一步规范。着力推进法治政府建设,圆满完成“五五”普法工作,荣获“全国法治县(市、区)创建活动先进单位”称号。认真执行《嘉善县人民政府工作规则》,健全重大决策的规则和程序。实施行政审批“提速提效”工程,基本实现便民服务机构全覆盖。依法实施政府信息公开,建立新闻发言人制度,认真落实党风廉政建设责任制,完善招投标和政府采购制度,推进政府勤政廉政建设。政府实事工程进展顺利。

各位代表,过去的五年,是我们在科学发展观指引下转变发展理念、完善发展举措的五年,是在国际金融危机大背景下战胜重重困难、奋力前行的五年,是经济实力极大提升、改革开放取得突破性进展的五年,是基础设施不断完善、城乡面貌发生深刻变化的五年,也是社会事业进步显著、人民群众普遍得到实惠的五年。五年来,在中央领导的联系指导下,在省委和市委的直接指导下,开展深入学习实践科学发展观活动和“创先争优”活动,并取得阶段性成效,被国务院确定为“县域科学发展示范点”。五年发展取得的成绩来之不易,观念转变尤为可喜。这是全县人民在中共嘉善县委的正确领导下,认真贯彻中央和省市一系列方针政策以及决策部署,齐心协力、奋力拼搏的结果。在此,我代表县人民政府向各位代表和委员,向全县工人、农民、知识分子、干部、人民解放军驻善部队和武警官兵,向老同志,向各民主党派、工商联、人民团体和社会各界人士,向所有关心、支持嘉善建设和发展的海内外朋友,表示衷心的感谢,并致以崇高的敬意!

五年来的实践,使我们深刻地感受到,只有始终坚持科学发展、率先发展的思想理念,始终把握统筹协调、重点突破的工作方针,始终发扬勇于破难、敢于创新的进取精神,始终保持求真务实、扎实苦干的作风状态,始终牢记以人为本、执政为民的服务宗旨,始终维护凝心聚力、安定团结的社会局面,才能把嘉善的各项事业推向前进,才能开创改革开放和现代化建设的新局面。这是一笔极其宝贵的财富,不仅为嘉善下一个五年的发展构筑了基石,更增添了我们全面建设“科学发展示范点”、率先实现惠及全县人民的更高水平小康社会、提前基本实现现代化的信心和决心。

回顾过去的五年,我们也清醒地看到,全县经济社会发展中还存在很多困难和问题,主要表现在:自主创新能力和产业竞争力仍然不强,高层次和技能型人才相对缺乏;服务业比重不高,现代服务业总量相对偏小;产业发展平台有待增强,城市功能还不完善;经济发展受土地、环境等资源约束越发明显,生态环境亟需进一步改善;社会管理机制有待创新,保持社会稳定的压力仍然较大,等等。对此,我们一定要保持清醒头脑,采取更加有力的举措,在“十二五”期间切实加以解决。

二、“十二五”主要目标和工作重点

未来五年,是我县全面建设“科学发展示范点”、率先实现惠及全县人民的更高水平小康社会的关键时期,是深化改革开放、加快转变经济发展方式的攻坚时期,机遇与挑战并存。放眼国际,经济全球化和区域经济一体化深入发展，世界经济正处于新一轮恢复和增长期，但也面临竞争加剧等复杂多变的因素。近观国内，我国已进入全面建设小康社会的新阶段，经济社会的发展将继续在较高的增长平台上运行，对发展方式、经济结构、体制改革和协调发展等方面提出了新的更高的要求。审视嘉善，我县已进入人均地区生产总值超1万美元的发展阶段，社会结构将更加多变，各种社会矛盾和不稳定因素将进一步凸显，驾驭全局、协调各方利益、推进经济社会可持续发展的任务将更为艰巨。为此，我们必须增强机遇意识和优患意识，把握全局、创新谋划，以奋发有为的精神状态、与时俱进的工作思路、扎实有力的行动举措，努力开创嘉善更加辉煌灿烂的明天。

“十二五”时期我县经济和社会发展的总体思路是：高举中国特色社会主义伟大旗帜，以邓小平理论和“三个代表”重要思想为指导，深入贯彻落实科学发展观，以建设“科学发展示范点”为总目标，以加快转变经济发展方式为主线，以富民强县、社会和谐为根本目的，深入实施“融入上海、创新发展、统筹提升、生态立县、民生优先”五大战略，扎实推进经济、社会、管理全面转型，加快建设全面融入上海大都市的现代新城，致力打造经济转型升级示范基地、长三角中心区经济重地、主动接轨上海前沿高地、城乡一体发展先行之地，大力发展社会事业，着力构建和谐社会，率先实现惠及全县人民的更高水平小康社会，为提前基本实现现代化奠定坚实基础。

按照上述总体思路，我县“十二五”经济社会发展主要目标是：全面建设“科学发展示范点”，率先实现惠及全县人民的更高水平小康社会。具体目标是：经过全县上下共同努力，实现综合实力大幅提升，经济转型明显提速，城乡发展更趋协调，生态建设成效显著，民计民生显著改善，在“十二五”期间实现“两个翻番、三个倍增、四个高于和两个千亿”。实现“两个翻番”，即地区生产总值年均增长11%以上，户籍人均地区生产总值实现翻番；地方财政收入年均增长12%以上，财政收入实现翻番。实现“三个倍增”，即服务业增加值倍增；新兴产业产值倍增，工业总量中新兴产业占比达到60%以上；销售收入超10亿元大企业数量倍增。实现“四个高于”，即城乡居民人均收入、城市化水平、研究与试验发展经费支出占生产总值比重均高于省市水平，城乡居民社会保障覆盖面高于省市水平并率先基本实现人人享有社会保障。实现“两个千亿”，即规模以上企业产值超千亿，固定资产累计投资额力争超千亿。围绕以上主要目标，着重要做好以下五个方面工作：

1. 推进全面融入上海，构筑对外开放新格局。紧紧抓住长三角一体化加速发展和上海“四个中心”开发建设的契机，以接轨浦东、虹桥国际商务区为重点，进一步完善和建立与上海在产业、科技、人才、交通、教育、医疗卫生等领域的合作机制，积极研究与上海城际轨道交通对接，吸引上海总部型、研发型、科技孵化型企业向嘉善延伸和高端人群来嘉善居住、创业，全面建设融入上海的半小时经济圈、生活圈和工作圈，实现“沪嘉同城”。整合提升资源要素，以沿沪区域为重点，以县经济开发区、城市新区为核心，以电子信息产业园、新能源产业园、归谷园区、商贸物流城等为特色专业平台，规划建设“浙江临沪经济区”，着力打造省级产业集聚大平台。创新招商方式，强化产业招商，重点引进有利于主导产业和新兴产业培育的高端外资、优质民资、央企国资，五年实到县外内资200亿元，实际利用外资15亿美元。加快转变外贸增长方式，优化出口产品结构，大力发展服务贸易，鼓励有条件的企业走出国门进行跨国投资、经营，进出口总额年均增长12%以上。

2. 加快产业转型升级，建立现代产业新体系。大力发展新兴信息电子、新能源、新材料、高端装备制造四大新兴产业，培育发展节能环保、数字新技术、电力电子(物联网和智能电网)、生物医药研发等新兴产业，大力推进木业家具等六大传统产业的改造提升，加快“四地两园”建设，着力培育一批百亿产业集群和行业龙头企业。优先发展现代服务业，重点发展现代物流、研发设计、服务外包、金融服务等生产性服务业，提升发展商贸、休闲旅游、社区服务等生活性服务业，建设沿320国道现代商贸物流区，打造以高铁嘉善南站周边及开发区科技商务区为主的临沪现代服务业集聚区。加快古镇西塘二期工程和大云温泉生态旅游区建设，着力构建“古镇西塘、大云温泉”南北呼应的嘉善旅游新格局,培育成为长三角地区重要的旅游目的地和旅游城市。转变农业发展方式,注重工业理念的引入和现代要素的投入,全面推进粮食生产功能区和现代农业园区建设,大力发展精品农业。加强人才强县建设,积极打造人才“智高点”,每万人拥有人才数达到1500人;引导企业增加对科技创新的投入,加大财政对科技的支持力度,全县研究与试验发展经费支出占生产总值比重达到2.6%以上。积极创建省级金融创新示范县,鼓励发展创业基金、风险投资基金。

3. 深化城乡统筹发展,提升城乡一体新形象。优化区域功能,合理布局重点发展区、优化发展区、生态经济区和生态保护区,打造以中心城市拉动、东部片和西部片联动、三个工业重点区块带动的“一城两片三区”新格局。提升城市能级,实施中心城区“东拓南进北优西延”发展策略,加快新城区南区和高铁嘉善南站周边的城市“南大门”、县经济开发区科技商务区为核心的城市“东大门”、320国道沿线的城市“北大门”、嘉善—嘉兴第三通道和苏通高速互通口为依托的城市“西大门”建设,稳妥推进旧城区改造,到2015年,城市化水平达到65%,县城建成区面积扩大到40平方公里。深化“两新”建设,坚持建新与拆旧、复垦并举,注重资金、耕地占比等平衡,突出集聚重点,建设一批具有一定规模和江南水乡特色的美丽乡村,城乡差距进一步缩小,统筹城乡达到省市领先水平。着力推行强镇扩权改革,积极推进姚庄、西塘、天凝中心镇建设,提升陶庄、大云、干窑等城镇辐射能力。深入实施“强村计划”,不断提高村级集体经济实力。完善县域公路网络,加快内河港口建设,不断提升综合交通一体化发展水平。实施智能电网改造,提高电力输送安全保障能力。继续推进圩区整治,完善防灾减灾体系。加快“数字嘉善”建设,提升信息化水平。

4. 坚持环境保护优先,实现生态文明新进步。大力发展生态经济,强化节能减排,严格控制高耗能行业发展,加强绿色技术创新和推广应用,加大清洁生产力度,实施清洁能源替代工程,不断提高天然气等优质能源在能源消费结构中的比重,努力构建资源节约型和环境友好型社会,建成国家级生态县。强化节约集约发展,严格实行项目供地准入制和建设用地投资强度、容积率“双控”标准,切实提高单位建设用地产出水平。深化资源要素配置市场化改革,完善反映市场供求关系、资源稀缺程度和环境损害成本的资源要素价格形成机制。以水、气、声环境和固体废弃物污染防治为重点,加强城乡环境综合治理,统筹全县污水处理,提高集镇生活污水收集率,加快推进垃圾无害化集中处理。坚持标本兼治、综合治理,有效降低农业面源污染。深化村庄整治,大力开展“绿色家园”建设,新增绿化面积1.6万亩,中心城区绿化覆盖率达到45%以上。

5. 加强基本公共服务,力求民生福祉新提升。深化文化名县建设,推进吴镇书画院等一批重点文化设施建设,大力发展文化产业,培育和引进具有核心竞争力的文化企业,重点推进文化旅游、文化体育、文化创意、动漫、新媒体等文化产业的发展。广泛开展公民道德实践活动,实施全民健身计划,丰富城乡居民精神文化生活。不断推进教育现代化,加强教育资源县级统筹,建立健全区域均衡的教育发展体制机制。深化医药卫生体制改革,合理增加投入,有效整合公共医疗资源,建立健全覆盖城乡居民的基本医疗卫生制度,完成县第一人民医院迁建工程,创建成为省卫生强县。实行积极就业政策,城镇登记失业率控制在4%以内,五年新增城镇就业岗位2.5万个。合理调整收入分配关系,努力提高居民收入占国民收入的分配比重,城乡居民人均收入年均分别增长11%。建立大社保管理机制,基本养老保障覆盖面和医疗保险覆盖面均达到98%以上。大力推进养老事业建设,积极发展慈善事业,不断改善居住条件,五年建成拆迁安置房23万平方米、经济适用房8万平方米、公共租赁房2万平方米和廉租房1万平方米。深化“平安嘉善”建设,组织实施“六五”普法教育,强化安全生产和食品药品安全监管,加强矛盾纠纷的排查和化解,创新社会管理,加强对社会组织的培育和分类指导,不断健全新型社区管理和服务机制,提高流动人员服务管理水平,全力打造长三角最具安全感城市。

三、2011年主要工作

2011年是建党90周年,也是全面实施“十二五”规划的开局之年,做好今年政府工作对“科学发展示范点”建设,对圆满完成本届政府预期的各项目标,具有十分重要的意义。为此，我们必须紧紧围绕建设“科学发展示范点”这一总目标，以“融入上海提效行动、转型升级提速行动、平台建设提升行动”为工作总抓手，全力推进经济转型发展、城乡统筹发展、社会和谐发展，为“十二五”又好又快发展开好局、起好步。

全县经济社会发展主要预期目标建议为：地区生产总值增长11%以上；财政总收入增长12%以上，其中地方财政收入增长13%以上；固定资产投资增长11%，其中工业生产性投资增长11%；合同利用外资5亿美元，实际利用外资3亿美元，实到县外内资40亿元；进出口总额增长13%以上，其中出口增长13%以上；社会消费品零售总额增长16%；城镇居民人均可支配收入增长11%，农民人均纯收入增长11%以上；城镇登记失业率控制在4%以内；人口自然增长率稳定在1.5‰以内；完成上级下达的节能减排目标任务。

围绕上述目标，重点要做好以下十一方面工作：

1. 走增效之路，大力发展精品农业。加快粮食生产功能区和现代农业园区建设，实施全国新增千亿斤粮食生产能力重点县项目，加快建设1个省级现代农业综合园区、3个主导产业示范区和4个特色农业精品园，建设第三批32个精品农业示范点，探索并实施集生产、生活、生态于一体的农业综合体建设。充分发挥农合联作用，培育和扶持农业龙头企业和农民专业合作社。加大农业接轨上海力度，加快农产品供沪生产基地、入沪销售渠道、在沪销售窗口建设，扩大农产品供沪量。积极实施精品农业“双品牌”战略，启动“银加善”品牌推广计划，做大、做精稻米等富硒农产品，着力推行农产品质量安全可追溯制度。鼓励农业经营主体参与土地流转，提升规模经营水平。大力开展农田水利建设，全面实施二轮圩区整治工程，加快推进虹桥、王凝圩区建设，完成南旱、大舜、茜墩、丁西等圩区整治，全面完成7万亩标准化圩区达标任务。

2. 优转型之举，提升发展现代工业。坚持传统产业转型提升与新兴产业培育发展并重，抓好百亿工业投入，培育百亿产业集群，打造百亿行业标杆企业，实现千亿工业产出，充分发挥工业在经济转型升级中的主力军作用。加快传统产业改造提升步伐，加强技术改造、技术创新、信息化融合，提升产品竞争力，努力把太阳能光伏、木业家具等打造为省级转型升级示范区。加大新兴产业发展培育力度，加快研究制订新兴产业发展的总体规划和专项规划，深化、细化新兴产业发展工作载体和措施，引进培育一批具有自主知识产权和竞争优势的骨干企业，全力推动电子信息省级转型升级示范区试点建设。鼓励引导行业龙头企业和骨干企业兼并重组、上市融资，培育年产值超100亿元企业1家、超10亿元企业8家。

3. 扬区位之长，培育壮大第三产业。突出中央商务区的核心价值和示范效应，加快景辰大厦、汇金大厦、新嘉善宾馆等一批大型商贸项目建设速度，引进并启动建设高品质的城市综合体项目。突出新城南片高铁南站周边区域的平台建设，努力培育健康服务、新媒体、服务外包等新型业态，发展楼宇经济，加快建设新城现代服务业集聚区。突出国道物流集聚效应，以经济开发区和320国道沿线“一区一线”为核心，鼓励企业“退二进三”，提升传统市场，大力发展生产性服务业和现代物流业，加快华东兴业国际木制品交易中心、申嘉富钢贸城等项目建设。突出“旅游强县”品牌效应，修编全县旅游业发展总体规划，推进古镇西塘二期开发和国家5A级景区申报创建工作，加速大云温泉项目建设。认真落实国家宏观调控政策，加强建筑业管理，稳步发展房地产业，扩大社区服务业，繁荣农村消费市场。

4. 聚精英之才，加快推进科技创新。加大科技创新投入，鼓励企业吸收风险投资资金，全社会科技投入增长10%以上，研究与试验发展经费支出占生产总值比重达到2.1%。加快省电子电声公共服务平台建设，建成县科创中心二期主体工程。充分发挥现有公共科技创新服务平台的作用，有效利用长三角区域丰富的科技人才资源，深化产学研合作，积极谋求关键领域和关键技术突破。全面推进“质量强县”建设，实施品牌、专利、标准化战略，突出企业的主体作用，鼓励专利申请，加强知识产权保护，着力培育一批知名品牌和企业，引导企业参与制订和运用标准。新增国家高新技术企业5家、企业研发机构20家。积极吸引海外高层次留学人员和创新团队来嘉善创业，引进高层次人才100名以上、创新团队6个以上。

5. 迈开放之步,着力增强发展后劲。深化接轨上海,研究制订融入上海的激励性政策,突出与上海闵行、长宁、普陀、金山等区域的合作交流。强化产业招商,突出京沪、广厦温台等招商区域,加大对新兴产业、现代服务业和生态农业等领域的招商力度,吸引上市企业募集资金来善投资创业,引进总投资超2000万美元的外资项目10个以上、总投资超亿元的内资项目10个以上。完善平台功能配套,工业园区基础设施建设投入10亿元以上,新增开发面积5000亩以上。整合资源,推进"浙江临沪经济区"建设,研究出台临沪经济区的管理体制和运行机制,并积极申报省级产业集聚大平台。扎实推进嘉善经济开发区整合提升工作,抓紧完成科技商务区规划并启动建设,力争成功申报国家经济技术开发区,努力把嘉兴出口加工区B区建设成为全省一流的出口加工区,加快光伏新能源、电子信息、电力电子、生物医药研发销售、科技孵化产业园、归谷园等专业平台建设,继续抓好西塘纽扣、陶庄循环经济、天凝植绒纺织等特色产业园建设。实施工业投资项目"163提升工程",重点项目开工率和竣工率分别达到90%和50%以上。支持企业、商会和行业协会抱团开拓市场,鼓励有条件的企业到境外建立生产基地、开发资源。优化投资环境,吸引浙商回归。

6. 谋改革之策,深化体制机制建设。理顺机构职能,开展政府机构改革,抓好事业单位绩效工资和岗位管理改革。推进公务用车改革。创新财政管理模式,完善整合重点产业发展专项政策,进一步推进"三位一体"组织体系建设,稳妥推行国库集中支付制度。加强乡镇财政管理,不断提高乡镇财政规范化水平。深入推进相对集中行政处罚权工作,争取成为综合行政执法省级试点县。深化医药卫生体制改革,全面实施国家基本药物制度。推进强镇扩权,积极培育中心镇,做好姚庄镇省小城市培育试点工作。加强农民集聚后的新社区管理服务,建立村级集体资产保值增值等新机制。研究专业渔民转产转业政策。创建节约集约用地模范县,利用土地倒逼机制,推进"退低进高"、"腾笼换鸟",盘活存量土地1000亩。深化投融资体制改革,积极推进金融创新,有效缓解融资难问题,引导社会资本参与社会事业和市政公用事业项目建设。

7. 塑新城之貌,完善拓展城市功能。按照"拓骨架、建片区、抓重点、树形象"的要求,高标准做好城市主要节点的功能规划和设计,突出嘉善大道、人民大道、车站南路两侧重点项目的集中建设,加快推进温州商会大厦、农村合作银行等一批重点项目建设,乔克国贸中心、开元广场等一批商务楼宇主体工程完工,综合档案馆、电力大楼等投入使用,着力打造名品汇聚、功能复合、业态丰富的城市新地标和新形象。进一步提升入城口形象,实施平黎公路改造提升工程(大云高速路北路口—晋阳路口)和320国道整治工程,加快世纪大道延伸段建设。探索"城中村"改造新机制,加快罗星路两侧等已明确拆迁地块的拆迁进程,启动改造老旧小区5个以上。继续推进以"六个一"工程为重点的交通基础设施建设,开工建设丁栅至新埭(疏港)公路,全线贯通高铁嘉善南站连接线,完成平黎公路炮台口至干窑段改造工程,积极做好平黎公路嘉善段收费站点搬迁工作。强化城市管理服务,规范城区广告设置,集中开展城区营业性娱乐场所、酒吧和商业经营噪声扰民专项整治以及城乡结合部、城中村等重点部位的环境整治,加强集贸市场改造提升。强化"两违"整治联合执法,坚决遏制增量,逐步消化存量。整治城市交通拥堵点,加强科学管理,多措并举缓解城区"行车难、停车难"。加大"黑车"打击力度,净化客运市场秩序。

8. 破统筹之题,扎实推进"两新"工程。积极稳妥有序推进"两分两换",着力健全财政投入、融资保障、社会投入等机制,加快启动县城中心集聚区建设,全面推进9个镇(街道)集聚区建设,切实做好新社区居民就业增收工作。加大农村土地综合整治力度,新增耕地2000亩。深入实施"强村计划",加快17个在建项目和48个新建项目推进速度。抓好省定村庄整治项目建设,启动培育建设中心村7个。不断完善基础设施配套,建成县垃圾转运场二期工程,启动天然气利用二期工程,加快推进与中石化合作的7000万立方米天然气工程建设。加强电网建设,建成100万伏特高压和50万伏超高压嘉善段、范泾输变电工程,启动姚庄星轮输变电工程建设。

9. 创环境之美,全面建设生

态文明。积极推进国家级生态县和省级森林城市创建，全面实施碧水、蓝天等九大生态工程和绿色家园六大工程，加快实施平黎公路、320国道、世纪大道等一批交通要道绿化提升工程，启动建设浒弄、解放、玉兰等社区公园，全天候免费开放柳洲公园和泗洲公园，积极开展拆墙透绿、老城区增绿、河道添绿、道路植绿和村镇扩绿工作，新建河道绿化100公里，建成绿道网15公里，新增绿化面积6100亩。扎实推进节能减排工作，实行严格的能源消耗评价和环境影响评价等项目准入制度，对高能耗、高排放、低产出、低贡献的企业实施倒逼机制，淘汰落后生产工艺和生产能力，开展粘土砖瓦窑淘汰整合改造工作，扩大强制清洁生产审核范围，新建污水管网43.9公里，抓好居住区、主要河道排污点的纳管工作。狠抓环境综合整治，实施水环境综合整治和清洁大气行动，突出抓好市镇工业园区污染、喷水织机水污染、锅炉烟尘污染和秸秆焚烧等整治工作。开展河道生态治理，疏浚整治河道160公里。完善畜禽养殖污染治理监管长效机制，有效控制和减少农业面源污染。积极推进太浦河—长白荡饮用水水源地建设保护工程和南部水厂四期工程建设。

10. 务惠民之实，持续改善民生事业。以创建省级创业型城市为载体，大力实施城乡充分就业工程，新增城镇就业岗位5500个，帮助失业人员实现再就业2100人以上。扎实推进社会保障全覆盖工程，确保未到法定退休年龄的本地户籍企业职工全部参加职工社会保险。加大社会保险费征缴力度，确保征缴到位和基金安全运行，加快被征地农民养老保障向职工养老保障转移。完善城乡合作医疗保险制度，提高筹资标准和报销比例。加快“四位一体”村级社会保障服务平台和网络建设，实现村（社区）全覆盖。多渠道解决城镇低收入家庭和其他群体的住房困难，建成公共租赁房和经济适用房4.5万平方米，加大农村危旧房改造力度。加强养老服务机构建设，改造提升惠民、西塘、大云敬老院，加快安平老年健康生活社区建设，筹建县老年活动中心。做好省扶残助残爱心城市创建工作，深入开展“爱心献慈善”活动。加快发展学前教育，提高义务教育和高中段教育水平，重视成人教育和社区教育，改革中等职业学校办学模式，启动建设第二职业学校和职业教育公共实训中心，加快天凝中学、干窑小学、嘉善一中（二期）等工程建设，深入实施义务教育学校教师流动国家级教育改革试点项目。加强文化惠民，广泛开展“十万农民种文化”、“周末大舞台”等品牌活动，加快吴镇书画院、体育公园等文体设施建设，力争实现镇（街道）图书分馆全覆盖。备战嘉兴市第七届运动会，办好中国女排联赛（嘉善赛区）。加快发展卫生事业，完成省级卫生强县创建任务，建成县第一人民医院迁建项目主体工程，全面完成卫生院改造任务，确保通过国家卫生县城复查。强化流动人口计划生育管理和服务，努力提高出生人口素质。加强传统媒体和新兴媒体的建设与管理，继续做好人口普查，组织开展全国第二次地名普查和第一次水利普查，积极创建全国科普示范县，基本完成二轮县志修编工作，做好国防、侨务、对台和外事等各项工作。

11. 筑平安之城，切实加强社会管理。深入推进“平安嘉善”建设，巩固“世博”安保成果，建成社会治安动态视频监控系统。坚持专群结合，打击各类违法犯罪活动。深化信访积案化解工作，充分发挥各级调解组织和民间力量的作用，多层次开展社会矛盾纠纷经常性排查。大力推行集体合同和工资集体协商，妥善解决劳动纠纷。推行“一村、一社区、一法律顾问”制度，推进基层依法治理。完善应急处置机制，有效应对和处置各类突发公共事件。重视民族宗教工作，打击非法宗教活动。全面完成社区服务中心建设任务，创建成为省级和谐社区建设先进县。进一步落实安全生产责任，全面推进社会消防安全“防火墙”工程，防止重特大安全事故发生，确保“三个零增长”。深化新居民参政议事工作，不断提升新居民服务管理水平。加强市场价格监管，增加主要农产品和基本生活必需品的供给，严肃查处恶意炒作、串通涨价、哄抬价格等不法行为，落实困难群众基本生活价格补贴，保障群众基本生活需求。

新形势、新目标、新任务，对政府工作提出了新要求。做好2011年的各项工作，必须兴务实之风，以百倍的热情投入到平凡的工作中去，以持之以恒的韧劲完成目标任务，在变宏伟蓝图为美好现实的进程中贡献各级政府机关和干部职工的智慧和力量。一要为民勤政抓落实。大力倡导高效务实的工作作风,立说立行,确保既定工作快速启动,工程项目强力推进,各项目标早日完成。大力倡导敢于碰硬的认真态度,以改革创新的思路化解矛盾、突破困局,下决心消除影响和制约发展的体制机制性障碍,解决一批群众关注的热点难点问题。大力倡导一抓到底的执着精神,围绕各项决策部署,细化、实化操作性措施和办法,一件一件地落实,一项一项地推进。二要依法行政促规范。坚持依法办事、规范办事,严格按照法定权限和程序履行职责,切实提高运用法律手段管理经济社会事务的能力。坚持问政于民、问计于民,完善重大行政决策合法性审查制度、行政决策听取意见制度,推动政府决策科学化、民主化。坚持公开原则,加强行政权力公开透明运行工作,深化“临沪新城、效率嘉善”软环境品牌建设,优化整合审批服务流程,进一步规范村镇便民服务中心建设。三要清廉理政树形象。严格落实党风廉政建设责任制,扎实推进惩治和预防腐败体系建设,深化廉政风险防范管理工作。加强行政监察和审计监督,加大查办案件和行政问责力度,着力解决重点领域的腐败问题。深化财政绩效管理,防范政府性债务风险。发扬艰苦奋斗精神,树立过紧日子的思想,严格控制各类行政经费,始终保持为民务实清廉的良好形象。

各位代表,回顾过去,成绩来之不易;立足现在,任务光荣艰巨;展望未来,前景催人奋进。让我们紧密团结在以胡锦涛同志为总书记的党中央周围,在中共嘉善县委的领导下,紧紧依靠全县人民,咬定目标,开拓进取,为全面建设“科学发展示范点”、率先实现惠及全县人民的更高水平小康社会而努力奋斗!

嘉善县第十四届人民代表大会第五次会议会场　　王建超　摄

创科学发展之先　争为民服务之优
深入推进创先争优活动

——嘉善县创先争优活动纪实

在党的基层组织和党员中深入开展创先争优活动，是继深入学习实践科学发展观活动之后，党中央着眼于经济社会发展全局和党的建设实际部署的重要活动。县委坚持把创先争优活动作为巩固拓展学习实践活动成果的重要举措，围绕“创科学发展之先、争为民服务之优”的目标，以“学习实践科学发展观，建设服务型基层党组织”为主要内容，扎实推进“为民先锋”创先争优活动，将学习实践活动和创先争优活动接续进行、有机衔接、相互促进。嘉善的创先争优活动于2010年5月13日全面部署启动，全县参加活动的共有36个党委、124个党总支、1113个党支部，22956名党员。活动开展以来，嘉善县始终得到中央、省委、市委领导的关怀指导和正确领导。省委书记赵洪祝和省委常委、组织部长蔡奇将嘉善作为创先争优活动的联系点。2010年9月25日，习近平副主席作出重要批示，肯定嘉善把打造“科学发展示范点”和“创先争优活动示范点”有机结合起来，从各基层单位实际出发实施“八大先锋工程”的做法。中共中央政治局委员、中央组织部部长李源潮也批示肯定了这一经验。活动期间，省委书记赵洪祝同志2次亲临嘉善视察指导，3次作出重要批示，省委组织部部长蔡奇同志6次到嘉善实地调研指导，4次作出重要批示，对嘉善创先争优活动给予了充分肯定，提出了殷切期望。嘉善县委在创先争优活动中加强组织领导，注重载体创新，扎实有序推进，有力推动了经济社会发展。

紧扣活动目标，强化领导指导。嘉善县委把创先争优活动作为加强基层党的建设的重要抓手，强化组织领导、督查指导和党群共建，形成齐抓共创的良好局面。成立以县委书记任组长的创先争优活动领导小组，建立县四套班子党员领导干部和创先争优活动领导小组成员联系点制度，每名县处级党员领导干部分别联系一个镇(街道)、一个部门、一个村(社区)、一家企业，共建立领导干部联系点90个，配套制定领导包点联系的规范性要求。2010年，县处级党员领导干部到基层单位点评268次，慰问困难党员群众415户，兴办惠民实事796件。成立4个指导检查组，分片负责对各镇(街道)及机关部门活动情况进行巡回指导检查，2010年，开展了5轮专项督查点评。扎实推进基层党建“百点示范工程”建设，全县共确立基层党建示范点100个。建立非公经济创先争优活动推进小组，专题召开非公企业“双强争先”活动推进会，在省委党校举办嘉善县非公有制企业“发展、党建”双品牌建设专题培训班，组织优秀非公有制企业党组织书记组建“发展、党建”双品牌讲师团，选派86名党建工作指导员“一对一”驻企工作，确定20个行业龙头企业进行重点培育,推动非公企业转型发展与党建工作向品牌化升级。坚持“党建带工建”、“党建带团建”、“党建带妇建”,推动群团组织广泛开展各有特点的创先争优活动。开展以“创建五四红旗团组织,争当优秀共青团员”为主要内容的“青春建功当标兵”党团接力活动、以“优质服务型、科技创新型、安全生产型、模范教育型、现代管理型”为主要内容的“五型工人先锋号”争创活动、“双学双争,双比双促”(学理论、学业务,争创五好支部,争当优秀党员,比贡献、比技能,促成长、促提升)主题活动、实施“巾帼班长工程”。同时,在全县开展“我为全面转型献一计”活动,积极向社会和群众公开征集“促进嘉善科学发展”的金点子,广集民智,广纳民意。

把握发展主题,完善发展思路。嘉善县委围绕建设“科学发展示范点”的总目标,以“创科学发展之先、争为民服务之优”为要求,以“学习实践科学发展观、建设服务型基层党组织”为主要内容,全力打造“创先争优活动示范点”。有机衔接学习实践活动中确立的“打造‘四个地’”目标,主动对接国家《长江三角洲地区区域规划》,提出“打造全面融入上海都市圈的现代新城”的战略定位。制定《关于推进经济社会全面转型建设“科学发展示范点”的决定》,找准经济、社会、管理同步转型,产业、人口素质、环境同步提升,存量调整、增量调整同步实施的“三个同步”新路径。编制《嘉善县国民经济和社会发展第十二个五年规划纲要》以及《浙江嘉善临沪经济区发展规划》等35项重点专项规划,形成覆盖经济发展、基础设施建设、环境保护、社会事业、民生等各方面的规划体系。出台《关于扎实推进创先争优活动全力服务经济社会全面转型的实施意见》,开展“找差距、找瓶颈、找突破”活动,着力解决“拿什么示范、如何作示范”的问题。强化人才支撑,出台《关于加强创业创新型高层次人才队伍建设的实施意见》等“一意见五办法”,县财政每年安排人才专项资金3000万元,引进以领军人才为核心的创新团队。与清华大学党委研究生工作部建立“红色点对点”共建机制,在组织共建、人才共育、示范共创等方面开展全面合作。选派10名干部赴上海市闵行区挂职锻炼,进一步融入上海,找准理念接轨、产业接轨、服务接轨的突破口和具体工作举措。

注重分类指导,实施“八大先锋工程”。以“为民先锋”为总载体,区分镇(街道)、村、社区、国有企业、非公有制企业、新社会组织、机关、事业单位等八个领域党组织,各有侧重地实施争做“创业创新先锋”、“新农村建设先锋”、“文明和谐先锋”、“活力增效先锋”、“转型发展先锋”、“诚信服务先锋”、“廉洁高效先锋”、“行业岗位先锋”等“八大先锋”。组织全县基层党组织和党员根据各自职能岗位要求和年度目标任务,细化、量化工作目标,作出创先争优先锋承诺,接受群众评议和监督。其中10个重点部门和所有9个镇(街道)的承诺,通过报纸、电视和网络向全县公开。在各村(社区)积极推行党员议事会、党员提议制度,实行机关干部“办事档案”、村党组织书记“业绩档案”和党员“先锋档案”制度,实时记录践诺履诺进度和工作业绩。制定“八大先锋”可量化、可考核的具体标准,让基层党组织和党员“创”有方向,“争”有目标,“量”有尺度。如在非公有制企业中开展以“发展强、党建强”为主要内容的“双强争先”活动,明确“五化、五好”创建标准,广泛开展“‘红领’攻坚助转型”系列活动,实现非公有制企业发展、党建的互促共进。结合党员积分制考核、星级党员评定等工作,建立党组织点评、党员互评、群众测评制度,加强对践诺履诺绩效的考核,并作为党员干部任用的重要依据,督促基层党组织和广大党员兑现承诺。广泛开展岗位大练兵、技能比武、劳动竞赛、“先锋标兵百分赛”等评比竞赛活动,确保基层党组织和党员亮诺、践诺、督诺“三个百分百”。全面开展“党员闪光点”评议展示活动,树立16名“八大先锋”典型,制作《风采录》宣传画册和宣传片,开展事迹报告会,充分发挥典型的示范引领作用。举办“创先争优·强村惠民”村干部论坛和“创先争优·和谐文明”社区党建工作论坛,开展首届“十佳村干部”评选活动,用身边人和身边事激励广大党员。

突出统筹联创,加强基层组织。嘉善县委坚持以统筹的理念和方法,适应城乡一体化发展的新趋势,加强基层党组织建设。实施“组织优化”工程,创新农村基层党组织设置模式,形成“一个核心、多个堡垒”的基层组织网络。2010年,1个村党总支升格为党委,24 个村党支部升格为党总支,新建新社会组织党组织 30 个,在农业专业合作社、党员创业示范服务基地等产业链上建立党组织。制定出台加强城乡一体新社区党建工作意见,建立健全以社区党组织为核心,社区管理委员会、社区党员议事会和居民议事会相配套的“1 + 3”城乡一体新社区组织架构,探索实行城乡一体新社区党员教育管理日常管理“双向”、组织活动“双联”、形象展示“双亮”、作用发挥“双岗”的“四双”模式。7 月到 8 月,在干窑镇试点镇党委班子“公推直选”,通过公推直选党代表、三轮公开民主推荐候选人、差额选举镇党委班子等步骤,选举产生镇新一届党代表和党委班子。倒排 9 个重点帮扶整转村,按照“一村一策”原则,实行县领导包干、挂牌销号、集中攻坚等办法,所有重点村在换届选举前帮扶整转到位。开展村级财务清账行动,制定出台《嘉善县村干部辞职承诺制度(试行)》和《不合格村党组织书记调整制度(试行)》,实施在外农村优秀青年“回归”计划,为 2011 年村级组织换届选举储备人才。11 月中旬到 12 月,在大云镇开展村级组织换届试点工作,所属 6 个行政村党组织和村委会换届均分别采用“公推直选”和“自荐直选”的方式,并引入量化赋分的方法确定村党组织成员候选人考察对象,选举产生新一届村党组织、村委会和其他村级配套组织。推进非公有制企业网格化党建,通过区域内企业组织经费联筹、党员活动联办、教育管理联抓、企业文化联建、文明单位联创,实现党建工作资源共建共创共享。建立非公企业网格 52 个,覆盖企业 833 个,其中企业党组织 275 个。深化城乡基层党组织“双百共建”活动,88 个县级机关部门党组织与 118 个村(农村社区)党组织结对共建,20 个示范村与 20 个相对薄弱村开展“组织共建、干部帮带”工作,15 个城市社区党组织与城乡一体新社区党组织结对,开展“携手共创 · 先锋同行”共建活动。

坚持惠民利民,全力为民服务。嘉善县委着力把创先争优活动打造成群众满意工程,大力加强服务型基层党组织建设。深入推进“网格化管理、组团式服务”工作,全县村、社区共划分网格 813 个,建立网格党小组 569 个,参加服务管理团队的党员干部群众 4874 人,建立各类先锋服务队 137 支,全面开展“百村千家送温暖”惠民大行动,2010 年,累计开展扶贫、助学、致富等专项送服务活动 497 场次。广泛开展党员志愿服务,深化以勤奋工作敬业岗、服务群众奉献岗为主要内容的“一员双岗”制度,打造“365 红色服务方阵”,全县党员志愿者 1700 多名,并形成了资源全整合、网络全覆盖、供需全对接、渠道全畅通、绩效全考评、工作全保障的“六全工作法”。深入实施“机关干部下基层蹲点服务深化年”活动,分批选派 200 名县级部门中层干部到基层单位开展为期 3 个月的集中蹲点服务,帮助基层解决实际问题 817 个,为基层办实事好事 434 件。探索构建“先锋连心四站”为民服务新模式,在各村全面推行集“民生挂号站、民情气象站、民需种子站、民声回应站”于一体的“先锋连心四站”为民服务新模式,把服务对象分类“挂号”为最需要关心、最需要关爱、最需要关注三种情况,落实专人跟踪服务。全面搭建党代表“两日、两谈、两室”联系群众平台,共建立党代表接待室 9 个、工作室 102 个。2010 年,县、镇两级党代表联系群众 5660 名,1257 人次参与接待走访,接待群众 1087 人次,走访群众 2070 名;开展党代表民主恳谈 37 次、民情约谈 83 次,收集群众意见建议 396 条,已办理解决 304 条。全面建立党员关爱专项资金,深化党内关爱机制,实现党员关爱资金县、镇(街道)、村三级全覆盖,全县党员关爱专项资金总额达 722 万元。完善退职村干部定期生活补助政策,平均每名退职村干部每月补助 128.78 元。推进党员创业扶助工程建设,全县共建立党员创业服务中心(点)27 个、党员创业示范服务基地 10 个、党员品牌工作室 20 个,发放党员创业卡 424 张、授信发放贷款 2305 万元。

围绕中心大局,助推全面转型。嘉善县委始终把围绕中心、服务大局作为创先争优活动必须坚持的重要原则,以全面转型为根本要求,理清思路、突出重点,大力推进经济社会建设各项工作。坚持增量提升和存量调整并举,大力推进产业招商,成功举办电力电子轨道交通投资推介会、现代服务业发展论坛、海峡两岸现代农业合作交流会等招商活动,华震、九洲药业等一批优质项目成功落户,华瑞赛晶、众成包装等企业成功上市,富士康项目成功投产。实施木业家具等六大传统产业转型升级行动,电子信息产业集群被列入全省块状经济转型升级示范区第二批试点名单。同时,现代农业和现代服务业加快发展,新增注册资本100万元以上生产性服务业企业174家。启动西南自动化研究所长三角分所等行业研发中心建设,县科创中心新引进孵化企业17家,大云加速器投入运行,全县新增国家高新技术企业9家,4个项目列入国家创新基金,授权专利增长117%。基础设施投入达到8.1亿元,嘉兴出口加工区B区实现封关运作,县经济开发区荣获全省唯一的“中国十佳省级经济开发区”称号,中国归谷嘉善园区、多维谷等专业平台建设加快推进。城乡统筹发展水平不断提高,列全省各县(市、区)第7位,修编完成《嘉善城市新区(南区)概念性规划》(以沪杭客运专线嘉善南站周边区域为核心),“六个一”交通工程建设基本完成,全县建成中心城市到各镇20分钟、各镇10分钟内上高速公路的“2010快速通勤道路系统”,初步形成了“城乡一体、区域一体、综合一体”大交通格局。“两分两换”全面推进,23个重点集聚区规划编制全部通过评审,9个新市镇集聚区全部启动基础设施建设。“强村计划”深入实施,在镇(街道)工业功能区创立“村级经济创业园”,整合各村用地指标,推动村级经济集聚发展,探索政策帮扶增收、物业经营增收、开发资源增收、抱团投资增收、有偿服务增收等发展村级集体经济有效模式,全县已有87个村申报项目99个,总投资达6.03亿元,其中已启动项目96个、建成项目29个,县、镇(街道)两级财政为18个经济薄弱村项目预补资金共1270万元。深化城乡统筹就业,新增就业岗位6612个,帮助3396名城镇失业人员实现再就业,实现农村劳动力转移就业6853人。医药卫生体制改革全面启动,城乡居民社会养老保险全国和全省试点工作成效明显,新增参保人员57453人,合作医疗参保率达98.08%,被命名为“全国养老服务示范县”。圆满完成世博安保任务。2010年全县实现地区生产总值275.37亿元,增长15.4%,增幅连续四年列嘉兴市第一;完成财政总收入38亿元,其中地方财政收入18.82亿元,分别增长13.9%和17.8%;全社会固定资产投资179.63亿元,增长22.3%;合同利用外资5.42亿美元,实际利用外资2.96亿美元,实到县外内资36.08亿元;进出口总额29.4亿美元,其中出口20.65亿美元,分别增长37%和33.6%;实现全社会消费品零售总额87.74亿元,增长19.4%;城镇居民人均可支配收入28190元,增长12%,农民人均纯收入14383元,增长12.8%。(冯永强)

全省创先争优活动推进会　　王建超　摄

"六个一"交通建设工程

嘉善境内河道纵横、湖泊密布,在506.6平方公里的总面积中,水域面积占14.29%,各类河道多达2241条、总长1829.8公里,交通建设难度大,任务重。为了改善交通状况,消除出行安全隐患,县委、县政府作出部署,修建农村公路、改造农危桥、实现村村通公交等。在2008年学习实践科学发展观活动中,县委、县政府从嘉善县优越的地理位置等实际出发,推出打造"四个地"(打造经济转型升级示范基地、长三角中心区经济重地、主动接轨上海前沿高地、城乡一体发展先行之地)的发展战略,重新审视作为基础设施建设的交通发展现状,梳理交通发展难题。其间,省交通厅到嘉善县实地调研,开展服务基层、破解难题,推动嘉善交通科学发展活动。为此,嘉善县梳理了《浙江省交通厅与嘉善县共同破解嘉善交通发展难题》专报。2008年12月14日,中共中央政治局常委、书记处书记,国家副主席习近平在该专报上作出重要批示,要求嘉善利用区位优势,以学习实践活动为契机,采取有力措施破解交通建设难题,不断推动经济社会又好又快发展。12月17日,副省长王建满率省交通厅等部门领导到嘉善进行实地考察,针对嘉善对外交通能力不足、布局不完善、城乡交通网络布局不合理、服务质量不高、枢纽站场衔接不畅、内河码头发展滞后等问题,提出了加快以"六个一"交通建设工程为重点的交通基础建设。

嘉善县"六个一"交通建设工程为"编制一个规划、建设好一个新客运中心、新建一批港湾式停靠站、改造一批农危桥、改造一条航道、贯通一条省道",含10个项目,即编制《嘉善县交通综合发展规划》、建设新客运中心、建设80个港湾式停靠站、改造80座农危桥、拓宽平黎公路、改建拓宽丁凝公路、建设天凝至洪溪公路、建设公路站房、改造丁诸线航道和建设客运专线嘉善南站至客运中心快速通道项目。

《嘉善县综合交通发展规划》是由部、省联合制造的综合交通发展规划,对于促进嘉善县区域交通、城乡交通、综合交通一体化建设具有指导性作用。通过规划建设"三级网络、两大系统"——区域骨干交通网络、城乡快速交通网络、城乡集散交通网络、运输枢纽站场系统、运输服务保障系统,全县将形成各镇之间可相互直达的20分钟的交通圈和各村之间以农村公路相连的40分钟交通圈,全县区域交通、城乡交通、综合交通网络建设将迈上一个新的台阶,为嘉善主动接轨上海、融入长三角和统筹城乡发展、加快新农村建设提供强有力的交通保障。

新客运中心占地面积5.67万平方米,工程总投资1.1亿元。嘉善作为长三角的一个枢纽,其新客运中心的建成将对嘉善主动接轨上海、融入长三角发挥积极作用。它进一步缩短客运车辆进入沪杭高速路网的距离,优化连接周边县市以及本县二级乡镇的交通线路。同时,不仅彻底改变嘉善原有客运站客流拥挤、进出拥堵、交通不畅的不利局面,也为带动新城区发展,推动嘉善城乡公交一体化建设发挥作用。是便民惠民,提升嘉善公共服务功能的一个新"窗口",提升嘉善交通事业和城市建设的整体形象,为全县加快城乡统筹发展和区域经济繁荣奠定了新的基础。

港湾式停靠站和农危桥项目对嘉善县人民群众的生活、工作、生产息息相关,涉及城乡居民的生命和财产安全,因此该项目建设由政府部门通过调查和勘看后确定,是推进新农村建设的重要举措。2010年底,已建港湾式停靠站累计497个,实现了全覆盖,改造农危桥80座,不仅为城乡百姓提供更加安全、舒适的出行条件,改善农村生产、生活条件,而且促进城乡经济建设发展,提高城乡居民生活水平,推进城乡一体化。

平黎公路拓宽段全长12.52公里,按一级公路标准建设,估算投资2.49亿元。该公路是连通嘉善县南北的一条重要干线公路,也是嘉善县接轨苏南地区的一条重要通道。解决了该公路西塘至陶庄段路面宽度问题,满足了承载快速增长的交通流量,有效促进沿线产业开发和结构调整,对北部镇的经济发展起到巨大的推动作用,进一步推动区域经济发展,提高群众生活水平。

丁诸线航道位于嘉善县东南部,北起杭申线,南至杭平申线,向南可通嘉兴港,往北可至苏南,是嘉善县境内一条南北走向的重要航道。建成后将有效补充嘉善县综合运输网,成为嘉善县经济发展、产业结构调整的重要依托,为嘉善乃至嘉兴地区实现海河联运提供更为便捷的集疏运通道。

丁凝公路起于嘉善县丁栅与上海市莲盛镇交界处,路线自东向西经丁栅,穿越西塘古镇,终于嘉善县天凝镇与嘉兴市秀洲区油车港镇交界处。是嘉善县对外交通的一条跨省快速道路,也是全县贯穿东西的重要主干线。全长30.06公里,项目按一级公路标准改建,设计为双向四车道,路基宽度为26米,估算投资12.66亿元。建成后将推动沿线各镇(街道)经济的发展,促进嘉善县旅游业的发展,对主动接轨上海、统筹城乡发展、建设新农村有着重要的促进作用。

天凝至洪溪公路是连接天凝和洪溪的一条重要道路,全长3.5公里,按二级公路规划,总投资3500万元。西塘公路站房和丁栅公路站房建设项目为进一步提升公路管理水平、服务能力等,对就近管养干线公路及农村公路起到了快速、便捷通行的作用。客运专线嘉善南站至客运中心是沪杭高铁嘉善南站与嘉善新客运中心连接的快速通道,总里程11.64公里,总投资6.5亿元,将分两期建设。它的建设对于进一步接轨上海、提升城市形象、加速城市化进程、加快经济社会发展具有巨大的推动作用。“六个一”交通基础建设工程(十个项目)进展顺利,除丁诸线航道、丁凝公路还没开始建设以及客运专线嘉善南站至客运中心快速通道还没全部建成外,编制嘉善县综合交通发展规划、新建客运中心、修建80个港湾式停靠站、改造80座农危桥、平黎公路拓宽工程等均已完成。

嘉善县“六个一”交通工程建设既是深入学习实践科学发展观活动,全面贯彻落实习近平副主席关于嘉善交通科学发展的重要批示,破解全县交通建设难题、加快交通基础建设的一大举措,也是从主动接轨上海、融入长三角和统筹城乡发展、加快新农村建设的角度出发,根据多年来群众意见较多、期盼较高的交通发展难题而开展的一项让全县老百姓都得到实惠的民生工程和民心工程。　　　　(沈　楚)

附:“六个一”工程具体进展情况

1. 规划编制情况。《嘉善县交通综合发展规划》由交通运输部规划院与省交通规划设计研究院具体帮助完成的高质量的规划设计。《规划》于2009年5月6日嘉善县第十四届人民代表大会常务委员会第18次会议通过实施。

2. 新客运中心建设情况。2008年8月开工建设,占地面积5.67万平方米,工程总投资1.1亿元,于2010年5月1日建成并投入使用。

3. 80个港湾式停靠站建设情况。2008年底第一批完成80个,2010年底累计建成497个,基本实现港湾式停靠站全覆盖。

4. 农危桥改造情况。2009年度计划改造80座,至2009年底,已完成桥梁81座,投资5400万元。

5. 丁诸线航道改造情况。航道全线改造里程约29.50公里,投资估算13.84亿元,其中320国道以北按四级双线通航标准改造,以南按照五级航道单线通航标准改造。该项目的工程可行性报告已通过评审,水土保持方案以及环评报告均已编制完成。

6. 平黎公路嘉善西塘至省界段拓宽工程建设情况。工程建设全长12.52公里,按一级公路标准建设估算投资2.49亿元。2010年12月17日建成通车。

7. 丁凝公路改建拓宽项目。按一级公路标准改造,全长30.06公里,估算总投资12.66亿元。至2010年底,水土保持方案已由省水利厅批复同意,环评及土地预审正在报批过程中。

8. 天凝至洪溪公路建设项目。全长3.5公里,二级公路,总投资3500万元,于2009年9月底完工通车。

9. 公路站房建设项目。西塘公路站工程已于2009年5月底竣工并投入使用,丁栅公路站已于2010年4月1日正式投入使用。

10. 客运专线嘉善南站至客运中心快速通道建设项目。沪杭客运专线嘉善南站至嘉善客运中心快速通道工程,全长11.64公里,计划总投资6.5亿元,工期计划2009年底前开工到2011年下半年完成。除三号路外,桥梁完成72%,路基完成73%。通道二号路已建成通车,工程完成投资3亿元。

港湾式停靠站　　县交通局　提供

上海世博会“环沪护城河”安保工作

为切实做好上海世博会“环沪护城河”安保工作,嘉善县根据省市世博安保工作的统一部署,按照“政府主导、专群结合、属地负责、以面保点”的原则,狠抓防范涉稳事、监管危险物、严控社会面、设卡“护城河”等措施的落实,充分发挥了“护城河”、“防火墙”作用,用心血和汗水筑就了平安世博的外围坚固屏障,有效策应了上海世博会的安全,圆满完成了上级交给的世博安保工作任务。世博安保期间,全县无重点对象入沪滋事干扰世博会,没有发生影响当地稳定的重大群体性事件、刑事案件及交通、火灾等重大治安灾害事故,嘉善县分别被省委、省政府和市委、市政府授予浙江省嘉兴市上海世博会“环沪护城河”安保工作突出贡献单位称号,县公安局、县交通局、县经济开发区(惠民街道)被省委、省政府授予全省世博安保先进单位。县委政法委、县委宣传部、县公安局、县交通局、县经济开发区(惠民街道)、姚庄镇被市委、市政府授予全市世博安保先进单位。

加强组织领导,建立世博安保工作体系。县委、县政府始终把世博安保工作作为压倒一切的头等大事和首要政治任务,紧紧围绕省委赵洪祝书记提出的“浙江人去上海不惹事,上海到浙江来的中外宾客不出事,全省面上少出事,力争不出惊天动地的事”的指示精神,认真谋划、扎实推进世博安保工作。2009年11月,里泽和俞汇检查站的基础设施建设相继破土动工,紧接着红旗塘水上检查站、23个无名道口以及增援警力驻地开始全面建设,至2010年3月底,各项基础设施建设全面竣工。期间,县四套班子领导经常听取世博安保工作进展汇报,帮助协调解决遇到的困难,并多次赴检查站和无名道口检查基础设施和安保工作开展情况。各级领导也非常重视和关心嘉善县世博安保工作,省委书记、省人大常委会主任赵洪祝,交通运输部部长李盛霖,中共中央委员、公安部党委副书记、副部长、上海世博安保协调小组组长刘京,交通运输部副部长冯正霖以及省市领导王辉忠、陈德荣、李卫宁、徐士珍、刘冬生、鲁俊等多次来我县实地检查世博安保工作,慰问一线执勤人员和志愿者。加强世博安保工作组织领导,成立由县委副书记、县长姚高员任组长的全县世博安保工作领导小组,明确了41个单位和9个镇(街道)的工作职责,下设领导小组办公室,抽调人员在县公安局集中办公,并设立6个工作组,明确卡点建设运行、安保宣传、社会力量动员等工作的责任部门和人员。按照省委、省政府“五个坚决防止”和市委、市政府“六个确保”的工作目标和相关要求,结合实际,制定全县世博安保工作实施方案,提出了实现“七个杜绝发生”的工作目标。召开全县世博安保动员大会和领导小组全体会议共4次、世博安保办公室会议8次,重点部署开展情报信息制导、矛盾纠纷排解、重点单位防卫、重点物品严管、入沪卡点阵地建设、社会治安整治、安全隐患治理等8个专项战役。同时,县纪委、组织部等六部门联合下发《嘉善县上海世博会“环沪护城河”安保工作责任追究暂行规定》,全县共成立4个世博安保社会面治安管控督查组,分7次对全县重点单位、重点物品、重点行业等开展集中督导检查,及时督促各地各有关行业整改安保薄弱环节。“五一”节前,县四套班子主要领导分别带队检查全县各片区的世博安保工作情况,通过督查发现各类隐患56处,发放整改通知书48份,有效消除了一批安全隐患。

突出工作重点,把握世博安保关键节点。强化重点目标管控,细化措施,严防死守,确保了全县社会面秩序的稳定。强化重点场所管控。加大对犯罪分子易藏身落脚的中小旅馆、出租房,易滋生违法犯罪的歌舞娱乐、桑拿洗浴、美容美发、网吧酒吧的清查力度,深化旅馆业积分制管理,加大对旅馆业(通宵浴室)的检查和处罚力度,不断提高全县旅客住宿“四实”登记率。认真落实娱乐服务场所六项严管措施,严格执行娱乐服务场所日常巡检抽查制度,并确定单月13、14日为全县场所、特业统一清查行动日。

期间，共查处娱乐服务场所39家，勒令关闭22家。强化重点行业管控。公安、交通、邮政、安监、交投部门开展重点行业单位底数排查，排出客货运、寄递行业120家、特定种类危险化学品从业单位（商店）283家、放射源使用单位4家（均为造纸厂，共24枚）、放射性装置使用单位23家（51个）、烟花爆竹经销点237家，剧毒化学品单位28家，并多次召开工作会议，签订重点行业单位责任状。举办多期危化品、特种作业从业人员及一般企业负责人、安全管理人员的安全知识培训，共培训1500多人。督促客货运、寄递业从业单位在每个营业网点配备专职安检人员和仪器，并严格执行实名登记和开包检查制度。期间，检查客货运、寄递、危险化学品等单位600余家次，发现和整改各类隐患13处，全县各客货运和寄递行业共配备X光安检仪2套、手持式金属探测仪132件。优化进沪班车线路，加强对营运客车和驾驶员安全源头管理，严格落实长途客运站、火车站入沪人员实名购票制度，做好上海世博会期间汽车客运站（场）危险品安全检查管理工作，新客运中心投入30余万元更新危险品检测仪。强化重点物品管控。监督指导危化品从业单位严格执行购买审批、实名购销和流向登记等管理制度，加强硬件建设，普及危险化学物品储存、使用场所CK报警、视频监控系统的安装。全县28家剧毒化学品从业单位在储存场所和运输路线上均安装了视频监控装置，安装视频摄像头307部。县安监部门通过专项整治行动现场检查危险化学品单位72家，出具整改指令书20份，并对4起危险化学品生产单位的违法行为进行立案调查处理。自3月份开展“治爆缉枪”专项行动以来，全县公安机关共查处非法买卖枪支、非法持有枪支案件7起8人，收缴各类枪支13支（气枪6支、自制枪7支）、仿真枪3支、军用子弹118发。强化重点单位管控。切实加强对全县党政机关、水电油气、金融企业重点单位内部治安管理的指导检查，并全部签订了责任状。全县49家县级治安重点单位全部聘请专职保安，落实门卫制度，并建立健全治安保卫机构，配备专职治安保卫人员394人，其中有46家安装视频监控系统。特别是县行政中心、水厂、广电中心等重点单位和要害部位切实落实单位内部治安保卫制度，加强人防、物防和技防设施，守护到位。同时，加强预案拟订和演练工作，开展防火灾、防泄漏以及金融单位“防劫持、防抢劫”预案演练11次，进一步提高了处置群体性事件和重大治安事故的能力。

前置维稳关口，织严世博安保社会面防线。全县各级认真履行维护稳定职责，大力化解各类人民内部矛盾，严厉打击各类违法犯罪活动，努力构筑起“环沪护城河”的稳定屏障。在涉稳事件调处上，政法委、公安、司法、劳动保障、交通及各镇、开发区（街道）等密切关注防范和处置各类意外突发事件，落实工作措施，妥善处理基层矛盾纠纷，成功处置了多起突发事件，有效化解了一批重大矛盾纠纷，切实维护了全县社会稳定。在信访工作上，信访部门牵头开展信访矛盾地毯式大排查，对排查确定的重点信访积案全部落实领导包案，并全面落实“排查、调处、督查、惩治”措施，确保了全县不发生去沪上访和个人极端信访事件，世博安保期间成功化解了8件全省挂牌的重点信访积案。县委政法委、县新居民局、陶庄镇通过成立领导小组，制订处置方案，落实属地稳控和帮扶措施，主动开展刑事救助，化解了长达一年多时间的陈某、艾某涉法涉诉信访案。在矛盾纠纷调处上，县政法委、司法局等部门按照“矛盾纠纷不升级、不输出、不酿成事端”的要求，以降低世博安保的矛盾基数为重点，积极开展社会矛盾纠纷大排查大化解活动，不断推进社会矛盾和不稳定因素排查化解常态化、制度化。全县共排查出各类矛盾纠纷2529起，世博安保期间化解2351起，对于一些一时难以解决的案件，都落实应急预案和稳控措施，有效降低稳控“水位”。在打击防范违法犯罪上，深入推进全国公安机关严打整治行动，部署开展全县反盗“两车”、打“两抢”人民战争，世博安保“护城”11项系列集中行动，扎实开展全市统一部署的每月10日反盗“两车”集中行动日和宣传日活动，加强对涉赌涉黄违法犯罪活动的打击整治等。同时，县和镇、开发区（街道）两级机关党员干部全员参与为期七个月的治安大巡防，有力地策应了全县社会面治安防范工作。确定了2个县级重点整治治安区域和其他9个治安重点地区，县和镇、开发区（街道）两级分别制定整治方案，配强整治力量，落实整治措施，确保重点整治区域的治安现状改善。新居民事务局会同公安局积极开展全县新居民基础信息集中排摸专项行动,通过建立队伍联动、信息传递、考核推动三项制度,有效协助公安机关发现流动人口违法犯罪线索。世博安保期间,通过流动人口管理抓获网上逃犯21名、犯罪嫌疑人82名。在校园安全防范工作上,强化人防、物防和技防建设,及时配备专职保安,建立护校(园)队,重要时段落实警力开展驻校值勤守护。政法委、教育、公安、新居民事务、行政执法部门整合人力资源,切实形成了学校、社会、家庭联动参与校园安保的良好格局。加强教师(家长)护校(园)队校门值班维护秩序,建立97支980人的教师护校志愿队,发动成立36支2700多名家长组成的护校(园)志愿队。世博安保期间,新装校园紧急求助按钮78只、学校重点部位视频监控159处、配备保安"七件套"198套。在大型活动安保上,根据省、市世博安保工作要求,严格控制非常规性的大型活动,可办可不办的活动一律不举办,期间取消了计划承办的央视"欢乐中国行"大型文艺晚会。文化部门加强对文化市场、场所的安全监管,从严审核世博期间职责范围内的各类大型文化活动申办,期间全县举办各类群众性活动13起,均做到了安全平稳、万无一失。此外,教育、旅游部门圆满完成了全县42所中小学2万名学生参加的"万名学生观世博"活动。

建设过硬队伍,严守世博安保入沪卡点。嘉善县承担了世博安保"环沪护城河"2个陆上卡点、1个水上卡点的日常运行任务。世博安保期间,全县公安(水上)检查站共出动警力84461人次,检查入沪车船总数为1975134辆(艘),复检入沪重点车船197803辆(艘),检查人员438405人次,查获各类违法犯罪嫌疑人240名,在逃人员17人,移交、劝返各类不准入沪对象213人,查扣管制刀具401件、易制毒易制爆化学品799千克、淫秽物品321件、非法出版物及音像制品7件、烟花爆竹53箱。其中"8·10"和"8·28"两起涉枪案件的有效查处,分别得到了国务委员、公安部长孟建柱和省委赵洪祝书记的批示肯定。世博安保期间,在检查站成立3个检查大队,建立大队领导班子,成立党团组织,建立一日生活、执勤站岗等多项管理制度,并设立安全执勤计时牌。结合创先争优活动,以开展"当好世博安保先锋卫士"为抓手,命名卡点优秀共产党员和安检岗位为"共产党员示范岗"。9月15日,在卡点一线举行"火线入党"宣誓仪式,对荣获三等功、嘉奖以及全市"平安世博之星"的安保人员进行了现场表彰。安保期间,全县共有186名安保人员荣获嘉兴市"平安世博之星"称号。公安、交通部门切实指挥协调好公安(水上)检查站的运行,积极创新勤务模式,深入开展以"学习互促、任务互助、生活互帮、安全联防"为主要内容的"三互一联"活动,有效促进安检执勤队伍快速整合。工作中,全体安检队员坚持"理性、平和、文明、规范"执勤,做到严格检查与便民惠民相结合,期间全县各卡点没有发生因工作不当引起纠纷和引发投诉事件。各检查站还专门设置遮阳通道、移动公厕、饮水设备、咨询岗、安检流程示意图等便民设施,为进沪群众提供各项服务。组织开展以执法执勤、实战技能、查疑抓现等为主要内容的岗位竞赛活动,总结提炼出了俞汇卡点"看问查验"四步法、红旗塘水上卡点"三个三"工作法等一批安检新方法。针对卡点执勤工作压力大、外出活动少的实际,建立驻地图书室,组织全体参战人员分批游览西塘古镇和上海世博园区。认真承办公安部、省委宣传部、省公安厅、团省委、省文联、省武警总队、省警察学院、市妇联、市公安局等单位赴检查站一线开展慰问演出活动,深入开展征文活动和丰富多彩的文体活动,组织举办中秋联谊晚会和世博安保技能大比武。8月25日晚,县委、县政府还隆重举行了全县世博安保慰问暨纪念县公安局荣获"国模"五周年文艺晚会。此外,省公安厅、省交通厅、省司法厅、省总工会、省警察学院、省警官职业学院、市委办、市委组织部、县总工会、县工商联也纷纷到卡点进行实地慰问。市红十字会免费为检查站提供了大量常用药品,县卫生部门及有关医院在公安(水上)检查站进行巡回义诊,并开辟了快速救治绿色通道。

坚持合作共赢,打响世博安保人民战争。全县各级各部门牢固树立"万无一失"的责任意识和"一失万无"的忧患意识,以超常的决心、超常的举措、超常的作风,坚持合作共赢,戮力同心,凝聚成携手保世博平安的强大动力,使群防群治建设成为嘉善县"环沪护城河"安保工作中的特色和亮点。4月15日下午，姚庄镇清凉村村干部在周永康同志视察上海世博会“环沪护城河”安保浙江前方指挥部期间当面向首长汇报了全县群防群治力量参与世博安保工作的情况，得到了中央领导的充分肯定。强化世博平安志愿者队伍建设。县综治委、团县委、总工会、妇联、机关党工委积极做好世博安保志愿者招募指导以及对世博志愿者参与安保活动的管理。3月21日，县世博安保办、团县委、县志愿者协会联合举办了世博平安志愿者现场招募注册暨迎世博志愿者环城跑活动。期间，全县共招募世博平安志愿者26887名，构筑起了1个志愿者服务总队、32个大队、791个小队的组织指挥体系，并统一世博平安志愿者标识。完善平安志愿者队伍、加强村级治安专业巡逻力量、强化部门协作，深入开展“千员巡防保平安”、“千人志愿护世博”、“千人排摸治隐患”、“千企职工迎世博”、“千万家庭促和谐”等活动，并在23个无名道口以及新客运中心、火车站、西塘景区等公共场所设立世博平安志愿者服务岗，广泛开展驻点守护、巡防预警、应急反应等志愿服务活动，涌现出了一大批先进代表。75岁的老党员谈早云建立“和阿姨”志愿者服务队，编写《迎世博保平安》小调，积极参与小区治安义务巡逻。强化无名道口值守工作。采取部门、单位承包的办法，广泛组织发动各行各业志愿者充实到无名道口的值守工作中，并根据不同的世博安保等级，做出相应的人员响应布置。同时，不断完善保障机制，所有无名道口全部配备了统一形象的值守帐篷，配齐配全值守装备，并搭建通水通电的固定岗亭18个。广大居民群众也十分理解和支持世博安保工作，村民自发为值守志愿者送绿豆粥、邻近农户主动为值守志愿者烧菜烧饭等诸多感人故事被传为佳话。期间，参与无名道口值守的世博平安志愿者22917人次，检查过往车辆27911辆、入沪人员33058人，协助查获犯罪嫌疑人7名，查获偷盗摩托车、电动车5辆，查缴烟花爆竹、瓶装气体、管制刀具等违禁物品80余件。同时，无名道口值守工作也辐射改善了周边治安状况，值守期间23个无名道口所在的9个村刑事警情数比上年同期下降31%。强化世博安保宣传工作。县委宣传部、县级新闻单位扎实做好世博安保宣传工作的专题策划，充分运用平面媒体、广播电视、网络平台等载体，通过在县两台一报一网开辟专栏、组织专题、策划专版等形式，派出记者走进检查站和无名道口等安保一线开展体验，进行全方位、多角度地报道。同时，积极运作各级媒体记者来嘉善县进行世博采风活动，中央电视台、中新社、人民公安报、浙江卫视等中央级、省级新闻媒体连续报道了我县世博安保工作。据统计，各级各类媒体、网络等录用嘉善县世博安保宣传稿件1300篇(条)次。

世博安保是嘉善县历史上大型活动维稳工作时间最长、标准最高、难度最大的一次战役，全县各级各部门经受住了非同寻常的考验，高标准、高质量完成了这项艰巨任务。这场世博安保硬仗，不仅锻炼了队伍，考验了干部，夯实了基础，而且也留下了宝贵的精神财富，一是彰显了胸怀大局的爱国精神。二是彰显了爱岗敬业的公仆精神。三是彰显了创先争优的拼搏精神。四是彰显了艰苦奋斗的奉献精神。五是彰显了勇于开拓的创新精神。六是彰显了合作共赢的团队精神。

嘉善县世博安保的成功实践，也积累了宝贵经验，带给我们许多有益启示。一是领导重视、部门协同的“大安保”体系是世博安保取得成功的首要前提。二是依靠群众、群防群治的“大设防”模式是世博安保取得成功的关键所在。三是立体打击、强势挤压的“大功防”战略是世博安保取得成功的重要手段。四是理性平和、文明规范的“大和谐”执法是世博安保取得成功的根本保证。五是各方参与、多点多频的“大督察”机制是世博安保取得成功的重要保障。六是上下联动、内外结合的“大宣传”格局是世博安保取得成功的有效支撑。

世博安保工作中彰显出的六大精神和形成的六条经验，是全县人民集体智慧的结晶，是全面建设“科学发展示范点”的宝贵精神财富。（时　帆　张皆乐）

2010年嘉善县大事记

1月

1日 《嘉善县城乡居民社会养老保险办法》颁布并实施。

7日 在第四届长三角投资发展论坛暨第三届"长三角最具投资价值县市"评选活动会上，嘉善县被评为"长三角最具投资价值县市"。

11日 全省各市信访局长会议在嘉善举行，省委副秘书长、省信访局局长陶君毅出席会议。

13日 罗星街道获"省区域共青团整体化建设示范街道"称号。

14日 省委组织部电教中心调研组到嘉善考察远程教育。

12～15日 中国人民政治协商会议嘉善县第十二届委员会第四次会议召开。

13～16日 嘉善县第十四届人民代表大会第四次会议召开，会议选举姚高员为嘉善县县长。

15日 Tesco乐购嘉善店开业，Tesco乐购是全球第三大零售商，乐购嘉善店位于县城体育南路518号。

18日 嘉善县首届扇面画展暨"画说嘉兴"嘉善作品展在县文化艺术中心开展，有近20位美术爱好者的100幅扇面画和10多幅"画说嘉兴"美术作品展出。

19日 由国家人力资源和社会保障部社保中心副主任皮德海率领的国家新农保试点督导组到嘉善督导城乡居民社会养老保险工作开展情况。

20日 公安部治安局局长武冬立到嘉善调研、督导"环沪护城河"检查站建设及世博安保相关准备工作。

21日 省农业厅到嘉善调研农民增收致富和农村经营管理工作。

25日 嘉善县交通建设投资集团有限公司成立。

27日 嘉善新闻网正式开通。

28日 嘉善县商业开发投资集团有限公司成立。

30日 嘉业阳光城小区190户居民成为全县首批使用天然气用户。

2月

1日 《中国共产党嘉善县组织史资料》（第四卷）出版发行。

2～3日 全国法院行政审判调研工作座谈会在嘉善召开，最高人民法院行政审判庭庭长赵大光、副庭长李广宇以及北京、湖南、西藏等18个高级法院的行政审判庭庭长参加座谈会。

3日 参加全国基本医疗卫生制度建设与城乡居民基本医疗保障制度研讨会的专家学者到嘉善调研城乡居民合作医疗工作。

同日 嘉善县获"浙江省旅游经济强县"称号，成为全省第二批、嘉兴市首个省级旅游经济强县。

10日 孙道临影城完成数字化影院改造，改造项目总投资200万元人民币。

24日 姚庄环境保护所被浙江省"青年文明号、青年岗位能手"活动组委会评为"省级青年文明号”，成为全省获此荣誉的第一家基层环保所。

3 月

1 日　嘉兴出入境检验检疫局嘉善办事处为嘉善上虹货架有限公司签发首份“中国—秘鲁自贸区优惠原产地证书”，签证金额 16.48 万美元。

2 日　中央党建工作领导小组秘书组到姚庄镇实地考察“两分两换”、城乡一体农村新社区建设项目，并先后到大云镇缪家村和西塘镇进行参观考察。

3 日　县委召开全县领导干部会议。市委常委、组织部长杨立平宣布省委关于中共嘉善县委主要领导同志职务任免的决定，并作重要讲话。根据省委决定，何炳荣同志担任中共嘉兴市委常委，免去其中共嘉善县委书记、常委、委员职务。张明超同志担任中共嘉善县委委员、常委、书记。

同日　《嘉善县抗战时期人口伤亡和财产损失调研成果汇编》出版发行。

4 日　市委书记陈德荣到嘉善调研现代农业发展情况。

同日　公安部监管局下发《关于 2009 年公安监管场所等级评定情况的通报》（公监管［2010］109 号），嘉善县看守所、拘留所被评为一级看守所和一级拘留所。

5 日　中共中央委员、上海世博安保协调小组组长、公安部党委副书记、副部长刘京到嘉善视察世博安保工作。

同日　县委、县政府召开全县三级干部大会。

8 日　沪杭客运专线嘉善南站快速通道开工建设。

17 日　嘉善县有机鳖生产基地通过国家环保部第三批国家有机食品生产基地审核，成为全市首批获此认定的生产基地。

18 日　嘉善县城市天然气利用工程正式开工。城市天然气利用工程是接纳川气入浙的重要配套工程，也是嘉善县重要的民生工程与实事工程，工程总投资 2.63 亿元，完工后，年供气量 2275 万立方米。

同日　中央电视台 7 频道《乡村大世界》“我行我秀”海选活动在县广播电视台举行，罗星街道“活力时装秀”节目脱颖而出，并到北京参加现场录制。

同日　交通运输部公安局局长张玉胜及交通运输部水运局、道路运输司、海事局等部门负责人到嘉善检查世博交通安保工作。

22 日　嘉善县举行科创中心二期工程奠基暨“浙江中科无线授时与定位研发中心”、“西南自动化研究所长三角分所”、“科创中心院士专家工作站”、“科创中心加速器”等科技创新载体入驻揭牌仪式。省科技厅、嘉兴市领导和县四套班子主要领导及部分专家学者出席奠基揭牌仪式。

同日　嘉善县公安局惠民派出所被确定为全省首家受理《进沪车辆专用通行证》申领的单位。

23 日　省人大调研组到嘉善调研民族宗教工作。

24 日　魏塘港航管理检查站免费发放浙北首张内河航道 RFID 通行卡（船舶标签卡），并成功安装在浙嘉善货 1322 号船上。RFID 通行卡的发放、安装标志着浙北航区船舶动态监管系统正式实施。

同日　古镇西塘首次参加德国柏林国际旅游展。

26 日　公安部在北京召开全国先进集体和个人表彰会，会上嘉善县公安局被授予“全国爱民模范先进集体”称号。县委常委、县公安局局长高海金出席会议，并受到党和国家领导人胡锦涛、温家宝、李长春、周永康等的接见。

同日　省检察院检察长陈云龙到嘉善调研世博安保工作和检察工作。

29 日　嘉善县在浙江世博大酒店举行“银善皓月·中小企业债权信托基金”项目成立大会暨首期信托贷款发放仪式。

4 月

1 日　《嘉善县医疗纠纷预防与处置实施办法（试行）》正式实施，嘉善县医疗纠纷人民调解委员会同时成立。

10 日　浙江嘉善农村合作银行挂牌开业。

14 日　省委党校调研组到嘉善调研。

17 日　西塘镇星建村党支部书记、种粮大户王志康在全国劳动模范和先进工作者表彰大会上被授予“全国劳动模范”称号，并受到党和国家领导人的接见。

19 日　中纪委办公厅和中央电视台有关负责人到嘉善采访村务监督委员会建设及运作程序情况。

同日　省高级人民法院院长齐奇视察西塘法庭。

19～26 日　国家审计署驻

深圳特派员办事处处长董方一行到嘉善县开展城乡居民养老保险工作专项审计调研。

20日　嘉善县大云镇被全国汽车服务高科技产业化委员会列为全国汽车自驾游基地。

20～25日　'10中国·大云生态旅游暨花乡艺术节在大云镇碧云花园举行。

22日　江、浙、沪十一县(市、区)人大工作交流会在嘉善举行。

同日　省政协副主席王永昌到嘉善调研。

23日　财政部行政政法司司长李林池到嘉善调研世博安保保障情况。

29日　交通运输部副部长冯正霖一行到嘉善考察320国道限超运输检测站和里泽公安检查站以及红旗塘水上港航管理检查站的世博安保工作,查看平黎公路、港湾式停靠站、农危桥改造等"六个一"工程建设情况。

5月

1日　嘉善县客运中心投入使用。客运中心总投资1.1亿元,占地8.67公顷(130亩),站房建筑总面积16917平方米,设长途客运发车位15个,城乡公交发车位44个,城市公交发车位8个,总停车位235个,最大停车能力530辆标准车,可承担日客流量1.5万人次,日发班次1200班。

4日　浙江旅游商标品牌保护与开发研讨会在西塘镇举行,研讨会由嘉善县人民政府、浙商研究会、《市场导报》主办。

同日　协警费建坤被中共浙江省委宣传部、浙江省社会治安综合治理委员会办公室、浙江省公安厅、浙江日报报业集团、浙江省见义勇为基金会授予"浙江省见义勇为勇士"称号。

8日　中国归谷创新创业园区("中国归谷")全球招商项目(专用工作网)正式启动,网址为www.chinafortuneland.org。

17日　市委书记陈德荣到嘉善调研统筹城乡发展工作。

20日　浙江省纪检监察电教工作会议暨《反腐前线》联系点研讨会在嘉善举行。

23日　中共广东省增城市委书记、市人大常委会主任朱泽君率考察团到嘉善考察。

26日　嘉善县泗洲小学举行落成典礼。

6月

2日　省委常委、组织部长蔡奇到大云镇缪家村调研基层党建工作,并实地考察姚庄镇"两分两换"开展情况。

4日　嘉善县举行中小企业服务网开通暨"银善春风"一期信托基金发放仪式,18家企业获"银善春风"一期贷款5700万元。

7日　县公安局民警何斌会同全省17名警察赴利比里亚执行国际维和任务,何斌是嘉兴市第一位执行国际维和任务的人民警察。

9日　省人大常委会副主任冯明率检查组到嘉善检查水污染防治工作。

同日　嘉善县举行'10嘉善(温州)服务业项目推介会。

10日　苏、浙、沪相邻县(市、区)首届反腐倡廉协作联席会议在嘉善召开。

11日　中共临海市委书记尹学群率党政考察团到嘉善考察。

同日　中央财经领导小组办公室秘书组到嘉善调研科技创新、新居民管理及农村新社区发展情况。

17日　嘉善县在沪举办"嘉善之夜"中外企业家联谊晚会,来自德国等10多个国家的驻沪领事馆商务官员、企业协会会员和上海知名企业家共100多人应邀参加晚会。

18日　省人大常委会副主任、总工会主席刘奇到嘉善调研工会工作。

25日　江苏吴江市代表团到嘉善考察西塘古镇保护和旅游开发情况。

27日　县十四届政府举行第44次常务会议。会议听取并审议《关于2010年政府投资项目计划调整的说明》、《嘉善县享受宅基地政策人员和宅基地分户认定实施细则(试行)》、《关于新城区农房拆迁安置过渡政策的汇报》、《2010年嘉善县城区公办小学、初中学区划分及招生办法》、《关于要求提高残疾人就业保障金征收标准的报告》和《我县老龄事业基本情况及发展对策建议》等文件。

同日　泰利雷蒙率西澳大利亚州政府代表团到嘉善考察台升实业有限公司及财纳福诺(中国)有限公司。

29日　市人大常委会主任徐士珍到嘉善调研财政、经济运行情况。

30日　中共大云镇缪家村

委员会挂牌成立，这是全县首个村级党委。

7月

1日　嘉善县获省“综治先进集体”称号。

5日　台湾乡镇市长考察团到嘉善考察。

7日　省委常委、组织部长蔡奇到嘉善调研创先争优活动开展情况。

9日　省人大常委会副秘书长、法制工作委员会主任丁祖年到嘉善调研《浙江省信息化促进条例（草案）》实施情况。

10日　交通运输部部长李盛霖到嘉善调研交通工作。

14日　全国政协科协界别委员到嘉善县科创中心调研院士专家工作站情况。

15日　嘉善县通过省级新农村科技示范项目验收。

16日　省委常委、省政法委书记、省公安厅厅长王辉忠到嘉善县视察世博安保工作。

21日　出席统筹城乡改革发展（嘉兴）研讨会与会人员到嘉善调研“两新”工程建设情况。统筹城乡改革发展（嘉兴）研讨会由国务院发展研究中心农村经济研究部、浙江大学、浙江省农业和农村工作办公室、中共嘉兴市委、嘉兴市人民政府主办。

22日　国务院发展研究中心负责人到嘉善调研新生代农民工与城镇化问题。

23日　全省检察机关主题实践活动情况汇报会在嘉善举行。

28日　全省对台信息工作会议在嘉善举行。

29日　长三角发展转型记者论坛在嘉善举行，来自新华社、《半月谈》等媒体的近20位新闻采编人员出席会议。

30日　县委十二届九次全体（扩大）会议召开。会议审议并通过《中共嘉善县委关于推进经济社会全面转型，建设“科学发展示范点”的决定》。

31日　嘉善县体育场落成并投入使用。

8月

4日　省创先争优活动推进会在嘉善举行，省委书记赵洪祝，省委常委、秘书长李强，省委常委、组织部长蔡奇等出席会议；赵洪祝发表重要讲话。

同日　嘉善县举行庆祝中国农工党成立80周年大会。

6日　浙江嘉兴出口加工区B区通过验收。

7日　沪杭客运专线完成铺轨，实现全线贯通。沪杭客运专线全长160公里，设计时速350公里，其中嘉善段全长11.5公里，2009年4月开工建设。

16日　第十届中国·姚庄黄桃节开幕。

18日　省财政厅党组书记、厅长、地税局局长钱巨炎到嘉善调研乡镇财政工作。

19日　全省市级防汛办主任会议在嘉善召开。

23日　第十届中国·姚庄黄桃节黄桃品评会在北京钓鱼台国宾馆举行。姚庄镇生产的“锦雪”牌锦绣黄桃第六次摆上国宴餐桌。

24日　《人民日报》党建周刊主编董宏君到嘉善调研创先争优活动开展情况并进行采访。

25日　县委、县政府举行庆祝活动，纪念国务院授予嘉善县公安局全国“模范公安局”称号五周年。省公安厅、市公安局及县四套班子领导出席庆祝活动，清华大学、中国人民公安大学等单位的专家教授应邀参加活动，新华社、法制日报社等20余家媒体记者到县公安局进行采访报道。

同日　台州市玉环县党政代表团到嘉善考察“两分两换”工作。

26日　“中国电视新闻协作网嘉善直报点”开通。

30日　沪杭客运专线嘉善南站落成。

9月

1日　省卫生厅考核组到嘉善县考核上半年公共卫生服务项目工作情况。

3日　浙江省援建指挥部和中共青川县委、县政府召开浙江省援建工作流动现场会，开展浙江省援建工程收官大检查。检查人员查看了嘉善援建的新古城沟大桥、乡中心小学和集镇综合整治、产业援建等项目。省援建指挥部对嘉善的援建工作表示满意。

7日　省司法厅党委书记、厅长赵光君到嘉善调研世博安保和司法行政工作。

同日　上海市闵行区副区长程向民到嘉善考察工业经济发展情况。

9日　浙江省人民政府地方志办公室主任潘捷军到嘉善调研工作。

10 日　嘉善县第四中学举行新校园落成典礼。新校园按省九年制义务教育普通学校Ⅰ类标准设计建设,总投资 8355 万元,占地面积 8.53 公顷(128 亩),总建筑面积 2.7 万平方米。

11 日　中央党建工作领导小组秘书组局长江金权到嘉善调研统筹城乡基层党建工作。

13 日　嘉善与清华大学签订“红色点对点”合作协议。

14 日　宁波宗教界人士到嘉善进行考察交流,并参观龙庄讲寺。

同日　南亚家具纺织(嘉善)有限公司获沃尔玛能效提升项目优秀表现企业奖。

15 日　比利时经济大臣范·魁克纳到嘉善浙江财纳福诺木业有限公司参观考察。

16 日　天津市纪委副书记、静海县县委书记孙文魁率静海县党政考察团到嘉善考察统筹城乡和新农村建设工作。

同日　副省长王建满到嘉善视察沪杭客运专线工程建设。

同日　长三角地区 25 个市的市委政研室有关人员到嘉善考察“两分两换”工作。

20 日　嘉善县举行第二届道德模范颁奖典礼。

26 日　县十四届人大常委会第 31 次会议召开。

27 日　新疆维吾尔自治区区委书记张春贤率自治区党政考察团到嘉善姚庄镇考察“两分两换”工作和城乡一体新社区建设。

同日　温州市永嘉县县委书记任玉明率永嘉县党政代表团到嘉善考察。

29 日　全省城乡居民社会养老保险工作推进会在嘉善召开,副省长陈加元出席大会。

同日　省交通厅厅长郭剑彪到嘉善视察红旗塘水上卡点,督查水上世博安保工作。

30 日　嘉善县举行吴镇诞辰 730 周年纪念活动。

同日　省委常委、组织部长蔡奇到嘉善调研创先争优活动开展情况。

10 月

5 日　省第十四届运动会火炬传递(嘉善站)起跑仪式举行。

10 日　省第十四届运动会(青少年部)“宜泰鞋业杯”女子篮球比赛在嘉善县体育馆举行。

11 日　县政协召开第 45 次主席会议。

13 日　省第十四届运动会群众体育先进代表到嘉善考察。

同日　中央党校地厅级城镇化问题进修班学员到嘉善考察。

20 日　嘉善县第十二届运动会举行。

22 日　舟山市定海区副区长陈剑到嘉善考察“两分两换”工作。

25 日　中组部组织一局局长、中央创先争优活动办公室主任张国隆到嘉善调研创先争优活动开展情况。

同日　上海市普陀区党政考察团到嘉善考察。

26 日　沪杭客运专线开通运行,嘉善南站投入使用。

27 日　省水利厅厅长陈川到嘉善调研圩区整治情况。

28 日　嘉兴出口加工区 B 区办事处举行开关仪式。

同日　全省农业综合开发工作暨项目管理现场会在嘉善举行。

同日　国家发改委地区司副司长陈宣庆到嘉善考察。

29 日　北京中关村留学人员创业园协会到嘉善考察中国归谷嘉善园区情况。

同日　’10 国际低碳生态灯光艺术展在嘉善西塘举行。原住房和城乡建设部副部长、中国风景名胜区协会会长赵宝江,国务院国有重点大型企业监事会主席李东序,中国城市科学研究会副会长李兵弟观看展出。

30 日　嘉善县举办海峡两岸现代农业合作交流会。

11 月

3 日　嘉善县召开创建国家级生态县动员大会。

同日　省政府副秘书长、办公厅主任俞仲达到嘉善考察统筹城乡发展试点工作。

6 日　新疆阜康市市委书记曹志文率党政考察团考察姚庄镇桃源新邨社区。

9 日　第五届浙江·陶庄汾湖民间文化艺术节开幕。

10 日　慈溪市副市长袁金祥率团到嘉善考察养老服务体系建设。

12 日　浙江省委书记、省人大常委会主任赵洪祝,省委常委、组织部长蔡奇,市委书记李卫宁等领导到县科创中心调研。

14 日　河北省常务副省长赵勇到嘉善考察长三角区域合作和接轨上海工作。

16 日　省卫生系统创先争优活动领导小组在陶庄镇举行对口帮扶启动仪式。

19日　嘉善县通过国家三类城市语言文字工作评估。

25日　嘉善县文学艺术界联合会第六次代表大会召开,197名正式代表、82名特邀代表出席大会。大会审议并通过第五届委员会工作报告和新的文联章程,选举产生县文联第六届委员会,陆勤方当选第六届文联主席。

25～26日　嘉善县科学技术协会第八次代表大会在县政府会展中心召开,241名正式代表、46名特邀(列席)代表出席大会。会议审议并通过科协第七届委员会工作报告和《统一使用〈中国科学技术协会章程〉的决议》以及倡议书,选举产生第八届委员会委员31名,张建林当选为主席。

12月

2日　县十四届政府召开第47次常务会议。

同日　嘉善县举行“十佳民间和谐员”颁奖晚会。

3日　嘉善县在北京举办’10北京·浙江嘉善电力电子轨道交通投资推介会。

8～9日　全国人大常委会委员、中国致公党中央委员会副主席严以新率国家教育体制改革领导小组到嘉善调研推进义务教育学校教师流动试点工作。

14日　嘉善县召开深化基层医药卫生体制改革推进会暨实施国家基本药物制度工作会议。

15日　中国国民党革命委员会嘉善县支部委员会成立,支部第一届委员会选举吕新建为主委、董铭勤为副主委。

16日　国土资源部党组成员、总规划师胡存智一行到嘉善考察统筹城乡一体化建设工作。

17日　平黎公路西塘至省界段竣工通车。工程全长12.52公里,按照一级公路标准设计,总投资2.4亿元,路基由13.5米拓宽到27米。项目于2009年5月开工,2010年12月完工。

18日　嘉善县杜鹃小学举行建校100周年庆典活动。杜鹃小学的前身是“私立启东初等小学堂”,创办于1910年。建国后学校先后易名为“启东小学”、“代代红小学”、“魏塘镇第一小学”,2009年改名为杜鹃小学。学校占地面积33790平方米,校舍面积12090平方米,有32个教学班,1566名学生,89名教职员工。

20日　中共嘉善县委十二届十次全体(扩大)会议暨县政府十四届八次全体(扩大)会议召开。会议回顾总结2010年工作,部署2011年任务,审议通过《中共嘉善县委关于制定国民经济和社会发展第十二个五年规划的建议》。

23日　副省长龚正到嘉善调研。

同日　嘉善县举行民政“慈善”医疗救助项目启动仪式。

24日　省委常委、组织部长蔡奇到嘉善调研创先争优活动开展情况。

25日　全国木制建材下乡浙江试点工作组到嘉善考察。

25～26日　台湾中兴大学校长萧介夫一行到嘉善考察。

26日　361°中国女排联赛(2010～2011)嘉善赛区首场比赛在县体育馆举行。

29日　嘉善县太浦河长白荡饮用水水源地建设保护工程开工。　(徐晓帆)

嘉善概貌

地理环境

【地理位置】 嘉善县地处太湖流域杭嘉湖平原，位于浙江省东北部、江浙沪两省一市交会处，北纬30°45′36″～31°1′12″，东经120°44′22″～121°1′45″。境域轮廓呈田字形，东邻上海市青浦、金山两区，南连平湖市、嘉兴市南湖区，西接嘉兴市秀洲区，北靠江苏省吴江市和上海市青浦区。全县总面积506.6平方公里，其中陆地占85.71%，水域占14.29%。地势南高北低，平均高程3.67米（吴淞标高）。县城东距上海市90公里，西至杭州市110公里，南濒嘉兴港35公里，北接苏州市91公里，处于长江三角洲的中心地带。

气候与气象

【常年气候概况】 嘉善位于北亚热带南缘的东亚季风区，四季分明、温和湿润、光照充足、雨量充沛、无霜期长，宜于作物生长，但地处沿海中纬度地带，气候变化明显，具有春湿、夏热、秋燥、冬冷的特点，主要的灾害性天气有暴雨、连阴雨、干旱、寒潮、大雪、大雾、高温和台风。

常年平均气温15.8℃，1月最冷，月平均气温3.7℃，极端最低气温－10.8℃，出现在1977年1月31日；7月最热，月平均气温27.8℃，极端最高气温40.2℃，出现在2010年8月12日。春季，日平均气温稳定通过10℃的平均初日3月30日；夏季，日平均气温稳定通过22℃的平均初日6月9日；秋季，日平均气温低于22℃的平均初日9月28日；冬季，日平均气温低于10℃的平均初日12月6日。平均每年日最高气温≥35℃天数有7天，其中，2010年31天。

历年平均初霜日11月14日，终霜日3月25日，平均无霜期233.6天。平均初结冰日11月29日，年平均结冰天数39天。

历年平均降雨量1155.7毫米，最多年份雨量1683.4毫米，出现在1999年；最少年份雨量695.1毫米，出现在1978年。年平均降雨日138.5天，一日最大降水量167.6毫米，出现在1977年8月22日。全年有两个相对雨季和干季，4～7月是第一个雨季，其中，4～5月为春雨，6～7月为梅雨，7月中旬～8月中旬处于副热带高压控制下，高温少雨；8月下旬～9月是第二个雨季，受台风和冷空气影响，雨量明显增多，10月起降水减少，成为第二个少雨时段。历年平均降雪日数7.8天，1月最多，为3.5天。最大积雪深度22厘米，出现在2008年2月1日。

历年平均日照时数1927.3小时，其中，1～2月最少，平均在125小时以下；而7～8月最多，平均在210小时以上。

历年平均风速3.1米/秒，瞬间风速≥17米/秒的大风平均每年5.4天。历年出现的最大风速35.5米/秒（12级），出现在1987年3月6日。

【2010年气候特征】 年平均气温16.8℃，较常年15.8℃偏高1.0℃，比上年17.2℃偏低0.4℃。除4月、6月以外，其余各月平均气温均比常年偏高，2月、8月、9月偏高明显，均比常年同期偏高2℃以上，其中8月份平均气温30.7℃，比常年同期偏高3.2℃，为历年同期最高，而4月份平均气温较常年平均偏低1.5℃，为历年同期最低。年降水量1340.2毫米，比常年同期

1156.8毫米偏多183.4毫米。其中2月、3月、7月、10月、12月比常年偏多,2月、3月、7月偏多明显,均是常年同期的2倍多,其余各月偏少。年雨日为142天,较常年偏多3.5天。年日照2005.0小时,比常年1942.8小时偏多62.2小时,8月、12月日照比常年偏多40小时以上,6月、7月比常年偏少20小时以上,其余各月均接近常年。

年内出现多次连续阴雨天气。2~5月,阴雨天气较多,出现罕见的春汛,期间阴雨寡照,降水强度大,对农作物生长带来不利影响。5月,阴雨天气给大小麦及油菜等春花作物的后期生长及收晒带来不便。4月13~16日,出现10年来罕见的倒春寒天气,14日日平均气温6.5℃,为有气象记录以来4月日平均气温最低。倒春寒天气对农林生产极为不利。3月28日入春,比常年提早2天,终霜出现在3月26日,比常年推迟1天。

6月17日入梅,7月17日出梅。梅期长,梅雨量大,分布不均。入梅、出梅时间均偏晚,梅期31天。梅雨量353.2毫米,比常年偏多83%,为1999年以来最多。梅雨期间暴雨过程频繁,7月5日出现大暴雨,24小时雨量98.1毫米。梅中有伏,6月30日至7月3日出现4天连续高温天气,其中,7月2日气温37.6℃。全年多次出现强对流天气,雷暴趋势为早发多发。其中,8月25~27日连续3天出现强对流天气,雨量分布不均匀,个别自动站出现短时暴雨,7~9级雷雨大风;25日下午,杨庙区域自动站出现9级雷雨大风和48毫米短时强降水,强对流天气对设施农业有一定影响。

夏季平均温度比常年同期偏高1.2℃。高温天数明显多于常年,在梅雨期就已出现高温。全年≥35.0℃的高温日数共31天,≥38.0℃的高温日数有7天,均为历年最多。其中,8月12~15日连续4天最高气温均接近或超过40℃,12~14日连续3天平均气温在34℃以上,为历史罕见,9月份还出现1天高温日。

雾霾天气明显增多。全年共出现大雾54天,仅次于1983年的55天,灰霾天气44天,较前两年急剧增多,为有记录以来最多的一年,是2009年的近两倍。年内多次出现范围大、影响时间较长的大雾天气,其中11月共出现大雾天气12天,以11月20日影响最大(19日夜间开始起雾,20日早晨至上午出现大范围浓雾,部分地区强浓雾,最低能见度仅30米,直到中午才逐渐消散)。12月12~16日,受强冷空气影响,出现连续5天的连阴雨雪天气;其中,15日普降中到大雪,过程无光照,积雪深度4厘米,15日夜至16日出现大范围的道路结冰和冰冻。（宋　亚）

2010年气象资料表

月份		一	二	三	四	五	六	七	八	九	十	十一	十二	全年
气温(℃)	2010	5.0	7.2	9.2	13.1	20.2	23.7	28.4	30.7	25.8	18.3	12.7	7.2	16.8
	常年	3.7	5.0	8.7	14.6	19.8	23.8	27.8	27.5	23.1	17.8	12.0	6.1	15.8
雨量(毫米)	2010	38.2	126	230.5	81.9	89.1	108.6	298.0	85.9	101.8	92.9	25.0	62.3	1340.2
	常年	56.0	61.5	109.7	97.1	105.3	179.2	146.8	136.8	113.8	65.6	47.4	37.7	1156.8
雨日(天)	2010	7	15	15	15	14	12	18	7	15	8	9	7	142
	常年	10.7	11.0	15.0	13.3	12.9	14.8	12.4	12.4	11.3	9.4	7.9	7.3	138.5
日照(小时)	2010	129.7	110.5	135.4	144.7	169.2	135.5	187.3	298.3	172.6	162.9	164.2	194.7	2005.0
	常年	121.7	118.5	125.3	156.2	175.0	159.0	222.5	229.8	172.9	166.8	149.8	148.2	1942.8

注:按中国气象局规定,以上常年平均值为1971~2000年的平均值。

土地和人口

【土地】 嘉善县地处杭嘉湖平原,人多地少,人口密集。全县行政区域面积为506.6平方公里。2010年,人口密度758.2人/平方公里。

【人口】 2010年末,全县总人口384095人,比上年末增加1188人。在总人口中,农业人口204216人,非农业人口179879人。当年出生2458人,死亡2813人。全年人口出生率6.41‰,人口死亡率7.34‰,自然增长率-0.93‰。 (王善珍)

建置沿革

【概况】 嘉善县历史悠久,从境内大往圩、独圩、张安村等文化遗址出土的文物证实,早在6000多年前的马家浜文化时期,已有先民在沼泽开田、种植水稻和饲养牲畜。明宣德五年(公元1430年)分嘉兴县东北境之迁善、永安、奉贤3个完整乡和胥山、思贤、麟瑞三乡之部分置嘉善县,定治魏塘,隶嘉兴府。"因旧有迁善六乡,俗尚敦庞,少犯宪辟,故曰嘉善"。清循明制。

民国元年(1912)废府,嘉善属钱塘道。民国16年(1927),废道,嘉善直属省辖。民国24年(1935),全省设9个行政督察区,嘉善属第二行政督察区。民国26年(1937)11月被日军侵占。民国28年(1939),嘉善属省第十行政督察区管辖。民国37年(1948)4月,属省第一行政督察区管辖。

1949年5月11日嘉善解放,隶属浙江省第一专员公署,11月改属嘉兴专署。1958年11月21日嘉善县建制撤销,并入嘉兴县。1961年4月9日恢复县置,1983年8月,实行市辖县制,嘉善县隶属嘉兴市。 (周 竑)

行政区划

【概况】 2010年,嘉善县共辖3个街道、6个镇:魏塘街道、罗星街道、县开发区(惠民街道)、西塘镇、姚庄镇、陶庄镇、干窑镇、天凝镇和大云镇,全县有104个村、45个社区。 (周 竑)

国民经济和社会发展

【概况】 2010年是实施"十一五"规划的最后一年。一年来,全县上下深入贯彻落实科学发展观,全力推进"科学发展示范点"和"创先争优活动示范点"建设。全县经济社会保持平稳协调较快发展,较好地完成了年度目标任务,为全面实施"十一五"规划画上圆满句号。

【经济总量持续增长】 2010年,全县实现地区生产总值275.37亿元,按可比价格计算,比上年增长15.4%,高于年度计划5.4个百分点。人均生产总值实现新提升,按户籍人口计算,全县人均生产总值达7.18万元(折合1.06万美元)。实现第一产业增加值20.72亿元,可比增长3.6%;第二产业增加值164.21亿元,可比增长18.5%,其中工业增加值148.06亿元,可比增长19.8%;第三产业增加值90.44亿元,可比增长12.6%。三次产业结构比为7.5 : 59.6 : 32.9(2009年为7.8 : 58.6 : 33.6)。财政收入保持平稳较快增长,实现财政总收入38.00亿元,同比增长13.9%,高于年度计划4.9个百分点,其中地方财政收入18.82亿元,同比增长17.8%。

【发展质量进一步提高】 全县实现农业总产值42.34亿元,同比增长16.8%,粮食作物播种面积2.81万公顷(42.21万亩),产量18.29万吨。精品农业发展取得新成效,新建32个精品农业示范点,建立86.67公顷(1300亩)富硒稻米生产基地,建设1600公顷(2.4万亩)粮食生产功能区,创建1个省级现代农业综合区、3个省级主导产业示范区和4个省级特色农业精品园,完成2133.33公顷(3.2万亩)标准鱼塘建设。推进工业转型升级,规模以上工业企业完成产值655.80亿元,增长40.8%。新兴产业加快发展,新兴产业投资占全部工业投入的48.2%。产业集聚不断加快,三大工业核心区规模以上工业企业合计完成产值367.17亿元,占全县规模以上工业总产值的56.0%。深入实施大企业大集团培育计划,年产值超亿元企业达132家,其中超10亿元企业4家,超50亿元企业1家。推进平台建设,嘉兴出口加工区B区实现封关运作,启动浙江临沪经济区前期研究,县经济开发区获"中国十佳省级经济开发区"称号。服务业快速发展,完成服务业地税收入5.78亿元,同比增长20.4%,占地税收入的47.1%。新增服务业企业572家,注册资本27.45亿元,增长

48.4%。物流业加速发展,引进申嘉富钢贸城、普嘉仓储、博洋家纺、爱仕达等一批物流项目。消费市场不断拓展,乐购、大润发超市和景文百货罗星店等商场建成营业。成功创建省旅游经济强县,全年接待国内外游客631.97万人次,同比增长20.1%,实现旅游综合收入57.53亿元,同比增长27.8%。房地产平稳发展,完成房地产投资25.93亿元,同比增长85.0%,实现销售额33.89亿元,同比增长3.0%。科技创新推动转型升级,全县研究与试验发展经费支出占生产总值比重达2.1%,新认定国家高新技术企业9家,列入国家级科技项目14项。节能减排倒逼转型升级,实施有序用电,完成清洁生产审核验收企业20家,启动可再生能源应用国家示范县建设。推进主要污染物减排工作,抓好排污权交易和初始排污权核定,实施重点减排工程12个,如期完成"十一五"节能减排目标。

【城乡面貌进一步改善】 新城开发全面推进,建成全长17公里的新城区道路,基本形成"五横十纵"道路框架。新客运中心、高铁嘉善南站及站前广场一期、新华书店投入使用,综合档案馆基本竣工,电力大楼主体工程完工。稳妥推进旧城改造,完成小东门、乐安里老旧小区改造。"两新"工程扎实推进,编制完成县域村庄布点规划,出台"两新"工程建设"四意见一办法"。启动9个新市镇(街道)中心集聚区、14个集镇型新社区和8个一般集聚区建设,实施农房改造集聚7113户,姚庄镇试点一期工程完成637户置换户入住。新市镇培育取得新成效,姚庄镇和天凝镇被列入第二批省级中心镇培育工程,姚庄镇被确定为省小城市培育试点。"强村计划"取得明显成效,启动建设项目43个,其中竣工项目26个。生态建设步伐加快,全面启动国家级生态县创建工作,出台城乡绿化造林三年行动计划,新增绿化造林面积472公顷(7080亩)。公共设施不断完善,加快交通"六个一"工程建设,改造农危桥62座,完成平黎公路炮台口至干窑段工程建设的70%,建成天然气利用一期工程。推进全国小型农田水利重点县建设,新建标准化圩区3533.33公顷(5.3万亩),整治河道162.8公里。

【改革开放不断深化】 嘉善县被《长江三角洲地区区域规划》确定为县域科学发展示范点,着手编制《建设浙江嘉善县域科学发展示范点实施方案》。积极推进金融创新,设立县金融办。加快企业上市步伐,浙江众成包装材料股份有限公司成功上市,募集资金8亿元。启动医药卫生体制改革,开展国家基本药物制度改革前期工作。进一步完善农村土地流转机制,新增土地流转面积1013.33公顷(1.52万亩)。招商引资质量不断提高,完成合同利用外资5.42亿美元,实际利用外资2.96亿美元,实到县外内资36.08亿元。其中新批总投资2000万美元以上外资项目14个,新批服务业项目13个,新批总投资亿元以上服务业内资项目5个。接轨上海步伐加快,直接从上海及长三角地区引进项目413个,供沪农产品销售总额达23.8亿元,增长28.6%。

【社会事业协调发展】 教育事业扎实推进,义务教育教师流动项目被国务院确定为国家级教育改革试点。实施校安工程,嘉善四中等4所中小学迁建工程竣工并投入使用。高考再创佳绩,一本上线人数达到428人,上线率在嘉兴市继续保持领先地位。推进职业教育改革与发展,出台《关于加快推进职业教育改革与发展服务地方经济转型升级的实施意见》。切实加强校园安保力量,全县各校无重大安全事故发生。成功创建国家三类城市语言文字工作达标城市。推进卫生强县创建,加强医疗卫生基础设施建设,县第一人民医院迁建工程进入土建,2家卫生院基本完成主体工程建设。合作医疗保障水平进一步提高,城乡居民参保率达到98.1%,同比提高1.0个百分点,人均筹资标准提高到300元。加大文体设施建设力度,陶庄、西塘图书分馆建成开馆,姚庄文体展览中心开工建设,启用县体育场和国家级水上训练基地。文化活动对外影响力不断扩大,6个群众文艺节目首次走进中央电视台7套《乡村大世界》。群众文艺活动蓬勃开展,组织举办各类活动及展览30余次,举行"周末大舞台"演出29场。文化遗产保护展现新局面,建立《嘉善田歌》县级非物质文化遗产传承教学基地。群众体育和竞技体育创新佳绩,举办县十二届运动会,成功承办第十四届省运会女子篮球等5个项目的比赛,嘉善籍运动员在省运会上获9.5枚金牌,实现亚运会、亚残运会金牌零的突破,2010～2011赛季中国女排联赛浙江开元女排主场落户嘉善县。人口计生工作取得新进展,全县计划生育率为98.69%。开展第六次全国人口普查工作,创建成为省级科普示范县。

【社会保障水平不断提高】 推进养老保障全覆盖,五大社会保险(保障)参保人数同比净增5.75万人次,全县养老保障覆盖率达到85.3%,参加城乡居民社会养老保险人数10.7万人。城乡居民最低生活保障标准进一步提高,城镇居民从每人每月340元调整为392元,农村居民从每人每月210元调整为236元。深化城乡统筹就业,被确定为首批省级创建创业型城市,新增就业岗位6612个,其中"4050"等就业困难人员1016人,城镇登记失业率控制在3.4%以内。社会福利事业加快发展,嘉善县获全国养老服务示范单位和全国老龄工作先进单位。加大困难群众救助力度,共发放低保救助金和基本生活价格补贴979.75万元,完成农村危旧房改造183户,城镇"三无"和农村"五保"集中供养422人,供养率100%。深入开展"爱心献慈善"活动,共募集善款871.5万元,发放慈善救助款496万元,汇缴玉树地震赈灾捐款61.04万元。平安嘉善建设扎实推进。圆满完成世博安保"环沪护城河"安保任务。全面落实安全生产责任制,全年事故起数、死亡人数和直接经济损失三项指标控制在上级下达指标之内。加强社会治安,全县刑事案件数下降5.2%。 (张　赟)

精神文明建设

【概况】 2010年,嘉善县精神文明建设工作以科学发展观为指导,重点围绕"一个主题",实施"四项计划",即围绕建设社会主义核心价值体系这条主线,突出"共创文明、共建和谐"这个主题,实施以道德教育、文明创建、乡风文明、"春泥计划"为内容的"四项计划",提升公民文明素质和社会文明程度。

【实施道德教育计划】 开展第二届道德模范评选活动。分助人为乐模范、见义勇为模范、诚实守信模范、敬业奉献模范和孝老爱亲模范5类,通过宣传发动、民主推荐、组织审定、公示投票、表彰宣传等环节,评选出10名嘉善县第二届道德模范。开展道德模范"校园行"活动。由市、县级道德模范代表组成先进事迹巡讲团,走进校园,与全县3000多名青少年学生开展面对面交流。以上海世博会为契机,在全县部署开展"迎'世博'、讲文明、树新风"主题活动。宣讲文明礼仪,实施"文明交通行动计划",开展文明乘车、文明驾车、文明餐饮宣传活动,兴起学习实践文明礼仪高潮。招募"世博"平安志愿者26887名,成立1支总队、32支大队、791支小队,设立"县志愿者服务总队、系统志愿者服务大队、部门志愿者服务分队、志愿者服务小队"4级组织志愿服务队伍,累计志愿服务近2万人次、3万小时。

【实施浙江省文明县域测试】 根据省文明委的工作部署,嘉善县被确定为《浙江省文明县(市、区)域测评体系》测试的6个县(市、区)之一。6～8月,就经济社会协调发展、党组织坚强有力、社会风尚健康向上、公共事业均衡发展、社会秩序安全平稳等7个方面开展测试工作。

【开展群众性精神文明创建】 年初,新命名县级文明单位26家、文明村15个、文明社区2个。根据《嘉善县文明单位积分管理办法》,进一步加强对全县文明单位的动态管理,对省级文明镇、省级文明单位进行复评。年底,新增6家市级文明单位、12个市级文明村。

【开展乡风文明百村赛】 围绕"赛强村惠民、赛法制宣传、赛文化活动、赛邻里和睦、赛家庭教育、赛诚实守信、赛村容村貌、赛治安环境、赛科技致富、赛文明创建"等10项内容,在全县各村(社区)中开展"乡风文明百村赛"活动。通过寓教于乐的形式,提升农村的文明程度和农民的文明素质。

【评创文明信用户】 年初,在全县各村开展文明信用户评创活动。全县近9万户家庭中,共有76997户家庭参与活动,参与率88.3%,评选出文明信用户18844户,评选率21.6%。截至10月底,全县共有6005户文明信用户获得授信,授信额4.90亿元,其中956户文明信用户得到1.42亿元贷款。

【开展双结对创文明活动】 组织新命名的26家县级文明单位

与村开展结对活动，使各级文明单位、文明社区参与结对率达100%，村参与结对率100%。据统计，结对单位（社区）共为结对村资助资金168万余元，开展政策科普知识宣传681次、文化活动334次、队伍建设271次，赠送图书17570册，环境保护、道路建设、文化体育等方面实事共计762.5万元。

【实施“春泥计划”】 全县农村实现“春泥计划”全覆盖。发挥机关事业单位工作人员、中小学教师、志愿者、文化特色户等各类人员的作用，共同参与“春泥计划”，有411名党员教师参与开展指导1152次。强化校外基地建设，4月召开爱国主义教育基地座谈会，加强爱国主义教育基地和学校的互动。姚庄镇建立16个镇级教育实践基地，为未成年人教育实践提供活动平台。以“小手牵大手文明齐步走”为主题，深入开展“春泥计划‘五小行动’”。全县共开展“小小宣传员”活动182次，参加人数5193人次；“小小监督员”活动177次，参加人数2635人次；“小小故事员”活动127次，参加人数1963人次；“小小通讯员”活动233次，参加人数2779人次；“小小环保员”活动279次，参加人数6469人次。丰富青少年暑期社会实践活动，7～8月，在全县开展以“爱我祖国、爱我家乡”为主题的青少年暑期社会实践活动。组织全县青少年学生，开展“嘉善建县580周年”主题教育、“阅读伴我成长”暑期读书、“讲普通话、写规范字”、“低碳—让生活更美好”科普知识竞赛、明信片设计大赛、回乡大学生志愿服务等活动。全县青少年共参加教育类活动204次，参与人数11100人次；文体类活动196次，参与人数5328人次；公益类活动143次，参与人数5008人次；征文类活动168次，参与人数6234人次；其他活动100次，参与人数5211人次。 （钟晓燕）

嘉善新城区　　　县城投集团　提供

农业经济

综　述

2010年,嘉善县实现农业总产值42.34亿元,同比增长16.76%。农民人均收入14383元,同比增长11%。全县粮食作物总面积2.81万公顷(42.21万亩),总产量18.29万吨。全县各类蔬菜瓜果总面积1.84万公顷(27.57万亩),同比增长3.25%。冬春大棚蔬菜种植面积3453.33公顷(5.18万亩),同比增长5.9%,大棚蔬菜面积居全省首位。全县新增水果面积246.67公顷(3700亩),猕猴桃、油桃、蓝莓、枇杷等水果新品种占新发展面积的25%。全县新发展花卉161公顷(741亩),以种植百合为主,各类花卉总面积500公顷(7500亩)。年末,全县生猪存栏48.33万头,家禽存栏256.36万羽。2010年,嘉善县获全国粮食生产先进县、全国(浙江省)一事一议筹资筹劳典型示范县称号。

全县拥有县级以上龙头企业32家,其中省级龙头企业5家、市级龙头企业17家。拥有浙江省著名商标5个、省名牌(农)产品14个、市级著名商标21个、市级名牌产品21个,农业产业化经营水平明显提升。

全县建设农村户用沼气池425户,总建池容积6375立方米。推广太阳能热水器3880平方米,受益农户1940户;农村清洁能源利用率72.5%。实施农作物测土配方施肥面积4万公顷(61万亩),落实水稻"3414"田间完全肥效试验点10个,大棚经济作物正规肥效试验点3个,在全县9个镇(街道)建立10个水稻专用配方肥百亩示范方。落实140吨腐秆剂,全县秸秆综合利用率80%以上。实施统防统治面积2000公顷(3万亩),累计增收粮食71万公斤,增收节支309万余元。建立水稻病虫绿色防控示范区2个,安装频振式杀虫灯92只。建立瓜果蔬菜病虫绿色防控示范区2个,实施面积110.67公顷(1660亩)。

全县发布农村土地流转信息76条,涉及面积560公顷(8400亩),累计发布流转信息85条,涉及面积1013.33公顷(1.52万亩)。农村土地流转面积累计为6413.33公顷(9.69万亩),占全县耕地面积24.8%,累计经三级土地流转服务机构流转面积1353.33公顷(2.03万亩)。50亩以上规模流转面积增多,至年末总流转面积4113.33公顷(6.17万亩),流转规模率61.15%。

率先在全省推行农村集体"三资"监管工作,抓好"三资"试点和推行方案起草、监管机构筹建、工作经费落实、"三资"网络平台构建、宣传和业务培训、制度框架完善等工作。8月底,在全省率先形成"管理与监管双管齐下,内控和发展并举推进"的新型农村集体"三资"监管新模式。10月底,顺利通过省级农村集体财务管理规范化验收。抓好农民负担源头防范机制完善工作,协助省制订向村级组织收费审核制和村级组织向农民收费申报制文件,同时在全县面上推行。

继续加大惠农扶农工作力度,认真贯彻执行各项惠农扶农政策,做好粮油直补、良种补贴、商品有机肥财政补贴等资金的申报发放工作,合计补贴资金930.07万元。发放2009年度扶持现代农业发展奖励项目84项,资金251.41万元。县、镇两级补助农业设施装备提升工程资金493.6万元,落实农机购置总补贴资金655.5万元,农业龙头企业申报省财政农业产业化贴息资金补助

18万元。2009年,嘉善县被确定为村级公益事业“一事一议”奖补工作试点县;2010年7月,基本完成2个村级公益事业“一事一议”奖补项目,分别为大云镇缪家村综合服务中心项目、天凝镇洪溪村村道及桥梁建设项目。年底,全县扩大到9个项目,即每个镇(街道)1个。

(侯　宇　张　芸)

种植业

【发展粮油生产】　2010年,全县粮食作物播种面积为2.81万公顷(42.21万亩),超出省市任务面积4206.67公顷(6.31万亩),增幅为17.6%。粮食作物总产量为18.29万吨,超出省市任务2.49万吨,增幅为15.8%。全年粮食作物总产值5.17亿元,油菜总产值789.9万元。被首次评为“全国粮食生产先进县”。组织开展《嘉善县粮食生产功能区建设规划(2010～2018)》编制工作,并于11月18日通过省级评审。全年,全县完成粮食生产功能区建设任务1600公顷(2.4万亩),其中建成省市级连片千亩以上粮食生产功能区7个,面积733.33公顷(1.1万亩)。

【创建高产示范县】　2010年,嘉善县被列为农业部粮棉油高产示范创建项目县。围绕单产700公斤目标,选择西塘镇礼庙、星建、邗上3个村作为全县晚稻高产万亩示范片。进行测土配方施肥、机械化插秧、统防统治等高产集成技术示范。在示范区内完成50只物理杀虫灯安装及20台套背负式喷雾器使用补助;11月11日,进行测产验收。12月11日,组织参加在杭州举办的全国稻米博览会。

【实施四个农业项目】　实施省级1333.33公顷(2万亩)标准农田质量提升试点项目,重点在种植绿肥、秸秆还田、商品有机肥、配方肥以及酸度调整等5个环节开展补贴,主推38%水稻专用配方肥333.33公顷(5000亩),实施秸秆还田面积1333.33公顷(2万亩),应用钙镁磷肥面积333.33公顷(5000亩)。实施农业部测土配方施肥补贴资金项目,抓商品有机肥、配方肥推广,推进精品农业发展。实施沃土工程项目,重点对姚庄镇北港村、干窑镇范泾村等4个基地和10家农业专业合作社进行商品有机肥应用补贴服务,建立商品有机肥“厂家+农户”的直供模式,配方肥“县级服务部+镇级配肥点+农户”的供销体系,以减轻土壤综合障碍。实施农业部有机质提升项目,推广腐熟剂面积7万亩。

(沈轶舒　王　芳)

钢管大棚已经成为嘉善蔬菜生产的主要设施

县农经局　提供

【稳步发展大棚蔬菜】　全县冬春茬大棚蔬菜面积3453.33公顷(5.18万亩),其中大棚番茄、茄子、瓠瓜、莴苣、甜瓜、西瓜、黄瓜、草莓八大作物种植面积分别为687.6公顷(1.03万亩)、458.1公顷(6872亩)、231.1公顷(3466亩)、558.1公顷(8371亩)、562.1公顷(8432亩)、215.8公顷(3237亩)、114.9公顷(1723亩)、157.9公顷(2369亩),占总面积的86.4%。大棚番茄、甜瓜、草莓面积比上年有较大增加,大棚地蒲、茄子、西瓜、黄瓜面积比上年有所减少。

【发展蔬菜(瓜)生产】　全县蔬菜复种面积为1.84万公顷(27.6万亩),其中冬春季大棚菜、瓜3456公顷(5.18万亩),冬春季小拱棚、露地菜、瓜4000公顷(6万亩),夏季菜、瓜6527公顷(9.79万亩),秋季菜、瓜4400公顷(6.6万亩)。蔬菜总产量61.23万吨,总产值9.76亿元,比上年增加1.65亿元,总净收入为6.45亿元,比上年增加1.28亿元。全县大棚芦笋面积94.7公顷(1420.5亩),比上年增加54.7公顷(820.5亩)。全县西、甜瓜面积保持平稳,总产量5.35万吨。全县番茄种植面积1500公顷(2.25万亩)、雪菜种植面积600公顷(9000亩)。蔬菜主要以供应上海市场为主,占全县蔬菜产量的50%以上,其他则销往苏州、杭州、嘉兴等地。

【实施蔬菜产业提升项目】 实施“嘉善县蔬菜产业提升项目”。该项目计划总投资610万元,选址于姚庄镇银水庙村。建设蔬菜基地6.7公顷(100.5亩)和蘑菇周年生产基地3.3公顷(49.5亩),预计示范带动133.3公顷(1999.5亩)。新建8米钢管大棚4.7公顷(70.5亩)、连栋大棚2公顷(30亩),应用新型覆盖材料,灌溉系统6.7公顷(100.5亩)。建设12栋温控栽培菇房、发酵室150平方米,培养料采用隧道发酵技术,采用人工智能环控栽培技术,年转化1000吨残料作为优质生物有机肥和基质。项目区集成应用蔬菜多样化增效技术,保证产品优质安全。

(徐 丹)

【建立食用菌示范基地】 在魏塘街道、姚庄镇等地建立食用菌转型升级示范基地,通过推进种苗工程建设,导入新品种,集成新技术,形成新标准,解决新品种试种、新技术的运用,支持良种选育、生物药、生物质能源和涉农机械等技术开发与示范,提高产业整体科技含量和市场竞争力。上半年,全县蘑菇栽培面积2150万平方尺,与上年持平。春菇总产量6450吨,总产值3870万元。下半年,全县蘑菇栽培面积2250万平方尺,总产量1.6万吨,总产值1.1亿元。 (张 晖)

【发展林果桑生产】 2010年,全县共完成“绿色家园”工程466.94公顷(7004.1亩),完成计划任务的184.3%,其中,生态林136.02公顷(2040.3亩)[林带林网74.49公顷(1117.3亩),集镇村庄绿化61.53公顷(923亩)],经济林204.04公顷(3060.6亩)[露地果树111.75公顷(1676.2亩),设施葡萄92.29公顷(1384.4亩)],花卉苗木126.88公顷(1903.2亩)[(花卉71.61公顷(1074.1亩),苗木55.27公顷(829.1亩)]。栽桑面积26.66公顷(400亩)。发放蚕种150张,生产蚕茧6.5吨,产值20.3万元。

【发展林业经济】 全年,新增经济林面积204.04公顷(3060.6亩),全县共有果树面积2066.67公顷(3.1万亩),其中以锦绣黄桃为主的姚庄镇果树面积933公顷(1.4万亩),以翠冠蜜梨为主的开发区(惠民街道)果树面积521.73公顷(7811亩),两大果树生产基地面积占全县总面积的70.7%。天凝镇设施葡萄面积123.39公顷(1850.9亩),占全县设施葡萄总面积的39.4%。太浦河沿线的姚庄丁栅片、西塘大舜片柑橘生产基地稳定。全年经济林产值1.69亿元,比上年增长21.6%。

【绿化示范村建设】 姚庄镇通过省级森林城镇验收,姚庄镇北鹤村通过省级森林村庄验收。陶庄镇陶庄村、西塘镇鸦鹊村、开发区(惠民街道)新润村、魏塘街道城桥村、天凝镇三发村5个村通过市级绿化示范村考核验收,其中陶庄镇陶庄村、西塘镇鸦鹊村、天凝镇三发村通过省级绿化示范村考核验收。至年底,全县有省级绿化示范村23个、市级绿化示范村27个、县级绿化示范村60个(其中年内新增5个村);集镇村庄新增绿化面积61.53公顷(923亩)。

【发展花卉生产】 继续鼓励花卉生产企业和种植户稳定传统品种,发展高档切花和盆花,提升花卉产业发展水平。全县新发展花卉生产面积71.61公顷(1074.1亩)。截至12月,全县有花卉苗木846.67公顷(1.27万亩),总产值1.4亿元,其中花卉面积500公顷(7500亩),产值1.1亿元。 (芮利刚)

养殖业

【发展畜牧生产】 年末,全县存栏生猪48.33万头,全年出栏肉猪82.02万头,同比分别减少6.13%、1.27%。家禽总存栏256.36万羽,全年出栏家禽447.72万羽,同比分别增加12.13%、减少5.22%。全年存栏兔3.75万头,其中獭兔1.72万头、长毛兔2.03万头,出栏兔2.47万头。全年存栏羊0.68万头,出栏羊0.75万头。畜牧业总产值9.56亿元,占全县农业总产值的22.61%,比2009年增长8.92%。

【推进畜牧业转型升级】 9月,制定《嘉善县畜牧业布局与规划》,以“优质、高效、安全、生态”为目标,推进畜牧业生产方式的转变,发展适度规模养殖和生态畜牧业。通过正确引导、积极扶持、规范建设、技术支撑、强化监管,按照“村容整洁”和“环境优化”的要求,建设标准化养殖场和畜牧生态养殖小区,做到粪便无害化处理,资源循环利用,改善环境。制订《嘉善县畜牧业融入上海提效行动、转型升级方案》,以产业转型升级促进农民增收、有效保障供给和维护公共安全为目标,优化生猪产业区域布局与产业结构,提升生猪产业生产能力和畜产品市场竞争力。按照农业部畜牧专业户统计标准,11月,通过踏棚摸底调查,全县共有畜禽养殖专业户2100户。

【开展畜禽养殖污染治理】 全县畜禽养殖污染整治工作重点由设施建设转向长效监管。制定《嘉善县畜禽养殖污染长效防治办法》,明确以“减量化、资源化、无害化、生态化”为基本原则,按照“高产、优质、高效、生态、安全”目标,推进农牧结合、生态循环的综合治理模式,加快构建畜禽养殖污染防治的长效监管体系。全年共开展3次县级督查,各镇(街道)组织2次自查活动,查漏补缺,对畜禽养殖污染治理中存在的不足及时进行整改。6月24日起,全面开展畜禽养殖污染专项整治工作;7月2日,顺利通过嘉兴市整治办组织核查验收;8月2日,顺利通过省级“摘帽”验收。9月,对畜禽排泄物收集处理进行专题调研,形成《关于嘉善县畜禽排泄物收集处理工作的现状和对策的调研报告》,制定《嘉善县畜禽排泄物收集的补助办法》。全县8个畜粪收集处理中心正常运作,其中又有3个通过省级验收(总共6个通过省级验收)。同时,全县开展餐厨垃圾饲喂畜禽的专项整治行动,共查获餐厨垃圾运输车辆65辆,填埋餐厨垃圾601桶。

【加强动物疫病防控】 强化动物疫病防控工作,贯彻落实联场挂户责任人制度,制订《联场挂户责任人职责》和《联场挂户责任书》。公布监督和举报电话,确保全县不发生重大动物疫病和疫情。坚持抓免疫,抓监测,抓监管。对农村小规模和散养畜禽全面实施禽流感、猪口蹄疫、高致病性蓝耳病、猪瘟集中免疫。督促规模养殖场实施程序免疫,同时做好狂犬病、鸡新城疫等其他动物疫病的免疫工作。组织开展操作技能培训,规范免疫操作和牲畜二维码耳标佩戴,做到免疫记录完整、档案健全。以春、秋两季重大动物疫病集中防控为重点,切实加强疫情监测和流行病学调查,结合集中免疫,摸清疫情底细,及时掌握疫情动态。加强畜禽养殖场的技术指导和管理,督促落实综合防控措施。

【实施国家生猪良种补贴项目】 嘉善县为国家级生猪良种补贴项目县。5月6日,农业部牛冷冻精液质量监督检验测试中心常务副主任金穗华和专家陆汉希在省畜牧兽医局专家陪同下,到嘉善县现场抽查、督察,完善猪人工授精工作。开展标准化猪人工授精效果普查工作。2010年,月平均饲养采精公猪124头,1~6月人工授精母猪数25870胎,7~12月人工授精母猪数26748胎,合计52618胎,平均产仔数12.08头,下拨补贴资金105.24万元。

【加强能繁母猪信息预警体系建设】 起草《嘉善县能繁母猪信息预警体系建设项目实施方案》,对各镇(街道)兽医防疫员(村兽医)以及存栏能繁母猪50头以上的规模养猪户负责人(技术员)进行培训。7月16日,县组织各镇(街道)技术骨干前往海盐县现场学习掌握耳标钉载要领。8月4日,县畜牧兽医局举办技术培训班,正式开始能繁母猪耳标钉载信息采集;9月,全县全面铺开信息采集工作。截至12月31日,全县共上传信息32107条,确认能繁母猪32107头。 (张斌荣)

【发展水产养殖业】 全县水产养殖面积5000公顷(7.5万亩),与上年持平。水产品总产量2.8万吨,比上年增加300万吨。渔业一产产值6.5亿元,比上年增长8.96%。全年完成标准化鱼塘建设面积445.67公顷(6676亩),累计改造面积2133.33公顷(3.2万亩)。全年共放流各种大规格鱼种5800公斤、夏花鱼苗3300万多尾、河蟹大眼幼体100公斤、中华鳖7.5万只、中华绒螯蟹50万只。全年共向上级主管部门申报10个现代渔业园区建设项目,其中省级渔业主导产业示范区5个,省级特色精品渔业园区5个。嘉善县六塔现代渔业主导产业示范区和嘉善县明辉南美白对虾特色精品园先后被列入第一批和第二批省级现代渔业园区创建点。全县六塔现代渔业园区等7个虾蟹产业提升项目被列为中央财政扶持现代农业生产发展资金项目,共争取到省级以上财政扶持资金400万元。年初,由中国渔业协会龟鳖产业分会联合中国渔业报等共同主办的“首届中国名鳖评选活动”在北京落幕,嘉善县六塔鳖获“中国名鳖”

称号。9月下旬,以“生态、安全、科技、高效”为主题的第二届浙江省渔业博览会在绍兴柯桥举行。展会期间,全县共有9家渔业龙头企业、水产专业合作社参展。“六塔”牌中华鳖、“水良”牌中华绒螯蟹和“西塘”牌罗氏沼虾等3个品牌获得金奖,“宏联”牌南美白对虾、“龙洲”牌中华鳖和“华神”牌中华鳖等3个品牌获得优质奖。

【加强生态渔业建设】 加强生态养殖示范区建设,以白鱼荡休闲园区为突破,重点发展河蟹生态养殖,实现生态效益和经济效益双赢。开展农业部水产健康养殖示范场创建,11月,由浙江明辉饲料公司申报的第五批农业部水产健康养殖示范场通过市级考核验收,至此全县已有4个基地创建成功。抓好省级农业标准化示范推广项目,9月,青鱼标准化养殖示范推广项目通过省农产品协调办评估验收组的验收,全县示范区面积93.73公顷(1406亩),养殖总产量970吨,综合效益明显。

【加强渔业科技示范】 加大实施种子种苗基地建设和良种推广力度,新建嘉善县粤海南美白对虾良种培育场和明辉南美白对虾优质种苗规模化培育基地,年供应子一代和子二代优质南美白对虾苗3亿多尾。继续推广池塘微孔增氧新技术,全县总推广面积87.13公顷(1307亩),涵盖南美白对虾、鱼鳖混养、鳜鱼、青鱼等多个水产养殖品种。引进推广3000多尾匙吻鲟和3万尾沙塘鳢两个新品种。加强健康养殖技术培训,结合世博供沪水产品质量安全工作和水产健康养殖技术推广,举办5期健康养殖技术培训和新品种、新技术信息发布会,参加人数500多人次。

【加强渔业管理】 加强外荡养殖证管理。加强水产种苗许可管理。对4家申请水产种苗生产单位,按照行政许可法的规定进行受理。通过受理通知、补正通知、审查审批、行政许可决定通知、证书发放、送达回证等程序,完成行政许可审批手续。加强渔业安全生产管理。开展渔业安全生产的宣传教育,实施《浙江省渔业管理条例》等法律条款的宣传工作。落实渔业安全生产责任制,对各涉渔镇(街道)渔业安全生产责任制落实情况进行考核和督查。强化渔业安全技能培训,共举办渔业船员培训5期,培训渔业船员200余人次。加强水产品质量安全管理。实施《嘉善县初级水产品定人联镇挂基地岗位责任制度》。成立6个世博会期间全县水产品安全有效供给联挂工作小组,负责对各镇(街道)6.67公顷(100亩)以上大型养殖场的资料和供沪水产品源头的监管,及时掌握供沪水产品的来源。6月上旬,由浙江省海洋与渔业局副局长俞永跃带队的督查组专程到嘉善,就世博会期间供沪水产品安全工作开展实地督查,对嘉善县在供沪水产品质量监管方面给予充分肯定。 (方　敏)

农业机械化

【概况】 全县拥有农业机械总动力25.62万千瓦,拥有各类农业机械6.56万台(套)。柴油机、汽油机、电动机动力分别为12.94万千瓦、2549千瓦、12.42万千瓦,分别占总动力的50.51%、0.99%、48.49%。其中耕作机械动力4.75万千瓦,收获机械动力5.03万千瓦,排灌机械动力4.67万千瓦,农副产品加工机械动力1.02万千瓦,植保机械动力2536千瓦,运输机械动力4.31万千瓦,渔业机械动力1.45万千瓦,畜禽养殖机械动力7500千瓦,食用菌机械动力224千瓦,农田基本建设机械动力3678千瓦,其他农业机械动力2.92万千瓦。新增各类机具1350台(套),其中水稻插秧机,由上年的22台发展到53台。

【提高农机化作业水平】 2010年完成机耕、机收、机插秧面积分别为2.73万公顷(41万亩)、2.4万公顷(36万亩)、1953.33公顷(2.93万亩),剔除复种机耕和跨区机收,机耕、机收、机插率分别为95.84%、97.38%、11.08%,农机化综合水平为68.1%,比2009年增长2.06个百分点。扩大水稻机插面积,全县水稻机插面积从2009年的933.33公顷(1.40万亩)升到1953.33公顷(2.93万亩),增长109.28%,涉及农户1702户。机插秧覆盖全县。共有9个专业合作社参与作业服务。完成机械灌溉面积1.96公顷(29.33万亩),机械植保面积1.55万公顷(23.26万亩),机械化秸秆还田面积7260公顷(10.89万亩),机械加工农产品9.57万吨,农机运输作业量2295.83万吨公里,冷藏保鲜库存储量1.92万吨,机械分级水果

0.39 万吨。

【增加农机购置补贴】 在中央、省规定的补贴额基础上，对购置水稻插秧机及秧盘，县财政再追加20%购机金额的补贴，惠及广大农户。全年共购置补贴机具1350台(套)，购机总金额达1200万元，农户享受各级补贴资金总额655万元。其中：中央365万元、省级66万元、县级224万元。全县共有179户农户和41个从事农业生产的经营服务组织符合享受购机补贴条件。购机数量、购机总额及补贴额度比上年分别增长51.78%、21.78%、38.42%。

【实施农业设施装备示范工程】 全县有41个农业设施装备示范项目列入年度实施计划，至年末完成34个(2010年度项目截止期为2011年3月)，完成投资1340万元，占年度计划总投资92.7%。其中完成8米钢杆大棚示范项目11项，面积50.67公顷(760亩)；农产品冷藏保鲜项目2项，库容300立方米；农产品商品化处理初级加工点项目4项；喷滴灌设施项目12项，面积65.67公顷(985亩)；5万平方尺以上的蘑菇生产示范基地项目4项，面积31.1万平方尺，温湿双控菇棚4万平方尺。 (沈卫星)

农业科技

【概况】 嘉善县农业科技以"科学发展示范点"建设为要求，以贯彻落实科学发展观为指导，以发展精品农业为主线，以农业科技进步和培育农业人才为抓手，统筹规划农业科技计划，全面实施农业科技项目，创新建设农技人才培训机制，为农业发展提供科技支撑。

【实施农业科技项目】 制定农业科技计划，将科技进步和人才工作作为工作重点列入议事日程。成立科技和人才工作领导小组，落实工作措施，健全工作网络，明确工作职责。通过全县申报，经县农业丰收奖专业验收小组评审审核，确定实施项目29项，其中省级2项、市级4项、县级23项。实施省级农业科技推广项目2项。申报农技推广基金示范项目5项，其中省市级项目3项、县级2项。

【加强公共服务体系建设】 按照"组织体系完整，职责任务明确，运作方式高效，绩效评价科学，奖惩手段有力，保障措施到位"的要求，设立30万元专项资金，重点突出各类责任农技人员在农业项目中的指导作用，将责任农技人员和32个精品农业示范点相挂钩，强化公共服务体系建设。

【优化农业科技项目管理】 坚持以项目管理为重点，组织广大科技人员开展科技创新和科技成果推广，指导和帮助各级农技推广单位和各农业经济组织申报各类农业科技计划，加强农业科技计划和成果的管理。县级农业丰收奖实施项目29项，经评审委员会评审确定17个获奖项目。实施省农技推广项目2项，分别是姚庄镇兽医站申报的"生态养兔与粪污综合利用技术"和姚庄镇农技站申报的"水稻机插秧示范基地及育秧中心基地建设"。

【完善农技人员职称评定】 提升农业专业技术人员队伍素质，完善农业专业技术人员职称评定政策。确认初级2人。确定可进入县农业技术和林业工程技术初评会的初级专业技术人员5人，中级专业技术人员20人(其中申报农艺师5人、兽医师13人、林业工程师2人)。确定可推荐高级职称的专业技术人员8人(其中申报高级农艺师5人、林业高级工程师2人、高级经济师1人)。推荐推广研究员2人。

【加强农业科技培训】 发挥农广校教育平台作用，做好农村实用人才带头人评价认定工作。建立县、镇两级农村实用人才带头人队伍，加强农民专业合作社带头人和新农村建设带头人队伍建设。以发展现代精品农业、推进"两新"工程建设为中心，加强农村劳动力素质培训工作。全年组织专业技术人员继续教育培训、更新知识培训242人次。选评表彰全县50名农村实用人才带头人。共举办农村劳动力素质培训班126期，培训农村劳动力10223人次(其中女性4770人次)，其中农业专业技能培训5196人次、农村"两创"实用人才培训1519人次、农民转移就业培训3268人次、农村后备劳动力培训240人次。

【开展科技下乡活动】 继续向姚庄镇派驻3名蹲点式服务人员，并有1名科技指导员在清凉村长期蹲点。科技人员广泛听取意见建议，宣传支农惠农政策及相关涉农政策法律法规，破解“三农”工作中的热点难点问题。全年组织局机关30名专业技术人员赴姚庄镇开展送科技下乡活动，现场咨询服务人数4400人次，发放技术资料4400多份。出动农技专家30多人次进行实地指导，现场解答农产品质量安全，水稻、蘑菇、果树、生猪等种养殖技术和土地流转等方面的政策、法规。

嘉善县农经局举行科技下乡活动

县农经局　提供

【完善农业科技信息网络】 农技110共接受咨询4.82万次，发布农技信息9883条，编写技术资料239期，发放技术资料7.84万份，下乡咨询1.41万次，专题讲座103次，广播宣传86次，电视等宣传65次。农民信箱发布公共信息3028条，买卖信息1.75万条，“每日一助”信息213条，发送信件259.3万条，发送短信253.39万条，发布万村联网信息4717条，网上农博会累计设立摊位数287个，展示展销产品数300多个。（沈涌汇）

农业产业化

【概况】 全县有龙头企业32家，其中省级5家、市级17家，实现农产品加工销售产值达18.62亿元。全县有农民专业合作社139家。全县有浙江著名商标5个、省名牌(农)产品14个、市级著名商标21个、市级名牌产品21个。全年农产品供沪洽谈会签约农业合作项目14个，协议金额4.61亿元。海峡两岸现代农业合作交流会签约项目16个，协议金额2.61亿元。全年供应上海农产品38万吨，销售额23.8亿元，同比增长28.6%。

【供沪农产品取得新突破】 7月、8月、12月，在上海分别举办惠绿牌蜜梨、锦雪牌黄桃、范泾牌草莓推介会。4月，举行嘉善县精品农业推介暨农产品供沪洽谈会，邀请14位上海企业家到善洽谈，并签订14个农业合作项目，协议金额达4.61亿元。12月，浙江(上海)名特优新农产品展销会举办期间，组织浙江嘉善杨庙蔬菜厂等10家企业参加展示展销，参展产品受到上海市民欢迎，现场销售额15万元。在上海西郊国际交易中心、曹安市场和各大超市设立销售窗口，组织“名特优农副产品进沪超市”。东泉牌番茄、锦雪牌蘑菇进入2010上海世博会。通过多种形式与上海方开展合作交流。2010年，全县销往上海农产品达38万吨，销售额23.8亿元，同比增长28.6%。全县共有各类供沪农产品种养殖基地64家，建立农产品定点供沪基地3333.33公顷(5万亩)。

【农村合作经济组织取得新进展】 全县形成六大模式合作社发展态势：以惠民蜜梨、锦雪黄桃、杨庙雪菜为代表的“传统型”模式；以利锋黄桃、丰乐农技、众诚农机为代表的“服务型”模式；以洪溪产销、丰泽园、信聚荣为代表的“营销型”模式；以“蒲公英”为代表的“创业型”模式；以绿和果蔬、金湖植保为代表的“流转型”模式；以银善猪为代表的“县域型”模式。全县139家农民专业合作社中，有省级示范标准9家、市级示范标准10家、市规范化建设标准51家。累计拥有无公害农产品基地68个、无公害农产品74个、绿色食品10个、有机食品18个。全县有农民专业合作社社员6776人，带动农户62755户，占全县农户77.9%，联结基地面积5580公顷(8.37万亩)，占全县耕地面积17%。

【精品农业取得新成效】 新建精品农业示范点32个，全县精品农业示范点达到48个，涵盖粮油、瓜菜、水果、畜牧、花卉、水产、食用菌等七大产业。其中水稻示范点6个，面积186.67公顷(2800亩)；花卉示范点3个，面积77.8公顷(1167亩)；水果示范点6个，面积123.73公顷(1856亩)；水产示范点8个，面积229.53公顷(3443亩)；瓜菜示范点14个，面积283.33公顷(4250亩)；食用菌示范点4个，总规模100万平方尺+菌包200万袋；良种繁育示范点3个，年供

举办嘉善县精品农业推介暨农产品供沪洽谈会

县农经局　提供

应种苗1320万株；畜禽示范点4个，年出栏生猪4.5万头、禽3.5万羽。全年48个精品农业示范点中从事产品生产的45个点共实现销售收入2.42亿元，其中销往上海市场1.28亿元，占53.06%。同比全县面上增效3942.78万元，增效率19.48%。

【西塘—姚庄省级现代农业综合区建设全面启动】 开展现代农业园区规划，编制完成《嘉善县西塘—姚庄省级现代农业综合区建设规划》和《嘉善县南部省级现代农业综合区建设规划》，并组织申报。5月，嘉善县西塘—姚庄省级现代农业综合区获浙江省现代农业园区建设工作协调小组办公室批复，成为全省第一批省级现代农业综合区创建点。嘉善县西塘—姚庄省级现代农业综合区建设规划从2010年开始全面实施，分3年建设完成。该园区涉及姚庄镇的北港村、丁栅村、沉香村、金星村、中联村、北鹤村、横港村、俞汇村、银水庙村、渔民村和界泾港村等11个村，以及西塘镇的钟葫村、荻沼村、茜墩村和鸦鹊村等4个村，共15个村，占地面积3793.33公顷（5.69万亩）。规划建设粮经轮作示范区、设施蔬菜瓜果示范区、水产示范区3个主导产业示范区和黄桃精品园、番茄精品园、百果岛生态农业精品园、食用菌精品园和水产精品园5个特色农业精品园。规划投入建设资金1.01亿元，其中申请省及省以上财政资金投入2200万元，地方财政资金投入1000万元，业主投入6930万元。嘉善县西塘—姚庄省级现代农业综合区内已修（改）建主干道10.44公里、支干道15.56公里、进排水渠道33.73公里、变压器34座、大棚1073.33公顷（1.61万亩），投入资金7995万元。

【嘉善绿和果蔬专业合作社成功升级】 嘉善绿和果蔬专业合作社成立于2009年3月，注册资本100万元，主营番茄种植、销售和农业技术的推广服务。合作社社员100人，员工32人，基地面积33.33公顷（500亩），是嘉善县精品农业示范点。基地内搭建大棚9.67公顷（145亩），连栋育苗大棚1800平方米，配备工厂化育苗中心、分拣包装车间，配有降温喷雾和床架育苗设施，大棚内全程采用肥水同灌，沟渠路配套设施完善。合作社依托省农科院、浙江大学等高等院校引进新品种、新技术，邀请各级农业专家对合作社社员进行技术培训，提高种植技术。合作社注册“嘉秾”商标，实行统一包装上市。同时，合作社为社员统一提供种子、农药、肥料等，制定“嘉秾”农产品种植规程、质量控制措施、产品执行标准及质量跟踪责任制，严格规范生产各环节。2010年，合作社实现番茄销售产量4800吨，销售额850万元。年内，嘉善绿和果蔬专业合作社被嘉兴市农业经济局评为嘉兴市市级示范性专业合作社。（陆春弟）

农业综合开发

【概况】 2010年，全县累计投入农业综合开发资金5478万元。其中，省以上财政资金2667万元、县财政配套资金790万元、镇村自筹资金421万元、农业发展银行贷款1600万元。全年实施国家农业综合开发高标准农田建设示范工程项目2个，建设高标准农田1866.67公顷（2.8万亩），项目总投资3815万元，其中，省以上财政资金2605万元、县财政配套资金790万元、镇村自筹资金420万元。扶持农业龙头企业产业化经营项目3个，主要是国家农业综合开发流动资产贷款财政贴息项目2个，省以上财政贴息扶持资金63万元；国家农业综合开发产业化经营项目、农业发展银行固定资产贷款财政贴息项目1个，贷款金额1600万元，中央财政给予3年固定资产贷款财政贴息。天凝镇天洪高标准农田建设示范工程项目，建设高标准农田示范工程面积1200公顷（1.8万亩），投资2455万元，项目涉及天凝、东顺、蒋村、凝北、南星、戴西港、马塔塘、联谊、洪福、三发等10个村。罗星街道鑫锋高标准农田建设示范工程项目面积666.67公顷(1万亩),投资1360万元,项目涉及鑫锋、库浜2个村。共修建排灌站72座、850千瓦,铺设地下涵管8.46公里,衬砌渠道131.83公里;建水闸18座,机耕路97.93公里,机耕桥8座。新建果蔬等农业科技示范基地3个、优质粮食示范基地1个,绿化造林33.3公顷(500亩)。高标准农田建设示范工程的项目资金,用于防汛水闸、排涝站、田间灌溉机埠、灌溉、排水渠道的改造和防止水土流失等工程建设2212万元,占58.0%;用于修筑机耕路和机耕桥工程支出1191万元,占31.2%;用于农业科技示范工程和农业科技新品种、新技术的推广应用工程123万元,占3.2%;用于植树绿化和生态环境建设工程支出52万元,占1.4%;用于工程设计、工程质量管理、项目工程管护和工程管理支出237万元,占6.2%(工程设计费112万元,占2.9%;工程质量监理费54万元,占1.4%;项目工程管护费34万元,占0.9%;项目管理费37万元,占1.0%)。2010年,全县农业综合开发工作成效显著。5月,中国农业综合开发杂志社记者对嘉善县农业综合开发作专题报道;10月,全省农业综合开发工作暨项目和资金管理现场会在嘉善召开,省财政厅、省农业综合开发办对嘉善农业综合开发取得的成绩给予高度评价;12月,嘉善县"三驾马车"全面提升农业综合开发实效做法的信息得到省委常委、副省长葛慧君批示肯定。

(李四海)

工业经济

综述

2010年，全县各级、各部门坚持科学发展，抓好转型升级，突出“强平台、抓投入、调结构、增效益”工作重点，抓好各项政策措施落实，加强目标任务管理和组织推进力度，按照推进转型升级、加快科学发展的要求，修订完善年度工业经济一系列考核办法；抓好经济运行预警监测分析，面对整体经济环境回暖，不稳定和不确定因素依然存在的现状，加强重点企业的监测工作；抓好重点行业、重点企业、重点产品等运行情况，及时分析工业经济运行走势，提出相应的措施和建议；着力推进招商引资，扩大技改投入，加快平台建设，注重节能降耗，强化重点行业指导协调，使全年工业生产稳步增长，经济运行总体平稳良好。

全县实现工业总产值651.53亿元，比上年增长30.5%；实现利税67.87亿元，比上年增长73.20%；其中利润47.99亿元，比上年增长102.60%；完成工业生产性投资110.50亿元，比上年增长10.4%；新产品产值率36.25%。全年规模以上工业企业突破1000家，达到1032家。2010年，规模以上工业企业实现产值651.53亿元，同比增长30.15%；实现新产品产值236.25亿元，同比增长56.83%；“三新一高”产业实现总产值183亿元，增长55%，占规模以上工业企业总产值的26.3%，比全县规模以上企业增速高出15个百分点；完成技改投入58.67亿元，占工业生产性总投入的53.10%；完成设备投入57.67亿元，占工业生产性总投入的52.2%。到年底，全县开工建设的投资在千万元以上的项目有274个，累计完成投入84.52亿元；其中新建项目194个，投资额57.49亿元，占全部工业投入总量的76.5%。60个重点工业项目，全年累计完成投入46.81亿元，占全部工业投入的42.37%；其中新建项目35个，调整后全年新建项目开工27个，新建项目开工率77.14%。新兴产业项目占比上升，装备制造、新材料、电子信息等产业完成投资53.26亿元，占工业生产性投入比重达48.2%，比上年同期提高10个百分点。全年全社会用电量37.31亿千瓦时，同比增长22.1%。工业用电高于全市增幅6.5个百分点（全市全年工业用电量增幅为15.6%）。落实年度重点节能技改项目21项，投入技改资金1.2亿元，年节能标准煤2.5万吨。完成20家清洁生产企业审核验收工作，创建“绿色企业”3家。全年规模以上工业企业11项考评指标综合得分303.55分，高于上年同期43分。

产业转型方向进一步明确。围绕调整结构、推动转型、提升产业主线，按照发展培育一批、改造提升一批、限制淘汰一批的产业结构优化升级工作方向，进一步完善产业规划导向，推进产业接轨联动发展。制定《2010年度工业转型升级实施方案》，出台加快发展新兴产业的政策意见，明确到2015年信息电子、新能源、新材料、高端装备制造业（“三新一高”）四大产业总体目标和发展规划。出台加快传统产业转型升级政策意见，编制木业家具、五金机械、纺织服装等六大传统产业转型升级行动方案，明确到2015年六大主要传统产业转型升级目标和措施。

园区平台能级进一步提升。1月初和4月底，召开全县园区建设动员大会和现场会,营造大平台建设氛围。深入实施大平台建设“855 工程”,全年完成投资10.5 亿元,完成目标 130%。50个重点项目,竣工、开工建设的有48 个。完成拆迁 2230 户,新增开发面积 346.4 公顷(5196 亩)。2010 年,姚庄、魏塘和干窑工业园区通过嘉兴市新一轮园区转型升级甲级和乙级的考核验收。县经济开发区全面推进(东扩)科技商务中心建设,并申报国家级经济技术开发区。各主体单位提出并实施专业产业园区建设思路,园区竞争实力和产业集群发展进一步提升。县经济开发区提出建设以“华瑞赛晶”为龙头的电力电子产业园,以“诚达药化”、“九洲药业”为龙头的生物医药产业园,以“华震数字”为龙头的多维谷产业园,以晋亿公司为龙头的轨道装备制造产业园,并结合东扩工程,规划建设现代服务园区。魏塘街道根据产业发展和招商的实际情况建设史丹利工业园、软家具工业园、小家电工业园。罗星街道抓紧归谷园区规划编制,先期启动的 26.67 公顷(400 亩)园区建设基本完成拆迁工作。陶庄镇利用原有鱼塘,建设80 公顷(1200 亩)的再生金属循环型经济产业园。天凝镇规划装备制造业产业园,大云镇提出发展精密机械产业设想。

产业招商力度进一步加强。加大内资产业招商力度,明确招商重点,组建装备制造业招商组,围绕主导产业和战略性新兴产业,重点引进高端产业、优质民资、央企国资等。开展存量资产调查摸底,掌握存量厂房现状。协调开发区、陶庄、天凝等 3 个主体单位举办北京电力电子及轨道交通产业招商会、陶庄再生金属产业招商会和天凝装备制造产业园推荐会。2010 年,全县新批县外内资项目 116 个,同比增长46.84%;总投资 42 亿元,同比增长 113.67%。引进县外内资成绩喜人。全年县外内资到位36.6 亿元,到位注册资本 16.5 亿元,双双超额完成年初确定的目标(28 亿元和 10 亿元)。县外内资的结构有所改变,三产项目明显增加。全年引进三产项目79 个,同比增长 102.6%;投资总额 26.4 亿元,同比增长 28.9%。实到内资 8.4 亿元,同比增长47.4%;实到注册资本 5.8 亿元,同比增长 56.8%。

“338”大企业大集团培育工程进一步深入实施。加快培育龙头型企业,做好重点培育企业动态管理和跟踪服务工作。实施“三百企业”培育计划,梯度培育规模型、成长型及微小企业。全年,130 家重点规模型企业实现销售收入 370.36 亿元,同比增长45.76%,占全县规模以上工业企业销售收入的 58.48%,增幅高于全县规模以上工业企业 4.96个百分点;实现利润总额 31.31亿元,同比增长 103.88%,占全县规模以上工业企业的66.65%。100 家重点成长型企业实现销售收入 51.16 亿元,同比增长 34.89%;实现利润总额3.45 亿元,同比增长 49.3%。其中,84 家实现销售收入同比增长;盈利企业 96 家,占全县规模以上盈利企业总数的 91.7%。230 家企业全年销售收入占规模以上企业的 64.28%,贡献率达78%,拉动经济增长 31 个百分点。截至 2010 年底,全县亿元企业达 122 家,超 5 亿元企业 6 家,超 20 亿元企业 3 家,超 50 亿元企业 1 家。浙江众成包装材料股份有限公司在深圳证券交易所中小板挂牌上市,募集资金 8 亿元,成为嘉善第 4 家上市企业。

企业发展环境进一步优化。开展“政企同心、共谋转型——‘春风’专项行动”,通过开展服务企业“双十行动”、政银企联动活动、政企共商转型升级座谈会、设立中小企业服务网等一系列活动,引导企业加快转型升级步伐,助推企业健康发展。突出重点,帮助企业做好融资工作,积极搭建银企交流合作平台。创新融资渠道,缓解中小企业融资困难。与县人民银行联合举办“调结构、促转型、谋发展—2010 嘉善县银政企合作签协议式”,为 130家企业授信 108 亿元;会同嘉兴商业银行嘉善支行推出“银善春风”信托基金,向全县中小企业发放信托基金 1.5 亿元。推动企业技术改造和新产品开发,指导有条件的企业加强创新平台建设。帮助企业向上争取政策支持,提升企业创新积极性。全年为企业争取到省级以上补助资金500 万元。帮助企业拓展市场,制定《关于积极开拓国际国内市场的若干意见的通知》。组织 80家企业分别参加“2010 第八届长三角(嘉兴)机械暨电子、电力工业装备展览会”、“2010 年第八届中国纺织制衣服装(嘉兴)博览会”等展示会。

节能降耗工作进一步加强。健全节能目标责任制度考核体系,制定《嘉善县 2010 年度节能降耗工作意见》、《2010 年度嘉善县节能减排工作领导小组成员单位工作任务》等政策文件，大力实施节能降耗“5151”工程。制定嘉善县2010年节能降耗应急预案，出台有序用电和节能限电工作等一系列措施。根据国家、省、市产业政策和相关文件精神，开展水泥、造纸等行业落后产能摸底和调查，逐步淘汰落后产能，做到有序退出。制订水泥行业淘汰落后生产能力计划，计划到2012年底，淘汰设备8台、产能145万吨。做好集中供热范围内锅炉拆除工作和姚庄镇工业园区企业使用天然气试点工作。开展新上、重点用能行业相关项目的节能评估，加强监管，把好准入关。

企业培育力度进一步加大。深入实施企业经营管理者素质提升工程，提高经营者转型升级意识。全年举办各类培训班8期，参训人员近1000人次。举办企业总裁(工商管理)高级研修班。11月，举办信息化创新模式总裁高峰论坛和展望“十二五”嘉兴企业家峰会，邀请专家学者到会作讲座报告。发挥县创业辅导中心作用，开展多层次培训活动，重点培训企业中层干部和营销人员。　　(徐　徐)

木制品业

【概况】 2010年，嘉善县木业家具行业有企业555家，实现总产值120亿元。其中，规模以上企业138家，实现产值68.57亿元。木业家具行业规模以上企业占全县规模以上工业企业总数的14.25%，实现产值占全县规模以上企业工业总产值的13.6%。

汇佳乐装饰材料有限公司　　县经贸局　提供

全行业企业生产的产品种类有人造板材、地板、木门、家具、木制玩具等10个大类100多个品种。全行业有省级名牌、省级著名商标6个。有7家企业拥有“中国驰名商标”，4家企业的产品获“国家免检”，县获“中国实木复合地板之都”称号。全行业拥有省级高新技术企业1家，市级3家，各类技术创新专利40项。有8家企业参与20项行业标准制定。

木业家具业发展受到瓶颈制约。生产成本上升。因木业家具业属劳动密集型和资源依赖型企业，随着原材料价格提高和劳动力成本上升，企业的生产成本上升，盈利能力下降。全县木制品业平均毛利率仅5%，行业竞争力下降。产出水平偏低。全行业规模以上企业共占地376.90公顷(5653.57亩)，占全县工业规模以上企业用地的22.51%，位于全县十大重点行业之首。亩均税收3.17万元，仅为全县工业规模以上企业亩均税收的51.88%，位于十大重点行业倒数第2位。亩均产值121.29万元，为全县工业规模以上企业亩均水平的60.3%。行业全员劳动生产率57992元/人，仅为全县工业规模以上企业全员劳动生产率的60.7%。创新发展能力不足。嘉善木业家具业行业知名度高，但品牌企业数量不多，且集中在地板业，技术研发相对落后。至2010年底，全行业仅有市级研发中心1家，多数企业的产品和技术相互模仿，限制创新能力提升。营销体系未健全。产品过多依赖出口，开拓国内市场不够，没有建立和健全国内品牌连锁加盟、特许经营等终端营销体系。缺少木材及木制品行业龙头市场，原材料采购和产品销售体系分散，定价话语权缺失。

【嘉善汇佳乐装饰材料有限公司】 公司占地6.7万平方米，地处嘉善经济开发区，是专业生产胶合板、装饰贴面板、实木复合地板、竹木复合地板等的木材加工企业。公司拥有先进的地板生产流水线(加工设备)3条，木材加工机械设备170台/套，年生产各类木制品20万立方米。

公司注重产品质量，严格按国家标准组织生产。公司先后与北京林业大学、南京林业大学、浙江林科院等院校开展技术合作,提升传统产品——胶合板、贴面板的质量,研究、开发实木多层复合地板,竹木复合地板、仿古地板、结构地板等新产品。公司已通过ISO9001 : 2008质量管理体系认证、美国CARB认证、欧盟CE认证及美国“家得宝”验厂认证。公司生产的产品销往全国各地,同时出口美国、日本、韩国多个国家及欧洲地区。公司被浙江省工商局授予信用A级单位,被浙江省林业产业联合会授予AAA级信用企业,被银行同业会授予AAA级企业,被浙江省科技厅命名为科技型中小企业,被浙江省林业厅命名为第五批省级林业龙头企业,被县政府授予“品牌争创优胜单位”等。“汇佳乐”牌实木复合地板连续3年获中国义乌(国际)森林产品博览会金奖,“汇佳乐”商标被评为嘉兴市著名商标。公司参与《实木复合地板用胶合板》行业标准制定,得到市场及社会的肯定。2010年,公司总资产6500万元,其中固定资产2100万元。全年实现销售收入(不含税)8200万元,出口创汇290万美元,实现利税381万元,产销率达97%。

【浙江裕华木业有限公司】 公司位于魏塘镇工业园区,下设分厂2个。公司从德国、日本和中国台湾引进全套先进的生产线,主要生产实木复合地板,年设计产量400万平方米。在国内21个省份开设专营网点近100家,产品远销美国、日本、泰国及欧洲等海外市场。公司加强与高等院校合作,促进企业产学研发展。与中国林业科学研究院等科研单位开展技术合作,开发新产品,应用新工艺、新技术,走在地板行业前列。2010年,公司已成为北京林业大学多层实木复合地板实验研究中心、北京林业大学木材科学与工程专业教学科研实习基地、北京林业大学材料科技与技术学院博士后流动站。公司的研发中心被命名为“浙江省农业技术研发中心”。2010年,公司实现产值31亿元,销售收入3亿元,出口创汇2500万美元。公司参与制定的GB/T15104——2006装饰单板贴面人造板国家标准获“中国标准创新贡献奖”,苹婆木染色技术地板工艺获嘉兴市“科技进步三等奖”。公司还参与“木质楼梯”国家标准的制定工作。 (陈立华)

电子信息业

【概况】 2010年,嘉善县电子信息产业行业共有企业235家,其中规模以上企业58家,实现产值32.22亿元,同比增长67.8%;实现利税3.02亿元,同比增长52.55%。2010年下半年,嘉善县电子信息产业集群入围浙江省块状经济向现代产业集群转型升级示范区第二批试点名单。集群发展进一步显现。笔记本电脑、新型显示等产品的快速发展带动传统电子电声行业的转型升级,电力电子、数字成像等新产品的突破为全县电子信息行业产业链的延伸和产业结构的优化起到示范和带动作用。

【富鼎电子科技(嘉善)有限公司】 富鼎电子科技(嘉善)有限公司系富士康科技集团投资创立,公司成立于2007年;截至2010年底,项目总投资2.01亿美元,合同外资1.35亿美元。项目一期建设厂房3幢、附属及相关配套设施用2幢,建筑面积9万平方米。12月1日,企业正式投入生产,有员工4000人,主要生产笔记本电脑、消费性电子产品、精密模具及其零配件。

【浙江英鑫达电子科技有限公司】 浙江英鑫达电子科技有限公司由中国台湾英业达集团投资4570万美元于2007年3月15日创立;占地面积27.2公顷(408亩),建筑面积6.09万平方米,注册资本1670万美元。公司于2008年投产,主要从事笔记本电脑模具开发、机构件注塑、溅镀、整机成品组装之垂直整合服务,年产便携式计算机25万套。2010年,公司实现销售收入4.31亿元。

【嘉善东菱电子科技有限公司】 嘉善东菱电子科技有限公司位于干窑镇工业园区,2006年5月16日成立,注册资金5000万元人民币,有生产场地1.4万平方米。公司专业从事伺服电机、伺服驱动器、数控装置等自动化设备的研发、生产和销售,其核心技术产品——“交流伺服系统”处于国内领先水平。2010年,公司销售收入由上年的2000万元增至1.2亿元。企业被评定为国家级高新技术企业,并获嘉善县“十佳转型升级示范企业”称号。

(方 伟)

五金机械业

【概况】 五金机械业是嘉善县的传统产业，其子行业涵盖丰富，龙头企业众多。其中，以晋亿实业有限股份公司生产的紧固件、高铁扣件，浙江双飞无油轴承有限公司生产的无油轴承，浙江长盛滑动轴承有限公司生产的滑动轴承最具代表性。2010 年 9 月，嘉善县紧固件行业协会成立，有会员 119 家(人)。

2010 年，全县五金机械行业有规模以上企业 272 家，实现销售收入 130.2 亿元，同比增长 51.04%，占全县规模以上工业企业销售收入的 20.56%；实现利税 16.72 亿元，同比增长 83.13%。规模以上企业从业人员平均数为 28040 人。全年规模以上企业生产金属紧固件 37.93 万吨，同比增长 50.5%；各类滚动轴承 6622 万套，同比增长 44.1%。

【田中精机(嘉兴)有限公司】
田中精机(嘉兴)有限公司总投资 130 万美元，有员工 300 余人。主要生产全自动绕线机、包胶带机、焊接机等，产品出口马来西亚、泰国、韩国、印度、日本等国。公司以“TANAC”为品牌形象，突出高性能、高效率特色，先后通过上海电子博览会、深圳博览会、阿里巴巴电子商务等平台，打开国内销路，并在珠三角、长三角等地区占有一定的市场份额。2010 年，公司实现销售收入 1 亿元，同比增长 66.93%。公司被评为“2010 年度嘉善县十佳转型升级示范企业”。

【晋亿实业股份有限公司】
2010 年，晋亿实业股份有限公司产品销售收入和企业经济效益大幅增长：公司营业收入 30.24 亿元，首次突破 30 亿元，完成年度目标的 144%，比上年增长 77.03%；税后净利润(归属于母公司)实现 2.31 亿元，首次突破 2 亿元大关(上年同期为亏损 155.11 万元)，各项主要经营指标均创历史最好水平。全年，公司实施技术改造 2 项，投入资金 3371 万元。完成自动热打螺母成型机(由直棒式改为盘圆式)送料、球化退火炉自动控制、钨钢小冲模和吊环模具工艺革新等技术改进 7 项，科技活动经费支出 6317 万元。开发新产品 36 项，其中批量产出 19 项。产品涵盖轨道交通、风电、核电、工程机械、汽车、家用电器等六大系列。配合“洛阳风动”、“中科风电”、“金风科技”等企业成功开发 34 种热成型螺栓新产品。全年公司申报各类专利 10 项，其中发明专利 1 项，实用新型专利 9 项。完成 W1 型弹条、WJ7 - B 橡胶垫板、螺旋道钉 S2、锚固螺栓 B1、WJ7 铁垫板、预埋套管 D2 等 6 个新产品申报工作，并通过省科技厅鉴定和验收。申报的“WJ - 8 型扣件系统组装件”获 2010 年度浙江省优秀工业新产品和新技术三等奖。公司被评为 2010 年度“嘉善县信息化示范企业”、“嘉善县十佳转型升级示范企业”、“嘉善县外资十大纳税大户”等。

【浙江双飞无油轴承有限公司】
2010 年，浙江双飞无油轴承有限公司总资产 2.4 亿元，主要产品有 SF 系列无油润滑轴承、JF 双金属轴承、FB 青铜轴承、JDB 镶嵌固体润滑轴承等 12 个系列 1.6 万个品种。公司生产的产品适应高温、高速等场合使用。全年，公司实现销售收入近 3 亿元，同比增长 141%。产品 50% 以上出口德国、意大利、日本、新加坡、美国、加拿大等 20 多个国家和中国台湾地区。公司与合肥工业大学、嘉兴学院等院校建立产、学、研联合体。至 2010 年，公司拥有专利 40 多项，其中发明专利 1 项。公司被评为浙江省专利示范企业和“嘉善县十佳转型升级示范企业”、“嘉善县内资十大纳税大户”。 (蒋闻婷)

纺织服装(服饰辅料)业

【概况】 2010 年，全县有规模以上纺织服装企业 162 家，实现工业总产值 67.5 亿元，同比增长 51.01%；完成出口交货值 23.68 亿元，同比增长 36.56%；实现销售收入 63.59 亿元，同比增长 51.22%；实现利税 4.83 亿元，同比增长 80.9%；其中利润 2.63 亿元，同比增长 107.09%；完成固定资产投资 2.12 亿元，同比增长 89.29%。全行业平均从业人员 22023 人。

全县纺织服装行业集群发展各具特色，产业链上分工协作越来越细。天凝镇获得“中国植绒名镇”荣誉称号。大舜服装辅料创业园初具规模，并有企业入驻、投产。新产品不断开发，省级新产品产值率逐年提升。全行业技术装备水平明显提高，产品向高档织造、仿毛家纺、品牌服装、服饰制品等方向发展并形成良好的发展态势。

【浙江神州毛纺织有限公司】 浙江神州毛纺织有限公司是一家集纺纱、织布、染色、后整理相配套的粗纺呢绒面料专业生产企业。2010年,企业总资产达1.08亿元,年生产高中档粗纺呢绒面料150万米、针织毛纱500吨;有员工403人。2010年,公司获发明专利1项,实用新型专利3项,外观设计专利3项。全年实现销售收入1.01亿元,其中新产品销售收入7095万元;实现利税960万元。公司现为中国毛纺织行业协会常务理事企业、浙江省毛纺织行业协会副理事长企业、国家高新技术企业、浙江省专利示范企业;注册的"鹿星"商标获浙江省著名商标称号;鹿星牌粗纺呢绒获嘉兴名牌产品称号。

【浙江庄驰服饰有限公司】 浙江庄驰服饰有限公司是一家集品牌经营、服饰研发、制造、销售于一体的工业企业。公司成立于2005年8月。占地近百亩,基础设施投入资金1.5亿元,建筑面积5万平方米。公司拥有专业管理人员80余名、各类技术人员100余名。企业拥有ZC羽绒服、ZC时装、庄鑫服装、庄驰羽绒服等品牌。合作伙伴遍及20多个省、市、自治区。公司及其品牌连续被评为"浙江省工商企业信用A级守合同重信用单位"、县级"文明单位";被中国服装协会羽绒服装及制品专业委员会、中国商业联合会信息部授予2007～2008年度最受欢迎品牌。"庄驰"商标被评为嘉兴市著名商标,"庄驰"牌羽绒服获"欧盟、南非、美国、西班牙(马德里)"知识产权保护证书。2010年,公司实现产值3.15亿元,利润1830万元,上缴税收152万元。

【浙江惠中制衣有限公司】 公司2004年2月成立,注册资本1500万美元,占地面积6.59万平方米,建筑面积5.29万平方米。公司有自动切线车、热转印机、验布机、力克打版系统等生产设备,其中力克打版系统处于世界先进水平。公司以生产针织、梭织服装为主,年产量400万件,产品销往美国、英国、德国等10多个国家。2010年,公司实现产值14.21亿元,销售收入13.46亿元;在册人员1366人,其中专业技术工人129人。

【大舜服装辅料创业园】 大舜服装辅料创业园按照规模化、集约化、可持续发展的要求和"产业集聚,资源共享,协作配套,产业链延伸"的原则进行建设。至2010年底,园区占地面积67.8公顷(1017亩),其中一期工程占地18.8公顷(282亩);一期工程中有7.6公顷(114亩)已完成招、拍、挂工作。基础设施建设有序推进,至年底,完成鱼塘填土30.47公顷(457亩),修筑水泥路2115米,铺设雨(污)水管道2900米,给水管道1500米。完成供电线路架设和自来水临时管道安装。至年底,16家入驻企业中有4家已竣工投产;二期工程入驻的18家企业,土建全面开工。 (范秋艳)

建筑材料业

【概况】 2010年,嘉善县建筑材料业(简称建材业——主要包括水泥及其制品业和建筑墙体材料业)增长较快,结构继续改善。全县水泥产量363.71万吨,其中散装水泥315.65万吨,散装率86.79%。全县有新建筑墙体材料(新墙材)生产企业22家,并全部取得省新墙体认定推广证,产业规模处嘉兴市领先地位。

全县新型墙体材料生产企业有:加气混凝土砌块生产企业4家,年生产能力20万立方米;混凝土砖生产企业14家,年生产能力6000万块标准砖以上;蒸压灰砂砖生产企业4家,年生产能力6000万块标准砖以上。22家新型墙体材料生产企业产量6.34亿块标准砖。全县工业建筑工程项目主要使用混凝土砖和蒸压灰砂砖,占比68.71%。一些高档次的工程项目采用价格高、质量好的加气混凝土砌块。

【嘉善洪溪南方水泥有限公司】 位于天凝镇镇东村,占地7.68公顷(115.17亩)。公司有带2.0MW纯低温余热发电的日产1000吨硅酸盐水泥熟料新型干法水泥生产线1条;员工168人,其中技术人员22人。公司先后取得计量检测体系合格证书、标准化水平确认合格证书,通过ISO9001 : 2008质量管理体系认证、ISO14001 : 2004环境体系认证和产品质量认证,通过清洁生产审核验收。先后4次通过资源综合利用认定,2次被评为嘉兴市节能先进集体,被评为省建材行业节能先进单位等,并被省经贸委、省环保局列入首批绿色企业。企业生产的P·O42.5和P·C32.5水泥具有早期强度高、富裕标号足、抗渗性好、流动度好等特点,广泛使用于大型混凝土构件、大型管桩企业、高层建筑、桥梁以及高速公路等重点工程,产品畅销浙、苏、沪地区。“振大”牌水泥先后获得国家免检产品、嘉兴市名牌产品、嘉兴市著名商标等称号。2010年公司生产销售水泥71.75万吨,实现销售收入1.92亿元,创利税1346万元。

【嘉善南方水泥有限公司】 公司的前身为嘉善汾湖水泥有限公司。公司占地面积96301万平方米,固定资产9013.76万元。公司先后通过ISO9001 : 2008质量管理体系认证、ISO14001 : 2004环境体系认证和产品质量认证以及清洁生产审核。公司生产的P·O42.5和P·C32.5水泥具有早期强度高、富裕标号足、抗渗性好和流动度好等特点,在大型混凝土构件、高层建筑、桥梁以及高速公路等重点工程广泛使用。产品销往浙、苏、沪广大地区。“桐星”牌水泥先后获国家免检产品、浙江省名牌产品称号。2010年,公司生产销售水泥97.7万吨,实现销售收入2.40亿元,创利税1870.58万元。有员工218人。

【嘉善天凝南方水泥有限公司】

公司占地面积7.06万平方米,建筑面积3.5万平方米,资产1.3亿元;有年产100万吨水泥粉磨生产线1条,是浙江省单机产量最高的水泥生产企业之一。企业在安徽广德、浙江长兴拥有熟料生产基地,并有日产2500吨级以上熟料窑外分解回转窑生产线多条,自产熟料完全满足水泥生产需要。公司生产工艺先进,自动化程度高,并实现清洁生产。2010年,公司生产销售水泥79.37万吨,实现销售收入1.95亿元,创利税1669万元。

【嘉善金地新型建材有限公司】

公司2010年1月成立,位于干窑镇,占地2公顷(30亩),总投资2100万元。公司有加气块自动化生产线,年设计生产能力20万立方米;有员工50人,其中大专以上学历和专业技术人员6人。公司已通过省级新型墙体材料产品认证和ISO质量体系认证。 (朱嘉稀 李 光)

光伏产业

【概况】 2010年,嘉善的光伏产业得到长足发展。全年实现总产值70.5亿元,同比增长98.13%。初步形成以浙江昱辉阳光能源有限公司为龙头,嘉兴明通光能科技有限公司、嘉兴五神光电材料有限公司、浙江普虹新能源有限公司以及浙江煤山矿灯厂、魏塘和干窑等地的太阳能光伏应用企业为支撑的产业群。

【浙江昱辉阳光能源有限公司】

公司位于姚庄镇工业园区,2005年6月成立,为英属维尔京群岛Renesola公司旗下100%控股的子公司。公司专业从事太阳能级硅片生产与销售,是一家集单晶硅、多晶硅生产、切割工艺为一体的高科技综合型企业。截至2010年底,公司总投资5.90亿美元,注册资金累计2.74亿美元,占地面积40.67公顷(610亩),职工4400多人。公司生产的硅片使用在太阳能电池组件上,其光电转换效率16.2%以上。公司率先大规模使用0.1的钢丝进行硅片切割,切割后硅片厚度达180微米,耗硅量接近6克/瓦,为世界纪录保持者。2010年,公司生产的太阳能级电池单晶硅片、多晶硅片1200MW(兆瓦)远销20多个国家(地区),销售收入64.7亿元,同比增长96.55%。公司被评为2010年度“嘉善县十佳转型升级示范企业”、“嘉善县外资企业十大纳税大户”。公司已发展成为世界第二大优质硅片生产商,被誉为中国最具活力和发展潜力的太阳能企业之一。

【浙江普虹新能源有限公司】

公司位于天凝镇杨庙工业园区,2009年6月成立,总投资6亿元,注册资金6600万元,设计年生产能力5000吨太阳能级多晶硅。一期设计年生产能力1500吨,2010年12月建成投产。公司采用先进的物理法提纯工艺,生产太阳能级多晶硅及硅片。经过物理法高温提纯工艺生产的太阳能级多晶硅锭,单锭重量为425公斤,去掉边料后85%可直接用于切太阳能电池片,企业同时从事太阳能电池及组件的开发和生产。2010年,销售收入2076万元。

【嘉善腾业光伏科技有限公司】

公司2003年11月成立,位于嘉善经济开发区,占地面积4万平方米,是一家专业生产太阳能光伏组件产品、招投太阳能光伏电站项目、具有年产380MW(兆瓦)生产能力的企业;年生产能力380MW。公司拥有一流的专业技术人员和国外先进的自动化太阳能组件设备,生产的太阳能组件产品合格率为100%,产品受到广大客商认可,市场占有率不断提高。公司坚持“以人为本”,走科学发展和谐之路,倡导“客户价值、满足客户需求”的宗旨,信奉“高效、优质、诚信”的经营理念。2010年,销售收入2亿元,比上年的293万元增长6717.42%。

【嘉兴明通光能科技有限公司】 公司位于嘉善经济开发区,是一家以太阳能级电池单晶硅片生产加工为主要经营业务的中外合资企业。公司总投资1000万美元,注册资金650万美元,占地面积2万平方米,2008年7月正式投产并营运。公司集科研、生产、销售为一体,拥有一大批单晶硅专业生产的高级技术和管理人员,并依托中科院嘉兴中心物理所等帮助培养专业技术团队。2010年,公司生产的太阳能级电池单晶硅片、硅棒质量达到行业标准,生产的太阳能电池部件及单晶硅棒、单晶硅片远销海内外。全年销售收入1.08亿元,同比增长82.40%。 (许建冬)

黄酒酿造

【概况】 境内黄酒酿造主要集中在浙江嘉善黄酒股份有限公司(下称公司)。公司有万吨级传统工艺黄酒酿造生产线,国内一流的机械化黄酒酿造设备和自动化灌装流水生产线,年生产黄酒能力10万吨。产品销往江、浙、沪、鲁、皖等20个省、市,并销往日本、加拿大、澳大利亚、美国、西班牙等国家和中国香港等地区。公司生产的黄酒从1984年以来,先后获得省优、部优,行业优质产品、名牌产品以及国家、省级博览会金奖、银奖等奖项20多项。黄酒系列产品连续4次被评为浙江名牌产品,“汾湖”商标连续4次被评为浙江省著名商标。公司2001年通过ISO9002质量体系认证,并于2003年11月转版ISO9001 :2000标准。2003年5月,经国家质量监督检验总局认定获“原产地标记注册证”。2006年,获准使用“地理标志保护产品”称号,同年9月通过食品质量安全“QS”认证。2007年,汾湖商标获“中国驰名商标”称号;2010年,被商务部授予“中华老字号”称号。公司不断加大技改投入,抓好基本型产品整合。加强与高等院校和相关企业技术协作,开展以技术中心为平台的产学研联合攻关活动,并先后与嘉兴学院签订技术攻关和合作协议。开展黄酒行业市场细分和可能性研究,加强关键技术知识产权保护,实施技术创新,加强研发投入,成功开发出“西塘1618”、“七一南湖红”等西塘老酒系列产品。“西塘1618”金标、银标、黑标分别获3项外观设计专利,“一种黄酒的生产方法”及“一种营养黄酒(西塘1618)的制作方法”获发明专利。公司与嘉兴学院生物与化学工程学院合作申报的“西塘1618营养黄酒的研究”、“产业化、机械化工艺生产半甜型黄酒的研究及产业化”2个项目被列入县级科技项目。2010年,公司拥有固定资产1.2亿元,占地面积20万平方米,职工1000人,其中,工程师、酿酒师等专业技术人员200人。2010年销售收入2.47亿元,同比增长14.7%;实现利润769万元,同比增长40.6%。 (高峰伟)

电力工业

【概况】 2010年,嘉善县电力工业企业坚持“安全在责、预防在微、治理在严”的安全理念,严格执行“重责任、强管理、严治理、抓规范”的管理要求,企业实现安全生产,持续平稳发展,圆满完成上海世博会和省运动会保供电任务。年内,县供电局被评为浙江省“AAA”级纳税信用单位、被浙江省电力公司评为世博保供电先进集体,2项“QC”成果获全国一等奖,“可调式线夹固定装置”获国家知识产权局专利证书,光明电力服务队被省公司评为“供电服务品牌30佳”。

全年,全县供电量37.17亿万千瓦时,比上年增长22.07%。售电量36.82亿万千瓦时,比上年增长25.68%。线损率0.93%,比上年下降2.85个百分点。全县用电最高负荷63.43万千瓦(出现时间8月2日9时40分),比上年增长20.83%;全县最高日用电量1351.83万千瓦时(出现时间8月3日),比上年增长20.84%。城网供电可靠率99.98%,配网供电可靠率99.82%。综合电压合格率99.84%。全社会用电量37.31亿千瓦时,同比增长22.06%,全县人均用电量9755千瓦时/年，人均生活用电量787千瓦时/年。

全县境内有500千伏变电所1座，主变2台/150千伏安。220千伏变电所3座，主变7台/129千伏安。110千伏变电所16座，主变26台/1216500千伏安。其中：电业14座，23台/1101500千伏安；用户2座，3台/115000千伏安。35千伏变电所13座，主变20台/302500千伏安。其中：电业4座，8台/152500千伏安；用户9座，12台/150000千伏安。20千伏配变29台，容量5300千伏安。10千伏配变6617台，容量1680300千伏安。其中：电业2806台/660400千伏安。有500及以上千伏线路6条，158.42千米。220千伏线路10条，117.29千米。110千伏线路27条，209.94千米。35千伏线路18条，111.64千米。20千伏线路3条，7.62千米。10千伏线路254条，1891.36千米，其中：10千伏电缆217.66千米。低压线路3092.94千米。其中：城镇低压线路519.43千米；农村低压线路2573.51千米。

【注重科技成果应用】 3月，商城216线南桥支线实施大修工程，工程交跨320国道，按惯例需封道才能实施大修。9日，采用专用滑车架线法施工，即用滑车跨越障碍架线施工，使导线在空中一定高度完成整个牵引过程，并在展放过程中不与地面发生摩擦。施工时未实施封道，确保320国道交通畅通，取得工程建设与社会效益双赢。专用滑车架线法是县供电局根据工作经验自主研发的科技成果，获“全国优秀质量管理小组”奖。

【参加全国社会责任报告发布会】 1月27日，国家电网公司在北京举行2009社会责任报告发布会，县供电局参加发布会。作为国家电网公司的唯一县级试点单位，县供电局完善企业社会责任管理体系，强化履责意识，关注民生，惠及企业，切实履行社会责任，为嘉善经济、社会的发展，和谐社会的建设提供强有力支撑，树立良好的社会形象。

【电网负荷创历史新高】 随着全球经济复苏，2010年，用户投产增加容量7万千瓦。另受北方较强冷空气影响，气温下降，降雪、大风、低温及连日的阴雨天气，防冻保暖和防汛排涝用电负荷增加。3月9日9时55分，嘉善电网负荷达55.15万千瓦，同比增长28.83%。夏季来临后，随着气温升高，电网用电负荷节节攀升，6月19日10时整，电网负荷达61.67万千瓦，比2009年最高负荷增长15.5%，电网负荷迈入60万千瓦关口。随着气温急剧上升，生活用电负荷逐渐增大，8月2日9时40分，嘉善电网负荷达到63.43万千瓦，同比上升20.83%，创历史新高。

【开展“和谐”春风进社区服务活动】 3月10日，县供电局在县城西门社区的中山路开展“巾帼文明（标兵）岗、‘红船服务队’、青年志愿者进社区‘零距离’服务”活动。活动中，30名青年志愿者和巾帼文明岗成员为居民开展用电咨询、业务受理、故障报修，投诉建议解答等服务；还开展有奖问答活动，近500名居民参与活动。

【建成电动汽车充电桩】 根据2010年电动汽车交流充电桩建设计划，投资13万元，在全县完成6处电动汽车充电桩建设。其中，魏塘、干窑、西塘供电营业所3处，县城电力大楼2处、中央花园小区停车场1处。

【抓好农村电网集约化示范点建设】 8月18日，嘉善县首个农村电网集约化建设示范点——姚庄农村电网集约化示范点建设一期工程竣工，600多户农民住进现代化新社区。该工程规划先行，结合《姚庄镇城镇总体规划》及《姚庄镇工业园区总体规划》，实现从“应需而建”到“规划引领”、从“面面俱到”到“集约农网”、从“10千伏配电网供电”到“20千伏配电网供电”的“三个转变”。姚庄中心镇集约农村电网建设，减少配变所占地面积和配电线路占用土地，节约33%的配电网建设资金，减少线路传输损耗。

【做好世博安保卡点服务工作】 3月9日，县供电局配合嘉兴市电力局开展世博会保供电、防事故联合演习。11月，汾湖变电所第一台承担变电所设备巡测的机器人投入使用，服务世博会安保工作。世博会期间，嘉善境内设有治安卡点26个。为保证“安保”卡点供电工作，县供电局加大用电检查力度，对每个治安卡点的用电地址、所属线路名称、管理部门、设备主人进行详细的统计和记录，做到工作细分到地点，责任划分到个人。加强供电线路巡视和治安卡点供用电情况监视,专门制定上海世博会安保卡点保供电方案,同时明确线路转供方案,对于无法转供的,执行立即保供电方案,并落实自发电、UPS和其他非电性质的保安措施。在320国道里泽卡点西侧1500米,添置路灯32盏。

【成立“劳模工作室”】 5月9日,成立“韩明华(省级劳动模范)配电线路技能培训工作室”,以提高员工的素质和技能,创新教育培训模式,充分发挥优秀专业人才的示范引领作用。工作室制订培训大纲、培训方案及具体的培训计划,建立教师库,组织本系统优秀的技能人才、技术工种带头人、劳动模范等技术骨干为新进、转岗、技术人员以及新任班组长传授知识、技能和经验,提高员工操作技能水平。

【两项“QC”成果获全国一等奖】 6月,县供电局线路队“QC”成果《减少放线不平衡发生率》获2010年度人力资源和社会保障部优秀质量管理一等奖。6月,县供电局调度所《缩短艾默生UL33系列UPS故障停机时间》获浙江省优秀“QC”成果一等奖;7月,又获2010年度全国电力行业质量管理评比优秀奖。

【服务沪杭客运专线建设】 积极服务沪杭客运专线嘉善段工程建设。2009年8月至2010年4月,县供电局抓好现场查勘,制定供电方案,做好临时接电工作,确保建设单位施工用电,根据施工过程中暴露出来的问题及时改进供电方案,抓好措施落实,并做好安全保障等工作;相关工作得到中铁电气化局的肯定。

【完成嘉辰开闭所改造工程】 10千伏嘉辰开闭所改造工程共有20台ABB环网柜的安装调试工作,工程采用单母线分段式两段母线接线。9月15日,10千伏II段母线间隔设备于一次顺利冲击,投入运行。9月20日,10千伏I段母线间隔设备成功投入运行。9月21日,两段母线间隔设备顺利完成负荷转接,全部改造工程竣工并投入运行。

【采用“超市化”式管理材料小库】 10月15日,县供电局营业所信息化小库管理U8系统正式上线运行,电力设备材料小库实现“超市化”式管理。小库管理U8系统运用条码库管理系统进行管理,管理员采用数据采集器红外线扫描材料条形码后,对材料进行分类整理,录入系统。领料人领料时,经指纹确认方可进入系统,查阅材料所放的位置,并领取材料。所有材料进出记录在领料人完成领料后,被管理员录入系统,确保小库信息在第一时间完成更新,实现材料记录网络流转。

【实现电网运行调控一体化】 依据《嘉兴电网县级调度调控一体化工作规划和实施计划》,推进调控一体化工作,完善规程制度,优化调控一体业务流程。根据运行值班需要,增设调控一体监视墙,全面展示电网运行情况。12月18日,嘉善电网调度控制中心投入试运行,“调控一体化”运行管理新模式实现。

【首座20千伏用户变落成投产】 12月21日,嘉善首座20千伏配电房在姚庄镇福莱喷绘有限公司落成投产,20千伏电压等级正式投入使用。使用20千伏配变与10千伏配变相比,每千瓦时电价降低0.02元。20千伏配电线路与10千伏配电线路相比,可多承载1倍的供电能力,相同供电量20千伏配电线路可减少线路损耗,减少线路通道占地、提高电网供电能力。

9月29日,首座110/20千伏丁栅变电所开展投产前期工作。

县供电局 提供

【首座110/20千伏变电所竣工投产】 10月25日,嘉善110千伏丁栅变电所1号主变第一次冲击完成,随后的20千伏设备冲击、主变带负荷试验等陆续结束,变电所顺利投产。110千伏丁栅变电所主变容量8万千伏安,110千伏线路长度210.7千米,10千伏出线12回,概算投资4155万元,实际完成投资3152.38万元。丁栅变电所是县域境内第一座110/20千伏变电所,出线电压等级20千伏。变电所投产后,20千伏电压等级线路正式进入嘉善电网运行,并逐步为城乡居民使用。

【全国现场管理星级评价取得好成绩】 全国现场管理星级评价活动是中国质量协会为引导广大企业推广先进质量管理方法、提升企业绩效水平而开展的活动。年内,县供电局所属的变电工区、线路工区和客户服务中心等3个班组为星级管理的创建对象。12月8日,全国现场管理星级评价评审结果发布会在南京举行,县供电局上述3个班组取得2个四星、1个三星的成绩。（朱留明）

【嘉善协联热电有限公司】 公司位于县经济开发区,装机容量1.5万千瓦,主要为区内工业企业提供供热配套服务。2010年,供电量3121.14万千瓦时,供汽量46.26万吨,耗标煤6.47万吨;实现利润957.58万元(税前利润1243.21万元),上缴税收304.45万元。2010年,公司将2#35t/h抛煤炉改造为循环流化床锅炉,并于8月投入运行,以节约资源,保护环境,降低生产成本。公司被嘉兴市人民政府评为2010年度节能降耗工作先进单位,公司党总支被县委评为2010年度先进基层党组织。

【浙江中成热电有限公司】 浙江中成热电有限公司系浙江中成控股集团有限公司的下属企业,公司位于嘉善县干窑镇工业园区。公司发电总装机容量为1.2万千瓦,并有65吨锅炉1台,35吨锅炉2台,供热管道3条,长度15公里,为园区内30多家企业供热。2010年公司投资600多万元,对发电机组及主变进行技术改造,采用新型节能机组背压式汽轮机替代原来凝汽式汽轮机,机组投产后节能效益明显,年节煤约6000吨,采用先进的S11－5000/35变压器,淘汰落后的S7－8000－35变压器,年节电9.6万千瓦时。全年发电量3950万千瓦时,供热63万GJ,年耗标煤3.7万吨,实现利税322万元,其中上缴税金282万元。

【嘉善县洪峰热电有限公司】 公司位于天凝镇洪溪工业功能区,现有2台6000KW的背压机组。2010年供电量2251万千瓦时,供汽量38.18万吨,供热量114.54万GJ,耗标煤5.13万吨;利税总额580万元,其中利润426万元。5月,公司完成流化床锅炉改造工程,循环流化床锅炉投入生产提高能源的综合利用效率和二氧化硫的脱硫率,减少污染物的排放,脱硫效率从原来的35%提高到80%以上,实现节能减排、转型升级,也提高企业的竞争能力。6月初,完成1号抽凝机组改背压机组的改造工作,新机组的投入运行不仅提高发电能力与供热能力,而且提高各项经济指标,降低生产成本,提高经济效益,基本满足园区企业用汽需要。（包蓓蓓）

综　　述

2010年，开发区（惠民街道）实现工业总产值300.2亿元，同比增长11.11%；实现利税22.68亿元，同比增长80.2%。嘉善县电子信息产业园实现产值2.7亿元。中国归谷嘉善园区年内落户项目4个、签约项目3个。嘉善临沪新区规划面积20平方公里，累计投入5万元用于基础设施建设，基本形成以太阳能源、精密五金机械、电子元件、皮革服装等特色产业。

嘉善经济开发区

【**概况**】 嘉善县经济开发区（惠民街道）于2009年7月由嘉善经济开发区和惠民镇合并而成，全区（街道）总面积65.50平方公里，常住人口2.77万人。2010年，实现地区生产总值60亿元，增长15.5%；财政总收入14亿元，增长30%；居民人均收入14236元，农民人均纯收入增长11%。截至到2010年县经济开发区已从25个国家和地区引进外资项目250个，总投资28亿美元，合同利用外资16亿美元，实际利用外资11亿美元。全区台资企业106家，总投资19亿美元，其中有总投资1.06亿美元的嘉善晋亿实业股份有限公司、总投资1.05亿美元的浙江台升实业有限公司、浙江英鑫达电子科技有限公司和浙江奂亿电子科技有限公司等。一大批国内外著名公司建立生产基地，多家世界500强企业落户。2010年，全区（街道）合同利用外资2.2亿美元，实际到位外资1.21亿美元，完成进出口额10.5亿美元。年内，嘉善经济开发区获“十一五”规划贡献奖——中国十佳省级经济开发区称号，成为浙江省唯一获此殊荣的省级经济开发区。

【**转型升级促发展**】 围绕产业转型升级和新兴产业培育，以招商选资为重点，项目建设为抓手，平台建设为基础，加快转变经济发展方式，提升经济增长质量和效益。年内，县督查重点项目16个，其中新建项目10家，开工9家，开工率90%；新建和结转项目16家，竣工8家，竣工率50%；投产7家，投产率43.75%。全区（街道）实现工业总产值300.2亿元，同比增长11.11%；规模以上工业企业累计实现工业总产值210.14亿元，同比增长36.8%；实现利税22.68亿元，同比增长80.2%，其中利润总额14.42亿元，同比增长91.5%；实现进出口额11.2亿美元，其中出口9.2亿美元，同比增长32.06%。完成全社会固定资产投资49亿元，同比增长24.05%，其中完成工业性投入36.3亿元，同比增长9.36%。完成财政总收入10.01亿元，同比增长7.4%，其中地方财政收入3.65亿元，同比增长11.6%。实施科技商务中心区规划建设，分两期实施曙光新社区征迁工作，首期安置64户农户和实施1.6万平方米企业征迁。园区平台建设投入5亿元，同比增长4倍。

【**组建市级高新技术研发中心**】 2月，嘉兴市科技局公布认定第七批嘉兴市高新技术研究开发中心。全市共有11家市级高新技术研究开发中心完成研发中心的组建。在这批认定的研发中心中，县开发区阿克苏诺贝尔金属闪光及特殊效应漆高新技术研究开发中心、兴惠电声高新技术研究开发中心2家企业入围。

【举行募投扩建项目开工奠基仪式】 5月28日,浙江众成包装材料股份有限公司举行募投扩建项目开工奠基仪式,将全区(街道)"项目推进开工月活动"推向新高潮。中共嘉善县委书记张明超,县政协主席吴金林,县委常委、常务副县长冯伟,副县长何慧琴,区(街道)党委书记王秋儿及政府有关部门领导,浙江众成包装材料股份有限公司董事长陈大魁出席开工奠基仪式。

【三方电力器材有限公司获得国家级高新技术企业称号】 年内,嘉善三方电力器材有限公司获国家级高新技术企业称号。这是该公司继获得嘉兴市高新技术企业、浙江中小型科技企业后的又一殊荣。截至11月底,该公司共申请各项专利12个,其中10个拿到专利证书,通过省级新产品认定11个。

【举行投资推介会】 12月3日,由嘉善经济开发区承办的浙江嘉善电力电子、轨道交通投资推介会在北京举行。80多家与电力电子、轨道交通产业相关的企业和专业研究机构参加推介会。推介会上,共签订6个投资项目。县领导张明超、姚高员、马佩莲,区领导王秋儿等出席会议。

【浙江华震入驻嘉善经济开发区】 7月6日,总投资3.2亿元,占地6.67公顷(100亩)的浙江华震数字化工程有限公司入驻嘉善经济开发区。7月8日,举行签约仪式,县领导张明超、姚高员、马佩莲、何慧琴及开发区领导参加签约仪式。浙江华震数字化工程有限公司所掌握的"华震全息三维重建(HoloBuild)系统"技术属于国内原创,国际领先的创新科技技术。该技术对于现存三维重建方法有着明显的比较优势,具有精度高、稳定性好、重建时间快、适用范围广等特点,填补多项国际性技术空白。该项目投产后,可年产多功能三维重建设备50套、便携式三维重建设备80套、内窥镜三维重建设备80套,预计年销售收入3亿元,年利润1亿元。

【宁波博洋控股集团落户嘉善经济开发区】 9月16日,总投资3.5亿元,占地13.33公顷(200亩)的浙江博洋控股集团现代商贸物流项目落户嘉善经济开发区。博洋控股集团前身是宁波永丰布厂,现有数十亿元资产、1.6万多名员工,涉足家纺、服装两大产业以及商业、产业投资三大项目,控股旗下30余家企业的综合性集团公司。

【嘉善华瑞赛晶提升竞争力】 10月13日,赛晶集团正式在香港联交所主板成功上市,位于嘉善经济开发区的嘉善华瑞赛晶电子设备科技有限公司为赛晶集团成员。10月底11月初,赛晶集团向嘉善华瑞赛晶电气设备科技有限公司增资4900万美元,使嘉善华瑞赛晶公司总投资由2000万美元增至6900万美元;注册资本由1250万美元增至6150万美元。增资主要用于扩大产能,强化科研力量,提升竞争力,使其成为电力电子行业龙头企业。

【发展高新技术企业】 浙江新嘉联电子股份有限公司被省科技厅等4部门认定为2010年第一批国家重点支持的高新技术企业;嘉善日科自动化设备有限公司、嘉兴欧玛健康科技股份有限公司和嘉善豪声电子有限公司等9家企业被省科技厅认定为2010年第一批省级科技型中小企业。另有2家国家重点支持的高新技术企业和2家市级高新技术企业正在审批认定中。

【拓展招商新局面】 强化招商服务,转变发展理念,以"招商促转型,以转型助招商"拓展招商新局面。重点招商三资即优质民资、高端外资、央企国资企业。其中,"华震多维谷"、"博洋物流"、"华瑞赛晶电子"、"爱仕达电器"、"九洲制药"、"精迪敏科技"等大批优质项目成为招商主体。

【实行非公党建网格化管理】 开发区有非公有制企业800多家、企业党员500多名。针对辖区内企业规模较小、党员流动频繁、作用发挥难等现状,按照"地域相近、行业相邻、历史渊源"等特点,以中心企业为龙头,实行网格化管理、组团式服务,带动其他非公企业的党建工作。将辖区内的企业划分为17个网格,每个网格一般不超过20家企业,并明确1家企业党组织为中心,牵头建立区域化党建活动阵地,推行组团式服务。

【发展"4+1"新兴产业】 改变产业层次低、布局散、竞争力弱的状况,打造具有竞争优势的现代产业体系,提出培育"4+1"新兴产业计划。"4"就是指四大新兴产业:电力电子、轨道交通、生物医药、多维谷,“1”就是指现代服务业,推动新兴产业规模化,增强综合实力。

【“浙江众成”挂牌上市】 10月,浙江众成包装材料股份有限公司在深圳证券交易所中小板成功挂牌上市,成为继“晋亿实业”、“新嘉联电子”后,县内第三家国内上市公司,提升企业核心竞争力。（杨 祎 陆冰清）

电子信息产业园区

【概况】 2010年,嘉善县电子信息产业园以富士康科技集团(嘉善)科技园一期项目投产为主线,进一步推动富士康项目入驻,强化企业服务,完善载体设施建设。全年完成合同利用外资7800万美元,实际利用外资10340万美元,固定资产投资8亿元,基础设施投入1亿元,实现产值2.7亿元。

【成立浙江嘉兴出口加工区B区管理委员会】 根据《关于建立嘉兴出口加工区B区管理委员会的通知》(善编[2010]18号)、《关于浙江嘉兴出口加工区B区管理委员会机构设置和人员编制的批复》(善编[2010]30号),成立浙江嘉兴出口加工区B区管理委员会,由丁炳龙任主任、陈昉任常务副主任,下设综合科、投资科、建设科。

【富鼎电子科技(嘉善)有限公司投产】 富鼎电子科技(嘉善)有限公司总投资2.01亿美元,合同外资1.35亿美元。主要生产笔记本电脑、消费性电子产品、精密模具及其零配件。该项目一期3栋厂房、2栋附房及相关配套设施,建筑面积约9万平方米,于2010年7月竣工,12月1日正式投产。富鼎一期项目主要生产苹果(APPLE)笔记本电脑上盖、下盖及键盘。

【嘉兴出口加工区B区封关运作】 嘉兴出口加工区B区于2010年1月15日经国务院批准。根据“一次性规划,分期开发”的原则,于6月完成首期0.68平方公里围网建设。7月6日及19日分别顺利通过由杭州海关及浙江出入境检验检疫局组织的预验收,8月6日通过海关总署等国家九部委的联合验收。10月28日,设立嘉兴海关驻出口加工区B区办事处,正式开关,开办业务。12月1日正式封关运作。

【加强企业招聘】 嘉兴出口加工区B区管委会出台《关于鼓励和支持出口加工区内企业招聘员工工作的暂行办法》,激励人力资源招聘公司的积极性。同时在县就业市场、西塘镇就管所设立招聘窗口,前往劳动力资源丰富的省市进行专项招聘,与大中专职业院校进行政校合作、校企合作,建立长期培训机制。

【开发海关辅助系统】 委托浙江电子口岸开发嘉兴出口加工区B区海关辅助系统。在开发过程中,协调区内海关、松江海关、国检乍浦办、国检嘉善办、企业、浙江电子口岸、南京三宝、富宏储运等单位,就通关报关方式、数据联网、卡口通关、场站管理反复调试。12月1日,海关辅助系统测试运行。（蒋 磊）

中国归谷嘉善园区

【概况】 中国归谷嘉善园区2010年2月28日被选定为“中国归谷”的发祥发端地,成为“中国归谷”所属第一个园区,园区内将建设中国能谷、生命研究谷、全球品牌谷等10个功能区。5月8日上午,“中国归谷”全球招商项目(专用工作网)正式启动暨第一批高端企业项目入驻中国归谷嘉善园区签约发祥发端仪式在善举行。仪式上,由归国留学人才组建的20家有入驻意向的高端企业与罗星街道举行签约仪式。20家企业涵盖医疗器械制造、电子设备研发、服务外包等多个领域。8月,中国归谷嘉善园区正式成立。11月10日上午,上海坤伦文化传播有限公司、美国KSTV控股公司与罗星街道办事处举行项目合作签约仪式,成为嘉善归谷园区首批入驻企业。根据协议,上海坤伦文化传播有限公司/美国KSTV控股公司将拥有相关核心技术的移动图形基地落户嘉善归谷园区,建立多媒体制作中心及数据处理中心,并通过KSTV平台向全球招商,引进国内外著名企业落户动漫产业创业园。截至2010年底,归谷园区已落户项目4个,签约项目3个,各类项目信息20余个,洽谈成熟项目9个,涵盖生物医药、新能源、新材料、文化创意等多个领域,引进中国“千人计划”入选人员1名,美国加州大学终身名誉教授1名。

中国归谷嘉善园区位于嘉善县罗星街道厍浜村，园区一期规划用地1.35平方公里，规划建筑面积约126万平方米，二期规划扩展用地2平方公里，规划建筑面积约为150万平方米。园区坚持以“创新、绿色、共融”为发展原则，以“低碳、高智、江南”的理念诠释新一代科技产业园发展特色，致力打造中国最大的以归国留学人员为主体的高科技成果转化和产业发展“双基地”。研发等技术成果转化为特色的科技医疗产业集群。重点发展新能源环保材料、光机电一体化等环保节能型产业，引进有研发外包和交付使用成果转化需求的科技企业落户，形成园区高端制造业的产业集群。加快培育金融、文化创意等新型现代服务业，引进国际国内金融、风险投资、上市服务、文化创意等现代服务业企业，打通科技企业的融资瓶颈，创新机制形成园区现代服务业集群。

中国归谷嘉善园区签约发祥发端仪式　　县人事局　提供

园区一期规划有中国归谷示范区、标准外包交付中心区、企业定制研发区、文化创意产业区、商务配套功能区、研发孵化及公共服务平台等六大功能组团，建设以科技、研发、创意为主体功能，以高新技术产业为支撑，以生态休闲、商务服务为配套的滨水型国际化新一代科技新城。园区产业规划发挥上海与嘉善的互补优势，着重引进生命科学、医疗材料及器械、健康管理、检测试剂及设备等海外留学科技人员和国际国内知名研发中心归国研发创业，吸引打造以生命科学、医疗器械形成以科技成果转化、产业发展为主导的国家级海外留学人员归国研发创业示范区。园区将规划建设国际专业专科技术大学城，创新教育培训机制，引进国内国际知名大学设立专科学院，为园区培养提供多专业多层级的高素质专业人才。规划建设一所以生命科学研究为依托，以国际先进健康管理为支撑的国际化集医疗、生命健康管理、生物保健技术应用等为一体的国际医院。

园区的总体规划、景观设计已全面完成，40公顷（600亩）的中国归谷示范区基础设施配套工程已动工兴建，力争在2011年6月全面完成，初具环境形象。园区建成后将成为基础设施完善、功能配套齐全、信息网络发达、生态环境优美、健康人文和谐、产业布局合理、专业服务一流的国际化综合生态高科技产业功能区，成为依托上海辐射长三角区域的科技体制机制创新区、高新技术产业聚集区、生态生活文明示范区。　　（周洪林　杨胜年）

嘉善临沪新区

【概况】　临沪新区规划面积为20平方公里，其中核心区10平方公里。累计投入5亿元用于基础设施建设。通过深入实施招商引资“一号工程”，临沪新区已基本形成以太阳能源、精密机械、电子元件、食品加工、新材料为主的特色产业；行业间构成相互配套、协作加工的产业群体，形成特色产业制造链。临沪新区以台商、日商和欧商为投资主体。姚庄镇投入大量资金改善临沪新区的建设，全区已达到供电、供水、供热、道路、电信、宽带、排污、排水、土地平整等“八通一平”水平。2010年，临沪新区工业产值201.5亿元，其中规模以上工业产值131亿元。年内，新引进光伏能源、精密机械、新材料、高档食品等四大产业比重占80%。其中，光伏产业园核心区面积扩大到3.6平方公里。　（徐其明）

交通 运输

综　　述

2010年,嘉善县围绕“努力实现‘城乡交通一体化、区域交通综合化、交通管理智能化’,着力推进公路水路交通协调发展和城乡交通协调发展”的总体目标,立足“三个服务”,以“六个一”工程为抓手,全力推进交通基础设施建设。

组建嘉善县交通建设投资集团有限公司。2009年11月13日,县委印发《嘉善县交通建设投资集团有限公司组建方案》(善委[2009]63号)文件,决定成立嘉善县交通建设投资集团有限公司。2010年1月25日,嘉善县交通建设投资集团有限公司正式挂牌成立,注册资本3.03亿元。公司主要承担全县经营性公路和其他交通基础设施的经营管理,重大交通基础设施的投资、融资和建设,提供公路客运、货物运输、物流服务,同时承担相应的融资职能。公司设有办公室、投资发展部、计划财务部、审计评价部。下辖5个全资和控股子公司:嘉善银展交通建设投资有限公司,主要负责县域范围内公路交通基础设施项目的建设、管理及建设资金的筹措;嘉善县善江公路项目有限责任公司,主要负责平黎公路嘉善段的经营、管理及承担相应的维护工作;嘉兴市善通运输(集团)有限责任公司,主要负责城际长途旅客、公交客运、客运站经营管理、集团内部及对外加油、汽车修理、广告发布等业务;嘉善县银通物流有限公司,主要负责原善通(集团)仓储资产经营管理、货运、物流业务等;嘉善旅行社有限公司,主要负责原嘉善旅行社、善通大酒店的经营、管理。2010年,公司承担工程建设项目8个,总投资5.8亿元,全年完成投资2.46亿元。

2010年,全县公路、水路建设计划投资7.2亿元,实际完成投资6.92亿元,完成率96%。其中,公路及站场建设投资6.52亿元,完成率97.3%;水运建设投资4012万元,完成率80%。具体项目有:丁凝公路改建拓宽,嘉善丁栅至新埭(疏港)公路改建和丁诸线航道改造正在做前期工作;嘉善客运中心于5月1日建成并投入使用;总投资2.4亿元,全长12.52公里,按一级公路标准建设的平黎公路(西塘到省界段)拓宽工程于12月17日建成通车;城西大道绿化工程顺利完工;计划投资6.5亿元,全长11.64公里的沪杭客运专线嘉善南站至嘉善客运中心快速通道,除3号路外,桥梁完成72%,路基完成73%。通道2号路已建成通车,工程完成投资3亿元;平黎公路嘉善连接线拓宽工程于4月正式开工;长江路、黄河路下穿沪昆铁路立交工程施工设备开进场;湖嘉申线嘉兴段航道改造一期工程(嘉善段)有序推进;天凝公路已竣工通车;建设农村联网公路9.3公里,改造农危桥62座,建成港湾式停靠站179个,至2010年底,累计建成港湾式停靠站497个;绿化公路640.65公里。至2010年底,全县有通车公路总里程752公里,公路密度148.62公里/百平方公里,其中高速公路37.29公里,一级公路56.86公里,二级公路52.33公里,三级公路165.34公里,四级公路360.35公里,准四级公路78.80公里,等外公路1.03公里,全县形成“三横两纵”道路交通框架,基本实现各镇(街道)之间20分钟直达、镇(街道)到高速公路10分钟的“2010”交通圈,与周边的上海、苏州、杭州、宁波、湖州等城市实现1小时互通，为嘉善县率先实现交通现代化打下良好的基础。截至2010年底，全县有定级内河航道56条，共计327.39公里，定级航道密度64.6公里/百平方公里。拥有吞吐能力100万吨级的公用码头1个、内河港口泊位416个，最大靠泊能力500吨，运力18.1万吨，形成“两纵两横”水运网络主骨架。

2010年，全县有道路运输及相关业务企业2687家。其中，客运企业5家，货运及专业运输企业2386家，危险化学品运输企业1家；出租车企业6家；一类维修企业2家，二类维修企业22家，三类专项维修户133家，快修业31家，摩托车维修业95家；驾校5所，汽车检测站1家，全年检测汽车10176辆。

全县有营运货车7151辆，比上年增加1670辆。全县货运站场完成货运量1297.52万吨，货物周转量122032.58万吨公里。货车重型化、厢式化日趋明显。至年底，全县20吨以上重型货车(集卡车)2015辆，比上年增加686辆，运力结构日趋优化。现代物流、小件快运、连锁维修等新型服务方式快速发展，经营形式日趋多样，不断满足社会不同层次、不同形式的运输需求。有营运客车469辆，客运线路82条，其中，跨省16条，跨市16条，跨县10条；县内镇(街道)班线40条。完成公路客运量1592.47万人次，旅客周转量37311.18万人公里。客运班车总行程7273.08万车公里。全年更新、新增客运车辆55辆。农村客运同步发展，镇(街道)通达率100%。全县有出租车210辆，从业人员500人。

全年全系统办结行政许可案件1514件，其中县公路段78件，港航管理处154件，公路运输管理所1282件；办结行政处罚案件3418件，其中公路段1829件，港航管理处960件，公路运输管理所629件，没有发生行政复议、行政诉讼案件，受理投诉案件167起。

2010年，嘉善县交通局分别被浙江省委、省政府和省交通运输厅评为世博安保先进集体，红旗塘海事所被交通运输部海事局授予集体二等功，城市公交公司被浙江省公交协会评为2009年度行业信息通联工作先进单位，嘉兴市善通运输集团公司被嘉兴市消费者协会评为“消费者信得过单位”，被省红十字会、慈善总会、科技协会、抗癌协会评为“抗癌爱心单位”。

党委书记、局长樊关根被浙江省委、省政府评为世博安保工作先进个人，党委委员、副局长李志杰被交通运输部评为世博安保先进个人，港行管理处主任周锦和被交通运输部海事局授予个人二等功。善江公司施军军被团中央授予“优秀共青团员”称号，并被浙江省支援青川县恢复重建指挥部、青川县委分别授予浙江省支援青川县农村饮用水工程先进个人、青川县优秀共产党员称号，获浙江省支援青川县灾后恢复重建工作功勋奖。

(沈 楚 周忆毓 芦佳佳)

公 路

【概况】 2010年，全县通车公路总里程752公里，其中，高速公路37.29公里，一级公路56.86公里，二级公路52.33公里，三级公路165.34公里，四级公路360.35公里，准四级公路78.80公里，等外公路1.03公里。公路密度148.62公里/百平方公里。全年绿化投入178.3万元，绿化公路640.65公里。全县共有桥梁1580座。全年公路养护总投入2367.1万元，其中，小修保养423.8万元，大中修1943.3万元。大中修工程中，农村公路投入1787万元，改造危桥2座，投入156.3万元。

全年共受理行政许可项目78件，办结行政处罚案件1829件，其中超限运输1644件。全年清除公路用地堆积物1860平方米，拆除违章建筑6处，拆除非公路标牌407块。做好迎接全国干线公路养护和管理检查工作，加强舆论宣传，营造迎检氛围。开展320国道嘉善段公路用地范围内堆积物、招呼牌、广告横幅等专项整治和清理活动，共清理堆积物120平方米，拆除非公路标牌59块，拆除违章建筑3处，整治马路市场2个。善西、西塘、丁栅等3个县级公路站站房建设全部完成，其中，总投资639万元的丁栅公路站站房于5月竣工。

【新客运中心投入使用】 嘉善新客运中心位于县城新城区世纪大道、善江公路交叉口，占地面积8.67公顷(130亩)，建筑面积1.79万平方米，总投资1.1亿元，按一级站标准建设。设长途客运发车位14个，城乡公交发车位44个，城市公交发车位8个，总停车位235个。日最大发送旅客1.55万人次，日最多发送班车1200辆(次)。2008年8月工程

4月29日,客运中心落成启用典礼仪式举行。县交通局　提供

开工建设;2010年4月竣工,5月1日投入使用。

【平黎公路嘉善段主线拓宽工程竣工】 12月17日,平黎公路嘉善段(西塘至省界段)改(扩)建工程竣工。工程起点西塘镇西侧,终点江浙两省交界处陶庄镇翔胜村,全长12.52公里,路基由13.5米拓宽至27米,项目总投资2.4亿元,按一级公路标准设计建设。工程于2009年5月开工建设,2010年12月17日正式通车。

【平黎公路嘉善县连接线拓宽工程开工建设】 平黎公路嘉善段(炮台口至干窑段)改(扩)建工程是省重点工程,工程起点县城炮台口320国道,终点干窑镇,全长3.56公里。工程在原12米宽的老路基上向两侧拓宽,设计道路标准横断面宽度为33米,按一级公路标准设计建设,兼城市道路功能,沥青、混凝土路面。工程概算总投资1.00亿元,其中,交通部分0.73亿元,市政部分0.27亿元,2010年4月10日工程开工建设,截至12月,完成投资6000万元。

【丁栅——新埭(疏港)公路改建工程通过施工图设计评审】 嘉善丁栅—新埭(疏港)公路改建工程起于嘉善县惠民街道与平湖市新埭镇交界处,终于丁(栅)(天)凝—王江泾公路平交,按一级公路标准建设。设计速度为80公里/小时,双向4车道,路基宽24.5米,路线全长24.15公里,其中新建路段3.1公里,其余21.05公里为利用老路拓宽改建或完全利用现有道路。全线架设桥梁28座,总长1831.6米,其中大桥7座(完全利用3座)计1059米,中小桥梁21座长772.6米,涵洞45道,估算总投资4.56亿元。工程由交投集团下属嘉善银展交通建设投资有限公司负责建设。工程分为2期,一期工程为新建段,二期工程为改建段。一期工程被列入嘉兴市“四个双百”重大基础设施和公共服务投资项目计划实施类,估算总投资1.57亿元。2010年底,一期工程施工图设计通过评审。

【城西大道景观提升工程竣工】 城西大道景观提升工程属于嘉兴市十大绿色通道项目之一,建设长度5998米,绿化总面积10.28万平方米,总投资175.33万元。工程在原有绿化基础上适当增加前景树,并做好补缺,完善5个路口、公交车站及其他节点绿化,在公路两侧各20米范围内进行补植绿化。主要种植乔木、香樟、广玉兰等树种,路口种植灌木、色带。体现地方特色,形成景观亮点。工程由嘉兴市南湖花卉园艺工程有限公司负责施工,嘉兴市世纪交通工程咨询监理有限公司担任监理。2010年11月底,工程竣工。

【创新农村公路路政管理工作机制】 2009年底,县政府颁布《嘉善县乡村公路路政管理办法(试行)》,明确乡村公路的管理机构和管理职责。2010年,县公路管理段指导各镇(街道)建立乡村公路路政管理机构,探索建立县交通行政主管部门主管、县公路管理机构指导、镇(街道)政府具体实施的乡村公路路政管理体系。乡村公路路政管理机构采用“四个统一”(统一机构,统一装备,统一制度,统一管理),加强监督检查,实现县镇公路路政“无缝隙”管理。11月5日,省交通运输厅厅长郭剑彪做出“嘉善的做法是城乡交通统筹的重要内容,请省公路局总结推广”的批示。

【深化公交优先战略】 及时调整城乡、城市公交线路,以配合客运中心和沪杭客运专线嘉善南站启用。新开辟公交线路3条,延伸7条,优化11条。至年底,共改造和开通城乡公交线路44条,投入公交车176辆。其中,一级城乡公交线路4条,17辆;二级21条,134辆;三级19条,25辆。全县9个镇(街道)都开通公交,公交通村率100%,县与镇(街道)、镇(街道)与村之间20分钟公交圈基本形成。

【抓好治理车辆“超限超载”工作】 全年共投入执法人员6000人次,治理“超限超载”工作。共检测车辆9711辆,查处违法超限运输车辆1760辆,卸载货物2383.31吨,车辆超限超载现象得到遏制。至年底,干线公路车辆超限率降至1.5%。

【加大安全设施投入】 全年投入103万元,新增公路安全标志811块(包括桥梁限载标志),更换安全标志166块,漆划安全标线2710平方米,设置警示桩296根。投入30万元,在临水、临崖路段安装防撞护栏1.8公里。投入1300万元,更新运营车辆28辆,安装电子显示屏30块,新增危险品检测仪1台,新建车辆状况综合检测线1条,安装限载牌78块、龙门架1副,全面改造监控中心,在52辆长途及旅游车辆上安装GPS终端、行车记录仪、车载四路视频实时监控设备,在客运中心增设不锈钢隔栏、增添车辆及站场消防设施等。整改事故隐患186处。

【抓好驾驶员培训管理】 2010年,全县有驾校5家。驾驶员理论培训12008人,术科培训9615人,举办客货从业人员资格培训班16期654人。其中,客运从业人员资格培训215人,货运从业人员资格培训439人。加强驾校硬件设施建设,增加训练场地和教练车辆,提高培训能力。全年新增教练车39辆,有效缓解学车难问题。

【加强出租车行业管理】 至年底,全县有出租车企业6家,出租车210辆,从业人员500人。加强出租车服务质量考核。抓好“96520”运管投诉热线管理,开展每月1次服务质量检查,着重检查出租车违章投诉情况、安全例会等规章制度执行情况、文明创建情况等8个方面。加强出租车司机培训教育,提高从业人员素质。加快出租车行业硬件设施升级。筹备建立GPS监控调度中心,安排专项资金对全县出租车计价器、无线寻呼调度系统等设施进行升级改造。实现车辆遇险报警、营运数据实时统计汇总、订车调度等服务功能,提高车辆实载率和营运安全管理,方便乘客出行。开展“爱心接送服务”。组织开展“高考接送志愿车队”公益活动,全县有41辆出租车报名参加活动。　（沈　楚　边胜华　周忆毓　芦佳佳）

水　路

【概况】 2010年,全县有限制性定级航道56条327.39公里,定级航道密度64.6公里/百平方公里。有各类营运船舶1269艘,17.42万载货参考吨,功率11.47万千瓦。全年完成货运量1571.94万吨,货物周转量19.93亿吨公里。港口吞吐量1304.13万吨。其中,进港987.08万吨,出港317.05万吨。

【做好港口管理工作】 全年共办理许可20件,发放《港口经营许可证》20张,延期换证73张(家)。建立港口经营行为和港口生产安全巡查制度,做到每个季度巡查危险化学品码头1次,每半年巡查普通货运码头1次,全年共查、检企业117家。抓好码头标志牌设置工作,共安装标志牌119块,投入资金42.34万元。

【抓好水上安全管理】 8月,县交通局联合消防大队对全县62家危险化学品企业进行检查。检查中,未发现列入“重大隐患”的企业;对6家存在问题的企业,发出限期整改通知书,其中,属中石化系统3家、中石油系统3家。检查中发现部分加油站因公司名称变更、码头港口岸线、港口经营许可以及作业认可证过期,未能及时申请延期。通过专项检查,从源头有效杜绝危化码头安全生产事故的发生。

【开始实行“扎口管理”】 为加强水运市场监管,11月1日,省港航管理局调整浙北航区港航管理模式,全省共设9个重点监管站,嘉善的红旗塘、下甸庙、太浦河检查站为省重点监管站。红旗塘检查站率先采用24小时“4班2运转”工作制,全站成立4个检查班组,每班6人,依照《浙北航区营运船舶动态监管工作规程》开展“扎口管理”。下甸庙、太浦河检查站已做好相关准备工作,待人员到位后即实施“扎口管理”工作。

【抓好基础设施建设】 3月,和尚塘进港航道工程竣工,通过验收并交付验收。工程始于杭申线以南500米,终于南北渡桥,全长2.03公里,按四级双向通航标准养护,设计水深2.5米,工程共疏浚土方5.4万立方米,新建护岸237米。10月上旬,南星桥港航道养护工程竣工,通过验收并交付使用。工程始于沪杭铁路桥,终于绿洲大桥以北310米处,全长1.06公里,按五级单向通航标准养护,设计水深2.5米,工程共疏浚土方4.2万立方米,新建护岸480米。红旗塘入区报港点工程基本完成。工程征用土地0.67公顷(10亩),建房屋650平方米、船棚1个、码头岸线200米。至年底,工程主体已通过使用功能验收,船棚完成块石混凝土浇筑,码头完成板桩施工,开始浇筑帽梁混凝土,整体工程计划于2011年1月底完成。

(肖欣华)

铁　　路

【概况】 2010年,铁路嘉善火车站认真贯彻全路运输安全工作会议精神和上海铁路局南翔站《关于做好2010年度运输安全工作的通知》(〔2010〕1号)精神,抓好铁路干线行车安全和车站各项工作。车站安全运行达10688天,再创历史新高。

【确保干线安全畅通】 根据全路第六次大提速后的实际情况,开展“劳动安全专项整治”、“安全生产隐患排查治理”、“安全大反思大检查”、“百日安全反思”、“接发列车专项整治”等专项整治活动,认真落实整改措施。建立长效管理机制,严格按规定、章程、标准办事。组织员工参加上级站举办的学习培训,提高业务技术水平。修订完善《车站管理制度》,夯实基础管理工作,提高安全工作质量,确保干线安全、稳定、畅通,做到全年安全运行无事故。

【加强车站安全工作】 按照上级站关于安全工作逐级负责要求,把安全工作作为一切工作的出发点和落脚点。坚持做到“安全第一”的地位不动摇,主要领导抓安全精力不分散。重心下移,抓好现场控制、班组管理,落实安全措施。组织开展专项整治活动,认真做好上海世博会期间的安保工作和安全工作。抓好施工、接发列车、车机联控、调车作业、装载加固、危险品查堵、路风管理、劳动和消防安全、旅客和路外安全等重点工作。加强现场作业关键控制,确保现场作业处于受控状态。畅通各类信息反馈渠道,有的放矢做好安全管理工作,把不安全因素消灭在萌芽状态,推动安全工作持续稳定发展。

【抓好增运增收工作】 认真落实《中间站管理办法》,创建和谐车站。客运班组充分发挥计算机全国联网售票优势,做好异地票、往返票发售工作。货运班组继续抓好本地及周边地区的营销工作,做好平湖卷筒纸、晋亿螺丝配件等重点客户货物的发运业务,积极寻找周边地区的货源,进一步拓宽业务渠道。车站抓好卸车组织工作,根据车辆到货情况,科学调配劳动力。同时做好汽车运输企业的协调工作,做到快卸、快装、快运,缩短停靠时间,加快车辆周转,高峰时段每天卸车达50辆以上。至年底,运输货物608956吨。

【服务上海世博会】 为迎接上海世博会的召开,车站认真贯彻上级的有关要求,组织开展“和谐之旅、精彩世博”客运服务质量年活动。本着以人为本、服务世博的理念,通过管理创新、服务创新,全面加强客运基础管理,打造完备的硬件设施、优美的车站环境、优秀的员工队伍、健全的管理机制、一流的服务质量,车站通过整治改造,硬件设施全面改善,设施良好,功能齐全,绿色环保,满足旅客安全、便捷、舒适旅行需求,全面提升客运服务水平。

(魏献发)

【沪杭客运专线嘉善南站投入运行】 沪杭客运专线嘉善南站毗邻沪杭高速公路,北连嘉善大道,东临善江公路。车站隶属上海铁路局嘉兴车务段管辖。车站站前广场面积1.6万平方米。一期工程按园林布局要求进行建设,至年底,基本完成设施安装和绿化栽培。站前广场有K103、K107、K111等3条公交线路直达县城区,方便旅客出行。车站两边设有出租车通道和小车通道。车站站房建筑面积4998平方米,站内设有工作区、候车区和生活区。候车区占车站总面积的三分之二,区内设有便利店、自动售货机等服务设施。站内设有自动扶梯4部,无障碍升降电梯2部,方便旅客上下。售票厅设有人工售票窗口12个，另有自动售票机2台，并设有1台自动取款机。2010年10月26日，沪杭客运专线开通，嘉善南站同时投入运行。每天有39列“G”字头和“D”字头的旅客列车停靠嘉善南站，其中，到杭州16列，到上海虹桥23列。旅客从嘉善南站乘坐高速列车可直达温州、福州、合肥、南昌等地，也可到上海虹桥或杭州换乘发往全国各地的列车。截至12月31日，南站共发送旅客6.67万人，日均发送旅客1010人。　　　　（朱世栋）

沪杭客运专线嘉善南站及站前广场　　　　客运专线嘉善南站　提供

综　　述

2010年，嘉善县科技工作贯彻落实“突出重点、调整结构、发展产业、引领方向”方针，提升企业科技创新能力，加强公共科技创新服务平台建设，以科技创新引领支撑产业结构优化升级。引导企业加大新产品、新技术、新工艺开发力度，全县共组织申报省级新产品计划369项，立项337项，立项数量位居全省各县（市、区）首位。全县规模以上工业新产品产值237.72亿元，同比增长56.8%；新产品产值率36.25%，居全省第4位。加快推进公共科技创新平台建设，科创中心二期工程正式奠基，新引进行业研发中心2家。加大科技投入，全年县财政科技三项经费支出4290万元，比上年增长13%。落实鼓励自主创新的政策措施，做好企业研发费用加计扣除、高新技术企业税收优惠、支持科技型中小企业融资等具体政策的宣传培训与贯彻落实，出台《嘉善县企业研究开发费用税前扣除认定管理实施意见（试行）》；组织政策培训班3期，培训397人。下达高新技术扶持资金777.71万元，兑现企业技术开发费加计抵扣企业所得税1002万元，高新技术企业所得税优惠1201万元。县科技局获嘉兴市科技工作优秀单位、嘉兴市科技动员工作先进集体称号。

完善科技特派员工作机制。2月，重新选派第五批科技特派员9人入驻9个镇（街道），加强基层农业技术指导和服务。

科技计划与产业

【概况】 2010年，全县列入各级各类科技计划项目446项，其中：国家级项目14项（国家中小企业创新基金项目3项、国家火炬计划6项、国家级重点新产品1项、国家星火计划4项），省级项目340项（省重大创新平台项目1项、省农业成果转化资金项目2项、省级新产品立项337项），市级项目10项，县级项目83项。组织通过各级各类科技项目验收282项（国家级12项、省级7项、省级新产品验收209项、县级54项）。争取到上级科技经费1271万元，推动全县经济和社会可持续发展。

【高新技术产业快速发展】 全县新增国家重点支持的高新技术企业9家、省科技型企业36家、省农业科技企业2家、嘉兴市高新技术企业12家。浙江神州毛纺织有限公司、浙江双飞无油轴承有限公司被列为浙江省第四批创新型试点企业。截至年底，全县有国家重点支持高新技术企业26家、省科技型企业123家、嘉兴市高新技术企业39家。全年，全县规模以上高新技术产业实现产值134.47亿元，同比增长47.3%；高新技术产业占规模以上工业产值的比例20.5%。全县26家国家高新技术企业实现工业总产值96.8亿元，利税总额18.1亿元，研究开发经费支出3.9亿元。国家高新技术企业在数量上只占全部规模以上工业企业的2.6%，创造的产值和利润分别占规模以上工业企业的14.8%和37.4%，成为工业经济转型升级的领头羊和重要增长极。

【改善科技型中小企业投融资环境】 为解决科技型中小企业发展瓶颈，改善科技型中小企业投融资环境，3月，县科技局联合嘉兴银行、中投信托有限责任公司、浙江融兴投资有限公司、浙江金桥担保有限公司等金融服务机构发行“银善皓月·中小企业债权信托基金”,首期规模2800万元,其中科技专项经费认购500万元,向社会发行理财产品2300万元。有11家企业(包括县科创中心孵化企业)获得信托基金贷款,有效降低企业的融资成本。

【特色产业基地建设成效显著】 2010年,嘉善新型电子元器件产业基地企业实施国家火炬计划项目3项,基地企业实现销售收入104.2亿元,利税16.8亿元。

【新农村建设科技示范项目通过验收】 完成省新农村建设科技示范县(试点)项目验收,项目实施期内直接新增经济效益累计7243.76万元,其中农民增收3459.43万元,企业增效3784.33万元,农民每年人均新增纯收入1921元。全县基本形成具有区域特色的设施农业区、食用菌产业区、畜禽养殖区、水果生产区和花卉苗木产业带等现代高效生态农业经济发展格局。

2010年新增各级高新技术企业一览表

企业名称	级别
浙江新嘉联电子股份有限公司	国家高新技术企业
浙江恒丰包装有限公司	国家高新技术企业
嘉善东菱电子科技有限公司	国家高新技术企业
嘉善海力达工具有限公司	国家高新技术企业
嘉善三方电力器材有限公司	国家高新技术企业
嘉善金泰工程塑业有限公司	国家高新技术企业
浙江浦江缆索有限公司	国家高新技术企业
嘉善星龙电讯产品有限公司	国家高新技术企业
浙江众成包装材料股份有限公司	国家高新技术企业
嘉善申南塑胶有限公司	嘉兴市高新技术企业
嘉善宝盈网络技术有限公司	嘉兴市高新技术企业
嘉善雪帕尔工具有限公司	嘉兴市高新技术企业
嘉善鑫海精密铸件有限公司	嘉兴市高新技术企业
浙江瑞欣装饰材料有限公司	嘉兴市高新技术企业
嘉善顺达汽车配件制造有限公司	嘉兴市高新技术企业
嘉善裕隆纺织有限公司	嘉兴市高新技术企业
嘉善明伟植绒有限公司	嘉兴市高新技术企业
嘉兴星程电子有限公司	嘉兴市高新技术企业
嘉善云峰大型构件有限公司	嘉兴市高新技术企业
嘉兴景焱智能装备技术有限公司	嘉兴市高新技术企业
嘉善东方氟塑厂	嘉兴市高新技术企业

2010年新增省科技型企业一览表

企业名称	级别
浙江华震数字化工程有限公司	浙江省科技型企业
浙江恒兴饲料有限公司	浙江省科技型企业
嘉善申嘉科技有限公司	浙江省科技型企业
嘉善圣师木业有限公司	浙江省科技型企业
浙江日科自动化设备有限公司	浙江省科技型企业
嘉善德威磁电有限公司	浙江省科技型企业
嘉兴欧玛健康科技股份有限公司	浙江省科技型企业
浙江新力光电科技有限公司	浙江省科技型企业
嘉兴市上村电子有限公司	浙江省科技型企业
浙江浦江缆索有限公司	浙江省科技型企业
嘉善鸿源蜂窝制品有限公司	浙江省科技型企业
嘉善中正电子科技有限公司	浙江省科技型企业
嘉善吉达植绒有限公司	浙江省科技型企业
嘉善巨枫化工厂	浙江省科技型企业
嘉善博华绒业有限公司	浙江省科技型企业
嘉善百世威生物技术有限公司	浙江省科技型企业
嘉善亿鑫植绒有限公司	浙江省科技型企业
嘉善玛仕兰电子有限公司	浙江省科技型企业
嘉善爱迪曼水科技有限公司	浙江省科技型企业
嘉善华江电子科技有限公司	浙江省科技型企业
嘉善汇佳乐装饰材料有限公司	浙江省科技型企业
浙江品冠涂料科技有限公司	浙江省科技型企业
嘉兴溢联电子有限公司	浙江省科技型企业
嘉善豪声电子有限公司	浙江省科技型企业
嘉兴市汉威光电子技术有限公司	浙江省科技型企业
嘉善良晨电器有限公司	浙江省科技型企业
嘉善华瑞赛晶电气设备科技有限公司	浙江省科技型企业
康脉精机科技(嘉兴)有限公司	浙江省科技型企业
浙江明烁电子科技有限公司	浙江省科技型企业
浙江科达电力设备有限公司	浙江省科技型企业
嘉善金地新型建材有限公司	浙江省科技型企业
嘉善晶辉光电技术有限公司	浙江省科技型企业
嘉善峰成三复轴承有限公司	浙江省科技型企业
嘉兴宇晟机电有限公司	浙江省科技型企业
嘉善安泰不锈钢合金材料有限公司	浙江省科技型企业
长寿玉石床(嘉兴)有限公司	浙江省科技型企业
嘉善新华昌木业有限公司	省农业科技企业
浙江澳华饲料有限公司	省农业科技企业

科技创新体系建设

【概况】 2010年，根据产业需求，继续落实“引进一家载体、共建一个平台、服务一批企业、支撑一个产业”的指导思想，优先、重点支持数码电子、装备制造、光伏能源、新材料等战略性新兴产业公共创新服务平台建设。启动浙江中科无线授时与定位研发中心、西南自动化研究所长三角分所两个行业研发中心的建设运行，与中国科学院遥感应用研究所签订共建浙江中科空间信息技术应用研发中心合作协议，与杭州电子科技大学签订共建嘉善新光源研发中心合作协议。

【建立省级电声产业技术创新服务平台】 经浙江省科技厅批复同意，浙江省嘉善电声产业技术创新服务平台成为省级重大创新平台。这是我县第1个省级重大科技创新平台。平台以中科院声学研究所为技术依托单位，下设电声技术研发中心及相应的中试基地、电声产品质量检验中心、技术推广与服务中心、电声专业孵化器和综合管理办公室等机构。

【开展科技创新示范企业(基地)评选】 在全县范围内组织开展2008～2009年度科技创新“六个一批”示范企业(基地)的培育和评选工作。浙江双飞无油轴承有限公司等27家企业(基地)分别被认定为嘉善县科技进步示范企业、优秀专利示范企业、自主品牌(商标、名牌)示范企业、标准化示范企业、信息化示范企业和农业科技示范基地。

【推进企业研发中心建设】 继续将重点行业年产值5000万元以上的企业设立研发中心作为重点工作来抓，扩大研发中心设立覆盖面。引导、支持有条件的企业建立研发机构，鼓励企业与高校、科研院所联合共建研发机构。新认定各级企业研发中心29家，其中省级3家、市级7家、县级19家。截至年底，全县企业研发中心总数有73家，其中省级17家、市级19家、县级37家。

【完善科技中介服务体系】 鼓励技术转移、技术经纪、科技评估等科技中介机构发展，为企业创新活动提供社会化服务。县生产力促进中心被评为浙江省第一批重点科技中介服务机构。推进企业知识产权制度建设，组建知识产权服务中心，探索知识产权托管服务。全年完成技术合同认证登记69项，金额2161.58万元。

2010年新增各级企业研发中心一览表

研发中心名称	承担单位	级别
宝狮汽车电子省级高新技术企业研究开发中心	浙江宝狮电子有限公司	省级
浙江澳华水产饲料科技研发中心	浙江澳华饲料有限公司	省农业研发中心
浙江新华昌集装箱底板科技研发中心	嘉善新华昌木业有限公司	省农业研发中心、县级
嘉兴中嘉绿色胶粘剂高新技术研究开发中心	嘉善县中嘉化工有限公司	市级
浙江恒丰烫金包装材料高新技术研究开发中心	浙江恒丰包装有限公司	市级
嘉兴福莱喷绘写真材料高新技术研究开发中心	嘉兴福莱喷绘写真材料有限公司	市级
众成包装膜高新技术研究开发中心	浙江众成包装材料有限公司	市级
田中数控绕线机高新技术研究开发中心	田中精机(嘉兴)有限公司	市级
豪声电声高新技术研究开发中心	嘉善豪声电子有限公司	市级
浙江裕华实木复合地板科技研发中心	浙江裕华木业有限公司	市级
浦江缆索高新技术研究开发中心	浙江浦江缆索有限公司	县级
嘉善县华震图象三维测量技术研究开发中心	浙江华震数字化工程有限公司	县级

2010年新增各级企业研发中心一览表(续一)

研发中心名称	承担单位	级别
嘉善县欧玛健康设备研究开发中心	嘉兴欧玛健康科技股份有限公司	县级
嘉善县汇佳乐装饰材料技术研究开发中心	嘉善汇佳乐装饰有限公司	县级
嘉善县玛仕兰光电技术研究开发中心	嘉善县玛仕兰电子有限公司	县级
嘉善县嘉斯蒙特种照明技术研究开发中心	嘉善县嘉斯蒙实业有限公司	县级
嘉善县云峰管道复合材料技术研究开发中心	嘉善云峰大型构件有限公司	县级
嘉善县长顺光电技术应用研究开发中心	嘉善县长顺电子厂	县级
嘉善县海峡净水灵水处理剂企业技术研究开发中心	嘉善海峡净水灵化工有限公司	县级
嘉善县和新精冲精密零件企业技术研究开发中心	嘉兴和新精冲科技有限公司	县级
嘉善县汤普勒皮革工艺化学品企业技术研究开发中心	汤普勒化工染料(嘉兴)有限公司	县级
嘉善县峰成三复滑动轴承企业技术研究开发中心	嘉善峰成三复轴承有限公司	县级
嘉善县力通五金行业信息企业技术研究开发中心	嘉善力通信息技术有限公司	县级
嘉善县爱迪曼水处理企业技术研究开发中心	嘉善县爱迪曼水科技有限公司	县级
嘉善县三赢医疗器械企业技术研究开发中心	浙江三赢医疗器械有限公司	县级
嘉善县星宇滚针轴承企业技术研究开发中心	嘉善星宇高仕轴承有限公司	县级
嘉善县凯励电子企业技术研究开发中心	浙江嘉兴凯励电子有限公司	县级
嘉善县锦丽染整企业技术研究开发中心	嘉兴市锦丽纺织科技有限公司	县级

科技创新“六个一批”示范企业(基地)一览表

单位名称	称号
浙江双飞无油轴承有限公司	嘉善县科技进步示范企业
嘉兴碧云花园有限公司	嘉善县科技进步示范企业
嘉兴市鹏翔植绒有限公司	嘉善县科技进步示范企业
嘉兴市环环通塑业有限公司	嘉善县科技进步示范企业
浙江长盛滑动轴承有限公司	嘉善县优秀专利示范企业
浙江凌龙纺织有限公司	嘉善县优秀专利示范企业
斯贝克电子(嘉善)有限公司	嘉善县优秀专利示范企业
嘉善海力达工具有限公司	嘉善县优秀专利示范企业
嘉善县嘉斯蒙实业有限公司	嘉善县优秀专利示范企业
浙江神州毛纺织有限公司	嘉善县自主品牌(商标、名牌)示范企业
浙江恒科实业有限公司	嘉善县自主品牌(商标、名牌)示范企业
浙江裕华木业有限公司	嘉善县自主品牌(商标、名牌)示范企业
嘉善维克托塑化有限公司	嘉善县标准化示范企业

科技创新“六个一批”示范企业(基地)一览表(续一)

单位名称	称号
浙江鑫爱达机械有限公司	嘉善县标准化示范企业
浙江华悦木业有限公司	嘉善县标准化示范企业
浙江恒丰包装有限公司	嘉善县标准化示范企业
嘉兴市福莱喷绘写真材料有限公司	嘉善县标准化示范企业
浙江宝狮电子有限公司	嘉善县信息化示范企业
晋亿实业股份有限公司	嘉善县信息化示范企业
嘉兴五神光电材料有限公司	嘉善县信息化示范企业
嘉兴市上村电子有限公司	嘉善县信息化示范企业
嘉兴星程电子有限公司	嘉善县信息化示范企业
嘉善县雪菜农业科技示范基地	嘉善县农业科技示范基地
嘉善县锦雪蘑菇农业科技示范基地	嘉善县农业科技示范基地
嘉善县惠民特种水产养殖农业科技示范基地	嘉善县农业科技示范基地
大云精品花卉农业科技示范基地	嘉善县农业科技示范基地
嘉善县青虾农业科技示范基地	嘉善县农业科技示范基地

科技合作与交流

【概况】 2010年,继续加大科技接轨上海力度,加强与全国各大专院校、科研院所产学研合作,调整充实北京、上海科技联络站人员,扎实开展科技对接活动,完善科技合作长效机制。全年共签订各类科技合作协议54项,合同金额14.40亿元,实到资金1.30亿元;其中与上海签订科技合作协议50项,实到资金1.24亿元。加强产学研基地建设,新认定恒丰包装——浙江大学、新华昌木业——南京林业大学县级产学研基地2家,全县产学研基地累计达到11家。

【举办科技中介机构峰会】 加强与上海高校、科研院所、技术转移机构交流与合作,会同上海科技开发交流中心举办2010年科技中介机构峰会。会议吸引全国各地政府科技管理部门、科技中介机构、大学科技园、科技“孵化器”、成果转移中心等机构300余人参加会议。

【开展科技对接活动】 开展征集企业技术难题活动,在全县征集企业技术难题(含项目需求)71个,从中筛选出有行业特点和产业共性的难题36个发送给上海科技联络站、上海各高校科技处、上海技术交流开发中心等科技管理和中介机构,寻求解决方案。挑选包括清华长三角研究院、中科院嘉兴转移中心、宁波材料所、浙江大学、北京化工大学、上海理工大学等高校、科研院所的最新科技成果,编印成册发送给企业,为企业自主创新、转型升级提供支持。拓展科技合作领域和层次,举办小型化、针对性强的科技对接会。2010年,共组织科技对接活动34场,邀请专家59人次,参加企业331家次。

科技成果

【概况】 2010年,全县共获得嘉兴市科技进步奖10项,评选县科技进步奖28项。

【开展县科学技术奖评选】 12月,开展县科技进步奖评审,县科学技术奖评审委员会对各单位推荐申报的44个项目,依照其对经济、社会的现实贡献意义进行综合评价,共评选出县科技进步奖28项,其中一等奖3项、二等奖10项、三等奖15项,推荐申报嘉兴市科技进步奖17项。经评审,获市科技进步奖10项,其中一等奖1项、二等奖1项、三等奖8项。

2010年县级以上科技进步奖获奖项目一览表

项目名称	主要完成单位及协作单位	主要完成人员	等级
优质高产晚粳稻新品种秀水128的选育与推广	嘉兴市农业科学研究院 嘉兴市种子管理站 嘉兴市南湖区农作物管理站 桐乡市农业技术推广服务中心 海盐县农作物管理站 嘉善县种子管理站	姚海根　姚　坚　张　敏　程旺大 于凤池　李　瑾　祈水琴　徐建强 杨金法　蔡之军　金　晖　姚海明 王建民	市级一等奖
男男性接触者艾滋病行为干预研究	嘉兴市疾病预防控制中心 秀洲区疾病预防控制中心 嘉善县疾病预防控制中心 海盐县疾病预防控制中心 海宁市疾病预防控制中心 桐乡市疾病预防控制中心	陈中文　徐文贤　朱武通　姜兆宏 夏中华　顾旗青　王彩英	市级二等奖
县级环境监控系统集成与示范	嘉善县环境保护局 西安交大长天软件股份有限公司	陆励群　林宣雄　张　军　杨建斌	市级三等奖
苹婆木仿珍珠木染色技术地板	浙江裕华木业有限公司	王金林　郭洪武　孙世富　陆淑君 袁应粮	市级三等奖
厚型可弯曲高压装饰板(2～12mm)	浙江瑞欣装饰材料有限公司	陈孙敏　曹春清　尚昌叙　董培堂 张和安	市级三等奖
振膜后泄漏型宽频高泄漏动圈式受话器SDHL1022	浙江新嘉联电子股份有限公司	金一栋　吕为新　吴　佳　周银俊	市级三等奖
18MND5承压用低合金结构钢钢锭	浙江大隆合金钢有限公司	张庭超　俞荣新　金宝林　赵红生	市级三等奖
高品质抗起球耐磨型纯羊毛阻燃沙发面料	浙江神州毛纺织有限公司	牟水法　张金莲　王建华　王春荣 吴玉锌　时　旻　王莉芬	市级三等奖
流动人口结核病控制模式研究	嘉善县疾病预防控制中心 嘉善县第一人民医院 嘉善县各镇(街道)卫生院	沈玉华　徐荣华　潘稚芬　徐东升 陆金星　彭立核　盛林荣	市级三等奖
设施栽培土壤质量管理监测技术的研究与推广	嘉兴职业技术学院 嘉兴市农业科学研究院 嘉善县农业经济局 海宁市农业经济局	黄凌云　王润屹　吕剑　庄应强 吴学军　张彩平　张勇勇	市级三等奖
华震全息三维重建系统	浙江华震数字化工程有限公司	梁震华　王党华　胡　巍　马国庆 徐小丹　杨嘉华　丁俊杰　胡琢民	县级一等奖
聚烯烃高性能(低温)热收缩膜产业化项目	浙江众成包装材料股份有限公司	黄旭生　赵忠策　孙卫东　肖丽伟 潘德祥　马黎声	县级一等奖

2010年县级以上科技进步奖获奖项目一览表(续一)

项目名称	主要完成单位及协作单位	主要完成人员	等级
县级环境监控系统集成与示范	嘉善县环境保护局 西安交大长天软件股份有限公司	陆励群　林宣雄　张　军　杨建斌	县级一等奖
大比例使用非气相法太阳能级硅制造的高效太阳能电池用硅片	浙江昱辉阳光能源有限公司	郑志东　刘　伟　乔晓东　李　娟 翟　蕊　陈　双　刘文涛　彭春球	县级二等奖
数字型大功率高效伺服控制器的研发及产业化	嘉善东菱电子科技有限公司	吕春松　李社伟　肖　曦　朱　通 郁春燕	县级二等奖
缠绕式自润滑轴承	浙江长盛滑动轴承有限公司	孙志华　周锦祥　陆晓林　陆忠泉 马赞兵　朱献春	县级二等奖
环保型无苯电化铝烫印箔	浙江恒丰包装有限公司	陈建华　周　晋　陈文浩　国海玲	县级二等奖
88貂(兔)绒呢	浙江凌龙纺织有限公司	董元龙　顾宗栋　黄拥军　王春根 陈勤华　陆根友　钱晓娟　董永芳 许静珍	县级二等奖
MSC5612数控全自动绕线机	田中精机(嘉兴)有限公司	唐志勇　洪雪玉　汪月忠　祖永峰 田原敏幸	县级二等奖
苹婆木仿珍珠木染色技术地板	浙江裕华木业有限公司	王金林　郭洪武　孙世富　陆淑君 袁应粮	县级二等奖
定向刨花板复合集装箱底板	嘉善新华昌木业有限公司、南京林业大学	徐善平　李　恒　俞培军　程光新 陈英	县级二等奖
翠冠蜜梨人工授粉技术开发与应用	嘉善县惠民蜜梨科技产销专业合作社	戴新华　沈勤文　徐富荣　殷国英 李根华　汪崇正　石秀良　沈伟力	县级二等奖
急性胰腺炎病人甲状腺素变化的观察	嘉善县第一人民医院	杨俊杰　王　全　唐卫华　俞春松	县级二等奖
GPS/GSM/CDMA组合天线模块	嘉善金昌电子有限公司	陈小忠　胡修武　王明育　曹渊松 沈　汉	县级三等奖
高泄漏微型片式受话器MR13601系列	浙江新嘉联电子股份有限公司	金一栋　吕为新　李　春　朱响丽 梅　琼	县级三等奖
厚型可弯曲高压装饰板(2～12mm)	浙江瑞欣装饰材料有限公司	曹春清　陈孙敏　尚昌叙　董培堂 张和安	县级三等奖
高品质抗起球耐磨型纯羊毛阻燃沙发面料	浙江神州毛纺织有限公司	牟水法　张金莲　王建华　王春荣 吴玉锌　时　旻　王莉芬　柳银菊	县级三等奖

2010年县级以上科技进步奖获奖项目一览表(续二)

项目名称	主要完成单位及协作单位	主要完成人员	等级
X12CrMoWVNb10-1-1高温结构钢钢锭	浙江大隆合金钢有限公司	张庭超 俞荣新 金宝林 赵红生 陈彭清	县级三等奖
HSD2013二合一多功能扬声器	嘉兴兴惠电子有限公司	吴四兵 刘后明 吴松华	县级三等奖
多媒体音箱S20	浙江恒科实业有限公司	张正虎 占院华 余传涛 孙希征	县级三等奖
长链尼龙超细粉体的制造	浙江中科辐射高分子材料研发中心	吴国忠 苏杰龙 胡志强	县级三等奖
观赏凤梨科技技术成果产业化	嘉兴碧云花园有限公司 浙江大学农业与生物技术学院 浙江省农科院花卉研究所	潘菊明 曹 嵘 王炜勇 夏宜平 周伟仙 方梅根 王 娟 蔡海燕	县级三等奖
262活力健巴鱼配合饲料	浙江澳华饲料有限公司、中国海洋大学	赵金柱 邓 登 魏万权 马俊霞 张文松 张文才	县级三等奖
膨化黑鱼配合饲料	浙江恒兴饲料有限公司	袁 艾 胡 涛 刘观强 陈堪凤 徐晓霞 黄秋贵 林秋萍	县级三等奖
千亩青鱼生态养殖技术示范与推广	嘉善县干窑生态鱼专业合作社	於友根 李小弟 陆立刚 吴春其 陆益君	县级三等奖
万亩无公害鲜食大豆标准化生产示范推广	嘉善县惠民蔬菜专业合作社	张希根 陆其生 史祥龙 丁其方 陈福权 沈全民 施四荣	县级三等奖
2型糖尿病尿微量白蛋白、血管内皮功能、超敏C反应蛋白的关系讨论	嘉善县第二人民医院	黄 强 浦明娟 刘剑峰 陆奇伟 吴晓燕 孙 杰 陈历国	县级三等奖
流动人口结核病控制模式研究	嘉善县疾病预防控制中心	沈玉华 徐荣华 潘稚芬 徐东升 陆金星 彭立核 盛林荣 顾申斌	县级三等奖

知识产权保护

【概况】 2010年,嘉善县加大知识产权保护力度,引导企业积极申请专利,提高专利质量,扩大专利申报企业覆盖面。全年共申请专利1571件,授权专利1278件。新认定省级专利示范企业1家、市级3家、县级6家。干窑镇被认定为首批嘉兴市专利示范镇。全年开展行政执法2次。

【抓好知识产权平台建设】 根据《国家知识产权战略纲要》,嘉善县于2009年年底启动知识产权服务中心筹建工作;2010年3月,知识产权服务中心正式成立。截至年底,中心与16家企业建立托管服务关系,签订知识产权托管服务协议,完成专利申报代理319项,覆盖企业和个人57家(人)。其中发明专利11项、实用新型专利27项、外观设计281项,代理商标注册4家,办理专利转让业务7项，专利实施许可备案20项。中心还协助镇(街道)举办知识产权培训班5期(次)，参加培训240人次。

【加强专利宣传】 落实《专利法》，征订《专利法》和《实施细则》合订本2000册，分发给镇(街道)和有关部门。在“4·26知识产权活动周”期间，组织各镇(街道)举办培训班，开展发放宣传资料，悬挂横幅，编办墙报、出黑板报和简报等活动，设计和印制知识产权宣传折页3500份，下发企业。

2010年新认定专利示范企业一览表

企业名称	级别
嘉善雪帕尔工具有限公司	省级
浙江嘉善悦达针织毛皮有限公司	市级
山翁工业炉(嘉善)有限公司	市级
嘉善野牛工具有限公司	市级
浙江煤山矿灯电源有限公司	县级
浙江昱辉阳光能源有限公司	县级
浙江善银节能科技有限公司	县级
嘉善玛仕兰电子有限公司	县级
浙江浦江缆索有限公司	县级
浙江裕华木业有限公司	县级

2010年专利申请与授权情况一览表

项　　目	2009年(件)	2010年(件)
专利申请数	1095	1571
其中：发明专利	74	77
实用新型专利	319	318
外观设计专利	702	1176
专利授权数	590	1278
其中：发明专利	23	22
实用新型专利	202	327
外观设计专利	365	929

防震减灾

【概况】 2010年，嘉善县完善防震减灾组织体系，推进学校校舍防震减灾工程建设，加强建筑工程抗震设防监管。完成强震台建设和设备安装调试、开通3G数据网络等工程。西塘电磁波站被评为全省地震设备监控数据先进单位。

【加强防震减灾宣传】 利用“5·12防震减灾日”开展多种形式的宣传活动，在嘉善电视台进行为期半个月的公益广告宣传，在《嘉兴日报·嘉善版》刊登防震减灾宣传专版，开办“防震减灾”知识专栏，各镇(街道)和防震减灾工作领导小组成员单位悬挂宣传横幅30条，发放新《防震减灾法》宣传册800份，发放宣传资料

2000 份。

嘉善县科技创业服务中心

【概况】 2010 年,县科创中心坚持“外引内育”,调整完善孵化企业产业定位,对符合嘉善主导产业发展方向的入孵企业加大培育力度,拓展服务领域。完善和强化孵化企业入口、在孵、出口管理。全年新引进孵化企业 21 家,新毕业企业 5 家,新增高层次人才 27 人,其中博士 3 人、硕士 20 人,有高级职称人员 3 人,归国留学人员 1 人。大云加速器投入运行,嘉善神光电子科技有限公司等 9 家企业入驻。截至年底,中心共有在孵企业 66 家,常驻中心高层次人才 59 人,其中博士 21 人、硕士 18 人,有高级职称人员 15 人、中级职称人员 14 人,归国留学人员 14 人。

【启动科创中心二期工程建设】 科创中心二期工程规划总投资 2.2 亿元,占地面积 2 公顷(30 亩),规划建筑面积 7.7 万平方米,由 1 幢产业孵化楼、2 幢民企研发楼和 1 幢公寓楼组成。3 月 22 日,科创中心二期工程举行奠基暨科技创新载体揭牌仪式。省、市、县领导王宏理、柴永强、张明超、姚高员、盛玉良、吴金林、郑明、何慧琴与部分专家学者参加揭牌仪式。“浙江中科无线授时与定位研发中心”、“西南自动化研究所长三角分所”、“科创中心院士专家工作站”、“科创中心加速器”等 4 个创新载体同时揭牌。截至年底,二期工程已完成地下工程建设。

11 月 12 日,中共浙江省委书记赵洪祝到嘉善科创中心调研。 县科技局 提供

【扩大科创中心加速器场地】 为解决制约孵化企业发展壮大的场地问题,年内,县科创中心向嘉善嘉生药业有限公司租用大楼 4 幢,累计租用面积 22320 平方米,纳入大云加速器。截至年底,嘉善神光电子科技有限公司等 8 家企业入驻大云加速器。

【省委书记赵洪祝考察科创中心】 11 月 12 日下午,浙江省委书记、省人大常委会主任赵洪祝、省委常委、组织部长蔡奇,市委书记李卫宁等领导到科创中心考察调研。赵洪祝等考察在孵企业——浙江华震数字化工程有限公司,听取公司汇报,参观公司研发中心和生产车间。赵洪祝对华震公司取得的成就给予肯定,并希望公司做好知识产权保护工作,尽快转化科技成果并实现产业化。

【引进创业创新领军人才】 实施“创新嘉善·精英引领计划”,引进 3 名博士 3 个项目落户:孔兵博士——“自动化多功能液体操作仪”(B 类)、邹军博士——“LED 新型封装材料、封装技术及应用灯具的研究”(C 类)、常鹏博士——“智能多光谱视频传感器”(C 类)。另从“精英引领计划”落选项目中筛选出 4 个项目到科创中心孵化。以温周斌博士为带头人的浙江中科电声研发中心研发团队被评为嘉兴市重点科技创新团队。

【实施各类科技项目】 全年共组织申报各级各类科技项目 87 项,立项 58 项,获得科技项目经费 900 万元。新认定浙江省科技型中小企业 6 家、软件企业 1 家,嘉兴市高新技术企业 2 家,县级企业研发中心 5 家。列入省级新产品计划 17 项。申请专利 44 件,其中发明专利 6 件、实用新型专利 27 件。获软件著作权 4 项。

【做好服务企业工作】 对符合考核条件(年限)的 37 家企业进行年度考核,有 12 家企业考核成绩获优秀,中心兑现奖励(减免房租)27.45 万元。争取人才经费补贴 7.5 万元,19 家企业获财政扶持资金 38.15 万元,5 家企业获县软件产业发展专项资金 18.67 万元。搭建企业服务平台,组织企业参加 2010 年浙江省春季大型人才招聘会,举办法律知识、企业研发费用加计扣除新政策、项目申报、财务知识、LED 新光源等培训和讲座。举办新入驻企业见面会,组织企业到杭州电子科技大学进行学习交流。

(周家旺)

综 述

2010年,嘉善县稳步推进数字嘉善建设,全县信息产业在创新中求发展,态势良好。全县城乡交换机总容量达30万门。年末固定电话数19万户,其中小灵通用户1.5万户;移动电话用户54.7万户;宽带用户8.1万户。全县城乡实现宽带网络全覆盖,城区基本实现千兆到小区、百兆到大楼、十兆到住户,城域出口电路带宽24.6G。

城乡信息化建设步伐加快。起草《嘉善县2010年信息化工作要点》和《嘉善县信息化示范村、普及村建设实施意见》,制定《嘉善县信息化示范村、普及村建设方案》,促进城乡信息化协调发展。继续抓好姚庄镇省级农村综合信息服务平台试点建设,推动涉农信息资源集成和整合。组织姚庄镇参加省农村信息化示范创星“十百千”工程评选,获省财政3万元资助。组织姚庄镇的姚庄村、大云镇的缪家村、西塘镇的大舜村申报省农村信息化示范村,并获省级农村信息化示范村称号。加强项目申报和管理,组织东菱电子申报浙江省信息服务业发展专项,获得省财政40万元补助。嘉兴天马打印机耗材有限公司“年产200万个兼容原装CANON新型自动式墨盒”项目获省2010年工业转型升级财政专项资金补助50万元。推动信息产业发展,浙江昱辉阳光能源有限公司位列浙江省电子信息产品制造业30强第7位。培育县信息化示范企业,有5家企业被评为县级信息化示范企业。做好县信息化学会年审工作。推进农民信箱工程和万村联网工程,推动数字电视发展。

全年,全县有电子信息制造业企业200家,其中规模以上72家,比上年增加9家。累计列入重点高新技术企业10家,占全县高新技术企业总数的55.6%。新认定省级研发中心1家,通过验收的省级新产品59个。2010年信息产业工业总产值101亿元,比上年增长54.45%;出口交货值41亿元,比上年增长54.71%;利税总额16亿元,比上年增长155.08%。从业人员平均人数18178人,比上年增长23.69%。其中,国家级嘉善电子元器件产业区实现销售收入97.89亿元,同比增长82.9%;实现利润13.85亿元,同比增长280.3%;税金总额1.89亿元,同比下降24.89%;固定资产投资8.51亿元,同比下降19.14%。信息产业产值占全县规模上以工业产值的14.93%,与上年持平。

软件产业起步发展。全年新增软件企业1家,登记软件著作权10项、软件产品13项。至2010年底,全县有软件类企业20家,其中10家软件企业通过认证,28项获软件著作权证书、23项获软件产品登记证书。加强软件产业招商。引进欧洲第二大购物网站TWENGA,注册成立中国区总部——探购信息技术有限公司。引进物联网企业——嘉奥通信科技有限公司,发起成立嘉善县电子商务协会(国内首家建在县级的电子商务协会),有会员单位47家。 (盛玉林)

邮 政

【概况】 2010年,嘉善县邮政系统深入贯彻科学发展观,扎实推进创先争优活动,突出抓好创业创新,发扬团队精神,做好服务工作。全年邮政通信保持高速增长,业务收入同比增长15.82%。

加大软、硬件投入,注重社会效益,努力提高服务质量,县邮政局在浙江省邮政公司组织的年度社会满意度调查中得分超过90分。

【抓好服务终端建设】 加大邮政网点建设投入,改善服务设施,方便群众用邮。全年,根据中国邮政集团公司统一部署,按照标识统一、形象鲜明的要求,对丁栅等5个邮政服务网点进行全面改造。2010年,新增邮政储蓄ATM机9台。至年底,全县共有ATM机29台,覆盖全县9个镇(街道)和7个村。有邮政报刊亭44个,遍布全县各镇(街道)。

【推出服务新业务】 2009年12月28日,县邮政局与嘉兴市善通运输集团公司签订代售长途汽车客票业务。2010年1月1日起,县邮政局下属23个邮政网点全部办理代售长途汽车客票业务。代售汽车票业务为广大城乡居民出行提供便利,特别是家住农村的人员,在当地镇、村邮政网点即可买到嘉善发往各地的长途汽车客票。6月1日,邮政个人网上银行业务正式投入使用。

【开展“三不三要”主题教育】 5~7月,县邮政局在全系统干部职工中开展“三不三要”主题教育实践活动。“三不三要”内容为“不抱怨、不折腾、不怠慢,要实干、要实效、要实绩”。活动中,共发放问卷255份,回收239份,回收率93.7%。其中,对教育活动满意的有125份,基本满意的有108份,满意和基本满意率91.4%。通过“三不三要”主题教育,干部职工的思想理念、服务水平、综合素质明显提高,批评与自我批评形成风气,全局业务发展上一个台阶。2010年,局业务规模位列嘉兴市第二,储蓄存款余额和净增长位列全市第一。

【开展“爱心包裹”活动】 6月1日,县邮政局、县农办、县教育局、团县委、县少工委等部门在绿逸公园(原儿童公园)广场举办“爱心包裹”——“小包裹大爱心”宣传活动,纪念“六一”国际儿童节。至年底,通过邮政渠道全县共捐赠“爱心包裹”8.85万元,占全市捐赠量的80%。

【朱良获省“十佳”乡邮员称号】 10月29日,县邮政局汾湖中心所投递员朱良被浙江省农业厅和浙江省邮政公司命名为“浙江省服务‘三农’十佳乡邮员”。

【做好世博安保工作】 上海世博会期间,邮政系统干部职工严把收寄关,坚持“眼同封装”、“封装复称”,做到每一件交寄物品从开箱检查到封箱收寄始终不离开检查人员的视线;每一件交寄物品在检查后秤取重量,封箱后再次秤取重量,如出现重量不符则重新开箱检查,确保无违禁品通过寄递渠道流入上海。11月,县邮政局被县委、县政府评为世博会“环沪护城河”安保工作先进集体。

【承办“倡导全民阅读,关爱新居民学生”活动】 12月8日,由县文明办、共青团嘉善县委、县文化局、县教育局联合主办,县邮政局承办的“倡导全民阅读,关爱新居民学生”正版图书普及惠民助学活动启动仪式在县邮政局中山路支局广场举行,副县长毛永忠参加启动仪式并致辞。启动仪式上,主办和承办单位向5所新居民学校捐赠图书1000册。

【编纂“银嘉善”招商宣传册】 2010年,县邮政局编纂《银嘉善》招商宣传册。宣传册全面介绍嘉善的历史、文化、旅游和经济发展的情况,供全县各部门对外宣传,特别是招商引资宣传使用。

(孔　杰)

电　信

【概况】 2010年,中国电信股份有限公司嘉善分公司(简称中国电信嘉善分公司)围绕调结构、抓管理、促发展工作主线,做好各项工作,促进企业持续、稳定发展。西塘营业厅被县纪委、县监察局、县行风办联合评为“服务民生满意站所(办事窗口)”。

【加大网络建设投入】 全年投入管线、光电缆建设资金2000万元,新建移动基站16个,开通汽车客运中心、富士康工业园区等21个室分站点及WLAN点(无线宽带网),新增ADSL接点115套、扩容板卡57块。继续抓好城网扩容、“光进铜退”(用光缆代替铜缆)工作,城网出口网速提升到20G。西塘镇新增“9306”和“SE1200”设备,在县城玉兰小区和姚庄镇新增“9306”设备。利用FTTH(光纤)模式对新嘉联、新华书店数码城进行“闪讯”覆盖,对魏塘街道程家小区进行“闪讯”改造,建成泗洲别墅、嘉业阳光城2个“光纤小区”,利用

FTTN 模式开通和合村“EPON”35 套,完成铜缆退线 18636 线对公里。安装“ONU”712 台,完成 214 个局站“ODF”架、光缆交接箱和小区接入间的整治工程。

【做好世博安保工作】 在通往上海市的道口设立一、二级卡点 5 个,无名卡点 23 个,铺设专线电路 45 条,安装视频监控头 100 余个。世博会期间,出动 300 人次巡查线路,排除各类故障 38 起,圆满完成世博通信安全保障任务。中国电信嘉善分公司被嘉兴市公司评为先进团队一等奖,被县委、县政府授予世博会“环沪护城河”安保工作先进单位。有 1 名员工被嘉兴市公司评为先进个人一等奖、2 人被评为二等奖、4 人被评为三等奖,1 名员工获突出贡献奖(县授予)、1 人被评为先进个人。

【应用电信 ECP 技术】 ECP 是中国电信近年来推出的集通信录、短信群发、电话会议、视频会议、网络传真、智能电话等为一体的融合型通讯产品。2010 年 5 月,受县水利局委托,中国电信嘉善分公司采用 ECP 技术对县防汛会商系统进行升级改造,8 月 3 日,升级后的会商系统投入运行。升级改造后的会商系统音频清晰,视频流畅,远程会商效果良好,并实现全县镇(街道)、村视频全覆盖。8 月 31 日,县司法局、中国电信嘉善分公司在罗星街道举行全县远程法律援助试点工作会议暨视频互动开通仪式。会议现场采用 ECP 技术支持,与各分会场开展互动操作演示,受到现场观摩的省、市、县领导肯定。至年底,全县司法局 + 镇(街道)、村(社区)+法律援助中心 + 新居民事务局(所) + 各大企业共 217 个点利用 ECP 技术。电信 ECP 技术在全县各个行业得到广泛应用。

全党深入学习实践科学发展观活动总结大会——嘉善分会场

吴剑倩 摄

【开通农村综合信息服务平台】 继 2009 年 10 月姚庄镇开通农村综合信息服务平台,并成为全省首批试点镇后,2010 年 6 月 23 日,全县召开农村综合信息服务平台建设推进会,县发改局同时下发《关于全面推进农村信息化综合服务平台建设的通知》,明确推进农村信息化综合服务平台建设的内容、目标及时间要求。中国电信嘉善分公司联合镇(街道)、村成立项目联合工作小组,进行需求调研分析和全县产业及经济现状调查,结合本县实际,制定镇(街道)农村信息化综合服务平台建设方案。在省、市电信公司的支持下,2010 年 9 月 29 日,全县各镇(街道)全部开通农村综合信息服务平台,并投入运营。

【建立首个“光宽带小区”】 根据国家关于加快电信宽带网络建设和推进百兆到户、千兆到楼的目标以及积极推进“光无线城市”建设的要求,6 月 21 日,中国电信嘉善分公司在魏塘街道泗洲别墅小区举行光宽带现场演示。泗洲别墅小区的网速从 2M(兆)升至 20M,并成为全县首个光纤入户小区。

【做好中央级电视电话会议技术保障工作】 4 月 6 日上午,中共中央在北京召开“全党深入学习实践科学发展观活动总结大会”电视电话会议。嘉善县作为中共中央政治局常委、中央书记处书记、国家副主席习近平在全党深入开展学习实践科学发展观活动中的联系点和浙江省委第二批学习实践活动试点县,上级要求在会议期间嘉善分会场的现场镜头随机上传至北京主会场。为做好嘉善分会场现场镜头上传工作,县委、县政府于4月3日要求中国电信嘉善分公司做好电视电话的技术保障工作。根据庄重而不繁琐的总体要求,中国电信嘉善分公司在规定时间内完成会场的布置、灯光、音响调试等工作,对会议涉及的所有设备进行全面的检测和调试,确保会议期间嘉善分会场设备正常运行和图像清晰传送,圆满完成中央级电视电话会议技术保障任务。

【建成嘉兴出口加工区B区视频监控系统】 7月6日,由中国电信嘉善分公司承建的嘉兴出口加工区B区电信视频监控系统项目通过杭州海关、嘉兴海关等专家组成员的评审验收。电信视频监控系统项目主要由海关围网视频监控系统、红外线报警联动系统、卡口前端采集系统、综合大楼布线网络系统等组成,总投资470万元。项目实施过程中,中国电信嘉善分公司在市公司相关部门的支持下,克服工期短、技术难度大等困难,按时完成建设任务。

【承建县人民医院120应急指挥系统】 1月5日,中国电信嘉善分公司中标嘉善县人民医院120应急指挥系统项目。120应急指挥系统项目主要包括呼叫中心平台、120救护车GPS定位系统、监控大屏幕系统等组成,合同金额49.2万元。按照项目建设方的要求,中国电信嘉善分公司根据“统一规划、分步实施,注重内容、讲求实效,整合利用、节约共享、技术先进、安全可靠”的建设原则,联合省信息产业公司,并利用省公司丰富的资源,为县人民医院提供国内最先进的设备和优良的服务。系统建成后,嘉善县人民医院拥有全县统一的120医疗救援指挥系统,满足应急统一指挥调度需要。 (吴德林)

移　　动

【概况】 2010年,中国移动嘉善分公司创新管理,努力拼搏,团结奋战,推进企业协调、健康、可持续发展。截至年底,移动嘉善分公司用户累计42万户。推出校讯通、数字化工地、平安校园视频监控、LBS定位通、个人GPS定位等多项行业信息化应用项目。加快网络基础建设,全年新建G17.1期基站21个,基站总数216个。沿沪杭客运专线新建移动基站15个。建设传输品质区域8个。提高网络运行质量,新建小区、商务楼启用前开通分布系统,加大信号覆盖。通过建设直放站和分布系统等手段,解决网络信号覆盖弱的区域。2010年,分公司被评为市、县消费者信得过单位。5月,公司网络部被嘉兴市总工会授予“工人先锋号”称号。

【助推“平安校园”建设】 投入10万元,为全县幼儿园建立学生接送卡系统。学生接送卡系统开通后,家长可通过幼儿园下发的校园卡接送孩子,教师可通过接送卡系统与家长交流孩子的学习、生活情况,为学校和家长间的沟通和交流提供方便,学校、家庭互相协作,共同引导和帮助孩子健康成长。

【签订建设“数字化工地”协议】 8月8日,中国移动嘉善分公司与嘉善县建设工程质量监督站签订“数字化工地”合作协议书。根据协议,公司为建设工地现场安装视频摄像头。“数字化工地”开通后,业主和质监站可通过互联网和专用视频服务器观察施工现场情况,加强质量监督。

【抓好G17.1期基站建设】 2010年上级公司下达给移动嘉善分公司建设G17.1期基站21个的任务。公司按照市有关会议精神,及早启动基站建设,做好选址、建设、开通等工作。建设中做到先易后难,区分轻重缓急,合理安排施工计划,抓好各方协作配合,至10月底,全面完成21个G17.1期基站的建设任务。

【建成环卫GPS管理调度系统】 11月,公司与魏塘环卫所合作建立的环卫GPS管理调度系统投入运营。系统利用GPS技术结合移动通信网络实现环卫所外勤人员统一监控、调度,一期工程共配GPS设备30套。GPS管理调度系统的开通和使用,最大限度地优化人力资源。

【与嘉善光彪学院签订校园一卡通项目协议】 12月17日,公司与上海杉达学院嘉善光彪学院签订校园一卡通项目协议。根据协议,公司将为光彪学院提供包括门禁、考勤、内部消费、增值服务等功能在内的校园信息化建设。

【同步完成桃源新邨小区移动信号建设】 为解决姚庄镇桃源新邨小区手机信号覆盖问题,公司会同有关单位,在工程开始前做好前期工作，工程铺开后紧跟建设进度，同步做好管道施工。施工中，克服建设工程量大、周期紧、高温酷暑等困难，采取分片建设、逐步开通的方法，在小区交房前完成全部工程建设，实现小区信号覆盖，为新农村建设做出贡献。

【抓好沪杭客运专线基站建设】 根据中国移动浙江省公司关于沪杭客运专线专项建设要求，公司在第一时间参与客运专线移动信号的建设。在前期施工中，协调当地规划、土管部门进行基站选址工作。5月底，与村签订土地租用合同。6月，组织土建施工队全面进场施工，用1个月时间，基本完成客运专线沿线基站桩基和塔基建设。7～8月，完成设备安装和技术调测工作。8月底前，保质保量完成15个基站的建设任务，确保沪杭客运专线按时投入运行。（陈　伟）

联　　通

【概况】 2010年，中国联合网络通信有限公司嘉善县分公司（简称中国联通公司嘉善分公司）围绕“融合创造新优势，3G实现新发展”主题和“上规模、调结构、强能力、提份额、重效益”主线，突出抓好“3G”、宽带、增值等核心战略业务，创新发展，狠抓落实，企业实现平稳健康发展。中国联通公司嘉善分公司营业厅被评为市级巾帼文明岗。

【通信网络覆盖能力提升】 全年完成移动通信基站建设1个、共享电信基站4个、共享移动基站6个；新建室分站点18个。至年底，基站累计有112个。加大固定电话、宽带、管道、光缆投资力度，新增机房3个，通信网络覆盖能力得到提高。

【iPhone俱乐部成立】 5月17日，是第145个世界电信和信息社会日，中国联通公司嘉善分公司成立iPhone俱乐部，推动以客户为中心的宗旨的贯彻落实。

【创先争优活动扎实开展】 加强党委班子建设，落实学习培训和管理等制度，以改革创新的精神推进公司党建工作。在基层党支部和广大党员中深入开展学习型党组织、党员示范岗、“我是党员我先行”、争当“3G”业务发展标兵等主题实践活动。在职工队伍中组织开展“创建学习型班组，争做知识型员工”活动，推进员工的知识化进程，增强学习能力、创新能力、竞争能力，提高整体素质。全年，公司评选出优秀3G业务发展标兵5个，分公司被中国联合网络通信有限公司嘉兴市公司评为2010年度“创争”活动先进集体。

【网络安全得到保障】 为确保上海世博会办得“安全、成功、精彩”，中国联通公司嘉善分公司在市公司的领导下，专门制定应急制度，建立“世博”保障隐患动态跟踪台账，开展优质服务竞赛活动，在上海世博会期间，公司没有出现一次网络故障，为上海世博会的胜利举行提供优良的通信服务，创造良好的通信网络环境。

（张益萍）

城乡建设

综　述

2010年，嘉善县积极推进城市建设，助推城市转型升级。至年底，县城区初步形成“十横十纵”路网，建成区面积24.10平方公里，比上年扩大0.99平方公里。建成区园林绿地面积880公顷，绿化覆盖率、绿地率分别为41.62%、36.51%。人均公园绿地面积12.50平方米。县城区污水集中处理率、生活垃圾无害化处理率分别为80.99%、100%。人均城市道路面积、城镇居民人均居住建筑面积分别为24.31平方米、35.03平方米。

抓好规划编制工作。全年共编制规划10项，其中新编8项、续编2项。重点抓好县城市新区（南区）概念性规划修编工作，加强开发区东部与A7A8高速互通区域的研究，开展“快鸟”卫星影像图制作。“十二五”基础测绘规划启动，并通过评审。完善村镇规划体系，全力推进“两新”工程建设。《嘉善县域村庄布点规划（2009～2030年）》经县政府批准实施，全面推进新社区建设。推进农房改造，加强农宅施工监管和服务。抓好桃源新邨社区管理，研究制定相关管理制度及办法，为全县农村新社区管理探索经验。

组建并成立嘉善县城市建设投资集团有限公司。2009年11月13日，县委、县政府下发《嘉善县城市建设投资集团有限公司组建方案》文件；12月28日，嘉善县城市建设投资集团有限公司（简称城投集团公司）正式挂牌成立。城投集团公司为嘉善县国有资产投资公司直属公司。集团公司下设办公室、投资发展部、计划财务部、审计评价部；有嘉善善建旧城改造有限公司、嘉善县新城开发投资有限公司、嘉善县城乡天然气投资有限公司、嘉善县城建房屋拆迁有限公司、嘉善县城建物业管理有限公司等5个子公司。主要承担城市基础设施、市政公用事业项目的投资、融资、建设、运营、管理、开发及调控城市房地产市场等任务，从事授权范围内国有资产经营、资本运作，存量资产盘活，保障国有资产保值增值和安全运行。嘉善县城市建设投资集团有限公司成立后，根据产权清晰、权责明确、政企分开、管理科学的现代企业制度要求，成立董事会、监事会，建立经营班子议事制度，制定公司章程和资金运作、管理和工程管理等规章制度，抓好企业内部管理和队伍建设，成立工、青、妇群团组织，开展职工教育培训和文化体育活动，加强对外宣传，树立先进典型，打造良好的国有企业形象。

稳步推进旧城改造。编制2010年度旧城改造拆迁计划和县城“十二五”旧城改造计划，涉及拆迁面积10万平方米。制订并实施《2010年度我县城市房屋拆迁相关补偿标准》文件，完成船厂路延伸段、浒弄道路地块拆迁项目，启动车站北路直属库地块、老汽车站地块、陵园西路地块等的拆迁工作。全年办理（发放）拆迁许可证5份，涉及拆迁建筑面积5.26万平方米。加强市政建设，“数字城管”投入使用，城乡天然气利用工程一期工程开工建设，嘉业阳光城住宅小区成为全县第一个使用天然气的小区，城市基础设施得到完善。抓好园林绿化工作。围绕生态县创建、三年行动计划，积极推进园林绿化工作。完成世纪大道、南门滨水街、体育南路等绿化项目。抓好绿化行业管理，开展《嘉善县绿道网总体规划》编制工作，完成柳洲公园物业化管理试点工作。加强市容管理,改善市容环境。市政设施完好率、公用服务满意率、公共安全保障力、行业监管影响力明显提升,城市管理水平得到提高。编制《嘉善县"十二五"住房保障规划》,启动第七期廉租住房保障工作。积极筹措资金,加快经济适用房建设和农宅拆迁安置房建设。全县累计有廉租房在保家庭(正在实施保障的家庭)245户。

加大建筑业和房地产市场的监管,规范产权、产籍管理和房产交易,成功举办"2010嘉善金秋房地产展示交易会"。"数字房产"综合管理信息系统投入运行。建筑业"走出去"战略效果明显,省外完成的产值数量递增。积极推广"双卡"制度,加大可再生能源应用和示范,建筑质量稳中有升,做到安全无事故。

(唐丽春　邹　黎)

城乡规划

【概况】 2010年,嘉善县以《浙江省城乡规划条例》实施为契机,完善城乡规划编制体系,提升城乡规划编制水平。县城市新区(南区)规划、住房建设规划和"十二五"基础测绘规划通过评审,开发区五期城市设计、交通拥堵点整治规划、城市色彩与建筑空间形态规划、开发区西区控规和县城控规编制单元划分规划完成征求意见。加强规划管理,抓好出让地块前期规划研究,发挥规划评审委员会作用,开展重要公建交通影响评价研究。1~12月,核发城乡规划许可证书("一书两证")670份,用地面积1232万平方米,建筑面积362万平方米,核发乡村建设规划许可证2550份,面积64.6万平方米。抓好阳光规划公示平台建设,开展房地产开发中违规变更规划、调整容积率等专项治理,加大查处违法建设行为力度。全年发出行政建议书8份、认定函70份。

根据《嘉善县域村庄布点规划(2009~2030年)》,全面推进新社区建设,村镇规划体系得到完善,现代新市镇和城乡一体新社区建设步伐加快。加强村镇规划管理和新社区建设指导工作,村镇建设施工逐步得到规范。

【开展《嘉善经济开发区五期城市设计》】 根据县委、县政府关于发展东部区块,打造临沪东大门的要求,将沪杭铁路以南、嘉善塘以北、长江路黄河路以东至沪杭高速公路区域,面积约7.8平方公里的范围作为嘉善经济开发区五期,纳入县城发展框架,并委托广州市城市规划勘测设计研究院进行区域城市设计。2010年10月,组织召开规划方案征求意见会,完成征求意见工作。

【启动《嘉善县中心城区交通拥堵点整治规划》】 8月,委托广州市城市规划勘测设计研究院开展县城中心区主要出入口、交叉口、路段交通拥堵状况分析,并从路网结构完善、节点优化改造、交通组织实施等方面进行相关研究,编制中心城区交通拥堵点整治规划。10月,组织召开规划方案征求意见会,完成意见征求工作。

【编制《嘉善中心城区城市色彩与建筑空间形态专项规划》】 为塑造中心城区城市特色、提升城市空间品质、细化规划管理,8月,委托中国美院色彩研究所编制中心城区城市色彩与建筑空间形态专项规划。10月,中国美院色彩研究所完成并递交规划初稿;12月,组织召开规划方案征求意见会。

【编制《嘉善县域控规编制单元划分规划》】 根据《浙江省控制性详细规划图集编制导则》要求,8月,委托浙江省城乡规划设计研究院编制《嘉善县域控规编制单元划分规划》,并指导镇(街道)提高控制性详细规划编制和实施水平,建立和完善控规成果体系。12月,完成规划方案征求意见。

【《嘉善县域村庄布点规划(2009~2030年)》批准实施】 2月,《嘉善县域村庄布点规划(2009~2030年)》经县政府批准实施。规划确定全县将形成"9+68"的城乡一体新社区布局,其中,"9"为新市镇镇区,共设22个点,建房形式以公寓、联排房为主;"68"为镇区外配套的新社区,建房形式以联排房为主,控制独立式住宅建设。到规划期末,全县城乡一体新社区集聚居民79548户,总人口26万;总建设用地2248.6公顷(33729亩),户均用地0.028公顷(0.42亩),人均用地86.5平方米。

【新社区建设规划陆续编制、论证、报批】 根据"1+X"县域村庄布点规划和"两新"工程建设总体要求以及县委、县政府《关于加快农房改造集聚推进“两新”工程建设的指导意见》,各镇(街道)开展新一轮村庄规划编制、论证和报批工作。至2010年底,全县城镇新社区中有21个点(共22个点)和46个农村新社区(共68个)完成规划编制,完成率74.44%。城镇新社区中有19个点和46个农村新社区完成规划论证,论证率72.2%。城镇新社区中有5个点和11个农村新社区完成规划审批,审批率17.8%。

【加快城乡一体新社区集聚建设】 县委、县政府鼓励有条件的镇(街道)借鉴姚庄经验,因地制宜开展新市镇和城乡一体新社区规划建设。全县共有31个新社区(点)启动建设。其中,试点镇——姚庄镇一期工程完工,首批入住613户2440人;惠民街道一期(试点)工程全面启动,占地7.67公顷(115亩)的41幢432套住房主体工程顺利推进建设。2010年,全县农房改造集聚完成7113户,其中包括183户困难户的危旧房重建和修缮。

【加大村镇规划管理力度】 全面梳理城乡规划文件,废止或修改与《中华人民共和国城乡规划法》和《浙江省城乡规划条例》相抵触或不相适应的规定。将《<乡村建设规划许可证>申请表(农村村民住宅建设确需占用农用地的)》调整为《<乡村建设规划许可证>申请表(农村村民住宅建设)》和《<乡村建设规划许可证>申请表(乡镇企业、乡村公共设施、公益事业建设)》。2010年,共发放《乡村建设规划许可证》2550份。根据《嘉善县村镇建筑工匠管理试行办法》,举办第二期村镇建筑工匠培训班,有100人参加培训;参加培训人员通过考核取得《嘉善县村镇建筑工匠登记备案证书》。

(潘　斌　沈建华)

水利建设

【概况】 2010年,嘉善县坚持可持续发展治水思路,全力抓好防汛防台工作,加快推进水利工程建设,全县共投入水利资金1.8亿元,其中县以上7500万元。县水利局强化水利服务管理,统筹推进水利工作,较好完成各项工作任务;被省水利厅评为全省万里清水河道建设先进单位,被嘉兴市政府评为水利建设先进集体、防洪工作先进集体、水资源管理先进集体。

【开展汛前防汛大检查】 3月1～5日,在各镇(街道)完成防汛自查的基础上,县防汛防旱指挥部组织力量对全县各镇(街道)开展防汛大检查。检查内容主要包括基层防汛防台体系建设、防汛工作责任制和责任追究制度的落实、水利工程安全运行、汛前准备工作及水利建设资金到位等情况。针对检查中发现的问题,抓防汛隐患的整改,落实各项防汛措施。

【全面落实备汛工作】 3月30日,召开全县防汛工作会议,县政府与各镇(街道)签订防汛防旱工作责任书,层层分解落实责任。县防汛防旱指挥部组织协调各有关单位、企业做好防汛物资储备和抢险队伍建设。全县建立抢险队伍152个,总人数3696人。木材、钢材、水泵等防汛物资储备充足。细化县、镇(街道)两级防汛值班制度,汛期内实行24小时值班制度,及时掌握雨情、水情、工情等汛情动态。做好水文自动测报系统的维护保养工作,提高遥测系统的可靠性和应急保障能力。

【完成基层防汛防台体系建设】 重点完善组织、责任、预案、预警、保障等5个方面的体系,初步实现“镇(街道)自为战、村(社区)自为战”的要求。优化配置镇(街道)级防汛防旱指挥部和村(社区)级防汛防台工作组指挥力量;健全完善防汛防台总体预案和各类专项预案,编制完成县镇村三级防汛指挥机构结构图及应急工程流程图,落实各类预警信息联络员160人。加强防汛信息化建设,完成县级防汛防台视频会商系统升级改造,新建县镇村三级ECP会商系统,实现“会商到镇(街道),视频到村(社区)”的建设目标,并以优秀等级的成绩先后通过市和省的考核验收,被列为全省基层防汛防台体系建设管理试点县。

【实现全县安全度汛】 3月1～7日,嘉善遭遇罕见的“早春汛”,全县降水量达148.6毫米,水位曾一度超过危急水位(3.6米)。全年梅汛期31天,总降雨量353.2毫米,为1999年以来最多。全年还先后受到第7号台风(圆规)和第10号台风(莫兰蒂)的外围影响。“早春汛”、“梅汛”及“台汛”给全县带来多轮强降雨，防汛形势严峻。县防汛防旱指挥部统筹安排，各成员单位各司其职，各镇（街道）、村（社区）各自为战。至出汛，全县未发生事故、人员无伤亡，灾害损失降到最低限度，实现安全度汛目标。

【完成城乡防洪、河道疏浚整治工程年度目标】 2010 年，按照政府实事工程要求，全县共完成国庆、信联、钳黄、南熟、五星、丁西、窑浜斗等 7 片标准化圩区建设，并通过验收，共计 3593.33 公顷(5.39 万亩)。全年共加高、加固土坝 3.9 公里，新建防洪墙 20.4 公里，新建水闸 24 座，维修水闸 113 座。8 月，全县首个圩区管理协会——罗星街道城西圩区管理协会成立。全年完成河道疏浚 162.8 公里，其中综合整治 65.5 公里。全面贯彻生态河道建设理念，建成姚庄倪家港、西塘梅家浜等生态河道示范工程。

【启动二轮圩区整治工程】 按照杭嘉湖圩区整治工程总体部署，扎实做好二轮圩区整治工程的各项前期工作，城西、虹桥、王凝圩区整治工程及红旗塘太浦河配套河道工程均列入省治太骨干工程实施计划。至年底，城西圩区进入施工收尾阶段，完成投资 1800 万元；虹桥圩区进入招投标阶段；王凝圩区整治工程项目可研报告和初步设计报告通过省级审查；红旗塘、太浦河配套工程—丁栅港、芦墟塘等 7 个标段工程基本完成建设，完成投资 3300 万元。

【开展河道长效保洁工作】 至年底，全县共落实保洁人员 556 名，设置拦污栅 953 个。推广立体化保洁模式，加强监督检查，每季组织检查 1～3 次，平时进行不定期抽查，并采取考核评奖的方式，调动基层工作积极性。全年累计投入人工 7.7 万人次，出动船只 3.8 万艘次，打捞垃圾 8.2 万吨，县镇（街道）两级投入资金 458 万余元，全力配合全县畜禽污染环境专项整治以及上海世博会河道保洁联合行动。

【稳步推进国家小型农田水利重点县建设】 国家小型农田水利重点县建设项目，规划 3 年(2009～2011)完成投资 8400 万元，全县 6000 公顷（9 万亩）农田灌溉得到有效改善。至年底，2009 年度项目已全部完成，2010 年度项目完成招投标工作。

【抓好禁限采地下水工作】 按照省市关于禁限采地下水工作的部署要求，全年完成封井 84 口，并与相关单位签订安全管理责任书，落实封闭深井长效管理责任。圆满完成省政府下达的至 2010 年禁采地下水的目标。

【加强水政水资源管理】 全年为 7 家取用地表水的企业安装远程智能水表。完成 20 个水功能区水质监测点的标准化建设。会同镇（街道）、流域机构开展联合巡查，严厉打击非法取水、侵占水域等违法行为。全年共组织河道巡查 93 次，县、镇（街道）两级联合巡查 10 次，立案查处水事违法案件 7 件，收缴罚款 16.4 万元。依法办理水行政许可项目 22 件。

【做好全国第一次水利普查工作】 2010 年，嘉善县被浙江省水利厅确定为全国第一次水利普查先行启动县，县成立水利普查领导小组及办公室，制定《嘉善县第一次水利普查工作方案》。完成全国、全省普查培训，启动水利普查县级培训工作，落实普查指导员和普查员 219 人。

（陆斌超）

新农村建设

【概况】 2010 年，嘉善县认真贯彻落实习近平副主席视察嘉善时的重要讲话、批示精神以及“生产发展、生活宽裕、乡风文明、村容整洁、管理民主”的新农村建设总体要求，根据省、市关于统筹城乡综合配套改革及“两新”工程建设部署，围绕打造“城乡一体发展先行之地”目标，大力实施“改革创新工程”和“民生基础工程”，加快推进农村经济社会发展。2010 年，全县实现农业总产值 42.34 亿元，可比增长 3.3%。农民人均纯收入 14383 元，同比增长 12.8%。据省发改委《浙江省 2009 年城乡统筹发展水平综合评价报告》，嘉善县列全省 61 个县（市、区）的第 7 位。

加大领导力度。全年县四套班子领导召开 20 次会议专题讨论、研究统筹城乡综合配套改革和“两新”工程建设。建立县委常委会定期听取“两分两换”工作协调小组工作汇报、“两分两换”工作例会、县级领导和部门联挂、各主体推进情况通报、“两分两换”工作督查等多项制度，成立“两新”工程推进组。抓好县城、镇（街道）中心集聚区建设以及项目的进度和管理、资金使用、签约任务完成情况等工作的督促和落实。形成共建合力。2010年,县委、县政府将“县统筹城乡综合配套改革试点工作领导小组”调整为“县统筹城乡综合配套改革领导小组”,成员单位增至35个,工作重心由试点转到面上,定期召开成员单位会议,交流推进情况,加强部门间的协作和合作。保障建设资金。按照“三个高于”安排“三农”资金投入,制定《关于深化完善“两分两换”加快推进农房改造集聚的若干政策意见(试行)》等政策措施。采用以奖代补的形式,对各镇(街道)引导农户按要求集聚到23个重点集聚区的,分别给镇(街道)每户2万元、1万元的奖励,专项用于基础设施建设;对各镇(街道)引导农户联户整村成片搬迁至集聚区并以公寓房和联排房安置的,根据联户的数量,按每户0.5~5万元不等数额予以奖励;对置换公寓房的农户(合法户型)按原占地面积每平方米150元的标准进行奖励。全年预算内用于“三农”的资金9.86亿元,同比增长22.94%。

“两新”工程全面推开。抓好试点镇——姚庄镇“两分两换”工作常态化管理,创新管理模式和管理体制。姚庄镇桃源新邨社区健全组织领导机制、全程服务机制、共享自治机制和多元投入机制等“四大机制”,提升管理水平的做法得到副省长陈加元的肯定,并专门批示推广。惠民街道开展“两分两换”试点,占地7.67公顷(115亩)的一期工程动工建设。一期工程共建住宅41幢432套,主体工程已进入第5层建设。全县“两新”工程全面推开。“两分两换”社会影响日益扩大。7月18日,中共嘉兴市委、嘉兴市政府与国务院农村发展研究中心、浙江省农办、浙江大学等单位联合举办的全国统筹城乡发展研讨会把嘉善作为主要参观现场;各级媒体报道的文章有1000多篇。

【持续推进村庄整治工作】 创新工作思路,将村庄整治与“两新”工程建设有机统一,对符合“1+X”村庄布点规划的村(社区),拓展整治内涵,提升整治质量,加快推进基础设施和公共服务建设。对不符合村庄布点规划的村,重点抓好环境卫生长效管理。对拟保留的特色村和在3~5年不整体征迁(搬迁)的自然村,开展“五整治一提高”(畜禽粪便污染整治、生活污水整治、垃圾固废整治、化肥农药污染整治、河道疏浚整治和提高村庄绿化水平)为重点的整治建设,全面改善生态环境。制定《关于做好2010年度省村庄整治建设项目工作的通知》,明确项目建设标准、工作要求、考核验收办法,下发统一、标准的工程施工图,举办业务培训班,集中培训镇(街道)联络员、村项目负责人和施工队负责人。至年底,全县有20个村的村庄整治建设项目通过省有关部门组织的考核验收,累计有87个村开展生活污水无害化处理,受益农户达2.7万户。落实《嘉善县村庄整治长效管理办法(试行)》和《嘉善县村庄整治长效管理考核办法》,完善季度例会、季度督查、年度考核和“两代表、一委员”(党代表、人大代表和政协委员)巡视等管理制度,加强村庄整治和环境卫生长效管理督促检查,每个季度组织开展村环境卫生长效管理检查。县财政采取以奖代补的方法,给予一般村每人每年3元、经济薄弱村每人每年5元的奖励。全年县财政用于村庄整治资金达252万元。

【深入实施“强村计划”】 2008年6月,全县实施“强村计划”,至2010年底,全县共有102个村(涉农社区)采用“强弱联合”、“抱团发展”等方式申报项目91个,计划用地62.01公顷(930.2亩),建筑总面积74.3万平方米,总投资7.88亿元。其中,经济薄弱村37个,申报项目29个,计划用地13.79公顷(206.78亩),建筑面积15.4万平方米,总投资1.4亿元。91个项目中,动工建设的有43个,其中竣工或基本竣工的项目有26个,占项目总数的28.57%。县财政为经济薄弱村的20个项目预补资金738万元,镇(街道)配套资金640万元。

【全面铺开“两新”工程建设】 全面、有序推进“两新”工程建设。编制各类规划。修编完成《嘉善县域村庄布点规划(2009~2030)》,并经县政府批准实施。全县规划“9+68”共77个城乡一体新社区。至2010年底,有66个新社区完成建设规划编制和评审工作。其中,重点集聚23个;正在编制的有11个。有5个镇(街道)的土地整治项目获批准,获土地周转指标67.07公顷(1006亩)。10月,县域土地利用总体规划获省政府批准。加强组织领导。成立“两新”工程领导小组,县委书记和县长任组长。领导小组下设办公室、协调小组和督查小组,并从建设、国土等部门抽调10名工作人员进行集中办公,研究政策,指导推进。镇(街道)也建立相应的机构。6月初,县委、县政府制定推进"两新"工程建设"四意见一办法"(《关于加快农房改造集聚推进"两新"工程建设的指导意见》、《关于深化完善"两分两换"加快推进农房改造集聚的若干政策意见》、《嘉善县农村住房及宅基地置换县城中心集聚区房产政策意见》、《嘉善县2010年"两新"工程建设考核奖励办法》、《各镇(街道)制订"两分两换"政策参考意见》),明确推进"两新"工程的思路、政策和措施。先后召开全县"两分两换"工作推进会、"两新"工程专题辅导会、"两新"工程政策解读会和全县土地综合整治暨"两新"工程现场会,加强指导。有序推进。全年完成农房改造集聚7113户。9个新市镇集聚区全部启动基础设施建设,9个集镇型新社区和8个一般集聚区启动基础设施建设。9个镇(街道)组建新市镇投资开发有限公司并进入实质性运作,注册资本金4.2亿元,获得各类金融机构授信16.53亿元,融资6.28亿元。成立嘉善县新市镇投资开发有限公司,公司注册资本金2亿元,向国家开发银行贷款20亿元的融资项目获批准。县城中心集聚区的征迁工作、项目融资、建设规划编制、建设实施方案、征迁包干协议、征迁资金借款协议、4个配套细则修改等工作按计划有序推进。

【有序开展农村指导员工作】 从18个县级部门抽调18名政治素质好、具有较强组织协调能力和一定工作经验的党员干部组成第6批县派农村工作指导员,举办指导员专题培训班,加强"三农"知识学习。加强指导员工作日常管理,健全并完善"7项制度"和工作交办制度,每季召开工作例会。县第6批农村工作指导员全年走访农户17550户,走访企业2805家,召开座谈会617次,参与调处矛盾纠纷813件,为民办实事1877件,解决突出问题92个,集中宣讲政策法规558次。 (徐　峰)

城乡供水

【概况】 2010年,嘉善县继续抓好城乡供水一体化工程扫尾工作,全面启动水源地保护工程建设,大力推进水务事业改革发展。县水务集团围绕"完善扩容年"目标,大力抓好水源地保护工程建设和幽澜自来水公司地面水厂四期扩容工程前期工作,全面实施城乡供水一级管理体制,完善制水、供水、排水、污水处理一体化运营管理模式。全年累计安全供水6551万吨,同比增长64%,收集处理污水1401万吨,同比增长38%。

【继续抓好城乡供水一体化工程扫尾工作】 继续做好城乡供水一体化工程扫尾工作,保障全县安全供水。5月底,基本完成丁栅水厂厂区绿化工程。7月,完成幽澜自来水公司地面水厂至西塘管径600毫米连接工程。10月,完成天凝至杨庙管径400毫米连接工程。12月底,完成一期工程剩余200米原水管道施工任务。

【启动幽澜自来水公司地面水厂四期工程建设】 2月23日,幽澜自来水公司地面水厂四期扩容工程项目建议书由省发改委批复(浙发改投资[2010]120号),扩容工程全面启动。10月29日,省发改委批复扩容工程可行性研究报告(浙发改投资[2010]1003号)。12月14日,省发改委批复扩容工程初步设计(浙发改设计[2010]158号)。扩容工程规划占地4.06公顷(60.9亩),总设计规模15万吨/日,近期建设规模10万吨/日,投资概算2.2亿元。2013年投入试运行,届时,嘉善县自来水日供给能力将提高到31万吨/日。

【做好长白荡水源地渔民安置补偿工作】 5月,配合县经贸局等部门拆除太浦河水源保护区内加油站3座。8月28日,县政府牵头成立长白荡水源地保护政策处理工作协调小组。协调小组由姚庄镇负责,县有关部门参与。10月22日,姚庄镇政府颁布《太浦河长白荡水源地一级保护区建设涉及渔民安置补偿办法》。《补偿办法》规定对姚庄镇原渔民户籍及在一级保护区范围内从事养殖、固定捕捞生产,且持有渔业主管部门颁发的有效水域滩涂养殖使用证、渔业捕捞许可证的渔民,采用养老安置和住房安置等形式进行安置补偿。

【太浦河饮用水水源地保护工程开工建设】 1月28日,《嘉善县太浦河、长白荡饮用水水源地建

12 月 29 日,举行嘉善县太浦河长白荡饮用水水源地建设保护工程开工仪式。　　县供水委　提供

护工程正式开工建设。为充分发挥水源地的作用,并结合南部水厂扩容工程对太浦河取水的要求,县政府制定太浦河取水二期工程方案。方案计划把太浦河浙江段建成饮用水水源地绿色长廊,把长白荡建成绿色平原饮用水水库。2010 年底,太浦河取水二期工程项目建议书通过专家评审,上报省水利厅、省发改委审批。

【全面完成封停深井任务】 2002 年 11 月 7 日和 2004 年 1 月 19 日,省政府办公厅分别下发《关于加强杭嘉湖地区地下水管理的通知》和《划定杭嘉湖地区地下水禁采区限采区及明确控制目标意见的通知》,两个通知规定嘉善县的魏塘、西塘、干窑、陶庄、天凝、洪溪、杨庙等 7 个镇为禁采区,丁栅、大云、姚庄、惠民等 4 个镇为限采区。文件还规定禁、限采区分别在 2008 年和 2010 年底前禁采地下水。县委、县政府加强禁、限采地下水工作领导,制定具体的落实措施,明确禁采区和限采区的控制目标,将封井任务分解落实到各镇(街道)。县政府与各镇(街道)签订封井责任状,将作为生态建设的考核内容,实行“一票否决制”。至 2010 年底,全面完成 193 口深井封堵任务,累计削减采水量 2000 万吨。

【实施城乡供水运营一级管理体制】 3 月 29 日,县政府制定《关于嘉善县城乡供水一体化运营实施意见》(善政发[2010]22 号)文件,确定从 4 月 1 日起,全县实施城乡供水运营一级管理体制,根据“同源同网同质同价”原则,统一水价标准。根据《关于调整各镇(街道)供水站人事、经营管理权的通知》要求,从 4 月 1 日起,全县各镇供水站按区域分别归并到幽澜自来水公司和水务投资公司,实行一体化管理。

【推进“三镇三街道”污水处理设施建设】 推进“三镇三街道”(姚庄、干窑、大云镇和魏塘、罗星、惠民街道)污水处理基础设施建设,不断提高污水收集处理能力。2010 年,县污水城网二期工程完成管道建设 3 公里,完成投资 300 万元;县城市南片污水处理管网工程完成管道建设 4.5 公里,完成投资 541 万元;嘉兴污水处理二期及嘉善支线工程完成投资(资本金)1673 万元,污水中控设备及在线监测工程城网一、二期 3 座泵站完成验收,完成投资 250 万元。

【推进节能减排工作】 贯彻落实《嘉善县 2010 年度主要污染物减排工作实施意见》文件精神,抓住“污水南排工程建设、污水厂达标排放、生活污水纳污接管”等重要环节,全面推进节能减排工作。8 月 26 日,嘉兴联合污水厂二期嘉善支线工程全线贯通,下半年平均向嘉兴输送总污水量达 3.4 万吨/日,新增生活污水入网量 0.36 万吨/日。下半年,姚庄污水处理厂污水处理量平均为 1.62 万吨/日,新增生活污水入网量 0.182 万吨/日。9 月底,完成姚庄污水处理厂中控系统改造,出水 COD(化学需氧量)浓度全年达标率 94.7%。

(王永刚)

新区建设

【概况】 2010 年,县委、县政府积极筹措资金,大力抓好新城区建设。新城区“十纵五横”道路框架基本形成,十大城市开发项目进展顺利。全年累计完成投资 6.08 亿元,为年度计划的 86.22%。4 个续建项目中,沪杭客运专线嘉善南站项目已完成并交付使用,乔克国贸中心、开元广场完成年度计划,嘉善电力调度综合大楼正在施工。6个新建项目中有5个开工建设,分别为世纪广场、建筑业大厦、科技创业服务中心二期工程、世博帝宝、临江景苑。《嘉善城市新区(南区)概念规划》编制工作启动,并完成评审。

新建成的县城阳光西路　　县城投集团　提供

【“十纵五横”道路框架基本形成】 2010年,新城区的纵向道路有4条竣工,2条开工建设。其中,体育南路、亭桥南路、车站南路、环东南路相继竣工;环西南路和子胥路开工建设。体育南路南起白水塘路,北至阳光路,全长1121米、宽36米,双向4车道,全路架有桥梁1座。亭桥南路南起白水塘路,北至阳光路,全长1046米、宽24米,双向2车道,全路架有桥梁1座。车站南路南起白水塘路,北至阳光路,全长980米、宽24米,双向2车道。环东南路南起白水塘南,北至白水塘东路,全长300米,宽24米,双向2车道。环西南路南起白水塘路,北至善西路,全长2336米、宽24米,双向2车道,全路架有桥梁2座;其中,白水塘路至人民大道段于2009年开工建设;人民大道至善西路段于2010年开工建设。子胥路南起白水塘路,北至人民大道,全长1640米、宽24米,双向2车道,全路架有桥梁2座,2010年开工建设。2条横向道路——世纪大道和阳光路竣工。世纪大道东起善江公路,西至城西大道,全长4511米、宽60米,双向6车道,全路架有桥梁9座。阳光路东起嘉善大道,西至城西大道,全长3029米,宽34米,双向4车道,全路架有桥梁5座。

【编制《嘉善城市新区(南区)概念规划》】 6月,县委、县政府启动《嘉善城市新区控制性详细规划》中白水塘以南区域的规划修编工作,并南延规划范围,至沪杭客运专线嘉善南站,北至中心河,区域面积12平方公里。委托广州市城市规划勘测设计研究院和法国AAUPC建筑规划事务所中国分公司分别编制《嘉善城市新区(南区)概念规划》,并对设计方案进行比选。10月,县政府牵头召开新区(南区)概念规划方案征求意见会。12月6日,召开方案评审会,并邀请国内知名专家参加评审会。会议最终确定由广州市城市规划勘测设计研究院承担规划成果的编制。

(潘　斌　邹　黎)

旧城改造

【概况】 2010年,根据“积极稳妥推进老城区改造”要求,制订《2010年度我县城市房屋拆迁相关补偿标准》、《车站北路、老汽车站等改造地块拆迁优惠奖励办法》及《2010年嘉善县城市房屋拆迁监管专项工作实施方案》。组织街道、城投集团、拆迁公司等单位计48人就拆迁政策、拆迁程序、拆迁申请裁决程序等相关内容进行培训。审批临时拆迁单位3家,对8家有资质的拆迁公司进行考核。全年召开拆迁许可听证会5次,发放拆迁许可证5份。全年拆迁总建筑面积5.26万平方米,涉及拆迁户214户。年末,完成船厂路延伸段拆迁项目和西塘玻璃钢厂地块改造项目的动迁工作。上年继拆项目——浒弄道路地块全部完成,北门街和罗星路地块分别剩2户和4户。召开拆房安全生产会议9次,组织拆房工地安全生产检查14次,全年拆迁无事故。

【老旧小区改造】 全面开展开放式小区整治工作,制定《2010年开放式老区整治方案》,选定乐安里、永安里和小东门3个小区开展整治工作,投入资金500万元。完成雪松里小区整治验收工作。雪松里小区共维修道路1163平方米,更新侧石4000米,疏通管道7096米,维修管道94米,将3843平方米的破损绿化改造成植草砖,更新和修补各类井盖611个,清空化粪池73座,拆

除垃圾房7座,新设楼道垃圾桶88个,新增路灯14盏,新增停车位256个,小区大门改造为电子伸缩门。　(周　佶　左劲松)

建筑业和房地产业

【概况】 2010年,全县建筑业实现总产值50.5亿元(省外企业完成产值50.52亿元),比上年增长7.5%。其中,本县施工企业完成产值25.34亿元,建筑施工面积235.33万平方米,实现利润14659万元,上缴税金12641万元(其中5家企业超500万元);混凝土构件企业完成产值25.16亿元,实现利润11467万元,上缴税金9839万元。

全年办理施工许可项目210项,建筑面积269.7万平方米,合同造价36.71亿元。办理质监项目216项,建筑面积279万平方米,合同造价33.45亿元。办理房屋竣工验收备案538项,建筑面积191.5万平方米。办理安全监督备案212项,建筑面积298.2万平方米,合同造价40.62亿元。出具质量监督报告485份,总建筑面积175.97万平方米。办理非招标交易88项,建筑面积65.57万平方米,合同造价5.72亿元。实施招投标交易过程监督210项,其中,公开招标156项,面积68.11万平方米,中标金额13.05亿元;邀请招标54项,面积148.33万平方米,中标金额29.68亿元。全县有2家总承包、11家专业承包企业成功晋升二级,1家建筑设计单位成功申报乙级,1家桥梁钢结构专业承包企业正在申报一级。至2010年底,全县共有建筑业企业98家,其中总承包企业13家,一级1家,二级5家,三级7家;专业承包企业79家,其中二级46家、三级33家;劳务分包企业6家。全年创南湖杯优质工程奖1项、泗洲杯优质工程奖2项,1个工程获“中国安装之星”,2个工程获“浙江省优秀质量奖”(安装杯)。有61个工程通过县级标化工地现场验收,8个通过市级标化工地验收,1个通过省级标化工地验收,未发生死亡事故。

全年,全县商品房开发投资25.93亿元,同比增长84.95%;其中住宅21.1亿元,同比增长135%。新开工面积97.23万平方米,同比增长83.07%;其中住宅82.72万平方米,同比增长224%。施工面积218.69万平方米,同比增长10.94%;其中住宅169.89万平方米,同比增长12.52%。竣工面积74.96万平方米,同比增长37.57%;其中住宅66.14万平方米,同比增长50.39%。批准可预(销)售商品房面积87.92万平方米,同比增长123.15%;其中住宅65.47万平方米,同比增长155.74%。商品房成交量(合同备案)7503套74.14万平方米,同比分别增长30.38%和18.85%;商品房销售面积66.56万平方米,同比增长3.9%。二手房成交量2047套,同比减少14.39%;其中住宅1603套,同比减少21.31%。全年共发产权证13815宗,面积975.22万平方米。全年办理抵押房产6759件,涉及金额106.85亿元。办理存量房买卖手续2047件,面积36.92万平方米。10月,举办’10嘉善金秋房地产展示(交易)会。11月,组织部分房产开发企业参加第二十八届中国上海房地产展示交易会,并在房地产展示交易会上特设嘉善专区。至年底,全县有房地产开发企业104家。城区人均住房建筑面积35.03平方米,比上年增长1.4%。

规范物业管理,至年底,全县有物业服务企业28家,管理小区和商业及办公场所138处,管理面积650万平方米。全县共成立业主委员会27个。5月,县政府制定《嘉善县物业专项维修资金管理实施细则》、《嘉善县物业保修金管理实施细则》、《嘉善县物业区域相关共有设施设备管理实施细则》等文件,并颁布实施。

【加强建筑市场监管】 加强政府投资项目建设工程市场管理,建立承包责任约束机制和企业进善施工信用机制,规范监理机构行为,提高投资效益。7月,对申报星级评定的9家监理单位进行业务考评。10月,针对考评中存在的问题进行复查。11月下旬,进行年终业务考评。经县监察局等单位评审,2家监理单位被评为2010年度星级中介机构。制定《嘉善县政府投资工程项目标后信用评价办法》和《关于加强建设工程项目招标投标监督管理的补充意见》,做好招投标阶段IC卡报名工作,严把招标申请审核和招标文件审核关,维护建筑市场公平、公正。

【推进建筑节能工作】 编制《嘉善县可再生能源建筑应用专项规划》,成功举办可再生能源建筑应用示范县启动仪式暨学术研讨会,申报并落实省级建筑节能示范工程2项(嘉善县建筑业协会大厦和嘉善县第一人民医院迁建工程),建筑面积12.1万平方米。申报市级建筑节能工程1项(特易购物流仓储项目),建筑面积6.3万平方米。完成政府办公建筑能耗检测示范工程1项(县质监站办公楼),完成阳光路LED路灯改造示范工程。实施并完成兴贤路经济适用房、农宅拆迁公寓式安置房和姚庄镇农村新社区的太阳能热水系统示范工程,建筑面积分别为11.4万平方米、28万平方米。在民用建筑中推广新型建筑节能产品,全县32.70万平方米的新建商品住宅小区和政府投资性项目均采用无机保温砂浆结合加气混凝土砌块或烧结保温砖的外墙保温结构,如金地家园、锦楠苑、大众湖滨花园(新建商品住宅小区)和农宅拆迁公寓式安置房、中小学教学楼等。推进建筑业科技创新,鼓励企业研发建筑节能新产品,受理并指导嘉善云峰大型构件有限公司生产的钢筋混凝土玻璃钢复合管申请省建设科技项目推广证书。

【抓好行业专业人才培养】 会同县建筑业协会抓好人才培养。组织开展建筑行业专业技术和职业技能培训,全年举办各类培训班6期,培训680余人。针对超年限的建筑起重设备和非标准安全防护用具,举办报废拆解现场会,提高拆解专业水平。做好专业技术人员职称评审工作,全年受理技术职称晋级申报264人,其中,获中级职称181人、初级70人,推荐上报高级职称13人。

【提升建设工程质量与安全】 全年共受理建设工程质量监督委托项目216个,总建筑面积279万平方米,工程总造价33.45亿元。办理安监备案项目212个,总建筑面积约298.21万平方米,工程总造价40.62亿元。出具质量监督报告485份,总建筑面积175.97万平方米。抓好建设工程管理与质量监督网建设和建设工程信息管理系统的开发、应用,建立了文件收发、工程报验、形象进度上报、办证信息查询等多项功能的网络工作平台,建立面向监理、施工、商品混凝土企业、检测机构等多方责任主体的网络管理方式。

【抓好白蚁防治工作】 全年共收到白蚁新建预防合同215份,面积270.3万平方米。完成当年合同64份,面积497万平方米;完成历年合同46份,面积555万平方米。减免白蚁防治收费60万元。发放新建预防合格证16份,面积9.36万平方米。旧房灭治104户次,面积1.06万平方米。回访66户次,回访率在20%以上。

【做好房地产档案工作】 修复并完善"数字房产"综合管理信息系统,确保系统正常运行。全年房产档案做卷3354卷,文书档案做卷558件,全年档案59卷,综合开发档案388卷。全年查卷5262次,比上年增长1倍。县房地产管理处房产综合档案室通过省一级档案管理达标考核。

【做好住房公积金归集和使用工作】 全年,有117家企业(单位)新建立住房公积金制度,其中非公企业105家,合计在册企业(单位)814家。全年新增建缴(新开户)职工6472人,净增4314人,合计在册缴存(缴纳公积金)职工21666人。全年归集住房公积金2.45亿元,同比增长19.6%。至年底,住房公积金归集余额5.35亿元,创历史新高。5月1日起,推出嘉善县《委托按月提取住房公积金还贷办法》。至12月,申请办理按月还贷169户,215人次。全年发放住房公积金贷款717户,贷款额1.47亿元。至年底,公积金贷款余额4.93亿元,公积金存贷比为92.11%。

【完善住房保障工作】 编制《嘉善县"十二五"住房保障规划》,制定完善《2010年度嘉善县城镇经济适用住房管理实施细则》和《2010年度嘉善县城镇廉租住房保障实施细则》,启动第七期廉租住房保障工作,新增"保障户"36户。截至年底,全县累计有廉租房在保家庭245户。其中实物配租138户,货币补贴107户,累计发放补贴126.55万元。开展经济适用房配售工作,全年受理申请736户,经"四审二公示"(初审、复审、住房和收入综合审核)确定513户申购家庭,通过公开抽号选房,完成配售经济适用住房436套。

【加快经济适用房建设】 积极筹措资金,加快经济适用房建设。全年环北西路拆迁安置房及经济适用房完成建设。工程总建筑面积7.34万平方米,总投资1.92亿元,共建住宅19幢,其中多层12幢、小高层5幢、高层2幢。

工程于2008年9月1日开工建设,2010年12月14日竣工。兴贤南路经济适用房完成主体工程施工。工程建筑面积5.5万平方米,总投资1.74亿元,建住宅7幢,其中高层3幢、小高层4幢。2009年4月开工建设,至2010年底完成主体工程施工。

【推进农宅拆迁安置房建设】 全县大力推进农宅拆迁安置房建设。兴贤路农宅拆迁安置房2008年10月28日开工建设;工程总建筑面积3.9万平方米,总投资1.13亿元,建住宅7幢,其中小高层5幢、高层2幢;2010年12月14日竣工。城东村农宅拆迁公寓式安置房2009年7月3日开工建设;工程总建筑面积2756平方米,总投资460万元,建多层公寓式住宅1幢;2010年9月6日工程竣工。李家村农宅拆迁公寓式安置房2009年7月3日开工建设;工程总建筑面积5776.72平方米,总投资920万元,建多层公寓式住宅3幢;2010年8月16日工程竣工。城桥农宅拆迁公寓式安置房2009年7月3日开工建设;工程总建筑面积3426平方米,总投资460万元,建多层公寓式住宅2幢;部分工程完成主体结构。魏南农宅拆迁公寓式安置房2010年8月20日开工建设;工程建筑面积3231平方米,总投资630万元,建5层住宅1幢;至年底,3层完成主体结构建设。白水塘路农宅拆迁公寓式安置房2010年8月25日开工建设;工程建筑面积6.3万平方米,总投资2.36亿元,建住宅12幢,其中,高层2幢、小高层10幢;至年底,完成桩基工程建设,6号楼地下车库进入施工。船厂路拆迁安置房进入土建招标;工程总建筑面积3.7万平方米,总投资1.45亿元,建住宅9幢,其中多层4幢、小高层3幢、高层2幢。 (曹人杰　吴春林　胡征球　王　华　何勤耘　邹黎)

市政管理

【概况】 2010年,嘉善市政管理部门加强市政建设,抓好市容管理,城市基础设施得到完善,市容环境得到改善,市政设施完好率、公用服务满意率、公共安全保障力、行业监管影响力明显提升,城市管理水平提高。加强城市道路挖掘、占道行为审批程序监督管理,实施“跨部门、跨单位联合审查,三级审批”的行政许可制度。全年共办理城市道路挖掘许可59份、占道许可760份(其中装修占道501份、其他占道259份)、户外广告许可292份,发出行政建议书306份。

【抓好市政设施养护管理】 深化“三位一体”(市政、环卫、绿化)管理机制,提高市政养护效率。建立数字城管系统并于5月4日投入试运行,至12月底,共采集事件3031件,完成整改2493件,结案率82.25%。市容环境卫生问题投诉同比下降30%。全年维修(零星)城区道路人行道4187平方米,投入资金57万元;维修(零星)车行道3102平方米,投入资金29万元。完成泰安桥东侧人行道、搏击广场(解放路体育路口)、花园路车行道等大修改造工程,改造车行道1.33万平方米,铺设人行道地砖250平方米,投入资金150万元。加强雨水管道、井盖等养护维修和管理,投入30万元,委托嘉善县环卫专业建修工程队对城区道路雨水总管进行疏通和养护。投入13万元,调换和维修破损、被盗雨水井盖,全年共调换、维修井盖296套,做好炮台口、晋阳路等交通设施维修改造工作,设置禁止大型车辆通行标志。完成高压线走廊一号地块停车场工程,缓解县城停车难问题。

【加强给排水行业监管】 抓好安全供水监管工作,做好水质检查及供水安保工作。全年供水管网漏损率及出厂水水质综合合格率分别达到12%和99%的考核要求。完成城乡供水管网一期四标、五标和二期一标、二标、三标、四标共6个标段的竣工验收工作,建设供水管网38.51公里,新增覆盖农村受益人口5万人,基本实现城乡供水一体化全覆盖。加强污水集中处理设施建设监管工作。根据生态市建设及县节能减排工作要求,积极推进全县污水处理设施建设。至2010年底,各镇(街道)共完成污水管网建设34.76公里,完成投资3465万元。

【成立城乡天然气责任有限公司】 2009年4月,嘉善县城乡天然气责任有限公司成立,公司注册资金3000万元人民币,主要从事辖区内(含镇、街道)燃气的管道建设、运营,燃气销售、供应,燃气灶具及配套产品(不含压力容器)的销售及售后服务。至2010年底,全县已建立天然气门站、阀室站、天然气中低压调压站各1个,日供气设计流量为:中压设计日用最大48万立方,次高压设计日用气量最大84万立方。输气主要管道51.61公里,建中、低压庭院管网88.31公里,用户16233户。

【完成天然气一期工程建设】 2010年,嘉善县城市天然气利用工程进入全面建设阶段。3月,天然气利用工程一期工程开工建设,工程总投资1.8亿元。至12月,共建成次高压管12.7公里、中压管33.8公里、门站1座、高中压调压站2座、阀室1座,并顺利通过验收;建成镀锌燃气管道124.5公里、无缝钢管燃气管道0.85公里;推进小区配套燃气工程建设,建成小区燃气工程18个、节能减排"油改气"燃气工程8个。

【建成首个使用天然气小区】 2010年1月,率先在嘉业阳光城住宅小区进行使用天然气试点。至1月30日,小区800户用户顺利用上(压缩)天然气,成为全县第一个使用天然气的小区。

【规范燃气经营市场】 全面落实完成省、市、县"十小"行业三年整规任务,为符合标准的5家供应站发放瓶装燃气核准证书。组织人员不定期检查燃气企业及供应站点,及时消除安全隐患。在全县范围开展燃气经营户大检查和联合执法运动,共取缔经营点88家,暂扣钢瓶82只,有效遏制无证经营现象。

【抓好园林绿化工作】 全年县城区新增绿地42万平方米,绿化覆盖率41.62%,绿地率36.51%,人均公园绿地12.5平方米。全年审批绿化设计方案66项,建设项目绿化核查75项。审批占用绿地、临时占用绿地、砍伐移植树木等53项。开展嘉兴市"南湖杯"园林绿化建设优质工程评选活动,人防绿化工程、大树星岛花园园林绿化工程获"南湖杯"园林绿化建设优质工程奖,人防绿化工程还获省"优秀园林工程"金奖工程。至年底,全县有园林绿化三级企业6家、二级企业1家。推进市政、环卫、绿化"三位一体"城市综合养护数字化模式,完善市政维修、环卫保洁、绿化养护工作质量效率和考核评价机制。依托"数字城管"平台,积极开展绿化管护数字化建设,自5月平台试运行以来,共采集信息322项,完成322项,办结率100%。2010年,建设局承担养护的绿化达119.13公顷,行道树10623棵;节日摆放盆花48万余盆,景点造型5个。

【实施园林绿化建设】 全年新建子胥苑农贸市场北侧绿化、蚕种场遗址公园、银杏广场等4块公园绿地。完成花园路菜市场北侧改造、南门滨水街改造等市河南侧景观改造提升工程。完成嘉善四中东侧、北侧沿路绿化等零星改造提升工程。完成世纪大道(平黎公路至油车港段)、体育南路(白水塘路至阳光路)等道路隔离带和行道树绿化工程。做好生态县创建、三年行动计划启动工作,围绕打造"显绿露水、宜居宜业、具有江南水乡特色的田园城市"目标,确定以"民享"为原则的"绿色家园"三年(2011~2013)重点工程项目——"惠民享绿、公园广场景观、道路景观、扩绿增量、入城口改貌"等工程。

【开展《嘉善县绿道网总体规划》编制】 根据县委、县政府提出的"一年成线、两年成网、三年成景"的总体目标和任务,全面启动县生态绿道规划和建设工作。7月底,联合嘉兴市规划设计院开展《嘉善县绿道网总体规划》编制工作。通过现场踏勘和多次修改,形成"一环连三地,三横融沪嘉,两纵景宜人,四联居更善"的绿道网总体结构,并于11月23日召开绿道网总体规划评审会议。根据规划,全县绿道建设总里程将达到253.7公里,其中主要绿道170.8公里,城市绿道46公里,社区绿道36.9公里,建设驿站7处。

【完成公园物业化试点工作】 自1月1日起,柳洲公园试点物业化管理。试点工作通过招投标方式委托物业公司对公园进行管理。由物业公司负责公园的日间巡查、日常保洁、绿化管养等工作。实行物业化管理后,公园的面貌有较大改观,收效明显;试点工作为创新管理机制提供有益的借鉴。

(左劲松　邹　黎　顾学伟)

市容管理

【概况】 2010年,嘉善县完善城市管理机制,加强市容、市貌管理,城市管理水平全面提升。县城市管理行政执法局加强队伍建设,提高办案质量,拓展职能覆盖面,各项工作取得明显成效。全年办理各类案件3429件,其中,一般程序案件1166件,简易程序案件2233件。职能覆盖率从上年的70.42%提升到77.5%。除机动车违章停车案外,所有案件均严格按照自由裁量权标准实施,案件结案率、有效执行率达100%,无一例提起行政诉讼、行政复议。嘉善县城市管理行政执法局获得浙江省退伍安置先进集体、浙江省廉政文化"进机关"示范点、浙江省城建城管工作先进集体、嘉兴市文明单位、嘉兴市先进基层党组织等称号。抓好市容管理新闻报道,累计有772篇报道被各类媒体(载体)录用;全年编写内部刊物《城管执法》12期、《调研与思考》6期。

【加强市容日常管理】 加强县城区市容管理,开展"创整洁市容、迎和谐元旦"和"迎世博,优环境,创文明"等市容集中整治活动。全年教育、劝告乱设摊摊贩13719人(次),劝阻乱挖掘业主146人(次),劝导店外出摊经营户12001人(次),拆除广告(店招)173户388条,拆除破旧遮阳棚和破烂横幅744户1779个,发放宣传资料15485份。

【完善市容管理机制】 制定并完善《市容巡查制度》、《市容例会工作制度》、《自产自销点管理制度》、《夜间巡查执法制度》、《市容抄告单制度》等,定期与不定期开展市容管理督察,并下发督察通报。通过召开市容管理分析会、整治专题会、管理相对人沟通座谈会等形式,探索市容管理的新途径。多部门建立联席会议制度,加强部门(单位)协调,避免出现管理死角。

【开展校园周边环境整治】 抓好15所中小学周边经营户的教育和管理,采用疏堵结合的方法,加强无证流动摊贩管理。针对学校周边违法停车现象,进行说服教育。多部门开展联合执法,整治学校周边环境卫生、安全等问题;做好校园周边维稳工作。全年累计出动执法人员5246人次,较好解决校园周边环境问题。

【开展夜间烧烤长效管理】 制定专项整治工作预案,加强宣传教育,全年开展夜间烧烤集中整治36次,出动执法人员864人次,车辆103车次,取缔无证摊点62个。县城区街道夜间市容、卫生面貌明显改善。

【加强城市"牛皮癣"治理】 采用执法人员步巡和机动车辆巡查等方式,加大辖区内大街小巷、开放式小区、公共场所管理死角等巡查力度。全年共发现城市"牛皮癣"119处,责令物业公司限期整改,基本消除县城区城市"牛皮癣"现象。

【开展户外广告设施代为履行工作】 10~12月,制定《关于代为履行措施实施意见》和《关于代为履行操作方案》文件。对未经批准擅自设置的商业广告设施,年久失修影响市容的公益广告牌、指示牌和导向牌,未纳入管理的商业广告牌,未经许可的半商业半公益广告设施,主要路段上随意设置的指示牌、警示牌等,开展代为改正和规范工作。共集中代为改正或规范316处。

【开展人行道乱停车专项整治】 全年,累计发放违法停车通知书7744份,处理违法停车1896辆次,人行道乱停车现象明显改善。开展县城区非法营运"黑车"及"四小车"(电瓶自行车、三轮电动货车、正三轮摩托车含残疾车、人力三轮车)违法载客专项整治;成立城市交通管理联合执法队,全年暂扣机动车辆112辆,抄送乱停车告知书159份。开展夜间大型货车乱停放集中整治8次,发放《货运车辆驾驶员告知书》280份,县城区大型货车乱停放从原来平均每天90辆下降到5辆。

【完成花园路农贸市场水产品交易区整体搬迁】 花园路农贸市场地处县城闹市区,影响市场附近居民休息,居民意见大。县城市管理行政执法局通过召开居民、经营户代表座谈会,听取群众意见、建议,9月8日,市场内11家经营户全部搬迁至浙江(嘉善)农产品批发市场,较好地解决水产品交易夜间扰民、污染环境、损坏绿化等问题。

【增设农户自产自销点】 为方便农户自产自销,增加农民收入,县城市管理行政执法局合理规划自产自销点,在县城以及有关镇(街道)设立特色农产品自产自销点。2010年,农户的自产自销点从上年的15个扩大到22个,销售种类从蔬菜扩大到水果、西甜瓜、秧苗、水产品等八大类。全年共办理自产自销证601张(份),自产自销人员累计达2600

人次,农户增收300万元。

【开展洗车行业用水专项整治】 9月,开展县城区洗车行业用水情况排摸,对存在的违法情况发出《责令限期改正通知书》,督促各经营户向有关管理部门提出用水申请,并办理相关手续,对逾期未改正的经营户,依法进行处罚。至年底,所有登记的25户经营户全部落实整改措施。

【开展地下停车场专项整治】 9月,开展地下停车场专项整治,责令时博汇、嘉利都会业主搬移堆放在地下停车场内的杂物,确保车辆畅通通行。责令嘉湖阳光花园、世博名邸、罗星公寓、崇文府第、华都大酒店等业主(开发商)完善地下停车场配套设施,不擅自改变使用功能,及时维护配套设备,确保地下停车场的正常使用。通过整治,全县地下停车场做到停得进、开得出,畅通无阻。

【抓好"两违"治理】 全年共调查处理各类违法建设223起,涉案面积42192.6平方米。针对各镇(街道)不同程度存在违法占用农田建造养殖场的问题,会同国土局协助镇(街道)开展违法占用农田、违法建设专项整治,并对违法行为进行查处。查处违法建设行为142起,涉及面积20999平方米。

【推进城市管理行政执法向基层延伸工作】 2~3月,分别在姚庄镇丁栅、俞汇2个新农村社区和罗星街道城南等4个城郊新社区开展城市管理行政执法延伸工作。9月和10月,分别成立城市管理行政执法大云中队和陶庄中队。

【开展行政执法服务】 全年共受理、承办、处置、答复各类信访件1500件,其中,96310热线电话1295件,来信来访67件,县长热线电话交办单127件,人大、政协提案议案11件。1500件信访件做到限时办结,事事有回音,件件有着落,反馈率为100%,满意率95%以上。通过管理转型与服务转型活动,建立争创"先锋廉洁高效满意"城管载体,组织实施"本职敬业岗、公益奉献岗、民生服务岗、破难攻坚岗"等"一员四岗"制度,完成10件实事对外承诺。全年共收到社区(村)和群众送来的表扬锦旗19面,收到案件监督卡1166张,群众满意率97%。

(吴春华　徐忠良　沈波兰)

交通管理

【概况】 2010年,嘉善县道路交通安全管理工作围绕"降事故、降伤亡、保安全、保畅通"核心,在全社会营造"社会交通、效能交通、文明交通、和谐交通"氛围,为全县社会经济发展服务。全年,全县道路交通安全形势总体平稳,发生一般以上道路交通事故145起、死亡38人、受伤122人、直接经济损失17.56万元,事故发生数、死亡人数、受伤人数、直接经济损失数等4项指数同比分别下降2.0%、7.3%、10.9%、5.1%,没有发生一次死亡3人以上及其他社会影响恶劣的交通事故。嘉善县被浙江省道路交通安全工作领导小组认定为2009~2011年度第一批平安畅通县(市、区)。

【推进交通安全综合治理】 全面推进"平安畅通县"、"平安畅通镇"、"交通安全村(居、学校、企业)"创建活动和"文明交通行动计划"实施,加强"政府主导、部门主管、企业主体"三大责任体系建设,理顺道路交通安全管理体制,不断完善道路交通安全管理社会化机制,将交通安全管理责任由公安部门一家承担分解为全社会共同承担。

【开展专项整治工作】 围绕"控大和控量"管理措施,开展"春运"、治"黑车"、机动车涉牌涉证、校园及周边道路整治等集中专项整治,查处酒后驾驶违法行为。加强源头管理,扩大路面管控,保持严管高压态势,从严查处各类交通违法行为。采用民警现场查处和电子警察、视频监控、警务通、照相等非现场查处手段相结合的方式,加大对城区机动车、非机动车"闯红灯",不按规定车道行驶,不按规定停放,随意变更车道,逆向行驶,机动车超速、超员、超载和驾乘二轮摩托车不戴安全头盔等显见性危险驾驶行为的整治力度,加大对行人不走人行横道、穿(翻)越隔离栏、不受信号灯制约等交通陋习查纠力度。整治期间,共投入警力4万多人次,查处各类交通违法行为为21.08万起,圆满完成"世博安保"、春运道路交通管理等工作任务。

【提高交通管理科技化水平】 树立科技服务管理理念,积极实施科技强警战略,加大科技设施和警务装备投入。2010年,增建14套电子警察和10套智能卡口系统,形成以县城区及周边主要道路为重点的交通监控网。利用科技装备查处各类交通违法行为16.91万起,利用“黑名单”自动报警拦截系统查处超速行驶1.2万余起,假牌、套牌36起,查获被盗车4辆。利用智能卡口系统协助破获各类刑事治安案件11起。投入290万元,集中增配(更新)警车、移动测速仪、酒精测试仪、对讲机、警务通、“数码鹰”等一批执勤执法科技装备,基层基础保障及信息化管理硬件设施得到加强。8月2日,启动移动警务终端“二合一”电子票据使用系统试点工作,实现现场实施交通违法行为全流程处罚,为全省交警系统全面实施“二合一”电子票据奠定基础。

县公安局交警大队民警在路面执勤　　县公安局　提供

【加强路面管控】 坚持路面管理“主战场”和“主业”意识,全面落实“点上管、线上巡、路上测、卡上查”等管理手段和措施,整肃道路行车秩序,确保道路安全畅通。科学安排勤务,最大限度囤警于路面,实现警力资源配置最大化和最优化,提高路面见警率、管事率。探索建立道路交通安全预警机制,定时开展交通安全形势和已发交通事故成因症结分析,重点加强交通流量、交通事故、交通秩序、交通违法、季节气候以及舆情动态等综合性研判。开展遏制重特大交通事故道路安全隐患专项整治行动,排查各类隐患20处,发放书面整改通知书8份。加强重点车辆驾驶人员源头监管,开展非专用校车、驾驶人员安全调研,形成《关于开展全县非专用校车检查检测的情况》、《关于我县民工子弟学校营运力不足存在严重安全隐患》和《关于对我县非专用校车驾驶人资质审查情况》等3个专题调研报告。组织实施县城区“畅通工程”,着力缓解和改善城区“行车难、停车难”问题。

【改进交通管理服务举措】 坚持“以人为本”理念,不断研究和改进服务举措,增强服务社会、服务群众的能力和水平。每月10~20日,开展“流动车管所”下乡服务。推行车管业务综合服务,制定和完善“一站式”窗口岗位标准和工作规范。在原有2个交通违法受理点的基础上,增设西塘和320国道卡点受理点。在做好寄发交通违法通知书和互联网发布告知书的同时,推出手机短信、电话提醒告知等服务新举措。推行路面执勤民警快速处理轻微物损、当事人对事故认定和事故损失调解处理无异议工作机制,设立交通事故受理大厅,提供咨询、受理、调处等“一站式”服务。

【加强交通安全宣传教育】 深入开展交通安全宣传进农村、进学校、进企业、进单位、进家庭活动,实施文明交通行动计划;深入开展“关爱生命,文明出行”宣传活动,在全社会营造“文明交通”良好氛围。创新宣传方式,制作新型人行横道灯及LED滚动式电子显示屏进行交通安全宣传,每天播放交通安全常识和提示语300条次。在新居民和中小学生中开展交通安全宣传教育。全年共发放宣传资料11种7万余份,制作电视专题片135期、广播栏目4130分钟、公益广告821条次,巡回宣传136场次,展出图板254场,播放光盘321场次,举办大型广场宣传活动咨询6次。在各级各类新闻媒体上刊登稿件540篇,受众30万人次。

(张皆乐　张　健)

综　　述

2010年,嘉善县环保工作坚持以努力实现县域环境质量、环保管理水平、干部职工能力提升和提高公众对生态环境的满意度为目标,不断强化"全心优化发展、用心保护环境、真心服务民生"的"三心"理念,较好地完成全年各项目标任务。嘉善县在全市生态市建设目标责任书考核中被评为第一名;县环保局被嘉兴市环保局评为市县环保局目标责任书考核第一名,被县委、县政府评为落实党风廉政建设责任制优秀单位。

生态县建设

【国家级生态县创建】 11月,嘉善县召开创建国家级生态县动员大会,正式启动全县创建工作。成立以县委、县政府主要领导为组长的创建工作领导小组,下设9个创建工作专项组具体开展各项创建工作。制定实施《关于创建国家级生态县的实施意见》,提出建设包括环境质量、环境形态、生态产业和生态文化等四方面100项重点工程,投入资金约22.5亿元。县财政每年安排3500万元生态建设专项资金。

【嘉善县生态文明建设规划】 《嘉善县生态文明建设规划》由中国环科院负责编制,根据国家生态文明建设要求,制定嘉善县生态文明建设和分阶段创建国家级生态县的主体框架,按照生态县考核评估办法的最新指标体系,提出生态县建设的重点领域和达标期限。至年底,完成《规划》初稿。

【生态镇、村创建】 大云、魏塘、姚庄等8个镇(街道)顺利通过市生态示范创建复查,罗星街道创建为省级生态街道。至年底,全县新增市级生态村17个村、县级生态村11个。出台《嘉善县县级生态村管理办法》,对各级生态村实施积分制管理,加强对生态村的长效管理。

【绿色系列创建】 至年底,全县累计创建国家级绿色社区1个、省级6个、市级8个、县级10个;创建省级绿色学校14所、市级23所、县级16所。

主要污染物减排

【概况】 全县全年化学需氧量排放总量为3555.12吨,比2005年下降21.86%,完成"十一五"任务的143%,超额减排298.68吨;二氧化硫排放总量为4775.14吨,比2005年下降21.23%,完成"十一五"任务的142%,超额减排377.61吨。两项指标均完成上级下达的目标和任务。

【减排重点工程】 嘉兴污水处理工程二期嘉善支线工程于8月下旬投入运行。全县新建污水管网33.76公里,33个生活小区完成污水纳管。完成2家污水处理厂中控平台建设、5家企业中水回用工程建设和2家热电企业循环流化床改造,并关停一条电镀蚀刻流水线。

【农村分散型水污染物减排试点工作】 在全市建成第一个示范项目——姚庄镇展丰村农村分散型水污染物减排试点工程,市生态办在嘉善县召开全市农村分散型水污染物减排工作试点现场会。全年共完成农村分散型水污染物减排试点工程 3 个,列全市首位。

环境质量状况

【地表水环境质量】 2010 年,嘉善县水质综合类别主要为Ⅲ~劣Ⅴ类,其中Ⅲ类水质断面 3 个,占 21.4%,Ⅳ类水质断面 6 个,占 42.8%,Ⅴ类水质断面 3 个,占 21.4%,劣Ⅴ水质断面 2 个,占 14.3%。与 2009 年相比,主要污染指标除五日生化需氧量基本持平外,其余各项指标均有不同程度的改善。出境水质较入境水质氨氮明显改善,总磷和高锰酸盐指数略有改善。出入境水质在扣除入境水质改善影响后,出境水质总磷指标略有恶化,高锰酸盐、氨氮指数基本持平。饮用水源地水质方面,嘉善水厂取水口水质类别不能满足功能区要求,水质类别为Ⅳ类,主要定类指标为溶解氧、高锰酸盐指数、五日生化需氧量、氨氮、总磷,与 2009 年相比,水质类别相同,溶解氧、总磷明显改善,高锰酸盐指数略有改善、五日生化需氧量、氨氮基本持平。太浦河取水口水质类别为Ⅲ类,满足功能区水质类别的要求,水质比 2009 年上升一个类别,溶解氧、高锰酸盐指数、总磷指标明显改善,氨氮指标略有改善,五日生化需氧量指标基本持平。

【城市环境空气质量】 2010 年,嘉善县空气质量优良率为 92.6%,与 2009 年相比,上升 1.5%,优良天数增加 10 天,其中一级(优)天数增加 13 天。二氧化硫年均值较 2009 年相比略有改善,二氧化氮、可吸入颗粒物指标的年均值浓度基本持平。降尘浓度范围在 6.41~10.09 吨/平方公里·月,年平均值为 8.41 吨/平方公里·月,与 2009 年持平。降水监测结果:PH 值范围为 3.85~5.41,年均值为 4.64,比 2009 年上升 0.06 个 PH 单位;酸雨率为 100%。

【声环境质量】 县域内环境噪声监测点有 101 个,区域环境噪声测点等效声级范围为 45.5~67.3dB(A),平均等效声级为 53.4dB(A),与 2009 年基本持平。全县交通噪声等效声级为 62.9dB(A),低于 70 分贝控制标准,与 2009 年基本持平。

环境监察

【执法检查】 2010 年,县环保局加大环境执法检查的频次和力度,努力确保全县环境安全。全年共现场检查企业 3166 厂次,出动执法人员 8785 人次,对 184 家违法企业进行立案处罚。积极配合省、市环保部门开展执法检查工作,省、市飞行监测达标率分别为 100% 和 99.05%。结合世博环境安保工作,对全县重点污染企业、存有放射源单位和使用危险废物的企业进行环境安全隐患排查,开展全县突发性环境污染(盐酸泄漏)一般事故环境应急救援演练,参加在嘉兴港区举行的省市县区四级联动环境污染事故联合演习,完成 8 家试点企业的应急事故辅助手册编制工作。严查有色金属、铅酸蓄电池、化工、电镀等行业,定期开展监督性监测,全年共查处该类行业企业案件 20 起。依托县环境信息监控系统,成立电子监察中队,对全县重点污染源排污情况实施网上巡查、数据审核和应用反馈等。2010 年,全县在线监控设备正常运转率为 96.82%,联网率为 96.93%。电子监察中队在网上及时发现并预警企业环保违法行为 33 次,配合执法人员立案查处违法排污企业 2 家。组建夜查中队,形成白天集中查、夜间突击查、节假日随机查、晴天雨天结合查的执法监管机制。

【环境污染整治】 开展锅炉烟尘污染专项整治,拟定下发《工业锅炉废气环境污染专项整治工作方案》,重点整治主要交通干线附近的各类锅炉,通过采取安装布袋除尘、设施维护和安装水膜除尘装置等措施,共治理企业 69 家。参与养殖污染整治工作,牵头制定《嘉善县畜禽养殖业环保专项执法检查行动方案》,全年共检查养殖场(户)700 多家/次,立案查处 29 家。同时,参与全县为期 1 个月的拦截外来餐橱垃圾(泔脚水)行动,共拦截运输车 65 辆,填埋餐橱垃圾(泔脚水)601 桶。组织开展全县市镇工业园区整治,按照“同时启动、分步推进、按时完成”的原则,于年底前完成姚庄镇工业园区整治试点工作。启动机动车尾气治理、加油站油气回收等工作,对洪溪工业园区环境污染情况和全县喷水织机水污染情况进行调研。

【环境信访】 全年共受理信访件 1052 件,其中省、市局转办 38 件,市长、县长电话 408 件,来信、来访 53 件,12369 热线 349 件,110 信访 204 件。1052 件信访件中,涉及水污染 179 件,占总数的 17.0%;气污染 475 件,占总数的 45.2%;噪声污染 188 件,占总数的 17.9%;其他污染 210 件,占总数的 19.9%。信访处理率 100%。

环境监测

【概况】 2010 年,县环境监测站做好对县域内大气、地表水、噪声等环境要素监测分析,做好水、气自动站运行维护,对污染源单位进行定期、不定期的监督监测,对环境污染事故和污染纠纷进行仲裁监测,提供准确可靠的监测数据和监测报告。

【常规监测】 污染源例行监测和监督监测:主要掌握污染物排放浓度、排放强度、负荷总量、时空变化等。全年完成污染源监督监测 89 厂次,其中污水处理厂监督监测 48 厂次。污染源在线监测比对监测 126 厂次。环境质量监测:主要是指定期对指定范围的大气、水质、噪声等各项环境质量因素进行监测分析,全年获得手工环境监测数据 8874 个,大气自动监测数据 13.4 万多个,地表水自动监测数据 5.2 万多个,为环境管理和环境决策提供依据。

【特例监测】 全年共完成 130 家企业“三同时”(建设项目中防治污染的措施,必须与主体工程同时设计、同时施工、同时投产使用。防治污染的设施必须经原审批环境影响报告书的环保部门验收合格后,该建设项目方可投入生产或者使用)竣工验收监测,监测时限从 30 天提速到 25 天,完成环评本底监测 15 项,委托监测 87 厂次,为企业竣工验收、环境评价、机构认证提供有效监测数据。

环境管理

【项目审批】 全年共审批项目 315 个,否决 8 个不符合产业政策、园区定位或总量来源的项目,对 10 多个项目建议调整工艺或重新选址;全年共完成“三同时”验收 193 个,是上一年的 2.64 倍。

【初始排污权核定】 对全县符合初始排污权核定标准的 561 家企业进行主要污染物排放量核定,共计核定化学需氧量 2681 吨,二氧化硫 6943 吨。全年共签订主要污染物排污权交易 61 笔,金额 419.90 万元,同比提高 1.2 倍。

【企业环保层级化管理】 根据企业排放污染强弱、影响环境安全程度、环境信访等因素将环保监管企业划分为 4 个类别,并按类别高低进行环保监管,科学制定监管措施,合理界定监管频次,实行年度动态管理。企业环保层级管理情况及时向社会公布,并与当年度的环保信用企业评定、环保补助奖励和评先评优等工作相结合,促使企业加强自身环保工作。至年底,全县共有 3320 家企业纳入环保层级化管理。

【水源区保护】 实施《太浦河污染联合防治制度》,会同吴江、平湖环保部门联合开展执法检查行动和召开三地联席会议。编制完善《嘉善县饮用水源突发环境污染事件应急预案》,督促完成太浦河水源保护区内 3 家国有水上加油站的拆迁。委托华东师范大学编制《陆斜塘水源地取舍研究》,并提交县政府常务会议审议通过。

【辐射、固废管理】 建立全县辐射安全监管网络体系,开通“嘉善县辐射管理 QQ 群”,成功创建为“放心放射源县”,3 家企业创建为“放心放射源工作单位”。对县内化学原料与化学制品制造业、金属表面处理业以及其他产生危险废物行业进行排查,共排查企业 80 家,发现并整改问题 10 个。全年共初审危险废物转移计划 128 起,否决 9 起。

(严 健)

“六五”世界环境日宣传暨“低碳——让生活更美好”活动启动仪式现场　　县环保局　提供

旅　游

综　述

2010年，全县共接待国内外游客631.97万人次，同比增长20.09%，实现国内外旅游收入57.53亿元，同比增长27.81%，嘉善县旅游局被评为浙江省旅游信息化工作先进单位、浙江省旅游标准化工作先进单位、嘉兴市旅游系统先进单位。10月29日，在西塘举办'10国际低碳生态灯光艺术展。来自国内外的9个照明设计团队的大师，共布置5000多盏灯，用电不超过30千瓦，比普通灯至少节省50%以上的用电量。艺术展以"灯光让城镇更美好"为主题，将古镇与低碳生态现代元素结合起来，宣传低碳生态理念。

旅游规划

【概况】 2010年，县旅游局围绕《旅游业转型升级实施意见》，多次与各涉旅镇、县服务业发展局等单位开展调研，完善有关旅游发展意见。

【召开旅游转型升级座谈会】 9月8日，召开旅游业转型升级座谈会，就修改和完善《旅游业转型升级的实施意见》征求意见和建议。会上详细介绍《旅游业转型升级的实施意见》初稿形成的背景情况和"十二五"期间旅游业发展的目标、工作重点、保障措施等，邀请有关镇(街道)分管旅游工作的领导及旅游公司负责人，吴镇纪念馆、罗星阁宾馆、梅园大酒店、西塘旅行社等旅游企业主要负责人分别从各自实际就旅游业转型升级提出建设性意见和建议。9月16日，县旅游局与县府办、县服务业发展局修改和完善《旅游业转型升级的实施意见》。

【县长姚高员专题调研旅游业转型升级工作】 10月9日，县领导召开专题座谈会，开展县旅游业转型升级调研工作。县委副书记、县长姚高员在座谈会上作重要讲话，指出嘉善旅游业当前面临的挑战和机遇，强调旅游业在推动转型升级和优化产业结构上的作用，要求旅游部门和三产服务部门理清嘉善旅游发展的思路、定位和规划，抓好旅游功能拓展和景点建设，同时抓好旅游形象策划、品牌营销，以及旅游工作推进机制。

旅游建设

【创建省旅游经济强县】 2月3日，在全省旅游工作会议上，被授予"浙江省旅游经济强县"奖牌，成为全市首家"浙江省旅游经济强县"。

【省旅游行风监督员检查指导旅游行风建设】 1月12日，由省旅游局纪检组副组长、监察室主任芦召君带领，嘉兴市旅游局副局长任国民陪同，省旅游行风监督员到嘉善检查指导旅游行风管理。实地到西塘景区进行明查暗访，检查游客中心、星级厕所、景区景点环境等。检查组对古镇西塘景区给予充分肯定，并对景区规划建设提出意见建议。

【旅游工作会议】 3月18日，召开全县旅游工作会议，县委常委、常务副县长冯伟出席会议。会议贯彻落实省、市旅游工作会议和全县三干会议精神，总结表彰2009年旅游创强工作等先进个人，颁发浙江省旅游特色村奖牌。研究部署2010年旅游工作任务。

【大云镇被授予“全国汽车自驾游基地”称号】 4月18日,大云镇被全国汽车服务高科技产业化委员会正式授予“全国汽车自驾游基地”称号,成为浙北地区首个自驾游基地。

【举行浙江旅游商标品牌保护与开发研讨会】 5月4日,由嘉善县人民政府、浙商研究会、《市场导报》社主办的浙江旅游商标品牌保护与开发研讨会在西塘举行。省、市、县有关领导,省内外旅游品牌保护与运作专家以及省内20余家知名景点负责人、企划部经理参加。与会人员对旅游商标的注册、管理与维护、旅游企业商标战略、旅游企业如何以商标为切入点实施产业多元化发展等议题进行研讨,并就品牌兴旅、世博之旅、低碳旅游、品质管理、文化传播、集合营销等内容达成共识,共同签署《实施旅游商标品牌战略西塘宣言》,提议建立旅游景点产业联盟,确立旅游品牌年会制度,搭建全省旅游品牌共同成长的希望平台。

【省旅游局领导来善调研】 8月12日,浙江省旅游局副局长朱红炜一行3人,就嘉善景区产品的拓展、提升问题开展实地调研。嘉兴市旅游局局长金琴龙、副局长金三民以及县委常委、常务副县长冯伟等陪同调研。

【嘉善县成立旅行社联合党支部】 9月2日,召开县旅行社联合党支部成立大会,县旅行社联合党支部正式成立。

旅游资源

【概况】 2010年底,全县拥有国家AAAA级旅游区1个、AA级旅游区(点)4个,全国农业旅游示范点1个,省级农家乐特色示范村4个,省旅游强镇2个,省特色旅游村4个,省级休闲渔业示范基地5个,市旅游经济强镇2个,市级乡村旅游示范点和休闲农业基地4个;正式挂牌星级旅游饭店12家,其中五星级2家、四星级2家、三星级5家,浙江省绿色饭店6家。

【市旅游局调研温泉生态旅游开发建设】 5月6日下午,嘉兴市旅游局局长金琴龙一行在县旅游局领导陪同下到大云调研温泉生态旅游开发建设工作。金琴龙对大云温泉生态旅游开发建设给予充分肯定,并提出指导意见。

【召开大云温泉概念性设计方案评审会】 6月23日,召开大云温泉生态旅游区温泉地块项目概念性设计方案评审会。省、市国土、建设、旅游方面的7位专家受邀作为评审专家参加。评审最终从报名的11家客商中产生前5名设计方案。同时,大云镇积极联系各相关部门和专家主动对接报名企业,计划8月完成土地和矿产使用权招拍挂工作。

嘉善县旅游景区(点)一览表

级别	企业名称
AAAA级旅游区	浙江西塘旅游文化发展有限公司
AA级旅游区(点)	吴镇纪念馆 大云碧云花园有限公司 姚庄浙北桃花岛 大云拳王休闲农庄
全国农业旅游示范点	大云碧云花园有限公司
省级农家乐特色示范村及特色村	西塘镇荷池村 大云镇高一村 丁栅镇渔民村 姚庄镇北鹤村

嘉善县旅游景区(点)一览表(续一)

级别	企业名称
省特色旅游村	姚庄镇北鹤村 大云镇缪家村 姚庄镇渔民村 陶庄镇湖滨村
省旅游强镇	西塘镇 大云镇
省级休闲渔业示范基地	汾湖休闲渔业基地 白鱼荡生态休闲园 祥盛休闲渔业基地 拳王休闲渔业基地 龙洲休闲渔业基地
市旅游经济强镇	西塘镇 大云镇

嘉善县星级旅游饭店一览表

企业名称	星级	地址
罗星阁宾馆	★★★★★	县城车站南路 335 号
世博大酒店	★★★★★	县城嘉善大道 555 号
嘉善宾馆	★★★★	县城谈公路 1 号
梅园大酒店	★★★★	县城解放西路 1 号
东方大厦	★★★	县城谈公路 18 号
西塘假日酒店	★★★	西塘镇南苑西路 185 号
华展大酒店	★★★	县城晋阳西路 271 号
城市宾馆	★★★	县城解放东路 79 号
港湾宾馆	★★★	县城谈公北路 939 号
亭桥宾馆	★★	县城亭桥南路 218 号
凯迅大酒店	★★	西塘镇环秀路 28 号
善通大酒店	★	县城环北西路 42 号

嘉善县旅行社一览表

企业名称	地址
嘉善旅行社	县城环北西路160号
嘉善职工旅游有限公司	县城晋阳东路43号
嘉善中青旅游有限公司	县城解放西路160号
嘉善银河旅行总社有限责任公司	县城健康路72号
嘉善西塘旅行社	西塘镇南苑路258号
嘉善江南旅游有限公司	县城谈公南路237~2号
嘉善金桥旅行社有限公司	县城亭桥北路95号
嘉善嘉虹旅行社	县城亭桥南路183号3楼
嘉善金色假日旅行社有限公司	县城晋阳东路63号
嘉善行游天下旅行社有限公司	县城谈公北路222号
嘉善畅游旅行社有限公司	县城晋阳东路151号

旅游促销

【概况】 2010年,县旅游局多次组织旅游企业参加全国、省、市旅游交易推介会,先后参加港澳浙江周大型旅游推广活动、“2010年迎世博大型旅游咨询”广场宣传活动、第17届中国国内旅游交易会、2010浙江(上海)旅游交易会、2010中国国际旅游商品博览会、第六届海峡旅游博览会;同时,邀请省内外知名媒体到嘉善采访。举办嘉善世博旅游推介会和“拳王”杯农家乐特色菜大赛,接受上海东方卫视生活时尚频道《今日印象》栏目对姚庄镇“桃花岛”的实地采访和拍摄;举办电影《西塘河》首映仪式。

【发布旅游品牌体验指数】 5月4日,“体验世博古镇,共创旅游品牌”西塘旅游商标品牌基地授牌暨旅游商标品牌基地展示揭牌仪式在古镇西塘举行,江浙沪地区的20多家旅游景区、10多家主流媒体及西塘旅游商会的代表参加。工商部门正式发布西塘旅游品牌体验指数,为西塘颁发“嘉兴市旅游产业专业商标品牌基地”的奖牌,是省内首次对旅游产业发布相关品牌体验指数,同时,西塘也是目前浙江省首个旅游产业专业商标品牌基地。

【举办第五届姚庄桃花节】 3月27日,第五届嘉善姚庄桃花节开幕。桃花节期间,新增水韵生态停车场、特色农产品展销柜台等,举办“爱在基层·情定姚庄”嘉善县大学生村官“锦绣婚典”、《旅游百事通》沪浙栏目走进姚庄、“聚焦桃花岛、共享桃花乐”嘉善旅游全国DV大赛、姚庄浙北桃花岛采风、“相约姚庄、拥有未来”2010嘉善姚庄投资环境说明会、“世博旅游年、寻找桃花源”万名沪杭游客桃乡体验之旅等活动。日游客量从最初的两三千人增加到近两万人,带动姚庄黄桃产业和休闲生态旅游的发展。

【“游古镇西塘·赏大云杜鹃”自驾游活动】 4月20日,县旅游局与浙江《今日早报》联合主办“游古镇西塘·赏大云杜鹃”百辆自驾车畅游嘉善活动。参与车辆25台,参与人数88人。车队先后参加“2010中国大云生态旅游暨花乡艺术节”开幕式、参观杜鹃花展览和古镇西塘,使杭州地区的自驾车游客留下深刻的印象。

旅游管理

【概况】 2010年,围绕省旅游局提出的“服务品质提升年”、“安全生产年”为主题目标,开展旅行社品质评定工作、服务质量提升系列活动、旅游市场监管工作、旅游生产安全监管、世博安保等方面的工作。

【世博“护城河”安保工作】 4月20日,县旅游局和消防、安监、交通等部门联合对旅游企业迎世博工作进行安全检查。重点检查西塘古镇景区设施及食品卫生安全、规范使用旅游运营车辆情况以及饭店食品卫生和消防安全情况,并针对在检查中发现的安全隐患提出限期整改的要求,为世博会顺利召开营造良好的安全环境。

【世博“4·25”演练】 4月25日,组织全县机关干部、旅游行业负责人近500人参加上海世博会“4·25”预演活动。通过组织世博会参观活动,配合上海世博局做好试运行演练,检查世博会的组织接待及安保能力,同时,检验县组织参与世博会活动和世博安保工作的能力,熟悉世博游客的导入环节和重要程序,全面做好迎世博的各项准备工作。

【世博礼节礼仪知识讲座】 4月27日,举办旅游行业迎世博礼节礼仪知识讲座,邀请嘉兴学院副教授郭素良作辅导报告。全县各旅游星级饭店、旅行社和A级旅游景区的近50名旅游从业人员参加。讲座结合旅游行业的特殊性,进行旅游业公关礼仪、接待礼仪、礼宾礼仪、言谈举止礼仪、礼仪服饰等实用礼仪知识的讲解,并结合上海世博会期间接待外国宾客的需要,特别安排涉外礼仪培训。

【嘉善县旅游饭店特色菜评选】 5月5日,县旅游局、县服务业发展局联合举办“迎世博”2010年嘉善县旅游饭店特色菜展评活动。共10家三星级以上以及按高星级标准建造的旅游饭店参加。展评活动特邀全国餐饮业一级评委、中国烹饪大师苏强,中国烹饪大师、高级鉴定师祝贺以及嘉兴市旅游局沈宇担任评委。浙江烹饪大师、国家鉴定师孙听村任现场监理。嘉善罗星阁宾馆的土猪肉鸽蛋炖鲍贝获得冠军。

5月5日,开展全县旅游饭店特色菜展评。 王建超 摄

【西塘旅行社四星级评定】 5月11日,西塘旅行社顺利通过四星级旅行社评定。

【参加省旅游饭店服务技能大赛】 6月2~4日,嘉善代表队在2010“宾利杯”浙江省旅游饭店服务技能大赛上获团体三等奖,取得嘉兴市有史以来参加全省旅游饭店服务技能大赛的最好成绩。世博大酒店李凯获得全省中式铺床二等奖,获“浙江省旅游行业技术操作能手”称号;嘉善宾馆吴晓玲在中餐宴会摆台项目中获第十四名,罗星阁宾馆张帅在西餐宴会摆台项目中获得第十五名,罗星阁宾馆沈郑海在鸡尾酒调制项目中获得第十七名;嘉善代表队在工装展示表演中成绩位居第二。

【举办2010导游大赛】 7月19日,举办2010年嘉善县导游大赛。14家旅游企业的16位选手参加比赛。比赛由导游实务和基础理论(笔试)和导游技能比赛(现场)组成,邀请嘉兴地区全国导游人员资格考试面试部分考评员担任现场评委,最后评选出7名获奖选手,并作为县级推荐选手代表县参加8月嘉兴市2010年导游大赛复赛。

【参加2010年嘉兴市导游技能大赛】 8月17日,组队共6人参加由嘉兴市旅游局、嘉兴市总工会、嘉兴市文明办、嘉兴市劳动社会保障局和共青团嘉兴市委共同举办的2010年嘉兴市导游技能大赛。行游天下旅行社有限公司金培凤获三等奖，被授予“嘉兴市文明导游员”、“嘉兴市导游之星”荣誉称号；西塘旅游文化发展有限公司邓辰兰获“最佳语言奖”。

【开展食品安全培训】 9月3日，县旅游局组织星级饭店相关人员开展食品安全培训，全县各旅游饭店的部门经理和厨师长共21人参加。培训邀请县卫生监督所负责人讲授宾馆餐饮业夏秋季食品卫生安全工作要点。

【参加2010年浙江省旅游饭店节能大会】 9月6日，全县9家绿色饭店及三星级以上旅游饭店总经理参加2010年浙江省饭店业节能大会。会议的主题是“深入推进全省旅游饭店行业节能减排工作，全面提升浙江绿色饭店水平”。会议介绍当前节能降耗形势、饭店节能技术的现状和趋势、饭店节能管理及新技术采用、饭店节能新产品和新技术等。

【5家三星级旅游饭店全部通过星级复核】 9月13～17日，嘉兴市旅游局星级复核检查组对县内5家三星级旅游饭店开展2年一次的星级复核检查工作，5家饭店全部通过星级复核。检查组对各酒店重视星级复核以及酒店的亮点予以充分的肯定，并对存在的问题提出意见和建议。

【举办旅行社导游人员消防预案演练活动】 11月25日，在城市宾馆举办全县旅行社导游人员消防预案演练活动，共有26位导游参加演练。 （王　唯）

古镇婚礼　　王建超　摄

国内贸易

综　述

2010年，嘉善县商贸流通领域积极贯彻国家扩大内需政策，认真落实家电下乡惠农政策及家电以旧换新政策，大力构建城乡流通网络体系，积极推进现代服务业快速发展，抓好市场秩序整顿，加强食品安全监管，充分发挥商贸流通业在引导生产、促进消费、扩大内需等方面作用。全年，全县社会消费品零售总额实现87.7亿元，同比增长19.4%，其中，县城实现67.3亿元，同比增长19.6%；县城以下实现20.4亿元，同比增长19%；批零业实现72亿元，同比增长16.7%；住宿餐饮业实现7.6亿元，同比增长19.2%。异地零售额8.1亿元，同比增长52%。全县4个重点流通项目，完成投资5.35亿元，超额完成县下达的2亿元年度目标。“千万工程”村级连锁便利店104家，覆盖104个村，镇（街道）连锁超市覆盖率100%。酒类流通企业上网登记备案962家。

2010年，全县消费品市场保持较好发展势头。随着国家拉动内需政策力度加大，地方政府高度关注民生，城乡居民生活水平提高，促进消费品市场保持较好的发展态势。随着流通业产业化发展程度不断提高，行业规模日益扩大，行业优势日渐显现，批发和零售业在引领生产、促进消费、推动经济发展等方面的先导性作用明显突出。随着“千镇连锁”工程和“家电下乡”、家电“以旧换新”新政的进一步推进，农村消费市场环境改善，消费品种类不断丰富，推动农村消费市场升温和发展。

扶持企业拓展国际国内市场。组织开展“接轨世博——政企合力拓市场”活动，制定活动实施方案，组织特色产业参加接轨世博“政企合力拓市场，组团营销展特色”活动。5月，在上海世贸商城第七届上海纺织服装采购交易会上举行嘉善纺织服装馆开馆仪式和天凝静电植绒面料专场采购配对会，变以往企业单独参展为行业整体营销，集中展示嘉善传统特色产业。积极组织企业参加展览会。5月，组织全县23家企业参加“2010第八届长三角（嘉兴）机械暨电子、电力工业装备展览会”。9月9日，组织嘉善子陵滩酒业有限公司、嘉善县良友贝雕工艺品厂、嘉善县佳佳豆制品有限公司、嘉善县东麟湖蔬菜厂等企业参加“2010中国浙江商务周商务对接超市”的产销对接活动。11月16～22日，组织11家企业参加浙江省在武汉举办的浙江名特优产品展。11月25日，组织30家企业参加嘉兴市纺织服装机械展。

加强行业监管，确保市场运行稳定有序。加强成品油行业管理，6月，制订《嘉善县“十二五”期间加油（气）站（点）行业发展规划》，并上报省商务厅。协调有关部门做好太浦河取水口加油站的拆除工作。抓好15家煤炭经营企业整顿工作，取消2家企业的经营资格。做好再生资源回收企业的备案和换证工作，2010年，新备案企业6家，全县备案企业共有21家。根据浙江省六部门联合下发的《关于进一步做好清理取缔涉密文件资料非法交易工作的通知》精神，牵头召集有关部门开展旧货市场、二手货和废品回收行业清理、检查工作，加强监管，规范经营行为。加强酒类流通管理，严格执行备案登记制度和随附单制度，做好50家新增备案登记经营户的摸底调查工作，至年底，全县酒类批发、零售企业备案登记的有962家，完成嘉兴市下达的目标。抓好小美容美发店质量安全整治与规范工作，制定《2010年全县小美容美发店质量安全整治与规范工作方案》，加强整治工作的督促指导，全年整治规范率100%。

努力扩大城乡居民消费，促进商贸经济增长。深入实施家电下乡和以旧换新政策。加强宣传工作，规范销售网点的经营、操作行为，做好服务工作。结合“3·15”消费者权益保护日，组织人员上街宣传家电下乡、家电以旧换新政策，发放宣传资料300份。开展家电下乡、家电以旧换新网点检查，规范其经营行为。2010年，新审批符合家电下乡条件的网点4家、以旧换新的网点3家。全年，家电下乡累计销售12126台(件)，销售额2761.9万元，家电以旧换新销售30313台(件)，销售额1.57亿元。引导商贸流通企业在元旦、春节、“五一”、端午、中秋、“十一”期间开展多形式的促销活动，提升“假日经济”效应。继续推进“千镇连锁、村级便利店”工程。2010年，实现村级便利店全覆盖。加强龙头配送企业管理，要求企业提高配送率，提升村级连锁(加盟)店档次，改善经营环境，加强内部管理，保证商品质量，鼓励引导企业拓展社区服务，促进城镇社区消费。加强消费市场运行监测。抓好重点时段、重大活动、重要节假日商贸经济运行分析，加强与监测单位的沟通，及时有效上报有关数据，为掌握市场运行情况、判断发展趋势提供依据。

(赵浙琴)

粮油购销

【概况】 2010年，全县国有及国有控股粮食购销企业收购粮食2.04万吨，其中晚粳谷1.79万吨，占收购总量的87.7%，比上年增加1.0%；订单(合同)收购1.55万吨，比上年增加0.24万吨。从东北采购粮食0.54万吨。销售粮食2.39万吨。全年储存中央和县级储备粮4.82万吨，代上海市储存市级储备粮0.98万吨。全县粮仓通过季度“四无”(无虫害、无霉变、无鼠雀、无事故)检查、考核，全年达到“四无”标准。县粮食收储有限公司中心粮库经省粮食局复审与考核，继续保持“三星级”粮库称号。嘉善县粮食局被省、市粮食局授予2010年度粮食收购先进单位。西塘镇礼庙村沈正明被浙江省粮食局、省工商局、省农业厅评为2010年浙江省订单粮食“守合同重信用”优秀售粮大户。

【抓好县内粮食收购】 2010年，全县国有及国有控股粮食购销企业与5082户种粮农户签订粮食订单合同，订单粮田面积3235公顷(48521亩)，订单数量1.55万吨。其中322户种粮面积在1.33公顷(20亩)以上，共1448公顷(21723亩)，订单数量9135吨。订单农户数和订单粮田面积分别比上年下降34.9%和25.6%，订单数量持平。全县粮食经营企业县内收购晚稻谷2.07万吨，比上年下降2.3%。其中国有及国有控股粮食购销企业收购1.79万吨，比上年增长15.5%。

【外省购入粮食数量减少】 2010年，全县粮食经营、转化企业从黑龙江、安徽和江苏购入粮食14.46万吨，比上年下降18.9%。其中，小麦(含面粉折小麦)3.05万吨，比上年下降32.7%；稻谷(含米折谷)2.74万吨，比上年增长8.3%；玉米6.68万吨，比上年下降10.1%；大豆及豆粕1.79万吨，比上年下降26.6%；大麦0.2万吨，比上年下降77.5%。

【深入开展粮食订单信用等级评定活动】 2010年，继续在全县范围内开展种粮农户粮食订单“守合同重信用”信用等级评定活动。信用等级分为“A、B、C”3等，即当年粮食订单履约率在90%以上的评为“A”级，履约率在90%以下、70%以上的评为“B”级，履约率在70%以下、50%以上的评为“C”级。连续4年粮食订单履约率在90%以上的可评为“AAAA”级。对当年订单情况较好，订单履约率高，位居全县前3名的村授予“订单粮食信用村”称号。被评上“A”级以上的农户，除享受订单粮食支农扶持政策外，按照当年粮食订单交售的数量，给予每百公斤1元的奖励；被评为“AA”级农户，给予每百公斤2元的奖励；被评为“AAA”级农户，给予每百公斤4元的奖励；评为“AAAA”级农户，给予每百公斤8元的奖励。评上“订单粮食信用村”的村除授予荣誉外，也给予一定的奖励。经审核，全县有284户种粮大户获得“守合同重信用”信用等级评定资格。284户订单粮食数量7566.63吨，实际交售粮食

7683.74 吨,占全县国有粮食收储企业收购总数的 43.0%。被评为“AAAA”级信用等级的有 78 户、“AAA”级信用等级的 36 户。干窑镇范东村、西塘镇礼庙村、姚庄镇武长村获得“订单粮食信用村”称号,3 个村共有种粮农户 2477 户,其中粮食订单农户 700 户,粮食订单数量达 2171.95 吨,实际交售粮食 2192.88 吨,占全县国有粮食收储企业收购总数的 12.3%。 (张明荣)

供销合作

【概况】 2010 年,嘉善县大力发展农村合作经济,加速推进农业产业化进程,搭建为农服务平台。供销工作坚持为农服务宗旨,积极拓展服务领域,主营业务持续增长,系统所属 9 个基层供销社和 4 个直属企业全部盈利。全年全系统实现经营收入 7.28 亿元,比上年同期增长 18.9%;实现综合经济效益 742 万元,同比增长 13.32%;实现税后净利润 61 万元,同比增长 35.56%;上交财政税收 830 万元,同比增长 10.52%;社会贡献总额 3642 万元,同比增长 35.04%。县供销合作社联合社被浙江省供销社授予 2010 年度先进单位称号。

【推进镇级农合联实体化运作】 至 2010 年底,全县农村合作经济组织联合会有县级农合联组织 1 个,镇(街道)级 9 个;有会员 459 个(人),其中,供销社系统内团体及个人会员 62 个;有涉农合作经济组织 397 个。全年各级贯彻落实嘉兴市人民政府《专题会议纪要》精神,积极推进镇级农合联实体化运作。大云镇农合联和县农合联参股的嘉博公司合作建立发展新型现代农业示范推广园区。园区与上海交通大学、上海农科院等单位开展技术合作,引进优质水果、精品水稻等优良品种,利用院所的技研成果,改良土壤,低碳生产,提高农作物产量及品质。干窑镇农合联利用辖区 1166.67 公顷(1.75 万亩)含硒土壤的土地打造“万亩富硒晚稻”粮食生产基地,建立“千亩草莓”示范基地及水果等经济作物,围绕“富硒”农业,开发有机、保健食品。天凝镇农合联和浙江景明果品有限公司签订代收协议,举办葡萄节、推介会等为辖区种植户推销优质葡萄。嘉善县农合联被嘉兴市人民政府评为 2010 年度农村合作经济组织建设先进集体。

【成立新农村建设指导工作站】 6 月,成立嘉善县天凝杨庙服务新农村工作站。指导站下设办公室,负责日常工作。新农村建设指导站解决涉农管理部门多、职能分散、效能不高等问题,密切政府、部门、村、企业和农户的关系,是镇级农合联为农服务的新平台。

【注册嘉善农业精品集体商标】 8 月,经国家工商行政管理总局商标局批准,同意受理注册“‘银加善’JIASHANJINPIN 及图形”集体商标。为加强“银加善”商标管理,县政府专门发文并建立农业精品集体商标管理领导小组,县农办、供销(农合联)、工商、农经、财政、质监等部门为领导小组成员单位,并成立办公室。办公室会同县工商局建立集体商标品牌指导站,专门负责商标的使用和管理工作,并制定《嘉善农业精品集体商标运作方案》、《嘉善农业精品集体商标“银加善”使用管理办法》和《嘉善农业精品集体商标使用管理领导小组办公室各项日常工作制度》,建立农业精品子品牌数据库,完善品牌创建多元梯级资源库,建立农业精品涉农企业和个人品牌服务后续管理机制等,为辖区农业精品种养殖农户、农民专业合作社和涉农企业提供面对面的指导和服务;3 月,在上海西郊农产品市场开设嘉善精品农产品展示展销窗口。

【筹建嘉善县农联担保有限责任公司】 6 月 5 日,根据县政府《专题会议纪要》([2010]26 号)关于同意嘉善兴农担保公司吸收县供销社和镇(街道)进行增资扩股,并将嘉善兴农担保公司变更为嘉善县农联担保有限责任公司的精神,嘉善县农联担保有限责任公司成立。新成立后的嘉善县农联担保有限责任公司注册资金从原来的 100 万元人民币增加到 1000 万元。农联担保有限责任公司的成立,较好地解决农民专业合作社和农业龙头企业融资难的问题。至年底,农联担保有限责任公司为 2 家涉农企业担保资金 2000 万元。

【规范专业合作社建设】 按照专业合作社管理规范化、生产标准化、经营品牌化、社员技能化,产品安全化的建设要求,抓好已领办(含参办)的 17 家农民专业合作社管理工作。至年底,有 4

家达到规范化建设标准。专业合作社积极开展统一生产标准、统一采购和供应、统一技术服务、统一包装和品牌、统一产品销售“五统一”服务。通过龙头带动、市场牵动、网络拉动等方式,领办、参办专业合作社3家:美果草莓专业合作社、旺农蔬菜专业合作社和金穗粮油专业合作社。惠民蔬菜专业合作社和凝溪稻田养鸭专业合作社经县订单农业信用体系建设领导小组考评,获2009年A级“守合同重信用”专业合作社称号。至年底,20家专业合作社共有入社农户1083户,带动农民7561户,全年实现销售9600万元。

【抓好农产品经纪人培训】 抓好农业产业化带头人、农产品经纪人、农业技术推广员等人员的培训。全年举办农产品经纪人职业技能鉴定培训班2期。县委组织部、县人事局、县农产品经纪人协会培训大学生村官127名;127名大学生村官获得农产品经纪人职业资格。会同县农产品经纪人协会、姚庄镇成人学校培训农民90名。县农产品经纪人协会工作得到浙江省供销社领导的肯定,推荐出席中华全国供销总社召开的全国农产品经纪人协会会议,并在会议上作经验交流;被嘉兴市供销社评为2010年度农村职业技能人才培训先进单位。

【加强综合服务社建设】 继续抓好35家综合服务社的日常管理工作,新成立天凝镇麟溪村、罗星库浜村台基2家综合服务社。综合服务社举办的各类文娱活动吸引6万农民参加,咨询服务1.3万人次,医卫服务8000人次,服务社发放科技资料2万份,出黑板报200期,全年实现经营收入3322万元。

【抓好连锁经营服务体系建设】 2010年,以县农资公司为基础,依托农资连锁配送中心,抓好农资的销售、配送和技术服务工作。全年实现销售额8000万元。在西塘镇的下甸庙村、天凝镇的洪溪村和三店村开设农资超市3家。至年底,全县共有农资超市5家。农资超市新增农资配送、技术咨询、田间管理等服务项目,专门聘请农艺师“坐堂门诊”开展植物治病防病咨询服务。县农资公司被嘉兴市人民政府评为2010年度农业社会化服务先进集体。抓好医药连锁经营服务体系建设。全年,新设连锁店7家。至年底,有零售连锁网点32家,其中直营店21家、加盟店11家。全年21家直营店药品零售额2278万元,同比增长24%。正大药房被嘉兴市食品药品监督局评为“诚信企业”,被县评为“先进医保定点单位”。依托浙北食品配送中心抓好食品和日用消费品连锁经营服务体系建设。坚持为172所城乡小学、47所中学和15家企事业单位食堂、32家农村综合服务社和161家农村放心店进行食品配送,2010年新增冷冻食品及海鲜类配送。全年配送额5000万元,实现利润60万元。以嘉善县烟花爆竹专营有限责任公司为龙头,抓好烟花爆竹连锁经营服务体系建设。以基层供销社为依托,规范发展烟花爆竹专销点100家。完善烟花爆竹连锁经营、配送服务机制,配送率达100%。建立县供销社、工商、安监、公安等部门密切配合,基层供销社主动参与的协作机制。努力抓好农产品联合经营服务体系建设。全年农产品经营部销售农产品28万元,积极实施融入上海战略,在上海西郊农产品市场开设展示展销窗口,推销嘉善精品农产品。2010年,全县各类农民专业合作社、农产品经纪人协会、农业龙头企业等农村合作经济组织向上海市场销售精品农产品38万吨,销售额23.8亿元。

【抓好东方大厦改扩建工程】 7月,东方大厦投入60万元改造、装修餐饮部贵宾厅包厢,美化用餐环境。10月,结合西商场扩建改造,又投入170万元改造会议室、客房、员工食堂等。改扩建项目完工后,新增商场面积500平方米。2010年,东方大厦实现销售2.3亿元,综合效益521万元,上交财政税收543万元。

【魏塘供销社继续保持全国百强基层社称号】 魏塘供销社始终坚持艰苦创业、勤俭办社的优良传统,社有经济实力稳步增强。2010年,全社商品销售额2.01亿元,同比增长14.9%;实现综合效益277万元,同比增长12.1%;上缴国家税收251万元,同比增长35.68%。销售钢材20970吨,实现销售额8178万元,同比增长20.8%。9月15~18日,魏塘供销社在中华全国供销总社举办的贯彻落实国发40号文件经验交流与基层供销社改革发展研讨班上,作经验介绍。

【机关离退休党支部获市级先进

支部】 县联社党委加强老干部工作领导,按照规范化建设要求抓好机关离退休党支部建设,做到领导有分工、活动有场所、经费有保障。党支部做到组织健全,经常开展活动,党员形象、制度"上墙"。党委关心老干部身体、生活,认真落实政治、生活两项待遇,组织老干部参观上海世博会,开展健康体检等。全年慰问走访老干部、老党员80人次,发放慰问金、慰问品13.1万余元,为32名老干部进行健康体检。机关离退休党支部被评为嘉兴市2009年度先进离退休党支部。

【成立农资流通协会】 12月29日,嘉善县农业生产资料流通协会成立,并召开第一届会员大会,70家(人)会员单位(个人)参加大会。会议选举产生第一届理事会理事、会长、副会长、秘书长,苏文菊任会长;聘请徐志文、许建伟、陈土其为名誉会长。

(顾预婷)

烟草专卖

【概况】 2010年,嘉善县烟草专卖局(嘉兴市烟草公司嘉善县分公司)设有办公室、财务科、专卖管理科、市场部等4个职能科室,下设魏塘、西塘专卖管理所和稽查一大队、二大队等4个基层部门,共有干部职工69人。全年累计销售卷烟26419箱,比上年同期增长2.64%;实现税利1.98亿元,同比增长1.06%;实现利润1.62亿元,同比增长0.96%。全年共查获各类违法案件183起,查获卷烟29767.2条,案值357.43万元。处理各类违法案件154起,上缴罚没款112.6万元。移送工商案件31起,移送公安涉烟案件4起,刑拘11人、逮捕7人、判刑2人。办理许可证350份。

【实现销售总量平稳增长】 全年卷烟销售平稳增长,共销售卷烟26419箱,同比增长2.64%;实现销售额8.01亿元,同比增长9.3%;实现毛利1.93亿元,同比增长1.26%。卷烟销售品种结构提升。单箱销售额30308元,同比增长6.49%;一、二类卷烟分别同比增长11.14%和11.32%。中华、利群等高档卷烟销量增幅明显。重点品牌卷烟销售态势良好。30个全国重点品牌全年销售17794.44箱,同比增长10.19%,占销售总量的67.35%,同比上升4.61个百分点。云烟、玉溪、白沙等全国性重点品牌市场份额逐步扩大,呈增长态势。

【成功破获"9·16"国标网络案】 2009年9月16日,县烟草局在沪杭高速公路大云收费站查获一辆装载14个品牌11100条卷烟的重型半挂牵引车,涉案价值100.85万元,由于当时违法当事人身份无法证实,案件侦破遇到难度。2010年,成立"9·16"案件专案组,加大跟踪排摸力度,采取有效措施紧盯案源,8月,成功抓获涉案的3名犯罪嫌疑人,查实并查证涉案非法经营额451万元。

【推进网上订货工作】 县烟草分公司将网上订货工作列为2010年的工作重点,召开专题会议进行研究布置,采取积极措施扎实推进。加强宣传引导,开展实地走访,抓好客户培训,做好示范引领,以点带面积极推进,并选择49家卷烟零售示范店和硬件条件好、销售能力强的零售客户进行试点,取得经验后逐步铺开、推进。针对网上订货过程中产生的情况和存在的问题,采取上门授课、专项授课、网上授课和组建QQ群等方式及时解决。通过经验推广,举办经验交流会,开展竞赛活动等提高操作水平。截至12月底,利用互联网订货并获得成功的客户达1952户,占经营户总数的73.25%,位列全市第一。

【创新内部监管】 加强内部监管,坚持"重心下移",抓好"四移到位"。制订7项工作流程和有关标准,明确工作职责,抓好学习,做到工作模式移到位。加强行政办证窗口与基层专卖所信息反馈工作和专卖管理员与客户经理交流沟通工作,注重核查和沟通,做到许可证监管移到位。划分网上订货违规经营重点区域,及时掌握重点异常客户情况,创新监管方式,做到"网订"监管移到位。加强所、队信息沟通,突出所、队互动,实行联动考核,确保"打假""破网"成果。做到内管、外打移到位。9月,全市在嘉善召开内管"重心下移"现场会,市烟草专卖局领导充分肯定嘉善的做法和经验。

【两项研究开发课题结题】 2010年,县烟草局(分公司)结合工作实际,抓好"营销辅助管理系统"和"零售客户网上订货监管"课题的研究开发,2项研究课题经市烟草局审核，顺利通过结题验收。其中“营销辅助管理系统”获全市系统创新项目二等奖，“零售客户网上订货监管”获三等奖。2009年研究开发的“涉案罚没卷烟管理信息系统”课题被确定为全市推广项目。

【深化企业文化建设】 开展争做学习型、创新型员工活动。全年有414人次参加系统组织的各种学习培训，有73人次参加院校培训，有6人通过自学获得本科学历，9人获得专业技术职称任职资格，11人获得专卖高级管理员职称。开展争做创新型员工活动。建立“学习笔记制度”，组建“QC”小组，开展“一所队一亮点”活动。组织员工参加“庆祝嘉烟成立25周年”、“展望‘十二五’，全面上水平”主题活动和“嘉烟发展”大讨论活动。开展“双百共建”、关爱老党员慰问贫困户、“志愿者服务日”、“爱心捐助日”、“慈善一日捐”、社区“大巡防”、世博卡点值勤检查、无偿献血等公益活动，展现良好的企业形象。 （程丽萍）

盐业专营

【概况】 2010年，嘉善县认真贯彻浙江省盐业工作会议精神，围绕“调结构、促转型、强管理、增效益”目标，加快转型升级步伐，抓好盐业经营主业，提高企业竞争力，推进盐业平稳较快发展。全年，县盐务管理局（盐业有限公司）购进各类盐产品1.61万吨，比上年增长41.23%；销售各类盐产品1.60万吨，比上年增长37.26%；主营业务收入1478.52万元，比上年增长14.40%；实现利润92.26万元，比上年增长210.85%。新办和换发食盐零售许可证805份。

【开展“科学补碘”宣传】 5月15日，结合全国第十七个“防治碘缺乏病”活动宣传日，在天凝镇中心菜场，开展“科学补碘，持续消除碘缺乏病”主题宣传活动，在镇区主要街道悬挂横幅10条，展出宣传图板14块，向群众发放宣传资料800份，赠送加碘食盐600包（300克/包），并在嘉善电视台播出“科学补碘”专题节目，以唤起全社会对碘缺乏病防治工作的关心与支持。

【加大市场监管力度】 全年累计出动盐政执法人员169人次，检查企事业、饮食业单位及零售商店等1460家，查处违法案件5起，查获各类私盐35.26吨，净化食盐市场，确保全县人民用盐安全。 （朱加贤）

医药行业

【概况】 2010年，全县医药行业继续保持良性发展趋势，年内，新增药品生产企业1家、药品零售连锁企业2家，全年新开办药品零售企业25家，注销7家。截至年底，全县共有药品生产企业1家、药品批发企业2家、药品零售连锁企业5家、医疗器械生产企业8家、医疗器械专兼营企业19家、药品零售企业170家（含乙类非处方药品零售企业17家）。全年，全县中、西药品销售额4.05亿元。

【浙江嘉善医药有限公司】 公司为中型药品批发经营企业。经营范围包括中成药、中药材、中药饮片、化学药制剂、抗生素、生化药品、生物制品、麻醉药品、精神药品、蛋白同化制剂、肽类激素、医疗用毒性药品。公司经营场所面积1955平方米，仓库储存面积4813平方米，其中特殊管理药品仓库面积24平方米、毒性药品仓库面积7.83平方米。至年底，公司有从业人员64人，其中药学技术人员44人，占从业总人数的68.75%。技术人员中有执业药师3人。12月，公司通过《医疗器械经营许可证》换证检查，新增电子监管扫描仪2台。全年销售额2.06亿元。

【浙江嘉兴百仁医药有限公司】

公司经营方式为批发，经营范围为中药材、中成药、中药饮片、化学原料药、化学药制剂、抗生素、生化药品、生物制品，兼营第二类、第三类医疗器械。2010年，公司有从业人员37人，其中药学专业技术人员33人。公司有经营场所和办公用房753平方米，仓库面积3385平方米。设施齐全，阴凉仓库配有制冷设备和空调设施，并安装温湿度自动监控设备，照明全部使用防爆灯，所有药品储存全部配备地货架，确保在库药品质量。公司配备电子监管码数据采集器，由专职人员对基本药物、中成药注射液等特殊管理药品采集上传电子监管码。全年实现销售1.2亿元。

【浙江嘉善长春大药房有限公司】 公司成立于2003年，是一家药品零售连锁经营企业。公司经营范围为处方药与非处方药、中药材、中药饮片、中成药、化学药制剂、抗生素制剂、生化药品、生物制品等。至年底,公司共有连锁门店20家,其中直营店3家、加盟店17家。公司按有关要求对所有加盟店做到统一装潢设计、统一标识,上门指导。各门店经营的所有药品委托浙江嘉善医药有限公司配送。2010年实现销售额600万元。

【嘉善正大药房有限公司】 1月起,公司由嘉兴嘉信医药有限公司控股。公司的经营方式为零售连锁,经营范围包括处方药与非处方药、中药材、中药饮片、中成药、化学药制剂、抗生素制剂、生化药品、生物制品等。2010年,公司新增门店7家,其中直营店2家、加盟店5家,新增经营面积356.5平方米。至年底,公司共有门店33家,从业人员131人,其中执业药师2人,从业药师12人,具有药师技术职称的62人、药士10人。2010年实现销售2047.5万元。

【嘉善百姓缘药品零售有限公司】 公司为药品零售连锁经营企业,2010年,公司扩大经营规模,在原有10家直营店的基础上新开2家门店,总营业面积2300平方米,仓库面积960平方米。公司抓好员工业务技能培训,提升员工素质,加大软硬件投入,全年实现销售4430万元。

(王　莉)

餐饮业

【概况】 2010年,嘉善县餐饮市场总体呈现发展态势。全县餐饮企业紧紧抓住上海世博会商机,接轨上海,接待大批团队和游客,世博商业效应充分发挥。旅游业的发展带动住宿餐饮业的发展,全行业呈现繁荣局面,业绩攀升。全社会住宿餐饮业实现零售额7.6亿元,同比增长19.2%。餐饮业中的高档餐饮企业发挥自身优势,不断做优做强,打造品牌,以良好的信誉赢得市场。农家乐、大众化餐饮、连锁快餐店进入消费层次,趋于稳步增长势头。

【罗星阁宾馆】 2010年,宾馆抓住上海世博会商机,开展安全服务,热情服务,接待大批团队和游客,并多次完成省、市重要会议接待工作。2010年,宾馆获五星级旅游饭店、浙江省绿色饭店称号,被评为嘉兴市优秀品质饭店,获得嘉兴市"十佳"星级饭店、嘉善县旅游业"平安饭店"等称号。全年实现营业额5050万元,上缴税金282万元。

【嘉善梅园大酒店】 2010年,酒店实现营业额4600万元,上缴税收270万元。酒店获嘉兴市著名商标称号,并被评为市消费者信得过单位、优秀品质饭店、十佳星级饭店、十强星级酒店等;被评为嘉善县消防工作先进集体,嘉善县食品卫生、公共场所卫生量化分级信誉度A级单位,嘉善县信用环保AA级企业等。

【金悦王朝大酒店】 为浙江金悦王朝投资有限公司投资,国家特级酒家(五钻级)。酒店实行开放式的"安全、卫生、高效"的厨房六常管理。2010年,酒店营业总额3536万元,利润总额127万元。

【浙江世博大酒店】 浙江世博大酒店是由台商投资新建的五星级商务会议型酒店。酒店坚持态度、创意、艺术、生活的经营理念;2010年销售额3972万元。获嘉兴市十强酒店称号,被评为绿色饭店。

【嘉善宾馆】 为四星级宾馆;坚持"宾客至上,服务第一"的经营理念,倡导"精诚、合作、务新、求实"的企业精神;全年实现营业收入3208万元,上缴税收182万元;获嘉兴市优秀品质饭店称号。

(马　政)

大中型商场超市

【概况】 2010年,商贸企业规模化经营的龙头效应进一步显现,集聚化程度不断趋强。大商场、大超市及连锁经营商店的信誉、品牌、货源、品种、价格等优势日渐明显,规模经营效果显著。各企业积极探索,扬长避短,做优做强企业,在竞争中赢取市场份额。位于县城区财富广场的大润发超市完成内部装修,预计2011年1月开业迎客。

【农工商超市】 2010年,农工商超市集团嘉善连锁有限公司坚持以农为本的经营特色,以民为本的经营理念,以人为本的管理原则,秉承"新鲜、低价、安全、放心"的宗旨,为城乡居民提供丰富多样的生活消费品。至年底,公司在县城区发展24小时营业的好德便利超市13家。公司全年实现销售2亿元,上缴税收302万元。公司获2010年嘉兴市"百城万店无假货"示范门店、市诚信计量示范单位和AAA级纳税单位称号。

【世纪联华超市】 嘉善世纪联华超市有限公司始终遵循"顾客第一,唯一的第一"的经营理念,树立"整洁明亮的环境,亲切周到的服务,丰富优质的商品,平实可信的价格"的企业形象。面对激烈的市场竞争,完善各项制度,不断提升企业的素质。2010年,实现销售8000万元,上缴各项税金191.6万元。超市被评为县十佳纳税企业、消防先进单位和消费者信得过单位。

【东方大厦商场】 嘉善东方大厦商场设有超市、皮件、金银首饰、化妆品、床上用品、针织、儿童用品、男女服装、鞋帽、体育用品、家电、餐饮、客房、娱乐、公关营销部等15个业务部门。近年来,企业陆续引进北京同仁堂、胡庆余堂、雷允上等百年老字号品牌和周大福、老庙黄金、欧莱雅、百丽、雅戈尔、阿迪达斯、耐克、杰克琼斯、索尼等8000多个知名品牌入驻。2010年底,有员工808人;全年实现销售2.27亿元,综合经济效益520万元,社会贡献总额2200万元,上缴各种税金543万元。

【景文百货商场】 嘉善景文百货是景文百货集团旗下10家连锁百货商场之一。2010年,实现销售5000万元,上缴税金近100万元。9月30日,位于车站南路的罗星商厦开业,商场经营面积1.3万平方米,员工350人,主要经营"黄金珠宝、鞋帽箱包、男女服饰、化妆品、家电"等,经营品牌200余个,商场定位为中高档年轻时尚的消费群体。

【乐购超市】 TESCO乐购嘉善店于1月15日开业;全年实现营业收入(含税)1.2亿元,利润1000万元,上缴税金467.41万元。超市积极参与慈善公益事业,组织捐款,开展献爱心义卖,慰问子胥苑社区残疾贫困家庭等。超市被评为县级2010年慈善事业先进单位。 (赵浙琴)

新开张的TESCO乐购嘉善店　　县经贸局 提供

专业市场

综　述

2010年，全县共有商品交易市场41个、生产要素市场1个、网上消费品交易市场1个。41个商品交易市场中，有消费品市场36个，生产资料市场5个。36个消费品市场中，有农副产品交易市场31个、工业消费品市场5个。全年商品交易市场实现成交额70.22亿元，与上年同期相比增长26.38%。其中，消费品市场成交额61.23亿元，比上年同期增长31.39%；生产资料市场成交额8.98亿元，比上年同期增长0.33%。生产要素市场成交额1380万元，比上年同期增长2.89%。农副产品市场成交活跃。受经济复苏的驱动、节日消费和“世博”效应拉动、精品农业的发展和农贸市场数量增加等因素影响，2010年，全县农副产品综合市场成交额16亿元，比上年增长60.48%。

创建星级市场，提升市场整体素质。2010年，杨庙集镇农贸市场完成提升改造，并成为二星级市场。县城施家路菜市场、花园路农贸市场延续确认二星级市场。另有3家农贸市场完成提升改造工程。至年底，全县共有星级市场19个，其中一星级文明规范市场4个，二星级13个、三星级2个。

开展农村小菜场整治规范工作。共安排300万元专门用于市场改造提升工作。为实施改造提升工程的城区、农村农贸市场予以财政补助：新建市场由县财政给予4%的贴息补助，新建或改造提升后达到四星、三星、二星、一星级市场分别给予15万元、10万元、8万元、5万元的奖励。建立长效管理平台。将农村市场规范管理工作纳入文明、平安系列创建，加大督促力度，积极引导市场举办主体提升自我管理水平。规范农贸市场名称登记，建立健全管理制度，开展无证变有证、有证上星级争创活动，提升市场档次。自2007年开始，经过3年努力，全县规范市场名称登记的农村小菜场有30家，市场经营户持照率从41%上升到95.06%，索证、索票率95.12%。有5家农村市场完成改造提升，农村星级农贸市场共有10家，全面完成市下达的整顿规范农村小菜场的任务。市工商局2次在嘉善县召开现场会，推广嘉善的做法和经验，并在全省推广。

推进食品安全电子监管工作。2010年，率先在嘉善商城推行食品安全电子监管工作。通过试点先行、有序推进、突出重点、以点带面等方法，有序推进食品安全电子监管工作。至年底，商城有40户食品经营户完成软件安装，导入进、销货台账记录44074批次，其中进货18852批次、销货25222批次，初步构建食品安全电子化监管平台，实现批发源头食品安全全程监管模式，提升流通环节食品安全监管水平。

加大快速定性检测力度。严格执行检测制度，加大市场商品检测力度。做到市场检测点的非农药残留检测不低于检测总数的30%，同批次复核比对比例不少于1%，检测箱检测每周不少于20批次。全年，县工商局的1个检测中心、1辆检测车、2个检测点、8个检测箱分别对全县31个农贸市场的蔬菜、水果等商品进行检测，共检测20817个批次，其中合格20760个批次，合格率99.7%；非农药残留检测6250个批次，同批次复核比对210个批次。同时，利用局域网、报刊媒体等定期公示检测结果。

（邵鸿英）

商　城

【概况】　嘉善商城占地面积8.3万平方米，建筑面积6.04万平方米，设有副食品、日用百货、粮油、水果等4大交易区。市场内金融、通信、货运、餐饮等配套设施，工商、公安等管理部门齐全。2010年，市场共有注册经营户421家，其中副食品经营户220家，日用工业品经营户130家。市场以经营中高档品牌为主，共有4000多个系列3万余个品种的商品，其中国内外驰名品牌有百余种。市场实施重要商品索证备案、商品进销台账记录、特殊经销关系备案、仓储地址备案等制度。市场管委会加强商品质量监管，市场销售的商品质量、档次提升，市场的知名度、信誉度提高。全年市场经营摊位完成招租工作（实现招租额266.83万元）；整个市场实现成交额34亿元，上缴国家及地方税收合计2747.54万元。嘉善商城网上市场投入使用。商城的经营户，只要符合准入交易条件，都可以在网上申请开设商铺，进行交易。7月20日，嘉善商城被嘉兴市人民政府授予“市十强专业市场”称号。2010年1月28日，嘉善县商业开发投资集团公司成立，嘉善商城归属商业开发投资集团公司管理。（徐　兵）

浙江（嘉善）农产品批发市场

【概况】　浙江（嘉善）农产品批发市场地处罗星街道善江公路以西、嘉善大道以东、白水荡以北、世纪大道以南200米的区域内。市场原规划占地面积33.93公顷（509亩），总投资3.8亿元，建筑面积24.38万平方米，于2002年3月开始建设。至2010年底，市场有店面600余间，经营面积10万平方米，有400家经营户入驻，交易的商品有茶叶、参茸、土特产品及花卉苗木等，全年实现交易额2亿元。1月28日，嘉善县商业开发投资集团有限公司成立，浙江（嘉善）农产品批发市场管理委员会并入嘉善县商业开发投资集团有限公司。

华东建材市场

【概况】　2010年，华东建材市场有经营户500余家，主要经营木材、建材、家具、五金机械等；全年实现销售额9亿元，比上年增加2000万元。市场管委会净资产3200万元，同比增长10%。5月，斥资2092万元，将市场内已使用的8公顷（120亩）县储备土地置入，增加市场运作实力。抓好市场信息化建设，在互联网设立有关网页，为300多家经营户介绍基本情况和信息。10月，举办“嘉善华东建材市场首届装饰材料展销节”，有17家店铺设摊展销，签订销售单350余份。投入14余万元，进行南区道路维修，交警大队配合市场在路口设置大型车辆禁行标识，在主要通道上划定泊位，实行有序停车，南区乱停车现象明显好转。加强综合治理，全年抓获各类犯法嫌疑人22名，追回被盗物资折合人民币1万多元。调解民事纠纷7起，通过安全检查，发现事故隐患24起，得到及时整改。（任致贤）

货运交易市场

【概况】　嘉善货运交易市场由嘉兴远方物流有限公司投资组建，市场占地面积8.33公顷（125亩），建筑面积2.5万平方米，建有办公楼、仓储等设施，各类配载经营用房140间。市场设有停车场、配套综合服务区、货运信息交易平台、国内货物配送中心等4个功能区，并设有加油站、汽修厂、仓储、旅馆、饭店、超市、网吧等配套服务设施，其中汽车修理厂建筑面积450平方米，停车场面积1.5万平方米，可停放集卡车300余辆。市场开通至全国各地运输线路30条，在各大城市设有调配货网点300多个，入驻大中小运输企业50余家。发送的货物直达北京、天津、广东、河北、陕西、山东、湖北、江西、重庆、拉萨等省、市。2010年，市场日进出货物2000吨，年运输货物70万吨。运输货物涉及五金、家电、木材、板材、家具、日用品等。形成以嘉善周边地区50公里为轴心的区域性货物配送运输网。全年交易额5100万元，上缴税收200万元，同比增长40%。2010年底，嘉兴远方物流有限公司与福建客商上海金久物流有限公司、上海新农钢材市场经营管理有限公司建立合作关系，拓展商贸物流平台，形成一个以商贸物流、仓储物流、运输配送物流为中心的综合现代化物流基地。同时，原嘉兴远方物流有限公司物流中心改造成为嘉善钢材现货交易市场，为上海钢铁交易市场和宝钢公司作配套仓储，开展配送服务。（朱　蕾）

综 述

2010年,嘉善县合同外资完成54154.84万美元,同比增长12.64%,实到外资29596.81万美元,同比增长6.13%。新批总投资2000万美元以上的项目9个。自营进出口294014万美元,同比增长37.00%。出口206459万美元,同比增长33.55%,进口87555万美元,同比增长45.87%。

全年共审批外经项目2个、增资项目2个,项目投资总额198.4万美元。分别为浙江新嘉联电子股份有限公司在中国台湾设立的办事处、浙江新嘉联电子股份有限公司丹麦公司的增资项目、嘉善腾业光伏科技有限公司在法国设立的贸易公司、嘉善太平洋木业有限公司美国公司的增资项目。累计审批境外投资企业36家,总投资1512.77万美元,涉及纺织服装、电子、五金机械等领域。全年境外投资企业带动出口2846万美元,外派劳务22人。锁定科创中心、罗星街道和经济开发区3个主体重点开展服务外包招商。全年新增服务外包企业5家。

招商引资

【概况】 2010年,嘉善县推动各主体做好产业转型升级工作,注重一产、三产项目的引进,注重国家鼓励类项目和重大项目的引进。全年,新批"三资企业"53家,合同利用外资5.42亿美元,同比增长12.6%,实际利用外资2.96亿美元,同比增长6.1%。台资与港资作为外资主要来源,占合同外资的82.3%,其中台资26193.15万美元,占合同外资48.37%、港资18373.59万美元,占合同外资33.93%。至年底,共有增资项目37个,同比增长23.33%,合同外资增资27254.64万美元,占合同外资的50.33%,同比增长35.40%。

【精心组织招商活动】 到上海、东莞、深圳等地举办招商会7次;重点加强与国内外重点区域客商的沟通联络,先后邀请并接待来自韩国、日本、美国、瑞典、西班牙等国家及中国台湾、中国香港地区30多个团组、300多人次的国(境)内外客商到嘉善进行考察洽谈。举行高端外资产业合作交流会,由30多个欧盟国家的商会、进出口协会以及企业组成的"理解中国(UnderstandingChina)"培训班共34人应邀参加。组建招商小分队奔赴上海、昆山、深圳、东莞等地拜访客商、举办有针对性的推介活动。4~7月,在全县开展"迎世博百日招商行动",获得有效项目115个,新增在谈项目70个,签约项目35个。

【大项目拉动明显】 至年底,总投资1000万美元以上(包括1000万美元)的新设、增资项目29个,合同外资金额4.86亿美元,同比增长12.5%;其中总投资2000万美元以上(包括2000万美元)的新设、增资项目14个,合同外资金额3.76亿美元。

【产业招商取得突破】 集中力量开展数码电子、光伏能源和装备制造业等主导新兴产业招商。引进数码电子、装备制造、光伏能源三大行业项目(包括新设和增资)49个,合同外资金额3.98亿美元,占全县合同外资金额的73.5%。木业家具、纺织服装业实际外资比重下降32%,装备制造业下降9%,现代电子信息业实际外资比重上升35%、光伏产业实际外资占比不变。

【产业布局日趋合理】　全年，三产项目（包括新设和增资）13个，合同外资金额9343.17万美元，占全县合同外资金额的17.25%。三产服务业实际外资比重上升3%。同时，鼓励类项目（包括新设、增资项目）共25个；合同外资金额3.16亿美元，同比增长48%，占全县合同外资金额的58.31%。

2010年嘉善县招商引资一览表

单位：万美元

单位	新批项目数	合同利用外资	实际利用外资
开发区	17	22037.97	10617.99
魏塘街道	5	2054.20	2127.83
罗星街道	10	3752.29	1834.72
西塘镇	2	45.23	23.75
干窑镇	2	2390.00	813.83
姚庄镇	9	6060.00	2308.62
陶庄镇	0	0.00	2.96
大云镇	5	2839.49	883.21
天凝镇	3	4974.58	423.90
科创中心	0	－108.92	0.00
电子信息产业园	0	7800.00	10340.00
光伏园	0	5600.00	3720.00
合计	53	57444.84	33096.81

对外贸易

【概况】　2010年，嘉善县对外贸易恢复良好。全年外贸进出口总值为29.4亿美元，比上年增长37%，其中出口总值为20.65亿美元，比上年增长33.6%，进口总值为8.76亿美元，比上年增长45.9%。外贸总量已经超过金融危机前水平。

【优化外经贸发展环境】　对全县外贸出口企业开展“送政策、送服务”活动。建立重点外贸出口企业联系制度，全力做好重点出口企业的运行调查监测分析工作。做好全县外商投资企业联合年检工作。加大对外贸业务人员培训指导，举办外贸企业进出口业务培训班。鼓励外贸企业积极开拓市场，组织全县50多家外贸企业参加境内外各类展览、展会。通过电视台、报刊等媒体宣传外经贸工作，出刊《嘉善县外经贸企业家协会会刊》，营造发展开放型经济浓厚氛围。

【贸易方式更趋多元化】　在进口贸易方式中，首次出现租赁贸易方式；为嘉善远泰电子制造有限公司对装卸、搬运机械的租赁进口业务；业务额8万美元。

【四大传统产业出口下降】　至年底，全县四大传统产业出口为120556万美元，同比下降13.79%，占全县出口总额的77.98%，占比与上年同期相比下降5.10个百分点。其中，电子信息同比下降14.30%；纺织服装同比下降2.46%；五金机械同比下降33.40%；木制品及家具下降4.42%。五金机械产品主要受前期原材料下跌和国外反倾销的双重冲击，而县内的电器及电子产品以粗放型、低档次的产品为主，在金融危机影响下，国际市场需求萎缩，企业订单减少，导致出口下降明显。

【外贸出口主体不断增加】　至年底，全县新批准获权企业101家，累计566家。三大出口主体中，流通企业为59家，比上年同期增加19家；外贸自营生产企业196家，比上年同期增加6家；外商投资企业277家，比上年同期增加2家。外贸自营出口企业出口占比由上年同期的17.43%上升到22.42%,长盛轴承、众成包装、瀚隆实业3家企业全年出口9005万美元,占全县外贸自营出口额的19.47%。

【市场发展趋多元化】 新兴市场出口增幅高于传统市场,如对印度、俄罗斯、巴西等市场出口同比分别为96.84%、108.31%和77.65%。对亚洲和欧洲各国的贸易依存度不断加大,全年,对亚洲各国和欧洲及欧盟出口同比分别增长37.11%、39.86%和36.03%,出口占比分别上升0.9、1.0和0.3个百分点。特别是对韩国、印度和西班牙市场,同比分别增长86.96%、96.84%和157.31%。同时,对美国出口同比保持稳定增长。全年对美国出口66025万美元,同比增长24.39%,占出口总额的31.98%。

2010年嘉善县外贸进出口一览表

单位:万美元

单　位	进出口额	同比增长(%)	出口额	同比增长(%)	进口额	同比增长(%)
开发区	125748	35.53	91982	28.88	33766	61.23
魏塘街道	39511	59.83	30916	53.15	8595	69.56
罗星街道	12631	27.50	10210	31.61	2421	12.66
西塘镇	1016	119.44	859	86.74	157	5133.33
干窑镇	6625	22.01	4711	27.50	1914	10.32
姚庄镇	13132	46.11	10054	36.79	3078	87.91
陶庄镇	3886	39.78	3816	38.97	70	105.88
大云镇	12682	18.75	12264	20.24	418	-12.92
天凝镇	8134	25.80	7361	27.09	773	27.35
科创中心	3542	96.56	3198	83.36	344	300.00
电子园	276				276	
光伏园	60956	36.65	26292	42.37	34664	32.60
国企办	5875	-1.87	4796	-1.11	1079	-5.10
合　计	294014	37.00	206459	33.55	87555	45.87

(周　全)

外经外贸管理

【海关】 2010年,加强风险管理和实际监管,深化综合治税,促进地方经济发展和产业转型升级,各项业务指标均超额完成。全年,嘉兴海关驻嘉善办事处共监管进出口货物9.3万吨,同比增长228%;监管集装箱7240个标箱,同比增长208%;审核报关单5416份,同比增长72%,其中属地申报1656份,同比增长402%,征收税款1.68亿元,同比增长122%;加工贸易备案合同1049份,同比增长7%,备案金额6.3亿美元,同比增长126%;新注册企业122家,A类企业累计59家。

推动属地业务,举办属地报关政策宣讲会和辖区内的报关企业座谈,加大"多点申报、乍浦验放"通关新模式的宣传力度,将辖区内2009年进出口总值前50位和加工贸易业务量前20位的企业集中培训。通过走访企业和提高服务层次与水平,挖掘属地报关业务潜力,运用好"杭州海关区域大通关平台",指定专人负责属地业务并与口岸加强联系,确保接单、放行、查验配合等工作在第一时间内完成,方便本地企业报关手续并为企业节省集装箱运输费用。

推进A类企业的培育,通过与当地外经贸局、商会协会等部门联系,对符合A类条件的企业进行上门宣传服务。全年辖区内共有19家企业被新评为A类企业,至此,A类企业总数共有59

家。A 类企业占当年进出口实绩企业的 10% 以上。

严格按照审价程序，加强一般贸易和加工贸易内销的审价工作，认真审核原木、板材、原生硅等物料价格，积极与企业开展价格磋商。针对辖区企业的行业特点，对重点企业采取下厂认真核查单耗、损耗，对木业企业出口应税商品在口岸未征出口关税的情况，逐票核实，手工补征出口关税，避免国家税收的流失。

利用好“杭州海关内控管理系统”、“廉政风险预警处置系统”、风险管理平台等载体，规范加工贸易前期审批程序，加强外发加工管理和异地备案审批。重视加工贸易后续管理工作，通过联网监管、下厂盘库、抽查单损耗等手段，提高后续管理有效性。对即将到期手册和超期未核销手册及时通过短信平台通知、提醒相关企业，督促其尽快办理报核、核销手续。组织多次业务自检，全年共抽调备案手册 300 份、核销结案手册 310 份进行检查。加工贸易核销率、结案率 100%。

在出口加工区 B 区封关前，配合上级海关相关部门做好物理围网、基础设施等建设的指导工作和 B 区海关辅助管理系统的项目立项、调试工作。协助做好出口加工区 B 区的嘉兴海关初验、杭州海关预验收和国家十部委的联合验收工作。对区内企业的出区调试设备作好查验、监管工作，并作好政策、管理规范宣传。 （吴金明）

【出入境检验检疫】 2010 年，嘉兴检验检疫局嘉善办事处全年共检验检疫出口货物 42295 批，货值 88531.99 万美元，出具各类证书 46246 份，实施电子转单 42069 份，通关单 705 份，新增法检目录检验 2028 批，签发各类原产地证书 12975 份，签证金额 3.11 亿美元；受理“使馆认证”业务 7 批。

年初，成立由检验检疫科各专业组人员和产地证签证人员共同组成的帮扶小组，深入辖区重点企业进行帮扶，了解企业生产经营状况和企业质量保证体系运行情况，对工艺设备产品溯源检测逐项分析，并且大力宣传区域原产地证书。着力解决企业发展中存在的薄弱环节与突出问题，督促和指导企业落实质量主体责任，提高质量责任意识。提高服务的针对性和有效性。推荐辖区内 2 家企业作为扶优扶强对象，优先对其实施各类便利措施，并制订个性化服务措施。推荐 3 家一类管理企业、2 家绿色通道企业和 3 家直通放行企业。引导企业积极应对国外技术贸易措施。针对重点商品，为政府和企业提供信息支持和决策辅助。在出口加工区 B 区的建设、验收和投入封关运作过程中，与地方有关部门配合，提供特殊监管区口岸建设检验检疫基本要求，先后派出近百人次实施全过程指导。指导企业用足用好优惠政策，积极推荐信誉好规模大的优秀企业，采用省域内直通口岸放行的检验检疫模式，同时积极推行代理通关业务，为企业提供高效、便捷的放行通道。

加强监管，确保安全。对企业进行科学分类和对产品进行风险分析后，确定辖区内所有出口工业品企业各自的检验监管模式；加强对不诚信企业和批次管理不清楚企业的监管和现场检验检疫；制定年度计划开展竹木草制品的注册登记年审工作和模式改革企业的后续监管工作；加强出口装运前检验商品的现场检验监装和审价；进行行政执法稽查工作和认证有效性检查，重点对童装、千斤顶、节日灯等涉及安全、卫生、环境要求产品进行执法检查；加强对进出口产品内在质量控制，对木制品、服装等大宗商品的安全、卫生指标严格按要求进行检测。全年实验室共受理木制品安全卫生指标检测样品 3506 个，检出不合格样品 35 个；完成羽毛绒检测 504 个，检出不合格样品 53 个；抽取纺织品样品 1579 个。全年实现出口产品国外无重大质量安全责任事故。推行阳光执法，分阶段开展专项执法稽查。查处不如实申报原产地案例 2 起，涉案金额列嘉兴地区之首；查获“飞单”案例 2 起、进口违法案例 1 起；查获输埃及监装中夹带产品，隐瞒申报案例。同时，对受过处罚的企业百分百走访。 （王松华）

财政　税务

综　　述

2010年，嘉善县财政收支平衡，财政预算执行情况良好。全年完成财政总收入38亿元，比上年增长13.9%，其中完成地方财政收入18.82亿元，比上年增长17.8%。地方一般预算支出20.74亿元，比上年增长14.4%。国税部门全年完成税收收入25.45亿元，同比增长14.39%。地税部门全年组织各项收入23.89亿元，比上年增长31.72%。

加强财政收入预测分析，健全科学预测机制，完善财政、国税、地税、联席会议制度。创新服务举措，整合政策资源，推进经济转型升级。建立"银善"系列嘉善县中小企业债权型信托基金，累计发放贷款3.52亿元，受益企业228家。支持新农村建设，健全财政支农投入稳定增长机制，全年支农投入2.04亿元。保障民生支出，支持社会保障建设。加大社会保障投入力度，提高职工养老保险等各类养老保障待遇和最低生活保障标准。提高合作医疗筹资标准和保障水平，人均筹资标准提高至300元。支持社会事业发展。完善义务教育经费保障机制。支持公共科技创新平台和创新体系建设，全年拨付科技专项经费4090万元。支持文化重点项目、文化产业发展。支持医药卫生体制改革。支持"平安嘉善"建设，拨付上海世博会"环沪护城河"安保工程资金3829万元。支持城乡基础设施建设，全年拨付建设资金11.78亿元。推进公共财政管理改革，出台加快推进公共财政管理改革意见及相关配套文件25个。深化政府采购监管改革，进一步规范政府采购秩序，全年政府采购招标节约资金4493万元。强化财政监管和绩效评价。开展对党政机关、行政事业单位和社会团体、国有及国有控股企业的"小金库"专项治理工作。

国税部门围绕推进产业结构调整、优化投资出口消费需求结构等方面服务经济发展。落实税收优惠政策，减免各类税收2.49亿元。完善出口退税管理，全年办理出口退(免)税13.41亿元。完善管理创新，全年备选创新课题21个。规范税收秩序，全年查补入库税款5158万元。优化纳税服务，纳税人综合满意度98.8%。开展税收宣传，塑造国税部门良好社会形象，提升服务水平。加强国税党建、人才、文化、平安国税"四项工程"建设。

地税部门落实税收优惠政策，全年减免或减征各项规费收入5748万元，支持企业转型升级。加强各项规费征收，全年累计征收各项规费8.35亿元。加强税源管理，完善征管措施，研究出台2010年加强税收征管工作实施意见。加强税收法制建设，修订完善岗位责任制考核细则。强化税务稽查，全年累计查补入库税费款2432万元。优化纳税服务，创造舒适纳税环境。围绕"税收·发展·民生"宣传主题，开展税收宣传月活动。

财　　政

【概况】 2010年，嘉善县推动经济转型升级，千方百计组织收入，改善和发展民生事业，深化财税国资管理改革，强化镇(街道)财政管理，促进全县经济社会各项事业健康发展。全年完成财政总收入38.00亿元，比上年增长13.9%，其中完成地方财政收入18.82亿元，比上年增长17.8%。

全县地方一般预算支出20.74亿元,比上年增长14.4%。全县当年收支平衡,财政预算执行情况良好。嘉善县财政局获全国财政系统先进集体称号。

【组织财政收入】 加强收入预测分析。健全收入科学预测机制,完善财政、国税、地税联席会议制度,定期召开收入形势分析会,研究强化收入征管措施,按月编印《嘉善县财政预算执行情况》,全面分析收支运行情况。完善税源管理机制。完善税收征管意见,加强重点税源、重点行业、重点环节税源管理。完善第三方信息数据采集机制,加强与国税、工商、建设及各镇(街道)的联系协作。强化社保费征缴工作。调整企业基本养老保险单位缴费比例和征缴比例,扩大社会保险覆盖面。开展对用人单位社会保险费专项检查,加大社会保险费缴费空白户清理力度,清理空白户1000多户,夯实社保费缴费基数。县行政审批服务中心财税窗口、直属分局、西塘分局、干窑分局、开发区分局办事大厅设立社保服务窗口,实现地税、社保登记"一站式"服务。强化非税收入征管。围绕依法征收、源头控收、以票管收重点,推进应收尽收和规范管理。推广实施浙江省国有土地出让收支管理信息系统,科学编制年度土地出让收支基金预算,严格执行土地出让金收入缴库制度,全县土地使用权出让收入27.20亿元。

【推进经济转型升级】 创新服务举措。组织开展"政企同心、共谋转型——'春风'专项行动",整合政策资源,落实服务举措。利用1.5亿元财政间隙性资金,健全"存一贷二"专项信用贷款机制,建立"银善"系列嘉善县中小企业债权型信托基金,累计发放贷款3.52亿元,受益企业228家。成立纳税服务志愿者队伍,全面推广网上申报纳税CA认证。落实优惠政策。支持传统产业转型升级和新兴产业发展,拨付财政扶持资金1.22亿元。加快税费减免、出口退税速度,全年国地税减免税费3.30亿元,其中地税减免8109万元,办理出口退税10亿元,办理再生资源增值税退税1.02亿元,支持企业发展。制定《关于加快推进产业协调发展实现经济转型升级的若干政策意见》,整合财政扶持政策。支持新农村建设。健全财政支农投入稳定增长机制,全县支农投入2.04亿元,用于农业产业化、精品农业和粮油安全生产6915万元。全年共发放种粮农民综合直补资金1565万元,惠及农户近6万户。认真落实家电、汽车下乡补贴政策,加强家电以旧换新监管,创新"销售网点代办申领"模式。

【保障民生支出】 支持社会保障建设。支持城乡居保全国和全省试点县建设。加大社会保障投入力度,提高职工养老保险等各类养老保障待遇和最低生活保障标准。落实城乡困难群众、高校毕业生就业政策,支持村(社区)社会保障和就业管理服务平台建设。提高合作医疗筹资标准和保障水平,人均筹资标准提高至300元。支持保障性住房建设。支持县、镇、村三级养老服务网络体系建设。支持社会事业发展。完善义务教育经费保障机制,小学、初中公用经费标准分别提高至每生每年470元和590元。支持公共科技创新平台和创新体系建设,落实新一轮人才政策,全年拨付科技专项经费4090万元,科技人才引进专项资金400万元。支持文化重点项目、文化产业发展,推进"文化名县"建设。支持医药卫生体制改革,研究出台基层医疗卫生机构实行药品零差价后财政保障办法。支持"平安嘉善"建设,拨付上海世博会"环沪护城河"安保工程资金3829万元。支持城乡基础设施建设。抓好中央扩大内需项目申报和政府性投资项目资金安排,全年拨付建设资金11.78亿元。支持交通和城市基础设施、"两新"工程、城乡供水一体化、中小学校安全工程、省运会体育场馆、县第一人民医院迁建、科创中心二期等工程建设。加大生态环保投入,支持国家级生态县建设。

【推进财政管理改革】 推进公共财政管理改革。出台加快推进公共财政管理改革意见及相关配套文件共25个。在全省率先推进预算编制、执行、监督"三位一体"组织机构改革,构建起较为系统、完备的制度体系,并编制由一般预算、政府性基金预算、社会保障资金预算、国有资本经营预算以及政府性债务收支计划组成的2011年公共预算。国库集中支付改革稳步推进,县农经局、县妇联试点顺利实施。深化政府采购监管改革。依托信息化平台,实现与年初预算实时比对,严格实行网上竞价。委托第三方开展质量检测,加强监督检查,进一步规范政府采购秩序。全年实行政府采购招标503批(次),政府采购预算3.37亿元,实际采购金额2.92亿元,节约资金4493万元,节约率13.3%,政府采购监管工作成效明显。强化财政监管和绩效评价。制定和落实加强财政支出绩效评价结果应用意见,增强绩效评价结果应用操作性与严肃性。推进预算编制与绩效评价挂钩,50万元以上的所有预算项目全部建立预期绩效目标。开展对党政机关、行政事业单位和社会团体、国有及国有控股企业的"小金库"专项治理工作,督促整改自查自纠发现的私设"小金库"问题。

【加强镇(街道)财政管理】 2010年,各镇(街道)财政总收入实现29.00亿元,比上年增长10.2%,占全县财政总收入的76.3%;各镇(街道)地方财政收入实现11.69亿元,比上年增长14.6%,占全县地方财政收入的62.1%。健全民生投入机制,落实强农惠农各项政策,全年各镇(街道)预算内支出3.54亿元,比上年增长33.1%,基金支出6.73亿元,比上年增长131.0%。加强镇(街道)财政管理,出台有关管理意见,开展镇(街道)财政规范化建设,明确组织机构规范化、业务工作规范化、内部管理规范化、队伍建设规范化和服务设施规范化"五个规范化"建设目标。规范和完善镇财政组织机构设置,将镇(街道)财政办更名为财政所,属政府行政单位,增设财政支付(核算)中心,属政府事业单位。

【加强干部队伍建设】 开展创先争优活动。以打造"服务、民生、创新、法治、廉洁、人文"六大财税为载体,开展"学沈浩、树新风、比贡献、争当勤廉好干部"等系列主题实践活动,举办创先争优活动图片展。组织评选产生10名身边最亮闪光点党员。中央创先办副主任、中组部组织一局局长张国隆视察创先争优活动,并给予高度评价。加强干部教育培训。创新干部教育形式,在浙江财经学院开设中青年干部培训班,建立"科长讲坛",选调业务骨干组建内部讲师团,开展业务知识培训。加强财税文化建设。构建"学习、制度、激励、情感、宣传、活动"六大平台,创新发展"4+1"财税文化,广泛开展文明创建活动,展示财税文化建设成果。完善行政执法岗位责任制考核办法和年度先进评选办法。推进党风廉政建设。落实党风廉政建设责任制,深化岗位廉政风险防范体系建设。深化行风效能建设,推进服务民生满意站所(办事窗口)、十佳优秀驻镇(街道)站所负责人、群众满意岗位等系列创建活动。 (尤晓啸)

2010年嘉善县财政收入支出执行情况一览表

单位:万元

项　　目	2009年	2010年	可比增长%
一、一般预算总收入	333790	380034	113.85
(一)、地方一般预算收入	159700	188182	117.83
1.税收收入	156481	186155	118.96
2.非税收入	3219	2027	62.97
(二)、上划中央"四税"收入	174090	191852	110.20
1.国内消费税	1391	1547	111.21
2.国内增值税	137373	131169	95.48
3.企业所得税(60%)	22436	41970	187.07
4.个人所得税(60%)	12890	17166	133.17
二、一般预算支出	181264	207405	114.42

国家税务

【概况】 截至2010年底,全县纳入国税管辖的纳税人共13872户,其中增值税一般纳税人5175户。全年共完成税收收入25.45亿元,为年度计划的104.42%,同比增长14.39%。其中,完成县财政总收入24.12亿元,同比增长14.04%;完成地方财政收入6.81亿元,同比增长21.56%。深入开展省级文明单位、群众满意国税基层站所(办事窗口)、服务民生满意站所(窗口)、青年文明号、巾帼文明岗、五型机关等创建活动,在保持"全国税务系统文明单位"称号的基础上,办税服务厅、西塘分局和税源管理二、三科被评为嘉兴市级服务民生满意站所(办事窗口)。

【服务经济发展】 围绕推进产业结构调整、优化投资出口消费需求结构、促进企业自主创新、促进资源节约环境保护、改善民生以及优化政策服务等6个方面,梳理出台关于促进全县加快推进经济社会转型发展的实施意见70条。有针对性地开展行业调研和帮扶措施,选派两名党员干部常驻镇村定向服务,强化中层以上干部镇、街道、重点行业和企业制度。全年共对九大行业进行全面调研分析,研究出台生产要素监控、电度税收率监控等税收模型,全县工业企业一般纳税人中有89.09%的企业纳入监控,入模企业税收占国税收入总量的92.27%,同比增长41.9%。

【落实税收优惠政策】 落实支持自主创新、促进资源节约、刺激投资需求以及扶持现代服务业发展和中小企业发展、促进就业再就业等税收优惠政策,发挥税收在经济结构调整、资源优化配置等方面的杠杆作用。全面落实所得税优惠政策,共减免各类税收2.49亿元;申报抵扣固定资产的进项税额为2.52亿元;税收优惠2112万元;审核高新技术企业9户;备案研发费用加计扣除24户,备案研发费用加计扣除4663万元。

【完善出口退税管理】 完善出口退税社会化平台建设,以出口退税会计网站和税企QQ群为依托,及时宣传新政策,组织开展宣传活动和业务培训,推出阳光退税服务。完善征退税衔接机制,加强税银、税贸、税企协作,及时与财政部门对接,加快出口退税进度。加强出口退税日常监控,建立和完善征退税衔接机制,防范和打击出口骗税。全年办理出口退(免)税13.41亿元,同比增长2.11%;其中退税10亿元,同比增长49.93%,免抵调库3.41亿元。

4月,在西塘古镇景区开展税收宣传月税法宣传活动。

马　杰　摄

【完善管理创新】 管理创新与日常工作紧密结合,完善已有创新项目、经验,营造管理创新机制,总结提炼征管查一线和内部行政管理在解决征管难点及薄弱环节中的创新做法。开展"我为管理创新献一策"创新点子征集活动。全年备选创新课题21个,上报省国税局项目9个,共有5个创新项目进入省国税局项目库,居全省各县市前列,并获省国税局集体嘉奖。

【规范税收秩序】 税收日常检查、专项稽查、举报检查等多项检查有机结合,提高检查深度和稽查质量。查处举报案件,确保各项税款及时足额入库,全年共查补入库税款累计5158万元,占税收收入总额的2.03%,营造了公开公正公平的治税环境。抓好税收专项检查,根据国家税务总局确定的必查项目,开展房地产企业、药品经销企业、家具制造经销企业、交通运输业和非居民企业专项检查。深入开展打击整治发票犯罪专项行动,严厉打击制售假发票等违法犯罪行为。

【优化纳税服务】 探索、务实、创新,为纳税人提供优质高效的服务,纳税人综合满意度98.8%。打造"半小时办税、零距离服务"的全程通办、全市通办服务品牌。推行办税"免填单"服务,优化办税流程,需要流程审批的依申请事项由原来的122项减少到37项,即办事项由原来的66项增加到114项。打造网络平台建设,推出在线问卷调查系统、智能叫号系统、自助报税系统,录制1000多分钟办税辅导操作视频,满足纳税人需求。

【开展税收宣传】 围绕"税收·发展·民生"主题,开展形式多样的宣传活动。加强与纳税人的互动和交流,塑造国税部门良好社会形象。加强与台商协会、行业协会的协作,举办"税收政策沙龙",依托协会平台为特定企业群和特色行业提供"点对点"的税收政策服务。面向全县中小学生开展"税收带来家乡美"主题漫画大赛,引导广大青少年树立正确的税收法制观念,培养和增强青少年的依法纳税意识。深入企业一线开展调研,为企业发展建言献策,了解服务需求,帮助企业解决实际困难,提升嘉善国税服务水平。

【加强四项工程建设】 加强国税党建、国税人才、国税文化、平安国税"四项工程"建设。党建工程:建立健全党员经常受教育、永葆先进性的长效机制,完成党务公开示范点建设,提升基层党组织创造力、凝聚力和战斗力。人才工程:深化干部人事制度改革,加强领导班子建设,实行中层干部一岗双责双汇报制度,利用大宣教在线培训辅导系统,开展学习型党组织建设。文化工程:推进国税精神文化、制度文化、行为文化、物质形象文化体系建设,实现国税事业持续发展与国税干部个人全面发展的最佳结合。平安工程:梳理岗位职责查找廉政风险点60条。县国税局主管出口退税的税源管理三科科长岗位被县纪委列为10个重点部门关键岗位绩效考评对象,推行税收管理员述职述廉和接受镇(街道)、重点企业民主测评等制度,并将测评范围扩大到所有税收管理员,落实与检察院共同预防职务犯罪协作制度,完善"三警"预防机制。 (李俊峰)

2010年国税收入情况一览表

单位:万元

税　　种	累计入库	同比增长率
合计:国税收入	254484	14.39%
增值税	189261	-0.41%
消费税	1547	11.21%
内资企业所得税	27095	105.97%
外资和外国企业所得税	27411	163.69%
储蓄存款利息个人所得税	237	-71.41%
车辆购置税	8933	34.13%

地方税务

【概况】 2010年,嘉善县地税系统共组织各项收入23.89亿元,比上年增长31.72%。其中,税收收入12.28亿元,比上年增长19.4%;契税和耕地占用税收入2.20亿元,比上年增长38.3%;组织各类基金、费等其他收入9.41亿元,比上年增长19.8%。嘉善县地方税务局获嘉兴市学习型党组织建设先进示范点、全县行政执法规范化单位、全县创建"五型机关"优秀单位。所属稽查局获得省地税系统稽查工作综合考核优胜单位,所属西塘税务分局连续19年被省地税局命名为全省地税系统省级基层文明单位。

【支持企业转型升级】 落实税收优惠政策,对符合条件的131户企业,批准减免房产税、城镇土地使用税1732万元,包括资源综合利用企业、污水处理企业、试点物流企业、省重点流通企业、农业龙头企业、民政福利企业、农产品流通企业及三产宾馆业;对技术贸易企业减免营业税50万元;减免高新技术企业所得税265万元,国产设备抵免54万元,各类加计扣除2271万元。2010年度减征企业单位社会保险费1145万元,惠及5191家企业;从4月份起,所有企业单位养老保险征收费率由15.0%下降至14.0%,减征1080万元;水利建设资金减免3523万元,其中省级减免664万元、县级减免2859万元,惠及企业840家。全年实际减免或减征的各项规费收入5748万元,支持企业转型升级。

【加强各项规费征收】 全年累计征收各项规费8.35亿元,同比增长20.4%,占地税组织收入的35.0%。其中,社会保险费收入7.69亿元,同比增长20.1%,占全部规费收入的81.9%;水利建设资金收入5426万元,同比增长27.6%;残疾人保障金收入1186万元,同比增长10.61%。全面开展社会保险费缴费空白户清查,办理缴费登记企业647户。规范社保费欠费催报催缴工作制度,清欠入库社保费674万元。开展社会保险费专项检查,累计检查用人单位6400多家,查补社保费880万元。加强部门协作,在地税各分局及县行政审批服务中心地税窗口设立社保服务窗口,实现地税、社保登记"一站式"服务。

【推进企业分离发展服务业】 加强推进企业分离发展服务业组织领导,明确计划实施分离发展的企业名单,深入宣传分离企业政策,解决推进分离遇到的困难,共完成分离发展服务业企业5家。加强对已分离企业的跟踪服务,引导企业做强做大,落实优惠政策,共对2009年分离的企业兑付奖励资金56万元。完成分离发展服务业的26户企业,累计实现营业收入1.20亿元,产生地方税收500万元。

【加强税源管理】 完善征管措施,研究出台2010年加强税收征管工作实施意见,并研究制定部分征管业务问题措施,提高征管质量。开展清缴欠税,制订清欠计划,共向法院申请协助执行7户,成功追缴4户企业欠税36万元。做好个体工商户定额调整工作,开展娱乐业税收整体调整方案以及各行业定额调整测算,做实参数,实现平稳过渡。开展对建筑业、交通运输业等个体工商户典型调查和门征税收的政策调研,完善个体工商户定期定额管理制度。强化纳税评估工作,开展交通运输业和邮政业为主的专项纳税评估,随机抽取12户企业实施评估,共补缴税费2万元。

【推进信息管税】 清理基础数据,强化内部管理和考核,清理工商登记地税漏管户;开展国地税个体双定户定额信息对比,共调高定额221户,提高月营业额188万元。推广不动产建筑业税收项目管理软件,制定《关于推广应用〈税友2006〉不动产建筑业税收项目管理软件的实施方案》,共推广企业166户,占应推广企业的81.0%,实现项目开具发票全覆盖。推广应用电脑版发票,制定《进一步加强发票管理实施方案》,明确推广对象和目标,全县使用发票单位3822户,电脑发票使用户数2915户,占总使用发票户数的76.3%。开展打击假发票行动,严禁100元以上定额发票入账。开展普通发票简并票种、统一式样工作。

【强化税务稽查】 组织开展工业、房地产、建筑安装、交通运输等行业税收专项检查,开展全国重点税源企业税收自查和抽查以及市级重点税源企业税收检查。多部门连续开展打击制售假发票和非法代开发票专项整治行动,共查处发票违法案件30件,查处非法发票共计7万份,涉及查补税款113万元,罚款6万元。全年共检查户数250户,结案250户,查补入库税收收入2262万元,入库规费170万元,累计查补入库税费款2432万元。

【优化纳税服务】 推进办税服务厅建设,实行“一窗式”受理、“一站式”服务,创造舒适纳税环境。成立嘉善地税纳税服务志愿者大队,围绕“青春奉献社会、服务转型升级”等主题开展纳税志愿服务。搭建“纳税人之家”服务平台,探索建立纳税人参事机制、民主评税机制等五大工作机制。评选表彰纳税信用单位,县地税局、县国税局开展A级以上纳税信用单位评选活动,82户纳税信用等级A级以上单位受到表彰。推广网上申报纳税CA认证。制定推广应用网税申报CA认证工作方案,7月份在试点基础上全面推广,全年共推广4525户。

【开展税收宣传月活动】 围绕“税收·发展·民生”宣传主题,开展全国第19个税收宣传月活动。组织开展税企沟通会、税收宣传现场咨询、税企互动、纳税志愿服务、税企同心等五项活动。举办废旧金属利用行业、服装辅料行业等税企政策沟通会,宣传税收促进产业转型升级优惠政策。深化“流动办税服务车”,零距离服务纳税人,开展税收政策现场咨询。举办“税企心连心、激情迎世博”第二届地税杯乒乓球邀请赛。深化税法进校园行动。 (陆东利)

2010年嘉善县地税收入情况一览表

单位:万元

项 目	累计入库	上年同期	增减额	同比增长%
收入合计	238853.26	181329.18	57524.08	31.72
一. 税收合计	122787.17	102812.26	19974.91	19.43
1. 营业税	47338.32	37080.39	10257.93	27.66
2. 企业所得税	13141.04	10072.23	3068.81	30.47
3. 个人所得税	28611.99	21482.74	7129.25	33.19
4. 其他税收小计	33695.82	34176.90	-481.08	-1.41
⑴城建税	8647.50	7203.75	1443.75	20.04
⑵房产税	5253.16	6116.87	-863.71	-14.12
⑶土地使用税	10549.07	12410.40	-1861.33	-15.00
⑷车船税	1154.77	905.88	248.89	27.47
⑸印花税	3395.16	2036.29	1358.87	66.73

2010年嘉善县地税收入情况一览表(续一)

单位:万元

项　目	累计入库	上年同期	增减额	同比增长%
(6)土地增值税	4696.17	5503.71	-807.54	-14.67
二. 其他收入	94091.79	78516.92	15574.87	19.84
1. 教育附加	5139.99	4569.29	570.70	12.49
2. 水利建设专项资金	5426.42	4251.42	1175.00	27.64
3. 文化事业建设费	191.96	138.86	53.10	38.24
4. 税务部门其他罚款	10.56	7.54	3.02	40.05
5. 地方教育费附加	5267.26	4448.50	818.76	18.41
6. 社保基金小计	76870.08	64029.54	12840.54	20.05
(1)养老保险基金	50048.54	41183.18	8865.36	21.53
(2)医疗保险	17388.62	15825.02	1563.60	9.88
(3)失业保险	4650.85	3727.54	923.31	24.77
(4)工伤保险	3234.56	2080.66	1153.90	55.46
(5)生育保险	1547.50	1213.14	334.36	27.56
7. 残疾人就业保障金	1185.52	1071.77	113.75	10.61
三. 二税收入	21974.30		21974.30	
1. 契税	15642.52		15642.52	
2. 耕地占用税	6331.79		6331.79	

银行 保险 证券

综 述

2010年，人行嘉善县支行制定《嘉善县金融支持经济科学发展八项措施》、《嘉善县金融推进经济社会全面转型，建设“科学发展示范点”指导意见》，引导金融机构做好金融服务工作。全年金融运行健康有序，各项存款持续增长，贷款投放有序，突出有扶有控，外汇收支扩大，现金投放增大，保险证券发展加快。

年末，全县金融机构本外币各项存款余额367.75亿元，比年初增加64.35亿元，增长21.21%。其中人民币存款余额357.50亿元，比年初新增64.93亿元。本外币企事业单位存款余额108.98亿元，比年初新增15.26亿元，增长16.28%。本外币储蓄存款余额176.94亿元，比年初新增24.64亿元，增长16.18%，余额占比为48.11%。本外币其他存款余额80.43亿元，比年初新增23.88亿元，增长42.23%。外币存款余额15470万美元，比年初少增387万美元。全县金融机构本外币各项贷款余额265.67亿元，比年初增加40.62亿元，增长18.05%。其中人民币贷款余额257.16亿元，比年初增加39.38亿元，增长18.08%。本外币短期贷款余额151.83亿元，比年初增加29.74亿元，增长24.36%；本外币中长期贷款余额104.41亿元，比年初增加11.48亿元，增长12.35%。贷款投放有扶有控。重点扶持中小企业。全县金融机构共新增用信小企业贷款户数2275家，新增用信35.52亿元，中小企业新增贷款24.59亿元，占全年全部新增贷款的60.54%。优惠扶持“三农”发展。全县涉农贷款余额为162.93亿元，比年初新增34.25亿元，其中农户贷款余额29.05亿元。个人贷款增长迅速。个人类贷款余额为73.19亿元，比年初增加15.28亿元，增长26.39%。其中，个人消费类贷款余额为37.07亿元，比年初增加6.31亿元，占新增贷款总量的15.53%；个人经营性贷款余额为31.41亿元，比年初增加8.82亿元，占新增贷款总量的21.71%。外币贷款持续增长。全县银行机构外币贷款余额12841万美元，比年初多增2207万美元，增长20.75%。

全年，全县国际收支总计37.46亿美元。结汇19.36亿美元，比2009年增长47.79%。售汇3.19亿美元，比2009年增长12.11%。净结汇16.17亿美元，比2009年增长57.69%。全县金融机构累计现金收入706.41亿元，比2009年增长17.87%。累计现金支出770.30亿元，比2009年增长20.60%。收支轧抵累计净投放现金63.89亿元，比2009年多投放24.49亿元。全县银行机构实现中间业务收入21894万元，比2009年多增3030万元。全县累计保费收入3.43亿元，比2009年增加6247万元。其中，财产险保费总收入1.70亿元，比2009年增加2970万元。人寿保险保费总收入1.73亿元，比2009年增加3277万元。累计赔款和给付支出1.18亿元。全县累计证券交易额221.69亿元，新增开户数4709户。年末，证券保证金余额1.98亿元，比年初增加0.99亿元。

成功举办嘉善县第十届金融理论与实务研讨会，大会共收到论文45篇，全县银、证、保及小额贷款公司近百人参加会议。县金融学会被嘉兴市金融学会评为2010年度先进学会。制定印发

《迎世博、保畅通，加速推进嘉善县支付环境建设意见》，以“银行加政校、培训加指南、定点加流动”的模式，开展世博支付志愿者服务活动。在全县金融系统开展“世博金融服务之星”评选活动，评出10名嘉善县金融系统“世博金融服务之星”，进行表彰。嘉善县农村信用合作社联合社成功改制为嘉善农村合作银行。推进小额贷款公司试点工作，落实2家小额贷款公司，并做好第三家小额贷款公司申报工作。小额贷款公司年末贷款余额为3.41亿元，涉及户数370户，年累计发放额7.76亿元。加强金融创新示范县建设，做好上海金融机构引进工作，推进金融接轨上海和金融平台建设。

（孙　洁）

银　　监

【概况】 2010年，嘉兴银监分局嘉善办事处围绕县委、县政府“转型升级深化年、城乡建设统筹年、效率效能提升年”工作要求，调结构、促转型、抓合规、防风险，注重微观审慎监管与宏观审慎监管相结合，提升监管质量，为嘉善经济发展作出贡献。年末，全县银行业各项存款新增59.49亿元，各项贷款新增40.83亿元，余额存贷比达73.94%，增量存贷比68.63%，不良率比年初下降0.42个百分点，全县银行业安全稳健运行。

【落实宏观政策】 充分发挥窗口指导和监管引领作用，引导辖内银行业金融机构更加注重信贷结构调整，更加注重金融风险防范，扎实推进有保有控。年初召开全县银行业监管工作会议，督促辖内银行业金融机构认真落实“一行三会”《关于进一步做好金融服务支持重点产业调整振兴和抑制部分行业产能过剩的指导意见》，把握好信贷投放的重点、力度和节奏，努力实现逐季均衡投放和平稳增长，防止季度之间、月底之间异常波动。督促辖内银行业金融机构贯彻落实有保有控的信贷政策，严格控制对高效能、高排放行业和产能过剩行业的贷款。

【支持农业、小企业】 按照省银监局提出的农业、小企业信贷增速分别高于全部贷款增速、信贷增量高于上年的工作目标，辖内银行机构以“金融支持统筹城乡发展深化年活动”为契机，加大支农力度，较好地满足农村经济发展的资金需求。截至11月末，全县银行业支持统筹城乡发展贷款余额53亿元。上半年辖内涉农银行业机构涉农贷款新增8亿元，同比增长9%，增速较上年同期上升7个百分点。与此同时，辖内银行业机构服务工作继续向县域和镇(街道)延伸，优化网点布局，改善金融服务。进一步推动小企业专营机构建设，发挥专营机构作用，推广创新产品，优化服务手段。指导银行业金融机构强化风险共担的市场理念，按照“利益共享、风险共担”的公平合作原则，与担保公司合理分担风险，为小企业金融服务营造良好的外部环境。

【促进转型升级】 加强对全县重点项目、支柱行业、新兴产业、节能环保低碳经济以及拓展外需和扩大内需、鼓励消费、增加就业等领域的信贷支持。提出《银行业支持嘉善经济转型升级工作意见》，引领银行业金融机构支持企业转型升级，运用信贷杠杆，推动企业转变发展方式。组织开展银行业支持企业转型升级宣传活动，重点报道辖内银行业支持企业转型升级的成功事例，加强与政府有关部门的沟通和联系。对县政府确定的十大工业转型升级项目，制定银行支持计划，建立联系沟通制度，实施信贷跟踪推进。全年，十大工业转型升级项目新增贷款9亿多元，占全部新增贷款的25%。

【落实“三法一指引”】 督促指导银行业金融机构贯彻实施银监会出台的“三个办法和一个指引”，按照监管要求修订完善相关制度办法和操作流程。通过现场检查、跟踪检查、政策评估、高管问责等手段，督促各银行业金融机构统一行动、步调一致，坚决维护公平竞争。组织辖内各银行业机构开展“公众教育服务日”集体宣传活动，通过媒体和明信片形式向公众宣传。促进各市场主体自觉执行贷款新规。重点做好地方融资平台贷款、房地产贷款、产能过剩和重复建设项目贷款、异地贷款、集团客户贷款、个人贷款等风险与问题的自查自纠。督促银行业金融机构摸清地方融资平台贷款的现状和潜在风险，逐笔梳理贷款，将“项目包”逐个打开、重新评审。在6月末完成“解包还原”和重新立据等整改工作；10月底完成集体约谈工作，并督促各银行业金融机构做好自主约谈。印发《嘉善县银行业政府类贷款风险管理意见》和《嘉善县银行业大额贷款风险管理意见》,加大对政府类贷款和大额贷款的监管力度。认真贯彻国务院办公厅《关于促进房地产市场平稳健康发展的通知》精神,督促银行业金融机构密切监控房地产信贷风险,严格执行房地产贷款政策。

【强化信贷管理】 重点整治存款和票据业务的违规行为。召开“合规吸存,合规经营”专题会议,要求各银行业金融机构严格执行有关规定,严禁违规吸存。9月,对全县银行业中票据业务增长较快的村镇银行、交通银行、中信银行和商业银行进行票据业务管理情况调查,针对调查发现的问题进行监管规劝。严格要求银行加强票据管理,发挥票据业务的积极作用。

【加强内控管理】 加强法人监管,继续加强与地方政府的沟通汇报,做好法人银行机构的监管工作,做到监管情况定期报告、重大风险随时报告。重点推动法人机构的公司治理机制建设,在“三会一层”之间形成畅通的信息沟通机制、有效的制衡关系和明晰的职责边界。继续开展法人机构风险评估和年度监管评级。指导开展2009年度审计,继续推进三方会谈和信息披露工作。

【狠抓案件防控】 抓住案件防控工作三大重点即以基层网点和农村合作金融机构为重点机构,以存款、贷款、票据、信用卡为重点业务,以账户管理、银企对账、空白重要凭证、大额支付、贷款“三查”、票据业务审核和信用卡营销等为重要环节,把案防工作落实到现场检查和非现场监管工作中,并作为监管评级以及市场准入的重要依据。严格执行案件报告制度,认真落实案件防控责任制,按照“自查从宽、他查从严、尽职免责、失职重罚”的原则,鼓励自查。针对嘉善合作银行陶庄支行遗失重要空白凭证事故,及时深入实地了解情况,督促其开展排摸,约见合作银行班子进行告诫谈话,提出6点监管意见,责成合作银行依据上追二级要求,对责任人进行行政和经济处罚。同时,从10月下旬到11月底对各支行进行内控情况突击检查。实现全年案件数量和金额“零”目标。

【严守风险底线】 发挥风险管控前哨作用,树立宏观审慎监管意识,坚守微观风险防线。关注集中度风险,做好单一集团客户和前十大户集中度风险的持续监测和防控工作。关注过热行业的信用风险,特别是光伏产业和房地产贷款风险。结合辖内各类风险重点,落实银监会宏观审慎监管的措施要求。加强监管要情分析和通报,坚持辖内银行业季度风险分析例会制度,每季一个专题,对大额贷款风险、信用卡管理风险、住房贷款执行政策情况和风险状况进行专题分析,并提出监管意见。加强微观审慎监管,增强监管工作的前瞻性、主动性和有效性。 (毛颖玉)

2010年嘉善县银行业监管通报会　　县银监办　提供

银　　行

【概况】 2010年,全县银行业围绕县委、县政府“招商引资攻坚年、项目推进深化年、服务效能提升年”工作中心,按照“总量适度、节奏平稳、结构调整、风险防范”的货币政策要求,做好信贷投放工作,支持全县经济科学发展。

【优化信贷服务】 全县银行机构认真贯彻落实适度宽松货币政策,优化信贷服务。人行嘉善县支行制定出台《嘉善县金融支持经济科学发展八项措施》、《嘉善县金融推进经济社会全面转型,建设“科学发展示范点”指导意见》,引导金融机构调整信贷结构,优化信贷服务。举办嘉善县2010年“调结构、促转型、谋发展”银政企合作签约仪式,促成辖内9家银行机构及杭州联合银行与130家企业和20家政府项目共107.7亿元授信协议的签订,创历史新高。组织开展银行业“1010支小帮扶金种子”行动,确定全年新增用信小企业贷款户数1000家、新增小企业贷款10亿元的行动目标。全年,全县金融机构共新增用信小企业贷款户数2275家,新增用信35.52亿元,中小企业新增贷款24.59亿元,占全年全部新增贷款的60.54%。扶持“三农”发展,“兴农贷款”工程实现全县农村全覆盖。统筹城乡发展(两分两换)项目得到银行信贷的支持。年末,全县涉农贷款余额为162.93亿元,比年初新增34.25亿元,其中农户贷款余额29.05亿元,“两分两换”项目到位贷款3.77亿元。

【创新信贷产品】 全县金融机构创新金融产品,拓宽融资渠道。创立中小企业债券信托基金,3批共向40多家企业发放总额1.33亿元的信托贷款。推出“大学生村官”创业贷款卡,试行贷款贴息政策,扩大贷款担保范围,贷款人数12人,贷款金额43万元。推动跨境贸易人民币结算试点,办理跨境贸易人民币结算业务12笔,金额2.36亿元。转卖贷款创造可用信用资金,共转卖贷款4笔,金额5.59亿元。腾出信贷规模,支持地方经济快速发展。建立专项信用贷款机制,发挥地方财政资金存量优势,发放财政性资金存一贷二专项信用贷款2.82亿元。探索股权、商标权质押贷款、应收账款质押贷款、再生资源应退税质押贷款、农村土地承包经营权流转抵押贷款、电子网络商务贷款、社区居民消费通贷款等信贷新业务。全年,累计发生农村土地承包经营权流转抵押贷款2380万元、再生资源应退税质押贷款5102万元、电子网络商务贷款12700万元、商标权质押贷款1000万元。

【加强征信管理】 发挥企业信用信息基础数据库和个人征信系统作用,扩大征信服务范围。完成全县1009家企业2009年度信用评级工作和1890家企业贷款卡年审工作,开展百家守银行信用优秀企业评定。完善农村“三信”评定准入、退出机制,落实配套信贷激励措施。做好小企业信息征集工作。进一步加强征信宣传,制定《2010年嘉善县征信宣传教育工作方案》。在嘉善新闻网建立征信宣传专栏。组织开展“信用记录关爱日”和“征信宣传周”活动,在报纸刊登宣传专版,举办2期征信知识培训,利用社区课堂开展征信宣讲,组织金融机构上街开展宣传、咨询、查询活动,发放调查问卷1000份、宣传资料3000份,发送宣传短信4万余条。

【推进支付体系建设】 罗星街道亭桥南路创建成为省级银行卡消费示范街,成为年内市辖范围内首条创建成功的示范街。西塘景区、魏塘街道林荫路创建成为全国级“刷卡无障碍示范景区(街区)”,实现“一景三街”银行卡消费示范区。加强农村支付体系建设,截至12月末,全县有银行网点91家,其中47家分布在镇(街道),网点镇(街道)覆盖率100%。全县银行机构支付系统接入率62.63%,能办理支付系统业务的机构占75.82%。能办理银行本票业务网点53家,其中镇(街道)20家;能办理华东三省一市汇票网点37家,其中镇(街道)21家。全县ATM布放195台,其中镇(街道)70台,ATM机外卡开通率82.08%;POS机具(含转账POS)布放4387台,其中镇(街道)2186台,外卡POS机19台。

【改进外汇服务】 推进落实进出口核销制度、跨境资本交易活动、外汇账户管理、外汇市场管理等改革,推进中资企业借用外债、外商投资企业外债余额管理试点工作。为服务业、新能源、新材料、信息网络等新兴产业提供外汇政策服务。支持商业银行及农村金融机构的外汇市场准入,方便企业结算。鼓励金融机构开展外汇业务创新,丰富外汇衍生产品及避险工具,引导企业运用各类避险工具,拓展国际市场。推进“长三角”外汇支付环境建设,加快外资企业登记、验资询证速度,改进和完善出口收结汇联网核查方式,促进进出口贸易发展。鼓励和引导企业开展境外投资、上市、收购等跨境资本运作,加大对"走出去"企业后续融资支持。提高外币代兑点覆盖率,做好世博期间外币代兑服务工作。做好出口加工区外汇服务准备工作。开展外汇政策宣传,举行"诚实为本、信誉是金"外汇诚信建设暨涉外企业避险产品宣讲活动,营造外汇市场诚实守信氛围。全年外汇结汇19.36亿美元,比上年增长47.79%;售汇3.19亿美元,比上年增长12.11%;净结汇16.17亿美元,比上年增长57.69%。

【维护良好支付结算环境】 人行嘉善县支行组织召开全县银行业"强内控、防风险、促进支付结算安全"专题会议。联手公安机关开展打击银行卡犯罪专项行动,共清收银行卡恶意透支302.4万元。加强银行卡安全宣传力度。认真开展银行结算账户年检,至6月末,应年检账户13404户;9月末,通过年检12840户,完成95.79%。

【推动国库集中支付上线试点】 完成国库会计数据集中系统(TCBS)和统计分析系统(TMIS)上线工作。做好财政国库集中支付上线试点工作。印发《嘉善县财政国库集中支付资金银行清算办法》,审批2家代理银行。开展"关心国库发展、服务社会民生"宣传活动。

【做好"双反"工作】 认真做好反假货币和反洗钱工作。开展反假货币宣传活动,银行机构共开展反假宣传咨询活动4次,参加宣传80余人次,发放宣传资料5000余份,接受群众咨询1000多人次。做好反假工作站维护工作,向开发区(惠民街道)曙光村赠送点(验)钞机和反假宣传资料,对村民开展反假知识培训。做好"反假货币管理系统"工作。通过反洗钱联络员活动、"双反"工作联席会议,加强与公安、检察机关的反洗钱工作交流与协作。开展对银行从业人员的"双反"业务培训,全年累计培训300余人次。组织嘉善县金融机构反假货币上岗证考试。 (孙 洁)

保　险

【人保财险】 2010年,中国人民财产保险股份有限公司嘉善支公司,积极参与地方保障体系建设,在承保和管理风险、提供经济保障,保持社会生产稳定发展等方面发挥应有作用。累计提供393亿元的财产保险保障,其中为新农村建设开展的涉农险种保障45.17亿元。累计直接赔款3356.27万元,其中涉农险赔款585.88万元。案件处理率95%。年内支公司获"中国人保财险金融保险服务先进集体"称号,并通过人保财险总公司"农村保险示范县"现场验收初评。嘉善支公司总经理陈华强获人保财险全省系统先进个人称号。经营中,支公司坚持贯彻落实国家、保险监管部门及系统内相关合规经营的规章制度,严格执行业务监督分析管控制度,结合实际调整进取性发展策略,并通过开展各项竞赛考核活动,实现短期激励与长期激励相结合,推进优质业务和新保业务增长。抓好县级公务用车统保、国有集团公司车辆定点保险等政府项目,加强与交管部门、汽车主流销售单位联系合作,实现与人保集团寿险、健康险公司资源共享,并力推人保财险"直通车"新兴电销渠道产品,为车险客户提供便捷、优质的保险

11月24日,顺利通过"农村保险示范县"验收初评。

人保财险嘉善支公司　提供

服务。加强分级监管指导,对重点、难点项目加强承保风险防控,做好对客户的沟通解释工作,保持业务稳定发展。全年实收、签单保费均突破7000万元,同比增长分别为13.79%、15.41%。继续推进"农险搭台,各险种唱戏",以"农村保险服务村"产品体系建设为基础,坚持突出重点与整体推进并重,积极跟进城乡统筹配套保险服务建设,扩大商业性涉农保险的承保推广,不断完善政策性和商业化保险良性互动的社会化风险分摊和补偿机制,构建农村基层服务体系建设。全年提供已开办的12个涉农险种累计45.17亿元的风险保障(参保农户7.34万户)。开展全县医疗机构医责险组合产品统保工作,专门设立医疗纠纷理赔处理中心,配备具有临床医学、药学、卫生法学和保险等专业资质、经验丰富的人员,负责医疗纠纷处理与理赔事宜,参与完善医疗纠纷预防处理机制。全年共参与13起医疗事故的纠纷和理赔处理。开展以"携手中国人保,尊享优质服务"为主题的人保财险第四届客户节活动,推出一系列提高服务水平的新举措,营造"快+优"服务氛围,实现理赔单证"六合一"的"一张纸轻松理赔"、5000元及以下非人伤案件"1小时通知赔付"、通赔案件"异地出险、就地理赔",提高工作效率和客户满意度。主推"让人民满意"系列活动,推进从关注事后(查勘理赔)服务型向关注事前(风险管理)服务型转变,并加强窗口标准化服务建设,提升客户服务质量和水平。　(陆贞玉)

【人寿保险】　2010年,中国人寿保险股份有限公司嘉善县支公司围绕创业创新、科学发展主题,加快业务发展,夯实内部管理。全年实现保费总收入1.37亿元,累计支(赔)付金额3375万元。三大业务稳步增长。个险10年期新单保费首次突破1000万元。拓展团险政府项目等业务领域,意外险和企业年金获得突破。继续深化与银行合作关系,销售模式多样,首年和期交保费呈增长态势。加强人才队伍建设。坚持以党风廉政建设为抓手,完善公司党支部建设,开好每季度例会。坚持每月员工会议制度,丰富学习内容,提升综合素质,倡导积极向上的工作氛围。坚持依法经营。把防范化解经营风险作为重中之重,推进治本抓源头工作。完善内控体系建设,开展各类专项检查。开展第三届"诚信我为先"主题教育活动,防范销售风险。加强内控建设和风险管控。树立企业品牌形象。完成世博安保道口值守任务。做好联镇挂村各项工作,促进和谐社会建设。认真落实嘉善县迎接国家三类城市语言文字工作评估工作。组织开展"中华经典美文诵读"比赛活动,弘扬中华优秀文化。推广普通话、推行规范字,提高全体员工的整体素质和服务水平。

(吴明英)

【太平洋财产保险】　中国太平洋财产保险股份有限公司嘉善支公司实现保费收入3912万元,同比增长61.79%,赔款支出1656万元,市场占比20%。建立太保电话中心,发展太保车险,坚持渠道化经营战略,开拓渠道业务,提升车险竞争能力,实现车险经营效益。　(张　旅)

【联合财产保险】　2010年,中华联合财产保险股份有限公司嘉善支公司完成实收保费1233万元,公司调整业务结构比例,完成市公司下达的目标。加强日常业务管理,拓展业务,注重效益。公司在拓展新保业务的同时,巩固和维护现有优质客户群体。制定各项规章制度,结合效益为先的原则,对垃圾业务予以调整,注重防范风险,从源头上予以控制。抓好基础管理,防范经营风险。在理赔工作中,一方面,贯彻双人理赔制度,抓大客户名优工程理赔实施的力度;另一方面,规范理赔操作,制定内部流程的有关规定,加快理赔速度,提高结案率。

(储　颖)

证　券

【申银万国】　申银万国证券股份有限公司嘉善亭桥南路证券营业部(以下简称:申银万国证券嘉善营业部)有员工15人,营业面积1075平方米,设有营业大厅、大户室、中户室以及期货中间介绍业务交易区。4月,申银万国证券嘉善营业部取得股指期货中间介绍业务资格;9月,获得开展融资融券业务资格,是嘉善地区第一家、也是目前唯一一家获得该项业务资格的券商。截至年底,营业部服务品种有代理沪深A股、B股以及股票增发、配股等股票交易业务,融资融券交易、股指期货中间介绍业务,证券投资基金代销、权证、创业板交易等业务。全年交易总额为96.8亿元,

新增开户 803 户。　　（于　敏）

【中信金通】 2010 年 12 月底，中信金通证券有限责任公司嘉善营业部有员工 30 人，营业面积 1500 多平方米，拥有大厅及数十间贵宾室、大户室、中户室。大厅内设有自助委托机 10 余台、30 多平米交易大屏、讯息自动滚动显示屏以及业务办理处、全液晶显示器等。营业部提供电话、自动、网上、手机等多种委托方式，手机证券全面更新。2010 年，办理沪深两市 A 股、B 股以及增发、配股等股票业务，代销易方达 50、嘉实 300 基金等基金共 400 多个品种，全面发展权证、三版开放式、创业板等业务。全年新增开户 3000 多户。　　（杨明明）

中信金通证券公司　　　　宋　浩　摄

计划管理

【概况】 2010年，嘉善县计划管理工作认真落实国家宏观调控政策，深化体制改革，加强经济运行分析与预测，按照建设“科学发展示范点”要求，制定好中长期发展规划，大力推进项目建设，加快接轨上海、融入长三角步伐，推动区域合作，促进全县经济社会又好又快发展。

【抓好计划编制和落实】 开展“十二五”规划编制，完成“十二五”规划纲要和“十二五”规划编制体系目录。编制嘉善县国民经济和社会发展年度计划，起草《关于嘉善县2010年国民经济和社会发展计划执行情况、2011年国民经济和社会发展计划草案的报告》。加强规划管理，编制完成《嘉善县2010年度规划编制计划》，全年规划立项9项。加强规划评审，评审规划55项，其中空间规划5项，专项规划8项，村庄建设规划42项。

【加强政府投资项目管理】 抓好政府投资计划安排，年度计划实施项目177个，总投资94.46亿元，计划投资35.46亿元，安排县财政资金10.16亿元。做好重点项目推进工作，开展“十二五”重大项目规划编制工作，编制完成2010年度嘉善县重点项目建设行动计划，实施“五个十大”重点建设项目，总投资167亿元，2010年计划投资50亿元。积极向上争取项目资金。2010年共申报中央、省级资金补助10余个批次，争取资金7000余万元。争取省重点项目，14个项目列入省重点项目。抓好政府投资重大项目稽查工作。制定2010年稽查项目计划，采用联合稽查、专项稽查、调研稽查等方法，抓好计划执行、建设标准、规模控制、招投标程序、合同履行及工程建设等情况的稽查监督。加强政府投资项目进度跟踪，坚持月报制度，及时做好情况汇总分析、简报编制等工作。

【推进接轨上海融入长三角工作】 制定《嘉善县2010年接轨上海融入长三角行动计划》，修改完善接轨上海融入长三角工作考核机制，抓好各项工作落实。积极与上海市闵行、普陀、长宁等区开展合作交流，全年直接从上海及长三角地区引进项目413个，嘉善县获“长三角最具投资价值县市”称号。落实对口扶贫资金，积极推进对口地区的项目合作。组织县内有投资意向的企业赴四川省广元市开展实地考察，1家企业成功签约。组织企业参加2010浙江省—阿克苏地区经贸洽谈会。加大农业项目宣传推介和招商引资力度，成功举办农产品供沪洽谈会和海峡两岸现代农业合作交流会。全年供沪农产品销售总额23.8亿元，增长28.6%。

【深化体制改革工作】 制定2010年嘉善县体制改革工作重点，提出经济、社会、农村、政府等领域18项重点改革项目。推进医药卫生体制改革，出台关于深化医药卫生体制改革的实施意见，研究社区卫生服务机构定性定编改革、药品零差价制度实施后财政补助资金测算、绩效考核和建立临床检验中心等问题。抓好中心镇、新市镇培育工作，制定关于深化完善新市镇培育的政策意见。开展小城市培育试点，制定小城市培育试点实施方案。做好企业上市服务工作，推进众成包装成功上市。开展政策性保险工作,完成政策性农村住房保险续保工作,农户参保率100%。推进循环经济,制定2010年嘉善县发展循环经济工作重点。落实浙江省循环经济试点实施方案,做好陶庄废钢利用基地“城市矿产”试点申报工作和县级经济开发区生态化建设、改造工作。

【推进高技术产业发展】 协助企业做好争取列入国家和省级重大项目工作,推进高技术产业发展。2010年,浙江昱辉阳光能源有限公司位列浙江省电子信息产品制造业30强第7位。嘉善豪声电子有限公司《超薄微型扬声器的研发及产业化》项目和浙江华震数字化工程有限公司《华震全息三维重建系统》项目分别获省信息产业重点项目(B类和A类)。浙江华震数字化工程有限公司获2010年省工业转型升级财政专项补助29万元。浙江新力光电科技有限公司《中大尺寸高亮度高对比度超薄TFT液晶显示模组项目》申报国家彩电专项项目,并通过国家发改委组织的专家评审。东菱电子列入浙江省信息服务业发展专项,获省财政补助49万元。受省发改委委托,组织专门人员对嘉兴天马打印机耗材有限公司“年产200万个兼容原装CANON新型自动式墨盒项目”进行验收,并列入省工业转型升级项目,获省财政补助50万元。全年,全县高技术产业实现销售收入101.4亿元,比上年同期增长82.74%;实现利润14.4亿元,增长263.19%;上缴税金1.97亿元,下降23.94%;固定资产投资8.65亿元,下降19.98%。

【做好企业上市服务工作】 全年新增上市企业1家。12月10日,浙江众成包装材料股份有限公司成功登陆深圳中小企业板,成为全县第4家上市公司,首次公开发行股票2667万股,每股定价30元,募集资金7.57亿元(人民币)。做好上市后备企业培育工作。“诚达药化”(浙江嘉善诚达药化有限公司)上市材料已上报中国证监会。嘉善东菱电子公司、田中精机公司(嘉兴)有限公司、浙江长盛滑动轴承公司、浙江双飞无油轴承公司等企业邀请证券中介机构开展上市前的辅导工作,做好上市前的各项准备工作。加大政策扶持力度,对上市企业的奖励由80万元提高到200万元。

(张 赟 盛玉林 何海红)

经济贸易管理

【概况】 2010年,嘉善县经贸工作全力推进工业转型升级,全面优化经贸服务,确保全县经济平稳、协调、可持续发展。县经贸局驻审批办证中心窗口被评为县级“嘉善县三星级服务民生满意站所”。

【加强经济运行分析】 年初,抽样选取60家企业和各主体进行重点走访,了解企业生产、销售等情况。3月,根据省经贸委统一布置,对全县30家重点企业开展经济形势问卷调查。做好月度经济运行分析工作,详细分析工业经济运行特点及存在的问题。4月,针对企业发展过程中遇到的问题,会同县财政地税局开展“政企同心、共谋转型——‘春风’专项行动”。针对企业融资难问题,开展政、银、企三方联动。针对企业转型升级过程中遇到的问题,组织开展专题报告会等进行辅导。加强企业信息上网工作,建设并开通嘉善县中小企业信息服务网,努力为企业发展营造良好的外部环境。

【扶持企业做大做强】 深入实施“338大企业培育工程”,推动企业上市、兼并重组、战略合作。指导行业龙头企业编制发展规划,推动行业骨干企业上规模、提水平。2010年,全县规模以上工业企业增至1032家,实现总产值655.8亿元,同比增长40.8%;累计完成工业利税66.5亿元,同比增长76.63%。全年产值达亿元的企业有120家,超5亿元的有6家,超20亿元的有2家,超50亿元的有1家。

【注重产业发展引导】 年初,制定《2010年度工业转型升级实施意见》,开展重点产业调研,编制《关于推进工业传统产业转型升级的实施意见》及《关于加快工业新兴产业发展的意见》,提出传统产业重点提升和发展电子电声及元器件、紧固件、轴承、服饰纽扣、植绒、木业家具等六大优势产业集群;新兴产业重点打造光伏新能源产业基地、电子信息产业基地、电力电子产业基地、生物医药研发销售基地、科技孵化产业园、留学人员归国创业园等“四地二园”工程。

【推进重点项目建设】 起草、修

订《关于加快推进工业项目建设的通知》、《关于做好2010年工业用地节约集约利用工作的通知》、《关于切实做好2010年工业投资工作的意见》等一系列政策文件。根据全年度工业性投入计划，排出一批项目作为2010年全县重点推进项目，其中：全县工业转型升级示范性项目10个，计划总投资40.38亿元，当年计划完成投资13.45亿元；县级重点工业项目60个，当年计划完成投资46.48亿元；30项重点技改项目，计划总投资7.5亿元，当年计划完成投资6.03亿元。

【加强工业园区建设】 深入实施大平台建设“855工程”，成立县重点项目推进组。召开全县平台建设推进现场会2次，全年完成投资10.5亿元，完成目标的130%。50个重点项目，竣工、建设的有48项。拆迁民房2230户，新增开发面积346.4公顷(5196亩)，全县掀起平台建设新高潮。抓好重点园区提升发展工作。县经济开发区扩容升级，申报国家级经济技术开发区。嘉兴出口加工区B区通过国家验收，正式封关运作。姚庄、魏塘和干窑工业园区通过嘉兴市新一轮园区转型升级甲级和乙级考核验收。“四地两园”、西塘镇纽扣产业园、天凝镇装备制造产业园、陶庄镇再生金属产业园等一批专业园区加快规划和建设。

【推动创新发展】 全县工业企业加大新产品、新工艺、新技术开发力度，重点开发高技术含量、高附加值的新产品，产品结构不断优化，市场竞争力不断提高。全年累计申报省级新产品18个，通过鉴定10个，不予备案5个。1～12月，全县工业企业实现新产品产值236.74亿元，新产品产值率36.1%。晋亿实业股份有限公司获省级新技术、新产品开发三等奖；浙江双飞无油轴承有限公司分别申报省重点高新技术产品开发项目、省重点技术创新项目和应对技术贸易壁垒项目等3项省级项目。科技创新能力持续提升，2010年，全县规模以上工业企业用于科技活动的经费5.31亿元。至年底，全县研究与试验发展(R&D)经费支出占地区生产总值比重达到1.8%以上。企业技术中心建设持续推进，全年共组织申报省级企业技术中心1家、市级企业技术中心3家、省级中小企业技术中心2家；新认定市级企业技术中心、省级中小企业技术中心各1家。

【加强人才培育】 制定新一轮企业经营管理人员素质提升工程计划。4月，在“政企同心、共谋转型——‘春风’专项行动”启动仪式上，邀请国务院政策研究机构资深经济学家朱雍教授作经济转型升级专题讲座，县级有关部门、各镇(街道)分管工业的领导以及100多家规模型、成长型企业和微小企业负责人共180人参加学习。5月，会同有关部门在清华大学举办嘉善县“创新转型优化升级”企业总裁(工商管理)高级研修班。同月，县经贸局、嘉善教育服务中心举办企业中层干部培训班，邀请大专院校的专家、教授及本地的企业家就现代企业团队建设、企业文化建设以及企业中层干部的自我管理等现代企业发展的热点问题作专题辅导，全县34家企业的中层干部参加培训。不断拓展培训阵地，利用中小企业创业辅导中心、“经贸在线网上教育平台”、“前沿讲座”电视栏目等，为企业经营管理者创造更多的学习培训平台。

【有序推进节能工作】 立足早准备、早行动，精心部署节能降耗攻坚战，出台2010年度节能降耗工作意见等政策文件，制定节能降耗应急预案、有序用电和节能限电方案等一系列措施。7月开始，细化节能降耗方案，加大检查力度，抓好各项目标任务的落实。深入推进节能降耗“5151”工程，开展新上项目重点用能企业节能评估，限制高耗能、低产出项目，从源头严格控制新增企业的能源消耗量。全面排查水泥、造纸等行业的落后产能，制订水泥行业淘汰落后产能计划表。做好集中供热范围内的锅炉拆除工作，推进姚庄镇工业区天然气试点工作。落实年度重点节能技改项目21项，投入技改资金1.2亿元，年节约标准煤2.5万吨。完成清洁生产审核验收企业20家，创建“绿色企业”3家。新墙材产量4.59亿块标砖，完成市下达计划的114.7%；新型墙材产量占墙体材料总产量的72.4%，超过市下达目标任务22.4个百分点。政府职能部门主动向县人大、县政协汇报节能降耗推进情况，通过召开座谈会、下基层等形式向各行业协会、企业家代表宣传节能降耗形势和现实要求，争取企业的理解和支持。关注企业和员工的稳定，没有因限电停电问题引发企业上访和安全生产事故，确保社会和谐稳定。

【推进商贸流通业协调发展】 继续开展以“千镇连锁超市、万村放心店”为核心内容的农村现代流通网建设,加强龙头配送企业管理,提高配送率。改善农村连锁加盟店的环境,提升管理水平,提高商品质量,促进农村消费。鼓励引导企业拓展社区服务,推动城镇社区消费。截至12月底,全县镇区连锁超市覆盖率100%,全县104个村有村级连锁便利店104家。规范家电下乡、家电以旧换新销售网点的经营行为,结合“3·15”消费者权益保护日,上街宣传家电下乡、家电以旧换新政策,发放宣传资料300份,配合新闻媒体做好宣传报道工作。会同工商、财政等部门开展家电下乡、家电以旧换新网点检查,加强规范化操作辅导,规范经营行为。1~12月,家电下乡累计销售12126台(件),销售额2761.9万元;家电以旧换新销售30313台(件),销售额1.57亿元。

【维护市场经营秩序】 抓好重点时段、重大活动、重要节假日商贸经济运行分析,加强全县消费品市场监测。推进小美容美发店质量安全整治,制定《2010年全县小美容美发店质量安全整治与规范工作方案》,做好督促指导工作,全年整治规范率100%。

【保障肉食品质量安全】 全年,全县生猪定点屠宰447817头,进入县内市场销售量245694头,销售量同比增长18%。县城区定点屠宰率100%,各镇(街道)定点屠宰率97%。制定《上海世博期间肉食品质量安全监管工作方案》及应急预案,召开全县屠宰企业世博安保暨肉食品质量安全监管动员大会,层层签订质量安全责任书。3家为上海提供肉食品货源的企业全年实现安全供货。举办“瘦肉精”检测培训班,规范检测程序。加强屠宰企业管理,健全可追溯制度。加大重点区域、重点人员监控力度,保持打击私屠滥宰的高压态势。全年共稽查726次,参加人员4210人次,取缔非法屠宰点3个,收缴屠宰工具33件,查获并销毁非法生猪产品1231.4公斤。依法查处违法案件51起,其中立案1起、结案1起,处罚金7000元。

(徐　徐)

三产服务管理

【概况】 2010年,嘉善县三产服务业优化发展环境,围绕“接轨上海、融入上海”,加大招商引资力度。抓好项目建设,推动服务业持续、快速发展。全年,全县服务业实现增加值90.44亿元,可比增长12.63%,服务业占GDP的比重达33.1%。完成投资63.93亿元,同比增长55.02%;其中限额以上62.24亿元,同比增长62.6%。实现社会消费品零售总额87.74亿元,同比增长19.4%。上缴地税5.78亿元,同比增长20.37%,占地税总收入的47.06%,比上年同期增加0.37个百分点。全年,三产服务业新增企业572家,同比增长27.11%;新增注册资本27.45亿元,同比增长48.38%;其中注册资本100万元以上的企业203家,同比增长63.71%。

【加大生产性服务业投资】 全年生产性服务业完成投资17.84亿元,同比增长97.2%。新增注册资本100万元以上的企业达49家,新增注册资金3.28亿元,分别增长32.43%和238.36%。物流业发展迅速。特易购物流企业在原注册资金4000万美元的基础上,增资2000万美元,并签约投资建设博洋服饰集团物流中心、华东金属物流园、华东兴业木制品国际物流中心和万邦钢铁城等,投资金额分别为人民币3亿元、8亿元、3亿元和1.5亿元。

【完善服务业发展政策】 继续实施《嘉善县人民政府关于加快服务业发展的若干政策意见(试行)》(善政发[2008]3号)、《关于大力发展生产性服务业鼓励和引导工业企业实施主辅分离的政策意见》(善政发[2009]53号)等扶持政策,组织申报2009年度服务业扶持项目,审核通过项目64个,奖励金额940.71万元。梳理、完善服务业相关扶持政策,会同有关部门形成《嘉善县人民政府关于加快推进产业升级实现经济转型的若干政策意见(试行)》文件。抓好《嘉善县服务业发展总体规划》实施,根据总体规划着手编制新兴服务业和现代物流子规划。

【加大招商选资力度】 1~6月,组织人员到厦门继续开展蹲点招商。7月,重新成立现代服务业产业招商组,充实专职招商人员,开展以物流、新型商业业态、文化创意及其产业链为重点内容的招商活动，采用蹲点招商与产业招商相结合、独立招商与联合招商相结合、重点区域招商与行业团体招商相结合的方式，加大招商引资力度，全方位、多渠道、大力度引进资金、引进项目。全年分别在厦门、香港、北京等地及本县举行（参与）大型招商推介会4次。1～12月，新引进1000万元以上项目33个，其中外资项目2个，县外内资项目31个。实到县外资金20.6亿元。

【推进重点项目建设】 抓好项目储备工作，完善全县服务业项目库。有7个项目列入2010年全市服务业投资“百项百亿”工程计划，计划投资5.50亿元，实际完成投资5.85亿元。年初列入县2010年服务业投资计划的重点项目，有12个竣工、33个正在实施、11个做前期准备工作。全年服务业重点项目共完成投资18.97亿元，新开工项目27个。十大服务业提升项目完成投资7.63亿元。筛选重大项目向上级申报资金补助，有6个项目入选省服务业重点项目、7个项目入选市服务业重点项目。10家企业入选嘉兴市服务业行业十强企业。嘉善县科技创业服务中心二期项目获浙江省服务业专项扶持资金110万元。

【提升服务质量】 开展质量强县子课题服务质量调研，在走访质监、经贸、交通及铁路等部门和单位14家，及召开座谈会的基础上，形成《关于我县服务质量的调研报告》。开展“迎世博嘉善县地方特色菜评选活动”，评选出十大农家菜和十大饭店特色菜，并将选料、制作流程、菜式印刷成册进行宣传。开展涉企类中介机构星级评定，评选出星级中介机构9家。

【开展服务业发展工作调研】 开展全县服务业发展情况调研，走访上海（国际）产业转移咨询中心、上海社会科学院和杭州树人大学现代服务业学院等，就服务业整体发展、传统服务业提升、新城区和高新技术服务区的相关规划和产业定位等听取专家、学者意见建议，撰写《关于我县现代服务业发展的几点思考》、《我县服务业突破发展的思考》和《融入与联动，错位与呼应》等调研文章。

【加强服务业联合会工作指导】 完善会员基础信息工作，建立会员信息库，制作会员单位名录。组织常务理事单位到厦门考察服务业发展情况，学习外地的先进经验。组织全体会员参观上海世博会，拓展视野。举办嘉善县服务业联合会年会，组织会员到苏州参观考察，举办服务业联合会中秋联谊会。（潘　瑜）

国有资产管理

【概况】 2010年，嘉善县国有资产管理工作围绕服务大局、实现国有资产保值增值的目标，完善管理制度，规范收支行为，加强监督管理，认真履行县政府赋予的国有资产出资人职责。

【加强行政事业单位国有资产管理】 规范国有资产出租行为。根据《嘉善县行政事业单位国有房产出租管理办法（试行）》，对国家所有的各类商业服务性用房、办公性用房、生产性用房、仓储性用房、居住性用房及场地、构筑物等资产的出租行为实行公开招租报批。2010年，公开拍租标的物114件，成交金额2188.71万元，比起拍价1797.38万元增长21.77%。规范行政事业单位资产处置及有偿使用收入管理。按照“收入一个笼子、预算一个盘子、支出一个口子”的目标要求，继续抓好行政事业单位资产处置及有偿使用收入管理，全年行政事业单位资产处置及有偿使用收入累计上缴专户资金6058万元。提高资产使用效益，节约财政支出，抓好行政事业单位国有资产的调剂、置换工作；发挥存量资产最大效益，打造节约型机关，将县工商局罚没的802台电脑主机、649台显示器调剂给教育系统和镇（街道）文化部门。

【加强国有企业监督管理】 完善现代企业制度建设，县水务、城投、交投、商投4家国有集团公司建立董事会、监事会、经营班子议事制度，完善公司章程，初步建立产权清晰、权责明确、政企分开、管理科学的现代企业制度。配置专职内审机构和内审人员，制定内部审计管理制度，企业内部初步形成决策、监督制衡机制。加强监管制度建设，重新梳理现有国有资产管理制度，并根据全县实际情况出台物资采购、内部审计、对外担保、工资总额、业绩考核、人员招聘、企业负责人薪酬、职务消费等一系列管理制度和办法。各集团公司结合实际情况，制定内部管理办法。建立企业经营者业绩考核体系，从原先主要考核财务指标转变为考核财务指标与非财务指标、结果指标与动因指标、长期指标与短期指标、外部指标与内部指标、定量分析和定性分析、考核评价和奖惩等6个方面。

【拓宽融资渠道】 发挥融资平台功能，县国有资产投资有限公司在2009年末成功发行13亿元企业债券的基础上，根据“两新”工程投融资的需要，县国资局作为出资人，组建成立嘉善县新市镇建设投资有限公司，注册资本2亿元，2010年为有关镇(街道)的“两新”工程直接融资授信6.8亿元，实际到位贷款资金2.16亿元。向国家开发银行申请“两新”工程贷款20亿元。全年各集团公司为有关镇(街道)和国有公司担保融资15.58亿元。

【国投公司资产规模壮大】 县国有资产投资有限公司下属全资子公司11家，其中集团型企业4家，参股公司2家。至年末，公司资产总额113.97亿元，比上年增长4.37%，负债总额46.82亿元，比上年增长7.83%。归属于母公司的所有者权益总额66.42亿元，比上年增长2.09%。

(孟雪荣)

物价管理

【概况】 2010年，围绕稳物价、保增长、促转型、重民生工作主线，着力推进价格改革，加强价格调控监管，深化价格公共服务。稳定企业减负价费政策，健全促进经济转型升级的价格机制，改善关乎民生的价格热点，维护市场价格稳定，为全县经济社会平稳较快健康发展创造良好的社会环境。落实和完善政府定价项目成本监审制度，抓好垄断行业企业成本监审。开展2009年度收费验审工作，审验收费单位67家，年审率100%。核发收费许可证67本，注销收费许可证10本。受理价格举报、投诉和咨询99件；退还消费者金额3550元。加强价格认证服务工作，完成价格鉴定、认证、评估案件330件，认证、鉴定标的总额3066万元。

【免除农村义务教育阶段住宿费】 贯彻执行省教育厅、省物价局、省财政厅《关于免除农村义务教育阶段学校住宿费的通知》的规定，从2010年春季开始，免除公办学校属于行政事业性收费项目的住宿费。

【规范高中段学校代收费行为】 及时转发市发展和改革委员会、市物价局、市财政局、市教育局《关于贯彻浙江省物价局、浙江省财政厅、浙江省教育厅进一步规范高中段收费有关问题的通知》文件，并抓好贯彻落实。根据文件规定，高中阶段代收费包括课本、作业本、开展国防教育(军训)、爱国主义教育、体检等费用。规范高中段代收费后，讲义资料、教辅材料等教学管理范围的事项，不再列入代收费内容。

【制定全县统一的自来水价格】 随着全县城乡供水一体化工程建成并投入运行，根据“同网、同质、同价”原则，开展水厂运行成本审核和测算，召开供水价格方案听证会，制定全县实现城乡供水一体化后自来水价格调整方案。经嘉兴市发展和改革委员会、嘉兴市物价局批复(嘉发改物[2010]70号)，并经县政府研究同意，4月1日起对全县城乡供水价格进行调整。

【调整部分跨省、市、县班车票价】 5月1日，嘉善新客运中心投入运营后，部分客运班次以及计费里程有所调整。根据《浙江省物价局、浙江省交通厅关于完善跨省、市道路客运班车燃油附加费实施办法的通知》、《浙江省物价局、浙江省交通厅关于调整我省跨省、市道路班车客运基准运价的通知》以及《浙江省物价局、浙江省交通厅关于修订<浙江省道路班车客运价格管理暂行办法>的通知》的文件规定，自5月1日起，全县25条跨省、市、县班车客运票价有所调整，9条跨省、市班车客运票价维持不变。

【开展涉企服务收费标准情况调查】 根据《浙江省物价局关于降低部分涉企服务收费标准的通知》和《浙江省物价局关于降低施工图设计文件审查等服务收费标准的通知》精神以及省物价局有关要求，组织开展落实情况摸底调查。共调查涉企服务收费机构8个，其中有6个涉及文件规定的减免费项目。

【开展价格调研和检查】 全年完成《加强商品房价格监管，促进房地产健康发展》、《电力价格如何在节能减排中发挥杠杆作用》调研课题，为政府决策提供参考。开展涉农价费、行业协会收费专项检查和成品油价格政策落实情况督查，开展电力价格、学校食堂财务检查以及商品住房销售明码标价专项整治。查处价格违法案件5件，经济制裁185.42万元。 （袁纯燕）

统　　计

【概况】 2010年，嘉善县统计工作围绕“打造和谐统计，锤炼服务先锋”主题，加强统计基础建设，健全统计信息网络，加强统计队伍的教育培训，做实各类普查调查，充分发挥统计的信息、咨询、监督功能，为全县经济社会转型升级、科学发展提供保障。嘉善县统计局获2010年度浙江省畜禽监测调查优胜单位。

【抓实统计基础建设】 深入开展“星级统计中心”和“企业统计规范化建设”争创活动，魏塘街道统计中心等5家单位获四星级统计中心称号，嘉善汇佳乐装饰材料有限公司等12家企业被评为“统计基础工作规范化建设优秀单位”。制定完善《嘉善县统计局统计分析信息和政务信息工作制度》等规章制度。完善《行风监督员》制度，聘请行风监督员7名。

【健全统计信息网络】 完善三级统计网络，4月，开启嘉善县统计信息外网和嘉善县人口普查外网网站。继续完善统计局OA办公系统以及镇（街道）、村网上联络平台，加强企业网上直报管理。统计、财政、工商、税务、编办、民政等部门加强联系和沟通，发挥部门间的协同效应，建立统计单位库，做好登记入库工作，及时更新名录库。

【加强教育培训工作】 全年举办统计继续教育培训班19期，用近2个月的时间，全面培训政府部门、镇（街道）、村（社区）、基层企业中的统计人员，1348人参加培训。参加培训人员涉及农业、工业、建筑业、服务业等4个行业，涵盖农业、工业（规模以上企业产值和效益）、服务业、能源、科技、建筑、投资、贸易、法制、劳动工资、计算机等11个专业。做好统计从业人员资格申请受理、审核及认定发证工作，全年受理统计从业人员资格报名199人，受理报考助理统计师11人、统计师7人、高级统计师8人。

【提升统计服务能力】 加大统计监测力度，确立20家规模以上工业企业作为重点监测点。大中型工业企业经营状况问卷调查从原来的季度调查改为月度调查。完成规模以下工业企业抽样调查样本轮换工作。服务业月报企业由上年的48家增加到155家，农产品价格调查样本在原来4个省级调查点的基础上新增加46个国家级调查点。深化统计预警分析，全年完成统计分析37篇、统计快报41篇、统计调研文章及专报20篇、政务信息336篇。拓宽统计服务领域，每季度召开全县经济运行情况新闻发布会。多部门协作做好服务经济、转型升级、节能减排、城乡一体化等进程监测评价。编印《全县第二次农业普查资料汇编》和《2010年嘉善县统计年鉴》，完成《2009年嘉善县国民经济和社会发展统计公报》和《第二次经济普查主要数据公报》，并在报刊和政务网上公开刊登。

【推进重点统计工作】 年初，启动统计应急机制，对全县规模以上工业企业能源消耗实行月报制度，定期发布镇（街道）节能降耗相关数据，不定期公布重点能耗企业节能降耗情况。加强重点用能工业企业和各镇（街道）及主管部门能源月度统计数据监测，开展全县能源统计基础工作和数据质量大检查。加强能源分析预警工作，全年撰写统计分析专报10篇。健全服务业统计工作机制，召开全县服务业统计工作培训会议，建立短信催报平台。2010年，155家法人单位月度报表上报率100%。推进城乡住户样本轮换工作，11月开始，实行新调查记账样本户的试记账工作。城乡住户基本情况抽样调查共抽取样本3782户，涉及9个镇（街道）19个社区30个村，调查结束后抽取新的城乡住户调查记账样本户400户（其中城镇100户，农村300户）。推进粮食生产统计监测。成立领导小组，明确专职统计人员，组织开展业务培训5次。2010年，全县监测工作共抽选调查样本区54个，涉及全县9个镇（街道）48个村，4370户农户，1257.73公顷（18866亩）农田。

【开展各类普查、调查工作】 有序推进第六次全国人口普查工作。1月底，完成县、镇（街道）、村（社区）三级人口普查机构组建工作。4月起，组织开展人口普查户口整顿、人户分离人口联系核对以及县级综合试点工作。9月初,下发《嘉善县第六次全国人口普查清查摸底工作实施方案》和《嘉善县第六次全国人口普查登记工作实施方案》。9月24日起,全面启动清查摸底工作。11月1~10日,全面完成人口普查正式登记工作,并进入数据审核和整理阶段。做好第二次全国R&D资源清查工作,摸底并清查企业1200家。抓好社情民意调查工作。组织开展"群众安全感"满意率调查,调查涉及6个镇(街道)24个调查小区240户样本户。开展"万人评组工"活动调查,完成14个机关单位、6个事业单位、4个镇(街道)及其所辖15个村等共43个单位140份现场问卷调查工作。开展软环境建设调查,调查500家企业、200家个体户(居民家庭)样本。开展卷烟消费情况抽样调查,调查9个镇(街道)20个社区共计500户样本。

【加强统计法制建设】 做好"五五"普法自查工作,5月,通过市统计局组织的普法验收。县统计局、县监察局、县司法局、县政府法制办等单位成立统计法贯彻执行情况大检查领导小组,领导小组下设办公室。统计执法大检查中,共检查企事业单位57家,下发并回收自查表2000份。检查中发现问题并立案4起。10月,邀请省统计局专家为全县领导干部专题作《统计法》讲座。

【加强统计文化建设】 加强队伍建设,开展"学习型、创新型、服务型、效能型、廉洁型"五型机关建设。制订岗位目标责任制,明确岗位职责,细化岗位责任,加强考核,形成良性的竞争机制。继续开展统计业务讲坛活动,营造文化气息和学习氛围。发挥统计学会的桥梁、纽带作用,《嘉兴市嘉善畜禽监测与全面调查比较的探讨》等5篇论文获全县优秀论文评选活动一等奖等奖项。

(陈　靖)

国土资源管理

【概况】 2010年,嘉善县国土资源管理工作围绕保护资源、保障发展、维护权益中心,加强依法行政和队伍建设,较好地保障全县经济社会发展用地需求。全年,全县供应土地171宗339.67公顷(5095亩);上报农用地转用27批次296.73公顷(4451亩);全年审批农民建房1004户10.32万平方米;临时用地158户1.05万平方米;完成农村土地整治项目14个,实际新增耕地138.6公顷(2079亩),实现全县耕地占补平衡;年末耕地保有量30120公顷(45.18万亩)、基本农田保护面积26273.33公顷(39.41万亩)、标准农田面积21180公顷(31.77万亩),均达到省、市规定的目标。抓好地籍管理,地籍管理规范化建设通过省国土厅考核。地籍管理信息系统及数据库建设(县城部分)通过省厅验收。抓好地籍档案数字化建设,提升档案管理科技含量。完成第二次土地调查(农村部分)并通过省国土厅验收,完成了2010年度土地利用年度变更调查。全年发证8654本,面积809.89万平方米;其中,抵押登记69宗,面积108万平方米,抵押金额10.26亿元。国土窗口全年受理承诺件7861件,其中行政许可756件,非行政许可7105件,办结7671件,办结率98.9%。

【完成土地利用总体规划修编工作】 10月,浙江省人民政府批准《嘉善县土地利用总体规划(2006~2020)》。《规划》明确到2020年全县的耕地保有量不少于2.77万公顷(41.48万亩),基本农田保护面积不少于2.59万公顷(38.79万亩),城乡建设用地总规模不突破1.07万公顷(15.99万亩),新增建设用地控制在2305公顷(3.46万亩)之内等指标。随着县土地利用总体规划获得批准,中心城区和5个镇(街道)的规划也相继获得批准。嘉善县的土地利用规划编制及审批工作走在全省前列,为嘉兴市首位。

【落实耕地保护责任】 研究并制定2010年度耕地保护目标责任制,与9个镇(街道)签订耕地保护目标管理责任书。顺利通过嘉兴市2009年度耕地保护目标责任考核和耕地占补平衡考核。全面完成干窑镇省级基本农田示范区建设。

【推进节约集约利用土地工作】 全年,消化利用转而未供土地277.4公顷(4161亩),完成市政府下达276公顷(4140亩)任务的100.02%;盘活利用存量建设用地49.6公顷(744亩),完成率为124%。城镇新供住宅用地平均容积率1.5以上,7宗闲置土地处理达到上级规定的要求。认真执行建设用地"双控"(控投资强度、控容积率）指标和项目联审制度，提高项目准入门槛。工业用地投资强度比省国土厅的标准提高20%，容积率提高至1.0以上。全年有13个节约集约利用土地项目通过综合验收，面积30.97公顷（464.55亩）。加强批后监管，做好建设项目延期工作和竣工验收工作。全年下发"友情"通知书21份，履约通知书13份，收取违约金720.35万元。全年有39个建设项目延期，面积67.27公顷（1009亩）；有97个项目通过复核验收，折算节约土地155.53公顷（2333亩）。抓好国土资源节约集约模范县（市）创建活动。合理配置国土资源，全年出让国有土地128宗，面积294.27公顷（4414亩），合同土地出让价款22.51亿元，实收19.7亿元。

【开展"百万"造地工程】 完成"百万"造地工程。全年有25个建设用地复垦项目通过省级验收，新增耕地76.93公顷（1154亩）；17个项目通过市级验收，新增耕地42.8公顷（642亩）。13个土地开发项目通过市级验收，新增耕地18.87公顷（283亩）。合计新增耕地138.6公顷（2079亩），超额完成市下达的"百万"造地保障工程计划任务。

【开展农村土地整治工作】 全年上报农村土地整治项目立项14个，完成3年（2010～2013）立项18个任务的78%。总搬迁户数6762户，规划复垦总面积390.93公顷（5864亩），可取得土地周转指标257.27公顷（3859亩）。13个项目获省政府批准，规划搬迁户数6172户，规划复垦总面积311.44公顷（4671亩），已申请取得周转指标122.10公顷（1832亩）。

【加强土地执法工作】 围绕"土地与转变发展方式——依法管地、集约用地"主题，开展国土资源法律法规宣传。在"6·25"全国土地日，采取上街咨询、报刊刊登专版、群发手机短信等形式，进行全方位宣传活动。开展卫星遥感执法检查。2009年度卫星遥感监测，境内影像图斑186个，地块294宗，监测面积408.32公顷（6124.76亩）。全年查处土地违法案件37件，涉及土地面积9.88公顷（148.2亩），拆除违法建筑1.70万平方米，没收建筑物3.11万平方米，罚没款544.18万元。

【化解土地征收矛盾纠纷】 畅通信访渠道，开展"信访积案化解年"活动。抓好农村土地征收矛盾纠纷排查化解和"重信"、"重访"专项治理活动。梳理出重点信访积案7件，做到全部化解。全年共受理群众来信来访286件，办结275件，办结率96.2%；受理县（市）长电话转办35件，办结率100%；未发生群体性事件。规范征地程序，严格执行"区片综合价"，及时足额支付征地补偿费用。全年完成征地四项补偿结算项目84个，面积154.53公顷（2318亩），支付四项补偿费1.38亿元，安置农业人口780人。推进西气东输二线嘉善段借地工作，基本完成新城区拆迁整体结账试点工作。

【抓好矿产资源开发利用】 完成嘉热2号井采矿权评估、土地使用权和采矿权公开出让工作。嘉热3号井、4号井及嘉地1号钻探井通过专家评审。完成嘉热4号井钻井招投标工作，并进点开钻。启动地热规划编制工作，完成富硒土壤调查，配合市国土局完成地面沉降监测工作。

（陆川根）

审　计

【概况】 2010年，嘉善县认真贯彻《中华人民共和国审计法实施条例》，充分发挥审计监督作用和"免疫"功能，促进全县经济社会和谐发展。全年共完成审计项目35项，完成项目投资审计27.19亿元，专项资金审计7.27亿元。查出违规金额2237.94万元，管理不规范金额1.49亿元，核减工程款348.06万元，处理收缴78.60万元。移送和建议处理3起，金额2051.28万元。

【贯彻落实新审计法实施条例】 5月1日，《中华人民共和国审计法实施条例》施行，县审计部门认真学习，抓好贯彻落实，制定宣传活动实施方案，多渠道宣传《条例》。全面提升审计质量，结合本年度审计项目，深入审计实施现场，做到边审计、边宣传、边讲解，使被审计单位了解和掌握《条例》精神，理解、支持、配合审计工作，为《条例》的实施营造良好的舆论氛围和社会环境。

【深化财政预算执行审计】 根据"收入一个笼子、预算一个盘子、支出一个口子"和"财政资金使用到哪里,审计就跟进到哪里”的要求,深化全部政府性资金审计,从体制、机制等方面提出改进预算管理的建议,确保宏观调控各项措施落实到位,提高预决算管理规范性、完整性和公共财政管理水平。同步开展全部政府性资金、财政资金安全绩效及政策性扶持资金专项审计调查,形成“1 + N”的财政同级审模式,提升预算执行审计的宏观性和全面性。

【推进领导干部经济责任审计】 制定并实施《嘉善县国有企业集团领导人员任期经济责任审计暂行办法(试行)》和《嘉善县领导干部经济责任审计对象分类管理办法》,对62个经济责任审计对象重新进行ABCD分类,依据领导干部掌管的财政性资金数量、性质、权限和责任,采取任中必审加离任审计、任中轮审加离任必审、任中抽审加离任时执行离任交接制度等3种模式进行经济责任审计,加强国有企业集团领导人员的审计监管,保障国有资产保值增值。

【强化民生审计】 树立“民本审计观”,加强涉及群众切身利益项目审计监督,组织开展食盐经营绩效、中小学校舍安全工程、社会养老、城乡居民养老保险、城镇居民医疗保险制度实施、保障性住房项目等多项审计调查,重点检查各项资金管理、使用情况和有关政策措施落实情况,提出意见、建议,促进资金使用效益有效发挥和各项惠民政策落实,增强政府公共服务能力。

【推进政府投资审计】 继续抓好政府重点工程项目竣工决算等常规性审计,开展“全县新增政府主导性投资”、“全县政府投资项目竣工财务决算”、“中小学校舍安全工程”和“工程建设领域突出问题专项治理”等项目专项审计调查,采用跟踪审计的方式,及时了解工程建设过程中资金的筹集、使用情况,以及工程质量、投资效益方面存在的问题,第一时间提出整改意见。完成对口支援青川灾后重建项目审计,县审计局被浙江省援建指挥部、省审计厅、青川县政府授予灾后恢复重建审计工作先进集体。

【探索全部政府性资产审计】 在全部政府性资产审计的基础上探索开展全部政府性资金审计,专门制定《嘉善县审计局关于推进全部政府性资产审计工作的实施意见》,并确定干窑镇为试点单位。审计试点以全部政府性资产为主线,结合党政领导干部经济责任审计同步开展。通过审计,帮助干窑镇将应收未收的资产收益170万元,收缴镇财政。

【配合做好县长经济责任审计工作】 2010年,省委组织部、审计厅确定嘉善县进行县长经济责任审计。县审计部门积极筹备、全力配合,从审前调查、审计实施到报告反馈,全程做好联络、服务、协调工作,为省组织的县长经济责任审计提供便捷的服务、良好的工作环境和后勤保障,确保审计工作圆满完成。

【提升审计成效】 加大审计结果跟踪落实力度,制定《推进审计结果跟踪落实实施办法》。《办法》规定以每个审计项目出具的审计报告、审计决定书、移送处理书和审计处罚决定书等业务文书为跟踪目标,对被审计单位的审计处理、处罚决定执行情况、责令自行纠正事项的整改落实等情况进行跟踪,督促审计结果落实,以提升审计效能,发挥审计免疫系统作用。注重审计成果提炼,从体制、机制和管理层面提出审计意见和建议,促进制度完善、管理规范,发挥审计建设性作用。全年共出具审计报告53篇,提出审计建议162条,其中已被采纳63条、建立整改措施9项,建立健全规章制度11项。提交审计专题或综合性报告、信息49篇,其中被上级机关和领导采用、批示34篇。

【推进计算机辅助审计】 加大计算机辅助审计力度,通过分析比对财务、业务数据,发现疑点,确定审计重点。建立数据处理中心,实现计算机联网审计,满足多单位、多账套纵横分析比对需求,以发现审计新线索,提高审计工作效率。2010年,县审计局撰写的《AO在全部政府性资金审计中的应用》及《AO在土地增值税审计中业务数据分析的应用》分别被浙江省审计厅评为优秀奖和应用奖。

【加强内审指导服务】 开展行政事业和企业单位内部审计调研,摸清全县内部审计机构设置、从业人员及开展模式等情况。组织内审人员参加岗位资格培训,全年有12名从事内审工作的相关人员取得岗位资格证书。组织内审人员参与省市内审理论研究，提高内审工作水平。建立、健全内审工作机制，统一内审文本格式。全年县内审协会新增团体会员6个。（曹　健）

食品药品监督管理

【概况】　2010年，嘉善县围绕保障公众饮食、用药安全，加强食品安全综合监管和药品安全日常监管，开展药品安全专项整治和创建药品安全示范镇活动，全县食品药品安全形势持续好转。

【完成世博食品药品安全保障】　年初，县食品安全委员会办公室下发《关于加强世博期间食品安全工作的通知》、《关于加强世博期间药品经营监管的通知》、《关于做好“五一”期间食品药品监管工作的通知》等文件，召开会议专题部署，分解任务，细化工作，要求各部门针对重点区域、重点环节、重点品种进行全面排查，发现问题及时整改。定期召开工作例会，了解和掌握安全保障工作动态，深入镇（街道）开展食品药品安全保障工作督查。各相关部门通力合作，结合各自职能，围绕种养殖、生产加工、生猪定点屠宰、流通等环节，加强供沪食品监管。县食品药品监督管理局（以下简称县食品药品监管局）组织开展保世博药品安全专项整治，开展旅游景点药品质量专项检查等，确保世博期间食品、药品安全，受到市政府督查组的好评。

【抓好食品安全综合监管】　依托县食品安全委员会（办公室）工作平台，定期或不定期召开食品安全工作协调会议，商讨工作、通报情况，完善协调工作机制。及时制定食品安全整顿年度工作方案、工作要点，细化工作任务和措施。牵头开展问题乳品清查、地沟油和餐厨废弃物专项治理，加强镇（街道）、部门食品安全专项整治督查，配合人大开展节前食品安全视察，抓好镇（街道）食品安全目标责任制考核，全县形成食品安全齐抓共管的格局。

【开展药品安全示范镇创建试点】　巩固和深化省级农村药品“两网一规范”建设示范县创建成果，探索开展全县药品安全示范创建工作。起草《嘉善县药品安全示范镇（街道）创建工作实施方案（试行）》，并由县政府办公室正式印发。建立县药品安全示范创建活动领导小组，下设办公室负责创建日常工作。提出到2012年底全县药品安全示范镇（街道）创建率达100%，市级安全示范镇30%以上的创建目标。确定大云镇为创建试点镇。加强试点镇指导，编印《嘉善县药品安全示范镇（街道）创建工作指南》，组织相关人员到外地实地考察。12月10日，大云镇通过县药品安全示范创建领导小组考评，达到药品安全示范镇的标准。同月，大云镇通过市药品安全示范镇创建工作考核组验收。

【抓好药品安全日常监管】　推行8小时外巡查、监督检查公示制、专人分片等监管模式，加强重点环节、重点部位监督检查，抓好药械生产、流通、使用环节等全面监管。牢固树立医疗器械生产企业质量第一责任人意识，建立完善医疗器械质量信用评价体系，引导企业加强质量管理。严格准入关，重点把好申办受理、筹建、验收发证等关口，建立健全小药店整治长效机制。运用信息化手段，推进药品批发企业仓库温湿度在线监测和网上监管，提高监管效能。贯彻落实《浙江省医疗机构药品和医疗器械使用监督管理办法》，开展医疗机构药械使用质量专项检查。10月，组织农产品批发市场保健品经营业主进行法律法规培训，树立依法经营意识，杜绝无证经营事件发生。

【开展药品安全专项整治】　坚持专项治理与整体推进相结合，整顿和规范药械市场秩序。年初，县政府办公室印发《嘉善县药品安全专项整治工作实施方案》，成立县药品安全专项整治工作协调小组。全年，重点开展打击利用互联网等媒体发布虚假药品广告、“非药品冒充药品”专项整治，加强含麻黄碱类复方制剂管理，开展打击工业氧冒充医用氧违法行为、通过寄递渠道销售假劣药品等专项检查活动，加强农贸市场经营中药材、药品广告等的监管。全年累计出动监督检查人员540人次，检查辖区内药械生产、经营、使用单位240家（次），取缔无证经营药品窝点3个，发出整改意见书33份，责令改正通知书43份，立案查处违法涉药案件26起。完成药品监督抽验105批次，快检150批次。

【推进药品不良反应监测】　完善各项制度，加强监测单位量化考核。完善监测网络，拓展监测范围，上半年新增监测点（医疗器械经营企业)13家。探索新的监测方法,加强新发生的、严重的不良反应事件监测。定期培训上报人员,加强业务指导,不断提高药械不良反应(事件)报告填报质量。全年上报药品不良反应480例,医疗器械不良事件25例。完善预警应急机制,做好药品不良反应应急处置工作,提升监测工作水平。

【加强食品药品安全宣传】 以食品药品安全知识"进社区、进学校、进农村、进企业、进机关"等活动为载体,深入开展与群众日常生活、健康相关的食品药品安全知识宣传。结合"3·15"消费者权益日和"5·12"国家防灾减灾日开展主题宣传活动,发放食品安全宣传画6期3000份,安全用药小册子1000份。积极参加法制宣传展板制作比赛,用典型案例宣传《药品管理法》等法律法规,采用集中展示的方法,提高广大群众的认知水平和消费信心,营造全社会关注食品药品安全的良好氛围。下半年,部署开展"药学服务进社区"活动,组建"药师服务团",定期上门为居民开展用药咨询指导、清理家庭药箱、免费测血压等药学服务。为特殊患者提供送药上门服务,宣传安全合理用药知识,指导和帮助居民清理家庭存放的过期失效药品。制作宣传挂图1000份、宣传手册2万份、家庭过期药品回收箱150只,逐批分送到村、社区。

【服务医药经济发展】 组建"平安药监"志愿者团队,加强与药品、医疗器械生产经营企业沟通,了解生产经营现状、存在困难和制约企业发展的瓶颈,为企业健康发展出谋划策。至年底,诚达药业有限公司已取得生产许可证,成为全县第一家取得药品生产许可证的企业。做好罗星街道(中国归谷嘉善园区)嘉善禾溪华医药有限公司项目的有关前期准备工作,为入驻企业提供政策支持和全方位服务;至年底,省食品药品监管局同意公司筹建。

(王　莉)

工商行政管理

【概况】 2010年,嘉善县工商行政管理工作突出高质量服务、高效能监管、高水平维权、高素质队伍建设,积极作为,抓好各项工作落实,努力促进经济平稳健康发展和社会和谐稳定。嘉善县工商行政审批服务中心注册窗口获2010年度省级和市级"五优注册窗口"。魏塘工商所和注册窗口连续3年获群众满意站所称号。

【推进市场主体发展】 首次推出企业开设"一次办"、工商联络员和重大项目联审制等制度,提高审批效能。全县新设各类市场主体3717户,比上年同期增长5.18%;新增注册资本金56.18亿元和2.33亿美元。出台《优化工商职能助推"转型发展"的若干措施》,定期编制全县市场主体信息报告、特殊时期民企生存快报、大额减资企业信息抄告等,服务政府和创业主体。依托登记职能,推进资本社会化:开展股权投资和股权投资管理主体的登记注册,核准登记全市首家股权投资管理有限公司;开展公司债转股登记工作,为2家企业办理500万元的债转股变更登记手续,拓宽融资渠道。完善工商、地税联系协作机制,运用企业数字证书报税,完成197家企业个人股权转让所得税的征收工作,实现地方财政收入500万元。

【实施商标品牌战略】 继续抓好商标注册、应用指导工作,全县新申报注册商标373件,其中农副产品商标16件,服务商标13件,国际注册商标69件;核准注册商标145件,累计注册商标1725件;指导15家企业申报市著名商标,6家企业申报省著名商标,2家企业申报中国驰名商标。嘉善县列2009年度中国商标发展百强县87名,在"品牌浙江五年成果巡礼暨2010品牌盛典大会"上受到表彰。推进区域品牌建设,核准天凝植绒集体商标,申报"银加善"精品农业、大舜纽扣等5件集体商标。特别是"银加善"精品农业集体商标,建立县政府主导、部门协作、全县参与的工作格局,为大力打造县域农业区域品牌奠定基础。实现品牌指导站镇(街道)全覆盖,同时建立旅游、精品农业行业专业品牌指导站。加强旅游业和精品农业品牌管理保护,与西塘镇政府共同承办浙江旅游商标品牌保护与开发研讨会,首发"旅游品牌体验指数"取得较好的社会反响。

【服务农村经济发展】 完成小菜场整治规范任务,规范市场名称,登记农村小菜场30家,农村市场经营户持照率从41%上升到95.06%,索证索票率

95.12%。完成5家农村市场改造提升,农村星级农贸市场有10家。继续开展农业订单信用主体和信用村评定,认定229户农业经营者为“守合同、重信用”企业(合作社、经纪人、农户),其中82家农户从AA级升到AAA级,13个经营主体和47家农户从A级升到AA级,认定3个村为订单农业信用村。健全完善杨庙服务新农村工作站,在工作站建立合同纠纷调解室,受理涉农合同纠纷投诉13件,书面调解纠纷4件,涉及金额12.2万元,为农户挽回损失7840元。通过工商信用评定,为干窑辖区农业生产企业提供银行授信1000万元,贷款60万元。继续鼓励农民以土地承包经营权出资农民专业合作社的注册登记,为50位农民办理土地承包经营权,出资土地15.73公顷(239.5亩)、作价438.32万元,成立专业合作社9家。

【维护市场经济秩序】 全年共办理各类行政处罚案件318件,大要案175件。查处侵犯世博会知识产权和与世博会相关的虚假广告案件8起。加强网络监管,对2129家具有网站的市场主体进行建档,对241家企业予以营业执照网上标识,查处网络广告案件9起。开展“迎世博禁传销”专项集中行动,取缔传销窝点41个,驱散传销人员442人,解救29人,查办传销案件6件,处罚传销骨干分子6名,打击传销工作得到工商总局直销监管局领导的肯定。整治和查处商业贿赂案件,全年办结商业贿赂案件10起。查处电子、食品、日用品等假冒侵权案件18起。开展社会无照经营监管,健全联席会议制度、信息互通制度和联合执法制度等监管机制,查处无照经营案件48起。切断255家“黑网吧”网络信号,立案查处黑网吧21家,查扣电脑主机270台、显示器273台。

【加强食品安全监管】 出台《关于巩固提升全县校园食品放心工程的意见》,创新监管方式,在全县校园食品统一配送中全面推广使用食品配送管理系统,打造食品安全电子监管平台,实现校园食品配送电子化全覆盖,即所有校园配送食品(校园商店食品、食堂食品及原料)100%纳入电子监管,所有校园配送食品100%实行电子进货台账登记,所有校园配送食品100%实行电子销货台账登记。继续推行“放心店”星级化监督管理,实行星级评定、摘牌淘汰等动态管理机制,引导示范店提档升级,全年评定一星级“放心店”6家、二星级2家、三星级3家。扎实做好辖区农村小食杂店整治工作,全县3028户小食杂店整治和规范达标规范率100%,通过市、县组织的考核验收,圆满完成整治任务。加强食品流通许可制度建设,全年累计核发食品流通许可证1491户。

【推进法治工商建设】 规范行政处罚自由裁量权,增强处罚文书说理性,健全执法制度,严格依法行政。依法应对2起行政诉讼案件,工商的具体行政行为均得到维持。转变监管方式,以教育、沟通、建议、提示、规劝等柔性说理性行政行为开展行政指导。全年开展行政指导17项227件,有1个行政指导项目被认定为“嘉善县第二批政府法制工作创新奖项目”和“全省工商系统行政指导示范项目”。 (张 晞)

质量技术监督管理

【概况】 2010年,嘉善县大力推进“质量强县”建设,深入实施名牌战略和标准化战略,加强食品质量、特种设备、重点产品安全监管,全年县域辖区未发生区域性质量问题。县质量技术监督局按照省质监局“质量提升和深化作风建设年”活动部署,依法履职、科学监管、改革创新、优化服务,较好完成全年目标任务,促进全县经济社会和谐发展。

【正式启动“质量强县”建设】 根据“质量强省”、“质量强市”总体要求,在认真总结“质量兴县”3年来先进经验和成功做法的基础上,制定《嘉善县人民政府关于推进质量强县建设实施意见》,召开全县“质量强县”联席会议,明确服务、环境、工程、产品等质量监管牵头部门,组织开展质量强县工作调研,全县初步形成政府引导、条块结合、部门联动的工作格局。

【深入实施名牌战略】 制定《嘉善县2010年名牌产品培育计划》,建立重点培育企业名单,确立梯度培育目标,增强培育工作的针对性和有效性。开展质量管理知识培训,推行全面质量管理方法。继续实施政府质量奖制度,并将政府质量奖和绩效质量管理模式有机结合。修改完善

《政府质量奖评选办法》，聘请“市长质量奖”评选专家考评申报企业，确保政府质量奖评选科学、公正。结合本县产业特色提出“小纽扣抱团创名牌”工作思路，探索以单个名牌为主体、以区域名牌经营运作的模式提升纽扣产业。2010年，全县新增浙江名牌产品2个，其中“西塘旅游”为首个省级服务名牌产品；新增嘉兴名牌9个，其中服务业名牌2个。新增“政府质量奖”企业2家。

【大力实施标准化战略】 加快建立和完善产品质量标准体系，大力推进农业标准化、工业标准化和服务业标准化建设，推动产业结构调整和优化升级。推进联盟标准制定工作，制定“水泥企业能源计量器具配备和管理要求”联盟标准1项，新增《在纽扣块状产业制定并实施纽扣产品质量安全和不饱和聚酯树脂纽扣联盟标准》。开展服务标准化试点工作，《实施校园食品统一配送服务标准化》列入省级服务业试点项目。2010年，“青鱼标准化养殖示范推广”和“雪菜标准化种植推广示范”2个项目通过省级验收。全年新增省级农业标准化示范项目2项，新增省标准化创新型企业1家。截至年底，全县有省级农业标准化示范项目10项、省标准化创新型企业2家。质监、农经部门完成县级农业地方标准(规范)清理工作，共修订、复审、备案标准65项，废止6项。

【全面完成“十小”整规工作】 按照省委、省政府提出的“全面规范、长效巩固、转型提高”的总体要求和“食为先、安为重、规为主、扶为上、促为本”以及“便民、利民、安民”的原则，探索建立“七大机制”，巩固深化整(顿)规(范)成果，防止出现回潮和反弹。经市“十小”整规工作领导小组考核验收，全县5235家“十小”经营单位整规达标的有5189家，整规达标率99%。“十小”经营点的整规覆盖面100%，全面完成3年整规任务。

10月15日，全市“十小”行业整规工作验收组对嘉善“十小”整规工作进行综合考核验收。 县质监局 提供

【创新区域监管模式】 建立“一站三员”区域监管网络，至年底，全县共有基层质监站所4个、镇(街道)质监员9名、村(社区)协管员147名、企业质量安全员298名。建立健全“四大工作机制”，即基层质监所与镇(街道)“七站八所”联合巡查机制，“三员”定期信息交流机制，人大、政协视察基层质监工作机制，县质监局与镇(街道)定期交流机制。形成以镇(街道)为主导、基层站所为基础、质监“三员”为网络、监管责任为纽带、制度规则为保障的区域监管格局，即“一纵三横”区域监管新模式。“一纵”：每周质监局业务科室指派人员逐一与4个基层质监所联合开展巡查，并对巡查情况进行交流、汇总和分析。“三横”：将全县2000多家特种设备使用企业、11163台在用特种设备和98家食品生产加工企业以及100多家重点监管企业，按区域划分至4个质监所，明确监管责任；每月各驻镇(街道)基层站所定期开展联合检查；各基层质监所与“三员”定期进行信息交流，传达上级监管部门的新精神、新要求。

【加强食品质量、特种设备、重点产品安全监管】 加强食品质量安全监管。锁定企业主体责任，与98家企业签订主体责任书，督促企业做到进出有账、使用有底、检验有据、管理有制。抓好24家供博(世博会)及周边地区食品加工企业监管，做到生产过程可追溯、责任可追溯。2010 年，共完成各类定期监督抽查 83 批次，合格 80 批次，合格率 96.38%。开展专项抽查，抽查酱腌菜、糕点、豆制品、原料奶粉、纯净水等 76 批次产品，合格 67 批次，合格率 88.1%，立案 12 起，关停无证食品加工企业 4 家。加强特种设备安全监察。开展“质量卫士保安全，构筑世博护城河”专项行动，把好三产服务业及公共领域特种设备安全关。抓好作业人员培训取证和复审工作，新发及复审作业人员证书 1300 份。全年累计出动特种设备安全监察人员 1124 人次，检查企业 321 家，发出《特种设备安全监察指令书》99 份，整改事故隐患 148 起，立案查处 35 件，受理各类施工告知 523 份、办理小型锅炉房审核 128 起、办理特种设备使用登记 193 起，数据库新增各类特种设备 731 台、新增压力管道 47.90 延长千米。加强重点产品安全保障。起草《嘉善县 2010 年重点产品质量分类监管实施方案》，确定重点监管区域 3 个、重点监管行业 2 个、重点监管产品 12 个、重点监管企业 100 家，监督抽查管桩、PC 钢棒等 12 种重点产品 281 批次。全年累计出动执法人员 1425 人次，检查企业 567 家，立案 46 件；12365 投诉举报中心受理投诉 8 件，举报 10 件，成功调解 18 件。全年辖区内未发生区域性质量问题。

【筹建浙江省电子电声产品检测中心】 针对全县电子电声企业多、产量大的特点，积极筹建省级电子电声产品检测中心，县政府常务会议审议通过《关于创建省级电子电声产品检测中心的初步方案》。确定检测中心事业编制人员 8 名，县财政划拨启动经费 500 万元。年底，电子电声检测中心正式挂牌运行，结束嘉善没有省级以上检测中心的历史。年底，在合并原县农产品检测所、县食品质量安全检测所、县 ROHS 检测所基础上成立县食品（农产品）质量安全检验中心。

【深入推进节能减排工作】 加强能源计量管理，开展联盟标准化工作，制定“水泥企业能源计量器具配备和管理要求”联盟标准 1 项，引导企业建立能源管理体系。2010 年，全县水泥行业单位产品电耗同比减少 1500 多万千瓦时，单位产品平均电耗下降 10%。推进特种设备节能减排工作。编制《嘉善县关于推进工业锅炉节能工作实施方案》，成立特种设备节能减排技术服务队和专家指导组，编写《特种设备节能减排意见书》。全年累计完成有机热载体锅炉改造 20 台，加装冷凝水回收装置 21 台，组织实施锅炉水处理达标 620 台，淘汰各类小型锅炉 51 台，年节约标煤 8800 吨。

【大力开展创建满意行业活动】 组织开展农资计量专项整治活动、“5·20 计量日”、“质量月”宣传服务活动。开展“质监服务基层行”、“质监部门联百企”、“台商服务月”等活动，举办 CARB 知识专场研讨会。开展清费减负工作，全年累计为企业政策性减负 32.68 万元。在嘉善质监网设立 4 个动态栏目和 26 个静态栏目；先后与北京、上海等省市质监网站链接，实现信息共享。2010 年，质监系统 8 个基层站所（含事业单位、行政审批窗口）全部获得“群众满意站所和服务窗口”称号，其中 4 个基层站所获市级“群众满意站所和服务窗口”称号，魏塘质监所被评为“全县十佳基层站所”。（毛海雁）

安全生产管理

【概况】 2010 年，全县上下大力贯彻“安全第一、预防为主、综合治理”方针，认真落实县委《关于进一步加强安全生产工作的意见》，全面开展“安全生产年”、“隐患集中排查治理”等活动。全年事故发生起数、死亡人数、受伤人数、直接经济损失数比上年同期分别下降 4.6%、9.8%、8.76% 和 0.41%。全县未发生较大以上等级的安全生产事故。

做好世博期间安全生产工作。县委、县政府成立“环沪护城河”安保工作领导小组，下发《嘉善县上海世博会“环沪护城河”安保工作实施方案》，明确 28 个部门（单位）和 9 个镇（街道）的工作职责及任务，按照“党政主导、部门联动、社会参与”的要求，全面推进世博安保工作。开展“迎世博、保安全”专项安全大检查，县四套班子主要领导带队，分管副县长参加，成立 4 个督查组，开展道路交通、消防、建筑工程、危险化学品等领域安全生产督查，确保“世博会”期间全县安全与稳定。

全年县安全生产监督管理局共受理各类申请事项 114 项，完成审批事项 102 项，其中安全生产许可证6件(换证3件、变更1件),危险化学品建设项目“三同时”审查11件,危险化学品生产、存储批准书3件(核发2件、变更1件),危险化学品经营许可证48家(乙证:核发7件、换证35件、变更6件),危险化学品使用备案6件,剧毒化学品使用备案21件,非药品类易制毒化学品经营备案20件。出具现场检查记录77份,下发整改指令书24份,复查意见书21份,发出强制措施决定书25份。

【抓好安全事故防治工作】 2010年,全县共发生各类事故166起,死亡46人,受伤125人,直接经济损失171.97万元。与上年同期相比,事故发生起数下降4.6%,死亡人数下降9.8%,受伤人数下降8.76%,直接经济损失下降0.41%。其中,发生工伤事故6起,死亡7人,重伤2人,直接经济损失115万元,与上年同期相比,事故发生起数下降14.29%,死亡人数持平,直接经济损失下降0.96%。发生道路交通事故143起,死亡38人,受伤123人,直接经济损失17.56万元,与上年同期相比,事故发生起数下降3.38%,死亡人数下降7.32%,受伤人数下降10.22%,直接经济损失下降5.07%。全年未发生水上交通事故。发生火灾事故17起,死亡1人,直接经济损失39.41万元,与上年同期相比,事故起数持平,直接经济损失下降1.74%。2010年,全县未发生较大等级以上安全生产事故。

【贯彻落实县委一号文件】 年初,县委制定《关于进一步加强安全生产工作的意见》,并以善委[2010]1号文件下发。文件围绕体制机制、安全投入、主体责任、监督管理、队伍建设、考核机制等重点,进一步明确具体目标和措施。建立“党委领导、政府监管、行业管理、企业负责、社会监督”的安全生产工作格局。加强基层安监机构队伍建设,做到人员、经费、装备与所担负的任务相适应。镇(街道)设立安全生产监管机构,配备专职人员,统一挂牌、明确职责、制度上墙。将安全生产专项资金列入镇(街道)年度财政预算,单独设立。加强安全监管职能部门建设,充实监管人员,落实监管责任。按照当地常住人口每人3元的标准设立安全生产专项资金,其中县财政2元、镇(街道)1元。专项资金主要用于购置装备、宣传教育、安全生产标准化建设以及建立应急救援体系等。

【落实安全生产责任制】 1月7日,县政府召开全县安全生产工作会议,部署安全生产工作。会议上,县政府与各镇(街道)、县级有关部门(单位)签订2010年度安全生产责任书。各镇(街道)、有关部门将安全生产责任层层分解,落实到村、企业和下属单位。加强安全生产目标管理,建立安全生产工作例会制度。全年共召开全县安全生产工作会议、季度例会、安委会成员会议、镇(街道)安监办负责人会议28次。抓好安全生产目标考核,实行“一票否决”制。重大节假日及重要时期,县长和分管县长带队开展安全生产督查。严格实施行政问责制,完善安全生产形势定期通报制度、警示制度和戒勉谈话制度,对事故多发的镇(街道),采取领导约谈措施。全县形成主要领导亲自抓、分管领导具体抓的工作氛围。抓好企业安全生产主体责任落实,实行安全生产告知、承诺制,督促镇(街道)及有关部门做好所属村、所辖企业自查和检查工作。建立企业安全诚信机制,督促和引导企业建立安全生产公示制度,及时发布企业安全生产基本信息,保障员工及周边公众的知情权。建立安全生产警示牌制度,形成社会对企业的舆论监督和行为制约,提高企业的安全诚信。

【开展重大事故隐患排查治理】 开展重大事故隐患排查,经报请确定,列入省、市2010年度工业、商贸企业重大安全隐患整改单位各1家,市级重大火灾隐患整改单位1家,县级工业、商贸企业重大安全隐患整改单位7家。按照整改责任、措施、资金、期限和应急预案“五落实”的要求,协助相关镇(街道)制定整改实施方案,督促整改企业强化第一责任意识,制定并落实整改措施。对整治企业每月进行实地指导,掌握整改进展,确保整改效果。至年底,省级整改单位——嘉善县洁源油蜡厂已关闭,拆除原有设备和厂房,原有土地出租,新建嘉善联成生活燃料有限公司。市级整改单位——嘉兴欣奇化工有限公司、嘉善富华宾馆完成整改。7家县级整改单位通过县人大、县政府组成的联合督查组验收。

【开展安全生产执法检查】 深

入开展“安全生产年”活动。县政府办公室专门印发《关于继续深入开展“安全生产年”活动的通知》,安监、交通、农机、质监、建设、消防、交警等职能部门紧密配合、协调行动。针对工程建设、危化品、水泥制品、烟花爆竹、特种设备等重点行业和领域,开展一系列专项整治和执法活动。对隐患突出的单位以及事故易发的重点场所,开展春季、夏季安全生产大检查及中秋、国庆等重大节假日安全大检查。分别对机械、轻工、纺织、商贸等行业建设项目的安全设施开展“三同时”专项检查,开展冶金行业安全专项执法检查、危险化学品重大危险源及“三同时”专项执法检查、特种作业持证上岗专项执法行动、规范应急预案管理等专项执法行动。对水泥制品、冶金有色、五金机械、船舶修造、木业家具、纺织服装、电子信息等行业进行专项整治,加大高危行业及重大危险源企业巡查力度,指导企业排查安全隐患,落实安全责任和安全培训,帮助完善各项管理制度,并现场纠正员工的“三违”现象,夯实企业安全生产基础工作。全年出动检查人员1133人(次),检查各类企业398家,立案39宗,发出责令整改意见书119份,开出现场检查记录执法文书398份,现场复查意见书119份,罚款121.81万元。

【加强安全生产宣传】 加强安全生产信息交流,及时更新嘉善安监网,定期出刊《安全生产动态》。结合“安全生产月”活动,组织开展安全生产公益广告、图板巡展、知识竞赛、应急预案演练、送法下基层、安全检查等系列活动,普及安全生产知识,营造全社会“关爱生命、关注安全”浓厚氛围。6月13日,安监、宣传、公安、文化、工会、团委、妇联等24个部门在绿逸公园开展“安全发展,预防为主”主题宣传活动,现场发放宣传资料5000份,接受各类咨询700人次。

开展安全生产检查　　县安监局　提供

【推进安全生产信息化、标准化建设】 加强安全生产信息平台建设。实行全县企业分类管理,建立隐患治理数据库,初步搭建安全生产信息平台。各镇(街道)落实专人进行信息登记和维护,做到一企一档,动态更新,增强安全监管、治理的针对性和实效性。根据产业、行业特点及安全生产现状,完善企业安全生产评估分类标准。建立与调整经济结构相结合、银行贷款、工伤保险缴费优惠等激励机制,促使企业主动投入安全生产工作。推动安全生产标准化创建。按照标本兼治,重在治本的要求,加强企业基础工作,完善安全生产技术规范和质量工作标准,鼓励和引导企业创建安全生产标准化。至年底,全县有国家二级标准化企业1家、省级标准化企业1家,正在创建并已与咨询公司签订合同的企业4家。

【抓好安全生产培训】 全年共组织举办(承办)各类培训班36期,受训学员4159人。其中,举办生产经营单位主要负责人、安全管理人员培训班22期,1725人参加学习培训。举办特种作业人员培训班6期,1433人参加培训。举办危化品负责人、从业人员培训班5期,521人参加学习。举办烟花爆竹从业人员培训班4期,480人参加学习。企业负责人、安全管理人员、特种作业人员持证上岗率达90%以上,比上年同期增长5%;危化品从业人员持证率达100%。

【依法查处各类案件】 全年审理各类行政处罚案件57起,其中,审理事故(以及事故相关)案件33起,审理其他处罚案件24件。依法审理的33起事故案件中,有死亡事故15起(含2009年年末发生的4起)。处罚生产经营单位37家,处罚个人20人。给予当事人罚款处罚57次,罚款总额227.11万元;给予当事人警告处罚17次;责令当事人改正、停止建设等处罚7次。连续3年无行政复议和行政诉讼案件发生。 (欧 宇)

招投标交易管理

【概况】 2010年,嘉善县招投标统一平台组织实施招标采购742场次,完成各类交易项目1537个,交易总额68.56亿元,增收节支14.65亿元。其中,建设工程成交项目421个,成交额49.73亿元,比预算节约资金7.53亿元,节资率14.05%;土地交易成交地块21宗,成交额16.86亿元,比起始价增值6.77亿元,增幅67.08%;政府采购成交项目1004个,交易额8722.27万元,比预算节约资金1625.41万元,节资率15.71%;产权交易成交项目76个,交易额9933.44万元,比评估价增值1686.5万元,增幅20.45%;其他公共资源交易成交项目15个,交易额1016.26万元,比预算节约资金177.56万元,节支率14.78%。

全县镇(街道)招投标统一平台完成各类交易项目704个,交易总额1.13亿元,增收节支1504.52万元。其中,小型建设工程成交项目281个,成交额1亿元,比预算节约资金1437.97万元,节资率12.52%;政府采购场内交易成交项目219个,交易额403.51万元,比预算节约资金39.85万元,节资率9%;产权交易成交项目204个,交易额825.61万元,比评估价增收26.7万元,增幅3.34%。

2010年,嘉善县招投标交易管理委员会被嘉兴市人民政府评为优秀招投标交易管理委员会。招投标交易中心被省财政厅、审计厅、监察厅评为浙江省优秀县级政府集中采购机构,被市纪委评为嘉兴市服务民生满意站所(办事窗口)。

【获省优秀县级政府集中采购机构称号】 5月26日,由省财政厅、省审计厅、省监察厅等部门组成的考核小组对嘉善县招投标交易中心进行考核。9月13日,省财政厅、审计厅、监察厅联合发文,授予嘉善县招投标交易中心"浙江省优秀县级政府集中采购机构"称号。

【抓好招投标交易场内监管】 抓好信息发布、招标文件备案、开评标现场、评标委员会组建等场内监管。县招投标交易统一平台全年共受理招标文件备案523份,在备案过程中提出纠正、修改意见582条;监督开评标现场485场次,出具监督报告495份,其中纠错3次。

【抓好国有、集体产权交易】 全年组织国有、集体产权交易48场次,交易总额9933.44万元,参与竞买的单位(个人)620家(人),比委托价增收1686.5万元,占嘉兴市交易总量的20.89%;嘉善县国有、集体产权交易的交易场次、成交总量、交易额增幅、参与竞争单位的数量均位列嘉兴市各县(市)首位。

【推进电子信息化建设】 深化计算机辅助评标系统开发,在原有基础上增加预算软件生成数据的导入导出功能和评标辅助清单的对比分析功能。尤其是评标辅助清单的对比分析功能较好地解决投标文件与招标文件的一致性审查、异常投标报价的判别、报价偏差的分析、投标文件雷同性的审查等问题,有效减少人为因素影响,提高评标的准确性和公正性,进一步规范了评标活动。政府采购信息系统增加协议定点网上采购、预算管理、委托代理采购、合同管理等子系统的运用,实现"一网实现、全程服务、实时监控"的目标。

【实施招标代理机构星级评定】 5月,制定《嘉善县招标代理机构星级评定方案》,方案对县域内从事政府投资工程项目的招标代理机构(规模在500万元以上)开展星级评定。星级评定的评价标准包括综合考评标准和业务考评标准。综合考评标准内容有:中介机构资质、执业人员资格、服务承诺情况、执业行为合法性、财务收入管理、服务收费等6个方面。业务考评标准内容有:机构资质和执业人员资格、代理招标项目的节资情况、招标方案及服务内容情况、项目代理人员组成配置及分工履职情况、工程量清单编制情况、内部质量控制措施落实情况、代理项目档案资料管理情况、遵守招投标相关法律法规政策情况、代理项目投诉(举报)及其处理情况、财务管理情况等10个方面。7~12月,多部门组成联合考核组,对县境内的8家招标代理机构进行综合考评。嘉兴市银建工程咨询评估有限公司和嘉兴市千秋工程咨询有限公司被授予“2010年度涉企类星级中介机构”称号。

【开展小型工程建设项目执法监察】 4~6月,嘉善县开展镇(街道)招投标平台小型工程建设项目运作情况执法监察,着重检查2009年度5~50万元以下小型工程建设项目和50万元以上(含50万元)未进入县招投标平台招投标的工程建设项目。通过检查,发现问题4个,发出执法监察建议书2份。检查结束后又开展回头看活动,抓好整改、落实。

【推进镇(街道)小型平台建设】 2010年,县招管委成立业务科,配备专职人员,专门负责镇(街道)招投标统一平台的业务培训和指导工作。全年共派出5批次15人次的业务骨干对镇(街道)平台的工作人员、基层站所、村相关工作人员等进行招投标知识专题辅导和业务培训。同时,聘请工程管理方面的专家培训镇(街道)平台工作人员,有50人参加培训。4月,制定《关于推进镇(街道)招投标统一平台建设工作的实施意见》和《关于开展镇(街道)招投标平台小型工程建设项目运作情况执法监察的实施意见》,出台《嘉善县乡镇招投标统一平台工作考核办法》。对镇(街道)的小型工程建设项目开展联合执法检查,组织实施镇(街道)平台建设年度考核。12月,围绕“组织健全、制度完善、设施到位、操作规范、工作配合、创新创优”等6个方面对镇(街道)进行考核,通过考核,姚庄镇、魏塘街道、开发区(惠民街道)等3个镇(街道)招投标统一平台被评为先进集体,郁川荣等9人被评为先进个人。

11月12日,举办镇(街道)平台工作人员业务培训会议。
县招管委 提供

【开展岗位廉政风险防范试点工作】 2010年,县纪委确定县招投标交易统一平台为县岗位廉政风险防范试点单位。5月,县招管委制定岗位廉政风险防控体系建设实施方案,并全面排查招投标领域场内交易工作岗位的潜在风险点。通过排查,共找出风险点34个,其中工程建设项目招投标岗位被确定为廉政风险防范重点岗位。针对风险点,绘制重要岗位廉政风险权力形态图和廉政风险防控流程图,制定36条防控、整改措施。

【抓好招投标平台队伍建设】 2010年,在党员、业务骨干中开展“一组一课一考评”评比活动,进行授课比赛,培养善思、善写、善讲能力。在一般工作人员中开展“听公开课、实际操练、撰写心得”活动,培养善学、善思、善用能力。在窗口工作人员开展“星级服务标兵”评创活动,要求做到“热心接待礼貌好、耐心解答态度好、用心学习业务好、细心工作零差错、贴心帮助零距离、公心办事零违纪”等,开展“六心服务”、优质服务,争当星级服务标兵。通过评创活动,提高服务水平,提升服务质量,服务对象满意率达100%,在全县“百局千站优服务”主题活动中,“阳光平台,服务‘六心’”被评为“十佳”机关服务品牌。 (任 佶)

国有城镇企业管理

【概况】 2010年,嘉善县加强国有城镇企业管理,遵循“尊重历史、落实政策、以人为本、平稳过渡”的原则,妥善处理各类历史遗留问题,全县国有企业和谐稳定。全年,嘉善县国有城镇企业管理办公室(简称县国企办)认真履行管理职能和服务职能,加强监督、监管,协助企业抓好安全生产,组织开展季节性和节假日安全生产大检查,开展“迎世博、保安全”专项检查,确保企业安全生产。2010年,县国企办与10家企业签订安全生产目标责任书,抓好责任书各项指标落实。盘活存量资产,筹措资金来源。全年盘活存量资产113.26万元,确保各类人员生活费按时、足额发放。做好离退休干部管理和服务工作,向离退休老干部发放慰问金、慰问品计17万元。做好全员维稳工作,调整全员维稳工作领导小组,制订维稳工作考核细则,全力做好维稳工作。全年慰问久病、困难职工和老党员以及困难职工子女助学等218人,发放慰问和补助金10.62万元。做好企业军转干部慰问工作,发放慰问金17.22万元。做好来信来访及接待处理工作。全年处理来信30件,接待来访120人次,做到事事有落实,件件有回复;为4名企业职工办理养老金补缴手续,补缴养老金39040元;为原二轻系统合资企业中17名退休人员补缴医疗保险费20.4万元。向社保中心缴纳社会保险费2080.90万元;至年底,国企办系统欠缴县社保中心12832万元的社会保险费全部缴清。

(洪卫建)

行政审批服务

【概况】 2010年,嘉善县抓好县行政审批服务中心(简称中心)建设,实施好工业项目联合预审工作,加强重大工业项目主动服务,推出初设企业登记“一次办”机制。全年,中心共受理各类审批事项68288件,办结67471件,其中,即办件6084件、承诺件59200件、服务事项2187件,按期办结率100%。办结事项法定平均19.36个工作日,实际办结平均1.62个工作日,提速提效明显,经测评群众满意度99.99%。

【工业项目联合预审效果明显】 实施好工业项目联合预审工作。全年召开联合预审会议32次,联审项目392个。通过评审,新设立项目275个,其中外资项目82个,总投资10.12亿美元,注册资本金5.80亿美元;内资项目193个,总投资87.37亿元,注册资本金24.04亿元。有条件同意建造单层或二层厂房、土地转让及调整建筑密度、容积率项目77个,需要完善项目内容、论证项目成熟度和涉及许可数量、审批权限、规划布局等需与有关部门对接等项目13个,不同意擅自改变土地利用条件项目4个,否决项目27个,提高投资强度15401万元、注册资本金1918万元,核减用地10公顷(150亩),盘活用地41.13公顷(617亩)、厂房33.55万平方米。

【加强重大工业项目主动服务】 实施好工业项目审批“快通卡”制度。遇有重大项目,做到主动、提前介入服务。全年共发放“快通卡”17张,组织相关部门(窗口)现场踏勘37次,协调解难69个。

【推出企业设立登记“一次办”机制】 10月,推出初次设立企业营业执照、单位代码证、税务登记证“一次办”机制。将原先由工商、质监、公安、财税、国税各个窗口分头受理、互为前置办理的企业登记“一照两证”事项,改为“一次填表、一窗受理、内部流转、一次缴费、一次办结”的运作方式。未实施“一次办”前,原申请者需填报近300项数据,且需跑多个来回。实施“一次办”后,只需填报37项数据,一次受理并办结。

【创立服务品牌标识】 确定“阳光审批,高效便民”为县审批服务中心的服务品牌。以“人民”的首字母“R”、“M”及站立的人形、黄色球和绿色通道为设计元素,寓意以人为本的服务理念和阳光、高效的审批服务。

【创建服务民生满意窗口】 开展服务民生满意窗口创建活动,提高审批服务效能和质量。县行政审批服务中心再次被评为嘉兴市优秀行政审批服务中心,受到市政府表彰。2010年,工商、建设、国土、财政地税、环保、经贸等6个窗口被嘉兴市授予群众满意办事窗口,文化窗口被评为服务民生满意办事窗口;其中,工商、建设窗口被评为嘉兴市三星级群众满意办事窗口,国土、财政地税窗口被评为二星级群众满意办事窗口,环保、经贸窗口被评为一星级群众满意办事窗口。工商、建设、经贸、财政地税等4个窗口被县评为三星级服务民生满意窗口，国土窗口被评为二星级服务民生满意窗口，环保、气象、文化窗口被评为一星级服务民生满意窗口。

【加强镇（街道）、村（社区）便民服务指导】 2010年，魏塘、陶庄、干窑、惠民等4个镇（街道）便民服务大厅相继建成并投入使用，全县实现便民服务办事大厅全覆盖。加大镇（街道）、村（社区）便民服务中心指导力度，全县三级便民服务中心做到机构运作规范化、服务事项统一化、服务网络体系化。制定《嘉善县镇（街道）便民服务中心考核办法（试行）》，并将考核结果纳入县委、县政府对镇（街道）的考核内容。 （孙咬其）

罗星街道便民服务中心　　县行政审批服务中心　提供

中共嘉善县委

综　　述

2010年，中共嘉善县委围绕"科学发展示范点"建设，扎实开展"转型升级深化年、城乡建设攻坚年、效率效能提升年"活动，创新应对复杂形势，加快推进经济社会全面转型，科学发展取得新业绩。

经济建设取得新成效。粮食生产稳定增长，精品农业快速发展，32个精品农业示范点建设扎实推进，被评为全国粮食生产先进县。"西塘—姚庄"现代农业综合区被列入第一批省级现代农业综合区创建名单。工业投入结构持续优化，传统产业不断提升，新兴产业加快集聚，规模企业培育成效显著，众成包装成功上市，电子信息产业集群被列入全省块状经济转型升级示范区第二批试点名单。服务业投资快速增长，生产性服务业加快发展，休闲旅游业蓬勃发展，成立全省首个旅游产业专业商标品牌基地，成为全市首个省旅游经济强县。接轨上海深入推进，综合利用外资水平列嘉兴市第一、浙江省前列，上海农商银行等重点项目成功落户。平台建设加快推进，县经济开发区被评为中国十佳省级经济开发区，嘉兴出口加工区B区实现封关运作。自主创新能力持续增强，人才政策进一步完善，被评为中国商标发展综合实力百强县。土地投入产出水平稳步提高，节能减排目标任务顺利完成。

城乡统筹有了新进展。城乡统筹发展水平列全市第一位、全省第六位。城市建设步伐加快，实施中心城区"东拓南进北优西延"策略，旧城改造稳步推进，新城区规划调整有序推进，形成"十横十纵"道路框架，沪杭客运专线嘉善南站及其配套工程投入使用。新市镇建设不断加强，姚庄镇、天凝镇被列入第二批省级中心镇培育工程，其中姚庄镇被评为全省最具竞争力中心镇，并被确定为省小城市培育试点。新农村建设成效显著，"两分两换"加快推进，姚庄镇试点一期工程顺利交房，"强村计划"扎实推进，37个经济薄弱村实现项目申报全覆盖。城乡环境不断改善，"六个一"交通工程基本完成，新客运中心正式投入使用，生态文明建设力度加大，国家级生态县创建工作全面启动。

社会建设迈出新步伐。统筹城乡就业不断深化，社会保障体系不断完善，保障水平进一步提高，城乡居民社会养老保险全国和全省试点工作成效明显，在全省率先实现残疾人养老保险全覆盖，被评为全国养老服务示范单位。教育、文化、卫生、体育等社会事业全面推进，义务教育学校教师流动工作被列为国家级教育改革试点，通过国家三类城市语言文字工作正式评估，全面启动医药卫生体制改革，县第一人民医院迁建项目顺利推进，开展纪念吴镇诞辰730周年活动，成功承办第十四届省运会有关比赛，实现亚运会和亚残会金牌零的突破。计划生育、妇女儿童、老龄、关心下一代、宗教、档案、史志等工作取得新的成绩，被评为全国老龄工作先进县和省级爱国拥军模范单位，创建成为首批省级科普示范县。"平安嘉善"和"法治嘉善"建设扎实推进，社会治安综合治理、信访、基层民主建设等工作不断强化，圆满完成世博安保任务，被省委、省政府授予上海世博会"环沪护城河"安保工作突出贡献单位，荣获全国法治县（市、区）创建活动先进单位等称号。

党的建设得到新加强。创先争优活动成效明显，得到省市领导的充分肯定。扎实推进领导班子和干部队伍建设，开展部门、镇(街道)党政正职人选“海推”提名、镇(街道)和县级机关部门中层干部竞争性交流等工作，圆满完成干窑镇党委换届公推直选试点工作。深入推进城乡统筹基层党建工作，全面实施镇(街道)党代会年会制，圆满完成大云镇村级组织换届试点，启动全县村级组织换届工作，全面推行村党组织书记“业绩档案”制度，深化“大学生村官”全员成长管理模式。不断加强作风建设，扎实开展“效率效能提升年”活动，确立“临沪新城、效率嘉善”的软环境品牌，软环境建设总体评价综合指数居嘉兴市第一。切实加强反腐倡廉建设，认真落实党风廉政建设责任制，“两分两换”专项构建、国有企业专项构建和村级惩防体系构建等取得良好成效。

重要会议

【全县三级干部大会】 3月5日，召开全县三级干部大会。县委书记张明超作《万众一心、奋勇拼搏，为全面建设“科学发展示范点”再建新功》的重要讲话。县委副书记、县长姚高员在会议结束时作总结讲话。会议贯彻落实中央、省市有关会议精神，总结2009年工作，表彰先进，部署2010年任务。

【县委读书会】 7月2日，召开第一次县委读书会。讨论交流县级领导重点调研课题，分析形势，理清思路，深化接轨上海，推动转型升级，加快“科学发展示范点”建设。12月1日，召开第二次县委读书会。讨论交流县级领导重点调研课题，县委书记张明超作《坚持科学发展、加快全面转型，不断开创“十二五”科学发展新局面》的重要讲话。会议传达学习省委十二届八次全会精神，研究探讨“十二五”时期全县发展的新形势、新目标、新任务，为科学编制“十二五”规划提供思想基础。

【县委十二届九次全体(扩大)会议】 7月30日，召开县委十二届九次全体(扩大)会议暨政府十四届七次全体(扩大)会议。县委书记张明超作《咬定目标任务、加快转型升级，不断开创“科学发展示范点”建设新局面》的重要讲话，县委副书记、县长姚高员作《攻坚克难、奋力进取，确保全年各项目标任务圆满完成》的工作报告。会议回顾总结上半年工作，研究部署全面转型升级任务和下半年工作，审议通过《中共嘉善县委关于推进经济社会全面转型建设“科学发展示范点”的决定》。会议要求全县上下进一步解放思想、认清形势，抢抓机遇、奋发有为，为确保全面完成和超额完成全年目标任务，开创“科学发展示范点”建设新局面而努力奋斗。

【县委十二届十次全体(扩大)会议】 12月20日，召开县委十二届十次全体(扩大)会议暨政府十四届八次全体(扩大)会议。县委书记张明超作《加快全面转型、实现良好开局，为全面建设“科学发展示范点”努力奋斗》的重要讲话，县委副书记、县长姚高员作《加速转型、争创示范，为开创“十二五”科学发展新局面而努力奋斗》的工作报告。会议贯彻落实党的十七大、十七届五中全会和中央、省、市有关会议精神，回顾总结2010年工作，全面部署2011年任务，审议通过《中共嘉善县委关于制定国民经济和社会发展第十二个五年规划的建议》，动员全县各级各部门和广大党员干部群众，进一步解放思想，抢抓机遇，奋勇拼搏，为推动嘉善经济社会全面转型，加快建设“科学发展示范点”而努力奋斗。

重要决策与活动

【深化医药卫生体制改革】 2月9日，县委、县政府下发《关于深化医药卫生体制改革的实施意见》。3月1日，召开深化医药卫生体制改革和创建省级卫生强县工作动员会议。

【创建全国和省级科普示范县】 3月10日，申报创建浙江省科普示范县和全国科普示范县。7月23日，县委办、县府办联合下发《嘉善县创建全国暨省级科普示范县活动实施方案》，成立创建全国暨省级科普示范县工作领导小组，由县委副书记郑明任组长。8月6日，召开创建全国暨省级科普示范县动员大会，全面部署创建任务。12月8日，成功创建成为首批省级科普示范县。

【开展上海世博会“环沪护城河”安保工作】 3月11日，县委办、县府办联合下发《关于广泛动员社会力量开展全县上海世博会“环沪护城河”安保群防群治工作的实施意见》。4月12日,召开世博安保动员大会,县委书记张明超作动员报告,全面部署上海世博会“环沪护城河”安保工作。11月26日,召开世博安保工作总结表彰大会。

【迎接国家三类城市语言文字工作评估】 3月26日,成立迎接国家三类城市语言文字工作评估领导小组,县委办、县府办联合下发《嘉善县迎接国家三类城市语言文字工作评估实施方案》。3月29日,召开迎接国家三类城市语言文字工作评估动员会。11月19日,通过国家三类城市语言文字工作评估,达到国家三类城市语言文字工作评估标准。

【开展创先争优活动】 4月,在中央和省、市委部署开展的创先争优活动中,嘉善县被确定为省委书记赵洪祝和省委常委、组织部长蔡奇的联系点。5月12日,县委下发《关于深入开展以“学习实践科学发展观,建设服务型基层党组织”为主要内容的“为民先锋”创先争优活动的意见》,并成立创先争优活动领导小组,由县委书记张明超任组长。13日,召开创先争优活动动员大会,张明超作动员报告,并对活动作全面部署。9月25日,习近平副主席作重要批示,高度肯定嘉善县创先争优活动的做法。

【推进经济社会全面转型建设科学发展示范点的决定】 4月,启动《决定》起草工作。6月,形成《决定》征求意见稿。7月30日,县委十二届九次全体(扩大)会议审议通过。9月19日,县委下发《中共嘉善县委关于推进经济社会全面转型建设“科学发展示范点”的决定》,明确推进经济社会全面转型建设“科学发展示范点”的重大意义、总体要求、基本原则和主要任务。

【创业创新型高层次人才队伍建设】 5月19日,县委、县政府下发《关于加强创业创新型高层次人才队伍建设的实施意见》,县委办、县府办联合下发《“创新嘉善·精英引领计划”实施办法(试行)》等5个办法。5月31日,成立嘉善县创业创新型高层次人才队伍建设工作领导小组,由县委书记张明超,县委副书记、县长姚高员任组长。

【制定“十二五”规划建议】 年中开始,县委、县政府开展深入调研,听取专题汇报。12月8日,召开征求“十二五”规划意见座谈会。12月20日,县委十二届十次全体会议审议通过《关于制定嘉善县国民经济和社会发展第十二个五年规划的建议》,明确嘉善县“十二五”经济社会发展的指导思想、发展定位、发展目标、发展战略和主要任务。

【干窑镇党委换届公推直选试点】 7月20日,县委下发《关于开展干窑镇党委换届公推直选试点工作的实施意见》,成立干窑镇党委换届公推直选试点工作领导小组,由县委书记张明超任组长。7月23日,召开干窑镇党委换届公推直选试点工作动员大会,张明超作动员讲话。8月29日,中共干窑镇第十三次代表大会顺利闭幕,圆满完成嘉兴市镇党委换届公推直选试点工作。

【创建国家级生态县】 9月3日,召开生态文明建设规划(2010~2020)编制情况汇报会。11月2日,县委出台《关于贯彻省市委精神扎实推进生态文明建设的实施意见》、《关于创建国家级生态县的实施意见》等文件,成立国家级生态县创建工作领导小组,由县委书记张明超,县委副书记、县长姚高员任组长,下设创建办公室和9个创建工作专项组。11月3日,召开创建国家级生态县动员大会暨全县绿化工作会议,张明超作动员报告,全面部署创建工作。

【吴镇诞辰730周年纪念活动】 9月7日,县委办、县府办联合下发《嘉善县元代画家吴镇诞辰730周年纪念活动方案》。活动以打响吴镇品牌、促进文化发展为主题,主要包括吴镇诞辰730周年纪念活动开幕仪式、吴镇传世真迹高仿真作品展、百名小学生临摹吴镇作品表演、“元季四家”故里中国画作品邀请展等4项内容。

办公室工作

【概况】 2010年,县委办公室完成县委全委会、全县三级干部大会、县委读书会、创先争优活动等大会报告,各类讲话稿、汇报材料等200多篇。

【务实秘书信息工作】 优化信息内容,及时准确传递信息,为各级党委提供优质高效的信息服务。全年完成县委发文68件、善委办发文180件、善委干发文61件、善委办传发文173件,发各类纪要通报51期;收文1082件,承办、协办各类会议260余次。编发本级刊物197期,上报各类信息2400余条,被省市录用297条,上级领导批示件19件,得到国家副主席习近平同志的批示。编辑、出版县委机关刊物《嘉善通讯》6期。县委办公室被评为全省党委信息工作先进单位,获2010年度嘉兴市党委信息工作一等奖,县委报道组被浙江日报评为先进报道组。

【开展综合调研工作】 做好日常服务工作,提高文稿质量,高质量完成各类报告、讲话等有关材料的起草工作。组织、策划并参与全县中心工作的调研,研究确定9个县级领导重点调研课题,主持起草《深入接轨上海,推动转型升级,加快建设"科学发展示范点"》和《嘉善留善新居民意愿情况调查报告》,参与完成《关于加强基层党内民主建设的思考》,撰写《关于富阳、宜兴等地转型升级的考察报告》,其中《嘉善留善新居民意愿情况调查报告》获浙江省创新研究奖二等奖。起草《中共嘉善县委关于推进经济社会全面转型建设"科学发展示范点"的决定》、《中共嘉善县委关于制定嘉善县国民经济和社会发展第十二个五年规划的建议》、《中共嘉善县委关于推进生态文明建设的实施意见》等重要文件。

【落实督查法治工作】 开展县委、县政府重点工作的督查落实,掌握进度动态,梳理分析问题,提出相关建议,抓好推进协调。加强领导批示督办,全年共对51份领导批示件进行跟踪督查,及时报送主要领导阅示,并配合省、市有关部门,开展多次专项督查,上报市委2010年工作要点责任分解落实等有关情况。规范督查制度,健全重点工作推进机制,成立8个专项工作组,推进各项重点工作的落实。法治工作深入推进,有关政策文件有效落实。

【规范机要保密工作】 以密码保护为核心,加强对涉密文件、涉密会场和重要考试的保密管理,确保密码安全和通信畅通。全年密码收发电709份,传输办理1212份,明传收发1408份,办理2689份。加强与重点部门的沟通联系,开展保密检查,健全定点复印单位保密制度,落实专人专车到指定厂家集中销毁处理涉密文件,建立商用密码通信网络系统,共设立82个节点。

(于红弟)

纪律检查

【概况】 2010年,嘉善县纪检监察系统共受理信访举报58件,实名举报率45%;共立案查处党员干部违纪案件46件,涉及乡科级领导干部5人。其中,经济类案件12件,占案件总数的26.09%;13人受到撤销党内职务或行政降级以上重处分,10人被司法机关追究刑事责任,为国家和集体挽回直接经济损失110余万元。在2010年度全市推进惩防体系建设和落实党风廉政建设责任制检查考核中,嘉善县被评为优秀单位;县纪委监察局被评为2010年度全市纪检监察工作先进集体。

【落实党风廉政建设责任制】 落实好责任分解实施过程的"三书四报告"、年中"三点三评"和年末汇报制,常态化推进党风廉政建设责任制落实。在2个镇、4个部门开展党风廉政建设巡察工作,共查找出涉及落实党风廉政建设责任制、干部队伍建设等五大方面的问题70个,提出整改建议58条,督促被巡察单位制定整改措施91条。深化岗位廉政风险防控机制建设。网格化推进惩防体系建设,深化"两分两换"专项构建。深化党员干部勤廉预警,加强防范利益冲突机制建设,建立拟提任县管领导干部家庭财产申报制度,把住房、投资、配偶子女从业等情况列入申报内容,全年共对51名新提拔干部进行财产核实。

【打造"临沪新城,效率嘉善"软环境品牌】 以治庸治懒和强化执行力为重点,开展"效率效能提升年"活动,通过实施思想再塑、执法督查、提速提效、清障排阻、量化考核、问责求效等"六大行动",着力打造"临沪新城,效率嘉善"软环境品牌。2010年,县软环境建设总体评价综合指数得分位居全市第一。加大效能监察力度,全年共开展6次大规模明查暗访,对作风和效能典型案例进行公开通报,共有21人次受到效能责任追究。

【深化反腐倡廉宣传教育】 加

强反腐倡廉宣传教育,完善县管领导干部集中教育制度,加强《廉政准则》学习贯彻。召开全县廉政教育大会,县委主要领导作集体廉政谈话,播放典型腐败案件警示片。开展第二届“勤廉好干部”和“勤廉好家属”评选,组建先进事迹报告团,开展巡回宣讲26场次,3000余人次受教育。开展第八个“党风廉政宣教月”活动,举办“清风礼赞”廉政文艺晚会、清风书会、领导干部家属集中教育等系列活动。注重挖掘地域廉政文化特色,打造“廉政文化西塘行”,扎实推进“水乡清风”廉政文化品牌建设。注重发动社会力量参与反腐倡廉建设,姚庄镇党委书记顾林法被评为“嘉兴市首届反腐倡廉影响力人物”。加强节日期间党风廉政建设,严格规范公务接待、公车管理和“三礼”上交,全年共上交“三礼”折合人民币17.59万元。

【全面推进农村基层党风廉政建设】 紧抓全省党风会议在嘉善召开契机,创设“1+X”网格化监管新模式,深化五定工作法,推行六步监督流程,全面推进村务监督委员会建设。在全省推进农村党风廉政建设暨落实《村务监督委员会工作规程》电视电话会议上,作为唯一县级代表作交流发言。全面推进以“六化一评估”为主要内容的“评星晋级”暨“农村基层党风廉政建设示范村”创建活动,姚庄村、曙光村、干窑村被评为第二轮省级“示范村”,另有7个村获得市级“示范村”称号。

【发挥案件查办治本功能】 建立实名举报“四定”约访机制,探索“专家会诊”模式,有效化解重信重访和疑难信访。综合运用信访谈话、信访通知书、专题民主生活会、与组织部门联系沟通、集体警示等形式,强化信访监督。试行涉刑案件党政纪先行处分工作,提高党政纪处分的时效性和综合效应。针对案件中反映出的重要岗位监管不到位等问题,提出强化监督要求,并对典型案件进行通报,切实做好查办案件的“后半篇”文章。

【加强县级纪检监察机关建设】 认真贯彻落实中央纪委9号、10号文件精神,全面实施纪检监察干部素质“提升工程”。建立纪检监察干部准入制度,在全县范围公开选调优秀年轻干部到县纪委监察局工作。注重发挥县纪委委员作用,开展专题调研和专项巡察。全面实施纪检监察机关派驻(出)管理,在24个县级部门建立县纪委监察局派驻(出)纪检监察机构,并实行统一管理。积极探索“两新”组织纪检组织建设。发起并建立苏浙沪相邻县(市、区)反腐倡廉区域交流协作机制。 (陈毓红)

组　　织

【概况】 2010年,中共嘉善县委组织工作主动服务科学发展,紧紧围绕全县经济、政治、文化、社会、生态文明建设和党的建设大局,各项工作得到顺利推进。在全省“万人评组工”活动中,县组织工作、干部选拔任用、防止和纠正用人不正之风、组工干部形象4项满意度测评得分均列全省各县(市、区)前列,其中,防止和纠正用人不正之风工作测评得分居全省第一,干部选拔任用工作测评得分居全省第二。

加强组织工作服务大局、服务科学发展的能力,配合县委抓好“为民先锋”创先争优活动,以争做创业创新、新农村建设、文明和谐、活力增效、转型发展、诚信服务、廉洁高效、行业岗位为内容的“八大先锋工程”得到习近平副主席批示肯定。实施“机关干部下基层蹲点服务深化年”活动,积极推进“网格化管理、组团式服务”工作,搭建党代表“两日、两谈、两室”(两日,即接待日、走访日;两谈,即民主恳谈、民情约谈;两室,即接待室、工作室)联系服务群众工作平台,构建“365红色服务方阵”,推行“先锋连心四站”服务新模式,不断创新完善服务联系群众机制。

加强领导班子和干部队伍建设,全年提交常委会讨论人事10次,任免干部123人次,提拔30人,其中提拔为正科4人,女干部8人。加强干部教育培训和实践锻炼,先后赴清华大学、浙江大学、上海市委党校等举办各类培训班8期,470多名干部参加培训。做好产业招商组人员抽调和县外驻点招商组人员整合工作。突出高层次领军人才工作重点,完善人才工作目标管理机制,注重发挥人才工作服务经济社会作用,统筹抓好各类人才队伍建设。

加强基层党组织和党员队伍建设,做好中央党的建设工作领导小组秘书组城乡统筹基层党建工作联系点工作,积极构建城乡统筹基层党建新格局,1个村党总支升格为党委,24个村党支部升格为党总支。实施“百名后备拓源头、选优配强带头人”、“村干部头脑升级”等计划，选拔村后备干部114名。开展县“十佳村干部”评选活动，建立村党组织书记、村委会主任基本报酬财政补助制度。建立覆盖县、镇(街道)、村三级远程教育视频系统，深化“八员合一”村级教育管理员队伍建设。

加强组工干部队伍自身建设，拓展“讲党性、重品行、作表率”活动，建设模范部门、打造过硬队伍。开展学习杜洪英先进事迹“强党性”大讨论，深入开展组工干部“走百村进百家”活动，选派机关干部到联挂街道参与征地拆迁等中心工作。完善新闻通报会制度，建立新闻发言人制度，定期向社会各界和新闻媒体通报全年和阶段性重点工作，全年召开组织工作新闻通报会4次，开展组织部长在线访谈交流活动，坚持每周工作例会制度和重点工作双月通报制度。实施组织工作项目化管理，实行项目进度公示制度。

【建立领导干部德的评价机制】 制定出台《嘉善县领导干部德的评价实施办法(试行)》，从政治品德、职业道德、社会公德、家庭美德4个方面，设立包括4个一级指标、16个二级指标和11项反向扣分指标在内的评价指标体系，把在关键时刻表现、履职态度、对待名利、廉政情况、社会表现及经济责任审计等方面的行为加以全程记录，作为分析评价干部的重要依据。

【健全干部监督管理制度】 制定出台《关于加大治庸治懒力度，做好调整不称职、不胜任、不作为领导干部工作的若干意见》，明确需要调整、处理和追究的情形，规范调整的范围对象、标准认定、工作程序、具体措施等，健全调整后安排、待遇等相关配套制度。实施拟提任领导干部涉商及家庭财产有关事项申报制度，要求拟提拔任用的科级领导干部，向县委组织部报告本人家庭财产等有关事项，申报情况列入领导干部个人廉政档案，作为考察、考核领导干部的一项重要内容。制定出台《关于派员列席下级党委(党组)讨论干部任免工作的实施办法(试行)》，加强对中层干部选拔任用的监督管理。

【开展中层干部交流工作】 首次开展部门、镇(街道)机关干部集中平职交流，有35名中层干部报名，最终有20人进行了交流。开展镇(街道)、县级机关部门中层干部竞争性交流工作，推出18个中层岗位，145人报名，最终17人实现跨单位交流。此次中层干部竞争性交流规定本单位、系统人员不得参加自己单位、系统职位的竞争性交流，并首次引入注重岗位经历和个人实绩的“量化赋分”办法，由设岗单位采取差额票决方式确定人选。

【开展面向基层一线公开选拔镇(街道)副科级领导干部】 制定出台《关于开展面向基层一线公开选拔镇(街道)副科级领导干部工作的实施意见》，面向全县村党组织书记和“大学生村官”公开选拔副镇长(街道办事处副主任)、镇(街道)党委委员各1名，分别有16人和28人报名参加。

【健全干部选拔任用推荐提名工作】 实行干部空缺职位预告、部门(镇、街道)党政正职人选“海推”提名等形式，开展县发改局局长职位空缺预告和部分岗位的初步(预备)人选民主推荐提名工作，第一轮“海推”共推荐967人次，在确定差额人选基础上进行第二轮差额推荐，综合推荐结果，经县委常委会讨论，县委全委会表决同意，产生县发改局局长人选。

【实施干窑镇基层党委换届试点工作】 干窑镇作为嘉兴市基层党委换届试点镇，以“公推直选”的方式，选举产生196名党代表，通过“三轮推荐”、“三张选票”等形式，公推产生新一届党委班子候选人，并在干窑镇第十三届党代会上采用党委书记、党委副书记、党委委员三张选票，实行一次发票，分别画票，一次投票，分别计票的方式直接差额选举产生新一届党委班子成员。

【实施蹲点服务深化年活动】 开展机关干部下基层“蹲点服务深化年”活动，统一组织88个县级部门联挂9个镇(街道)，开展以菜单式点题服务、承诺式蹲点服务、全程式联挂服务为主要内容的“三服务”活动。全年，共分批选派189名机关中层干部到基层开展为期3个月的集中蹲点服务，帮助基层解决实际问题817个，为基层办实事好事434件。

【加强干部实践锻炼培养】 全年共选派67名干部进行实践锻炼培养,分别选派1名干部到省交通厅、省水利厅、省农业厅挂职,5名干部到市级机关部门挂职,17名干部到广东增城市开展为期20天的挂职学习。8~11月,选派10名科(局)级领导干部赴闵行区进行为期2个月的挂职锻炼,学习闵行区开发“大虹桥”、建设上海国际贸易中心承载区的规划理念和发展模式,提高干部综合素质。

【加强创业创新型高层次人才队伍建设】 制定出台《嘉善县关于加强创业创新型高层次人才队伍建设的实施意见》等新一轮人才政策“一意见五办法”,加大创业创新型高层次人才引进培育力度。大力实施高层次人才“1321”工程,即计划5年内,引进培育10名具有国内、省内领先水平的嘉善创业创新领军人才和30个重点创新团队,引进200名省市具有一定影响、处于同行业领先水平的高层次人才,加快新建100家技术创新平台。加大资助投入力度,每年安排不少于3000万元人才资源开发专项资金,对创业创新领军人才给予一次性100~500万创业奖励资金及住房。同时,实施“123优秀中青年人才”培养计划,即计划5年内,培养1000名经济转型升级中企业急需的高技能人才、200名企业高级经营管理人才、300名创新型高层次专业技术骨干人才。

【加强“大学生村官”队伍建设】 实施“大学生村官”全员成长计划,落实差异化培养举措,将“大学生村官”按照“基层干部型”、“创业致富型”和“培养提高型”进行分类培养管理。探索“大学生村官”流动工作机制,深化“大学生村官”结对联系、基地挂职、异村锻炼等工作。健全创业政策,建立“大学生村官”创业俱乐部,制定出台鼓励“大学生村官”自主创业的扶持政策,设立1500万元创业基金。

【城乡统筹基层党建】 全面推进城乡基层党组织“双百共建”活动,88个县级机关部门党组织与118个村(农村社区)党组织结对共建,努力做到“共抓组织建设、共育党员人才、共帮困难群众、共解社会矛盾”,确定共建事项546项。全面开展村级“组织共建、干部帮带”活动,20个示范村与20个相对薄弱村开展共建帮带活动,并从相对薄弱村中选派1名干部到示范村进行为期2个月的挂职锻炼。开展“携手共建·先锋同行”共建活动,15个农村新社区与15个城市社区结对共建,推行组织共建、队伍共育、阵地共享、活动联办的“三共一联”举措。探索新社区党组织设置有效模式,重点构建以社区党组织为核心,社区管委会、社区党员议事会和居民议事会相配套的“1+3”组织架构。2月,被嘉兴市委命名为城乡统筹基层党建工作先进县。

【建立村党组织书记“业绩档案”制度】 全面建立村党组织书记“业绩档案”制度,档案包括村党组织书记年度“创业、廉洁”双承诺情况,年终总结述诺报告,村级重大实事及重要工作完成情况,中心工作、重点工作完成情况,年度民主评议情况,年度考核情况等。村党组织书记“业绩档案”每半年进行一次整理、归档,由专人保管,是村党组织书记选拔任用和村级组织评先创优的重要依据。

【非公有制企业“发展优、党建强”双品牌建设】 开展非公有制企业“发展强、党建强”先进企业创建活动,推动非公有制企业转型发展与党建工作向品牌化升级。推进非公有制企业网格化管理,以镇(街道)为单位,将辖区内的非公有制企业按照地域、行业等划分为若干网格,确定网格中心企业,探索创新“五联”工作机制,“抱团式”开展党建工作。县、镇(街道)两级分别从重点培养锻炼的中青年干部和退居二线的党员领导干部中选派一批非公有制企业双品牌工作指导员。全年共建立网格52个,覆盖企业833个,选派党建工作指导员86人,其中县派指导员15人。

【新社会组织党建立体式工程】 制定下发《关于在全县新社会组织中开展党建“立体式工程”建设的实施意见》。开展新社会组织党建“百日攻坚”行动,实行“三制一书”(工作责任制、情况通报制、领导干部联系制、签订目标责任书),选派99名党建工作指导员,采取单独组建、行业联建、区域统建、动态即建等方式,共建新社会组织党组织51个,覆盖新社会组织112个,占符合组建条件的92.56%。

【深入推进党代表任期制工作】 县委成立县党代表大会年会制工作领导小组，在县委组织部设立县党代表联络工作办公室。召开全县党代表大会年会制工作会议，制定《中国共产党嘉善县代表大会年会制实施办法（试行）》以及县党代表提案，提议，调研视察，联系党员群众，列席重要会议，参加干部民主推荐、民意调查和民主评议，学习培训，重要情况向县党代表通报，重要事项征求县党代表意见，县委委员、县纪委委员联系县党代表等10项制度。建立以“两日、两谈、两室”为主要内容的县党代表联系服务群众平台，设立党代表接待室9个、工作室102个。举办县第十二次党代会代表培训班，组织45名省、市、县党代表集中开展3次专题调研视察活动。在干窑镇以公推直选的方式选举产生196名镇党代表，其他8个镇（街道）分别召开党代表大会年会，共有正式代表676名、列席代表268名、旁听党员52名参加会议。

【远程法律援助进农家试点工作】 2010年，嘉善县被确定为全省“远程法律援助进农家”试点县。全县共设立195个视频服务网点，覆盖各镇（街道）、村、社区、新居民事务所、各法律服务执业机构及部分企业，新投入资金70余万元。8月，召开“远程法律援助进农家”试点工作推进会议，开通视频互动系统。同时，建立各网点远程视频系统操作员、专家季务团队，其中县级远程法律援助服务专家10名。印制《远程法律援助进农家服务指南》，开辟远程法律援助专题网页。

（钱晓唯）

宣　　传

【概况】 2010年，全县宣传思想工作按照“贯穿一条主线，突出三大主题，做好七项重点工作”的工作目标，大力推进学习型党组织建设，切实加强社会主义核心价值体系建设，努力推动文化大发展大繁荣，各项工作取得明显成效。

【推动党员干部理论教育】 全年举办县委中心组累计学习18期（次），基层党委（党组）中心组学习会816期，汇编《学习与思考》14辑；青年干部讲座中心重点开展以“读书的城市最美丽”为主题的青年干部演讲比赛。全面推进学习型党组织建设，制定下发《关于推进学习型党组织建设的实施意见》和《关于认真贯彻〈中共中央关于加强和改进新形势下党的建设若干重大问题的决定〉的实施意见》，部署开展学习型机关、学习型企业、学习型家庭等创建活动，代表全省县级宣传部门在全省学习型党组织建设座谈会上作典型经验交流，案例《干部爱上“周末课堂”》、《“四大登高”创学习型企业》等入选全省学习型党组织建设典型案例100例，大云镇、县财政地税国资局、县高级中学等9家单位入选全市学习型党组织建设先进示范点。在全省率先开展以党的十七届五中全会精神为主题的形势政策宣传教育，被确定为嘉兴市试点县，组建由110名宣讲骨干组成的县委形势政策宣讲团，举办党的十七届五中全会精神学习专题培训班。

【健全基层群众教育体系】 下发《2010年度百姓课堂讲师总团宣讲课题》，全年组织开展宣讲851场，受教育群众5.44万人次，“百姓课堂”讲师总团、姚庄镇新农村讲师团先后被省委宣传部、省委讲师团评为2009年度、2010年度全省优秀讲师团。加大镇（街道）、村简报监督和检查力度，镇级简报全部实现每月出刊，村级简报月刊占总数的69%，开展优秀镇（街道）简报评比表彰活动，共评选出优秀镇（街道）简报6家。实现村级党校全覆盖，建成浙江省先进示范基层党校1所、浙江省基层党校示范点5所、市级基层示范党校6所、县级基层党校示范点30所。依托浙江电大嘉善学院，推出“柳洲大讲堂”市民教育平台，全年邀请专家学者免费向广大市民开办专题讲座9期，吸引听众1450余人次。丰富“十五分钟课堂”、“企业文化研究会”、“月月演”舞台等企业职工教育形式，累计开展各类教育活动8700余场次。推进企业简报编办工作，编办简报企业38家。

【推广“晨夕课堂”】 以镇（街道）各个社区的晨练点和晚练点为平台，通过读学讲学、资料发放、知识竞赛、快板说唱等形式对市民开展形势政策、文明礼仪等方面的宣传教育。聘请退休老党员、老干部担任“晨夕课堂小教员”，广泛开展形势政策、国情县情宣讲，分发宣传资料。为各锻炼点购置活动器材，添置宣传栏，安装固定书架报架，协调解决电源、场地等问题。以“晨夕课堂”为载体，全年共组织开展各类学习活动1800余场次，受教育群众5.21万余人次，发放各类学习资料9700余份。

【完善公共文化服务体系】 成立嘉善县文化建设领导小组，县委书记任组长，并召开第一次全体会议。建立嘉善县企业文化建设领导小组，制定下发《关于在全县深入开展“文化聚力，转型发展”企业文化建设主题实践活动的通知》。完善公共文化服务体系建设，建成镇(街道)文化中心8个，东海文化明珠工程省级7个、市级1个，精品示范工程49个，镇级图书馆分馆实现全覆盖，有基层文体队伍429支，文艺骨干7514人。天凝镇洪溪村被省文化厅命名为省级文化示范村。组建嘉善县文化志愿者总队，制定《嘉善县文化志愿者总队章程》，首批招募文化志愿者427名。完善县、镇(街道)、村(社区)三级文艺队伍网络，全年开展各类培训72次，受培训1680人次。举办第三届嘉善田歌节等活动，参加嘉兴端午民俗文化节，4名选手入选《梦想剧场·唱到北京去》演出，《鱼跃龙门》、《盛世花开》两个方阵入选大巡游活动，姚庄镇踏白船表演队获南湖踏白船表演赛团体金奖。

【开展“十万农民种文化”活动】 下发《2010年度“十万农民种文化”活动的实施意见》，推出顾锡东越剧票友大赛、十万农民种文化优秀艺术作品展、乡村青年歌手大赛、青年农民艺术人才选拔赛、农民种文化优秀节目展演和全县文艺骨干系列培训等六大系列活动，参与群众超过10万人次。开展嘉善县“十万农民种文化”特色村和种文化能手评比活动。中央电视台《乡村大世界》拍摄《嘉善专辑》。承办世博浙江周合成彩排，特色节目《水乡花鼓》参加“春涌浙江—浙江民间艺术展演”世博浙江周开幕式演出活动。

8月16日，浙江电视台“流动大舞台走进嘉善田歌之乡”文艺晚会。 王建超 摄

【开展周末大舞台活动】 继续开展“周末大舞台”活动，将各个县级部门的主题活动统一纳入其中，推进活动系统化、规范化、制度化，做到月月有主题、周周有演出。推出“周末大舞台，有我更精彩”我型我秀活动，发动广大群众积极参与周末大舞台活动。推出“周末大舞台走进基层”系列活动，将周末大舞台推广到各镇(街道)。全年，县城区共开展活动30场次，观众累计6800余人次。“周末大舞台走进基层”共送演出下乡9场，观众9800余人次。

【鼓励文艺精品创作】 6月18日，召开全县文艺创作工作暨文联全委扩大会议，表彰嘉善县第六届文学艺术“红杜鹃奖”及提名奖获奖作品，以及2009年度新农村题材文艺创作优秀作品。出台《关于支持和鼓励文艺创作的补贴与奖励办法》，举办“元季四家”故里国画作邀请展、建县580周年文学创作征文大赛、美术书法摄影艺术作品展览等活动，开展对外文化合作交流，举办中、日、韩现代美术交流展。以西塘为创作背景的电影《西塘河》正式公映，以反映抗日战争嘉善阻击战史实的电视连续剧《11公里》已完成拍摄，进入后期制作；诗集《柔软的舌头》由中国言实出版社出版；散文《谈方令儒的家世及出生》在《新文学史料》2010年第1期发表。水彩画《印》获第九届全国水彩·粉画优秀奖；组诗《在同里》获人民文学“人文同里”征文优秀奖；《嘉善三十年新故事佳作选》获省民间文艺映山红奖民间文学作品奖入围奖；组照《祭海》获迎世博生态乡村游摄影大赛优秀奖。

【开展吴镇诞辰730周年纪念活动】 9月，由县委副书记郑明牵头成立“吴镇诞辰730周年纪念活动组委会”，纪念活动由县政府主办，县文化局、县文联承办。举办元代画家吴镇传世真迹高仿真作品展，展出《草书心经》长卷、《嘉禾八景图》长卷、《渔父图》、《墨竹谱》等27件71张作品。举办“元季四家故里国画作品展”，邀请常熟市、富阳市、余杭区、锡山区共同参加，送展作品100件，并出版参展作品纪念画册。吴镇纪念馆收藏五地推荐参展作品各5件，并颁发收藏证书。举办元代画家吴镇诞辰730周年百名小学生临摹吴镇作品表演，县吴镇小学百余名小学生参加，现场临摹吴镇画作。

【推进文化产业发展】 9月，成立县文化产业发展领导小组，由县委副书记郑明任组长，下设办公室，县委宣传部分管领导任办公室主任。全年文体娱乐业营销额10亿元，体育彩票销售额突破2800万元。全县数字电视用户数超9万户，占有线电视用户的96%。开通嘉善数字电视数码音乐播出平台、“好易购”电视购物频道。推进中国归谷嘉善文化创意园及嘉善文化艺术中心创意平台建设，共接待培训人员6000多人次，营业收入900多万元，其中神龙雕塑、贝雕邮票和凤凰绣艺等作品入选上海世博会。加大文化产业项目招商力度，北京三浦灵狐动漫产业集团在县内注册成立嘉善三浦灵狐动漫有限公司，美国KSTV项目签约落户嘉善归谷园区。投资3000万元、占地面积5120平方米的吴镇书画院建设工程正式启动。投资650万元的顾锡东戏剧艺术馆正式立项。县体育场、国家级水上训练基地相继建成并投入使用，圆满承办十四届省运会部分比赛项目。新华书店新大楼落成开业。西塘古镇、陶庄汾湖、吴镇纪念馆、大云温泉生态旅游区等自然人文旅游项目入选世博体验之旅推荐线路。全年共接待国内外游客631.97万人次，实现旅游综合收入57.53亿元，成功创建省旅游经济强县，举办’10国际低碳生态灯光艺术展等文化活动。

（王永全　金林峰）

统一战线

【概况】 2010年，嘉善县贯彻落实统战工作方针政策，推进多党合作制度化、规范化、程序化建设。支持参政党加强能力建设，夯实统一战线思想政治基础。妥善处理涉及民族宗教的突发事件，促进全县各民族团结和社会和谐。引导党外人士自觉、自主、自为地开展“345计划”（即三学、四听、五活动），指导民主党派、工商联和无党派人士树立和践行社会主义核心价值体系。做好新的社会阶层人士、港澳台人士的统战工作，统一战线工作取得新成效。

【推进多党合作事业】 坚持和完善多党合作制度，完善“党委出题、党派调研、政府支持、部门落实”参政议政格局。全年有14位县处级党员领导干部与28位党外人士开展交朋友活动。县“两会”期间，各民主党派、无党派在政协十二届四次会议上作大会发言6篇，向十四届人大四次会议提交议案、建议3件；向“两会”提交议案、提案113件，其中集体议案、提案26件；占总数的53.3%；有5件提案被列为重点提案，5件被列为重要提案。有9件提案被评为2009年度优秀提案，11人被评为优秀政协委员，8人被评为优秀民主监督员。围绕“乐居城市”、“接轨上海”等主题，各党派组织开展调研活动，提交调研报告15篇。贯彻落实《关于发挥党派优势服务“强村计划”的实施意见》，开展卫生、农业、法律“三下乡”等社会服务活动。民盟向玉树地震灾区捐款1.25万元，民建会员企业家热心社会公益事业，民进开展助学帮困活动，农工党总支连续20年开展冬病夏治活动，无党派联谊会开展送公开课下乡等。2010年，民建嘉善县总支被民建中央评为“全国先进基层组织”，农工党嘉善县总支被农工党中央评为“全国社会服务工作先进基层组织”。协助民主党派、无党派抓好基层组织建设，把好新会员入口关。全年发展民主党派新会员16人。成立民革嘉善县支部。至年底，全县共有5个民主党派和无党派人士联谊会，全县形成一支以中高级知识分子为主体的党外人士队伍。

【抓好民族宗教工作】 突出“民族团结、宗教和睦、社会和谐”主题，做好民族宗教维稳工作。分管县长和镇（街道）“一把手”签订民族宗教工作目标责任书，完善县、镇（街道）、村三级民族宗教工作网络，落实属地管理责任。合理调整宗教场所布局，编制《2011～2015年全县宗教活动场所完善布局用地总体规划》。开展新一轮少数民族基本情况调查,做好少数民族成分变更审查办理和高考学生民族成分认证工作。

【做好海外统战工作】 健全和完善工作平台,加强“四有人士”联系,配合市侨办开展《嘉兴海外英才》征编发行工作,有4名博士入选《嘉兴海外英才》。做好引资纳智和服务侨胞工作,坚持依法护侨。全年妥善处理港胞、侨胞、侨眷子女求学,申请廉租房,侨眷房屋拆迁,侨胞房屋执行、房屋古迹拆迁等,解决多年未能解决的侨房案,协助办理侨眷出境身份证明等。7月,在嘉善电视台播出《侨港资企业在嘉善》专题节目。走访慰问高龄、困难归侨侨眷19户。

【组织非公企业开展创先争优活动】 成立嘉善县非公有制经济组织创先争优活动指导小组。县委制定《关于全面创建“发展优、党建强”双品牌非公有制企业深入推进创先争优活动的实施意见》和《关于在全县非公有制企业中开展“争做转型发展先锋”行动的实施意见》。组织非公有制企业开展以“发展优、党建强”为主要内容的“双强争先”活动,有313个企业的党组织及党员公开承诺事项7039项。创新工作思路,组织企业开展党员责任区、党员示范岗、党员技术攻关小组、一个党员一面旗、我为发展献一计、过政治生日等活动,引导党员争做思想教育的“政工员”、市场经济的“信息员”、促进发展的“领航员”。树立浙江双飞无油轴承有限公司等20个转型发展与党建工作发展的双品牌示范点。推动非公企业转型升级与党建工作深入开展。

【做好新的社会阶层人士工作】 加强新社会组织党建工作。9月29日,全县新社会组织党组织书记培训班开班授课。33位来自全县新组建的新社会组织党组织书记以及部分非公有制企业党组织代表参加。统筹安排,科学实施“政治安排、优秀社会主义建设者、劳动模范”等非公制经济代表人士综合评估工作。

【举行社会各界人士中秋茶话会】 9月20日,举行社会各界人士中秋茶话会。县领导与各民主党派、无党派、民族宗教界、台胞台属、归侨侨眷和工商联等120人出席会议。县委书记张明超代表县委、县政府发表讲话。

【抓好民主党派思想建设】 抓好统战宣传工作。民建、民进组织分别开展建会65周年庆祝活动,农工党总支开展建党80周年系列活动。丰富活动内容,组织观看《民主之澜》、《黄炎培》等电视片,邀请上海市社会主义学院副院长张颖作《共同的精神支柱,自觉的价值追求》专题报告,举办学习中共十七届五中全会辅导报告,组织民主党派离退休人员参观南湖革命纪念馆等,增进统一战线成员政治认同感。

【开展侨港资企业调查】 开展全县侨港资企业调查,走访侨港资企业10家,建立企业台账,掌握企业基本情况。据调查,全县原有侨港资企业90家,由于受国家政策调整影响,至2010年,侨港资企业减少到53家,注册资金8365万美元,其中,港资企业占80%。涉及行业有:IT类企业8家,纺织、服装类企业17家,塑料五金类企业7家,皮革、玻璃纤维、橡胶类企业11家,木业类5家,建材、化工、冶炼类3家。

(王维方)

老干部工作

【概况】 2010年,嘉善县加强离退休干部思想政治建设和党支部建设,落实老干部的政治生活待遇,充分发挥老干部活动中心和老年大学两个阵地作用,以创建省级老干部“满意家园”为载体,组织老干部开展多种形式的文化娱乐和体育活动。至年底,全县有离休干部161人,享受县(处)级待遇76人,享受科(局)级待遇85人。其中赴外地安置14人,省市属单位及各地来善安置代管22人。

【召开新春团拜会】 1月28日,中共嘉善县委、嘉善县人民政府召开全县老干部团拜会。县长姚高员主持,县主要领导出席,400多名离退休干部参加。同日,县四套班子主要领导还与实职县处级以上离退休干部举行迎春茶话会。

【召开全省老干部工作部门信息信访工作会议】 4月22~23日,召开全省老干部工作部门信息信访工作会议。全省各地市老干部局30多人参加会议。省委老干部局办公室主任井明,嘉兴市委组织部副部长、老干部局局长秦金顺，嘉善县委副书记郑明出席会议并讲话。

【举办第三届老干部艺术节】 5月18～25日，举办嘉善县第三届老干部艺术节。中共嘉兴市委组织部副部长、老干部局局长秦金顺，中共嘉善县委书记张明超，县委副书记郑明，县委常委、宣传部长梁晓英，嘉兴银行纪委书记、监事长陈煌生和县有关部门领导出席开幕式。参展参演老干部450余人，展览、展示各类作品、节目1150余件，共有1600人次参观和观看。

【加强“两个阵地”建设】 8月26日，召开嘉善老年大学2010年校务委员会会议。校务委员会各成员单位有关领导及各镇(街道)党群书记出席会议。县委常委、组织部长、嘉善老年大学校长滕根林主持会议并讲话。9月7日，嘉善县老干部活动中心召开创建省级老干部“满意家园”工作推进会，对创建活动进行再动员、再部署。130多位离退休老同志和局工作人员参加会议。

【成立嘉善县老干部党校】 9月16日，嘉善县老干部党校成立。县委副书记、县长姚高员，县委副书记郑明出席成立仪式，郑明作重要讲话。成立仪式后举行首场形势报告会，姚高员作形势报告。

【组织老干部开展考察调研活动】 4月28日，组织全县110多位离休干部先后到沪杭客运专线嘉善段、新客运中心和碧云花园等地参观考察。10月中旬，组织部分实职县处级离退休干部分组先后到西塘镇、陶庄镇和县经济开发区(惠民街道)，围绕全县新市镇建设重点项目开展实地调研，形成《关于推进我县新市镇建设的几点建议》，并呈报县委、县政府和有关部门。

【推进离退休干部党支部建设】 9月3日，召开全县离退休干部党支部创先争优推进会，31名离退休干部党支部书记出席会议。10月27～30日，举行全县离退休干部党支部书记培训班，邀请嘉兴市委老干部局副局长姚启槐作《如何做好离退休干部党支部工作》、县委党校副校长高福弟作《党的十七届五中全会精神》辅导报告，31名离退休干部党支部书记参加培训。

【开展老干部活动】 10月12～13日，举办第七届老干部游园会。游园会共设10个趣味性活动项目，800多名离退休干部参加。11月15～17日，举办全县老干部读书会。县领导姚高员、郑明等出席，400多名离退休干部参加。姚高员向老干部们传达党的十七届五中全会精神、通报全县经济社会发展情况和我县“十二五”期间经济社会发展的总体思路，听取党的十七届五中全会精神和当前国际形势两个报告，并分组讨论，就近就地学习参观。

【成功创建省级老干部“满意家园”】 12月30日，创建省级老干部“满意家园”考核组来善考核县老干部活动中心创建工作。考核组由省委老干部局副巡视员陈晓宏带队；县老干部活动中心创建工作以112.72分的成绩通过考核。 (皮皓铮)

信访工作

【概况】 2010年，全县共受理群众信访6130件，比上年下降4.1%。其中各镇(街道)、各部门受理4250件，占69%；县信访局受理1925件，占31%。

【落实信访工作责任制】 年初，县委、县政府与全县9个镇(街道)的党委、政府(办事处)及18个部门签订《2010年度信访工作目标管理责任书》，各镇(街道)党委、政府分别和所属有关部门、所辖村(社区)签订目标管理责任书。各镇(街道)党委、政府主要领导及重点部门的主要领导对信访工作进行单项述职，实行责任考评。全年，县委常委会和县委书记办公会议共6次听取信访工作汇报，召开全县性的信访工作会议12次。继续实行领导带头包案调处信访案件制度，对于县级层面排摸确定的疑难复杂信访案件，全部由县四套班子领导包案处理，并落实责任单位、责任领导和具体责任人；各基层单位排查出来的信访积案，由相关镇(街道)、部门主要领导包案调处。

【集中化解信访积案】 多次在全县开展拉网式信访矛盾排查，把重点问题排摸、重点时段排摸和日常排查结合起来，全面排摸信访苗头。3月，开展深化“信访积案化解年”活动，筛选出35件疑难信访积案，其中16件由县委、县政府领导包案，19件由镇

(街道)、部门主要领导包案。至年底,县委、县政府领导包案的信访积案成功息访5件;镇(街道)、部门主要领导包案的信访积案成功息访9件。

【完善领导干部下访接访机制】 年初,县委办、县府办联合下发《关于2010年度县领导信访接待日值班安排的通知》,县四套班子领导于每月15日轮流到信访局坐堂接待上访群众。7月15日,开展县领导集中下访活动,共接待群众来访43批80人次,其中当场解释、解决的有17批38人次。8月上旬,嘉兴市委副书记、政法委书记鲁俊专程约访上访群众,协调处理群众信访问题。

【建立"一网五联"机制】 依托信访基层三级网络(一网),开展县、镇(街道)、村(社区)干部每月定期民情联访,各级干部联村和信访苗头联控,县级机关驻镇(街道)派出部门信访调处联动,县、镇(街道)和部门信访积案联包(五联)。"一网五联"机制得到副省长葛慧君的批示肯定。

【开展信访信息平台试点工作】 以网络技术为依托,西塘镇在全市率先建立镇级信访信息管理平台,设置信息采集录入、上级交办件登记、事件领导审批管理、承办时限和承办人确定、事件办理流程、答复和满意度反馈、时限提醒跟踪等功能,结合镇各职能部门分为城建、旅游、工口、农口、政法等13个条线办理;系统实行已办理、已办理无结果、未办理、逾期未办理、逾期补办5种分类登记,自动显示提醒时限和相关领导及责任人。落实信访工作责任制,有效提高信访问题一次性办结率。

全县信访工作会议现场　　县信访局　提供

【做好世博期间信访稳定工作】 结合世博安保工作要求,3月,制定出台《嘉善县上海世博会"环沪护城河"信访工作预案》和其他配套方案,各镇(街道)、各部门组建信访维稳应急队伍,与信访部门每天报告人员动向和信息情报,确保在第一时间报送信息。世博期间,未发生一起因信访问题赴上海世博会非访滋事事件。

【加强信访队伍建设】 全年,共组织信访干部参加市信访局组织的业务培训2次,开展全县信访干部培训1次。年初,成立嘉善县信访信息中心,机构性质为纯公益类事业单位,定编4人,具体承担全县信访矛盾信息的预测、排查、收集、上报、分析及信访动态调研、重点项目(活动)信访风险评估等相关工作。截至12月底,有1名工作人员到岗。同时,把信访部门作为青年干部和大学生村官锻炼实践基地。全年有3批共6人次新提拔为副科级领导干部的督查专员和大学生村官到信访局锻炼实践。 (蒋伟强)

党　　校

【概况】 2010年,中共嘉善县委党校贯彻落实《中国共产党党校工作条例》和《2010~2020年干部教育培训改革纲要》,以"教学立校、科研兴校、人才强校"为抓手,提升干部教育水平、科研学术水平和服务质量,发挥党校理论宣传阵地的作用;获全市党校系统考核教学工作第一名、信息化工作第一名、科研工作第三名。

【开展干部教育】 全年举办正科级领导干部培训班、副科级领导干部培训班、中青年干部培训班共18期20个班次,培训人员1282人次。共举办6期公务员更新知识培训,受训学员近1100人次。教学内容紧贴党和国家大政方针、县委和县政府中心工作、党员干部思想和工作实际，突出科学发展观重大战略思想及“接轨上海、转型升级”战略，兼顾领导干部执政能力、党风廉政建设等内容。培训形式因班制宜，利用校外资源拓宽学员视野，先后组织学员赴上海市委党校、江阴市委党校等院校培训。开展理论宣讲，全年为各部门、镇（街道）、农村、学校及企业作辅导70余场次。

【**推进教学改革**】 开展主题教学，在科（局）级领导干部培训班和中青年干部培训班上安排“转型升级”主题培训。开展主体教学，充分发挥学员在学习培训中的主体作用，首次举办以“推动转型升级”为主题的咖啡论坛，由教师紧扣主题提出3个问题，学员分组、分角色进行研讨交流，通过“边品咖啡边研讨”的形式，促使学员在轻松的氛围中相互积极思考、畅所欲言。开展实践教学，安排法庭庭审、“一日体验”等新形式，使学员深化对课堂内容的认识。

【**办好函授教育**】 实施党校函授教育转型，现有在校学员527人，其中党校系列47人、成教类264人、远程教育类216人。推进与浙江省级机关职工业余大学、嘉兴学院、重庆大学等合作办学，促成与哈尔滨工业大学、四川大学、湘潭大学、四川农业大学等高校联合办学。拓展教育内涵，选聘专业对口的授课教师25人，均为本科以上学历，其中高级职称人员占70%，保证教学质量。

【**加强党校科研**】 全年撰写调研文章14篇，其中获省、市理论研讨会三等奖各1篇。省委党校课题立项2项，市委党校课题立项3项，获优秀结题成果三等奖1项。参与县级课题4项。积极参加环太湖经济社会发展研讨会、市经济学研究会等学术会议，论文多篇入选。教学项目《以创新实践助推转型升级》、精品课《提升创新思维能力》分获全市党校系统优秀奖、三等奖。

【**加强教职工队伍建设**】 完善党总支中心组学习制度，推进党内民主建设，中心组全年学习12次。开展“一员双岗”活动，全体党员到所在社区报到并参加社区活动。组织离退休老干部开展学习6次、参观1次、体检2次，组织离退休老干部参加县老年活动中心组织的各项活动和体检，慰问生病老干部。开展中层干部竞聘，6人竞聘成功。引导理论教师选定学科方向进行研究，引进讲师2人和研究生1人，组建一支拥有高级讲师3人、讲师4人、助理讲师2人的高素质专职教师队伍，并确定理论教师的学科发展方向。开展教师培训，选送2人到省委党校进行研究生脱产学习、1人到省委党校参加公共管理研训班学习。

【**做好文明结对工作**】 做好五型党校、文明创建、结对帮扶工作，与共建村签订共建协议，资助三发村1万元用于村道绿化建设。资助联谊村课桌椅40套、会议桌1套，派文艺演出团赴三发村和联谊村演出。赴共建村慰问老党员9人次，送上慰问品、慰问金共计5500元。全年为共建村党员授课4场。组织3次校、企、村联谊座谈会。全体党员捐款1800元，全体教职工为玉树灾区捐款4000元，慈善募捐6600元。积极组织党员干部开展全员维稳、世博安保等工作。（朱　樱）

党　史

【**概况**】 嘉善县全面学习贯彻全省第八次党史工作会议精神、按照《中共中央关于加强和改进新形势下党史工作的意见》和《中共浙江省委贯彻<中共中央关于加强和改进新形势下党史工作的意见>的实施意见》要求，重点加快党史二卷本等编写进度；参与筹划建党90周年纪念活动；做好党史资料征编、收集和革命遗址遗迹保护、利用工作；加大党史成果的宣传力度，深化党史“六进”活动。被嘉兴市委组织部评为嘉兴市组织史编纂工作先进集体。县史志办林丽冬获“浙江省党史工作先进工作者”称号。

【**出版《嘉善县抗损调研成果汇编》**】 1月，《嘉善县抗战时期人口伤亡和财产损失调研成果汇编》由中共党史出版社出版发行，全书30余万字，分档案文献、口述资料、座谈调查和专题研究四部分，详实记录嘉善县抗战时期人口伤亡和财产损失情况。

【**出版《组织史资料》（第四卷）**】 2月，由中共嘉善县委组织部、嘉善县史志办公室编写的《中国共产党嘉善县组织史资料》（第四卷）出版发行。全书收录期限为1999年1月～2007年6月，历经县委第十、十一、十二届任期，部分行政区域调整，多次机构改革，以及部分企事业单位的撤、拆、转、并等诸多变化；主要收录嘉善县党、政、军、群组织的机构设置、沿革以及领导人名录，包括154个党组织，325个领导机构、工作机构、派出机构、企事业单位，2216名领导人的职务变化。

【完成党史二卷本初稿】 《中国共产党嘉善历史》第二卷(1949~1978)是一部反映中共嘉善县委领导嘉善人民进行社会主义革命和建设及其自身发展的正史，全书共分5篇19章58节184个目。年初，围绕"党史二卷启动年"要求，集中精力，认真编写纲目等。2月，在征求意见的基础上，完成编纂方案和纲目初稿，并报经市委党史研究室审定；3月，进行宣传发动，正式下发《中国共产党嘉善历史》(第二卷)编纂工作实施方案和编纂纲目文件；4月起，建立由4人组成的初稿起草工作班子，分篇、章、节、目开始撰写初稿。至12月底，已完成党史二卷本45万字初稿的撰写任务。

【完成革命遗址普查工作】 年初，根据中央和省、市党史研究室的部署和要求，进行宣传发动，全面开展排摸。5月，顺利完成普查任务，共确定革命遗址和纪念设施8处，其他遗址和纪念设施7处。通过对每处革命遗址的地理位置、结构布局、相关背景和开发利用等进行详实的记录，形成相关文字资料2万余字，拍摄照片100余张。"七一"前夕出版普查成果集——《红色印记——嘉善革命遗址遗迹图鉴》。

【汇编《探寻嘉善发展之路》】 为迎接建党90周年，开展地情资料挖掘，会同县档案局收集整理改革开放以来嘉善县党代会和人代会重要文献。年底，形成30万字的汇编初稿，进入修改定稿阶段。

【史志工作首次列入全县考核】 8月20日，县委办、县府办联合下发《关于印发2010年度各镇(街道)、各部门工作目标责任制考核实施办法的通知》。《通知》明确将史志工作列入对镇(街道)考评内容，考评分值为1分。12月23日，县史志办根据有关文件精神和全县考评会议要求，重点围绕史志工作组织领导、机构队伍、工作条件以及2010年度党史、县志、年鉴、镇志等编纂工作对全县各镇(街道)进行考核。

(苏丽华)

机关党务

【概况】 2010年，嘉善县加强机关党的建设，坚持服务中心，建设队伍，开展学习型党组织创建活动，推进五型机关建设，完成机关党建工作任务。完善党组织隶属关系，至6月底，共有4个党委整体划入。至年底，机关党工委共辖6个党委、12个总支、116个支部，党员1792人。全年发展党员31名、预备党员转正51名，转接党员组织关系423人次。

【深入开展学习型党组织创建活动】 年初，组织300名机关党员干部开展学习调查，研究制订《关于开展学习型党组织创建活动的实施意见》，年中，通过实地检查、座谈交流、集中汇报等形式，对基层党组织创建活动进行督查。年底，对申报创建的43个总支、支部进行考核并对得分前20名的支部进行表彰。举办公文写作规范培训班，组织开展"读书的城市最美丽"演讲比赛、"做一个有道德的人"征文比赛和"讲写"能力比赛。

【扎实推进五型机关建设】 组织开展以学习型、创新型、服务型、效能型、廉洁型为主要内容的"五型机关"创建活动。修订完善《2010年度创建"五型机关"考评细则》。年底，对申报创建的48家单位进行考评，并对10个创建优秀部门报县委、县政府审定进行表彰。

【开展统筹城乡基层党组织双百共建活动】 牵头组织88个县级机关部门与104个村、14个农村社区签订共建协议，共制定共建项目253项。先后组织机关党员义务献血、"迎世博、讲文明、树新风"行动、在职党员"一员双岗"等活动。组织党员到共建单位参加义务劳动、志愿服务、扶贫帮困等活动。至年底，共开展共建活动367次，参与人数1820人，结对困难群众224户，为基层办实事345件，投入共建经费904765元。

【深入开展创先争优活动】 开展以"服务中心、建设队伍、改进作风、提高效能"为主题的创先争优活动，成立活动领导小组，制定活动实施方案，开展承诺、践诺、党员闪光点评比等活动。同时,还制订《廉洁高效先锋行动方案》,先后召开创先争优学习交流会、研讨座谈会18次,为各单位搭建密切联系、互通信息、共促进步的实践平台,促进创先争优活动的有效推进。

【开展机关党建工作】 开展机关党建创新评比,制定《机关党组织创新工作项目管理办法》,按照"确有创新、务实可行、好中选优、规格适度"和"内容上出新意、形式上求实效、手段上有创新"的原则开展机关党建创新工作。至年底,共有26个总支、支部申报47个机关党建创新项目。培育机关党建示范点,通过前期调研、培养,确定4个单位为县直机关党建示范点试点单位:县烟草专卖局在学习型党组织建设、党员远程教育上创特色;县国税局在党务公开、党员管理上创品牌;县人防办在党员活动室建设、党员远程教育上做样板;县行政审批服务中心在党员服务平台建设上做示范,做到"一单位一品牌"。

【举办党务培训班】 举办总支(支部)书记、入党积极分子、党务干部3个培训班,邀请县委常委、县纪委书记李泉明,县委常委、组织部长滕根林,县委常委、宣传部长梁晓英等为学员讲课。共有73名总支(支部)书记、133名入党积极分子和75名党务干部参加培训,并组织30名总支(支部)书记赴外地参观学习。

【举办"红船节"纪念活动】 发出"养成良好读书习惯、争做学习型党员"倡议,开展"党员学习周"活动;开展党员献爱心活动,共募集到党员关爱专项资金捐款14万元;开展党员教育活动,组织42名党员干部到南湖过"红船组织生活",参观南湖革命纪念馆;举办县直机关新党员入党宣誓仪式,48名新党员向党旗宣誓;开展关爱党员活动,为县直机关入党50周年的10名老党员颁发荣誉章,县领导上门慰问入党50周年老党员代表;开展纪念"七一"文艺演出活动,有10个单位演出舞蹈、独唱、三句半、小品等11个节目。

【开展机关廉政文化建设】 成立廉政文化进机关工作领导小组,制订《廉政文化进机关2010年工作方案》,举办"读书思廉"、"做一个有道德的人"征文比赛等活动。11月,召开嘉兴市"廉政文化进机关示范点"推进会。组织县直机关工委与所属55个总支(支部)签订《党风廉政建设责任书》。开展岗位廉政风险防范体系建设,组织4场共有650名机关党员干部参加"勤廉好干部"报告会,组织党员收看《嘉善县部分党员干部腐败案件警示录》和旁听法院庭审,提高机关党员干部拒腐防变的能力。

【开展机关文体活动】 举办"迎世博"体育健身活动,52个单位的280多名机关干部共组成21支代表队参加;举办第二届千米健身长跑比赛,54个机关部门的235名运动员分别参加男子1000米和女子800米长跑;组织机关干部职工疗休养活动,全年共组队7次198人参加;县直机关一队、县直机关二队参加县十二届运动会8个项目的全部比赛,并分获团体总分第二名、第六名。

(桑建中)

综　述

2010年,嘉善县第十四届人民代表大会常务委员会围绕“科学发展示范点”建设,服务经济社会发展大局,行使宪法和法律赋予的各项职权,强化法律监督和工作监督,推进依法治县进程,促进经济社会协调发展;改进代表工作,探索代表工作新方法,发挥代表作用;加强对镇(街道)人大工作的指导,促进镇(街道)人大工作全面开展;重视常委会自身建设,改进工作作风,增强监督实效。

2010年底,县十四届人大常委会实有组成人员22名,人民代表大会实有代表小组13个、代表205名。

重要会议

【县十四届人大四次会议】 1月13～16日召开,县十四届人大四次会议,应到代表210名,实到代表210名。会议共举行4次全体会议、4次主席团会议,听取和审查县人大常委会、县人民政府、人民法院和县人民检察院工作报告;审查、批准《嘉善县2009年国民经济和社会发展计划执行情况报告与2010年国民经济和社会发展计划》和《嘉善县2009年财政预算执行情况报告和2010年财政预算》。会议期间,收到代表议案、建议、批评和意见200件,交由政府系统办理194件,其中,代表个人提出的建议、批评和意见129件,代表10人以上联名提出的议案71件,内容主要涉及农业水利、农村经济、土地政策、社会福利、社会保障、基础设施建设、城市社区建设管理、城乡供水、生活环境、社会治安管理等方面。邵喜玲等16位代表提出的《关于进一步推动我县老龄事业全面发展的议案》被列为大会议案。会议组织16名公民旁听,收到建议和意见18件、人民群众来信3件,闭会期间代表议案建议7件。

【县十四届人大常委会会议】 全年,人大常委会举行全体会议8次,听取审议县政府、法院、检察院专项工作报告19个,作出决议、决定12项,任免国家机关工作人员40人次,任免人民陪审员40人次。1月5日,第二十五次会议听取和初审县政府和县人大常委会报告,表决通过关于补选县十四届人大代表的资格审查报告、县十四届人大四次会议列席人员名单和县人大常委会2010年工作要点,表决通过有关决定和人事任免事项。1月27日,第二十六次会议听取和审议县检察院报告,作出关于许可对县十四届人大代表胡昌林采取强制措施的决定。3月5日,第二十七次会议听取和审议县检察院报告,作出关于许可对县十四届人大代表姚建忠采取强制措施的决定。3月25日,第二十八次会议听取和审议县政府关于“十小”行业质量安全工作情况的报告和关于对加快转变经济发展方式、推进经济转型升级工作的审议意见落实情况的报告,作出关于确定县人民法院人民陪审员名额的决定。5月19日,第二十九次会议听取和审议县政府关于现代服务业发展情况的报告、关于全县义务教育实施情况的报告、关于“两新”工程融资贷款议案及说明,作出关于批准县人民政府《关于提请审议“两新”工程融资贷款的议案》的决定,表决通过有关人事任免事项。7月22～23日,第三十次会议听取和审议县政府关于贯彻实施水污染防治“一法一条例”情况的报告、关于2010年上半年国民经济和社会发展计划执行情况的报告、关于2009年财政决算和2010年财政预算执行情况的报告、关于2009年财政预算执行及其他财政收支的审计工作报告、关于2010年政府投资项目计划调整方案的报告，听取和审议县人大常委会执法检查组关于水污染防治“一法一条例”执法检查情况的报告；通过关于批准嘉善县2009年财政决算的决议，作出关于同意嘉善县2010年政府投资项目计划调整方案的决定；表决通过有关人事任免事项。9月26日，第三十一次会议听取和审议县政府关于代表意见建议办理情况的报告，听取和评议县民政局工作报告，表决通过有关人事任免事项。12月2日，第三十二次会议听取和审议县政府关于全县医药卫生体制改革和合作医疗工作情况的报告和关于水污染防治“一法一条例”执法检查审议意见落实情况的报告，听取和审议县政府关于2010年度政府投资项目计划执行和调整情况的报告、关于2010年1至10月份全县预算执行情况及调整全年财政预算的报告，作出关于同意嘉善县2010年度政府投资项目计划调整的决定和关于同意嘉善县2010年财政预算调整的决定。会议评议县民政局整改工作情况的报告，通过关于补选县十四届人大代表的代表资格审查报告和有关人事任免事项。

【县十四届人大常委会主任会议】 全年举行常委会主任会议21次（49～69次），研究处理日常重要工作，听取和讨论县政府、法院、检察院有关工作汇报。4月16日，第54次主任会议听取县政府关于陆斜塘水源保护区取舍研究的汇报、县法院关于民事审判工作情况的汇报、代表工委关于县十四届人大四次会议代表意见建议重点督办件安排的汇报。4月29日，第55次主任会议听取县政府关于全县人口计生工作情况汇报。6月28日，第57次主任会议听取和讨论城乡居民社会养老保险工作。8月17日，第60次主任会议听取并讨论全县节能降耗工作汇报。8月26日，第62次主任会议听取和讨论县政府关于“五五”法制宣传教育实施情况汇报、关于全县采购工作情况汇报和关于全县招投标工作情况汇报。10月26日，第64次主任会议听取并讨论县政府关于“十一五”规划实施和“十二五”规划编制情况的汇报。12月24日，68次主任会议听取县政府关于老年人权益保障工作情况的汇报。12月29日，第69次主任会议听取县政府关于创建国家级生态县工作情况汇报。

主要工作

【概况】 2010年，县人大常委会围绕科学发展，服务全县大局，促进全县经济发展方式转变，听取和审议县政府《关于对加快转变发展方式，推进经济转型升级工作的审议意见落实情况的报告》、《关于我县服务业发展的报告》、《嘉善县2010年上半年国民经济和社会发展计划执行情况的报告》等专项报告，支持政府科学编制“十二五”规划纲要；促进社会管理工作转型升级，听取和审议县政府关于《嘉善县“十小”行业质量安全工作情况的报告》，听取全县安全生产工作情况报告，分别视察食品安全、开放式小区整治和世博安保等工作情况；促进政府重大项目建设，加强对财政预算、政府性投资项目的监督，推进“六个一”交通重点工程建设，重视“两新”工程建设和“强村计划”实施；推进民主法制建设，常委会组织学法活动5次，学习法律7部，听取县政府《关于“五五”法制宣传教育规划实施情况的汇报》；组织开展水污染防治“一法一条例”执法检查，对《农业法》执法检查整改落实情况进行跟踪监督，推进法律法规实施；加强司法监督，组织部分人大常委会委员和人大代表旁听法院庭审4次，听取和审议县人民检察院《关于民事行政检察工作的报告》，听取县人民法院《关于民事审判工作情况的报告》；增强监督工作实效，推动社会养老、义务教育、计划生育、医药卫生体制改革、城乡供水一体化等工作取得新进展；对县十四届人大四次会议确定的“进一步推动我县社会老龄事业发展”议案加强督查；听取和审议县政府《关于全县医药卫生体制改革和合作医疗工作情况的报告》、《关于嘉善县义务教育实施情况的报告》；视察县城乡供水一体化运行情况和饮用水水源地保护情况，并提出意见和建议；听取县政府关于城乡居民养老保险工作情况的汇报、关于老年人权益保障工作情况的汇报、关于计划生育工作情况的汇报，提出促进老龄事业发展,推进人口、资源、环境协调发展的建议。

围绕代表履职,发挥代表主体作用。拓展活动方式,建立企业家、“三农”、教科文卫等代表专业活动小组。深化代表进社区接待选民活动,魏塘、罗星街道的人大代表分别于4月10日和10月10日到11个接待点听取选民的意见建议。开展代表述职评议工作,组织105名代表进行述职,召开评议会议66场次,参加评议3639人次;对18件重点议案建议进行分工督办,对200件代表议案建议加强办理,议案建议一次办理结果满意率为90.5%。参加县政府、法院、检察院相关会议和重要活动,参与对经济、政治、文化和社会发展等重大事项的审议、视察活动。指导镇(街道)人大工作,在天凝镇、大云镇开展预算监督工作的试点,推广罗星街道设立代表工作室的试点经验。

围绕自身建设,提升工作水平。举行中心组理论学习会,开展经常性的学法活动,举办专题讲座。扎实开展创先争优活动,开展“为经济转型献一计”等活动。落实人大联系镇(街道)、村工作制度,做好机关干部到镇、村蹲点联挂工作。定期到镇(街道)约见代表和联系选民,听取代表和选民意见。宣传人民代表大会制度,举办人大常委会主任、人大代表在线访谈专题节目,对20位人大代表推进经济转型升级的典型事例作专题报道。办好《人民权益》栏目。

【开展水污染防治“一法一条例”执法检查】 3月下旬,实地考察全县河湖荡情况;4~7月,组织省、市、县、镇四级人大代表,对全县6个镇、3个街道、8个相关工作部门,开展《水污染防治法》、《省水污染防治条例》(“一法一条例”)的执法检查,通过明察、暗访、拍摄专题片,重点检查饮用水水源保护、污水收集处理、畜禽养殖污染治理、河道长效保洁、农村环境整治、生活垃圾收集处理、农业生产投入品使用等情况,共提出5个方面28条建议意见。加强宣传法律法规,加大饮用水水源安全保障、农村水环境保护、水污染防治投入力度等建议,督促县政府抓好执法检查意见的落实,促进《水污染防治法》的贯彻实施。

【加强议案建议交办督办工作】 3月24日,召开代表议案建议交办会议,将梳理、分类、编号、登记、确定承办单位后的200件议案建议交办到县政府及有关组织和单位,落实主要领导领衔办理制、现场交办制、重点议案建议督办制,加强议案建议的交办督办。议案建议办结率为100%,一次办理代表总满意率达到90%。至年底,已经落实的有56件,占总数的28.2%,正在落实的有52件,占26.1%,作出解释的有91件,占45.7%。其中,《关于进一步推动我县老龄事业全面发展的议案》办理取得新成效。县、镇、村(社区)三级养老服务管理机制得到完善,142个社区(村)开展居家养老服务试点工作,建成104个农村“星光老年之家”,各类老年活动室(中心)覆盖城乡所有社区。

【组织常委会开展视察活动】 2~12月,组织常委会开展视察活动11次,重点对节前食品安全工作、县开发区(惠民街道)、安全生产和世博安保工作、城镇生活污水收集和处理工作、“两新”工程和“强村计划”实施情况、城乡供水一体化和地下水禁限采工作、“六个一”交通工程与城市出入口形象建设情况等进行视察,并提出有针对性的建议。

【组织人大代表审议半年度政府工作】 常委会听取和审议县政府关于《嘉善县2010年上半年国民经济和社会发展计划执行情况的报告》,抓住全县城乡一体化发展中出现的困难和问题提出审议意见。审议县政府半年度工作,通过走访选民、集中审议、召开审议意见反馈会,直接向政府领导集体反馈审议意见,并得到县政府落实反馈意见的具体方案。

【开展部门工作评议】 7~9月,常委会组织开展对县民政局工作评议。通过发函、报纸和网络等形式公开向社会各界征求意见。组建评议工作小组,与民政局班子成员逐个谈话,召开各级各类座谈会,对县民政局2007年以来的工作进行全面了解。常委会听取和审议《关于民政局工作情况的报告》,提出提高对新时期民政工作认识、保持民政事业可持续发展、大力推进老龄事业全面发展、提升民政队伍整体素质等意见。

【开展人大代表述职评议工作】 12月中旬,组织105名县人大代表以选区为单位向选民进行述职，报告任期内履行人大代表职务情况，接受选民的评议和监督，全面完成本届县人大代表的述职评议工作。截至年底，县十四届人大代表共205名全部完成述职评议，其中口头述职156名，占76.1%；书面述职49名，占23.9%。召开述职评议会66次，参加评议3639人次。

【加强代表联系选民工作】 深化代表进社区接待选民活动，4月10日、10月10日，魏塘、罗星街道的人大代表到嘉辰、解放、谈公、小东门、中山、西门、浒弄、晋阳、子胥、南门、柳州等11个社区接待点，听取选民的意见建议。10月10日，县主要领导到晋阳社区参加接待选民活动，实地视察龙柏小公园和改造后的开放式小区雪松里。同日，省、市、县三级人大代表41人参加接待选民活动，共接待选民80多人次。

【省、市人大代表开展联组定向调研】 省、市、县、镇代表小组在代表学习、调研视察、执法检查、联系选民、述职评议、听取专项工作报告、代表会前活动等方面，开展联组活动，提高活动质量与效果。省人大代表小组嘉善小组与平湖小组开展两次联组活动，分别对嘉善的水污染防治工作情况和平湖的节能减排工作情况开展视察调研活动。各市人大代表小组也分别对全市教育事业发展情况和南湖区第三产业、现代服务业发展情况开展定向调研活动。

【丰富专业代表小组活动】 探索创新代表活动的组织形式，建立企业家、“三农”、教科文卫等代表专业活动小组，全年先后组织3个专业代表活动小组开展企业转型升级座谈会、农村生活垃圾处理调研活动5次。企业家代表活动小组抓住企业转型升级主题，视察恒科实业，座谈交流企业转型升级经验；教科文卫代表活动小组视察县一院迁建工程，听取医疗卫生事业发展情况汇报；“三农”代表活动小组考察象山农村生活垃圾收集处理工作，探索破解农村生活垃圾处理难题。

（廖敏英）

1月12日，召开嘉善县第十四届人民代表大会第四次会议

县人大办　提供

嘉善县人民政府

综　　述

2010年，嘉善县全面完成年度目标任务和"十一五"目标任务，全年实现地区生产总值276.11亿元，增长15.4%；财政总收入38亿元，增长13.9%，其中地方财政收入18.82亿元，增长17.8%；全社会固定资产投资179.63亿元，增长22.3%，其中工业生产性投资110.5亿元，增长10.4%；合同利用外资5.42亿美元，实际利用外资2.96亿美元，引进县外内资36.08亿元；进出口总额29.4亿美元，增长37%，其中出口20.65亿美元，增长33.6%；全社会消费品零售总额87.74亿元，增长19.4%；城镇居民人均可支配收入28190元，增长12%，农民人均纯收入14383元，增长12.8%。

经济建设取得新成就。大力发展精品农业，建立1300亩富硒稻米生产基地，新建32个精品农业示范点，提前超额完成3万亩标准鱼塘建设任务。推动农业规模化经营，新增土地流转面积15200亩，"西塘—姚庄"省级现代农业综合区建设全面推进，被评为"全国粮食生产先进县"。大力发展世博经济，供沪农产品达23.8亿元。加快工业产业转型升级。大力发展新兴产业，新兴信息电子、新能源、高端装备制造产业合同利用外资占总量的73.5%，新增国家级重点高新技术企业9家。工业园区基础设施投入8.5亿元，新增开发面积5196亩，嘉兴出口加工区B区实现封关运作，县开发区荣获中国十佳省级经济开发区称号。招商选资成效明显，合同利用外资和实际利用外资均列全市第一，新批总投资2000万美元以上外资项目14个、总投资亿元以上内资项目14个，西塘镇、姚庄镇分别列全市"利用外资十强乡镇"第一位和第二位。加快服务业发展，全年实现旅游总收入57.53亿元，增长27.8%，新增注册资本100万元以上生产性服务业企业174家，华东金属物流等一批现代物流重点项目成功落户；大云镇被评为省旅游强镇。启动"质量强县"创建工作，授权专利1278件，增长130.4%，被评为"中国商标发展综合实力百强县"，干窑镇获市专利示范镇称号。

加大统筹城乡发展力度，大力推进新型城市化和新农村建设。修编完成《嘉善城市新区（南区）概念性规划》，新区基本形成"五横十纵"道路框架，旧城改造稳步推进，"数字城管"投入运行。新市镇建设不断加强，姚庄镇、天凝镇被列入第二批省级中心镇培育工程，其中姚庄镇被评为全省最具竞争力中心镇，并被确定为省小城市培育试点。扎实推进"两分两换"，23个重点集聚区规划编制全部通过评审，9个新市镇集聚区全部启动基础设施建设，姚庄镇顺利完成新社区一期试点工程，开发区（惠民街道）试点一期工程部分结顶。深入实施"强村计划"，经济薄弱村项目申报实现全覆盖，全县村均可支配收入达到173.14万元。加强交通基础设施建设，"六个一"交通工程基本建成，平黎公路拓宽工程顺利通车，新客运中心、沪杭客运专线嘉善南站及其配套工程投入使用，公交运行线路港湾式停靠站实现全覆盖，全年改造农危桥60座。国家级生态县创建工作全面启动，畜禽养殖污染专项治理成效显著，新增绿化造林面积7080亩，罗星街道创建成为省级生态街道，姚庄镇获浙江省森林城镇称号。建成天然气建设一期工程,新建标准化圩区3533.33公顷(5.3万亩)。

社会建设取得新进步。义务教育学校教师流动工作被列为国家级教育改革试点。达到国家三类城市语言文字工作评估标准。合作医疗筹资标准提高至300元。完成经济适用房配售和廉租房配租工作,改造农村危旧房183户。在全省率先实现残疾人养老保险全覆盖。全面启动医药卫生体制改革,县第一人民医院迁建项目顺利推进。实现亚运会和亚残会金牌零的突破,成功承办十四届省运会有关比赛。“春泥计划”深入实施。开展纪念吴镇诞辰730周年活动。保障水平不断提高,新增就业岗位6612个,帮助3396名失业人员实现再就业,实现农村劳动力转移就业6853人。推进城乡居民社会养老保险全国和全省试点工作,“五大保险”新增参保人员5.75万人次,被评为全国养老服务示范单位。

平安建设成绩显著。圆满完成世博安保任务,为上海世博会顺利举办做出重要贡献。嘉善县被省委、省政府授予上海世博会“环沪护城河”安保工作突出贡献单位,县公安局、县交通局、开发区(惠民街道)被授予先进集体。建立重大事项社会稳定风险评估机制,深入推进新居民管理工作,全面加强安全生产、校园安全、食品安全等工作,被评为全省社会治安综合治理先进集体。民主法治建设成效明显。扎实推进“法治嘉善”建设,被评为全国法治县(市、区)创建活动先进单位,县总工会荣获全国工会系统“五五”普法先进称号,天凝镇洪溪村、大云镇缪家村被评为省级民主法治村。 (沈丽娜)

重要会议

【县第十四届政府第七次全体会议】 7月30日召开,县长姚高员作题为《攻坚克难、奋力进取,确保全年各项目标任务圆满完成》的报告。

【县第十四届政府第八次全体会议】 12月20日召开,县长姚高员作题为《加速转型、争创示范,为开创“十二五”科学发展新局面而努力奋斗》的报告。

重要决策与活动

【加快经济社会发展】 工业项目建设不断推进,完成工业生产性投入110.5亿元,其中技改投入58.67亿元。节能降耗工作全力推进,严控高能耗工业企业用电量,主要污染物减排工作成效显著,完成“十一五”节能减排目标。制订落实“一意见五办法”等人才政策,引进精英引领项目4个、重点创新团队6个、国外智力项目3个,新批企业博士后科研工作站1家。生态建设步伐加快,全面启动国家级生态县创建工作,编制《生态文明建设规划》,出台城乡绿化造林三年行动计划,新增绿化造林面积7080亩。城乡教育均衡发展,“义务教育学校教师流动”被确立为国家级教育改革试点项目。推动省卫生强县创建,全面启动医药卫生体制改革,统筹县镇两级医学检验资源。平安建设不断深入,严守世博安保入沪卡点,严密管控社会面治安,圆满完成为期214天的“环沪护城河”安保维稳任务。

【推进经济转型升级】 优化产业结构,大力发展精品农业,抓好粮食生产功能区和现代农业园区建设,新建32个精品农业示范点,新增省级休闲渔业示范基地、省级百强合作社和省级农业龙头企业各1个。强化工业产业导向,出台传统产业转型升级和新兴产业发展意见,推动木业家具等六大传统产业改造提升,大力发展新兴信息电子、新能源、新材料、高端装备制造等四大新兴产业,电子信息产业集群列入省转型升级示范区试点,新兴产业实现规模以上工业产值185.77亿元。加快发展服务业,完成三产投资63.93亿元。受“世博”效应拉动,接待国内外游客631.97万人次,实现旅游综合收入57.53亿元,成功创建省旅游经济强县。加快发展物流业,特易购项目建设基本完工,普嘉仓储、博洋家纺、爱仕达等一批物流项目成功落户或开工建设。

【坚持开放发展】 加快接轨上海步伐,直接从长三角地区引进项目413个,积极与闵行、普陀、长宁等区开展友好合作交流,选派11名干部到世博局和闵行区挂职锻炼。加强产业招商,成立六大产业招商组,开展“迎世博百日招商行动”、“产业招商活动月”等系列活动,新批总投资2000万美元以上外资项目14个、总投资亿元以上内资项目14个,华震数字、九洲药业等项目成功落户。拓展服务业招商,新增服务业企业572家,新增注册资本27.45亿元。深化农业推介,成功举办农产品供沪洽谈会和海峡两岸现代农业合作交流会,供沪农产品销售额23.8亿元,增长28.6%。

【打造产业发展平台】 实施“855工程”,工业园区平台建设投入8.5亿元,在建和竣工基础设施项目48个。全面推进开发区整合提升,积极做好国家经济技术开发区申报工作,县经济开发区荣获“中国十佳省级经济开发区”称号,嘉兴出口加工区B区实现封关运作。加强土地节约集约利用,修编完成新一轮土地利用总体规划,开展土地卫星遥感执法检查和整改工作,消化利用转而未供土地4161亩,盘活利用存量建设用地744亩。

【增强自主创新能力】 至年底,全县新认定国家高新技术企业9家,列入国家级科技项目14项,省级新产品立项数保持全省各县(市、区)首位。强化创新平台建设,科创中心二期工程完成地下工程,科创加速器、中科院微电子所和西南自动化所等公共平台投入运行,电声公共科技创新平台被认定为省级重大公共科技平台。启动“质量强县”创建工作,授权专利1278件,增长130.4%,参与制订国家标准、行业标准5个,新增浙江名牌产品2个,在国内首次发布旅游品牌体验指数,获得“中国商标发展综合实力百强县”称号。

【深化体制机制建设】 高标准完成“十二五”规划编制工作。深化“收入一个笼子,预算一个盘子,支出一个口子”公共财政管理改革,加强预算编制、执行、监督“三位一体”组织体系建设,完善整合促进产业升级经济转型的财政扶持政策。努力创新农民负担源头防范机制,有效推行各项减负举措。着力打响“临沪新城、效率嘉善”软环境品牌。

【统筹城乡一体发展】 全面实施新城开发,建成全长17公里的新城区道路并基本形成“五横十纵”的道路框架,新客运中心、沪杭客运专线嘉善南站及站前广场一期投入使用。推进旧城改造,绿逸公园二期工程竣工,完成小东门、乐安里老旧小区改造。编制完成县域村庄布点规划,出台“两新”工程建设“四意见一办法”,实施农房改造集聚7113户。新市镇培育取得新成效,姚庄镇被确定为省小城市培育试点。“强村计划”成效明显,实现经济薄弱村项目申报全覆盖。公共设施不断完善,加快“六个一”工程建设,实现公交线路港湾式停靠站全覆盖,改造农危桥62座。建成天然气利用一期工程。调整统一水价,实施城乡供水运营一级管理体制,全面完成封停深井任务。推进全国小型农田水利重点县建设,新建标准化圩区5.3万亩,整治河道162.8公里。

【加快推进民生保障】 社会保障工作稳步推进,新增城镇就业岗位6612个,3396名失业人员实现再就业,被确定为首批省级创建创业型城市。调低用人单位基本养老保险费缴费费率,扩大社会保险覆盖面,新增参保人员5.75万人次,全县养老保障覆盖面85.3%。做好全国、全省城乡居保试点县工作,为6.6万60周岁以上人员发放基础养老金5426万元。加快社会化养老服务体系建设,嘉善县被命名为全国养老服务示范单位和全国老龄工作先进县。加大困难群众救助力度,发放低保救助金和基本生活价格补贴979.75万元,慈善救助496万元。推进省扶残助残爱心城市创建工作,实现残疾人养老保险全覆盖,嘉善县获得“全国白内障无障碍县”称号。

(周军波)

办公室工作

【概况】 2010年,县政府办公室紧紧围绕县委、县政府的重大决策和工作部署,紧贴领导思路,较好地完成全年工作计划和领导布置的各项工作任务。全年组织起草各类汇报材料120份,计20余万字;各类调研报告20多篇,开展督查活动10余次。推进依法行政工作,全年共审结行政复议案件17件。县政府行政赔偿应诉案件1件,一审驳回原告诉讼请求。开展行政裁量权规范监管试点工作和规范性文件清理活动,组织执法案卷集中评查活动。保密、档案等工作做到专人收发、专人负责,全年累计整理档案1850余件。新成立县政府信息研究中心,主要承担政府各类信息的收集、整理和分析工作,已参与政府十四届七次和八次全体会议、年度政府工作报告、经济形势分析会、转型升级务虚会等大型材料的撰写工作。

【提高办文办会质量】 做好公文办理工作,完善文件督办制度,加强督促检查,加快文件流转,减少压文现象。全年累计印发各类正式文件829份,收文2200多件。准备会议材料,安排会场会务,全年办公室筹备各类会议300多次,涉及与会人员1万多人次,各条线组织协调会议300余次。

【尽心办理意见建议和提案工作】 负责所有政府系统意见建议和提案的二次交办工作,加大办理工作的协调性和统筹性。全年"两会"需要政府系统办理人大代表建议194件,占全部建议的97%,办结率100%,满意率98.5%;政协提案187件,占全部提案的88.2%,办结率和满意率均为100%。对所有意见建议和提案实行网上办理。同时,组织回头看工作,确保建议、提案件件有回音、事事有着落。

【信息工作凸显服务民生】 加强宣传工作,规范政府信息公开行为。至年底,全县各政府信息公开主体主动公开各类信息4723条,其中,通过嘉善县政府门户网站公开信息913条,通过政府信息公开平台公开信息3810条,受理依申请公开6件,满意率100%。共编发《每日要讯》及《〈每日要讯〉增刊》292多期,编发《政务动态》800多条、《调研与思考》7期、《大事记》11期,向省市上报信息2000多条。投入20多万元改造县政府信息公开平台,对政府门户网站进行改版。在嘉善新闻网正式开通"民生信息"栏目,发挥服务民生作用。

【做好县长电话中心工作】 县长电话中心改进工作方法、提高法律素养、强化专业知识。全年累计受理群众来电来信1.3万多件。截至2010年11月底,县长电话中心已累计受理群众来电来信89124件。 (沈丽娜)

法制工作

【概况】 2010年,嘉善县围绕建设"四型法治政府"(规范型、服务型、示范型、公信型)的目标,坚持制度创新、体制创新、机制创新、方法创新,提升工作层次,提高工作效能,为打造"法治嘉善",推动和谐社会建设提供有力保障。全年共审结行政复议案件17件,其中新收复议申请15件。

【推进规范型法治政府建设】 召开全县法制工作会议,明确年度工作安排和重点。突出考核引导,强化素质考核,组织行政执法人员法律素质测试,抽查测试31名部门领导和64名执法人员。评选出县级行政执法先进单位5个、规范化单位6个和政府法制工作创新项目7个。实施行政执法队伍素质提升工程,制定《2010年度全县行政执法人员法制培训指导方案》,对全县1603名公务员进行"法治浙江"专题培训,强化行政执法人员基本法律素质。

【推进服务型法治政府建设】 调低用人单位基本养老保险费缴费费率,扩大社会保险覆盖面,加大困难群众救助力度,强化住房保障,改造农村危旧房。开展公民权益依法保障隐患集中排查治理行动,治理"黑车"载客、非法使用违禁药物"瘦肉精"、职业病防治等一批执法难点热点问题。深化执法领域政务公开,完善政府信息公开发布和考核制度,制定《嘉善县行政机关澄清虚假或不完整信息工作规范(试行)》、《嘉善县政府信息发布协调工作规范(试行)》以及《嘉善县政府信息公开工作考核办法(试行)》,加大政府信息公开力度与考核力度,满足公众获取、利用政府信息的需要。深化行政审批制度改革。加强一站式办公和一条龙服务,开设"一次办"办公审批系统。完善工业项目联审和跟踪机制,对重大工业项目全程跟踪,全年协调推进项目52个。

【推进示范型法治政府建设】 落实《嘉善县政府工作规则》,将法制机构负责人参加政府常务会议,参与重大决策、重要文件、协议合同的制定形成制度。合理调整县政府规范性文件制定流程,实现规范性文件由部门主导向政府主导转变,确保规范性文件制定的科学规范。全面清理行政规范性文件,确保法制统一和政令畅通,共梳理出县政府出台的规范性文件177件,其中废止和失效7件,保留170件。清理规范财政扶持市场主体的有关政策,充分发挥财政资金在加快推进产业结构调整、促进发展方式转变,增强企业自主创新和节能减排方面的杠杆作用。

【推进公信型法治政府建设】 组织各级行政机关梳理执法依

据、分解执法职权,完善资格认证、执法培训、执法公示等制度。要求执法部门在内部考评上做到统一自评、统一互评、统一问卷、统一考核。分片召开行政相对人座谈会,对外公示行政执法先进单位、规范化单位候选名单,接受社会监督。随机调阅行政处罚、行政许可、行政强制等执法案卷,逐案点评并形成书面反馈意见。提升行政复议应诉质量,全年县政府共审结行政复议案件17件,其中新收复议申请15件,上一年结转2件。审结的17件中,维持具体行政行为13件、终止具体行政行为2件、撤销具体行政行为1件,1件复议申请不予受理。行政赔偿应诉案件1件,终审驳回原告诉讼请求。落实《嘉善县行政应诉工作规则》,做好执法裁量权规范监管试点工作,在全省率先试行把行政征收、行政强制等执法权能纳入规范监管范围,并确定县建设局、县城市管理行政执法局、县烟草局、县财政地税局等4个部门作为试点。对行政处罚落实情况进行专项检查,着重开展"问情、问效、问策"。

(王亚峰)

外　　事

【概况】 2010年,嘉善县因公出国(境)团组出访12批次、55人次,其中外贸参展团组2批次、3人次。参加省、市双跨团组13批次、16人次;接待外宾来访10批次。

【做好外事接待与交流】 4月8日,"外国使节走进嘉兴"活动一行约90人参观考察嘉善西塘古镇。省、市、县领导等陪同考察。6月27日,西澳大利亚州政府农业、食品和林业部部长,教育部部长泰利·雷蒙一行4人参观考察台升实业有限公司、财纳福诺(中国)有限公司,并了解嘉善经济社会发展情况。9月15日,比利时经济大臣范·魁克纳率比利时西弗兰德省的政府官员和企业家代表团参观考察浙江财纳福诺木业有限公司。12月18日,摩洛哥三党干部联合考察团一行12人在中联部副局长巢卫东等领导的陪同下,参观考察嘉善西塘。5月12~21日,县人大常委会副主任一行6人受邀访问澳大利亚曼吉马普郡政府和新西兰怀塔哥雷市政府,并与曼吉马普郡政府签署两地建立友好城市关系的意向书,为两地在更广泛的领域开展交流合作奠定新起点。11月2~4日,澳大利亚曼吉马普郡郡长韦德·迪坎普带领友好访问团一行6人对嘉善进行回访,参观考察木业企业、学校、老年公寓等,了解嘉善县的经济、教育、文化及社会保障等发展情况,并就进一步推进和加强两地的友好交流与合作达成共识。

【重要活动】 12月10日,举办外商迎新圣诞酒会,来自欧美、日韩等地的40多名客商参加。县主要领导出席酒会并讲话。

(鲍颀园)

行政监察

【概况】 2010年,嘉善县行政监察工作全面实施监督检查"保障工程",加强对中央和省、市、县委重大决策部署落实情况的监督检查。开展工程建设领域突出问题专项治理,对179个200万元以上政府投资项目进行排查,整改各类问题20多个。选择经济适用房配售、"六个一"交通工程、县第一人民医院迁建、河道疏浚综合整治和青川灾后重建等5个群众关注度高的政府实事工程,开展系列执法监察。全力做好节能减排督查工作,对各镇(街道)工作进展情况进行高密度现场督查,建立倒逼机制,有力推动节能减排各项刚性指标完成。

【强化农村"三资"监管】 在全省率先搭建农村"三资"信息化监管平台,实现农村"三资"管理全程阳光运作,杜绝村级经济违法乱纪行为发生的空间。至年底,全县村级新盘增资产6674.14万元、新注销资产14001.95万元,规范村级经济合同2013份、补签合同157份、纠偏合同53份,追缴村级集体经济债权20.72万元,盘活债务394.1万元。深化减轻农民负担监督管理工作,村级组织收费审核制、负担警示督办制和农民负担情况通报制等3项制度作为全省代拟制度获推广。减轻农民负担源头防范机制在全国、全省减轻农民负担会议上作典型发言,并在全省推广。

【开展"百局千站优服务"活动】

全面实施纠风治乱"联动工程",着力解决损害群众利益的突出问题。评选出十佳机关服务品牌、十佳优秀驻镇(街道)站所负责人和5个群众满意岗位,新增服务民生满意站所(办事窗口）市级18家、县级20家。至年底，全县共有省、市、县三级服务群众满意基层站所（办事窗口）86个。推进工商系统行风评议活动和全市质监系统满意行业创建试点工作。

【开通“效能与行风热线——局长在线”直播节目】 开通“效能与行风热线——局长在线”，组织交通、卫生等与民生息息相关的10个单位“一把手”参与，共接听电话85个，解决群众求助类和投诉类问题59个，回答群众咨询问题21个，接受建议5起，办结率、满意率100%。

【开展涉企类中介机构星级评定】 将项目审批过程中涉及环评、项目验资、房产评估、土地评估等9个大类30家中介机构列入星级评定范围，从资质、财务收入管理情况、服务收费情况等6个方面进行评分，强化项目前期配套服务，缩短“准审批”时限。全年共评出9家星级中介机构。

【实施重点部门中层关键岗位绩效评议】 组织县四套班子领导、县纪委委员、“两代表一委员”，从全县重点部门中选定20个关键岗位作为考评对象，结合岗位廉政风险防控体系建设，进行亮岗和公示，全程接受社会各界监督，加强重点监管。

（陈毓红）

体制改革

【概况】 制定2010年嘉善县体制改革工作重点，提出经济、社会、农村、政府四大类18项重点改革项目。经济领域方面，制定2010年度工业转型升级实施方案，大力培育发展电子信息、先进装备制造、新能源、新材料等战略性新兴产业，编制木业家具、五金机械、纺织服装等六大传统产业转型升级行动方案。推动服务业跨越发展，完善服务业发展政策体系，发挥县服务业联合会的作用。推进农村信用联社改制成为农村合作银行，支持和规范小额贷款公司发展。健全生态环境保护体制机制，开展排污权交易和初始排污权核定，抓好农村分散型水污染物减排试点工作，建成全市第一个示范项目——姚庄镇展丰村农村分散型水污染物减排试点工程。社会领域方面，推进医药卫生体制改革，重点开展农村医疗卫生服务体系建设和改革。完善义务教育“以县为主”管理体制，推进城乡义务教育均衡发展，在全省率先推行学校发展性评价工作。探索城乡居民社会养老保障体制机制，做好国家和省城乡居民社会养老保险试点工作。农村领域方面，出台推进“两新”工程的“四意见一办法”。在全县范围内启动农村集体资金、资产、资源管理体制改革。政府领域方面，出台关于加强创业创新型高层次人才队伍建设的实施意见及配套政策。全面启动公共财政管理改革和加强乡镇财政管理，制定出台关于加快推进公共财政管理改革的意见、关于进一步加强乡镇财政管理的意见及配套文件，加快构建财政运行新机制。推进行政审批制度改革，坚持事项集中与流程优化并举，深化审批职能整合。

【众成包装成功上市】 12月10日，浙江众成包装材料股份有限公司在深圳交易所中小板成功挂牌上市，成为全县第4家上市公司。浙江众成包装材料股份有限公司是国内最大的POF热收缩薄膜生产企业，能生产3大类8个系列的热收缩膜产品，主要应用于各类食品、饮料、日用品、化妆品等的外包装，以及各类轻小型产品的集合性包装，属于功能性、环保型的塑料包装材料。产品市场占有率居国内第一、全球第二。公司首次公开发行股票2667万股，每股定价30元人民币，募集资金8亿元人民币，主要用于新型3.4米聚烯烃热收缩膜生产线、年产2000吨印刷膜生产线和众成包装研发制造中心等3个建设项目。

【开展姚庄镇省小城市培育试点】 12月22日，浙江省政府办公厅印发关于开展小城市培育试点的通知，姚庄镇被列入全省27个小城市培育试点镇名单。姚庄镇根据要求，制订《嘉善县姚庄镇小城市试点（2011～2013年）三年行动计划》，提出“三年再造一个新姚庄”、“由新市镇向小城市跨越”、“打造上海都市圈核心层内现代化小城市”的目标和“城乡统筹全国样板，产业协调临沪新城，宜居宜业幸福小城”的小城市功能定位。同时，加大对姚庄镇发展的政策扶持力度，将姚庄镇财政收入的留成从70%提高到85%，工业用地收益、经营性用地收益均实行100%返回，以保障姚庄镇省小城市培育试点的顺利进行。

【推进医药卫生体制改革】 3月1日,召开全县深化医药卫生体制改革和创建省级卫生强县工作动员会,对医改工作进行动员部署。县医改办通过对全县基层医疗卫生机构进行调研、召开专题会议等形式,研究设计改革方案,重点对社区卫生服务机构定性定编改革、药品零差价制度实施后财政补助办法、绩效考核和建立医学临床检验中心等问题进行改革。12月14日,召开县深化医药卫生体制改革推进会暨实施国家基本药物制度工作会议。出台《嘉善县关于深化医药卫生体制改革的实施意见》、《嘉善县基层医疗卫生机构基本药物制度实施方案(试行)》、《嘉善县基层医疗卫生机构实行国家基本药物制度经费补助办法》以及嘉善县城乡社区卫生服务机构设置以及编制配备的批复、嘉善县关于乡村医生参加养老保险的实施方案、嘉善县医学临床检验中心建设方案等配套政策,规定自2011年1月1日起,基层医疗卫生机构实施国家基本药物制度。 (袁向红)

人　　事

【概况】 2010年,嘉善县推进"人才强县"战略,加强创新型人才队伍建设,造就高素质公务员和专业技术人员队伍,继续深化机关事业单位人事制度改革,健全完善公共服务体系,开创人事人才工作新局面。至年底,全县经县人事局审批的人才中介机构有4家,经市人事局审批的人才中介机构有1家。坚持信访管理制度,认真办理完成人大代表议案和政协委员提案4件,加强档案管理,做好联镇挂村和社区结对、共建牵头等工作。参与下基层蹲点服务活动和社区便民服务、义务劳动、治安巡防、社区文化等活动,搞好世博会期间安保值班,开展结对帮困献爱心捐款捐物等活动。

全县人才与科技工作会议现场　　　县人事局　提供

【推进各类人才集聚】 实施引才项目,创新高层次人才引进培育机制。全面实施精英引领和创新团队遴选计划,全年引进4个领军人才项目,培育6家县级以上重点创新团队,其中省级1家、市级3家、县级2家。做好2009年度引进高层次人才补贴申报审核工作,发放高层次人才政府补贴共115余万元,领军人才和创新团队专项资金超千万元。搞好"海归"对接,建立中国归谷嘉善园区,引进项目7个。新批省级博士后科研工作站1家,组织清华大学等高校6位博士生来嘉善社会实践。搭建引才平台,全年共组织8次132家单位赴县外招聘,引进人才2494人,新增人才3040人,3支队伍人才总量42752人,每万人拥有人才数1122人。强化人才市场功能,广开人才服务渠道。组织820家单位在县内开展人才交流活动26次,7862人次应聘登记。县人才网站日均访问量5000人次,日均发布招聘信息600条。搞好人事代理服务,人事档案库存总量13314份。注重人才培养,深化人才资源能力建设。开展专业技术人员继续教育9007人次,并组织计算机应用能力、企业高级研修、人力资源人才交流分中心业务工作等培训。

【出台"1+5"新一轮人才政策】 制定出台《关于加强创业创新型高层次人才队伍建设的实施意见》以及相配套的《关于印发"创新嘉善·精英引领计划"实施办法(试行)等五个办法的通知》,即"一意见五办法"或"1+5"新一轮人才政策。"1+5"新一轮人才政策的目标是:在5年内,引进培育10名具有国内、省内领先水平的创业创新领军人才和30个重点创新团队;引进200名省市具有一定影响，处于同行业领先水平的高层次人才；新建100家技术创新平台；培养1000名经济转型升级中企业急需的高技能人才，200名企业高级经营管理人才，300名创新型高层次专业技术骨干人才（“1321工程”和“123优秀中青年人才”培养计划）；加大新一轮人才政策实施考核力度，将“聚才引智”考核纳入县委、县政府对镇（街道）、部门党政领导班子目标责任制考核体系。

【做好高校毕业生就业工作】 做好毕业生就业指导。全年接收普通高校毕业生2070人，完成1263名《高校毕业生就业协议》备案工作，对12名困难家庭毕业生开展就业援助，11人落实工作单位，1人考上研究生。重新修订《嘉善县2010年高校（中等学校）毕业生就业报到手续办理须知》。抓好10家高校毕业生就业见习基地管理，全年接收见习大学生21人，其中14人在见习期间被企业正式录用。搞好“大学生村官”管理工作。开展首届十佳“大学生村官”评选，举办“大学生村官”迎新春联欢会、“锦绣婚典”活动，做好在职“大学生村官”最新数据统计，有“大学生村官”129人。对各镇（街道）“大学生村官”借调使用情况进行排查摸底。选拔5名“大学生村官”到村镇联合银行进行挂职锻炼。

【推进机构改革和编制管理工作】 做好政府机构改革准备，对相关部门进行调研和沟通衔接，起草政府机构改革方案和相关配套意见。配合开展社区卫生服务机构等改革，出台社区卫生服务机构编制意见。认真做好行政、事业机构和编制的日常管理工作。搞好3家行政机构和编制的调整，调整多家事业机构和编制，做好事业单位分类的动态管理和行政区划调整过程中涉及单位机构编制的调整工作。加强事业单位的日常管理，全年共办理设立登记16家，变更登记80家，注销登记10家，在媒体上各公告4次共159家单位。完成2009年度事业单位法人年检，应检事业单位288家，其中286家通过年检，2家单位给予缓检。

【加强公务员队伍管理】 搞好公务员依法登记上报，协助组织部做好9名领导和普通公务员的调任报批和6家执法监管类事业单位拟参照公务员法管理的上报工作。开展省、市机关面向基层选调公务员工作。严格公开招考公务员工作，完成2010年全县各级机关考试录用公务员的笔试、资格复审（体能测评）、面试、体检、考察、拟录用人员公示、录用报批、档案审核及报到工作，全县拟录用91人，90人报到。协助县公安、司法系统做好招录人民警察（司法助理员）学员工作，网上资格确认134名，缴费确认81名，拟招录人民警察学员6名，司法助理学员1名。搞好非领导职务审批。完成新登记公务员法管理事业单位工作人员的非领导职务审批，新参公单位7家32人。做好全县在职干部攻读公共管理硕士（学位）报名推荐工作，组织安排1200名公务员开展公务员更新知识3门公共课程的培训考试，214名公务员参加普通话培训。与组织部门开展机关事业单位中层干部跨单位交流工作。做好政府部门公务员晋升科级非领导职务的审批，确定主任科员21人、副主任科员54人。

【做好专技人员管理和职称评审】 开展享受政府特殊津贴人员和嘉兴市第五批新世纪专业技术带头人培养人选及后备人才的推荐选拔，对已列入第四批的专业技术带头人及后备人才进行考核。开展浙江省新世纪151人才工程第一、二层次培养人员选拔和专业技术人员职称考试、资格审查、职称资格评审、专业技术职务聘任等工作，全年公布各类专业技术初级职务任职资格307人，转发省市人事部门公布高、中级专业技术资格296人，其中：高级26人、中级270人。聘任专业技术职务438人，其中，正高级4人、副高级28人、中级285人、助级96人、员级25人。完成23类职称考试报名，452人次参加报考。开展建设行业相关企业和船舶修造工程类不具备规定学历人员基础理论及专业知识培训，307人参加报考。调整卫生和农业初评，开展教育系统申报高中初级专业技术资格审查。至年底，全县共有各类专业技术人员13838人，其中高级712人（正高14人）、中级4626人、初级8500人。开展事业单位岗位设置管理。

【抓好工资福利和退休管理工作】 完成全县机关工作人员级别工资的正常晋档和事业单位工作人员薪级工资等的正常晋级共8829人，平均月增资29元。完成机关工作人员级别工资的正常滚动升级358人,平均月增资18元。完成机关、事业单位职务晋升、岗位调整,机关事业单位互调,新参加工作人员转正定级,军队转业干部工资重新确定等共计856人次。接收安置2名营职以下军转干部及1名团职军转干部家属,给78名企业军转干部发放春节一次性慰问金人均3000元。做好75名企业退休军转干部生活补贴调整工作,月增资额17410元。开展全县事业单位津贴补贴发放项目、发放标准、资金来源等情况的清理核查,完成第二批公共卫生与基层医疗卫生事业单位绩效工资实施工作,对义务教育学校实施绩效工资可能出现的问题进行清理检查。做好司法助理员和信访工作人员的岗位津贴调整工作,提高建国前老工人生活补贴。做好教育系统在职3200多名教师每月一次工资统发的审核。做好年终一次性奖金政策的制定和符合条件人员的备案工作。制定机关工作人员带薪年休假补贴发放办法,做好副科级以上领导年休假补贴发放的备案工作。做好全县机关、事业单位工作人员年度考核工作,组织39名优秀公务员赴外地健康休养,开展机关在职和退休人员健康体检工作。继续抓好机关事业单位退休人员管理,落实退离休人员政治、生活"两项待遇"。健全退管工作网络和工作机制,做好退休到龄人员的审核审批,办理正常到龄退休手续,行政机关工作人员39人、事业单位137人。调整遗属生活困难人员、精简退职人员、计划外长期临时工的补助标准。新办理机关事业单位工作人员死亡后家属享受生活困难补助人员13人。(李　英)

档　案

【概况】 2010年底,县档案馆有馆藏全宗195个、文书档案152894卷和76962件(建国前2721卷和3783件,建国后150173卷和73179件)、声像档案93盘、照片档案14147张、光盘166张、底图7729张、缩微卷片10000幅(438米),图书资料15086册,另有国有集体转制企业寄存档案114813卷。

县档案局(馆)在编人员12人,其中大学本科文化程度10人,大专文化程度2人,中专以上档案专业2人。全年共接待档案资料利用3097人次,利用档案资料8000多卷(件、册)次,复印13487页,出证档案证明2500份,为编史修志、工作查考、学术研究、经济建设和取证等提供服务。嘉善县(档案局)获全省社会主义新农村建设档案工作示范县、2010年度全省档案系统推进"平安浙江"建设先进单位称号。

【推进登记备份工作】 4月2日,县政府召开全县档案工作暨数字档案登记备份试点动员会。7月13日,下发《关于开展电子文件和数字档案登记备份工作的通知》,建立全县档案登记备份中心机构和档案登记备份工作联席会议制度,增设档案登记备份中心纯公益事业编制4名。总投资179.5万元的全县档案登记备份中心(含数字档案馆建设第一期设备)项目通过立项,并获省财政专项补助费20万元。制定《嘉善县电子文件和数字档案登记备份工作实施方案》。至年底,有21个馆外民生档案数据库、12个机关部门电子文件以及部分青川援建项目和企业知识产权档案完成登记备份。

【新农村建设档案管理】 制定《档案工作服务农村"两新"工程行动计划》,召开农村"两新"工程建设档案工作推进会,重点加强养老保险、低保、医保(农民健康档案)、工业功能区建设(项目审批、征地拆迁、基础设施等)等专业档案管理以及"两分两换"等业务档案的监管力度。全面实施"2330"档案工程,即在两年(2010~2011年)时间内,镇(街道)所辖村、社区和企业3条线分别培育1个以上省级标准示范点,全县培育示范点30个以上。至年底,完成总目标任务的60%,超额完成当年任务。

【规范基层档案管理】 制定《县级机关、部门档案工作目标管理三年规划(2010~2012年)》,分类提出基层档案目标管理要求,着力提高基层档案管理水平。大云镇政府、县房地产管理处、县地税稽查局综合档案室通过省一级认定,大云中心学校、嘉善四中综合档案室通过省二级认定。姚庄镇俞北村、干窑镇干窑村、陶庄镇汾玉村和天凝镇天凝社区通过省级示范档案室达标,姚庄镇姚庄社区和丁栅社区、西塘镇朝南埭社区和西街社区通过市级规范化档案室达标。加强民营企业档案工作业务指导。出台《嘉善县数字档案室建设考核办法》和测评标准。县工商局、县供电局、县房地产管理处、县烟草专卖局、县邮政局、县财政局、魏塘街道、姚庄镇政府等8个单位档案室被命名为嘉善县首批数字档案室。其中,县工商局、县供电局、县房地产管理处通过省级示范数字档案室达标,县烟草专卖局、县邮政局、县财政局、魏塘街道、姚庄镇政府通过市级规范化数字档案室达标。

【馆藏档案资源建设】 完成14家单位档案接收任务,新增文书档案9487卷和44939件、照片档案983张、声像档案9盒、光盘档案22张、资料143册。完成2009年行政区划调整移交档案整理工作,累计整理档案8000多卷和3万多件。优化馆藏结构,认真落实"三重一特"(重大活动、重要人物、重点建设项目、地方特色文化)档案资源。至年底,有名人档案资料30多件、嘉善新闻报道100多篇、反映嘉善改革开放历程的档案资料300多件、人物档案12卷、血防老照片137张,以及非遗普查成果、干窑窑文化、姚庄桃花节和黄桃节、西塘国际低碳灯光节等一批地方特色档案资料征集进馆。做好重点档案抢救与保护工作,第二批馆藏民国房地产测绘档案(共2648件)申报国家级重点档案抢救与保护项目,获国家财政专项补助费12万元。

【整合开发档案资源】 加强重点涉民部门业务档案管理,做好民生档案信息资源整合和共享平台建设。年内,新增残疾人档案、公证档案、住房公积金档案、房地产档案、姚庄"两分两换"农房集聚改造档案等10个民生档案数据库进馆,馆藏民生档案数据库有28个(其中馆外整合21个),进馆率80%。继续抓好馆藏档案数字化加工,做好农村建房用地审批、婚姻登记等民生档案第二轮补充扫描工作。至年底,有馆藏电子目录180万条,全文扫描300多万页,电子照片1.1万多张,多媒体730小时。有12个全宗共197卷年满30年馆藏历史档案向社会开放。完成首批"浙江名人"嘉善地区的候选人及相关材料上报,有20人入选推报名单。

嘉善县档案馆新大楼　　县档案局　提供

【推进新馆建设项目】 总投资4735万元的档案新馆建设项目基本完工。4月23日,县治理工程建设领域突出问题监督检查领导小组办公室就新馆建设项目审批程序、招投标、工程建设(包括工程进度、质量、变更、人员到位、安全生产)以及资金管理和使用等方面的情况进行检查。5月,配合县长经济责任审计,做好项目有关情况说明及相关材料准备,并接受审计组抽查。至年底,新馆建设项目累计完成投资4000万元,获省财政专项补助40万元。

【加强依法治档工作】 9月,县档案局对单独制定或与其他部门联合印发的行政规范性文件进行清理,其中继续有效13件、废止4件、失效3件。11月11~25日,检查县级机关年度档案整理情况;12月9~23日,检查镇(街道)年度档案整理情况。12月30日,公布年度档案整理《合格证》优秀和合格名单。县档案局(馆)组织工作人员学习《保密法》,签订安全保密承诺书,完善馆库出入、档案清点、涉密数据上网隔离和馆藏档案数据安全备份等制度。全年,有14人参加全省档案专业初、中级技术资格考试,7人成绩合格(初级5人,中级2人)。

【档案宣传和编研工作】 利用档案网站上载档案和档案工作信息,开展档案法制宣传教育;嘉善档案网被评为全省档案系统优秀网站。参与县科普宣传周有关活动。编辑《嘉善档案》6 期。向上级和有关部门及时报送档案工作信息,全年录用 30 多篇。做好《探寻嘉善发展之路——嘉善县历次党代会和人代会文献选编》基础材料组稿。基本完成《和谐嘉善》(嘉善历史文化记忆)编撰框架。做好嘉善新闻视频采集工作。

【开展档案学术交流】 先后组织 3 批档案人员赴外地学习交流。调整会员单位结构,至年底,共有团体会员 77 家。举办会员单位档案人员年会活动。全年召开档案学会理事会 4 次。县档案学会顺利通过四星级学会复评。完成《嘉善县电子文件和数字档案登记备份实施方案研究》、《嘉善县基层数字档案室创建工作调研》等课题,多篇论文获市、县优秀学术论文奖。开展"档案工作服务经济社会全面转型升级"学术论文征集,共收到论文 28 篇。

(唐川良)

地方志

【概况】 2010 年,县政府继续加强对地方志工作的组织领导,召开全县史志工作会议,研究部署地方志工作。续修《嘉善县志》工作扎实推进。《嘉善年鉴》全新改版。在第四届全国年鉴编纂出版质量评比中,《嘉善年鉴》(2009)被评为综合三等奖,框架设计和装帧设计分获二等奖。

【县志改稿统稿任务完成过半】 围绕"县志续修攻坚年"要求,创新实施编辑人员改稿、责任副主编编审、主编统稿审定的"三审互动"和"流水作业"的办法,推进续修《嘉善县志》的改稿统稿工作。至年底,顺利完成水利、军事、建置区划、教育、自然环境、工业园区、地方人民政府、城乡建设、卫生、科技、交通、司法、民政、经济行政管理、人口、地方人大、经济体制改革、政协、能源等 19 篇稿件和断限内 20 年大事记、志首地图的定稿工作,共计 70 余万字;完成断限内 27 篇人物传略初稿和 1199 人的人物名录讨论稿,基本完成总述和志首照片、附录资料的收集整理,加上 2009 年完成的方言、社会习俗、专记等初稿,除前言、随文照片、后记外,整本志书的初稿基本到位,改稿统稿任务完成过半。

【《嘉善年鉴》全新改版】 围绕"年鉴质量提升年"要求,对框架结构、纲目条目以及版式版面进行调整和完善。特别是根据国家和省地方志办公室推荐标准,从原来的 16 开本扩版为国际标准大 16 开本。内页首次使用既环保又有利于保护视力的纯质纸印刷,版面文字由 2 栏改为 3 栏,文中首次大量穿插随文照片,不仅外观更显大气舒展、版面更具活泼性,内容的可读性也更强,总体质量得到明显的提升。并同步出版年鉴光盘。

【史志工作首次列入全县考核】 见中共嘉善县委篇目党史分目。

【推进文化交流】 依托袁了凡研究会,利用《袁了凡文集》,参与文化名县建设,开展嘉善文化名人的宣传,组织嘉善首个赴台文化交流考察团赴台考察,接待中国台湾有关人士来善互访,加强袁了凡学术思想交流与研讨,扩大嘉善文化名人影响力。

(苏丽华)

侨务工作

【概况】 2010 年,嘉善县侨办贯彻落实党和政府关于侨务工作的一系列方针政策,开展《中华人民共和国归侨侨眷权益保护法》宣传,专访慰问归侨侨眷,做好侨务信访工作,努力解决侨界遗留历史积案,开展侨情调查,为归侨侨眷办实事。

【做好《嘉兴海外英才》征编工作】 配合市侨办做好《嘉兴海外英才》征编工作,做好 18 名嘉善籍海外博士联系沟通工作,初选 8 名博士进行重点联系,确定并组织 4 名博士的文字资料上报市侨办。蔡其华、沈黎明博士入选《嘉兴海外英才》。

【开展侨港资企业调查】 开展全县侨港资企业调查摸底工作。据调查,全县原有侨港资企业 90 余家,至 2010 年,减少为 53 家,注册资金 8365 万美元。侨港资企业中,港资企业占 80%。全县侨港资企业普遍规模比较小,属劳动密集型企业,转型升级难度大。

【做好服务侨眷工作】 年初,走访并慰问 18 户高龄、生活困难的归侨侨眷,协助解决上海市侨办转来的侨眷高某上访案,了结 1

起历史积案。为1户侨眷子女、1户港胞子女联系解决入学事宜,协调1户侨眷房屋拆迁和1户祖籍西塘的外籍华人房屋执行案,协调1户侨眷文物古迹拆迁事项,为8批次港胞亲属出具身份证明。 （姚向东）

台湾事务

【概况】 2010年,嘉善县贯彻落实新时期中央对台工作的各项决策部署,以两岸关系和平发展为主题,围绕中心,服务大局,对台工作取得新成效,分别被省、市台办评为年度对台工作综合先进单位和对台信息工作一等奖,并荣获省台办专项工作嘉奖。同时,承接国台办经济局调研、全省对台信息工作会议、省政府调研室调研等工作任务,圆满完成上级交办的对台专项工作。

【推动对台经贸发展】 加大服务台资企业力度。加强日常走访调研,加强与骨干台商联络,做好上情下达和下情上达工作。成立嘉善县"马上办"涉台服务中心,制定《台商诉求求助处理办法》,规范化、制度化、高效化处理台商诉求案件,全年共协调处理台商诉求案件30多起,办结率95%以上。开展部门联动服务台资企业活动,先后举办部门联动服务台资企业座谈会、台资企业转型升级座谈会、各类政策宣介会等10多次,助推台企加快转型升级。利用台商沙龙、台协理监事会等平台为企业和部门双方搭建常态化交流平台,营造"政企同心,共谋转型"的良好氛围。全年共批准设立台资企业23家,总投资2.08亿美元,同比增长61%,台方投资1.48亿美元,同比增长105%。至年底,全县累计批准设立台资企业429家,总投资39.51亿美元,台方投资22.26亿美元。

【深化善台交流】 继续大力实施"走出去"与"请进来"战略,拓宽善台两地交流领域,提升交流层次。全年,共组织经贸、农业、文化、医卫等8个团组64人次赴台考察交流和17批45人次的个人赴台事宜,团组批次与赴台人数均创8年来新高。居民赴台游700多人次,台胞来善入住星级宾馆7400多人次。组织嘉善县代表团陪同省领导率领的千人访问团赴台开展大型交流活动。7月3日,台北县副县长李四川率领台北乡镇市长考察团一行43人应邀访问嘉善,这是嘉善史上首次接待台湾乡镇市级考察团。同时,先后接待台湾中卫发展中心、台湾太阳光电产业协会、台湾中兴大学等10多批80多人次的台湾专家、学者、企业家等,承办海峡两岸现代农业合作交流会、"嘉善·台湾技术交易整合服务联盟合作交流会"等大型活动。

【扩大对台宣传教育】 采取多种形式强化对台宣传教育工作,扩大涉台教育覆盖面,营造"知台爱台"的社会氛围。开辟"台商面对面"系列访谈栏目,邀请台商就"转型升级"进行采访报道。建立嘉善对台宣传撰稿人队伍,全年共向《台浙天地》等岛内媒体投稿10余篇。编发各类信息素材,编发《嘉善台商》期刊2期、《嘉善对台工作》4期、《每日台情摘要》240多期,各类信息80多条。邀请台湾中天电视台、三立电视台、《公论报》等岛内知名媒体,报道古镇西塘和大舜纽扣城等,定期更新嘉善县党员干部远程教育网的"宝岛台湾"栏目。邀请厦门大学台湾研究院院长刘国深教授为全县领导干部作题为"后ECFA时代的两岸关系与台湾问题走向"报告。多部门联合开展嘉善台资企业联动社会各界环城长跑活动。

【发挥两大平台作用】 全年受理各类涉台诉求案件120多起,组织台商沙龙、读书会、旅游、高尔夫球赛、辅导讲座等各类活动20多场(次),发起成立全省首家台商爱心慈善基金会,台商向玉树地震灾区捐款33万多元,开展"百名台商献爱心、送温暖"活动,向有关人员赠送总价值6万多元的慰问金和慰问品。10月27日,举行县台联会第五次代表大会,选举产生第五届理事会,新一届理监事由18名成员组成,涂志清连任会长。继续关心和支持台联会开展工作,及时传达上级方针政策,慰问困难台胞台属,引导台属企业健康发展,充分发挥台胞台属在对台工作中的血缘、亲情作用。

【海峡两岸现代农业合作交流会】 10月30日,举行海峡两岸现代农业合作交流会。会上,与台湾、上海、福建厦门、江苏吴江等地企业签订16个农业项目,其中投资项目10个、购销协议4个、技术合作2个,涉及内资2.61亿元、外资1000万美元。会议还邀请原台湾大学农学院院长吴文希教授作《从“十二五”规划谈农业的发展》专题报告。

【“嘉善·南投”两岸邻里节】 12月25～29日,举办“嘉善·南投两岸邻里节”活动,台湾南投县鹿谷乡竹丰村村长刘因孟一行12人参加。活动期间,竹丰村一行与晋阳社区召开社区建设座谈会,签订《两岸社区结对意向书》;与嘉善居民共植亲情树、同吃团圆饭,走访居民家庭、企业、学校和商场;走访在善台资企业,与台商交流座谈;游览西塘、吴镇纪念馆、地藏禅寺等嘉善美景和西湖、东方明珠、中国馆等周边城市景点。 (李 言)

嘉善—南投“两岸邻里节” 李 言 摄

综 述

2010年,政协嘉善县十二届委员会由20个界别的220名委员组成,其中中共党员91名,非中共人士129名;男性174名,女性46名;具有大专以上文化程度的164名,占74.79%;具有高、中级职称的98名,占44.91%。

政协嘉善县十二届委员会工作机构设立政协办公室1个,提案委员会、文教卫体与文史委员会、经济科技委员会、社会法制与港澳台侨联谊委员会等委员会4个和魏塘街道、罗星街道、开发区(惠民街道)、大云镇、姚庄镇、干窑镇、西塘镇、天凝镇、陶庄镇等镇(街道)政协委员联络室9个。文教卫体与文史委员会下设文史、教育、医卫3个组,经济科技委员会下设农业、城乡建设、经济、科技4个组,社会法制与港澳台侨联谊委员会下设社会法制、港澳台侨联谊2个组。

重要会议

【县政协十二届四次会议】 1月12~15日召开。会议重点协商讨论"一府两院"的工作报告,组织委员积极建言献策,提出65条涉及经济、社会、文化、生态等方面的意见建议。会议期间,安排"经济转型升级"和"关注民生"两个专题协商会,政协委员与县党政领导面对面协商交流。组织29名政协委员在大会上作口头、书面发言。通过编发大会简报,为委员建言献策构筑快速通道,提高全会的质量。

【县政协十二届常委会会议】 全年召开常委会议5次。2月20日,召开十二届十八次常委会议,审议县政协各专委会、活动组、镇(街道)联络室工作计划,审议通过2010年重点、重要提案。5月25日,召开十二届十九次常委会议。会议以论坛形式,组织16个调研组围绕"乐居嘉善"开展协商讨论,就建设"乐居嘉善"建言献策,提出意见建议。县长姚高员对《关于建设"乐居嘉善"的建议案》作重要批示。8月4日,召开十二届二十次常委会。会议对县政协委员作出调整并通过人事任免。9月8日,召开十二届二十一次常委会议。组织学习《中共中央关于加强人民政协工作的意见》和胡锦涛总书记在庆祝人民政协成立60周年大会上的讲话。11月24日,召开十二届二十二次常委会议,协商审议"世博后经济"。组成11个调研组,通过外出考察、走访部门和深入镇(街道)调研,从沪杭客运专线引发的同城效应、虹桥商务区的辐射效应、高端人才的集聚效应、城市规划与建设的连锁效应、世博后嘉善经济发展的嬗变效应等方面提出建议。协商会得到县委书记张明超的高度重视。

【县政协十二届主席会议】 全年,召开15次主席会议。2月24日,召开十二届第三十五次主席会议,审议和讨论县政协十二届四次会议上的重点提案,听取2010年各专委会和各活动组及政协委员联络室的工作计划。"一办四委"正副主任,各联络室正副主任、各活动组组长参加会议。3月11日,召开十二届第三十六次主席会议,专题协商维护社会稳定问题有关事宜。县政协主席会议成员,县政协副秘书长、"一办四委"及镇(街道)政协委员联络室正副主任列席会议,邀请县委办、县府办、政法委、公安局、检察院、法院、司法局、信访局、劳保局、建设局、安监局、新居民局主要领导出席,县委常委、政法委书记何全根、副县长沈国强到会并讲话。4月19日,召开十二届第三十七次主席会议,专题协商世博安保问题。会议听取县公安局有关县世博安保工作情况汇报、县农经局《“助世博、保安全”农产品质量安全监管专项活动》的情况通报等,主席会议成员就做好世博安保问题进行协商审议。与会人员专题视察世博安保红旗塘水上卡点、320国道里泽卡点、丁俞线俞汇卡点。县政协主席会议成员,县政协副秘书长、“一办四委”正副主任、各镇(街道)政协委员联络室正副主任列席会议,邀请县公安局、县政法委、县交通局、县农经局主要领导出席,副县长沈国强到会并讲话。4月27日,召开十二届第三十八次主席会议,专题协商“两分两换与新社区建设”问题。与会人员专题视察9个镇(街道)“两分两换与新社区建设”情况,听取县农办、县建设局、县国土局有关县“两分两换”工作和“两新”工程建设的情况通报,主席会议成员就县推进“两分两换与新社区建设”问题进行协商审议。政协主席会议成员,县政协副秘书长、“一办四委”正副主任、各镇(街道)政协委员联络室正副主任列席会议,邀请县农办、县财政局、县建设局、县农经局、县国土局、县劳保局负责人出席,县委常委、常务副县长冯伟到会并讲话,副县长沈国强应邀参加。5月17日,召开十二届第三十九次主席会议。会议听取县经贸局有关县开发区和功能区平台建设的情况汇报,专题视察县经济开发区东扩点、嘉善县姚庄镇临沪新区、魏塘街道村级创业园、罗星街道工业园和天凝镇民营企业园。县政协主席会议成员,县政协副秘书长、“一办四委”及镇(街道)政协委员联络室正副主任列席会议,邀请县发改局、县经贸局、县财政局、县国土局、县建设局、县环保局主要领导出席。6月2日,召开十二届第四十次主席会议,专题视察政府重大项目和政府实事工程县科创中心二期工程、县体育场、县一院迁建工程建设情况,听取县科技局、县文化局、县卫生局有关领导关于三项工程建设情况的通报,并进行协商讨论。县政协主席会议成员,县政协“一办四委”正副主任、县政协副秘书长、各镇(街道)政协委员联络室正副主任和县府办、县发改局、县科技局、县文化局、县卫生局、县财政局的负责人参加会议。副县长毛永忠应邀参加视察并听取意见和建议。7月19日,召开十二届第四十一次主席会议。听取县经贸局关于嘉善县工业经济转型升级情况汇报,就县工业经济的转型升级进行讨论。县政协主席会议成员,县政协副秘书长、“一办四委”及镇(街道)政协委员联络室正副主任及县发改局、县经贸局、县人事局、县财政局、县环保局、县科技局负责人出席会议。副县长何慧琴参加会议听取意见和建议。8月12日,召开十二届第四十二次主席会议,实地视察沪杭客运专线嘉善南站周边建设、世纪大道西连接嘉兴段、炮台口交通状况,听取县建设局关于嘉善县城市规划建设工作汇报,就县城市规划进行讨论。县政协主席会议成员,县政协副秘书长、“一办四委”及镇(街道)政协委员联络室正副主任及县发改局、县经贸局、县财政局、县建设局、县国土局、县旅游局、县服务业发展局负责人出席会议。副县长黄晓明应邀参加会议听取意见和建议。9月1日,召开第四十三次主席会议,专题听取县政府关于重点提案办理情况的通报。县政协主席吴金林,副主席吴建平、方明远、张来、姚定栋、丁金华、高洪明出席。县

9月8日,召开县政协十二届二十一次常委会议。 县政协办 提供

委常委、常务副县长冯伟应邀参加。9月29日，召开十二届第四十四次主席会议，协商审议“大学生就业和被征地农民再就业工作”。县政协主席会议组成成员出席，县政协副秘书长、“一办四委”正副主任、各镇（街道）政协委员联络室正副主任列席。县委办、县政府办、县劳动保障局、县人事局、县财政局、县国土资源局负责人参加。副县长毛永忠应邀出席会议并讲话。10月10日，召开十二届四十五次主席会议，协商审议“人才、创新、转型”。县政协主席会议成员出席，部分政协常委参加会议。“一办四委”正副主任列席，县发改局、县经贸局、县财政局、县人事局、县科技局、县服务业发展局的负责人参加。副县长何慧琴应邀出席会议并讲话。10月14日，召开十二届四十六次主席会议，专题视察大云温泉生态旅游区建设并听取情况通报。县政协主席会议成员、县政协副秘书长、“一办四委”和各镇（街道）政协委员联络室正副主任列席。常务副县长冯伟以及县旅游局、县文化局、县服务业发展局、县发改局、县国土局、县环保局负责人参加。11月10日，召开十二届四十七次主席会议，专题审议“农村文化建设”。县政协主席会议组成成员、县政协副秘书长、“一办四委”正副主任列席，副县长毛永忠、县长助理冯剑飞，县府办、县委宣传部、县文化局、县总工会、县团委、县妇联、县科协、县新居民事务局、县广电台、县报社负责人应邀参加。12月3日，召开十二届四十八次主席会议，协商审议“企业和区域工资集体协商与和谐企业创建”。县政协主席会议成员出席会议，县政协副秘书长和“一办四委”正副主任列席，县府办、县总工会、县劳动保障局、县工商联等负责人参加。12月8日，召开十二届四十九次主席会议，专题审议“推进养老保险全覆盖”。县政协主席会议成员出席，县政协副秘书长、“一办四委”正副主任列席，县府办、县劳动保障局、县财政局、各镇（街道）分管领导和政协委员联络室正副主任参加。

主要工作

【概况】 2010年，政协嘉善县十二届委员会把促进发展作为履行职能的第一要务，把关注民生作为履行职能的第一视点，把凝聚人心作为履行职能的第一责任，围绕政治协商、民主监督、参政议政三大职能，不断加强自身建设，发挥政协优势，关注社会热点问题。

【注重政协委员约谈】 经常安排政协委员约谈，广泛听取委员的意见建议。先后开展水环境综合整治、生活垃圾利用与减量处理、精品农业与效益、人才创新转型、科创资源整合与利用、职业病与防治、智育与德育教育、吴镇与嘉善文化、大调解格局与维稳、两岸民间交流与招商等开展协商。通过委员约谈会，促使政协各专委会与县级有关部门的对口联系和专题协商经常化、多样化，推动部门重点工作的落实。

【创新提案办理方式】 提高提案质量，严把提案审查、立案、办理、考评关。创优提案办理工作格局，坚持分管主席、承办单位、委员“三参与”。抓好跟踪督办，坚持认识、督办、反馈“三到位”，充分发挥提案在民主监督中的重要作用。全年共立案提案215件，其中7件为重点督办和重点跟踪督办提案，18件为重要提案，同时把上年的1件重点提案作为重点跟踪督办提案。召开提案督办协调会议、编印《重要提案摘报》、重要提案专题调研、提案办理“回头看”等，切实增强对提案办理的监督实效，实现提案委员、提案办理单位和人民群众的“三满意”。

【完善统一选派民主监督员的工作机制】 加强对统一选派民主监督员工作的领导和管理，在原有“每月活动、分季交流、半年汇报、年终总结”的工作基础上，就民主监督的组织构架和形式进行调整完善，将原来的24个监督小组整合为6个大组，优化政协民主监督员的队伍结构。民主监督员通过参加派驻单位的情况通报会、座谈会，开展明察暗访、专题调研、民主测评、行风评议等，对派驻部门执行法律法规、贯彻方针政策、开展依法行政、加强党风廉政建设和作风效能建设等方面情况进行经常性的监督，并及时提出意见和建议。同时，结合嘉善电视台《人民政协》专题节目和《嘉兴日报·嘉善版》《政协之窗》专题栏目以及《嘉善政协》互联网站、《嘉善政协》会刊等，及时反映群众呼声，使政协民主监督与新闻舆论监督有机结合。

【重视社情民意的收集报送】

改进社情民意收集方式。抓好主席会议成员走访委员时听取社情民意和镇(街道)政协委员联络室反映社情民意两项工作。魏塘街道联络室编发的《建言献策》社情民意简报,受到市政协的好评。建立完善反映社情民意信息工作制度和信息员队伍,全年共召开4次社情民意信息工作会议,鼓励和调动委员、信息员撰写社情民意的积极性。充分利用政协网站征集社情民意,开辟社情民意信箱,做好《社情民意信息》的编辑、报送和反馈工作。全年共向省市政协、县委县政府报送社情民意20多篇,得到县委、县政府领导的高度重视。

【专题视察重点工作】 围绕县委、县政府的重点工作,组织开展各类专题视察活动。组织委员先后视察世博安保卡点、各个镇(街道)的新农村新社区建设、开发区与功能区平台建设、科创中心二期、县体育场和一院迁建工程等,并提出有针对性的建议。

【团结民主弘扬主题】 发挥参加单位在政协中的作用,在政协全体会议、常委会议、主席会议上,充分听取和反映各民主党派、无党派人士、各界别的意见建议,扩大委员知情参政渠道。全会结束后,主席、专委会分批走访委员,听取委员对县经济社会发展和政协工作的意见建议。组织委员参加一年两次的经济形势报告会,并听取意见建议。开展进社区为民服务活动,广泛收集社情民意。政协专委会加强与对口部门的联系,开展情况通报、座谈走访、对口协商等活动。召开新年茶话会、中秋茶话会,举办嘉善金山"迎国庆、庆世博"两地书画联展,编撰文史资料4辑。

【加强自身建设】 扎实推进"创先争优"活动,不断增强政协的大局意识、责任意识、协作意识和服务意识。高度重视制度建设,建立健全工作规则,在委员中组织开展"五个一"活动,明确每个委员每年提交一件提案(包括集体提案)、反映一条社情民意、参加一次调研视察活动、提一条意见或建议、办一件好事或实事。发挥机关的保障作用,狠抓机关的队伍建设,加强政协机关与部门的双向交流活动,引导机关干部树立全局意识、服务意识、创新意识,较好地发挥政协机关的保障作用,拓宽服务领域,提升服务质量。 (卓国荣)

县政协主席会议成员视察世博安保工作 县政协办 提供

1 中共浙江省委书记赵洪祝（右二）到魏塘街道嘉辰社区调研创先争优活动

2 魏塘街道与上海浦东康桥镇开展友好交流合作

3 嘉善县魏塘科技创业园、魏塘村级经济创业园正式成立

4 举办2010魏塘之夜新春文艺晚会

5 “月月演”丰富群众文化生活

6 整洁的现代新农村

7 中山路沿河景观带

8 装修一新的魏塘街道便民服务中心

9 魏塘杜鹃园的160多盆造型盆景在上海“迎世博花卉展”上展出

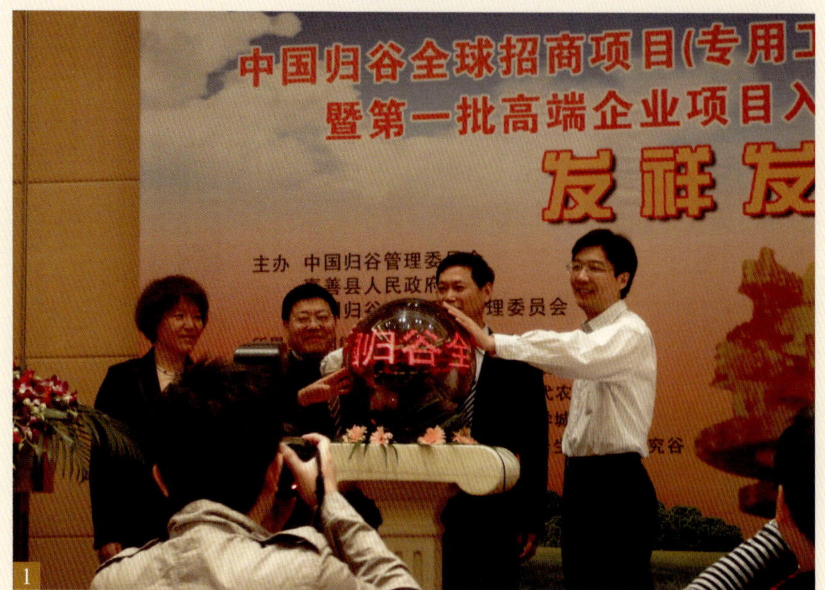

北京中关村留学人员创业园协会第一届会员大会第二次会议
2010.09.08

北京中关村留学人员创业园协会

1 归谷园区发祥发端暨全球招商网启动

2 归谷园区成为北京中关村留学人员创业园协会首批京外会员单位

3 成立大学生“村官”创业服务中心

4 向玉树灾区捐款慈善义演活动

5 "两新"工程专题文艺演出

6 罗星街道腰鼓队欢送世博安保卫士

7 两岸邻里节种下纪念林

8 大学生村官走进中央电视台"乡村大世界"栏目

9 归谷园区规划效果图

嘉善经济开发区（惠民街道）

1

2

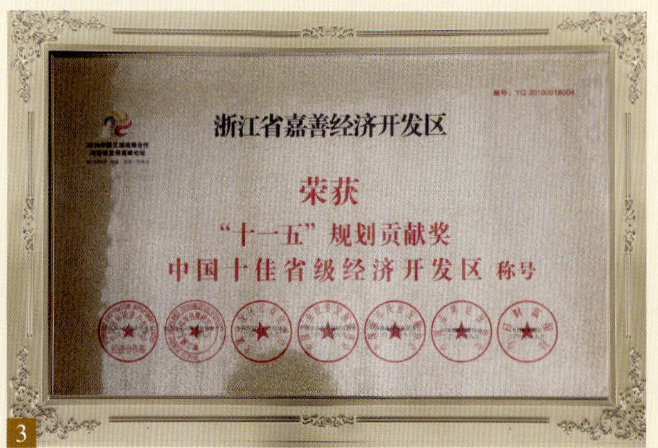

浙江省嘉善经济开发区

荣获

“十一五”规划贡献奖

中国十佳省级经济开发区 称号

3

4

5

6

7

8

1 8月4日，中共浙江省委书记赵洪祝（前排右三）视察惠民街道优家村

2 开发区（惠民街道）主要领导王秋儿检查区（街道）世博安保工作

3 荣获“十一五”规划贡献奖中国十佳省级经济开发区称号

4 老干部参观“两新工程”中心集聚区规划沙盘

5 由开发区（惠民街道）选送的《水乡花鼓》献演2010上海世博会浙江周民间艺术巡游活动

6 由开发区承办的2010北京—浙江·嘉善电力电子轨道交通投资推介会现场

7 商会会所暨非公有制党建联谊沙龙剪彩仪式现场

8 举办开发区（惠民街道）首届非公企业职工文化节

1 浙江省副省长龚正（右二）视察出口加工B区

2 出口加工B区开关仪式现场

3 保利·西塘安平老年健康生活社区项目奠基现场

4 赵宪初图书馆落成仪式现场

5 “爽食赢天下，众星品西塘”

6 举办'10古镇西塘顾锡东越剧票友节

7 外国使节走进西塘感受古镇文化

8 西塘腰鼓队在紧张排练

9 大学生村官创业中心服务旅游业发展

10 '10国际低碳生态灯光艺术展

1 9月，中共十七届中央委员、新疆维吾尔自治区党委书记、新疆生产建设兵团第一政委张春贤一行在浙江省委副书记、省长吕祖善陪同下到姚庄镇桃源新邨社区参观考察。

2 3月28日，“爱在基层·情定姚庄”——嘉善县大学生村官“锦绣婚典”在姚庄“浙北桃花岛”隆重举行。

5

6

7

8

9

10

3 3月27日，姚庄镇举办“魅力桃花源·幸福新姚庄”’10嘉善姚庄桃花节开幕式暨“柔·莱可”周末大舞台走进姚庄。

4 6月，姚庄镇举行纪念建党89周年暨庆祝行政区划调整一周年系列活动。

5 3月，中央电视台《焦点访谈》栏目采访姚庄“两新”建设工程——桃源新邨试点。

6 11月，中央电视台《讲述》栏目走进浙北桃花岛北鹤村，聚焦农民“种文化”——“卷起裤腿对焦距”姚庄农民摄影活动。

7 6月10日，桃源新邨社区举行首批入住户选房抽签工作。

8 7月19日，桃源新邨社区举行开邨入住仪式，首批8个村的612户农户入住城市化新社区。

9 8月15日晚，姚庄镇举办第十届中国·姚庄黄桃节开幕式暨浙江电视台“流动大舞台走进嘉善田歌之乡”。

10 12月21日，姚庄镇被省委、省政府确定为浙江省首批27个小城市培育试点之一，广大干部群众上街举行大型行街活动热烈庆祝省小城市培育试点申报成功。

1 “美哉陶庄”

2 陶庄镇图书馆开馆

3 陶庄金属产业园奠基仪式现场

4 省级卫生单位与陶庄镇卫生院建立对口帮扶

5 成立陶庄镇文化志愿者服务队

6 2010年嘉善县"十万农民种文化"优秀节目展演暨浙江·陶庄汾湖民间文化艺术节在陶庄举行

7 陶庄汾湖夷婆彩船水上巡游

8 陶庄汾湖美景

1 成功创建嘉兴市乙级转型升级工业园区

2 召开中共干窑镇第十三次代表大会

3 召开“范泾草莓”上海推介会

4 中共浙江省委常委、组织部部长蔡奇（左一）到浙江双飞无油轴承有限公司调研

5 中央电视台栏目组参观江南窑文化博物馆

6 窑乡道德风尚节开幕演出

7 龙庄讲寺一角

8 养老服务中心新老年公寓

浙江·嘉善·天凝镇

中国静电植绒名镇

中国纺织工业协会
中国家用纺织品行业协会

1 天凝植绒产业与浙江理工大学开展科技交流

2 天凝镇静电植绒产业园成为上海东华大学研究生暑期社会实践基地

3 新农村建设

4 举办天凝镇装备制造产业园推介会

5 图书馆

6 成功举办天凝镇第一届残疾人运动会

7 葡萄丰收

8 天凝镇篮球队代表浙江省参加沪苏浙篮球邀请赛

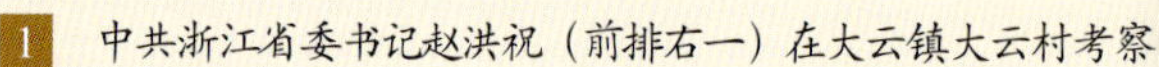

1 中共浙江省委书记赵洪祝（前排右一）在大云镇大云村考察

2 《人民日报》党建周刊主编董宏君一行到大云考察采访

3 中央电视台“乡村大世界”在大云拍摄节目

4 大云镇曹家村嘉热2号井出水口

5 ’10中国·大云生态旅游暨花乡艺术节开幕式现场

6 中国·大云第二届碧云葡萄节闭幕式现场

7 位于大云镇的沪杭客运专线嘉善南站投入运营，开启嘉善与上海的同城时代。

8 绿荫环绕下的现代化民居

2010 中国·大云 生态旅游暨花乡艺术节
开幕式
主办单位：中共大云镇委员会
大云镇人民政府
5

中国·大云第二届碧云葡萄节闭幕式
走进大云大型文艺汇演
6

嘉善南站
7

8

嘉善年鉴
2011
Jiashan Nianjian

民　　革

【概况】 12月15日，中国国民党革命委员会嘉善县支部委员会成立。市政协副主席、民革嘉兴市委会主委李水根，嘉兴市委统战部副部长陈兴隆，民革嘉兴市委会副主委沈晓琴，县委副书记郑明，县政协、各民主党派、工商联、无党派人士联谊会以及有关部门领导应邀出席成立会议。会议选举产生民革嘉善县支部第一届委员会，吕新建任主委、董铭勤任副主委。成立时，有民革党员5人。

中国国民党革命委员会(简称民革)是具有政治联盟性质的、致力于建设中国特色社会主义和祖国统一事业的政党，是中国共产党领导的多党合作和政治协商制度中的参政党。民革是由原中国国民党民主派及其他爱国民主人士创建，于1948年元旦在香港成立。 (赵凤娟)

民主同盟

【概况】 2010年，中国民主同盟嘉善县基层委员会下设支部5个，有盟员95名。其中，教育界38人、经济界21人、卫生界17人、科技界11人、其他界别8人；具有高级职称55人、中级职称31人；在职55人，退休40人。盟员中有市人大代表1人，县人大代表1人，县政协委员15人；担任县人大副主任1人、县政协副主席1人、市政协常委1人、县政协常委2人，副局长2人，副镇长1人。全年发展盟员8名。全年有10名盟员16次获国家、省政府、县政府、县政协、县主管局各类表彰奖励。

加强自身建设。开展学习实践科学发展观活动、树立和践行社会主义核心价值体系学习教育活动，不断巩固多党合作的共同政治思想基础。认真学习中共十七届四中、五中全会精神，中央统战部《关于支持民主党派树立和践行社会主义核心价值体系的意见》和民盟中央《关于把树立和践行社会主义核心价值体系活动不断推向深入的通知》等。全年召开主委会议和扩大会议5次，参加中共嘉善县委统战部、嘉善县政协组织的各类学习、参观活动。组织盟员收看《民主之澜》等影视作品，加深盟员对民盟先贤、民盟历史、参政党和多党合作理论的认识。加强优良传统教育。组织参观上海世博会。开展联谊、交流活动，分别与慈溪、苏州、昆山、江阴等地民盟开展互访活动。党盟联谊和对口联系部门工作有新进展。继续抓好民盟高级中学支部、民盟农经支部开展党盟联谊活动。2010年，中共嘉善高级中学总支和民盟高级中学支部举行党盟联谊活动暨中国民主同盟高级中学支部活动室挂牌仪式。民盟嘉善县基层委员会与教育局召开加强对口联席工作会议。全年编撰《嘉善盟讯》4期。

履行参政议政职能。在政协嘉善县十二届四次会议上民盟嘉善县基层委员会作题为《职业教育要进一步为经济转型升级提供人才支撑》的大会发言和《大力构建三大支撑体系，着力推进现代精品农业发展》的书面发言，民盟向大会共提交提案24件，其中集体提案5件、个人提案19件。民盟嘉善县基层委员会的《职业教育要进一步为经济转型升级提供人才支撑》、《大力构建三大支撑体系，着力推进现代精品农业发展》和《大力发展现代服务业，加快嘉善经济的转型升级的建议》等3件集体提案被会议列为重点提案。《关于大力发展农产品加工,加快农业转型升级的建议》、《充分发挥我县大画家吴镇的“名人效应”,促进经济可持续发展》、《关于将城市管理行政执法延伸至城郊接合部的建议》和《关于深入实施“强村计划”的若干建议》等4件提案被列为重要提案。有1名盟员被评为县政协2009年度优秀政协委员。《高度重视企业技术改造,加快推进工业转型升级》提案获十二届三次会议以来优秀提案。全年,民盟嘉善县基层领导应邀参加中共嘉善县委、县政府和县级有关部门的协商会、民主推荐会、情况通报会等5次。有9名盟员担任县级部门行风监督员,其中有1名盟员被评为县政协2009年度优秀民主监督员。

组织专题调研。针对社会普遍关注的热点、难点问题,开展调查研究,先后就“十二五”规划制定、社会保障、职业教育、教育改革、世博后经济转型升级的方向选择等重大问题提出意见建议,撰写《切实解决被征地农民保障问题努力建设乐居嘉善的对策建议》、《高考关乎千家万户,重大改革请慎重,并加强宏观监控指导》、《建设世界一流大学任重而道远》、《关于加强淘汰落后产能工作的法律保障和政策保障的建议》和《守正出奇,转变方式,科学转型》等8篇调研报告。

开展社会服务。全年组织参加义诊、便民服务、“三下乡”活动4次,为650余人次提供诊治和咨询等服务。1月,在天凝镇光明村开展义诊、农技咨询、文化咨询活动,免费提供13个品种价值近3000元的常用药品和农业技术资料。青海玉树地震发生后,民盟嘉善县基层委员会发动各支部奉献爱心,共计向玉树地震灾区捐款1.25万元。继续开展帮困结对活动,12月向天凝镇光明村伤残困难户赠送慰问金2000元。继续办好教育服务中心。2010年,嘉善教育职务中心联合高级中学支部、中教支部举办“初升高衔接”暑期培训班,受到学生和家长的好评。全年,嘉善教育职务中心举办企业干部(经理)培训班、职工专业培训班、艺术类美术培训班等各类培训36班次,1656人次参加学习。

(顾立维)

民主建国会

【概况】 2010年,中国民主建国会嘉善县总支委员会有支部3个,专门委员会7个,会员42人;全年发展新会员3人。会员中,担任县人大常委1人、市政协委员3人、县政协常委2人、县政协委员10人;有副县长1人、副局长2人、县工商联副主席1人。12月16日,召开庆祝中国民主建国会成立65周年大会;浙江省科协副主席、民建嘉兴市委会主委隗斌贤应邀参加会议。2010年,民建嘉善县总支被中国民主建国会评为先进基层组织。

建言献策,履行民主监督和参政议政职能。在县政协十二届四次会议上,民建嘉善县总支作《加强行业协会建设,服务经济发展大局》的大会发言,发言获得与会领导的肯定,并在委员中引起反响。民建嘉善县总支向大会提交提案17件,其中集体提案5件、个人提案12件;有2件提案被评为优秀提案,1件团体提案被县政府采纳,并制订相应的政策文件。2名会员分别被评为市、县政协优秀委员,针对“世博后经济”议题,民建嘉善县总支向县政协常委会提交《后世博经济时期,对嘉善大力发展科技服务业的思考》的调研材料。积极参与县委、县政府、县政协举办的各类情况通报会、重大事项协商会、意见征求会等。民建嘉善县总支副主委张学东荣立司法系统

中国民主建国会成立65周年大会现场　县委统战部　提供

个人三等功，被评为市检察系统优秀人民监督员、省社区矫正“环沪护城河”工程先进个人。

发挥党派特色，服务社会。12月10日，会员企业浙江众成包装材料股份有限公司成功上市。嘉善善银节能科技有限公司、嘉善天路达工贸有限公司产品成为世博会特许专供商品。积极开展活动。10月，民建嘉善县总支组织会员开展卫生、农业、法律“三下乡”活动，到天凝镇欣杨村开展法律咨询，发放宣传资料，为当地村民提供卫生、农技、法律等方面的服务。贯彻落实县委统战部《关于发挥党派优势，服务“强村计划”的实施意见》。全年会员通过各种方式捐款2.36万元，为全县社会和谐发展作出贡献。

抓好组织活动，加强会员学习教育。3月，在民建嘉兴市委会八届六次全委（扩大）会议上，民建嘉善县总支向会议作经验介绍。6月，组织会员到上海参观世博会。8月，组织骨干成员聆听上海市社会主义学院副院长张颖作的《共同的精神支柱，自觉的价值追求》——树立和践行社会主义核心价值体系专题报告。开展迎新春慰问活动，组织离退休会员参观中共一大南湖革命纪念馆。11月，组织骨干会员参加嘉善县民主党派无党派人士学习中共十七届五中全会精神专题辅导报告会。选派会员参加民建浙江省委会组织的基层支部主任培训班。组织新会员参加上级举办的培训班。12月，组织全体会员到嘉兴参加民建嘉兴市委会举办的庆祝民建成立65周年纪念大会。（傅诚鹏）

民主促进会

【概况】 2010年，中国民主促进会嘉善县委员会内抓学习，外拓形象，履行党派职能，参政议政，开展民主监督，抓好各种社会活动，为全县和谐稳定作贡献。截至年底，民进嘉善县委会有7个支部和1个小组，共有会员91人。会员主要集中在教育、医卫和文化界，其中，中高级职称会员占78%。会员中，有1人当选市人大代表、2人当选县人大代表、14人当选县政协委员，另有多人担任部门行风监督员及特约检查、监察、督导审计员。

重视参政议政能力建设。在县政协十二届四次会议上，民进嘉善县委会作《加大力度，进一步发展我县社会化养老事业》的大会发言。会议期间，共递交集体提案5件、个人提案12件，个人参与提案13件。内容涉及经济、文化、教育、交通、医药、卫生、社会事业等方面。其中，集体提案《加大力度，进一步发展我县社会化养老事业》被会议列为重点提案，会员提案《严格执行〈职业病防治法〉，尽快落实企业职业病危害预评价工作》被列为重要提案。围绕“世博后经济”议题，会同科委农业组撰写《关于嘉善全力打造临沪休闲之地的思考》的调研材料。

依托党派优势，开展多种社会服务。上半年，与天凝镇洪溪村党支部结对子，进行签约、走访、调研，开展送文化、“三下乡”等系列活动。春节前夕，到县城西门社区慰问结对贫困户——嘉善中学高三学生陈某，送上慰问金1000元。10月，会同其他民主党派人士到天凝镇进行“三下乡”活动，开展免费义诊、法律咨询，发放农业、卫生宣传资料等。有100多人次接受诊治，发放宣传资料200余份。

开拓创新，加强会内组织建设。重视会内和谐建设，结合相关节日开展特色活动。3月，组织2006年后入会的8名新会员参加市民进2009年度先进表彰暨新会员培训会。8月，组织骨干参加树立和践行社会主义核心价值体系专题报告会，聆听上海市社会主义学院副院长张颖作的《共同的精神支柱，自觉的价值追求》辅导报告。9月，结合全国第26个教师节，召开教师会员座谈会，一同学习全国教育工作会议精神和《教育规划纲要》。10月，组织22名退休会员参观上海世博会。11月，组织骨干会员参加县民主党派无党派人士学习中共十七届五中全会精神专题辅导报告会。12月，举行庆祝中国民主促进会成立65周年大会。

（傅诚鹏）

农工民主党

【概况】 2010年，中国农工民主党嘉善县总支下辖3个支部，有党员53人，其中，担任县人大常委1人、市政协委员2人、县政协副主席1人、县政协常委1人、县政协委员7人；全年发展新党员3名。2010年，农工党嘉善县总支贯彻落实科学发展观，围绕县委、县政府中心工作，积极履行党派职能，为推进全县经济社会又好又快发展作出贡献。认真贯彻中共十七届五中全会精神，邀请专家作辅导报告，各支部召开党员会议学习贯彻五中全会精神。开展庆祝中国农工民主党建党80周年系列活动:重温农工党光荣历史,组织党员骨干和部分新党员赴上海参观农工党“一干”会址;开展学习宣传活动,在嘉善农工网站开设庆祝农工党建党80周年专栏,举办农工党建党80周年知识竞赛;召开庆祝农工党成立80周年大会,组织全体党员赴上海参观世博会;组织14名具有高中级职称的医卫界党员上街开展医疗咨询活动。树立和践行社会主义核心价值体系。增进政治认同感。组织实施“345计划”(三学、四听、五活动)。组织收看《民主之澜》、《黄炎培》、《建国大业》等专题片,听取《共同的精神支柱,自觉的价值追求》专题报告。参与邓演达纪念园募捐活动,捐款2500元。春节前夕,上门走访并看望70岁以上的老党员。“三八”妇女节,组织女党员参观江南窑文化博物馆。全年出刊《嘉善农工》4期,继续办好农工党嘉善县总支网站。总支获农工党中央“全国社会服务工作先进基层组织”称号。3名党员被评为市级优秀党员,有2名党员的作品参加市书画摄影展。

履行参政议政职能。在县政协十二届四次会议上,农工党嘉善县总支作《加大新市镇培育力度,促进城乡一体化发展》的大会发言,提交提案14件,其中集体提案7件、建议案1件。《大力构建三大支撑体系,着力推进现代精品农业发展》被列为重要提案,《以科学发展观为指导,进一步加强社区医生队伍建设》、《加大力度加快推进新农村建设步伐》2件提案获2009年度优秀提案。有2名委员分别被评为县政协优秀委员和优秀民主监督员。农工党嘉善县总支负责人全年参加县委、县政府、县政协举行的各类情况通报会、重大事项协商会、意见征求会等12次,并坦诚提出意见建议。担任政协民主监督员的8名党员深入群众,了解社情民意,及时向政府和有关部门建言献策。党派负责人和担任人大代表、政协委员的党员积极参加视察、协商、委员约谈、政协论坛等专题调研活动,参与社区矫正对象管控工作和基层矛盾化解工作情况专题调研。撰写《抢抓世博机遇,加快我县产业转型升级》、《我县城中村改造存在的问题及建议》等调研报告。

8月4日,召开中国农工民主党成立80周年大会。

县委统战部　提供

开展服务社会活动。组织15个小分队下乡,连续4周开展冬病夏治贴敷工作,为哮喘、慢性支气管炎患者开展诊治,有5900人次接受治疗。加强农工医疗诊所管理,提高医疗技术水平,为群众提供优良服务。积极参与县委统战部组织的发挥党派优势,服务“强村计划”活动,巡回开展卫生、农业、法律“三下乡”活动。组织党员到结对村魏塘街道国庆村开展“三下乡”活动,送上价值近2000元的药品,免费为10名群众开展冬病夏治。常年支持老年大学、抗癌俱乐部工作,参与援助温州文成县活动。3名党员参与为期1年的支援陶庄卫生院的支医活动。10月28日,农工党嘉善县总支与县卫生局、县医学会和县二院联合举办市名老中医——陆安锠从医55年座谈会。

(赵凤娟)

无党派人士联谊会

【概况】 2010年,嘉善县无党派人士联谊会下辖3个委组、5个专门委员会,有会员56人。其中40人次担任社会职务:担任市人大代表3人次、市政协委员3人次、县人大代表2人次、县政协常委6人次、县政协委员21人次，担任副科级领导5人次、县工商联副主席2人次。发展新会员4名。有2名会员加入中国国民党革命委员会，并分别担任民革嘉善县支部正、副主委，1名会员成为中共预备党员，1名会员转入嘉兴市党外知识分子联谊会。全年，县无党派人士联谊会贯彻落实科学发展观，围绕县委、县政府中心工作，积极履行参政议政职能，为推进全县经济社会又好又快发展作出新贡献。

组织开展树立和践行社会主义核心价值学习教育活动，实施"345计划"（三学、四听、五活动），观看《民主之澜》、《黄炎培》、《建国大业》等影视片，听取上海市社会主义学院副院长作的《共同的精神支柱，自觉的价值追求》专题报告和"认真学习五中全会精神、加快转变经济发展方式"专题辅导报告。

参加县委、县政府、县政协召开的各类情况通报会、重大事项协商会、意见征求会等，分别就县"十二五"规划等重大事项坦诚提出意见建议。担任民主监督员的会员积极履行民主监督职能。在政协嘉善县十二届四次会议上，作《关于规划建设"嘉善东门户大市场区"的建议》的大会发言，提交个人提案43件、集体提案4件。其中集体提案《发展"三品"农业，提升精品品位》、会员参与提交的《关于抓抢"世博"机遇，做好"嘉善形象"推销工作的建议》2件提案被列为重点提案。集体提案《关于规划建设"嘉善东门户大市场区"的建议》、会员参与提交的《严格执行<职业病防治法>，尽快落实企业职业病危害预评价工作》、《关于建立农贸市场食品安全准入制度的建议》、《关于乡镇区域调整后整合城乡公交运营线路的建议》等被列为重要提案。集体提案《加大"涉沪"信息研判力度，更好实现与上海"软接轨"》和会员参与所提的《城乡污水处理一体化》、《尽快出台人才政策，推进社区卫生服务可持续健康发展》等3件提案被评为年度优秀提案，5名会员被评为优秀政协委员，4名会员被评为年度优秀民主监督员。

献计献策。为推进嘉善全面融入上海建言献策，在县政协常委会上作《借"大虹桥"开发之力，补接轨上海发展嘉善之短》的发言，发言受到县委主要领导的重视。建议规划好嘉善门户建设，提交《关于规划建设"嘉善东门户大市场区"的建议》的调研报告。《关于增设"沪杭高速嘉善东出口"和抓紧建设"嘉善环城东路"》提案，引起县委、县政府高度重视，并进行多套方案认证。同时，还提出发展"三品"农业，提升精品品位等意见建议。

开展各类社会服务。积极参与"强村计划"活动。3月，到联系村——惠民街道新润村，与村领导班子共商发展大计。"三八"妇女节，组织中高级职称女会员开展卫生、教育、法律咨询等服务。6月，举办《秋番茄"红帅"高产高效栽培技术》培训，受到群众欢迎。5月、6月、10月，分别4次组织会员赴魏塘街道国庆村，天凝镇光明村、洪溪村、欣杨村开展卫生、农业、法律"三下乡"活动。教师节，组织教师会员为干窑中学学生上英语公开课。各会员立足岗位建功立业，积极参与社会慈善活动，建立企业专项基金。有1人入围嘉善县"十佳创业之星"。有1名会员被评为县"凝心聚力、科学发展十佳先锋"、1名会员参与反映援建青川电视纪录片《使命》的创作工作，并获嘉兴市广播电视新闻奖电视专题一等奖和青川县"荣誉市民"称号。全年，开展卫生保健知识讲座1次，组织会员参观上海世博会。建立网络电子信息平台和联谊会会员QQ群，借助信息化手段推动联谊会工作。　（赵凤娟）

人民团体

总工会

【概况】 2010年,嘉善县总工会按照"两个普遍"(依法普遍组建工会,依法普遍开展工资集体协商)的工作要求,深入实施"科学发展争先锋、劳资合作、职工就业创业、工会大学校、固本强基"等五大工程,服务大局、服务企业、服务职工,吹响"先锋号"、"和谐号"、"温暖号"、"组建号"、"提升号",促进经济转型升级、社会和谐稳定。县总工会被中华全国总工会授予"五五"普法先进单位,被浙江省总工会授予"强化生活后勤保障、促进劳动关系和谐"活动优秀组织单位。

【女职工委员会五届一次委员(扩大)会议召开】 3月17日,嘉善县工会女职工委员会五届一次委员(扩大)会议在县会展中心召开,全县80多名女职工代表参加大会。会议总结过去5年全县工会女职工工作,研究确定今后一个时期工会女职工的工作任务。会议选举产生嘉善县工会第五届女职工委员会委员24名。第五届女职工委员会选举总工会主席张引华为委员会主任。

【省人大常委会副主任、省总工会主席刘奇到嘉善调研】 6月18日,浙江省人大常委会副主任、省总工会主席刘奇到嘉善调研台商投资企业工会建设。市委副书记鲁俊,市政协副主席、市总工会主席邵建华以及县委书记张明超,县委副书记郑明,县委常委、副县长马佩莲等陪同调研。刘奇视察浙江嘉丰机电有限公司、浙江誉丰汽配有限公司,察看了车间生产环境、员工宿舍和《劳资合作公约》公开栏等,详细询问企业职工稳定、工资报酬和劳资关系等情况。刘奇充分肯定台资企业保障职工权益和工会创建劳动关系和谐企业工作的做法。

【开展立功竞赛活动】 举办第二届职工技能运动会,组织开展车工、钳工、电焊工等19种类型的技能比赛,激发职工创造活力。115家企业1240名职工参与活动,其中43名职工的技能上了一个等级,并获相关部门发放的证书。开展以小革新、小发明、小改造、小设计、小建议等"五小"为主题的节能降耗建功立业行动,突出"低碳——让生活更美好"主题活动,全县有250家企业参加活动,职工共提出合理化建议1482件,其中105件被采用,产生经济效益1600余万元。开展"争创学习型组织、争做知识型职工"等活动,引导职工争做知识型、技术型、创新型劳动者。全年评选表彰职业技能带头人10名。全县累计有职业技能带头人48名。

【困难职工帮扶救助成效明显】 按照"党政所望、社会所需、职工所求、工会所为"原则,构建县、镇、企业三级帮扶网络。发挥职工帮扶中心作用,开通12351职工热线,为职工办好事、实事。开展"两节"(元旦、春节)慰问、"金秋助学"、"送温暖"、"女职工健康行"等活动。全年,累计慰问职工471人次,发放慰问金25.87万元,资助困难职工子女111人次,发放助学款5.53万元。开展"爱心透析专项救助行动",帮助患肾病职工家庭解决实际困难。将全县患肾功能衰竭且常年实施透析治疗,医疗费用负担较重的13户贫困家庭列为救助对象,对家庭人均收入在低保线130%以下的,每户救助

4500元;低保线130%以上的,每户救助3500元。

【推进企业和职工文化建设】 开展"播文明、种文化,十万职工展风采"主题活动。开展下基层、到企业、送培训、送图书、送演出、送电影等活动。2010年,累计为企业职工送培训2500人次,培育省级职工书屋4家、市级职工书屋30家、县级职工书屋60家,为职工书屋赠送书籍3000册。职工艺术团为企业送慰问演出5场次,送电影100场次。举办全县非公企业职工"红歌赛"。举办台资企业联动社会各界环城长跑赛。开展企业报展评、职工征文比赛活动以及"世博护城作贡献、安全稳定促和谐"主题活动(世博知识进企业、世博平安志愿服务、迎世博倡议、世博文明礼仪演讲、世博护城慰问等活动)。与全县三大产业、28家单位150名志愿者组成"365红色服务方阵",每月25日组织志愿者进企业、村(社区)开展服务活动。

【基层工会组织建设实现新突破】 深化"党建带工建、工建服务党建"活动,以新经济组织建会和农民工入会为重点,开展"广普查、深组建、全覆盖"工会组建专项行动。全年,组建罗星街道三产一条街工会、魏塘街道商贸服务业工会联合会;建立姚庄镇桃园新邨新社区工会和新居民工会联合会,探索出一条"农民进城、工会下乡"的新路子,得到省、市总工会领导肯定。召开全县工会规范化建设动员会,按照"六好"工会建设标准,推进工会工作规范、有序、健康发展。2010年,全县新组建工会218家,发展会员2.5万人。全县工会组织累计有2894家,其中独立建制基层工会1458家,工会会员累计159051人。

【"五五"普法成绩显著】 抓好《工会法》、《劳动法》等法律法规的宣传、培训、教育。编辑出版《工会普法工作实践与探索》一书,受到省、市有关领导的高度评价。2010年,嘉善县总工会被中华全国总工会评为"五五"普法先进单位。

【深化劳动关系和谐企业创建】 深化和谐劳动关系创建活动,县委召开"五一"表彰大会,命名一批县级劳动关系和谐企业。采取多种形式,创新创建手段,依法科学维权,促进劳动者体面劳动。争取人大、政府、政协及劳动等相关部门支持,全面推进协调劳动关系制度。倡导合作理念,采取协调沟通的方法,探索实践劳动关系和谐企业创建新模式。扩大创建面,提升创建质量,实现劳动关系和谐目标。开展企业工会网格化管理,树立先进典型。2010年,县经济开发区被评为省级劳动关系和谐工业园区,有3家企业获得省级和谐企业称号。全县和谐企业创建率90%,达标率20%。有177家规模以上企业推行劳资合作公约。

【推进工资集体协商】 发挥人大检查、政协视察的监督检查作用,健全劳动关系三方协调会议机制,"123"欠薪预警机制,积极推进区域、行业集体协商工作机制建设。完善"要约行动—整改建议—执法监督"工作机制,推动企业逐步建立职工工资共决机制、正常增长机制和支付保障机制,落实职工在收入分配上的"话语权",促进职工工资与企业经济效益同步增长。加强县、镇(街道)、企业3级维权员队伍建设,建立61个企业工资协商联系点,及时解决企业与职工工资标准与工资发放的矛盾,动态维护协商条款。截至年底,全县有签订集体合同企业2334家,签订率90%,覆盖职工134212人。有签订工资协议企业2270家,其中签订区域性集体合同和工资协议企业691家,行业集体合同和工资协议企业82家,占全县已签集体合同和工资协议企业数的33%,惠及职工16227名。

【加大创业就业工作力度】 搭建就业信息服务平台,开通职工创业交流网站,县总工会、劳动和社会保障局实现信息互通。开展创业就业交流活动,提高创业服务指导水平。制订出台工会小额贷款扶持政策,为32名职工发放创业贷款298万元。全年举办下岗失业人员、困难职工和农民工职业培训班21期,培训下岗失业人员1011名,为农民工提供就业岗位4545个,职业介绍980人次,帮助实现就业再就业897人次。 (许 楠)

共青团

【概况】 2010年,共青团嘉善县委员会围绕"建功、育人、强基础"主线,切实履行组织青年、引导青年、服务青年、维护青少年合法权益职能,共青团的各项工作跃上新台阶。截至年底,全县共有团员18677名,镇(街道)、直属单位团组织28个,基层团组织228个。

【开展世博平安志愿服务】 招募世博平安志愿者26887名,设立县志愿者服务总队、系统志愿者服务大队、部门志愿者服务分队、各志愿者服务小队四级组织结构,形成比较完备的平安志愿者管理体系。全县共设立总队1支、大队32支、小队791支。46073人次志愿者开展世博宣传、文明礼仪、社区便民服务等44999小时。

【推进青年创业创新】 制定《关于开展促进青年就业创业服务体系建设工作的实施方案》,完善青年就业创业服务、融资、见习、培训等平台建设。开展青年创业问题"导师会诊"活动,解答创业问题200余个。加大青年创业融资扶持力度,发放贷款1004万元,受益青年171人。评选出创业优秀项目10个,并加以重点扶持。新建青年就业创业见习基地11家,举办SYB青年创业培训班。

【开展"青年文明号"创建活动】 考核并命名县级青年文明号集体11家。在全县近200家"青年文明号"集体中开展"微笑迎世博、青春献岗位"优质服务示范活动。

【推进青少年维权工作】 推进"青少年关爱行动",开展12355青少年热线志愿者进校园活动,为1200人次新居民青少年服务。开展爱心助学活动,为26名贫困青少年发放助学金3.2万元。推进"青少年平安行动",提高青少年自我防范意识和自护能力。开展"共青团关爱农民工子女志愿服务行动",与48所学校18897名新居民子女开展结对活动。

【抓好"学习型团组织"建设】 以"团干部修身计划"为重要载体,通过每月集中授课、互动交流、实践锻炼等形式,培训团干部558人次。通过举办基层团支部书记培训会、开展"百团共建"等活动,促进各级团组织之间的互动互学。深入实施"青少年读书计划",探索运用网络、手机等新媒体搭建阅读平台,营造青少年良好的读书氛围。完善"嘉善青年手机报"建设,坚持每期推荐优秀书籍、开设青年读书论坛。举办嘉善县首届青少年读书网络博客大赛,引导青少年文明上网,营造良好的网络读书评书氛围。

【推进青少年引领行动】 组织实施"青少年马克思主义者培养工程",利用青少年入队、入团、入党、成人宣誓等时机,举办"入队光荣,争当四好"少先队入队观摩仪式、县第十六届成人宣誓仪式等活动,以此感召青少年,提升做社会主义接班人的思想意识。开展"党的教导牢记心间,人人争当'四好'少年"主题教育活动。举办纪念"五四"运动91周年晚会、第八届学生音乐会、青年交友会等活动,引领青年文化风尚。围绕世博主题,联合举办"精彩世博我参与"明信片设计大赛、"亿万笑脸献礼世博"儿童摄影大赛及团干部观世博等活动,促进青少年了解世博、融入世博。开展"低碳让生活更美好"百人骑行活动和生态文明网络博客征文大赛,营造建设生态文化的良好氛围。

【服务新农村建设】 实施"村村都有好青年"人才发展计划,在全县各村评选出"好青年"104名,进行重点培育引导。深化以推优入党、后备干部培养和动态管理为主要培育载体的"人才导航"机制,有46名"好青年"被列为建党对象、41名"好青年"被列为村后备干部。建立以信贷资金、技能培训和创业指导为主要帮扶载体的"创业导航"机制,为17名"好青年"提供创业小额贷款122万元。深化"成长导航"服务,以思想进步、学习成才、维护权益为主要内容,为"好青年"成长成才服务。

【加强团属组织建设】 举办第五届非公企业青年文体艺术节,开展以"汇聚青春力量,助推转型升级"为主题的演讲比赛以及乒乓球比赛、青年歌手大赛等6个项目的比赛活动,近1000人参加活动。团县委会同上海世博局团委开展交流活动,碧云花园被命名为上海世博局团员青年活动基地。加强少工委工作指导,开展少先队"双十佳"评选活动。抓好镇(街道)、县少工委换届工作,完善县、镇(街道)、学校三级少先队工作网络体系。召开县第六次少代会,选举产生第六届少工委。加强民办学校少先队组织建设,全县17所民办新居民学校全部建立少先队组织,并配备少先队大队辅导员。加强县青少年宫建设,抓好安全保障、内部管理工作。

【开展创先争优活动】 开展以“创建‘五四’红旗团组织,争当优秀共青团员”为主要内容的创先争优活动,营造党团接力、共促科学发展的氛围。团县委、县委组织部召开党建带团建工作会议,制订并下发“三年规划”。指导镇(街道)、机关事业单位、农村、社区、学校、企业、新社会组织等7类基层团组织开展创先争优活动,推动各级团组织和团干部赶超先进、服务青少年。

【推进统筹城乡团建】 推行网格化团建工作,在罗星街道、县经济开发区(惠民街道)、姚庄镇桃源新邨开展镇(街道)、工业园区、农村新社区3个层面的网格化团建试点。开展“两新组织团建百日攻坚行动”,新增非公企业团组织122家、新社会组织团组织23家。灵活设置基层团的组织,创新楼宇、商圈、合作社、行业协会等建团模式。开展镇(街道)团组织建设试点工作,罗星街道团委增设4名“编外副书记”、3名“轮值副书记”。实施“十百千”非公企业团建提升活动,通过“十佳非公企业团建创示范”、“百家团组织共结对”和“千名团员青年展风采”等活动,提升两新组织团建工作。

（管　超）

妇女联合会

【概况】 2010年,嘉善县妇女联合会围绕建设“坚强阵地”和“温暖之家”目标,着眼共建共享、和谐发展大局,加强宣传教育,帮助妇女树立平等发展意识。抓好学习培训,提升妇女综合素质。积极推进妇女创业就业,深入开展“巾帼建功”活动,妇女工作实现跨越式发展。全年撰写调研报告25篇。

【加强宣传教育】 开展多层次的宣传教育,树立妇女平等发展意识,提升综合素质。开展百年妇运宣传活动:拍摄巾帼风采专题片,宣传优秀女性典型事迹,展示奋发进取、勤劳聪慧的精神面貌;举办百年妇运图片展和邮票展,重温妇女运动和妇女事业的发展历程;县、镇(街道)、村三级通过专题培训、专家讲座,刊登专栏、印发宣传资料等,宣传《浙江省实施＜中华人民共和国妇女权益保障法＞办法》;妇联、公安、法院等相关单位及家教知识专家等开展“庆百年妇运,送法律、健康、家教知识下乡”上街宣传活动,有32人接受法律咨询,发放宣传资料1.5万余册、创平安和谐宣传品300份。同时,开展村级简报维权特刊展评,举办巾帼禁毒志愿者培训班,编排“拒绝毒品,珍爱生命”说唱节目,组织“不让毒品进我家”文艺宣传和签名活动;举办女职工歌咏比赛,全县企事业单位50名女职工参加比赛。

【加强职业技能培训】 利用社会资源,构建多形式的学习教育平台。全年承办“柳州大讲堂”2期,举办公益讲座3场。各镇(街道)以“巾帼大讲堂”、“职业女性俱乐部”、“四自”精神进校园为载体,面向妇女举办各类培训班108期,2.5万人次参加培训。开展农村实用技术、职业技能培训,培育新型女农民;全县共举办培训班214期,21245名妇女参加学习,其中1704人获得技能证书。举办专业技能指导员培训班,选择镇(街道)21名责任心强的种植女能手,成立农村妇女专业技能指导员联谊会,开展一对一帮教结对、实地指导、咨询服务等活动,帮助妇女掌握专业技能。

【推进妇女就业创业】 举办第七届“架金桥、促发展”妇女就业人才招聘会,有82家用工单位参加,推出适合妇女就业岗位1800个,吸引2000名求职人员参加。搭建失业、被征地妇女就业平台,全年镇(街道)举办女性招聘会6场,动员209家用工单位参加招聘活动,推出就业岗位2837个,有1387人达成就业意向。继续实施小额贴息贷款,帮助创业女性争取低息贷款800万元。组织女经纪人赴义乌考察来料加工市场。

【深化“巾帼建功”活动】 出台《嘉善县巾帼文明岗管理办法和考核细则》,规范创建工作。加强争创岗指导,组织开展岗岗结对、岗村结对活动,加强不同级别、不同领域间巾帼文明岗学习交流,互相促进共同提高。2010年,创建省级巾帼文明岗2个、市级巾帼文明岗11个、县级巾帼文明岗23个。召开“巾帼赛”活动工作会议,树立岗位建功、岗位成才典型,表彰2009年度省、市、县级巾帼文明岗、巾帼建功标兵、“妇字号”农业示范龙头企业、巾帼示范村等先进单位和个人。

【丰富文明家庭创建载体】 深入开展"家庭建设拓展行动"活动,在抓好"星级文明户"评创工作的基础上,县妇联、县文明办开展"文明信用户"评创活动。建立"文明信用户"奖励机制,使文明家庭"政治上有地位、社会上有声誉、经济上得实惠"。深化文明家庭创建,开展十佳文明示范家庭、十佳学习型家庭、十佳绿色家庭、十佳藏书家庭评选,举办家庭才艺表演赛、赞美家乡朗诵赛、环保知识竞赛等活动。在全县家庭中开展"低碳——让生活更美好"系列活动,发放科学家教、低碳生活、禁赌禁毒等宣传手册,倡导做好"家庭低碳计划十五件事",引导市民树立低碳环保生活观念。

【参与世博安保工作】 发挥妇女志愿者独特作用,成立巾帼世博平安志愿者服务总队,镇(街道)、系统建立分队。举办"迎世博、创平安、讲文明、树新风"和阿姨志愿者行动启动仪式暨全县"十万家庭创平安,共筑世博护城河"大会。向全县家庭发出倡议书,编发宣传小折页1万册。有9名妇女被评为市、县世博安保工作先进个人。和阿姨志愿者家庭消防安全点建设得到省公安厅肯定。

【举办家庭教育知识讲座】 依托家庭教育专家讲师团及全国"知心姐姐"等资源,制订家庭教育授课计划,组织家庭教育志愿者进农村、社区、学校、企业,为城乡家庭提供现代科学家教服务。全年共举办家庭教育讲座105期,1.8万人参加学习。

【创新维权机制】 开展幸福家庭工作室法律志愿者和镇(街道)妇联一对一"结对共维权"活动,提高妇联干部化解矛盾、调解纠纷能力。延伸"幸福家庭工作室"职能,成立"致缘社会工作室",参与离婚"劝和"工作,成功劝和欲离婚夫妻30对。加强和谐员队伍建设,完善管理制度,4名女和谐员获县第二届"十佳民间和谐员"称号。构筑上下联动、点面结合的维权工作新机制,建立健全基层"庭、站、点、员"四位一体维权服务网络和城乡一体化、多元化调解纠纷机制,便捷、快速开展维权服务。全年各级受理来电来访505件,办结494件,办结率98%。

【关爱特殊群体妇女】 针对特殊妇女群体,开展"双百共建"和党员下乡服务新农村活动,组织各级文明岗开展健康义诊和心理咨询。组织开展残疾妇女(母亲)创业就业援助行动,通过送信息、送技术、送岗位、送资金、送服务等"五送"活动,促进残疾困难妇女(母亲)就业、创业。全年培训残疾妇女32名,为9个残疾妇女家庭提供就业岗位,有6名残疾妇女就业。县妇联、县残联慰问残疾妇女18名,发放慰问金9000元。走访、慰问退休的全国、省"三八"红旗手。继续实施"春蕾计划",援助女童30人次,资助6万元。

【加强基层组织建设】 指导基层妇联建立"1+1"幸福魔方家庭好帮手兼职妇女社会工作者队伍,成立女业主协会、行业妇委会等组织。开展"妇女组织参与'两新'工程建设、推进统筹城乡发展"工作调研,探索妇女组织设置新路子,搭建"社区建妇联、网格建妇代会、楼栋建妇代小组"网格化组织体系。加大基层组织阵地建设,全县104个村、26个社区、17家企业网格点、15个农村新社区、3个新居民中心站都建立"妇女之家"。在全市率先建立县、镇、村三级网络台账,并实施信息化管理。 (李建红)

工商业联合会

【概况】 2010年,嘉善县工商业联合会(简称县工商联)认真贯彻全省工商联工作会议精神,深入实施"223工作计划",加强和改进非公有制经济人士思想政治工作。围绕全面建设科学发展示范点、创先争优活动示范点目标,深入开展争创科学发展示范企业、争做转型发展先锋活动,推动非公经济全面转型升级。至年底,有会员企业1047家,主管镇级(街道)商会9个、行业商会6个、异地商会2个。2010年,县工商联获省工商联系统宣传工作一等奖、工商联工作创新奖。

【履行参政议政职责】 引导企业界人大代表、政协委员献计献策,在县"两会"期间,提交人大议案30件、政协提案26件。在政协十二届四次会议上作《激发潜能、转型升级,建设民营经济科学发展示范基地》大会发言,《激发潜能、转型升级,建设民营经济科学发展示范基地》和《大力实施“退二进三”战略，加快发展生产性服务业的建议》2份团体提案分别被县政协列入重点督办和重点调研提案。参与县政协常委会课题调研，探索第三产业发展，召开专题座谈会，组织人员到江苏太仓考察，撰写《思“乐居”和谐元素，引“三产”提升发展》的调研报告。全年县工商联机关走访企业200家次，基层商会走访企业1000家次，撰写调研报告7篇。

【加强商会建设】 上半年，对部分镇（街道）商会进行重组。至年底，完成县经济开发区（惠民街道）、罗星街道、魏塘街道和天凝镇等商会的组建工作，实现镇（街道）商会组织网络全覆盖。下半年，组织5家基层商会、行业商会开展AAA级社会团体评价工作，并完成考核评级。抓好基层商会、行业商会、异地商会“小金库”自查、督察工作，各商会按要求完成自查自纠工作。10月，完成县电子商务行业协会组建工作。11月，西塘、姚庄镇商会被评为市级先进基层商会。

【举办各类培训讲座】 5月，举办“创新转型、优化升级”企业总裁高级研修班，46位非公经济代表人士分赴清华大学、香港理工大学、中央社会主义学院参加学习培训。5月和10月，举办生产管理讲座2期，邀请资深顾问、生产管理专家周新奇教授上课，187位企业中层管理人员参加学习培训。全年各基层商会累计组织各类培训活动46次，参加人数2213人次。

【组织外出交流活动】 全年，县工商联及各个基层商会组织内外经贸交流活动28次，参加人数250人次。加强横向联系，与上海市黄埔、闵行、青浦、金山区工商联和江苏省昆山、太仓、惠山工商联开展联系与合作。5月中旬，组织25名企业代表赴江苏省常熟市参观考察。下半年，组团赴希腊、土耳其、埃及等国考察交流，并与澳大利亚、希腊、土耳其等国海外华人工商社团商谈合作事宜。

8月12日，嘉善县工商联召开七届四次常委扩大会议。 章伟明 摄

【提升金融服务水平】 县工商联与嘉兴银行嘉善支行建立商会秘书长联络员工作制度；县工商联、县经贸局、嘉兴银行嘉善支行举办“银善皓月”中小企业债权信托基金推介会，为中小企业开拓融资新领域。至年底，有18家科技型中小企业获“银善皓月”第一、二期信贷资金，计人民币4000万元。做好“1010支小帮扶金种子行动”宣传工作，向会员企业推介新的融资工具，协助优质微小企业解决资金困难。全年，各基层商会为110家企业提供融资推介服务，融资金额1.6亿元。

【开展服务企业活动】 召开“政企同心、共谋转型”政策沟通会、情况通报会、节能降耗协调会，为非公有制企业做好政策信息服务。参与环保管理试点工作，鼓励社会团体参与、优化环保管理，促进科学发展。开展千家会员单位消防安全“四个能力”建设达标创优活动，帮助企业提高安全管理水平。建立工商联软环境监测站，并在5个行业商会中设立软环境监测点。收集非公经济转型发展过程中遇到的社会问题和经济问题，每季度进行整理、上报；至年底，累计报送意见、建议27件。

【推进光彩事业】 组织各基层商会开展捐助贵州毕节活动，筹集援建款10万元。2010年，各基层商会及其会员企业结对帮困292对，资助资金190万元，在慈善捐助、公益事业、发展地方经济等方面累计投入资金1400余万元。

【打造网络宣传平台】 5月1日，嘉善商会网（www. jsshw. net）正式开通，截至年底，发布各类会务动态130余篇，其中55篇被省工商联录用，42篇被市工商联录用。商会网还为9个镇（街道）专门设立招商平台。至年底，网站总访问量超过5万人次。

【商会大厦设计图纸通过评审】 3月底,竞拍取得土地使用权。至年底,商会大厦项目已通过设计图纸评审,进入报批程序。项目地上总建筑面积5.98万平方米,地下车库1.60万平方米,总投资2.5亿元。项目预计于2011年第二季度破土动工。

【基层商会活动丰富多彩】 大云镇商会每个季度都组织会员企业开展“转型升级”主题活动。魏塘街道商会召开企业科技创新转型升级交流会。天凝镇商会组织税企座谈会和科技座谈会,进行沟通交流,举办银企合作座谈会,组织植绒企业参加世贸“跨采”。陶庄镇商会举办税费知识讲座,举行税企交流会、税务知识竞赛。混凝土与水泥制品商会召开行业安全生产会议,加强行业自律,抓好规范化建设。县木业协会召开第三次会员大会,评选“双十佳”企业。县服装商会组织11家会员企业,到上海世贸商城进行集中展示。开发区(惠民街道)商会开展金融服务,为5家企业融资520万元,并于11月28日率先成立商会会所和非公有制企业党建联谊沙龙。西塘镇商会和姚庄镇商会参与市级先进基层商会争创活动,并成功获奖。温州商会出刊《温商在嘉善》会刊。各基层商会还组织会员参观上海世博会,组织企业家外出考察,进行体检,帮助企业开展各类招聘活动,举行文体比赛和相关政策知识竞赛等。全县基层商会呈现“服务企业特色明显,对外交流亮点纷呈,会员活动丰富多彩,自身建设活力增强”的特色。

(金昊勋)

嘉善县科学技术协会

【概况】 2011年,嘉善县科学技术协会(简称县科协)所属学协会23个、企业科协4个,会员3564人。全县有省级科普示范镇(街道)8个、示范村5个、示范社区2个,科技示范户29户;市级科普示范村39个、示范社区15个,科技示范户73户。县科协主席张建林被中宣部、科技部、中国科协评为全国科普工作先进工作者。

【成功创建省级科普示范县】 中国科协决定从2010年开始,全国每5年开展一次科普示范县评选工作。3月10日,县委、县政府根据中国科协和省科协新一轮科普示范县创建工作要求,向省科协和中国科协提出创建省科普示范县和全国科普示范县申请。8月6日,全县召开创建全国暨省级科普示范县动员大会,县四套班子有关领导出席大会,县委副书记郑明到会并作动员报告,惠民街道、县教育局、县科协等部门领导作表态发言。县科协认真履行创建有关职能,加强协调,建立相关机制,抓好宣传载体、设施建设、队伍提升、科普宣传、资料收集整理、台账建立等有关工作。11月19日,经省考核,嘉善县通过省级科普示范县验收。

【承办市2010年科技(科普)活动周开幕式】 5月15日,嘉兴市2010年全国科技(科普)活动周开幕式在嘉善举行。市委常委、宣传部长武亮靓,市人大常委会副主任王新民,副市长柴永强,市政协副主席翁可雄,市科技局、科协领导,县四套班子领导出席开幕式。开幕式当天,县科协组织县医学会、环境学会、农学会等专家向市民宣传科普知识,进行科技咨询,发放科普资料,开展便民服务,在华都大酒店举办科技对接活动。出席对接活动的中国科学院、中国农大的专家学者向市部分农业企业家和农民介绍有关科技项目,并就农业信息化、转基因工程、生态农业等进行探讨。

【召开县科协第八次代表大会】 11月25~26日,嘉善县科学技术协会第八次代表大会在县政府会展中心召开,241名正式代表,46名特邀、列席代表出席大会。省科协、市科协和县四套班子的领导及老领导蒋泳清、黄锡良、黄昔等出席大会。上海市松江区、青浦区及浙江省的义乌市、象山县等21个县(市)的科协领导到会祝贺。省科协副主席隗斌贤,市科协主席刘君,县委副书记、县长姚高员,县委副书记郑明出席大会并讲话,县科协主席张建林代表第七届科协向大会作题为《围绕发展大局、发挥科协优势,全面推进“科学发展示范点”建设作出新贡献》的工作报告,会议通过《统一使用〈中国科学技术协会章程〉的决议》和倡议书,选举产生第八届委员会委员31名,张建林任主席,蒋安平、郦文俊任副主席。

【开展科普下基层宣传活动】 抓好科普宣传阵地建设。镇(街道)完成10米长的科普宣传栏建设，更新维护村宣传栏。宣传栏开展疾病防控、世博会知识等科普宣传，并被省科协评为优秀科普设施建设项目。举办科技下乡活动；在天凝镇欣杨村、魏塘街道魏中村开展“学习实践科学发展观，建设幸福美好新家园”科普文艺下乡演出活动。5月5日，邀请中国科学院老科学家科普演讲团团长、中国科学院微生物研究所研究员、博士生导师孙万儒和中国科学院老专家演讲团成员、北京市西城区青少年科技馆特级教师周又红做科普讲座。5月18日，在罗星街道柳洲社区举办科学健身大汇演，罗星和魏塘街道社区的16支队伍参加汇演。会演现场，县医学会、县标准化协会等12个学(协)会进行医疗卫生、食品安全等知识宣传。5月，在吴镇纪念馆举行家庭手工艺品与花卉展，展出手工艺品和花卉百余件。县科协、县经贸局、县环保局举行节能减排知识竞赛，在《嘉兴日报·嘉善版》刊登专版，收到答卷763份。举办科学养身保健知识讲座3期。9月20日，组织县医学、环境、标准化等13家县级学(协)会和有关部门在姚庄镇桃源社区举办嘉善县2010年全国科普日走进新社区大型宣传活动。

【抓好凝聚科技人员工作】 举行科技界迎春茶话会。2月2日，举办2010年科技界迎春茶话会，全县各界200名科技工作者参加茶话会。对50周岁以上的中高级科技人员开展健康体检，1759名科技人员参加体检。对在2008~2009年间撰写的，并在县级或县级以上学术性会议上交流或在市级(含市级)以上学术性刊物上发表的论文进行评选，共收到参评论文129篇，其中，教育类35篇、统计档案类13篇、医学类20篇、财税会计类45篇、综合类16篇，经评委会评审，共评出一等奖11篇、二等奖17篇、三等奖23篇。3月，县科协、县委组织部、县人事局联合下发《关于组织2010年科技人员休养考察活动的通知》文件，56人参加疗休养活动。 (汝庆庆)

文学艺术界联合会

【概况】 2010年，嘉善县文学艺术界联合会按照全面建设科学发展示范点工作要求，深入贯彻县委、县政府《关于推动文化大发展大繁荣的实施意见》，坚持“两为”方向和“双百”方针，弘扬主旋律，团结和依靠广大文艺工作者，积极探索，努力创新，推动全县文化繁荣和发展。

围绕纪念嘉善建县580周年、吴镇诞辰730周年，组织开展一系列活动：举办“建设杯”文学创作征文大赛；举行中小学生“爱家乡、爱嘉善”征文活动；举办“纪念嘉善建县580周年”美术、书法、摄影艺术作品展；策划并举办“元季四家”故里国画作品邀请展。继续办好综合文艺期刊《柳洲》。做好第六届政府“红杜鹃奖”和2009年度“新农村”题材创作奖相关评选工作。继续办好中、日、韩现代美术交流展，参与举办第三届长三角顾锡东越剧票友大赛等。顺利完成所属各文艺家协会换届工作，召开第六次县文代会。至年底，县文联现所属9个文艺家协会，共有会员555名，其中国家级协会会员10名、省级会员52名、市级会员164名。

【开展纪念嘉善建县580周年系列活动】 举办“建设杯”文学创作征文大赛。征得的作品有：小说(故事)9篇，其中中篇3篇、短篇6篇；散文28篇；诗歌31篇。共评出一等奖3个、二等奖3个、三等奖5个、优秀奖5个。开展中小学生“爱家乡、爱嘉善”征文活动。共征集作文2400篇，其中初中600篇、小学1800篇。评出小学组作文一等奖10篇、二等奖30篇、三等奖50篇、优秀组织奖5个；初中组作文一等奖10篇、二等奖20篇、三等奖30篇、优秀组织奖3个。开展“嘉善·580周年”美术、书法、摄影艺术作品展。展出美术作品29件、书法作品18件、摄影作品30件。举办“元季四家”故里国画作品邀请展。邀请黄公望、王蒙、倪瓒故里江苏常熟市、锡山区和浙江省富阳市、余杭区文联(文化局)的美术家协会各选送国画艺术作品20件参展。“元季四家”故里国画作品邀请展丰富了纪念吴镇诞辰730周年活动内容。

【举办’10中日韩现代美术交流展】 中、日、韩现代美术交流展自1997年开始，至2010年已举办27届。美术交流展是嘉善对外文化交流的一个重要窗口和载体。’10中日韩现代美术交流展在嘉善文化艺术中心举行，展出美术作品62件，其中韩国14件、日本6件、中国42件。

【办好综合文艺期刊《柳洲》】

2010年,编辑、印行期刊《柳洲》3期。第1期刊发小说故事4篇、诗歌6组、散文8篇、评论赏析2篇和学生作文9篇。第2期刊发小说故事5篇、散文6篇(组)、诗歌6组、评论2篇。第3期刊发特别推荐1篇、小说故事3篇、散文12篇、诗歌5组以及碧云花园中秋笔会专辑。《柳洲》每期印行1000册,是全县文艺创作的重要展示平台。

【开展第六届“红杜鹃奖”评选】

第六届“红杜鹃奖”评选期限为2008年1月1日至2009年12月31日,经申报汇总共收到创作发表的文艺作品53件/40人次、单位,经审核有34件作品符合申报条件,其中故事类1件、音乐说唱类3件、文艺理论类3件、文学创作类9件、广播文艺类1件、舞蹈类2件、美术类5件、书法类6件、摄影类4件。县文联按照有重大突破、有重要价值、有较大影响和以全国性成就为主、以市政府奖获得者为主、以坚守纯粹文艺基础及地方特色为主的评选原则,提出初评意见,报经县委宣传部审定,共评出“红杜鹃奖”3件:金天麟文艺论著《中国·嘉善田歌》,赵溶、杭夏子水彩画《余热》,朱自尊漫画《伏尔加纤夫》;“红杜鹃奖”提名7件:余小明长篇小说《1386》,石强、金天麟音乐《江南古镇》,张敏华组诗《我一直爱你,但你不是》,黄顺良诗歌《冬日午后的秘密(外一首)》,曹琦小小说《狗头金》,邬燮元篆刻《燮元印迹》,周向阳摄影《小小船儿两头尖》。

【文艺创作取得丰硕成果】

2010年,起子诗集《柔软的舌头》由中国言实出版社出版,老枪长篇小说《风雨玫瑰》由中国社会出版社出版。梦之仪历史文化散文集《嘉禾流光》被列入“世纪印象丛书”并在台湾出版。张敏华组诗《在同里》获人民文学“人文同里”征文优秀奖。《嘉善三十年新故事佳作选》获省民间文艺映山红奖民间文学作品奖入围奖。沈超书法篆书作品获中国书协颁发的全国首届篆书作品展提名奖;赵溶水彩画《印》获中国美协颁发的第九届全国水彩?粉画优秀奖。朱自尊漫画《袁隆平》获中国美协发的“2010第五届中国粉画展览优秀作品奖、嘉兴国际漫画展”优秀作品奖。王志斌摄影《窗外》获中国摄协等颁发的中国黄山风光(国际)艺术大展优秀奖。张敏华诗歌《看不见》获文学报社颁发的“中南市政”杯“城市生活”百字小说、诗歌大奖赛优胜奖。叶蔚摄影《最后的窑工》、《陕北民居—姜氏庄园》在第三届中国原生态国际摄影大展中分获中国摄协等颁发的故事类一等奖、民居类最佳关注奖。石强曲、朱晓星词歌曲《阿妹点豆哥种瓜》和石强曲、金梅词歌曲《采菱妹子》在第十一届“人民之春”中国民族民间歌曲演创大奖赛中分获中国民歌精品银奖和中国民歌十大金曲金奖。周向阳摄影《大山里的回声》获中国艺术摄影学会等颁发的全国第五届“群艺杯”——中国人的面孔摄影艺术展览黑白类铜奖。沈海铭摄影《下乡》(组照)获全国税务系统“税收、发展、民生”摄影银奖。蒋彬宽国画《江南雨》、王烨水粉画《传承》、顾鉴潮国画《江南好》分别获省文化厅颁发的省群星奖优秀奖。金梅、石强歌曲《河边情歌》获省文化厅颁发的省第八届音乐新作铜奖。石强器乐《欢庆》获省民乐大赛创作优秀奖、表演银奖。金梅歌曲《四个姑娘去踏车》在第六届世界合唱节上获银奖。沈海铭摄影《江南雪》(组照)获省文化厅颁发的古镇风情摄影作品展优秀奖。王志斌摄影《一脸执着为明天》获省十四届运动会组委会颁发的“精彩省运”摄影大赛银奖、《别样笑脸》获体育摄影艺术展入围奖。周向阳摄影《金银“铜”乐》获“精彩省运”摄影大赛铜奖。周向阳摄影《西塘》(组照)获省十四届群星奖银奖。邓喜良摄影《祭海》(组照)获省迎世博生态乡村旅游摄影展优秀奖。胡守鸿书法《吴镇诗》获省群艺馆颁发的省“哈尔斯杯”书法赛二等奖。《嘉善三十年新故事选》获省民协颁发省民间文艺“山花奖”入围奖。杭夏子水彩画《出土》获省美协颁发的省第十二届水彩画大展创作奖。顾梅森摄影《网船会》、《扎肉提香》分获省摄协颁发的中国江南网船会摄影大赛优秀奖铜奖;吕新建故事《我是领导》获上海市民协等颁发的“金廉杯”华东六省一市廉政故事大赛优胜奖。金天麟论著《中国·嘉善田歌》获嘉兴市人民政府颁发的第六届文学艺术成果奖铜奖,论文《对田歌能否唱下去的若干思考》获市社科论文一等奖;张敏华诗歌《棉花糖》获市人民政府颁发的第六届文学艺术成果奖铜奖。全年编辑出版综合文艺期刊《柳洲》3期,每期印发1000册。

【抓好文艺家协会换届工作】 8～10月中旬,县文联所属8个协会完成换届工作。协会选举新一届理事会会员60人,其中新当选理事30人,新当选协会主席6人,顺利实现协会领导班子的新老交接。

【召开县文联第六次代表大会】 11月25日,嘉善县文学艺术界联合会第六次代表大会召开,出席大会的正式代表197名、特邀代表82名。大会审议和通过嘉善县文联第五届委员会工作报告,审议并通过新的文联章程,选举产生县文联第六届委员会,陆勤方当选第六届文联主席。

【成立电影电视艺术家协会】 12月25日,嘉善县电影电视艺术家协会召开成立大会,协会成员主要来自县电影公司、孙道临电影艺术馆和县广播电视台。协会以孙道临电影艺术研究为特色,辅之以影视评论、欣赏等,有会员20名。

【姚庄镇文联挂牌成立】 年内,姚庄镇文联挂牌成立,为全县第一个镇级文联组织。姚庄镇文联下设音乐舞蹈戏曲家、书画摄影家和作家3个协会,共有会员79名。姚庄镇文联的成立实现文联工作向基层延伸。 (曹 琦)

归侨侨眷联合会

【概况】 2010年,嘉善县归侨侨眷联合会(简称县侨联)按照《中国侨联章程》和上级的有关要求,认真做好各项工作。全年,县侨联、侨办慰问困难和高龄归侨侨眷18户。做好侨务信访工作,解决由上海市侨办转来的侨务历史遗留积案1件,为1户侨眷子女和1户港胞子女联系入学,联系并协调1户侨眷房屋拆迁、1户侨眷的文物古迹拆迁和1户祖籍西塘的外籍华人房屋执行案。县侨联、侨办开展全县性的侨情普查和侨、港资企业普查工作。

(姚向东)

嘉善县残疾人联合会

【概况】 2010年,嘉善县加强残疾人社会保障和残疾人服务体系建设,改善残疾人生活状况,推进残疾人事业发展,促进残疾人全面、平等参与社会生活。县残联认真贯彻中央关于促进残疾人事业发展的重大部署,切实落实帮扶措施,组织、带领全县残疾人积极投身共奔小康事业。12月2日,嘉善县被全国残疾人康复工作办公室授予第三批全国白内障无障碍县称号。全年县残疾人联合会共接待来信5件,来访12件,县转办单5件,县长电话6件,办结率均为100%。县残联获嘉兴市残疾人年度工作考核第二名。

2月17日,在广州奥体中心举行的亚洲残疾人运动会上,肢残人运动员金亚娟在田径女子铅球F42－46决赛中,以12.49米的成绩夺得金牌,同时打破亚洲记录。邱林和队友在广州亚残运会上代表中国队获坐式排球银牌,是继金亚娟后又一名在亚残运会上获得奖牌的嘉善籍运动员。肢残人邬燮元被中国书法家协会吸收为会员。在浙江省第三届残疾人职业技能竞赛中,邹海娟获手工编织比赛一等奖,钱国强获计算机文本处理三等奖。

【推进残疾人共享小康工程】 推进残疾人基本生活保障工程。全县411名残疾人低保家庭享受补助116.85万元,300名残疾人低保边缘户家庭享受补助81.57万元。抓好重度残疾人托(安)养工程。55名托养残疾人享受补助27.06万元,255名居家安养残疾人享受补助104.3万元。开展残疾人康复工程。补助贫困白内障患者372人,其中,免费复明手术60人。免费配助视器30名。免费验配助听器30台。免费为5名贫困肢体残疾人安装假肢。免费为2名0～6岁贫困脑瘫残疾人和1名贫困智力残疾人进行康复训练。免费为1名5岁贫困听力残疾人进行语言训练。

【抓好第二十个"全国助残日"活动】 5月16日是第二十个"全国助残日"。县四套班子领导慰问贫困残疾人。县残联制定《关于自谋职业残疾人参加职工基本养老保险补贴办法》和《关于我县公共文化体育设施、旅游景区(点)对残疾人免费开放的通知》,表彰12名农村自强创业残疾人先进个人,开展农村残疾妇女就业援助和志愿者助残系列服务活动,举办残疾人专职委员培训班,邀请省武警总队医院医生为残疾人进行义诊,为贫困残疾人赠送康复器材等。

【开展省扶残助残爱心城市创建】 4月12日,嘉善县作出创建浙江省扶残助残爱心城市决定,并向市残工委提出申请。成立创建工作领导小组。领导小组下设办公室;制定《嘉善县创建浙江省扶残助残爱心城市实施意见》。9月2日,召开全县加快推进残疾人事业发展暨创建浙江省扶残助残爱心城市动员大会,对创建工作进行部署。

【率先实现残疾人养老保险扶持政策全覆盖】 根据国务院和省政府的文件精神以及中国残疾人联合会、浙江省残疾人联合会的有关要求,为切实解决残疾人的生活和养老问题,制定出台残疾人参加城乡居民社会养老保险补贴政策和自谋职业残疾人参加职工基本养老保险补贴政策,在全省率先实现持证残疾人社会养老保险扶持政策全覆盖。至2010年底,全县共有855名残疾人参加城乡居民社会养老保险,补助资金31.74万元,占应保总人数的62.4%。

【推进基层残协组织规范化建设】 县残联在西塘镇进行村(社区)残疾人组织规范化建设试点工作。9月29日,召开全县村(社区)残协组织规范化建设现场会,贯彻落实《嘉兴市村(社区)残协组织规范化建设实施细则》。按照班子有活力、运作有机制、服务有队伍、活动有阵地、工作有成效的"五有"目标,夯实基层残协组织建设,发挥基层残协组织服务功能。

【抓好残疾人文化艺术周活动】 9月,县残联根据省残联、省文化厅《关于组织举办残疾人文化艺术周活动的通知》精神,开展主题为"绽放生命、共享阳光"的残疾人文化艺术周活动。9月25日,在嘉善孙道临影城举行首届残疾人文化艺术周活动启动仪式。9月26日,结合第53届国际聋人节,举办听力残疾人象棋比赛,有31人参加比赛。9月15日~10月15日,县残联、县教育局开展"绽放生命、共享阳光·关爱残疾人"有奖征文活动;活动期间,共收到征文135篇。

【做好扶贫帮困工作】 制定《关于我县公共文化体育设施、旅游景区(点)对残疾人免费开放的通知》、《嘉善县县级残疾人扶贫基地规范化管理办法》、《关于印发〈嘉善县残疾儿童抢救性康复项目实施办法〉的通知》、《关于进一步加强我县农村困难残疾人住房救助的通知》、《嘉善县"残疾人小康·阳光庇护中心"计划实施方案》、《嘉善县残疾人就业创业帮扶计划实施意见》等文件,完善扶持残疾人的优惠政策。2010年,全县征收残疾人就业保障金1181.33万元。为868户低保家庭、944名残疾人补助资金19.27万元。为28户贫困残疾人家庭翻建住房1752平方米,县、镇(街道)、村(社区)补助资金30.94万元。为20户残疾人家庭办理小额贴息贷款,贴息2.47万元。对50名生活不能自理的残疾人每月给予100元的定额补助,共补助6万元。补助2名非义务教育阶段的残疾学生7250元。全年,举办实用技术培训班30期,培训331人;组织4人参加市残联组织的盲人按摩提高班。

【抓好信息化建设】 加强网站管理,落实专人负责,丰富信息内容,促进政务公开。全年,网站刊出信息341篇、调研文章10篇,其中,有274篇被市残联录用,17篇被省残联录用,18篇被全国残联录用。建立县、镇(街道)、村(社区)三级残疾人爱心平台系统,完善综合业务数据库和信息管理系统,实现信息资源共享。

【获市第五届残疾人运动会团体总分第一名】 1月18日,嘉兴市第五届残疾人运动会在嘉兴举行,嘉善县派出41名残疾人运动员参加全部7大项的比赛,共获得金牌38枚、银牌19枚、铜牌10枚,并打破全国纪录1项、省纪录3项,以321分蝉联团体总分第一名。同时,获比赛组织奖和体育道德风尚奖。

【举办嘉善县第四届残疾人运动会】 7月4日,嘉善县第四届残疾人运动会在县体育馆举行。县委副书记、县长姚高员,县委副书记郑明出席开幕式并讲话。县第四届残运会共设田径、游泳、乒乓球、羽毛球、力举和聋人篮球等6个大项355个小项,全县161名肢体、视力、听力残疾人参加运动会。通过比赛,共决出金牌67枚、银牌57枚、铜牌44枚。西塘镇、天凝镇和开发区(惠民街道)代表队分列团体总分前三名。

(曹志芳)

政　法

综　述

2010年,嘉善县突出抓好世博会"环沪护城河"安保工程,深化基层基础建设,构建多元化社会矛盾调解机制,创新社会管理,促进全县经济社会健康发展和社会和谐稳定,为上海世博会胜利举办作出贡献。2010年,"平安县"建设实现"五连冠",嘉善县被省委、省政府评为社会治安综合治理工作先进集体,被市委、市政府评为社会治安综合治理优秀县(市、区)和维护社会稳定先进集体。

严厉打击各类违法犯罪。坚持强化日常破案打击和适时组织专项行动相结合,重点打击严重刑事犯罪和多发性、系列性侵财犯罪。全年,全县发生刑事案件4786起,同比下降5.2%;破案1992起,同比上升3.01%。打掉涉恶团伙26个193人,相继打掉一批有重大影响的涉恶犯罪团伙以及以张某为首的雇凶伤害、寻衅滋事涉恶团伙。查处治安案件7885起,结案3547起,结案率45%。治安处罚1901人次,其中治安拘留975人。县法院受理刑事案件462件863人,案件数同比上升1.9%,审结455件836人,同比上升7.3%。县检察院批捕各类刑事案件487件859人,批捕件数与涉案人数都有所上升。

创新世博安保机制。积极谋划、周密部署,构筑起党政主导、多方参与、群策群力、齐抓共管的世博安保格局。通过组织招募、网上招募、现场招募等方式招募世博平安志愿者26887名,全县建立起志愿者服务总队1支、大队32支、小队791支的组织指挥体系。组织开展千人值守护世博、千人排摸治隐患、千员巡防保平安、千企职工迎世博、万户家庭促和谐等系列活动。统一世博平安志愿者标识,在23个无名道口以及新客运中心、火车站、西塘景区等公共场所设立世博平安志愿者服务岗,开展驻点守护、巡防预警、应急反应等活动。世博平安志愿者参与23个无名道口值守22917人次,检查过往车辆27911辆(次)、入沪人员33058人(次),协助查获犯罪嫌疑人7名,查获偷盗摩托车、电动车5辆,查缴烟花爆竹、瓶装气体、管制刀具等违禁物品80余件,确保无重点人从无名道口入沪滋事。世博安保志愿者工作得到中共中央政治局常委、中央政法委书记周永康等领导的肯定。3月,以降低世博安保矛盾基数为重点,部署开展矛盾纠纷大排查、大化解活动,围绕"稳控重点人、化解涉稳事、防范薄弱点、严控社会面",着力解决影响社会和谐稳定的各类突出矛盾和问题,对排摸的各类矛盾纠纷和不稳定因素进行集中化解整治。对尚未化解的矛盾纠纷,建立健全矛盾纠纷报告和"四定五包"等制度,全力化解和稳控。全县排查各类重大矛盾纠纷546起,化解541起。对一些一时难以解决的重点人、重点事,一一落实应急预案和稳控措施,有效降低稳控"水位"。运用社会面滚动排查机制,排摸出重点人员298名,其中需重点稳控人员188名,摸清世博安保重点人员的底数。对排查确定的35件重点信访积案落实领导包案,确保全县在上海世博会期间未发生到沪集体上访和个人极端信访事件。全县各类人民调解组织受理各类民间纠纷2446件,调处成功2403件,成功率98.24%,涉及标的4262.23万元,矛盾纠纷受理数同比增长0.29%。

建立社会稳定风险评估机制。制定《嘉善县重大事项社会稳定风险评估实施细则》,开展专题业务培训,要求各镇(街道)、部门做到应评尽评,把社会稳定风险评估纳入全员维稳、平安建设和社会治安综合治理考评体系。针对魏塘、罗星、惠民3个街道的初中、小学学区调整,开展风险评估,有效预防和化解潜在风险。健全维稳形势定期分析制度,继续抓好《平安建设社会稳定形势分析季报》编制工作,为领导决策提供科学依据。继续推行全员维稳责任机制。建立健全"全体参与、全程负责、全员考核"维护社会稳定工作机制,修订完善县《全员维护稳定工作考核办法》,建立县领导、机关部门、镇(街道)、村(社区)4级维稳工作网络,落实维稳责任,做到全员参与、全员负责,全员考核。健全县领导和县级机关各部门联镇(街道)挂村(社区)维稳责任联系制度,规范全员维稳工作,全县形成齐抓共管社会稳定工作合力。积极预防和处置群体性事件。密切关注、严密防范和有效处置各类意外突发性群体性事件,先后处置天凝218公交线私自涨价被停运整顿、利发木业原职工徐某死亡、"6·25"嘉善快速通道平黎连接线工程事故和沪杭客运专线大云段工程安全事故、"10·11"精神病人伤害案件等多起突发事件,有效化解重大矛盾隐患,维护社会稳定。建立"网格化管理、组团式服务"工作机制。制定《关于深化"网格化管理、组团式服务"进一步推进平安综治建设的通知》,组织镇(街道)党委分管政法专职副书记到舟山市学习取经,以村(居)网格为基础,依靠现有的行政管理和党组织体系,整合各方力量组成相应网格服务团队,全县共建立基础网格813个。网格服务团队中,镇(街道)向村(居)派遣1名镇(街道)干部任综治指导员,各基础网格配1名综治协管员。全县形成镇(街道)综治工作中心、村(居)综治工作站、网格团队三级管理服务体系。整合和协调党建资源,配合"#9平安联防"工程,加强网格内村(居)民服务管理,拓展信息渠道,了解社情民意,在第一时间、第一现场化解矛盾纠纷,做到"大事不出镇,小事不出村,琐事不出格"。开展社会治安重点地区排查整治活动。从3月开始,根据中央、省、市统一部署,对全县范围内容易发生治安问题的城乡结合部、"城中村"等重点地区,容易成为犯罪分子藏身落脚之地的中小旅馆、出租房屋等重点部位,容易造成现实危害的刑释解教人员、吸毒人员以及对社会严重不满、扬言闹事、可能铤而走险人员和肇事肇祸精神病人、信访老户等重点人群,以及案件多发高发的地方,进行全方位、多角度地排摸调查,确定县级重点整治治安区域2个(魏塘街道"老火车站"区域、惠民街道毛家社区)、治安重点地区9个。配强整治力量,落实整治措施,确保重点整治区域的治安现状改善。整治后,魏塘街道老火车站片刑事警情数与上年同期相比下降25%,"两抢"和色情、盗窃案件均实现零发案;惠民街道毛家村刑事警情数同比下降11%,打架斗殴、"两抢"和盗窃等案件下降幅度明显。社会治安重点地区排查整治活动的做法被省政法委推广。

推进校园及周边安全保卫工作。成立校园安保领导小组,把校园安保工作纳入平安综治考核范畴,形成公安、保安等专门力量与学校、社会、家庭联动参与校园安保的格局。在全县学校、幼儿园门口安装视频监控158个,在学校门卫室安装紧急求助报警按钮102部,为保安人员配备防护处置装备270套,向学校派驻专业保安233名。推广姚庄镇幼儿园成立家长护园志愿者队伍做法,形成全社会共同关心维护校园安全的氛围。坚持治安大巡防活动。10个部门组织开展为期7个月的治安大巡防活动,动员社会各界群众1.45万人次参与大巡防工作,有效挤压违法犯罪空间。各镇(街道)、村(社区)结合治安大巡防活动,壮大专职村居治安防控队伍,推动群防群治工作长效化、制度化。落实案件评查制度。大力化解涉法涉诉信访积案,全面实施"四长"接访、排查摸底、交办督办等各项措施,成功化解省督办的疑难案件6起。发挥司法救助专项资金效用,扩大救助范围,妥善化解信访矛盾。全年发放司法救助资金55.6万元,解决申报案件36起。结合集中清理涉法涉诉信访积案活动,在全县政法机关开展为期3年的"百万案件评查"活动。按照建立1+X行业性专业调解组织的要求,组建医疗纠纷人民调解委员会,出台《嘉善县医疗纠纷预防与处置办法》和《嘉善县医疗纠纷人民调解工作若干规定》,聘请3名在卫生、政法系统退休的专业人员担任调解员,聘任9

名兼职调解员，建立由12名医学、法学专家组成的专家库。医调会共接受咨询30次，调处案件20起，调处成功17起，其中死亡案件6起，引导当事人进行医疗事故鉴定1件，引导当事人起诉1件，调解成功率95%。累计索赔金额241.78万元，实际赔付标的70.92万元。（王文根）

治　安

【概况】 2010年，嘉善县围绕“打造长三角最具安全感城市”目标，抓好上海世博会“环沪护城河”安保工作，积极推进社会矛盾化解、社会管理创新、公正廉洁执法3项重点工作，圆满完成世博安保、亚运安保等重大活动安保工作，全县社会治安总体平稳。县公安局抓好公安信息化、执法规范化、和谐警民关系建设，完善“四警一化”（信息、主动、合作、人文警务和职业化建设）现代警务机制，全力打造“实力治安、规范执法、模范爱民”三大品牌，各项工作再上新台阶。2010年，县公安局被评为全国公安机关爱民模范集体、执法示范单位，浙江省世博安保工作先进集体、2009~2010年度省优秀公安局、省打防控工作优胜单位。

【维护社会政治稳定】 坚持稳定压倒一切方针，将维稳工作置于公安工作首位，加强社会面、重点企业单位不安定因素排查，抓好情报信息分析研判，严格执行情报信息报送制度，开展重大群体性事件隐患专案经营。加强与部门、组织的合作，建立矛盾纠纷联调机制，成立医疗纠纷、交通事故纠纷等调解组织。指导组建社区“和阿姨”、农村“大阿妈”等民间义务调解队伍，协助建立民间矛盾纠纷调处个人工作室。加强公安信访工作，组织开展局长开门接访和集中清理信访积案活动。全年，登记群众来信来访85件，并做到阅批、登记、处理、办结率100%。成立由政府主导、相关部门和网络运营商共同参与的网络舆情引导工作领导小组，建立联席会议制度和舆情信息收集网络，制定网络舆情和涉警网络舆情处置等工作预案。

【打击刑事犯罪活动】 坚持强化日常破案打击和适时组织专项行动相结合，重点打击严重刑事犯罪，多发性、系列性侵财犯罪活动。全年共立刑事案件4688起，同比下降6.1%，破案1992起。打击处理各类犯罪嫌疑人1042名，逮捕910人，抓获各类逃犯486名。开展命案积案侦破工作，成功侦破魏塘镇“1995·1·17”麻某、仇某夫妇被杀案。落实涉黑涉恶案件线索排摸责任制，打掉涉恶团伙27个243人。严厉打击毒品犯罪，全年共处理涉毒犯罪嫌疑人65人，摧毁涉毒团伙6个，强制隔离戒毒78人。先后在沪杭高速公路大云卡点破获特大毒品案2起，分别缴获海洛因1.5千克、冰毒1千克。制定经济犯罪案件分级办案制度，成立基层经侦探组，共破获各类经济案件106起，刑事拘留48人，挽回经济损失521.11万元。

【开展反盗“两车”、打“两抢”人民战争】 开展全县反盗“两车”（摩托车、电动自行车）、打“两抢”（抢劫、抢夺）人民战争，动员全社会力量打击（又防范）盗窃“两车”、“两抢”犯罪，构建齐抓共管的综合治理格局。全年，全县盗窃“两车”发案同比下降31.8%，“两抢”发案同比下降35.9%。

【严密社会面治安管控】 夯实治安基础，严厉查处各类违法行为，提升社会治安管理能力。全年，共查处治安案件8617起，结案3902起，结案率45.3%。治安处罚2057人次，其中治安拘留1022人，罚款968人，警告42人。开展禁赌扫黄“百日行动”等专项活动。全年查处涉赌案件143起，其中刑事案件19起，采取刑事强制措施147人，治安拘留308人，劳动教养5人；查处涉黄案件74起，其中刑事案件18起，采取刑事强制措施49人，治安拘留130人，取缔涉黄场所13家。深化城乡社区警务战略，以矛盾纠纷化解、安防设施规划、建筑工地安保、小区治安防控为重点，全方位跟进农村新社区建设。加强实有人口管理，组织开展第六次全国人口普查户口整顿工作，全县入户登记153658户680115人。从严从紧落实五条常态严管措施，全县交通安全形势平稳，交通事故、死亡人数、受伤人数和直接经济损失4项指数同比分别下降2.0%、7.3%、10.9%和5.1%。围绕出租房屋消防安全排查和综合整治工作、构筑社会消防安全“防火墙”工程等重点工作，推动社会消防安全管理体制创新，提升社会火灾防控水平，全县消防安全形势总体平稳。

【开展"警务夜市"试点活动】 5月,在外来人口较多的开发区(惠民街道)毛家、优家2个农村新社区开展"警务夜市"试点活动。"警务夜市"的活动地点设在小区居民集聚的村民文体广场,活动时间为居民最空闲、易集中的晚7～10时。"警务夜市"通过防范宣传、技防推广、安防"体检"等形式宣传安全防范知识,接受群众咨询,征集群众意见。试点工作开展后,两个社区的刑事警情数呈逐月下降态势。随后,在全县镇(街道)推广"警务夜市"。8月14日,省委常委、副省长葛慧君作出批示,肯定"警务夜市"活动。

开展"警务夜市"活动　　　　县公安局　提供

【推进执法规范化建设】 以执法功能区改造为重点,坚持点面结合、软硬并举,推进执法规范化建设。完善办案民警跟班业务培训工作办法,组织民警到法制室参加案件质量评判,每月开展办案之星、优秀执法能手评选。建立民警岗位执法资格等级化认证管理机制,动员民警参加全市中级执法资格考试,通过市中级岗位执法资格考试的民警数量位居全市第一。建立健全执法制度,按照条线分工制定各警种岗位标准、业务标准28个以及《规范执法用语若干规定》,编纂《行政案件办理手册》。推进执法信息化建设,购置便携式视频采集设备32套,采购车载视频采集设备14套。改造看守所提审室,专门配备电脑、打印机。为基层办案单位配发移动取证设备30套。推进执法功能区改造,投入1000余万元完成基层实战单位和县公安局机关办案功能区建设(需新建的3个所队除外)。11月,公安部命名嘉善县公安局为"全国公安机关执法示范单位"。

【开展纪念全国模范公安局五周年庆祝活动】 8月25日,县委、县政府举行庆祝活动,纪念国务院授予嘉善县公安局全国"模范公安局"称号五周年。省公安厅、市公安局及县四套班子领导出席庆祝活动,清华大学、中国人民公安大学等单位的专家教授应邀参加活动,新华社、法制日报社等20余家媒体记者进行采访报道。活动期间,召开嘉善县世博安保工作暨县公安局荣获"国模"五周年新闻发布会,举行"创先争优"展示厅揭牌仪式,举办嘉善公安"服务创新、管理转型"论坛和文艺晚会。

【加强队伍建设】 坚持把人民警察核心价值观和民警行为处事"八项要求"融入日常思想政治教育,开展"核心价值聚警心,'八项要求'伴我行"主题实践活动。深化"三警"活动,解决民警的实际困难和具体问题。举办第六届"警察生日"活动,增强民警集体荣誉感和组织认同感。举行侦查讯问、笔录制作竞赛活动,参加市公安机关举办的"全警学技能,每季评警星"技能比武活动,2名民警在全市刑侦、出入境系统比武中获"警务之星"称号。抓好队伍思想状况分析,落实谈心、家访等制度,严格执行民警重大事项报告制度。抓好警车涉案车辆违规问题专项治理工作,全面摸清警车、民警(职工、协警)私有车辆底数,完善交通违法抄告和通报制度。县公安局获全国爱民模范集体称号(为全省唯一的县级公安机关先进集体)。3月26日,县委常委、公安局局长高海金到北京出席全国公安机关爱民模范先进集体和个人表彰会,受到党和国家领导人的接见。全年,共获集体二等功2次、集体三等功5次,有1位民警获个人二等功,17位民警获个人三等功。

【一民警赴利比里亚执行国际维

和任务】 6月7日,县公安局何斌会同全省17名警察赴利比里亚执行国际维和任务,成为嘉兴市第一位执行国际维和任务的人民警察。此前,何斌参加公安部第33期维和警察培训班,接受与维和任务区相关的专业培训,顺利通过联合国维和警察甄选考试,并获得联合国维和警察资格证书。

【侦破公安部督办“8·10”枪案】 8月9日晚,沪昆高速公路大云检查站在检查进沪车辆中,在陈某驾驶的轿车内查获仿六四式手枪1支、子弹4发。枪支查获后,县公安局迅即成立专案组开展案件侦破工作。期间,公安部长孟建柱对此涉枪案作出重要批示。经审查及外围调查,专案组顺藤摸瓜,连续奋战20多天,查清整条涉枪犯罪线索,先后在浙江省嘉兴市、衢州市、贵州省玉屏县和湖南省邵东县抓获涉枪人员陈某、范某、粟某和粟某某,消除世博安保治安隐患。

【侦破新城旅馆“7·14”故意杀人案】 7月14日9时许,县公安局接到群众报警,张某母女被人杀死在魏塘街道新城旅馆。案发后,市、县两级领导亲临现场指导破案,县公安局成立专案组开展调查走访,发现覃某有重大作案嫌疑。根据覃某已外逃的情况,专案组先后赶赴河南、陕西开展追捕。7月15日晚,在河南省禹州市神垕镇将犯罪嫌疑人覃某抓获。经审讯,覃某交代了7月11日下午因感情纠纷将被害人张某及其幼女高某杀死的犯罪事实。

【侦破特大赌博案】 1月20日晚,县公安局根据线索,精心组织,在魏塘街道湘家路一公司办公楼内破获一起特大赌博案件,当场抓获朱某、裘某等涉赌嫌疑人38人,缴获赌资港币369万余元、人民币13万余元、美元1200元。 (张皆乐 张 健)

检　　察

【概况】 2010年,嘉善县人民检察院坚持执法办案,服务经济建设,维护社会稳定,执法公信力提高,法律监督、自身建设取得成效。全年办理批准逮捕案件555件992人,依法批准逮捕537件949人。办理审查起诉案件546件1067人,依法提起公诉508件959人。立案侦查贪污贿赂案件8件11人,其中受贿7件、挪用公款1件;案值5万元以上大案7件,为国家、集体挽回经济损失48.59万元。立案查处滥用职权、受贿犯罪案件3件4人。抓好职务犯罪预防,派员到部门、镇(街道)上辅导课,针对发案单位存在的问题,提出检察建议,帮助落实整改措施。全年上辅导课20次(场),提出检察建议3份。贯彻实施浙江省人大常委会《关于加强检察机关法律监督工作的决定》,抓好侦查、审判和刑罚执行活动监督,全年不予批准逮捕27人,不予起诉2人。办理民事行政检察案件14件,办理息诉案件11件,审查减刑96件96人。全年编发检察信息52期,被省检察院录用6篇;发表宣传作品82篇(件),其中省级以上报刊(杂志)录用21篇,其中1篇论文在《人民检察》上发表,1篇获第七届浙江省检察好新闻评选活动一等奖。

【启动督促起诉程序催缴国有土地出让金】 1月中旬,针对11家企业征用国有土地后未按《征地补偿协议》按时、足额缴纳土地出让金的情况,在调查取证的基础上,依法启动督促起诉程序,下发《民事督促起诉书》5份,采取督促起诉和诉前协商还款同步进行的方法,敦促企业自觉上缴国有土地出让金。10个工作日内,企业上缴出让金79万元,有效避免国有资产流失。

【聘任新一届民事行政检察联络员】 1月27日,县检察院聘任17名民事行政检察联络员,并对新聘任的人员进行业务培训。

【邀请政协民主监督员开展执法监督活动】 1月下旬,邀请县政协民主监督员开展刑罚执行监督工作执法检查。组织民主监督员到县看守所实地了解检察机关实施动态监督、预防超期羁押、保障在押人员合法权益等方面的具体做法,取得的成效,研究完善社区矫正工作部门联动协作机制,加强监外执行人员管理等问题。

【为团干部上法制辅导课】 1月29日上午,在共青团嘉善县委员会第十九届全体会议上,县检察院检察官为全县镇(街道)团委、县属单位团委正、副书记,县属单位团支部(总支)书记等团干部上法制教育课。针对青年干部特点,就如何培养健康向上的生活情趣、交友择友、廉洁自律等方面问题进行讲解,勉励团干部为党和人民的崇高事业作贡献。

【批捕贩毒团伙犯罪嫌疑人】 2月1日,以涉嫌贩卖毒品罪,依法对张某等7名贩毒团伙犯罪嫌疑人批准逮捕。据审查:2009年下半年,犯罪嫌疑人张某组织、领导其他6名团伙,从四川购进冰毒、K粉、麻古等毒品运往嘉善及周边地区进行非法贩卖,累计交易量4500克,严重触犯我国刑法。

【参与世博"护城河"工程建设】 3月2日,县检察院制定《关于发挥检察职能,积极做好世博"护城河"工程工作的实施方案》,采取制订"涉博"工作应急预案、开展"涉博"案件专办、建立"世博信访工作机制"、组建世博志愿者队伍等10项措施,健全服务世博工作体系,做到早谋划,早动员,早落实,服务世博工作得到上级有关部门肯定。

【化解沪杭客运专线连接线建设工程征地纠纷】 4月中旬,在有关部门配合下,成功调处一起沪杭客运专线连接线建设工程因征地拆迁而引发的民事纠纷案件。经调查:大云镇洋桥村村民黄某于2008年1月将承包的5.98亩田中的2.83亩转租给孙某,转租期间,由于沪杭客运专线连接线建设,需要征用黄某的承包田。黄、孙因被征地青苗补偿费发生争议,并分别向县、市二级法院提起诉讼。法院判决后,2人又对判决结果不服,要求检察机关提起抗诉。经县检察机关调解,双方最终接受和解,同意拆迁,保证国家重点建设工程顺利进行。

【依法对轻微刑事案件作出不起诉决定】 6月13日,县检察院对一起轻微刑事案件开展刑事和解工作,促使双方当事人达成和解协议,并依法对案件作出不起诉决定。经审查:新居民邓某与刘某合租于魏塘街道某出租房,2人因琐事发生冲突,邓某用随手拿着的菜刀将刘某左臂砍伤,经法医鉴定,刘构成轻伤。检察机关在审查起诉工作中,主动将人民调解机制引入刑事和解工作,在调解员民事赔偿调解并获得成功后,经院检察委员会讨论,同意依法对邓某作出不起诉决定。

【实施法庭减刑、假释案件现场监督】 7月28日,受嘉兴市人民检察院指派,县检察院派出检察官,首次以出庭方式对嘉兴市中级人民法院办理的12件减刑、假释案件依法开展法律监督。在检察机关监督下,法庭对10名罪犯分别减刑期20天至50天,对1人符合假释条件的予以假释,1人未被裁定减刑。

【制定服务生态文明建设工作方案】 8月26日,县检察院制定《关于发挥检察工作职能,服务生态文明建设工作方案》。方案提出把破坏生态文明建设的严重刑事犯罪作为打击重点,主动开展预防职务犯罪工作;开展涉及生态环保工程的专项预防,严肃查办破坏环境资源犯罪背后隐藏的职务犯罪;加大法律监督力度,促进行政执法部门严格执行生态环境保护法规;延伸检察职能,启动保护生态环境公益诉讼机制,积极参与生态文明建设管理新平台建设等5项工作措施,为推进生态文明建设提供法治保障。

【细化减刑、假释案件法律监督办法】 9月1日,县检察院制订《关于规范和加强减刑、假释、暂予监外执行法律监督的工作办法(试行)》。办法明确将职务犯罪,涉黑、涉毒犯罪,暴力犯罪,附加刑未得到有效执行,多次获得减刑或者减刑幅度较大等7类案件列为重点监督案件,要求在开展刑罚执行监督工作中,对评审鉴定表、奖惩审批表、附加刑的执行情况及历次减刑的裁定书等材料进行程序审查,完善和细化刑罚执行工作的实体监督和程序监督。

【互联网门户网站正式开通】 9月27日,县检察院互联网门户网站正式开通,网址为 http://www.jiaxingjs.jcy.gov.cn,由最高人民检察院所属正义网提供技术支持。网站突出检察宣传、法律服务等功能,设有本院动态、检察要情、刑事案例、队伍建设、反腐预防、媒体聚焦、检务公开等栏目,并公布办公电话和举报电话。互联网门户网站的开通,标志着嘉善县检察院检务公开和信息化建设迈上新的台阶。

【专题报告民事行政检察工作】 9月26日,县检察院就2007年以来依法对民事审判和行政诉讼活动实施法律监督以及提起抗诉、建议抗诉、案件调处、公益诉讼、督促起诉等工作向县十四届人大常委会第31次会议作专题报告。

【首次以专题通报形式接受政协

民主监督】 11月18日，县检察院向县政协及民主党派、工商联和无党派联谊会负责人专题通报2010年检察工作开展情况及工作打算。这是县检察院首次以专题通报形式接受政协民主监督。

【开展行政执法案件立案监督专项活动】 12月21日，县检察院联合公安、工商、国税、质监、烟草、国土、农经等12家执法部门研究并部署移送涉嫌犯罪案件专项监督活动方案，对行政执法机关办理的行政执法案件开展立案监督，推动行政执法部门依法行政、规范执法。

【省检察院检察长视察调研世博安保工作】 3月26日，浙江省检察院检察长陈云龙到嘉善调研世博安保及检察工作。陈云龙听取世博“护城河”工程情况介绍及县检察院工作汇报，充分肯定嘉善县检察院服务世博工作，认为嘉善县检察院“谋划早，行动快，措施实，士气足，为全面开展世博安保工作赢得了主动”。嘉兴市检察院检察长孙厚祥及县有关领导陪同调研。 （徐 煜）

审 判

【概况】 2010年，嘉善县人民法院深入开展“人民法官为人民”主题实践活动，突出抓好“社会矛盾化解、社会管理创新、公正廉洁执法”3项重点工作。全年共受理各类案件7457件，同比上升5.7%；审结各类案件7106件，同比上升5.4%。其中，受理刑事案件517件1014人，审结498件957人；受理民商事案件5138件，审结4938件，解决诉讼标的6.79亿元，调撤率78.8%；受理执行案件1665件，执结1547件，执结标的1.6亿元，实际执行率为76.96%。办案质量、效率指标位居全省前列，其中执结案中的实际执行率位列全省第一，平均办案审限用时全省第二，民商事案件调解撤诉率全省第三，实际执行率全省第四，民商案件实际履行率全省第五位。2010年，县法院先后被评为全省优秀法院、全省法院司法警察工作考核优秀单位、“强素质、夯基础、保平安、助世博”主题活动先进集体，有3个部门和11人分别受到市级以上表彰或被授予荣誉称号，4名干警通过国家司法考试。

省高院齐奇院长与西塘法庭干警合影　　县人民法院　提供

【全国法院行政审判调研工作座谈会在嘉善召开】 2月2～3日，全国法院行政审判调研工作座谈会在嘉善召开，最高人民法院行政审判庭庭长赵大光、副庭长李广宇以及北京、上海、湖南、西藏等18个高级法院的行政审判庭庭长参加会议。浙江高院副院长高杰、嘉兴中院院长斯金锦、嘉善县县长姚高员等出席。会议通报2010年人民法院行政审判工作要点，要求各级法院紧紧围绕“三个至上”的指导思想和“为大局服务、为人民司法”的工作主题，加大诉权保护力度，提高审判质量和效率，促进行政纠纷化解，继续优化司法环境，为促进经济平稳较快发展、推进社会管理创新、保障社会公平正义、维护社会和谐稳定提供有力司法保障。

【省高院院长齐奇视察西塘法庭】 4月19日，省高院院长齐奇到西塘法庭视察。齐奇逐一察看办公室、立案室、审判法庭等基础设施建设，详细了解法庭审判工作、人员结构和分管辖区等情况以及干警个人情况。齐奇充分肯定西塘法庭的工作，认为法庭积极创新便民、为民服务方式，充分发挥司法职能，法庭工作人员着装规范，法庭庭训悬挂醒目，环境干净清洁，法庭建筑古朴典雅，并提议西塘法庭可考虑作为外事接待的窗口。

【全省法院政治部主任座谈会在嘉善召开】 5月6日,全省法院政治部主任座谈会在嘉善召开。全省各中级法院和宁波海事法院政治处主任参加会议,省高院党组成员、政治部主任林一出席会议并讲话,嘉兴中院院长斯金锦到会并致辞。会议传达全国高级法院院长会议暨全国法院队伍建设工作会议精神和第一届长三角司法协作论坛会议精神,部署2010年全省法院组织人事、教育宣传等工作。

【省高院民一庭庭长到嘉善调研“两分两换”工作】 5月12日,省高院民一庭庭长许惠春到姚庄镇调研“两分两换”工作。许惠春详细了解嘉兴首例涉“两分两换”民事案件的审理情况,听取姚庄镇关于“两分两换”的情况介绍。许惠春表示,人民法院要切实增强司法能动性,妥善审理好涉“两分两换”相关案件,实现政治效果、法律效果和社会效果的有机统一。

【新一届人民陪审员产生】 嘉善县第十三届人大常委会任命的25名人民陪审员5年任期于2010年届满,这一轮陪审员平均每年陪审672人次,参与审理案件407件。经有关单位推荐或本人申请产生新一轮人民陪审员候选人58名,县法院做好任职资格审查,召开院党组会议讨论,征求县司法局意见,报经市中级法院审核,确定王佳佳等40人为新一届人民陪审员人选。5月19日,县十四届人大常委会第29次会议表决通过。新一轮人民陪审员有男性28名、女性12名;年龄结构上兼顾老、中、青不同年龄层次;来源广泛性且具有专业技术知识,每个镇(街道)均有1名以上陪审员,工青妇等群众团体以及审计、质监、教育、卫生等系统中均有人选。

【完善诉调衔接机制】 11月10日,县法院、县司法局制定《关于进一步加强诉调衔接机制建设的实施办法》。实施办法规定县法院和县司法局对人民调解组织在民事纠纷受理前、民事纠纷审理中和执行程序中的调解工作实施指导,法院对人民调解协议依法进行审查,并为符合法律规定的调解协议予以法律支持。

【开展执法监督活动】 12月3日,县法院开展的执法廉政监督活动,11名执法廉政监督员、2名政协民主监督员和2名省人大代表应邀参加,并与院党组成员进行座谈。与会代表、委员在会上相继发言,肯定法院的各项工作,认为在社会转型期、矛盾凸显的大背景下,法院围绕“三项重点工作”和县委中心工作,克服案多人少的矛盾,不断创新工作思路,加强自身建设,为全县社会和谐稳定和经济转型发展作出贡献。同时,监督员们就新形势下法院的审判执行工作和队伍建设提出意见和建议。

【辖区镇(街道)巡回审判站实现全覆盖】 7月,在陶庄镇设立巡回审判站,之后相继又在县开发区(惠民街道)、姚庄、大云、干窑等镇设立巡回审判站。截至12月7日,在全县5个镇、1个街道及1个社区共设立7个巡回审判站,在全市率先实现乡镇巡回审判站全覆盖。巡回审判站作为诉讼联络点,聘请1名人民陪审员为诉讼联络员,邀请1名镇(街道)综治员为兼职调解员,确定1名法官为联络责任人,建立庭、点、员“三位一体”便民诉讼网络。

【母亲将背错唐诗的女儿打死获刑】 10月15日,县法院一审以过失致人死亡罪判处被告人谭某有期徒刑3年,缓刑5年。法院审理查明,2010年3月29日14时,被告人谭某教5岁的女儿念唐诗,念诗过程中,因女儿常念错,谭某用手反复拍打女儿的后脑及身体各部位,傍晚时分,谭某发现睡在床上的女儿出现额头发凉、心跳加快、呼吸困难等症状后,没有及时送医院诊治,而是采用迷信的方式为女儿“压惊”,直至次日早上8时才向120求助。医生赶到现场后,发现谭某女儿已死亡多时。法院认为,被告人谭某过失致人死亡,其行为已构成过失致人死亡罪,鉴于本案系被告人在教育女儿过程中发生,根据其犯罪情节,可对其适用缓刑,遂作出上述判决。

【非法吸金2600万元的房产商获刑】 10月27日,县法院一审以非法吸收公众存款判处嘉善天凝金叶房产开发有限公司负责人金某有期徒刑7年6个月,并处罚金30万元。2008年3月到9月,金某以公司资金短缺为由,承诺用还本付息的方式签订购房邀约或以借款为名非法、变相吸收公众存款2653.2万元。法院审理认为,被告人金某未经中国人民

银行批准,非法或变相吸收公众存款,数额巨大,扰乱金融秩序,其行为已构成非法吸收公众存款罪,遂作出上述判决。(潘子菁)

司法行政

【**概况**】 2010年,嘉善县司法行政工作围绕党委、政府中心工作和"创建全省示范"工作目标,深入实施司法行政"护城河"专项工程,着重抓好社会矛盾化解、社会管理创新、公正廉洁执法三大重点工作,全力推进各项工作落实。扎实开展创先争优活动。根据"学习实践科学发展观,建设服务型基层党组织"要求,县司法局制定下发"为民先锋"创先争优活动实施意见。通过系列"创"、"争"活动,党员、干部精神面貌发生深刻变化,创先和服务意识明显增强,创先争优工作在嘉兴市司法行政系统事迹报告会上作典型介绍。司法行政"护城河"工程,得到省司法厅和嘉兴市司法局领导肯定,并在全省司法行政领导干部读书会上作典型交流。全年有6篇经验材料被省、市刊物录用,其中3篇获市领导批示。县司法局被嘉兴市司法局记集体三等功2次,被县委、县政府授予世博安保工作先进集体称号。

【**成立县司法行政法律服务中心**】 制定《关于建立嘉善县司法行政法律服务中心的意见》。10月18日,嘉善县司法行政法律服务中心在县城亭桥南路358号挂牌运行。中心面向群众,开展法律咨询解答、法律援助、法律服务、法制宣传、人民调解,接受投诉举报、上报社情民意等;中心建立上下衔接、外部联动和内部资源整合等方面工作机制,实现"一个大门进去,多个窗口办理,全方位,一条龙"法律咨询和服务。

【**推进司法所规范化建设**】 按照省司法厅关于建设规范化司法所要求,抓好司法所规范化建设。配好司法所干部,辖区常住人口超过4万人的司法所做到配2名司法干部,其他司法所确保1名专职司法干部。改善办公用房条件。通过扩建和移地置换等方式,为魏塘、天凝、大云、姚庄等司法所解决办公用房。全县各司法所办公用房平均面积244.97平方米。提高装备技术水平,投入20万元,为司法所建立"OA"系统,更新办公用具;统一社区矫正工作人员着装,配备专用电瓶车,实施矫正对象手机定位管理。加强所务管理,开展年度目标责任制考核。坚持每季所长例会制度,开展基层司法干部集中培训,全年培训2次。全县司法所规范化建设跃上新的台阶。

【**深化人民调解工作**】 根据新形势下矛盾纠纷的特点和规律,将调解工作的触角延伸至自然村。至年底,全县共建立"老娘舅"、"和阿姨"、个人调解室、民情工作室等民间调解队伍185支,有调解员1500多人。开展"十佳民间和谐员"评选,并在新闻媒体集中宣传民间和谐员先进事迹。聘请"十佳民间和谐员"为特约民间调解员。探索建立网格式调解组织体系。姚庄镇率先建立"1+4+18"的人民调解组织新模式,即镇建人民调解工作中心,下设4个片区工作站,18个村建调解工作室。工作站配指导员、联络员和调解员,司法所干部划片包干,重心下移,确保矛盾纠纷小事不出村,大事不出镇。在新居民集中居住地建立人民调解委员会9个,完善调解工作流程。2010年,全县各级调解组织共受理各类社会矛盾纠纷2446件,调解成功2403件,调解成功率98.24%,涉及标的4262.23万元,其中劳资纠纷219件,人身损害赔偿181件。

【**探索多元化矛盾纠纷解决机制**】 建立县诉调衔接工作协调小组,组建人民调解委员会驻法院工作室。探索人民调解协议司法确认机制。西塘镇司法所和西塘人民法庭有6件调解案件申请司法确认。加强警司联动机制建设,及时掌握预警信息,陶庄、天凝司法所在派出所设立人民调解工作室,对轻微伤害或相邻纠纷等不属于违反治安管理行为的案件进行当场调处,全年调处治安案件32起,调处成功率100%。坚持矛盾纠纷排查和化解工作,做到每月定期排查与重点时段集中排查相结合,突出抓好春节、"两会"、国庆、"世博"期间的排查工作。认真梳理和调处排查出来的矛盾、纠纷,做好重大突发性事件专报工作,定期出刊《矛盾信息月报》。全年开展排查调处17次,排查调处各类重大矛盾纠纷139件,调处成功134件。

【**发展行业性专业调解组织**】 按照建立"1+X"行业性专业调解组织要求,组建医疗纠纷人民调解委员会,制定《嘉善县医疗纠纷预防与处置办法》和《嘉善县医疗纠纷人民调解工作若干规定》,聘请3名在卫生、政法系统退休的专业人员担任调解员,聘任9名兼职调解员;建立由12名医学、法学专家组成的专家库。全年,医疗纠纷人民调解委员会共接受咨询30次,调处案件20起,调处成功17起,调解成功率95%;其中死亡案件6起,引导当事人进行医疗事故鉴定1件,引导当事人起诉1件,累计索赔金额241.78万元,实际赔付标的70.92万元。

【加强法律服务工作】 坚持律师陪同县领导信访接待制度,全年有24名(人次)律师陪同县委、县政府领导接访、参与"四长"(公安局长、检察院长、法院院长、司法局长)值班等。县司法局建立法律服务"两分两换"工作组,由分管局长带队,配合试点镇——姚庄镇党委、政府开展工作。工作组围绕土地置换和房屋拆迁等有关政策,做好法律文书把关、法律咨询释惑以及现场监督公证等工作,确保首期612户农户与新市镇投资公司签订置换协议,并顺利搬迁。制定《关于做好"两新"工程相关配套工作的若干意见》。现场监督惠民、魏塘街道首期621户农户宅基地安置抽签工作。

【提升法律服务企业能力】 根据全县推动经济转型升级要求,深化"法律服务助推发展"专项行动,确定9月为"法律体检"服务月。引导律师和法律服务工作者立足(面向)法律顾问单位,围绕企业经营管理、知识产权管理、法律事务管理、劳动人事管理、投资风险管理等内容,逐项进行检查,形成"法律健康档案",出具"法律风险提示和建议书",帮助企业增强防范风险的能力。针对台资企业实际情况,建立服务台商的信息互通机制和部门联动会商协作机制。强化公证服务意识,制定《关于充分发挥公证服务金融作用、积极防范金融风险的若干意见》,为金融机构贷款业务提供安全保障。

【启动"一村、一社区、一法律顾问"制度】 根据省司法厅《关于推进全省乡村法律顾问工作的意见》精神,结合全县实际情况,通过政府购买服务的形式,建立健全司法行政基础性、大众性和专业性的服务机制,启动建立"一村、一社区、一法律顾问"制度。县司法局制定《嘉善县村(社区)法律顾问工作管理办法》,召开专题会议,进行具体部署,推进"一村、一社区、一法律顾问"制度的落实。

【做好"五五"普法检查验收工作】 根据"五五"普法工作总体安排,制定和组织实施《嘉善县2010年法制宣传教育工作要点》,对全县6个镇、3个街道以及15个重点部门进行"五五"法制宣传教育考核验收,并对14个部门进行抽查验收。6月25日,全县通过嘉兴市"五五"法制宣传教育考核验收。

【开展"民主法治村(社区)"创建】 组织开展新一轮县级"民主法治村(社区)"创建申报工作,组织申报单位专题培训辅导。抓好国家和省、市级民主法治村(社区)系列创建工作,至年底,成功创建国家级民主法治村(社区)1个、省级民主法治村(社区)6个、市级民主法治村(社区)23个、县级民主法治村(社区)44个;给予获得县级以上民主法治村(社区)称号的村(社区)奖励人民币1万元。民主法治村(社区)创建工作受到省委、省政府的重视和关注,在8月召开的全省建设"法治浙江"工作电视电话会议上,大云镇在会上作交流发言。

【抓好法制宣传教育】 制定《关于进一步加强公务员学法用法工作的意见》,在全省"公务员学法日",组织开展以"法律护航,科学发展"为主题的法律知识图片展。开展领导干部和公务员学法考试,抓好执法人员专题培训与测试。组织农村(社区)基层干部法律知识专题讲座,有700名村(社区)干部参加学习培训。开展全县首届法制文艺创作表演比赛活动,创作法制文艺作品19件,其中14件参加比赛演出。开展道路交通安全法制宣传教育系列活动,采用有奖征集对联和格言作品、交通安全漫画比赛、法律知识竞赛、专题文艺晚会等形式,在青少年中营造学法、用法良好氛围。制作30块道路交通安全宣传板,到企业进行巡回展览。全面开展诚信守法企业创建活动,组织企业经营管理者进行劳动用工和劳资纠纷专题培训。

【加强律师公证队伍建设】 继续抓好律师职业道德、执业纪律教育，制定《关于开展“中国特色社会主义法律工作者”主题教育实践活动的实施意见》，组织法律服务人员进行社会主义法治理念、职业道德、执业纪律、警示和诚信教育等活动，增强律师社会责任感，提高法律服务队伍综合素质。按时完成公证处年度工作考核、天成法律服务所及基层法律工作者年检注册初审上报等工作，组织开展律师和律师事务所执业情况监督检查。提高法律服务质量，坚持“听庭、查卷、询访”等质量监督机制，全年组织出庭案件旁听评议10次，涉及执业律师12人（次）、基层法律工作者1人（次），抽查律师、公证、基层法律服务等处（所）办结案件376卷525件。2010年，全县各律师事务所、基层法律服务所担任法律顾问单位258家，办理民事代理1035件，经济代理561件，刑事辩护287件，行政代理3件，非诉代理79件，调解270件。县公证处办理各类公证2687件，其中国内经济416件，国内民事1504件，涉外和涉港澳680件，涉台87件。接受指派办理法律援助案件319件。

【推进法律援助工作】 全县法律援助案件实现网上申请、审批、指派和管理一条龙服务。全面开展“远程法律援助进农家”试点工作，网点覆盖到全县150个村（社区）、有关重点企业、法律服务执业机构等单位，为年老病弱等援助对象提供“一对一”法律服务。以县司法行政法律服务中心建立为契机，变更法律援助中心办公地点，装修接待大厅，配备电子显示触摸屏，设置残疾人通道等。完善“12348”法律服务专线，开通休息时间来电咨询录音留言回复业务。县司法局工作人员继续实行全员接待制，做到星期六轮流值班。先后组织开展农民工讨薪、法律援助拥军、残疾人维权和工伤职工救助等多项法律援助专项行动。全年法律援助中心共接待咨询1540件，计2396人次；受理援助案件319件，涉及受援人642人次，为当事人挽回损失963.25万元；其中刑事58件，民事261件；请求支付劳动报酬群体性案件132件，涉及404人次，累计追讨欠薪221.7万元；为残疾人免费提供法律咨询服务19人次。

【做好社区矫正和帮教安置工作】 2010年，全县共有社区矫正对象414人，已解除矫正151人，至年底，在册矫正对象263人，帮教安置对象1011人。3月，制定并印发《嘉善县社区矫正对象“三色”管理办法》，至年底，全县有87名社区矫正对象列入“绿色管理”，120名列入“黄色管理”，56名列入“红色管理”。制定《嘉善县社区服刑人员心理矫治工作暂行办法》，帮助矫正对象缓解和消除不良心理因素，增强自我调节和适应社会的能力。探索实施社区矫正对象监管情况记录本制度，及时向矫正对象告知管理要求和处罚、待遇，掌控矫正对象动态，强化矫正对象社区服刑意识。全年共组织社区矫正对象集中教育2036次，个别谈话1664人次，开展心理咨询813人次，组织公益劳动1769人次。落实低保2人次，帮助43名矫正对象落实责任田。世博会期间，与毗邻地区——上海市的青浦、金山区和本省的平湖市建立社区矫正协作联动机制，研究制定联合排查、异地委托管理等措施，实现信息互通，建立应急预案，确保上海世博会安全和稳定。

（姚根兴）

军　事

综　述

2010年，嘉善县武装工作围绕军事斗争准备和“世博安保”中心任务，强化政治信念，努力建设学习型党组织，抓军事训练，抓基层基础，科学发展、安全发展、全面发展。坚持党管武装原则，召开县委办公议军会和县委武装工作会议，开展党管武装工作述职和领导干部军事日活动。落实党委中心组理论学习和思想政治工作，制定下发《人武部建设学习型党组织实施方案》，开展各类主题、专题和随机教育，打牢干部职工“高举旗帜、听党指挥、履行使命”的政治思想基础。深入开展岗位练兵，完成首长机关按纲施训。围绕上级赋予的上海世博会“环沪护城河”安保任务，组织实地勘察、研究与情况预测，制订和完善各种应急预案，加强针对性演练。组织专武干部军事技能集训和民兵各类专业训练，组织6个专业参加省军区跨区联训，其中工兵专业取得全省第一名。高标准落实战备工作，投入30万元加强县人武部机关和民兵武器装备仓库建设。8月，嘉兴军分区在嘉善县人武部召开规范化和信息化建设现场会。抓基层规范化建设，镇（街道）人武部、民兵营（连）部规范化建设得到落实。扎实开展民兵整组，落实民兵分队装备征（租）用工作，圆满完成嘉兴军分区赋予的民兵整组试点任务，接受并通过上级对嘉善县民兵分队拉动考核。加强财经管理，认真贯彻落实“部财区管”。落实安全教育管理，严格执行管理教育规定，落实保密安全管理工作责任制，完善民兵武器装备仓库基础设施建设，实现单位安全稳定。广泛开展拥政爱民活动，组织民兵预备人员参加“世博安保”、“双拥”创建、新农村建设以及“平安嘉善”等活动。广泛开展全民国防教育，开展第十个全民国防教育日宣传周系列活动，组织16所中学开展“国防在心中”演讲比赛。扎实做好兵员征集工作，圆满完成180余名（含2名女兵）兵员征集任务。嘉善县被省政府、省军区评为2009年冬季征兵工作先进单位，县人武部被省军区和军分区评为“世博安保”先进单位。县人武部陆灿明被省政府、省军区评为2009年度征兵工作先进个人。积极实施第四轮省级“双拥”模范县创建工作，广泛宣传报道拥军优属、拥政爱民先进典型和先进事迹，进一步营造创建“双拥”模范县的良好氛围。6月，嘉善县接受市双拥领导小组的考核验收。经考评，嘉善县被省委、省政府、省军区评为“爱国拥军”模范单位。

武警嘉善县中队加强政治教育，严格军事训练，提高部队战斗力，完成内卫目标的警戒保卫任务，保障县党政机关的安全和社会秩序的稳定，连续18年看守无事故。

县消防大队全年出警803起，出动车辆1068辆，出动警力7000余人次，营救被困人员106人，疏散人员43人，抢救财产价值3.8亿元左右，营造良好的消防安全环境。

国防教育

【概况】 2010年，嘉善县国防教育工作以重点对象为主体，推动国防教育进机关、进学校、进社区、进企业、进农村。通过理论学习、党校培训、参观学习、军事日活动等开展干部国防教育；通过刊授教育、集中教育、整组拉动等

12 月 22 日，嘉善县国动委组织领导干部军事日活动。

县人武部　提供

途径开展民兵预备役国防教育；通过国防（人防）规范化教育、学生军训、军警校共建、参观教育基地等开展学校国防教育；通过企业文娱活动、企业宣传阵地、组织职工军训等开展职工国防教育；结合征兵工作，对应征青年广泛开展以兵役法规为重点的国防教育；发挥宣传教育阵地、新闻媒体作用开展全民国防教育。县委宣传部、县文化局、团县委等县级机关各有关部门以及各镇（街道）、学校、社区利用党校、市民学校、市民广场、教育基地以及各种宣传载体，结合庆祝“上海世博会”召开，组织开展多种形式的爱国主义教育报告会、演讲会、讲座、知识竞赛和文艺活动，弘扬爱国主义精神，强化社会国防意识。

【组织领导干部军事日活动】12 月 22 日，县四套班子主要领导，县国动委、县国教委全体成员，各镇（街道）党政主要领导和武装部长，共 80 余人在县民兵训练中心进行军事日活动。组织学习军事常识，进行轻武器射击技能训练和实弹射击，邀请南京政治学院教授进行国防时事形势辅导。县委书记张明超作讲话，强调各级必须站在党执政兴国的高度，切实增强党管武装的责任感，实现既促进经济社会发展又推动国防后备力量建设的双赢目标。年内，有 2 个镇和 4 个部门（单位）200 余名党政干部到县人武部民兵训练中心开展军事日活动，进行轻武器射击技能训练和实弹射击，体验军事生活，学习国防知识等。

【开展全民国防教育日宣传周活动】“全民国防教育日宣传周”活动，围绕“牢记历史，富国强军，共筑长城”主题展开。结合庆祝上海成功举办“世博会”，县委宣传部、县文化局、团县委等县级机关各有关部门以及各镇（街道）、学校、社区利用党校、市民学校、市民广场、教育基地以及各种宣传载体，组织开展多种形式的爱国主义教育报告会、演讲会、讲座、知识竞赛、爱国主义影片放映周和文艺活动，赞颂改革开放以来伟大成就，弘扬爱国主义精神，增强社会国防意识。县国防教育办公室、县教育局、县人防办联合组织 16 所中学开展“国防在心中”演讲比赛活动，并进行评比表彰。县人武部会同县民政局开展广场兵役法规、优抚政策宣传，全县设立兵役法规咨询服务站 10 个，咨询服务人数 3000 余人。组织参加全省“牢记历史、富国强军、共筑长城”国防教育主题征文活动，动员社会各界、企事业单位参与，选送国防教育主题征文 60 篇。在全县组织开展“关心国防好领导”、“支持国防好单位”、“热心国防好公民”评选活动。

【抓好民兵预备役国防教育】结合民兵预备役政治工作特点，有计划地开展民兵预备役政治教育，在重点抓好民兵“四课”教育的基础上，订好、用好国防教育刊物，开展多形式的国防教育活动。组织各类民兵军事训练 9 期和全县基干民兵各任务分队成建制点验；利用民兵执行上海世博会安保任务和组织民兵参加重大节庆活动维护社会治安等开展国防教育；利用民兵组织调整、兵役登记、征兵、“八一”节活动等对民兵预备役人员开展国防教育；结合党团活动组织参观革命历史纪念馆、国防教育基地和爱国主义教育基地等。

【开展学校国防教育】学校国防教育主要以规范化教育为主，按照教育大纲的要求，开展国防（人防）教育。做到“四个结合”：

经常教育和重点教育相结合,普及教育和素质教育相结合,理论教育和行为教育相结合,课堂教育和课外活动相结合。利用军、警、校共建活动,聘请共建单位校外辅导员、离休干部上国防教育课和爱国主义报告,组织开展应急避险疏散演练等。开展学校国防教育周暨学生军训活动1.2万余人,5所少年军校军事夏令营和军训参加人数2400余人。全县有20所中小学组织7200人次到省级国防教育基地——嘉善烈士陵园祭奠和参观,进行国防教育。县国防教育办公室、县人民防空办公室、县教育局联合组织16所中学开展“国防在心中”演讲比赛,评选出一等奖5名、二等奖10名、三等奖17名,并进行通报表彰。组织少年军校参加市教育局、市国教办开展的“爱我国防”绘画比赛,报送参赛作品20件,获二等奖1件、三等奖1件、优秀奖3件。

【抓好征兵国防教育】 结合征兵宣传,创新方法手段,广泛开展多形式的国防教育活动,激发应征青年参军报国热情。县人武部会同民政局开展广场兵役法规、优抚政策宣传。县委宣传部牵头整合各种宣传资源和平台进行广泛的征兵宣传教育。县电视台从兵役登记开始相继开设“参军报国、强我国防”、“征兵访谈”等专题,以及征兵工作领导专题讲话;嘉善人民广播电台开通“征兵访谈热线”,进行征兵访谈对话;嘉善有线电视台将现役的嘉善籍优秀官兵事迹制作“嘉善儿女在军营”和征兵标语的多媒体,在图文电视节目中连续滚动播出;《嘉兴日报·嘉善版》组织征兵宣传报道组,进行广泛的宣传报道,并刊出征兵工作周末专版;利用农经网络信息平台,发送征兵宣传手机信息。县征兵办开办征兵工作信息,刊出6期,及时通报县、镇征兵工作动态。嘉善政府网站设征兵宣传栏进行动态宣传报道。从兵役登记开始,各镇(街道)利用宣传橱窗、图片展览、悬挂横幅、张贴宣传标语、开办征兵信息、村级简报、设立兵役法规咨询服务站等广泛开展征兵宣传工作。全县设立兵役法规咨询服务站10个,咨询服务人数5000余人。

军警民共建

【概况】 2010年,嘉善县开展多种形式军警民共建活动,地方政府支援部队建设,帮助驻善部队办实事、解决困难;为县人武部批拨征兵、办公、民兵训练等经费100多万元。县人武部及消防大队、武警中队分别组织民兵预备役人员和武警官兵参与“平安嘉善”活动,参加村居防控队,坚持值班巡逻,组织冬季大巡防,维护社会治安。围绕上海世博会“环沪护城河”安保任务,组织实地勘察、研究与情况预测,制订和完善各类应急预案,组织民兵开展“世博安保”针对性演练。抽调武警官兵、专武干部和退伍军人为地方企事业单位和学校军训1.2万余人。实施第四轮省级“双拥”模范县创建工作,营造创建双拥模范县的良好氛围。经考评,嘉善县被省委、省政府、省军区评为“爱国拥军”模范单位。

【开展“双拥”参建活动】 发动民兵9800余人次参加新农村建设,开展环境整治、植树绿化、治安巡逻等活动。参与建设“平安嘉善”活动,组织民兵参加社区巡逻队,成立民兵护村、护厂、护路队,坚持值班巡逻,维护社会稳定。组织民兵预备役人员配合公安参与西塘“长三角越剧票友大赛”、陶庄“汾湖民间文化艺术节”、大云“生态旅游暨花乡艺术节”、天凝“葡萄节”、姚庄“黄桃节”和“县双拥晚会”等重大活动的安全保卫工作。县人武部与企事业单位建立共建点5个,参与文明镇村、文明社区等创建活动。坚持在“3·5”学雷锋和“八一”建军节期间组织民兵开展学雷锋做好事和便民服务。为民营企业军训400多人。开展扶贫帮困献爱心活动,在“八一”和春节期间,走访慰问结对帮困户,给3家贫困户送去慰问金和慰问品,帮助解决他们的实际困难。

【协助“世博安保”工作】 围绕上海世博会“环沪护城河”安保任务,组织人员对陆上27个卡点进行勘察,制作卡点照片汇编手册,确定地理坐标,标绘卡点分布图,编写印发《世博安保民兵执勤指导手册》。建立完善军地沟通协调机制,落实562人的安保队伍和所需装备器材,制订和完善各种应急预案,组织民兵开展“世博安保”针对性演练。协调落实进驻沪杭高速公路大云收费站和申嘉湖高速公路姚庄收费站卡点遂行军车监理的48名官兵的食宿问题,并给驻点送去流动图书柜,增订有关报刊等。世博安保期间,共出动民兵55082人次,其中一级响应48次830人次,二级响应102次3319人次,演练4次220人次,圆满完成上海世博会“环沪护城河”安保各项工作。

民兵　预备役　兵役

【概况】 2010年,嘉善县以深化军事斗争准备为重点,结合潜力状况及民兵队伍建设现状圆满完成组织整顿,落实民兵分队装备征(租)用工作,接受并通过上级对嘉善县民兵分队拉动考核。深入开展岗位练兵,完成首长机关按纲施训。组织专武干部军事技能集训和民兵各类专业训练,6个专业参加省军区跨区联训。高标准落实战备工作,投入30万元加强县人武部机关和民兵武器装备仓库建设。8月,嘉兴军分区在嘉善县人武部召开规范化和信息化建设现场会。抓基层规范化建设,镇(街道)人武部、民兵营(连)部规范化建设得到落实。扎实做好兵员征集工作,圆满完成180余名(含2名女兵)兵员征集任务。

【开展首长机关训练】 嘉善县人武部认真开展首长机关训练,采取形式多样的组训方式,通过网上培训、对重难点课题集体攻关研究、开展“日做一题、周标一图、月写一文”等,落实每月第一周首长机关训练周活动,按计划全部完成训练内容。8月和11月,分别参加嘉兴军分区组织的识图用图、战术标图、手枪射击、体能等基本技能的集训及考核。9月,完成首长机关室内战术作业重点围绕动员支前等课题进行研究,提高信息化条件下联合作战和复杂电磁环境中的动员支前能力。

【加强民兵组织整顿】 围绕“平时能应急,战时能应战”总体要求,按照“调整改革、巩固深化、统筹建设、创新发展”思路,抓好预备役部队、民兵任务分队、应急处突分队(抢险救灾分队)建设和兵员动员对象的落实,圆满完成41支分队2885人的民兵整组任务。4月1日,嘉兴军分区司令员王宏带队对嘉善县担负“世博安保”任务分队进行拉动检查。4月7日、8日,对全县基干民兵18支分队共1772人进行拉动点验,人员到点率96.3%,点到率100%。4月10~15日,各镇(街道)和行业系统(企业)武装部对民兵一般队伍1113人进行拉动点验,人员到点率92.1%,点到率100%。8支任务分队191人接受嘉兴军分区拉动考核,人员到点率98.2%,点到率100%。

【组织民兵军事训练】 嘉善县的民兵军事训练,围绕联防区所担负的应急作战任务,着眼民兵分队成建制遂行作战任务能力和处置突发事件快速反应能力的提高,开展以应急分队、重要目标防卫分队、新配装分队、专武干部和民兵干部、骨干为重点各类军事训练,全年完成550人的训练任务。训练主要围绕担负的应急作战任务和“世博”安保、维护社会稳定、抢险救灾等任务,从难从严从实战出发,强化实战化训练水平,提高训练质量,增强民兵预备役人员遂行多样化军事任务的能力。为提高民兵骨干教学水平,组织教学法、重要目标防卫、情报侦察、核化救援、应急维稳及工兵专业等6个专业12名骨干参加全省跨区联训,取得工兵专业第一名的好成绩。

【贯彻落实新的共同条令】 新的共同条令自2010年6月15日起施行。7月,组织开展学习贯彻新的共同条令活动,以正规化和“四个秩序”为主要内容,坚持依法治军、从严治军,突出整军容、严军纪、抓养成、树形象,营造“学条令、用条令”良好氛围。通过开展新条令学习,强化干部职工的军人意识、条令意识、命令意识。8月,结合学习贯彻共同条令,抓人武部正规化建设,规范各类场所管理秩序,排查整治安全隐患。同时,嘉兴军分区在嘉善县人武部召开正规化建设现场会。

【做好兵员征集工作】 根据征兵工作的新情况、新特点和新政策,采取有效措施做好征兵工作。对全县2497名年满18岁的适龄青年进行兵役登记和8509名适龄应征公民进行核对登记。经目测初检后推荐为预征对象1057人,经体检终检合格296人,通过政治审查、走访,镇(街道)初定兵和票决等工作程序,全县180余名青年批准入伍,其中,大专以上文化程度占21%;高中(中专)文化程度占71%;各类应届毕业生占65%。各项指标均超过上级要求。面向社会,公开公正、认真细致地做好征集女兵工作,圆满完成2名女兵(均为本科学历)征集任务。

【加强预备役部队演训练】 4月,嘉善预备役直属分队完成109名预编官兵在县民兵训练中心进行的"三个现地"点验和干部骨干指挥及专业技能训练。5月,抽调部分人员在浙江省防化训练中心参加全省民兵预备役防化分队跨区联训。7月,抽调部分人员配合嘉兴预备役部队赴杭州人民武装干部学院,参加省领导"军事日"活动中"遂行核化救援时的行动"课目演示,圆满完成参演任务。通过训练和演练,提高预备役官兵在复杂条件下的指挥和专业技能,熟悉核生化应急救援方案。 (俞新尧)

武装警察

【概况】 2010年,中国人民武装警察部队嘉善县中队坚持注重细节抓规范,严格制度正风气,围绕中心保稳定,传承创新求发展,重点抓好干部、党员、士官三支队伍建设,形成人人讲规矩、处处求规范的良好工作氛围。中队抓部队精细化管理,突出经常性基础性工作,坚持按纲抓建,规范运作,提升质量,圆满完成以执勤和处突为中心的各项任务。

【加强党支部建设】 中队发挥支部战斗堡垒作用,在决定重大事项、进行人员调整、开展重要活动、使用重大经费之前,都通过召开支委会或党员大会进行研究,并及时公布,自觉接受群众监督。支部共召开支委会26次,党员大会3次,讨论大项经费开支共计23.8万元,按程序确定5名入党积极分子,上报5名党员发展苗子,2名参加预提指挥士官集训,5名选改对象。9月中旬起,中队党支部围绕党组织"五好"、党员"五个带头"的标准,以出板报等多种方式开展活动,形成"支部领着干、党员带着干、群众跟着干"的活动热潮。落实经常性基础性政治工作。支部将"七项组织生活制度"、"三个半小时"等一系列活动作为思想政治工作的有效载体和重点环节,抓好思想政治工作。在支部统一领导下,中队团支部先后组织篮球赛等活动18次、演讲会5次、小晚会2次,每月组织书评影评活动,并开展慰问驻地孤寡老人、参加地方街道义务劳动等活动。

【加强思想政治教育】 深化学习实践科学发展观活动,用科学发展观看待和处理平时工作、训练、生活中发生在身边的人和事。开展主题教育活动。5月,开展"大力培育革命军人核心价值观,永远做党和人民忠诚卫士"主题教育活动。丰富教育形式。利用"网络学习室"局域联网功能,进行文化娱乐、学习培训、交流沟通。贴近实际做好一人一事思想工作。春节,中队一一给战士家长拜早年,替每名战士报平安。为青海地震灾区捐款3600余元,为战士患病家属捐款8712.2元。

【完成战备执勤任务】 全年担负押解勤务39次,出动兵力92人次,押解犯人221人。"五一"、国庆期间担负城市武装巡逻共计18天,出动兵力96人次。5月初与9月底10月初的"世博"一、二级安保等级勤务期间,中队每班哨执勤兵力达到"五包一",个别哨位"四包一",在位官兵落实"四全",加强勤务管控,高标准落实应急机动分队战备要求。

【提高军事训练水平】 严格落实训练制度。按照《中国人民武装警察部队军事训练与考核大纲》内容,严格十项训练制度,重点突出教学分工、会操考核和奖惩三项制度,抓体能、擒敌、队列等基础科目的训练,强化训练基础。坚持每周会操、每月分析,并将会操成绩予以公布。突出重难点和基础科目。从能力上突出基本技能和体能这一重点,在内容上以射击、擒敌拳、应急棍、刺杀、情况处置为主,以行为养成(敬礼、军姿)、队列、器械、执勤动作、方案演练等为辅的军事科目训练。突出抓好基础性课目和体能课目的训练,突出干部士官训练,发挥干部士官的表率作用,在战士中开展"一对一、一帮一、一教一"活动。

【落实规范化管理】 树立遵规守纪意识。开展《军队基层建设纲要》法规学习月活动,精选人员参加支队《纲要》法规知识竞赛;开展《正规化管理规定》、《部队夜间管理规定》、《手机使用管理规定》等法规制度的学习,使官兵自觉树立遵规守纪意识;开展《中国人民解放军内务条令》、《中国人民解放军队列条令》和《中国人民解放军纪律条令》学习,并组织理论测试;开展"剎酗酒、守纪律、树形象"教育,并提出治酒3项准则。抓好经常性基础性工作,落实安全警示牌换牌仪式、中队日常操课、勤务值班员填写《要事日记》、《执勤日记》等制度。抓好各类隐患的排查整改。在防范哨兵被袭，防止警民纠纷、内部违纪违规、外部违法犯罪等方面进行重点防范。开展“查隐患、谈体会、讲教训”、“治三松、严纪律、保安全”活动。突出重点抓管理。突出干部、骨干思想作风这个重点，对士官进行职责使命教育和法纪教育。

（陈　杰）

消防大队

【概况】 2010 年，嘉善县消防工作围绕“打造长三角最具安全感城市”的总目标，以“世博安保”为中心，以打造消防铁军和构筑社会消防安全“防火墙”工程为抓手，狠抓部队精细化管理，推进“四警三化”现代警务机制建设，圆满完成各项重大安保救援任务，实现火灾和部队安全两个稳定。年内，嘉善消防大队被省消防总队评为先进大队，中队被省消防总队评为先进中队，被县政府评为“世博安保”先进单位。

【创造良好消防安全环境】 大队共接警出动 803 起，出动车辆 1068 辆次，出动警力 7125 人次，抢救被困人员 106 人，疏散被困人员 43 人，保护抢救财产价值近 3.8 亿元。成功处置“4·19”魏塘街道日晖桥火灾、“6·22”大云镇居民房坍塌事故、“6·25”平黎公路嘉善南站连接线工程架桥机倾覆事故等一系列灭火、救援行动，确保世博会、省运会等重大保卫行动期间全县消防安全和稳定。

【开展打造消防铁军活动】 加大攻坚组项目训练，强化执勤备战，推进执勤备战规范化。以体能、技能和班组战术操法为重点，开展消防铁军训练，并以定期考核的方式，全面检验练兵效果。在全市消防部队打造消防铁军各项比武活动中均获得前三名的好成绩。同时，通过大队完善灭火救援作战预案、灾害事故分析与评估、岗位练兵和实战演练，推进训练作战一体化建设。加强公安现役、专职消防和其他社会消防组织联动机制建设，推进灭火救援社会化，健全应急救援社会联动机制。

【改善消防安全环境】 大队对火灾隐患整治保持高压态势，通过普查、夜查、督查、暗访等方式，开展定人、定片、定点的高强度、高密度拉网式火灾隐患排查。共检查单位 2385 家，发出《责令改正通知书》27 份、《重大火灾隐患通知》2 份。行政处罚 70 起，其中处罚单位 51 家、个人 19 人，罚款 75.05 万元。责令停产停业、停止施工、停止使用 15 家，临时查封 3 家，强制执行 2 家。

【提升执法规范化水平】 开展执法规范化建设推进年、增强法纪观念教育整顿、建设人民满意消防监督执法队伍、消防监督执法技能竞赛等活动。全年，大队消防窗口共接待群众现场及电话咨询 800 多人次，发放办事服务指南 1200 余份。受理承诺件 415 件，其中建筑工程消防设计备案 248 件，建筑工程消防竣工备案 167 件，办结率 100%。

【加强自防自救能力建设】 6 月 9 日，县政府召开嘉善县构筑社会消防安全防火墙工程工作会议，部署全县构筑社会消防安全“防火墙”工程工作方案，明确“防火墙”工程建设的工作任务和要求。大队从抓住社会单位火灾防控这个基本单元入手，提出以组建十支“明白人”宣讲队、开展百家人员密集场所大联创、启动千家规模企业达标创优、培训 1 万名“明白人”为主题的“十百千万”工程，实现“以点带面、部门领军、辐射全县”的 3 年目标任务 2 年完成。全县 273 家消防安全重点单位加强自防自救能力建设，并通过市级检查验收。

【开展社会消防宣传】 在全县范围内广泛开展消防宣传活动。组织开展全县社会消防安全培训、农村广播消防宣传、宣传《浙江省消防条例》、“119”消防宣传月、家庭消防安全自查等宣传活动。开展“走出去，请进来”活动，邀请学校、企事业单位到大队参观学习。全年，大队共出动消防官兵 100 余人次，与各企事业单位联合开展灭火救援演练活动 30 余次。消防站开放 20 余次，发送短信 12 万余条，发放消防宣传单、《消防法》5000 余份，设置消防宣传图板 200 余块，举办讲座、竞赛、体验活动等 20 余次，受教育群众 10 万余人。（骆　佳）

人民防空

【概况】 2010 年，嘉善县人防工作贯彻落实《中华人民共和国人民防空法》和国务院、中央军委《关于进一步推进人民防空事业发展的若干意见》,按照“长期准备、重点建设、平战结合”的方针,推进人民防空工作防空防灾一体化建设。全年共受理人防易地建设审批项目198个,完成市人防办下达目标任务的143%。年内开工建设的项目实施人防专业质量监督和人防专业监理,人防工程平时使用证发放率达到100%。按照“整合资源、综合利用、服务民生”的原则,加大对现有人防资源的整合力度,并综合运用到防灾工作之中,把应急指挥中心与平时各种应急指挥紧密结合起来,实现兼容互联,发挥平时应急作用。组织开展“5·12”防灾减灾日警报试鸣相关工作,警报完好率100%,鸣响率100%。举行“危险化学品一般事故”、“天然气管道泄漏”等应急救援演练,充分发挥人防工程、人防警报网、各类队伍、标识标牌等在城市化建设和平时防灾救灾中的作用。根据市防空指挥部“南湖—10”检验性演习的计划和部署,县人防指挥部同步组织指挥部及专业队人员参加演习。

【抓好人防宣传教育】 继续抓好人防(民防)宣传教育工作,推进人防宣传教育向基层发展。年初,制定人防宣传教育计划,完成3个社区、2家企业的宣传活动,并邀请原省人防办副主任赵德兴为嘉善人大代表作人防(民防)报告。全年在县电视台图文频道全天24小时滚动播放人防知识、法律法规和宣传口号等。对全县初级中学的初一年级新生开展人防(民防)知识教育,教育率100%。认真做好结对村、社区工作。邀请村干部、老党员到人防办了解人防知识,交流工作情况。

【抓好基层人防规范化建设】 2010年,根据上级要求,以每年20%以上的比例,计划通过5年的努力,使全市所有镇(街道)人防办都达到规范化建设标准。县人防办对罗星街道和姚庄镇人防办进行重点指导,并按规范化建设的标准,配备一定的办公设施和必要的应急救援装备,为基层人防办服务基层群众、开展防空防灾工作创造良好条件。通过一年努力,罗星街道和姚庄镇人防办通过市人防办考核,成为全县首批基层人防规范化建设达标镇(街道)。

【推进基层民防志愿者队伍建设】 扩大镇(街道)基层民防志愿者队伍,加强基层民防志愿者队伍建设。年内,全县共组建基层民防志愿者队伍9支,为基层平时防灾、应急救援和服务群众提供一定组织保障。

【完成“0501”县政府专属指挥中心改造】 按照“两防一体化”的发展方向和“平战结合、贴近经济、服务社会”的原则要求,投资500万元,对“0501”县政府专属指挥中心(原县委常委会议室及县政府电视电话会议室)视频网络等设备进行改造,提高平时应急救援能力。

【举办人防杯中学生演讲比赛】 配合第十个全国全民国防教育日宣传教育活动,县人防办、国教办、教育局共同举办“国防在心中”人防杯中学生演讲比赛。全县共有16所中学近万名学生参加,经各学校初选推荐,有32名学生参加9月18日下午在县实验中学报告厅举办的决赛。

【注重应急救援装备的储备】 储备应急救援装备,是民防应急抢险任务的需要。县人防办投入专项资金200万元,购置抢险救援装备50余种,弥补应急救援装备缺乏问题,以提高应急救援能力,突出民防应急抢险救援的地位作用。 (胡玉芳)

教　育

综　述

2010年，嘉善县全面实施“教育十大工程”（效能工程、班长工程、强师工程、校安工程、提质工程、阳光工程、平安工程、暖心工程、先锋工程和活力工程），全面推进教育管理转型，教育服务转型，助推经济社会发展。

推进各类教育协调发展。认真学习贯彻《义务教育法》和新修订的《浙江省义务教育条例》。在全县56所公办中小学、幼儿园全面推行学校发展性评价，鼓励学校自主发展。首次打破城乡二元体制，对县城城区14所初中、小学的学区进行合理调整，实现新生就近入学。对24所中小学校名进行更名。重视学校安全，组织家长护校（园）队，实现护校队全覆盖，得到市领导批示肯定。成功组织“万名学生观世博、写世博、画世博”活动，4幅学生画作在中国馆永久收藏、展示。基础教育发展水平得到提升，全县十五年教育普及率98.71%，其中义务教育适龄儿童少年入学率保持100%，有12876名新居民子女在公办学校就读，公办学校对新居民子女的吸纳率60.1%，比2009年提高近10%。初中毕业生升入高中段的比例为98.44%，普高和职高的招生比例达到1:1以上。全县高考文理科第一批总上线人数为428人，首次突破400人大关。出台《关于加快推进职业教育改革与发展服务地方经济转型升级的实施意见》，新增19家校企合作单位。嘉善中专机电专业成功创建为省示范性专业，实训基地通过省级实训基地电子电声专业“7S”管理省级复查，在市第五届技能节金牌数名列第二，其中8人代表嘉兴市参加省级技能大赛，实现省级技能大赛零资格的突破。出台《关于进一步推进嘉善县社区教育工作的实施意见》，成立社区教育工作领导小组，首次召开全县社区教育工作会议，完善三级社区教育网络，全年有6.75万人次接受各类社区教育培训，正式申报省级社区教育实验区。通过国家三类城市语言文字评估验收。

创新干部队伍管理机制。开展以“提素质、强服务、凝合力”为主要内容的“效能工程”建设，实行县教育局机关干部驻校工作制和机关干部工作日记制。在4月和11月开展的驻校工作集中活动月中，180多人次参加，收集意见建议200余条。举办教育系统干部“双休日大课堂”18期，其中4期为校长论坛，共有4000多人次参加。为190多名校级领导建立业绩档案，开展新一轮公办幼儿园园长竞聘上岗工作。

全面加强学校安全管理。针对2010年上半年全国发生的有关校园安全惨案，县教育局全面强化人防、物防、技防等11项学校安全工作措施，与有关部门多次协商，8次召开不同层次的学校安全工作会议，组织学校安全大排查和督查10多次，整改安全隐患300多处。新配备学校保安57名，配备保安七件套198套，安装紧急报警装置71家，发动建立36个家长护校（园）志愿队和97个教师护校队。编印、发放7.1万册学生安全教育漫画手册和安全工作指南两书；首次举行嘉善县中小学安全知识竞赛，各校全面开展师生安全应急演练。推行学校食堂“五常法”管理，30所学校创建成为“五常法”管理示范单位和达标单位。

加大教育投入，改善办学条件。全年县财政教育投入4.4亿元,中小学实际公用经费初中提高到人均 673 元,小学提高到 520 元。全面实施中小学“校安工程”,全年完成工程量 85152 平方米,占规划总面积的 48.12%;完成投资 2.75 亿元,其中 2010 年完成投资 1.86 亿元。义务教育标准化学校 92.5%。投入 1600 多万元改善中小学教育装备条件,在嘉兴市首家全面推进数字化校园建设和评估。

(屠亚玲)

基础教育

【概况】 2010 年,全县共有幼儿园 29 所,在园幼儿 10433 人,其中省一、二、三级幼儿园分别有 3 所、4 所和 19 所。学前一年幼儿入园率 100%,学前三年幼儿入园率为 97.9%。

全县有义务教育学校 39 所,其中初中 16 所,小学 23 所。初中在校学生 15736 人,毕业生 5621 人,招生 5035 人,入学率 100%,巩固率 100%;小学在校学生 24861 人,毕业生 4730 人,招生 4235 人,入学率 100%,巩固率 100%。全县 7～15 周岁视力、听力、智力“三类”残疾儿童入学率为 100%。

全县有省级重点高中 3 所,普通高中在校生 7665 人,毕业生 2339 人,招生 2554 人。全县初中毕业生升入高中段的比例为 98.44%。全县参加高考 2465 人,上线 2332 人,总上线率为 94.60%,重点大学、本科上线及总上线人数万人比等各项指标居全市前列,其中高考文理科第一批总上线 428 人,首次突破 400 人大关,在生源数减少的情况下比 2009 年增加 46 人,创历史新高,共录取 2284 人,录取率为 92.66%,超过省平均录取率 9.3%。高职类单招单考共录取 245 人。

推进素质教育。在全县义务教育学校全面推进“减负增效”工作,通过“双休日”大课堂,举办论坛,组织专项督查指导,召开“减负增效”工作推进会,与各校签订责任书,出台相关实施意见,建立“减负增效”工作管理责任机制、落实“去无用功”目标等“八项制度”,形成一批“增效”经验。成功举办县第 30 届中小学“三好杯”运动会和第 26 届“小杜鹃”文化艺术节等各项体育艺术活动;建立全县首个青少年科普活动中心,青少年参与科技活动面达 100%,总获奖人次 399 人;首次举行嘉善县第二实验小学与香港、四川三地儿童“心连心·手拉手·我们共庆‘六一’节”视频互动活动,被评为第七届中国中小学校园电视校园新闻金奖。

县实验幼儿园组建护园队　　县教育局　提供

【首次打破城乡界限划分学区】 2010 年,首次打破长期以来的城乡二元体制,根据户籍所在地生源分布状况和就近入学的法定规定,以街道、社区、村界限作为学区划分的主要标志,合理划分县城区魏塘、罗星、惠民 3 个街道的 14 所初中、小学学区。9 月,县城区有 2600 多名小学、初中新生城乡同等,实现就近入学。

【组织万名学生观世博、写世博、画世博活动】 5～9 月,组织 1.9 万多名中小学生参观世博会,实现安全出行零事故。同时,与上海世博心愿大型系列活动协调办公室联合举办“万名学生写世博、画世博”活动,共收到 9927 篇学生习作和 9560 幅学生画作,其中有 4 幅绘画作品获特等奖,入选中国馆“童心畅想”画廊展出。

【组建护校队】 5 月,姚庄幼儿园在全市首创“家长护园队”。随后,在全县推广组建 36 个家长护校(园)志愿队和 97 个教师护校队,有队员 4000 多名,实现中小学幼儿园护校(园)队全覆盖,全年各校无重大安全事故发生。

【获全国校园新闻类金奖】 5月底，县教育局举行嘉善县第二实验小学与香港、四川三地儿童“心连心·手拉手·我们共庆‘六一’节”视频互动活动。《心连心、手拉手，“港浙川”三地儿童共庆六一节》视频互动节目被评为第七届中国中小学校园电视校园新闻金奖。

【举行世博后“接轨上海”教育论坛】 12月25日，由县教育局主办，举行世博后“接轨上海”教育论坛。来自上海和嘉兴五县(市)二区基础教育方面的专家、教师就如何接轨上海先进教育资源进行深入探讨。会上，县实验中学与上海市实验学校签订结对协议书。 （宋依暖 屠亚玲）

职业教育

【概况】 2010年，全县有中等职业学校4所，其中嘉善中专有63个教学班，在校生2743人；嘉善信息技术工程学校有33个教学班，在校生1297人；嘉兴市华仕计算机学校有23个教学班，在校生710人；电大嘉善学院有10个中职类教学班，在校生328人；魏塘成人文化技术学校有春季招收的职业高中5个班级139人。全县职业类教学班134个，共5217名在校学生，其中春、秋两季招生2134人。全年中等职业学校毕业生1067人，应届毕业生就业1031人，就业率96.6%。

全县中等职业学校共设置加工制造类、信息技术类、财经商贸类等9个专业大类25个专业，有专任教师282名，其中大学本科学历以上266名，占93%；专业课教师118名(不包括电大嘉善学院)，“双师型”教师88人，“双师型”教师占专业课教师的74.6%。示范专业建设得到提升，有4个专业被评为市级以上示范专业，其中嘉善中专的电声专业、机电技术应用专业为省级示范专业，嘉善中专的财会专业以及信息技术工程学校的电子与信息技术专业为市级示范专业。10月，国家教育部在嘉善中专建立全国信息技术职业能力培训网络嘉善中专培训中心。

【拓展校企合作】 抓实学生实习和就业工作，通过校企合作办学，拓展学生实习实训渠道，提高毕业学生就业率。嘉善中专加强实训基地建设，引入“7S”管理模式，实现“产、教、学、研”一体化实训管理模式，通过服务企业承接研发及模具加工等业务，提高在校学生的职业技能及社会适应能力。嘉善信息技术工程学校通过组织企业科研人员和技术骨干指导学校实验实训、指导相关专业课程设置和校本教材的开发以及开设公司冠名的“订单式培养”班级等措施，提高专业教师的实践能力和学生的实践操作能力，了解企业的运作模式及企业对人才的需求规格，帮助企业解决临时用工的需求，实现校企共赢；举办校园招聘会，为毕业生就业创造机会。至年底，与19家企业建立校企合作伙伴关系，全县校企合作累计70家。嘉善中专分别与浙江理工大学、嘉兴职业技术学院结成合作伙伴关系，职业学校合作院校增加到11家。

【职业技能教学再提升】 加强学生技能培养，组织开展各种技能比武活动。嘉善信息技术工程学校举行第六届才艺展示周活动；嘉善中专通过举行学生技能比武，挑选出106名技能尖子，组建起8个兴趣小组；嘉兴华仕计算机学校举办第三届技能节暨创威杯电脑节，共开设11个比赛项目，400多名学生参加技能节比赛。全县中等职业学校组队参加全市第五届中等职业学校学生技能节，共获91枚奖牌，其中金牌15枚，银牌26枚，铜牌50枚。特别是嘉善中专在技能节上获得13金、18银、25铜的好成绩，嘉善信息技术工程学校实现金牌数零的突破。嘉兴华仕计算机学校的《绿光》作品在第七届全国中等职业学校“文明风采”竞赛中获得“生命·安全·和谐”动漫比赛一等奖，该校在浙江省第二届中等职业学校“文明风采”竞赛活动中获得一等奖1名、二等奖1名、三等奖9名的好成绩。

【建立“全国信息技术职业能力培训中心”】 11月18日，嘉善中专举行“全国信息技术职业能力培训网络嘉善中专培训中心”授牌签约仪式暨美国欧特克公司正版软件赠送仪式。嘉善中专成为全国首批32家“全国信息技术职业能力培训中心”之一。

（金建明 徐春良 屠亚玲）

成人教育

【概况】 2010年，电大嘉善学院招收业余学历教育本科生245人、专科生897人，一村一名大学生306人。全年本科毕业238人、专科882人，一村一名大学生

302人。全县高等教育自学考试总报名人数7890人,其中学历考试报名总人数4232人,总报考5833课次,其中首考生1915人。全年高等教育自学考试共毕业65人,其中本科36人、大专29人;各类非学历考试报名3658人次,其中全国英语等级考试报名1026人,全国计算机等级考试报名414人,全国剑桥少儿英语等级考试报名2218人。全年共接受成人高考报名368人,通过考试录取309人。被评为浙江省教育考试先进集体。

全县共有镇(街道)成人文化技术学校8所,新增省示范性成人文化技术学校1所,全县示范性成人文化技术学校达8所,占成校总数的100%。年底,全县镇(街道)成人文化技术学校有专职教师38人,其中本科及以上学历15人,专科22人,兼职教师137人。全县有村农民学校118所。各镇(街道)成人文化技术学校共有成人中、高等教育学历进修班在校生2637人,其中当年毕业1198人。

全面实施农村劳动力素质培训工程,共举办培训班116期,培训农村劳动力7526人,其中农业专业技能培训3000人,农村"两创"实用人才培训1480人,农民转移就业培训2800人,农村后备劳动力培训246人。经培训获得绿色证书2571本,农业结业证书1480本,国家级职业资格证书2800本,总发证率为91%,培训后一次转移就业2800人。

【全市首家实现省示范性成校满堂红】 2010年底,嘉善经济开发区(惠民街道)成人文化技术学校通过省示范性成人文化技术学校验收,实现全县省示范性成人文化技术学校满堂红,超过全省、全市平均达标比例。

【社区教育迈出新步伐】 成立全县社区教育工作领导小组,出台《关于进一步推进嘉善县社区教育工作的实施意见》、《嘉善县社区教育工作领导小组成员单位工作职责》等文件,首次召开全县社区教育工作会议,确立县"十二五"期间社区教育的工作目标与任务。组建社区教育工作领导小组成员单位联络员队伍并召开专题会议,完善县、镇(街道)、村(社区)三级社区教育网络,正式申报省级社区教育实验区。至年底,全县133个村、社区全部建立社区学校,社区学校的建成率100%,全县共举办各类社区教育培训700多期,6.75万人次参加社区教育培训。

(金建明　徐春良)

高等教育

【概况】 2010年,上海杉达学院嘉善光彪学院着力推进改革与发展,推进教学管理,促进文明和谐校区建设可持续发展。学院设置国际经济与贸易、市场营销、电子商务、会计学、财务管理、金融学、旅游管理、新闻学、英语、日语等10个本科专业;会计(涉外方向)、国际金融、国际商务、旅游与酒店管理4个专科专业,面向浙江、辽宁、甘肃、云南、四川、山西、宁夏、内蒙古、河南、湖南、河北、广西等12个省(自治区)招生,全年招收学生980人,其中本科招生727人、专科招生253人。年底共有在校生2473人,其中2008级本科生646人、2009级本科生528人、2009级专科生326人、2010级本科生723人、2010级专科生250人。学校有专职教师45人,外聘教师91人,外教4人。另有总校派遣来嘉善光彪学院兼课教师23人。学校占地406亩,校舍建筑面积近12万平方米。

【深化内涵建设】 强化英语教学,采取聘请外教、增加课时、小班授课,邀请新东方帮助培训辅导等措施,稳步提高教育质量。全年组织学生参加大学英语四、六级考试两次,通过率分别为85.7%和31.7%。参加上海高校计算机等级考试1084人,一、二级通过529人,通过率为48.8%。推进校企合作工作。与本地的五星级宾馆、广播电视中心、报社等单位,签订学习实践基地的协议,为旅游专业、新闻专业的学生搭建实践实习平台。

【积极参加世博志愿活动】 世博期间,全校有55名学生参加世博会园区志愿者、站点志愿者服务工作,其中4人被评为上海优秀志愿者,1人被评为浦东新区优秀志愿者,3人获上海杉达学院先进个人的表彰。在上海世博会"环沪护城河"安保工作中,有1000多名学生参加,被授予"安保工作先进单位"称号;常务副院长陈新中被授予"安保工作突出贡献"称号;竺麟、曹熙、朱淑丹等学生被授予"安保工作先进个人"称号。

【加强教育管理】 推进大学生

思想政治教育。加强思想政治理论课建设,实施“学风建设百日计划”,开展心理健康宣传教育和形势政策教育,完成征兵工作,有3名学生光荣入伍,2名世博女兵退伍。加强学生园区管理工作,开展文明寝室、自管楼和文明班级创建评选活动。做好学生评优和帮困资助工作,全年共发放奖、助学金131.96万元。

【推进师资队伍建设】 积极做好专业人才的引进工作。全年新聘教师8人、辅导员2人。其中4名为嘉善事业编制,5人享受嘉善县人才引进优惠政策。提高科研水平和服务能力。至年底,科研项目总人次达31人,其中正在进行中的项目有22个。加强对青年教师的科研指导工作。

【维护校园和谐稳定】 全力做好维稳工作。分解落实世博安保责任制,制定《突发事件人员疏散撤离和应急防护预案》、《处置各类事件应急预案》、《防汛防台专项应急预案》等,完善校园预案体系。参加维稳工作会议,维护校园稳定。加强工青妇工作,维护教职工合法权益。完成团委、学生会换届,加强团组织自身建设。积极开展“推优活动”,向党组织推荐优秀团员288人。开展服务嘉善,提供勤工助学岗位活动,为留校学生提供300多人次勤工助学岗位。

【开展创建文明和谐校园活动】 开展2009~2010年文明单位(和谐校园)创建工作。开展“迎世博,建美好校园”、迎世博“三五行动”、学风建设百日计划、世博志愿者活动等系列活动。试行院领导与师生直接定期“网上在线交流”。其中“迎世博,建美好校园”、“网上在线交流”被上海杉达学院评定为文明创建特色项目。获第十五届(2009~2010年)“上海市文明单位”称号。

【基础建设有新进展】 2010年,完成学生活动中心室内篮球场改造、教学楼回廊门窗改建工程、体育运动场改造工程和教师公寓“杉达嘉苑”绿化、消防、环保、人防、质监、规划等工作。至年底,已建成教学基础设施12万平方米(其中含杉达嘉苑216套教师公寓3.34万平方米)。在建的图书馆工程总建筑面积为1.15万平方米。 (彭前进)

教育督导

【概况】 2010年,县政府教育督导室充实兼职督学和特邀督学队伍,全县共有专职督学2名、兼职督学36名、特邀督学6名。加强督学责任区建设,出台《关于加强督学责任区工作的实施意见》,全县共分4大督学责任区6个评价组,每个责任区设1名主任督学。在全县56所中小学、幼儿园全面推行学校发展性评价。开展综合性督导和各类专项视导评估,承担上级教育部门的专项督导。5月5日,省教育督导组前来进行学前教育专项督导,向教育、人事、财政部门,西塘、姚庄镇及部分幼儿园深入了解县学前教育的发展情况。10月,组织督学、专家31人对全县义务教育学校进行“减负增效”专项督导。年底,全县4个督学责任区6个评价组对56所学校发展性评价的基础性指标和174个发展性项目进行“诊断性”评价,共评出A等级发展性项目89个,B等级73个,C等级12个。

【全面推行学校发展性评价】 2010年,在全县56所中小学和幼儿园推行学校发展性评价,鼓励学校增量发展和特色内涵发展,共形成174个发展性项目,其中促进形成办学特色的近100个。实施过程做到“五个一”,即一次动员大会、一次蹲点指导、一个主题论坛、一项专项督导、一次阶段性(年度)评价。

【实施民办幼儿园星级督导评估制度】 2010年,县教育局对全县15家民办幼儿园进行办学水平星级督导评估,共评出四星级以上民办幼儿园6所、三星级民办幼儿园7所、二星级民办幼儿园1所、一星级民办幼儿园1所。

【开展新居民子女学校办学水平星级复查】 11月,县政府教育督导室组织市、县督学对全县12所新居民子女学校开展办学水平星级复查,复查内容包括办学条件、学校管理、教育教学效果等三大块25项指标,重点考查近两年硬件条件的改善和教育教学业绩的提高。 (余 江 屠亚玲)

教师队伍

【概况】 2010年,全县有教职工5204人,其中在职教职工3497人、离退休教职工1707人(其中离休13人);新招聘毕业生124名,其中优先录用优秀毕业生15

人、职业学校专业课教师9人、特殊教育教师2人。全年办理退休教职工58人,外县调入教师7人,县内调动97人,调出教师28人,辞职和辞退教师6人。全年受理教师资格认定报名92人,67人通过,有521名人员申报各类教师职务,415人晋升或确定各类教师职务。鼓励教师在职学历进修,有34人已取得硕士学位,小学专任教师的学历合格率为99.85%,初中为99.53%,普通高中为99.05%,职业高中92.2%。小学、初中专任教师的学历高标率分别为89.99%、90.57%。评选产生省"春蚕奖"2人、省"绿叶奖"1人、省中小学"师德楷模"1人、省特级教师3人、市"十佳师德楷模"1人、市"师德先锋"2人、市优秀教育工作者1人、市优秀教师6人、市名师11人、市"十佳班主任"1人、市中小学"优秀班主任"6人、第五批嘉兴市新世纪专业技术带头人培养人才和后备人才分别为3人和7人、县教育系统先进工作者132人、县优秀班主任67人、县教学能手435人、县学科带头人63人。选送2名骨干教师到温州市洞头县支教,开展名师流动。参加省市县"领雁工程"培训87人(省20人,市24人,县43人)。9名教师参加省高端培训班学习。举办幼儿园园长和骨干教师基本技能培训班,分别有28人和117人参加。中小学音乐教师田歌培训37人。中小学网络管理员培训50人。教育系统青年干部培训62人。新居民子女学校教师因特尔未来教育项目培训25人。新居民子女学校师德和义务教育条例培训约400人。开设强师工程8个班,培训252人。140名新教师参加上岗培训。聘请114名县市导师并建立相应的师徒小组、确定425名青年教师参加拜师学习,启动新一轮为期3年的青年教师拜师学习活动。166名教师获省级资格证书,7人获国家级心理咨询师资格证书。

【义务教育学校教师流动】 2010年,嘉善县义务教育学校教师流动被国务院办公厅确立为国家教育体制改革试点项目。建立以分管县长为组长的领导小组,组织开展教师队伍现状等8个专题调研,举行以"教师流动"为主题的校长论坛,形成教师流动工作实施方案。致公党中央副主席、全国人大常委会委员严以新等代表国家教育体制改革领导小组到嘉善调研指导,省教育厅副厅长何杏仁等多次到嘉善开展指导。

【3名教师被评为省第十批特级教师】 2010年,嘉善高级中学江生和谢波、嘉善县第二实验小学金勤共3名教师被评为浙江省第十批特级教师。截至2010年,全县共有省特级教师5名。

【开展教育长期协作】 应洞头县教育局的要求,县教育局在2008~2011年支教的基础上,开展和实施与洞头县的长期教育合作。2011年高中段学校以高考教学辅助为主,洞头县第一中学与嘉善县第二高级中学结对,洞头县第一中学派5门学科教师,全程参与嘉善二高高三教学;初中和小学以教学管理研讨为主,洞头县海霞中学派2位学校领导到嘉善县第四中学挂职,洞头县实验小学派出1位学校领导到嘉善县实验小学挂职锻炼。

(柴国忠　屠亚玲)

教育科研

【概况】 2010年,调整和加强片级教科研工作,下发《关于进一步加强教育教学片联动管理工作若干意见》文件。10月,组织教育科研工作校长论坛,200多名中小学幼儿园校级领导和教科研人员参加。启动省级"学生艺术素养监测"项目的研究工作,组建音乐、美术和文学等3个学科研究小组。深化陶庄中学和嘉善三中的"网络教学"实验项目,推进陶行知研究会工作。在县培智学校举行嘉兴市特殊教育课堂教学观摩研讨活动暨家长教学开放日活动。嘉善高级中学等4所学校获市优秀教科研基地称号,27所学校分别获市、县教科基地称号。有3项研究课题和7项学校课题被确立为2010年度省级课题,59项研究课题市级立项。全县1项教育科研课题获省成果奖,30项获市成果奖。共有34篇教学论文获全国和省级奖,在省级以上刊物发表学术论文85篇,1293篇在县教学论文评比中获奖。中小学幼儿园开展教师各类教研专题活动219次,其中名师大讲堂4次、网络视频教研活动4次。572名教师进行县级公开课展示,邀请名师作教学展示和专题报告等活动。246名教师获县青年教师课堂教学奖,266名教师获县中老年教师课堂教学奖,36名教师获县探究实验课教学奖,37 名教师获高中理科教师专项教学能力评比奖,32 名教师获市双高课奖。共有 68 名教师在全国、省级教学评比中获奖,其中 8 名教师在全国教学大赛中获奖。西塘小学教师董明华获得浙江省第四届全国中小学体育教学课评比二等奖。在第八届全国中小学信息技术与课程整合优质课大赛中,西塘小学教师孟冬良的参赛课《圆的周长》获得一等奖,逸夫小学教师沈森的参赛课《圆的认识》、陶庄小学教师赵国荣的参赛课《漫画作文》、大舜小学教师周永康的参赛课《月球之谜》、陶庄中学教师张永宁获二等奖。新世纪学校教师孟令萍、盛思佳在全国第八届尝试教学说课大赛获一等奖。

【开展网络视频教研活动】 5 月 20 日,县教育研究培训中心组织开展初中数学网络教研视频直播活动,主会场设在嘉善县第一中学。5 月 21 日,县教育研究培训中心组织举行网络教研视频直播暨小学语文关注课堂言语实践主题研讨活动,主会场设在嘉善县实验小学。 (吴荣山 屠亚玲)

教育现代化

【概况】 2010 年,嘉善县财政预算内安排教育经费 4.4 亿元,比上年增长 6.8%,财政经常性收入增长比例为 1.17%,教育经费预算增长均高于财政经常性收入预算增长。做好基础教育经费保障工作,继续提高中小学生均公用经费标准,实行义务教育学校免费政策,做好学生资助工作。全年,有初中 1999 人次、小学 2981 人次共享受 87.15 万元的资助;免除农村义务教育学校 2605 人次住宿费共 48.54 万元,免除农村低收入家庭中等职业学校学生学费 1350 人次共 158.52 万元。全年共有 7012 人次的中等职业学校学生享受国家助学金 525.92 万元;242 名学生享受奖学金 24.2 万元。

加大学校建设投入力度,全年投入 1.24 亿元,完成嘉善四中、泗洲小学、杨庙小学、惠民小学的新迁建工程并投入使用;全面完成 10 个校舍加固项目的重建和加固任务,加固建筑面积 16978 平方米;全年完成校安工程量 85152 平方米,完成“校安工程”总体规划的 48.12%。编制全县中小学幼儿园布局专项规划。新建城乡学校全部按省Ⅰ类标准建设,改扩建学校全部按省Ⅱ类标准建设。至年底,全县共有 37 所九年义务教育标准化学校,占九年义务教育学校总数的 92.5%。投入 1600 多万元改善中小学教育装备条件,加强农村中小学投入力度。加大城乡学校班级多媒体配置。义务教育学校共配置班级多媒体 891 套,普及率 100%。推动各类教育装备的使用效率,在嘉兴市首家全面推进数字化校园建设和评估,首次评定星级数字化校园 7 所,嘉善高级中学历史学科基地网站、大云中心学校、嘉善县第二实验小学 3 个网站被评为省“百佳教育网站”,大云中心学校被评为全国“中小学图书馆先进集体”。新增电大学院、第二实验小学、下甸庙小学 3 所省级绿色学校。全县省、市、县级绿色学校分别为 16 所、20 所和 16 所,所有义务阶段公办中小学均创建成为县级以上绿色学校。

【全面实施中小学校舍安全工程】 按照嘉善县中小学校舍安全工程三年总体规划,2010 年全面实施“校安工程”。已竣工项目 15 个,竣工面积 8.52 万平方米,占规划总面积的 48.12%,在建项目 19 个,建筑面积 10.19 万平方米,占规划总面积的 57.6%,完成投资 2.75 亿元。其中,嘉善四中、泗洲小学、杨庙小学、惠民小学新迁建工程和大通小学教学楼重建工程已完成;干窑中学、姚庄中学、车站路小学、范泾小学、下甸庙小学、逸夫小学、平川小学、虹桥小学、俞汇小学 9 所学校 10 个校舍加固项目全部竣工,共投资 1500 余万元,加固建筑面积 16978 平方米,完成年度计划工程量的 100%。初步解决校安工程中部分中小学的校舍土地权属证明难题。在全省、全市较早采取校舍加固改造工程试点先行的办法。在范泾小学开展加固试点的基础上,全面推广试点经验。把校安工程校舍加固项目列入学校基建工作考核范围。建立施工现场例会制和施工日志等制度,组织 1 期“学校基建管理人员培训班”,对校安工程项目开展检查调研和总结评比活动。

【在全市首家全面推进数字化校园建设和评估】 在全省率先 100% 实现信息校校通、师师通和多媒体班班通的基础上,召开全县数字化校园建设与应用现场会,并在全市首家拟定出台《嘉善县数字化校园评估标准》。对首批申报星级“数字化校园”的18所学校进行评估,共评出四星级“数字化校园”学校2所、三星级“数字化校园”学校5所。

(陈继庆　屠亚玲)

文化体育

综　　述

2010年，全县文化体育工作围绕两个示范点建设，服务全县工作大局，结合上海世博会、省十四届运动会等重点工作，巩固全国文化先进县的建设成果，使全县文化体育事业取得新的发展。

完善公共文化服务体系，加大基层文化阵地建设力度，推进镇、村文化阵地精品工程建设。以“种文化”、“周末大舞台”为载体，立足打造文化名牌。开展文化志愿者招募活动，基层文化队伍得到壮大。弘扬主旋律，围绕建县580周年、吴镇诞辰730周年，突出文艺精品工程，文艺创作新品不断涌现，文艺研究成果可圈可点。第三次全国文物普查转段工作开展顺利，新公布一批县级文保单位(点)，开展非物质文化遗产名录、传承人的申报工作，文化遗产保护取得新成效。

深化服务，强化管理，通过专项整治，围绕“世博安保”，整顿和规范全县文化市场经营秩序，推动文化市场、新闻出版事业健康发展。以广电惠民工程为载体，努力提高对农服务质量，确保广播电视安全播出，保障“村村通”、“村村响”有效运行，继续推进广播电视数字化工作，开展公共聚集场所“小耳朵”整治工作，抓好创建“无小耳朵”镇村工作，嘉善县被浙江省文化厅评为创建工作示范县。认真实施农村电影“2131”工程。发展文化体育产业，培育文化创意产业，组织5家企业参加义乌中国文化产品博览会，成功引进大型赛事，中国女排联赛浙江开元女排主场落户嘉善县。

以十四届省运会为契机，落实全民健身纲要，发展群众体育事业，成功举办县第十二届运动会。竞技体育整体水平再上新台阶，完成省运会预定参赛任务。培育输送优秀体育后备人才，圆满完成省运会办赛工作，承办比赛的嘉善县体育场和嘉善县国家级水上训练基地于7月31日正式启用。

群众文化

【概况】 2010年，围绕创先争优活动、上海世博会等重要工作，努力构建公共文化服务体系，发挥文化阵地效能，丰富文化活动，壮大文化队伍。

【加强文化阵地建设】 围绕县委《关于推动文化大发展大繁荣的实施意见》，加大基层文化阵地建设力度，推进镇、村文化阵地精品工程建设。全县共建成省级东海文化明珠工程7个、市级东海文化明珠工程1个，镇(街道)文化中心8个，浙江省乡镇文化站特级站1个、一级站4个、二级站3个。建成镇、村篮球场268片，其中灯光篮球场121片，健身路径158条，文化精品示范工程49个。在全国图书馆第四次评估定级工作中，嘉善县图书馆继续保持“国家一级馆”称号。陶庄、西塘图书分馆建成开馆。吴镇书画院、体育公园建设工程正式启动，西塘电影院改建工程破土动工。总投资1亿多元的嘉善图书馆新馆及嘉善博物馆新馆进入项目调研。2月，孙道临影城完成数字放映设备和3D立体影院改造。

【开展群众文化活动】 坚持品牌战略，深入挖掘“原生态”文化，围绕上海世博会、建县580周年、吴镇诞辰730周年等活动，通过搭建平台、丰富载体、创新形式，丰富群众精神文化生活。4

月,举办顾锡东"长三角"越剧票友大赛,共吸引长三角各地1508名选手参加。6个群众文艺节目首次走进中央电视台(于5月8日在CCTV—7《乡村大世界》播出)。5月23日,"世博浙江周《春涌浙江》文艺演出"节目在嘉善县彩排合成。6月13日,嘉善田歌《黄浦太湖结成亲》和《送粮》代表嘉兴市参加"浙江传统音乐展演·最具地域特色民歌演唱会"。6月16日,在2010中国嘉兴端午民俗文化节"民俗文化节大巡游"活动中,嘉善县的《鱼跃龙门》和《盛世花开》以鲜明的特色而备受人们喜爱。6月18~22日,《水乡花鼓》在上海世博园举行的"浙江周"大型广场文艺表演中亮相。6月24日,举办2010年中日韩现代美术交流展,共有40名画家的62件美术作品展出。8月,第三届嘉善田歌节系列活动在姚庄镇举行,浙江省卫视新闻频道对开幕式全程录播。9月,举办"元季四家"故里国画作品邀请展。11月,中央电视台10套《讲述》栏目摄制组对嘉善县"卷起裤腿对焦距"等文化惠民活动进行录制。开展文学创作征文、全县中小学生"爱家乡、爱嘉善"征文、书法美术摄影作品展示,纪念嘉善建县580周年活动。全年"十万农民种文化"活动共安排六大系列活动,开展"聚合力、播文明、十万职工展风采"和启动"文化聚力·转型发展"企业文化建设等"种文化"拓展活动。"周末大舞台"共举行各类文艺演出29场,观众4.15万人次。建立城区排舞点22个,参与群众4000余人。农村数字电影放映队7个,全年放映农村公益电影1588场,观众35万余人次,实现各村每月1场公益电影的全覆盖率,数字电影放映率100%。此外,组织举办"春满嘉善"元宵灯会、建党89周年红色电影大展映、"廉政文化"主题宣传教育等各类活动及展览30余次。

【加强文化队伍建设】 通过调入、充实、公开招聘等途径,调整4个镇(街道)的文化站站长,向社会公开招聘1名文化站干部。3月底,组织各镇(街道)文化站长、群众文化骨干40人前往省职业艺术学院参加艺术培训。1~12月,全县共开展各类培训34班次,培训人员1040人次。全县已建成镇(街道)、村(社区)文体队伍429支,文艺骨干7514人。开展文化志愿者招募活动,建立嘉善县文化志愿者总队,首批招募文化志愿者427名。

"十万农民种文化"农民优秀艺术作品展　县文化局　提供

文化遗产保护

【概况】 2010年,文化遗产工作迈出新步伐,文保组织与制度建设不断完善,文物的维修、保护力度不断加强,落实"非遗"保护措施,建立"非遗"资料库,开展"非遗"保护宣传活动,实施非物质文化遗产传承和保护工程。

【物质文化遗产保护】 第三次全国文物普查转段工作开展顺利,新公布一批县级文保单位(点)。3月,召开2010年度嘉善县业余文物保护员工作会议,并请省文物局副局长吴志强为全县业余文保员进行授课指导。4月,组织业余文保员到苏州博物馆考察学习。完成对现有文物安全与维修的摸底分类工作,做好钱氏船坞、窑墩的修缮工作,并对叶家大宅的电线线路进行改造,消除安全隐患。认真做好"三普"工作报告编制、整理"三普"档案、编制不可移动文物名录、不可移动文物分布图、文物普查成果保护利用规划、文物普查成果出版计划等,初步建立馆藏文物信息管理系统。成功举办吴镇诞辰730周年系列活动,做好吴镇墓申报国家级文保单位的推荐工作。推荐钱氏船坞、魏塘叶宅、西塘建筑群为省级文保单位。5月28日,公布支大纶墓、胡家宅等

42处不可移动文物为嘉善县第二批县级文物保护点。6月7日,公布慎德堂、澜翠桥等17处不可移动文物为嘉善县第四批县级文物保护单位。至年底,全县共有县级文物保护单位42处、县级文物保护点53处。

【非物质文化遗产保护】 开展非物质文化遗产传承人、名录的申报工作,建立"非遗"资料库,开展"非遗"保护宣传活动。配合做好《嘉兴市非物质文化遗产名录集成》的编纂出版工作,对《嘉善田歌》、《八珍糕制作技艺》和《淡水捕捞渔俗》等15项重点"非遗"项目从文字到音像逐一进行整理或收集,部分则重新进行现场调查和挖掘,使原有的资料得到充实。全县共有"非遗"名录92项,其中国家级1项、省级5项、市级23项、县级63项;"非遗"代表性传承人50名,其中国家级1名、省级5名、市级18名、县级26名。首次实施"非遗"代表性传承人享受政府补贴的政策。在嘉善中学建立《嘉善田歌》县级"非遗"传承教学基地。

文物　博物

【概况】 围绕"5·18"国际博物馆日和"6·12"中国文化遗产日,开展系列文博宣传活动。全年共征集文物、民间工艺品52件。做好吴镇爱国主义教育基地建设工作,全年接待参观7.5万人次(其中儿童6万人次),接待上海游客6000余人次(其中海外游客80余人次)。免费接待观众、儿童6.5万人次,占总数86.7%。9月30日,为纪念吴镇诞辰730周年,重新改造吴镇陈列室、装裱展出吴镇传世真迹高仿真作品展。

【举办文博展览活动】 博物馆(吴镇纪念馆)全年举办、联办展览22次,组织各类活动25次。博物馆日和文化遗产日期间,分别举办《吴镇与他的绘画艺术》讲座、《青白瓷的欣赏和鉴定》讲座、"嘉善县第三次全国文物普查成果展"、"馆藏扇面展"等活动。组织"博物馆资源进学校、社区"服务活动,先后将"传承文明薪火——嘉兴市文博工作成果展"、"寻找文明——嘉善县第三次全国文物普查成果展"2个展览,《吴镇与他的绘画艺术》、《英勇的一二八师——嘉善抗日阻击战》2个讲座,分别送至13所学校、2个社区巡展、演讲,参观、听讲师生10495人次。

【开展文博工作宣传教育】 利用传统节日开展革命传统和优秀文化传统教育。在元宵节前后,组织开展观灯、猜谜、舞狮、套圈、戏曲表演、歌曲演唱、民乐演奏等活动,吸引3000余市民参加。利用清明节扫墓活动,把革命传统和优秀文化传统主题教育结合起来,组织7所学校、2452名师生祭扫吴镇墓。组织开展纪念抗战胜利65周年《英勇的一二八师——嘉善抗日阻击战》巡讲活动,先后在惠民中心小学、吴镇艺术中心、嘉善泗州小学、嘉善吴镇小学等宣讲。组织开展廉政文化教育活动。发放《嘉善县加强党性修养散文征集活动获奖作品汇编》400册。在吴镇艺术中心开展"敬廉崇洁,从我做起"签名活动,有800余名学生参加。面向学生分发《弟子规释义》700份。在吴镇艺术中心举办廉政故事会,为40名学生宣讲现代和古代廉政故事《红包》、《赵知县判案》。组织"敬廉崇洁,从我做起"作文、漫画、书法等主题教育习作展,举办"嘉善古代清官图片展"等。

文化产业

【概况】 2010年,嘉善县共有文化体育经营场所493家,其中书报刊场所70家、歌舞娱乐场所53家(卡拉OK29家、歌舞厅24家)、演艺场所7家、网吧50家、游戏厅14家、演出经纪机构1家、音像制品零售出租69家、电影放映单位3家、印刷企业198家、体育场所28家。全年营销额10亿元。1~12月,文化创意园有文化企业13家,共接待与培训人员1.2万人次,收入900余万元。组织嘉兴欧码科技有限公司等5家企业参加义乌中国文化产品博览会。孙道临影城全年放映电影2768场,观众8.73万人次,票房收入245万元。成功引进前中国女足邀请赛、浙江篮球男队热身赛等重大赛事,其中2010~2011赛季中国女排联赛浙江开元女排主场落户嘉善县,12月26日举行首场比赛。 (金林峰)

图书馆

【概况】 2010年,全年接待读者45.06万人次(总馆14.96万人次、分馆30.10万人次),比上年增长34.09%。图书外借18.04

万册次(总馆10.51万册次、分馆7.53万册次),比上年增长13.14%。图书分类编目5.34万册,比上年增长49.9%。总、分馆办理借书证5584张,送书下乡9915册次,举办读者活动12次,参与人数4825人次。

【加强服务体系建设】 推进镇(街道)图书分馆建设,西塘、陶庄分馆分别于11月18日、12月21日建成开馆。新建丁栅、俞汇、桃源3个中心村(社区)图书流通站。浙江新嘉联电子股份有限公司、浙江昱辉阳光能源有限公司、县第二实验小学分编图书,录入图书数据库,建立图书馆自动化管理系统。全县共建立企业基层图书服务点9个、学校服务点1个。

【开展全民读书活动】 开展嘉善县第三届全民读书月、首届"十佳民间藏书家庭"评选活动。各镇(街道)开展全民读书节和全民读书月活动,开展各类活动10余次,惠及读者万余人次。学校寒假、春节期间推出"我的假期书香四溢"系列少儿读者活动,收到征文500余篇。在县图书馆第六届未成年人读书节期间,以"好书伴我成长,共享阅读快乐"为主题,开展相关读书活动、社会实践活动。组织开展"2010暑期阅读之旅"活动,举办阅读指导讲座,推荐优秀图书书目,招聘"小小图书管理员"和图书馆志愿者。

【启动古籍保护工作】 县图书馆现藏古籍2.1万余册,其中善本347种1936册。配合嘉兴市实施的国家"中华古籍保护计划"和古籍整理重点图书出版规划,启动馆藏古籍收藏和保护状况普查工作。实行古籍分级保护制度,将现藏古籍全部分类排架,其中善本进行单独收藏,并制作专题目录3种、书名目录3种。建立馆藏古籍书目提要,方便读者查阅;通过媒体、网站加强对古籍保护工作的宣传。 (鲁 祎)

图书发行

【概况】 2010年,嘉善县新华书店有限公司全年销售收入3700万元,比上年增加增长3%;利润比上年增长10%;企业总资产比上年增长34%;企业净资产比上年增长11%。

【新大楼启用】 位于人民大道的嘉善新华书店新大楼经过两年多时间建设,在完成主体工程和内部装修后,于11月27日全面进入试营业。大楼一、二层为新华数码广场,经营各类电脑及其配件耗材等数码产品,填补嘉善没有专业电脑市场的空白。三层1500平方米的嘉善书城,陈列图书和音像制品6万余种,办公用品、文化用品、电子学习用品等近万品种。四至十层提供餐饮、住宿、娱乐、会务等服务。

【推进镇(街道)新华书店连锁店建设】 全年新增镇(街道)新华书店农村图书发行连锁店7家。至年底,除陶庄镇外,其他镇(街道)新华书店连锁店实现全覆盖。

【做好发行工作】 在党中央召开十七届五中全会后,全力以赴做好全会文件的征订和发行工作。全店发行十七届五中全会通过的《中共中央关于制定国民经济和社会发展第十二个五年规划的建议》2900册。用好书引领读者,抓好读书活动,在全县中小学生中开展《阅读伴我成长》为主题的读书活动。 (卓建德)

文化市场管理

【概况】 以净化社会文化环境和促进未成年人健康成长为首要

姚庄镇图书馆俞汇、丁栅社区分馆开馆 县文化局 提供

任务，以各类专项整治行动为主线，集中开展三个阶段的“扫黄打非”和“十小”行业整规工作(音像、网吧)，维护文化市场的健康平稳发展。共出动检查266天，816人次，检查场所1070家次。收缴非法音像制品4382张，非法书报刊685本(册)。取缔非法音像、书报刊摊点21处。办理行政处罚案件20件，其中网吧17件、娱乐场所2件、印刷1件。共受理举报31件，均按规定办结。文化、工商部门联合取缔“黑网吧”16家，收缴电脑200台。县行政审批服务中心文化窗口共受理审批事项392件，办结率100%，群众满意率100%。

省第十四届运动会(青少年部)“台华杯”女子乙组足球比赛

县文化局　提供

【开展网吧专项整治】 开展网吧专项整治。开展《2010年寒假、春节及两会期间网吧专项行动》、《校园周边文化市场平安保障专项行动》和暑期网吧管理专项行动，全年共出动检查531人次，检查网吧492家次，检查频率10.47次/家。6～8月，对全县公众聚集场所非法安装使用“小耳朵”、非法设置前端、擅自截传电视信号的情况展开全面排查，经过3个阶段为期50多天的专项整治行动，将58家违规场所的设备全部拆除。

群众体育

【概况】 全年举办大型群体活动17次，1.19万人次参加。至12月底，全县共有各类体育健身场地931处，体育活动场地总面积为85.32万平方米。7月16日和9月11日，县户外运动协会、县自行车运动协会先后成立。全县共有各级各类具有独立法人资格的体育社团13个，会员4.41万人。社会体育指导员503名，其中国家级1人、一级12人、二级11人、三级479人。门球等各类专业裁判员43人，各类教练员163人。建立健身气功、太极拳(剑)、门球、广场排舞、健身操等健身辅导站127个，辅导员235人。

【举办第十二届县运会】 10～11月，成功举办县第十二届运动会。10月29日，在嘉善县体育场举行开幕式。本届运动会共设11个大类比赛项目，分成年部和青少年部两个类别进行，共有2000多名运动员参加，来自各中小学校的781名运动员率先参赛，所有比赛项目在11月23日结束。

【加强体育设施建设】 7月31日，嘉善县体育场和国家级水上训练基地正式落成启用。嘉善县体育场占地面积8.33公顷(125亩)，建筑面积1.23万平方米，总投资4858万元。嘉善县国家级水上运动中心(汾湖)占地面积2.2公顷(33亩)，建筑面积8331平方米，总投资2614万元。

【开展体育创建活动】 陶庄镇汾湖村、干窑镇范东村、罗星街道鑫锋村、西塘镇星建村、惠民街道大通村、姚庄镇清凉村、姚庄镇渔民村、魏塘街道长秀村、天凝镇欣杨村、大云镇洋桥村10个村成功创建省级小康体育村。姚庄镇展幸村、西塘镇鸦鹊村、惠民镇优家村、大云镇缪家村、陶庄镇翔胜村5个村成功创建省村级体育俱乐部。魏塘街道日晖社区、西塘镇西塘社区申报市体育先进社区，县第二实验小学申报省青少年体育俱乐部。

【启动第三次国民体质监测】

第三次国民体质监测工作于7月13日正式启动,至7月27日全部完成。共监测1080人,涉及学校、企业、医院、政府机关等单位,监测内容包括问卷调查和体质检测两部分。

竞技体育

【概况】 2010年,举办县级体育竞赛活动24项次,参赛运动员8620人次。嘉善县共向市级以上体校输送优秀运动员15名。1~12月,县少体校有163名学生参加省、市各类体育竞赛27项次,共获金牌45枚、银牌25枚、铜牌20枚。

【亚运会夺金】 11月19日,嘉善县籍选手郑小龙在亚运会赛艇比赛中获得2000米男子公开级八人单桨有舵手项目金牌,实现嘉善县亚运会金牌零突破。12月17日,嘉善县运动员金亚娟夺得广州亚残运会女子铅球F42-46级项目比赛金牌,并打破亚洲纪录。

【省运会夺金】 嘉善县运动员在十四届省运会比赛中共夺得金牌12枚,总分合计432.7分,完成预定参赛任务。其中在皮划艇、赛艇比赛中,顾超等运动员夺得5枚金牌。县少体校乒乓队运动员黄佳怡在省运会乒乓球比赛中,夺得女子丙组个人单打冠军,这是嘉兴队在本届省运会乒乓球项目上的唯一金牌;也是自1990年以来,嘉兴市在省运会乒乓球项目上的首枚金牌。

【承办省运会比赛项目】 先后承办十四届省运动会女子足球(乙组)、男子足球(甲组)、赛艇、皮划艇、女子篮球5个项目的比赛,承办工作得到省、市体育局领导高度肯定。

体彩发行

【概况】 全县共有体育彩票销售点40个,全年销售总额3265.3万元(其中电彩销售2093.92万元、即开型彩票销售761.94万元、规模销售409.44万元),比上年增长20.81%,增幅列全市五县(市)二区第一位。

(鲁 祎)

体彩大规模销售　　县文化局　提供

媒　体

综　述

2010年，嘉善新闻媒体有嘉兴日报社嘉善分社、嘉善县广播电视台和嘉善新闻网；有数字电视终端机116745部，数字电视整体转化率98.2%；《嘉兴日报·嘉善版》有效发行量7500份。至年底，全县新闻宣传从业人员130人，其中大专以上学历125人、中专3人，有副高职称5人，有中级职称19人。

嘉善新闻工作围绕县委、县政府工作大局和阶段性工作重点，组织策划系列重大主题报道：以深入开展创先争优活动为主题，推出“为民先锋创先争优”、“创先争优先锋承诺”等系列报道及“八大先锋”典型报道；以县十四届人大四次会议和政协十二届四次会议为重点，开设聚焦“两会”的专题和专栏；嘉善电视台新闻综合频道、嘉善电台FM99.3综合广播和嘉善新闻网对县十四届人大四次会议开幕式进行同步直播；以上海举办世博会为主题，推出“接轨上海，服务世博”、“参与世博，服务世博”等系列报道，对全县接轨上海、参与世博、服务世博内容进行报道；以“融入上海”为主题，推出“融入上海、全面转型、科学发展”系列报道，全面报道全县围绕高端外资、优质民资、央企国资，强化招商选资的情况；以全面建设“科学发展示范点”为主题，推出“全面转型、科学发展”系列报道；以沪杭客运专线开通为主题，推出“抢搭高铁这班车”、“高铁来了”等系列报道；以“推进‘两新’工程建设”为主题，推出“推进‘两新’工程”系列报道，积极推进农房改造集聚的情况；以“纪念汶川地震二周年”为主题，开展“记者青川行”异地采访活动，推出“记者青川行”特别报道。

积极做好循环经济和节能减排工作、征兵工作、安全生产、平安嘉善和法制嘉善建设等各类工作及第十四届省运会部分比赛项目报道；先后报道’10姚庄桃花节、’10中国·大云生态旅游暨花乡艺术节、’10中国·嘉善杜鹃花展、’10嘉善姚庄黄桃节、’10国际低碳生态灯光艺术展、十万农民种文化等各类活动。

（陆　烨）

报　纸

【概况】 2010年，嘉兴日报社嘉善分社发挥地方党报的“喉舌”作用，围绕县委、县政府工作大局和阶段性工作重点，为全面推进嘉善县的四个文明建设，特别在推进建设“科学发展示范点”、“创先争优示范点”和“融入上海”等方面作出积极贡献。全年出刊《嘉兴日报·嘉善版》248期，有130多篇（幅）新闻稿件（包括新闻图片）分别被新华社、人民日报、人民日报（海外版）、经济日报、中国青年报、CHINA中国网、浙江日报和浙江在线（浙江新闻）等省级以上新闻媒体录用或转载。见报稿件中获中国地市报新闻奖一等奖1个、二等奖4个、三等奖6个；获浙江省县市区域报好新闻奖一等奖1个、二等奖3个、三等奖3个；获嘉兴市新闻奖一等奖1个、三等奖1个。“民情”栏目被县委宣传部评为全县“我最喜爱的栏目”。全年有效发行量和报业经营收入实现稳中有升。

【做好中心工作报道】 加大“科学发展示范点”宣传力度。推出相关内容“特别报道”,并做好开局性报道,在一版推出“‘一把手’专访”系列报道,对全县9个镇(街道)的主要领导进行专访报道。全年有100余篇稿件围绕建设“科学发展示范点”、“融入上海、全面转型、科学发展”等重大主题宣传报道。“两会”期间开设“两会”专题和专栏,开设“小顾跑两会”、“我给两会捎句话”、“代表委员议民生”、“代表委员博客”、《镜头摄“两会”》、“民情大聚焦”等专栏,刊出“两会特刊”(5个整版专题报道)。加强全县三级干部大会宣传报道,连续刊发《奏响“科学发展、再建新功”的激昂乐章》、《坚定转型,全面转型,加快转型》等4篇本报评论员文章。世博期间重点报道嘉善县“环沪护城河”世博安保工作。开展“参与世博、服务世博”的主题宣传。5月,刊发“青川行系列报道”,开设“为民先锋,创先争优”专栏。同时,配合“两新”工程的推进,刊发“全面推进‘两新’工程,建设‘科学发展示范点’”专栏。7月,参加县级新闻媒体开展的“全面转型,科学发展”异地采访活动,推出“转型升级周边行”专题报道。9月,刊出“抢搭高铁这班车”专栏5期。

【民生新闻报道推出新举措】 以二版“民情”栏目为依托,更加重视民生新闻报道,把宣传报道的视角更多地投向基层和普通老百姓。推出专栏“民情调查”(45期)、特色栏目《民情热线》(34期)、《百姓故事》(43期)、《走农家话增收》(19期)以及《街谈巷议》等。做好元旦、春节期间的“访贫问苦送温暖”工作的宣传报道,报道各级组织和领导关心人民群众生产生活的慰问活动;加强春运、农民工生活、农民工技能培训和职业教育等民生问题的宣传报道;开展酒驾专项整治的宣传报道。开设“弘扬生态文明,共建绿色家园”栏目,报道嘉善县从“国家级生态示范区”到“浙江省生态县”走过的创建之路。推出“劳动光荣,工人伟大,嘉善县劳动关系和谐企业风采展示”专栏,宣传劳动关系和谐企业的做法和经验。开设“社区一日”专栏(30多期),反映社区工作者为百姓解决热点、难点问题。重视做好食品安全、社会稳定等一系列民生问题的新闻报道。

【提升重点栏目品质】 打造地方特色名牌栏目,做好“民情”、“记录”、“柳洲采风”等在读者中有影响的品牌栏目,着重建设“嘉善周末”、“今日开发区”、“镇街新闻”等新栏目。加大对“柳洲采风”、“记录”等重点栏目的组稿力度,保持栏目品质。全年累计刊发“记录”24期。把“半月谈”与“就事说事”从原来的“深度”栏目中分离出来并重新定位。提高稿件质量和版面质量。

【抓好专刊版面建设】 先后完成包括“两会”专题报道5个整版在内的一系列专版:《打造和谐家园建设平安嘉善》、3·15专刊、《风雨相伴、情系民生——县气象局2009年工作掠影》、《访浙江乔克房地产开发有限公司董事长支岩福》、《大云:鸟语花香处,幸福美满时》、新客运中心运营以及嘉善县第二次经济普查主要数据公报、嘉善援建的“5·12”地震灾区四川省青川县前进乡新影像、5·12防震减灾专版、《乐活生活从垃圾分类开始》、嘉善县第五届小学生“十佳孝星”风采展示、“为民先锋”创先争优活动先锋承诺2个版——部门和镇(街道)、“六五”世界环境日专刊、文化遗产日专版、泗洲中学专刊、安全生产月专刊、第20个全国土地日专刊、黄桃节专刊、县文明办学生暑期实践活动专版、道德模范评选专版以及人大代表转型升级风采录3个专刊等。加强与各部门合作,提高“纵横嘉善”专栏的质量。办好每周一期的“镇街新闻”栏目,为各镇(街道)构建一个展示平台。10月,新开设“今日开发区”,加强对基层的宣传报道力度。

【拓展报纸平台建设】 每周五出刊《嘉善周末》,对开四个彩色整版。一版用新闻观察的方式,以重大本地新闻为主,解读国内外重大新闻事件和国家出台的大政方针;二版以文摘为主,呈现一周时事要览;三版、四版文化生活以休闲娱乐的内容为主,推出“文化时评”、“视听文化”、“文化地理”等栏目。周末版以大众喜闻乐见的文章、图片、版面,展现热点事件的独特视点、诠释本埠新闻的本质根源、展示嘉善市民的个性生活。

【抓好新闻队伍素质】 加强对采编人员的考核激励。完善采编人员岗位目标责任制考核办法、对部室的考核评价机制和员工的考核激励机制。加强制度执行力建设,完善新闻记者联系镇和部门工作制度,坚持晨会、周会、月会、季会学习制度,加强审阅把关和新闻策划,利用谈版会、党员中层干部会议进行新闻策划。实施“素质提升工程”,组织新闻采编人员参加县新闻工作论坛,开展新闻业务论文评比活动;开展业务培训和学历教育,组织8名记者、编辑参加省新闻从业人员资格培训,7人获得初级技术职称,4人取得专科和本科学历教育。发挥工会、妇女、共青团等群团组织的作用,推进报社文化建设。

【加大经营管理工作力度】 加强“三个平台”建设,重视广告经营工作。确保报纸广告经营保持稳定增长,保持报纸主业收入稳定增长;拓展“周末版”广告,寻找新的增长点;拓展户外广告市场,保证嘉盛文化传媒广告公司的经营得到良性发展。全年报社经营总收入771万元。其中,广告经营收入494万元,嘉盛文化传媒广告收入60万元。

(杨越岷)

广播电视

【概况】 2010年,嘉善县广播电视台坚持新闻立台,做好舆论引导,实现电视新闻日播,打造每天30分钟的广播电视新闻节目。加强对农服务宣传,提升对农节目内容的深度广度,加强对农宣传工作更具针对性实效性。“新农村有线广播”被县委宣传部评为宣传思想工作“三贴近”创新奖,在全省推广。开通中央电视台地方部的新闻协作网嘉善直报点,加入上海电视台新闻协作网,广播外宣继续位居全省前列。开展“广电精神”征集评选活动,评选出“广播文明,网罗财富”、“连接有线,服务无限”、“智慧源自勤勉,创新源自敬业”、“源于忠良,至于专业”、“负重进取,激情超越”5条标语为“广电精神”表述语。全年,被中央台录用广播节目40条、电视节目8条。《水乡田野》栏目获全省广播十佳对农节目称号,33件作品分获省市奖项。“嘉善热线”网站获得“浙江网络电视联盟十佳网站”称号。

推进广电惠民服务工程,提升农村广播电视“村村通”工作水平,被省广电、农办、财政厅等部门共同评为“全省广播电视对农节目服务工程建设考核优秀单位”。建设启用媒体资产管理系统,继续加强网络投资,稳固发展联网工作。至年底,全县共有数字电视终端数116745只,数字电视整体转换率98.2%。

【采制《草根达人新年愿望》】 1月,《嘉善草根达人新年愿望》在浙江之声的0时到23时作为准点报时通过卫星播出。县广播电视台记者在采制过程中先后来到沪杭高速交警执勤现场、台资企业、沪杭客运专线建设工地、古镇西塘、大棚种植户田头、学校等,录制高速交警、沪杭客运专线建设者、台商、导游、新居民、新居民协管员、小学生、大学生村官、个体经营户、农业企业负责人、大棚种植户等12个人的48段新年愿望。

【加强对农节目服务工程建设】 重视做好对农节目服务工作,加大人财物投入,完善内部激励机制,加强与各部门合作,努力提高节目质量。以农民和基层群众为主要服务对象,以对农政策指导、科技宣传、法律咨询、信息服务、文明指导和展示“三农”新貌为主要内容,培育出广播专题《水乡田野》和电视专题《跑农村》等多个品牌栏目。每周自办广播电视对农栏目超过12期。2月,嘉善广播电视台获全省广播电视对农节目服务工程建设考核优秀单位奖。

【开播广播直播节目《局长在线》】 3月13日,广播直播节目“局长在线”开播。节目是县政府纠风办、效能办与嘉善广播电视台在嘉善人民广播电台综合广播(调频99.3兆赫)联办的直播热线类舆论监督节目——“效能与行风热线”。《局长在线》每月一期,每月第二周的周六上午9:30播出,时长45分钟,开通热线电话96178。节目邀请县有关部门领导走进电台直播室,宣传解读政策,接听热线,接受群众咨询、受理投诉、听取群众意见。

【开播广播直播节目《世博英语在线》】 4月5日,迎世博英语教学节目《世博英语在线》在嘉善电台正式开播。嘉善电台FM99.3每周一上午9:00~10:00播出。节目有“常遇情景教学”、“美国俚语”、“经典歌词教学”、“嘉宾互动”等几大版块。来自光彪学院的加拿大外教罗伯特作客首期节目。

【成立应急抢修志愿者服务总队】 4月8日,举行嘉善广电应急抢修志愿者服务总队成立仪式

8月26日,中国电视新闻协作网嘉善直报点正式开通。
顾自强　摄

暨“迎世博”安保演练。县委常委、政法委书记、副县长何全根在成立仪式上为志愿者服务总队授旗,参加仪式的县级各部门领导向志愿者颁发志愿者工作手册;34名嘉善广电台部门志愿者面向队旗举手宣誓。由志愿者组成的服务总队分成魏塘、西塘等7个应急抢修志愿者服务分队,随时防范和有效应对网络、用户故障,及时修复损毁设施,快速恢复网络稳定运行,保障用户需求。在随即开展的“迎世博”安全保卫演练上,先后进行反插播应急演练和环网光缆遭受重大破坏的应急处置演练。

【建立“嘉善广电爱心基金”】 4月20日,发动全台干部职工自愿捐款,筹集建立“嘉善广电爱心基金”,用于广电困难职工和需要资助的社会弱势群体。“爱心基金”启动资金筹集后,入股台职工持股会,每年的红利收益作为基金增值部分计入。并定于每年2月作为爱心基金集中募捐月。同时,出台《嘉善广电“爱心基金”管理办法》,规定爱心基金专款专用。

【媒资系统投入试运行】 6月,嘉善广电台媒体资产管理系统投入试运行。媒体资产管理系统是为数字电视、移动电视、多媒体内容发布等业务需求而开发的内容管理平台,主要是对各种类型的视频音频资料、文字图片等媒体资料的数字化存储、编目管理、非编素材转码、信息发布以及设备和固定资产等进行全面管理的系统,共投入资金300多万元。

【开通中国电视新闻协作网嘉善直报点】 8月26日,中国电视新闻协作网嘉善直报点正式开通。中国电视新闻协作网是由中央电视台新闻中心地方记者部创建的新闻协作网络平台,依托网络平台实现信息发布、新闻资源、业务交流等内容的共享。开通以后,县广播电视台可以通过网络直接向中央台发送文字稿和传送图像。　　(王佩伟)

新闻网站

【概况】 2010年,嘉善新闻网围绕做大做强、使之真正成为嘉善网上正面宣传的主导力量、网络舆论引导的主阵地的工作目标,积极探索,不断实践,取得初步成效。

【建立健全运行和管理制度】 建立《嘉善新闻网岗位职责》、《嘉善新闻网新闻稿件发稿流程》、《嘉善新闻网宣传报道把关及差错责任追究工作实施细则》、《嘉善新闻网网络与信息安全保障规范》等制度,出台《部门、镇(街道)新闻信息的约稿制》、《部门、镇(街道)网络舆情联动机制》、《规范嘉善互联网新闻信息发布制度》等,从制度上保障新闻网的正常运行。

【打造在线访谈品牌】 专门购置网络直播设备,建立新闻网演播室。在重大宣传活动、重要政策出台时,邀请县领导、有关部门负责人等走进网站演播室,先后举办“直通两会”,中、高考政策解读和“两新”政策解读、组织部长在线访谈等6场次网络在线访谈活动。先后图文直播嘉善县2009年度经济运行情况、2010年第一季度经济运行情况、嘉善县组织工作“十大工程”、嘉善县新一轮人才政策等7场新闻发布会或新闻通气会,网络视频直播嘉兴市道德模范基层巡讲报告会、柳洲大讲堂(第二、第三场)、八大先锋事迹报告会、沪杭客运专线开通等9场次。

【开展主题宣传】 先后组织“十大人民满意的警察评选”、“县文明示范、学习型家庭评选”、第二届道德模范评选、嘉善首届村干部评选等10个网络评选活动；举办“爱心公益”网络、现场植树活动、清明节网络缅怀先烈活动以及“低碳生活 创意环保”妙点子征集、第二届网络歌手大赛等活动；举办’10嘉善首届青少年读书博文大赛、“碧云杯”生态文明博客比赛；推出热点话题栏目。

【推出系列专题】 整合电视、报纸等资源，先后推出两会专题、’10嘉善·姚庄桃花节专题、嘉善迎世博、汶川特大地震二周年记者青川行、学习实践科学发展观，建设服务型基层党组织，做一个有道德的人等9个专题。

（张育慧）

11月6日，举办嘉善县庆祝第十一个中国记者节座谈会。

县委宣传部 提供

综 述

2010年,嘉善县有各类医疗卫生机构169家,其中医疗机构162家,公共卫生机构4家(疾病预防控制中心、卫生监督所、妇幼保健所、肿瘤防治所),其他卫生事业单位机构3家(卫生财务(核算)分中心、卫校、中药加工场);医疗机构中有县级医院4家、镇(街道)卫生院(社区卫生服务中心)11家、社区卫生服务站113家、民营医院4家(东方康复医院、枫南骨伤医院、嘉辰外科医院、五洲中西医结合医院)、其他医疗机构30家(包括门诊部、诊所、医务室)。全县医疗机构总人数2478人,其中卫生技术人员2080人。卫生技术人员中,有执业(助理)医师752人,注册护士713人,药剂人员167人,检验98人员,其他卫技人员350人。全县平均每千人拥有医生1.98人。全县有病床1310张,平均每千人拥有病床3.45张。

全年,全县公立医疗机构诊疗病人227万人次,比上年增长9.13%;完成住院床日28.7万个,比上年增长7.49%。实现业务收入4.01亿元,比上年增长7.51%,其中,县级医院3.36亿元,比上年增长17.89%;公立医疗机构净资产3.9亿元,比上年增长8.03%。

至年底,卫生系统在编职工1472人,其中卫生院437人;卫技人员1333人,其中卫生院405人;全系统离退休人员748人,其中离休22人。1333名卫技人员中,有研究生17人(占在编卫技人员总数的1.3%)、本科生502人(占37.7%)、大专生486人(占36.4%)、中专生208人(占15.6%)、高中及以下学历120人(占9.0%)。有正高职称12人(占0.9%)、副高职称87人(占6.5%)、中级职称469人(占35.2%)、助级职称462人(占34.7%)、员级职称288人(占21.6%)、无职称15人(占1.1%)。

抓好实事工程建设。县第一人民医院迁建工程完成各项前期工作、桩基工程及“三通一平”工作,完成门、急诊综合楼基础钢筋、病房楼基础土方开挖及部分混凝土垫层。惠民卫生院迁建工程完成综合楼主体工程建设。西塘镇卫生院迁建工程完成综合楼框架结构及墙体工程。杨庙卫生院迁建工程于11月30日竣工,并投入使用。

推动卫生强县创建。年初,县委、县政府提出2011年创建省级卫生强县目标,并成立由县长姚高员任组长的领导小组,召开全县动员大会,进行部署,分解落实创建任务。建立重点部门联络员制度,确定创建卫生强县工作重点。魏塘、罗星、惠民街道和天凝、西塘镇成功创建卫生强镇(街道),全县实现卫生强镇(街道)全覆盖。 (郑建娟)

医药卫生体制改革

【概况】 根据省委、省政府确定的“2+X”工作要求,抓好农村医疗卫生服务机构体制、机制改革试点工作。整合县镇(街道)医疗卫生资源,探索建立县域内医务人员柔性流动机制。实施国家基本药物制度,以确保基层医疗卫生机构平稳运行。

【做好社区卫生服务机构定性定编工作】 核定全县社区卫生服务机构编制总数743个。根据卫生院设置与镇(街道)行政区划相一致原则,将原有的11个卫生院调整为9个镇(街道)卫生院,同时设立镇(街道)社区卫生服务中心,与所属卫生院合署办公("两块牌子,一套班子")。社区卫生服务中心定为社会二类卫生事业单位。至年底,完成有关社区卫生服务机构的分设和撤并工作。把原来设在惠民街道卫生院的精神科划出,单设为精神病医院并更名为嘉善县康慈医院。康慈医院按照二级精神病医院标准建设:每床至少配备0.44~0.75名卫生技术人员及新建医院设置床位200张的要求,核定康慈医院人员编制88人。

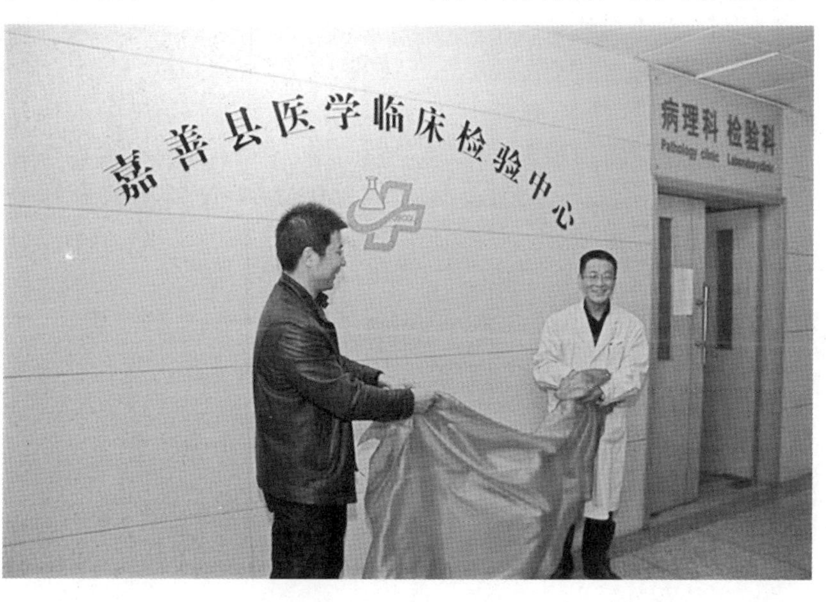

12月28日,成立嘉善县医学临床检验中心。 县卫生局 提供

【建立嘉善县医学临床检验中心】 根据"统一规划、分步实施"和"有分有合、统分结合"的原则,12月28日,成立嘉善县医学临床检验中心并投入运行,整合县镇(街道)医疗卫生资源。医学临床检验中心为准公益事业单位,人员编制6名,挂靠县第一人民医院。同时组建物流团队,建立区域LIS系统平台(检验科信息管理系统),实现临床检验中心与合作机构检验结果共享。

【实施国家基本药物制度】 为确保国家基本药物制度顺利实施,根据2011年浙江省将全面实施基本药物制度的要求,12月14日,县政府召开深化医药卫生体制改革推进会暨实施国家基本药物制度工作会议,制定《嘉善县基层医疗卫生机构基本药物制度实施方案(试行)》。县财政局和县卫生局联合出台《嘉善县基层医疗卫生机构实行国家基本药物制度经费补助办法》等配套文件。文件明确在职在岗人员、在职乡村医生、离退休人员、社区卫生服务站运行、卫技人员素质提升、其他公共卫生服务等7个方面的补助范围及标准,确定财政补助拨付方式,以确保基层医疗卫生机构实施药品零差价后平稳运行。

【探索建立县域内医务人员柔性流动机制】 开展县镇公共卫生机构骨干交流锻炼工作,计划用2~3年的时间,将全县公共卫生战线的中层干部和中青年骨干进行上挂(社区卫生服务中心到县级公共卫生单位)或下派(县级公共卫生单位到社区卫生服务中心)锻炼。整合县级医疗卫生单位专家资源,抽调21名专家领衔组建糖尿病、高血压、脑卒中、冠心病、肿瘤和精神病等6个慢性病防治工作指导组,同时组建3个管理团队。结合"两新"工程建设和"1+X"新社区建设规划,重新编制、构筑与"1+X"规划相匹配的城乡社区卫生服务体系。

(郑建娟)

医政管理

【概况】 2010年,贯彻落实卫生部《关于进一步改善医疗机构医疗服务管理工作的通知》精神,加强医疗机构门诊、住院服务管理,优化服务环境,规范服务流程,提高医疗服务质量和效率。按照创建"卫生强县"、"平安医院"和"强院工程"要求,加强督导检查,促进临床合理检查、用药和治疗,减轻群众就医负担,缓解"看病难、看病贵"问题。加强医疗质量管理,继续开展"医疗质量万里行"活动,抓好医疗质量持续改进计划落实。加强医疗质量检查指导,做好医疗、护理、医技、药事等方面的质量控制和教育培训,加强医疗急救、病历书写、院感、护理技能等质量管理,全面提高医疗服务能力和水平。做好医疗机构换证工作,为71家许可证到期的医疗机构换证,新注册4家,注销4家,变更14家,校验67家。做好医师资格考试工作,全年有136人报名参加年度医师资格考试。做好 2009 年度医师资格证书发放工作,为 31 名考试合格人员下发资格证书并进行注册登记。全年,医师变更注册 64 人,护士注册 25 人,护士变更注册 34 人。

【抓好院前急救能力建设】 加强院前急救培训,举办全县心肺复苏技能竞赛,提高卫技人员心肺复苏技能。整合县域现有医疗急救资源,组建全县 120 统一指挥系统,落实人员编制、经费和装备等。全县 120 统一指挥系统下设医疗、驾驶、调度 3 个组,暂挂靠县第一人民医院,同时吸纳有应急救护能力的县第二医院、中医院加入,提升整体救治能力。

【开展中医中药进社区工作】 抓好"浙江省农村中医工作先进县"成果巩固工作,开展中医中药进社区活动,推广"治未病,调已病"中医防病治病理念,将中医医疗服务延伸到社区和居民家中。抓好嘉兴市第二批中医药参与社区卫生服务示范单位创建工作,陶庄镇、西塘镇卫生院通过中医药参与社区卫生服务示范单位考核验收。截至年底,全县有 4 家卫生院获得市中医药参与社区卫生服务示范单位称号。加强县中医院建设,启动二级甲等中医院创建工作。

【抓好医学继续教育】 全年有 11 人参加全科医师培训,10 人参加社区护士岗位培训,12 人参加基层检验专业岗位培训,24 人参加第二阶段基层超声医学专业岗位培训,21 人参加嘉兴市远程继续医学教育,9 人参加省血液透析技术培训。

【加强医学科研管理】 全年,卫生系统列入县科技计划项目 11 项,其中县第一医院 7 项,县中医院、县疾控中心、陶庄、惠民卫生院各 1 项。县第一医院科研项目——急性胰腺炎病人甲状腺素变化的观察获县科学技术进步奖二等奖,县二院、县疾控中心的科研项目——2 型糖尿病尿微量白蛋白、血管内皮功能和超敏 C 反应蛋白的关系讨论、流动人口结核病控制模式研究获三等奖。

【建立第三方协调处理医疗纠纷机制】 制定并颁布《嘉善县医疗纠纷预防与处置办法(试行)》,成立县医疗纠纷人民调解委员会和医疗责任保险处置理赔中心。4 月,建立实施医疗纠纷第三方介入处置机制,县保险机构组建医疗责任保险项目共保体,并建立医疗责任保险相关制度,多方位、多渠道地防范和处理医疗纠纷。全年医疗纠纷人民调解委员会共受理调处医疗纠纷 20 件,成功调处 17 件,其中死亡案件 6 件。

【抓好名医名科考核工作】 2010 年是嘉善县卫生系统首届"名医名科"最后一个考核年度。县卫生局成立考核小组;考核小组依据《嘉善县卫生系统重点医学学科、知名医生考核办法》,对上年度考核合格的名医名科进行考核评定。共评出重点学科 8 个,知名医生 9 名。

【开展社区医生定向培养】 继续落实省卫生厅、教育厅等部门联合印发的《关于开展定向培养农村社区医生试点工作的通知》文件,2010 年实行以县为单位定向招生,全县有 39 名符合条件的考生与卫生局签订培养协议,根据高考成绩有 15 人被湖州师范学院医学院录取。 (蒋 琪)

疾病预防与控制

【概况】 2010 年,疾病预防控制部门加强综合目标管理,完善规章制度,开展考核机制探索,努力提高科学管理水平。全年,全县各医疗单位通过疫情网络直报系统共报告甲、乙、丙类传染病 16 种 3239 例,报告发病率 255.61/10 万。法定报告传染病的报告及时率、网络直报审核及时率分别为 99.39% 和 100%。抓好公共卫生监测区工作和社区居民健康建档工作,在全县户籍人口中共建档 261319 份,建档率 68.24%。开展慢性病网络直报工作。检测各类样品 62657 份 103306 项。

【防控霍乱及手足口病】 加强肠道门诊、外环境、食品与从业人员霍乱监测,检测各类样品 18348 份,检出霍乱弧菌阳性 1 份,报告霍乱病人 1 例。及时采取措施,疫情得到控制,未发生二代病例。报告手足口病病例 1285 例,发病率 195.17/10 万,其中重症病人 4 例,无死亡病例。对手足口病的病例严格按照防控指南,做好疫点消毒处置工作和流行病学调查工作。

【加强结核病预防控制工作】 全年各单位转诊肺结核病人、疑似病人670例，到位640例，到位率95.52%，比上年同期（到位率95.27%）上升0.25%。新登记确诊病人305例，阳性病人117例（新涂阳106例），新登阳性率32.10/10万。全年满疗程治愈率85.25%，达到治愈率85%以上的指标。全县网络直报疑似、确诊肺结核病人450例（排除重报），到位448例，到位率99.56%，达到月到位率95%的指标。对符合免费标准项目的病人开展免费检查和免费治疗，免费检查初诊病人662例。为传染性肺结核病人开展免费检查、免费治疗，全年共减免费用6万余元，全球基金流动人口结核病防治项目为病人提供交通补助、营养补助7万余元。

【抓好艾滋病检测工作】 全县共报告性病病人968例，其中HIV感染者8例。开展艾滋病高危行为宣传干预，对重点人群进行HIV抗体监测，共监测36032人。开展艾滋病自愿咨询检测1194人，发现HIV抗体阳性4例。

【推进免疫规划工作】 继续实施卫生部与联合国儿童基金会合作的"流动儿童免疫预防管理策略与服务模式"项目；对国家免疫规划确定及浙江省确定的疫苗，全部实施免费建卡和接种，预防接种建卡建证率达100%，全年接种16种预防用生物制品189286人次。向省免疫规划管理服务器上传63563名流动儿童接种信息。抓好第二轮预防接种门诊规范化建设，继上年8家接种门诊部完成改造后，又有1家完成改造，有2家正启动改造。根据省卫生厅麻疹疫苗强化免疫方案要求，9月11～20日对8月龄～4岁儿童开展麻腮疫苗强化免疫活动。全县需强化免疫的儿童有19656人，其中本地儿童8413人，流动儿童11243人。强化接种19099人，其中本地儿童接种8101人，流动儿童接种10998人，接种率97.17%。

（陆金星）

卫生监督

【概况】 2010年，审批发放许可证822件，签发从业人员健康证14138份。实施卫生监督检查1.6万余户次，监测各类样品866份。行政处罚19起，罚款20.95万元，其中立案16起。全面推行"说理式"行政处罚决定书。受理并调处投诉举报126件。组织从业人员年度大体检8670人，5病（痢疾、伤寒、病毒性肝炎、活动性肺结核、化脓性或者渗出性皮肤病）调离0人。开展各类专题培训39期次，受训1644人次。开展重大食品安全保障21次，保障5万余人次就餐安全。2010年，县卫生监督所相继被评为浙江省粉尘与高毒物品危害治理专项工作先进集体、浙江省上海世博会餐饮服务食品安全保障工作先进集体。县卫生监督所西塘分所获"嘉兴市示范卫生监督分所"称号。12月，按照嘉兴市部分监督管理类事业单位参照公务员法管理及人员登记工作方案，有30人（在编人员35人）参照公务员法管理。

【做好上海世博会卫生监督保障工作】 制定《嘉善县卫生监督所2010上海世博会"环沪护城河"卫生监督保障工作实施方案》，召开全县卫生监督会议和餐饮服务、公共场所单位世博期间卫生安全工作专题会议，签订《上海世博会期间嘉善县餐饮服务、公共场所单位卫生安全承诺书》。组织人员观摩省卫生监督局组织的演练，参与市卫生监督所组织的拉练活动。世博会期间先后出动卫生监督人员6785人次，检查餐饮单位和住宿、游泳场所等公共场所13464户次，全县无一食物中毒等突发公共卫生事件发生。

【开展粉尘与高毒物品危害专项治理】 梳理粉尘与高毒物品危害企业448家。4月27日～5月14日，在镇（街道）举办粉尘与高毒物品危害治理专项行动动员暨培训班9期。开通职业卫生QQ群和服务热线。完成职业危害项目申报企业418家，占93.30%。签订健康检查协议企业418家，占93.30%；已体检单位320家，体检人数10778人。签订职业危害因素检测评价企业289家，已检测企业210家，检测点数2792点，合格2395个点，合格率85.78%。为418家整治企业进行人员培训。发出卫生监督意见书49份，限期整改通知书15份。339家企业投入整改，落实整改资金974万元。职业禁忌症调离66人次，5名疑似职业病人进入诊断程序。

【加强中小医疗机构分级管理】

开展整治消毒产品违法宣传疗效和添加药物专项行动。完成

148 家中小医疗机构依法执业分级监管,其中“规范”级 23 家、“合格”级 125 家。完善打击“非法”行医部门协作机制,县公安局在县卫生监督所设立“打击非法行医和非法采供血”工作联络室。11 月 3 日,召开打击非法行医部门联席会议,有效打击非法行医活动。（潘曙勤）

肿瘤防治

【概况】 2010 年全县新发恶性肿瘤 1414 例,粗发病率为 368.71/10 万,其中男性新发肿瘤 831 例(437.72/10 万),女性 583 例(301.05/10 万),男女性别比为 1.43 : 1;发病前 10 位依次为肺癌、大肠癌、胃癌、肝癌、乳腺癌、食管癌、胰腺癌、脑肿瘤、膀胱癌、白血病,粗发病率分别为 70.66/10 万、45.63/10 万、45.11/10 万、38.59/10 万、25.03/10 万、16.43/10 万、15.38/10 万、10.69/10 万、9.91/10 万、6.26/10 万。

全年,全县肿瘤死亡 825 例,死亡率为 215.12/10 万,其中男性肿瘤死亡 562 例(296.03/10 万),女性 263 例(135.81/10 万),男女性别比为 2.14 : 1。死亡前 10 位依次为肺癌、肝癌、胃癌、大肠癌、食管癌、胰腺癌、乳腺癌、脑肿瘤、白血病、前列腺癌。

2010 年,全县居民死亡共计 2806 人,死亡率为 731.68/10 万,死因前 10 位依次为恶性肿瘤、呼吸系统疾病、循环系统疾病、损伤与中毒、传染病、糖尿病、消化系统疾病、精神障碍疾病、泌尿生殖系统疾病、神经系统疾病。其中男性死亡 1555 人,死亡率为 819.08/10 万;女性死亡 1251 人,死亡率为 645.99/10 万。死因排名无性别差异。死因排名前 3 位依次为呼吸系统疾病、循环系统疾病、恶性肿瘤。

【人均期望寿命】 2010 年,嘉善县居民 0 岁组人均期望寿命 80.55 岁,其中男性 78.01 岁,女性 83.24 岁。

【实施大肠癌早诊早治项目】 嘉善县作为全国大肠癌早诊早治示范基地之一(全国只有嘉善县和海宁市),2007 年~2009 年,先后在干窑、大云、姚庄 3 个镇开展大肠癌早诊早治筛查和复查。第一轮 3 年任务完成后,2010 年大肠癌早诊早治筛查点扩大为 6 个,嘉善县和海宁市继续被确定为 2010 年全国大肠癌早诊早治筛查的示范点。2010 年,该项目在姚庄镇的丁栅片和天凝镇的天凝片实施,40~74 岁应检目标人群 22190 人,实际参加筛查 18958 人,初筛顺应率 85.43%。经初筛确定高危人群 3087 人,初筛阳性率 16.28%。高危人群中完成电子肠镜检查 2332 人,肠镜检查顺应率 76.06%。共检出各种大肠疾病 448 例,检出率 19.21%,检出大肠癌 25 例(早期癌 17 例),检出各类大肠息肉 407 例(腺瘤 316 例,非腺瘤性息肉 91 例),大部分病例进行及时治疗。检出溃疡性结肠炎 15 例,伴中、重度异型增生的其他病变 1 例。（李其龙）

城乡居民合作医疗

【概况】 2010 年,全县有 282278 人参加城乡居民合作医疗,参保率 98.08%,同比增加 1.02 个百分点。其中,农村居民实际参保 181296 人,参保率 98.36%,参保率比上年增加 0.75 个百分点;城镇居民实际参保 100982 人,参保率 97.57%,参保率比上年增加 6.21 个百分点。全年,全县城乡居民合作医疗年人均筹资 300 元。其中个人缴费 110 元,镇财政按实际参保人数每人资助 86 元,县以上(含中央和省)财政按实际参保人数每人资助 104 元。

全年个人缴费收入 3109.84 万元,镇财政资助 2428 万元,县财政资助 2440 万元,省财政资助 496.29 万元,中央财政资助(到位)94.7 万元;利息收入 61.55 万元。全年基金预算收入 8468.34 万元,实际到位 8630.38 万元,实际人均筹资 305.74 元。全年补偿支出总计 8418.69 万元,占年度预算收入的 99.41%,月平均补偿支出 701.56 万元。当年收入结余 211.69 万元,滚存结余 1915.37 万元;其中上年累计结余 1703.68 万元(含风险金 733.89 万元)。

【补偿水平又有提高】 2010 年度,普通门诊补偿标准仍保持:镇以下医疗机构 30%,县级医疗机构 20%。住院补偿率各段分别提高 3%,即 5000~10000 元补偿 53%,10000 ~ 30000 元补偿 63%,30000 元以上补偿 73%。政策内补偿率 50% 以上。全年共计有 1185040 人次得到补偿,增幅 6.10%。其中,住院增长 16.39%,普通门诊增长 35.92%。全年有 22123 人次获得住院补偿,其中,镇(街道)卫生院2040人次,占9.22%;县级医院11352人次,占51.31%;市级医院5392人次,占24.37%;市外医院2768人次,占12.51%。住院补偿共支出6580.62万元,其中,镇(街道)卫生院340.93万元,占5.18%;县级医院2378.79万元,占36.15%;市级医院1797.5万元,占27.32%;市外医院2063.71万元,占31.36%。人均住院补偿2974.56元,比上年同期增长17.76%。其中,镇(街道)卫生院住院补偿2532.88元,增长35.28%;县级医院住院补偿2095.21元,增长18.34%;市级医院住院补偿3333.64元,增长10.49%;市外医院住院补偿5117.06元,增长16.55%。

2月3日,召开嘉善县城乡居民合作医疗工作汇报会。

县卫生局　提供

【卫生部等有关部门领导、专家考察嘉善县合作医疗机构建设】 2月2日,国家卫生部在嘉兴市召开基本医疗卫生制度与城乡居民基本医疗保障制度研讨会。2月3日,出席研讨会的中共中央、全国人大、国务院等有关部门领导,部分地方政府及卫生部门领导,部分高校、科研院所专家以及世卫组织驻华代表处负责人等70人在卫生部农卫司聂春雷等领导的陪同下,到嘉善考察城乡居民合作医疗办公室建设及工作开展情况。考察组现场察看县级合作医疗经办机构、合作医疗信息管理系统及网上征缴情况。

【加强合作医疗管理】 加强内部管理,规范工作流程,严格中途参保手续。规范经办机构设置,建立培训考核制度。2010年,新招聘本科以上专业人员3名。全县各镇(街道)共有合作医疗管理人员26名,办公配有电脑、复印、传真等设施。建立信息系统管理制度,明确信息系统使用对象、管理原则、数据维护职责等。

【抓好国家新农合监测点工作】 贯彻落实国家监测工作会议精神,根据新的变化要求,修改完善监测软件,提高数据质量。调整与完善入户调查队伍,建立监测点考核管理机制,抓好300户农户入户调查工作与医疗机构数据信息监测工作。9月底,国家卫生部专家到嘉善督查工作时充分肯定监测工作。

【抓好陶庄卫生院信息化整合试点工作】 按照省市信息化建设要求,围绕建立城乡居民电子健康档案工作重点,全面整合医疗服务管理、疾病预防控制、公共卫生服务、社区卫生服务、合作医疗保险、电子病历与政务管理等卫生信息资源,并在陶庄卫生院开展医疗卫生信息资源共享试点,为建立卫生信息中心平台打好基础。

【实现民政医疗救助"一站式"服务】 根据医改工作要求和省、市制定的工作目标,开展即时民政救助及异地结算调研。10月底,实施3.0软件升级改造,并于12月10日成功切换升级软件。软件升级后,全县实现合作医疗补偿与民政医疗救助"一站式"服务。　　(冷春红　马公超)

妇幼保健

【概况】 坚持妇幼卫生工作方针,贯彻实施一法两纲,加强高危孕产妇、体弱儿管理。2010年,全县活产数2069人,孕产妇死亡率0/10万,围产儿死亡率5.30‰,新生儿死亡率1.93‰,婴儿死亡率2.90‰,5岁以下儿童死亡率 4.35‰。孕产妇系统管理率 93.19%,住院分娩率 100%。7 岁以下儿童保健管理率 98.10%,3 岁以下儿童系统管理率 93.22%。新居民产妇保健管理率 85.45%,0~6 岁新居民儿童保健管理率 60.30%。

【推进妇幼保健重大公共卫生服务项目】 实施农村孕产妇住院分娩补助项目,2009 年 10 月~2010 年 9 月,共补偿 825 人 41.25 万元。2010 年 5 月起,实施增补叶酸预防神经管缺陷项目,至 9 月,全县共上报待孕妇女 1299 人,免费服用叶酸 1037 人,叶酸服用率 79.83%,产妇中服用叶酸人数 496 人,依从人数 96 人,依从率 19.35%。

【抓好免费婚前医学检查工作】 继续实施免费婚前医学检查和免费孕前优生检测项目。全年,婚前医学检查 3439 人,检查率 87.24%,患病率 6.28%,全程婚检率 54.21%;孕前优生检测 1873 人,检测率 85.56%。

【加强“四项”筛查工作】 新生儿听力筛查率 97.13%,听力障碍率 1.95‰。新生儿疾病筛查率 98.33%,确诊先天性甲状腺功能低下 1 人、苯丙酮尿症 2 人。产前筛查率按年报计算为 93.62%、按业务活产数计算为 73.25%,确诊异常 14 例。开展预防艾滋病母婴传播工作,建立围产保健册时 HIV 抗体检测率为 95.88%,婚检、孕期、住院分娩、人工流产术前检查均未发现艾滋病病毒抗体阳性。

【依法开展母婴保健专项技术服务】 进行产科质量检查,剖宫率 52.90%,本地孕妇剖宫产率 76.85%。按要求免费签发出生医学证明 4617 本,发证率 97.38%。开展母婴保健技术服务人员考核合格证书、母婴保健专项技术服务执业许可证校验工作,103 人、4 家县级单位通过校验,28 人重新申办或新申办考核合格证书。

【实施围产保健居住地管理】 提高新居民妇幼保健水平。为新居民孕产妇建立围产保健册 3622 份,早孕建册率为 21.01%,保健管理率 85.45%。

【规范计划生育技术服务】 进行计划生育技术服务质控检查,全年各项节育手术 16629 例,并发症发生率 12.03/万。开展计划生育技术服务人员合格证书校验工作,65 人通过校验,12 人重新申办或新申办计划生育技术服务人员合格证书。

【推进妇女健康促进工程】 全县已婚妇女常见妇科病检查 60220 人,其中免费检查 53530 人,检查率 81.90%,患病率 48.83%。抓好镇、村妇幼保健人员培训,推进社区妇幼卫生工作,主要工作指标达到相关要求。

(唐永勤)

社区卫生服务

【概况】 2010 年,全县完善城乡社区卫生服务机构设置及编制配备。全县 9 家卫生院(社区卫生服务中心)核定人员编制数从原来的 605 人增至 743 人。继续完善“六位一体”功能,制定《嘉善县社区卫生服务站医疗质量管理办法(试行)》、《嘉善县社区卫生服务站公共卫生管理办法(试行)》、《嘉善县社区卫生服务站财务管理办法(试行)》等 3 个规范性文件,推进社区卫生服务站基本医疗、公共卫生和财务管理工作。继续实施“大手牵小手,县级医院支援社区卫生服务工程”,县级医院派出医疗专家,帮助社区卫生服务中心开展工作。继续开展好“健康直通车驶进新农村”活动,全年安排主题活动 21 个,各医疗卫生单位开展活动 56 场次,参加活动的医务人员达 397 人次,接受健康咨询 3250 人次,义诊 1849 人次,发放各类宣传资料 6296 份。

【深化社区责任医生制度】 加强“一镇一品”(特色或重点)工作,推进社区责任医生工作,推广社区责任医生团队制度,在社区卫生服务站和社区卫生服务中心建立社区责任医生服务团队、指导团队、技术指导小组、领导(考核)小组等 4 个层次的管理组织。全年社区卫生服务机构共聘任责任医生 341 名,开展健康讲座 619 次,发放健康宣教资料 10.05 万份,出黑板报 1278 期,健康档案管理累计 29.93 万人次,随访老人和困难群众 16.50 万人次、结核病人 1192 人次、高血压 9.08 万人次、糖尿病 2.05 万人次、脑卒中 0.81 万人次、冠心病 0.52 万人次、肿瘤 0.77 万人次,门诊 55.07 万人次。姚庄镇、天凝镇、陶庄镇成功创建省级规范化社区卫生服务中心。至年底,

全县成功创建省级规范化社区卫生服务中心5家。（孔垂峰）

爱国卫生

【概况】 2010年，全县抓好创建成果巩固工作，开展“迎世博、优环境、创文明”市容整治活动，实施健康促进工程，做好改水改厕工作。开展爱国卫生运动。4月，结合第二十二个爱国卫生月活动，县爱卫成员单位组织义务劳动134次，2244人次参加卫生大扫除。爱国卫生月期间，全县开展宣传活动168次，33850人次受教育；发放宣传资料7.4万份，举办健康讲座86场，设置宣传站139处，出黑板报180期，展出宣传板32块，张贴标语86条；组织义务劳动169次，9000人次参加义务劳动；治理脏乱差道路40.35万平方米，清除垃圾1789吨，清除乱张贴6792张（处），取缔露天粪缸、简易厕所134只，消灭病媒生物孳生处351处。

【开展控烟工作】 在县卫生局机关、疾控中心、卫生监督所及5家医疗单位率先开展禁烟工作，并成功创建无烟单位。开展控烟健康教育黑板报展评。在魏塘街道和陶庄、姚庄镇6个村（社区）300户居民中开展“中国烟草控制流行病学和干预”调查。

【实施健康促进工程】 开展“百场健康教育课进社区”活动，全县9个镇（街道）共开设健康教育课115堂（次），受教育7000多人次。开展优秀课评选活动，提高授课质量。开展健康教育示范镇创建活动，提升全民健康素质，干窑、天凝、陶庄3个镇成功创建“浙江省健康教育示范镇”。嘉善第二高级中学、陶庄中学、干窑中学、干窑小学、天凝小学通过“健康促进学校”铜奖验收。结合“3·24结核病防治日”、“4·25全国儿童预防接种日”、“12·1世界艾滋病日”等宣传日开展形式多样的健康教育活动，提高群众健康意识。城乡居民健康知识知晓率95.66%。

【做好病媒生物防治工作】 按照“环境治理为主，化学防治为辅”的综合防治方针，做好“四害”密度监测工作，完善防治措施，降低病媒生物密度。11月，6个镇通过“灭鼠先进镇”考核验收。

【抓好改水改厕工作】 抓好陶庄镇和天凝镇（原洪溪镇）等10个监测点枯水期和丰水期的水质监测和网络直报工作。年初，将改厕任务分解到各镇（街道），明确职责，并纳入年度工作目标考核内容。截至年底，全县新增改厕农户993户，卫生厕所普及率96.54%，无害化卫生厕所普及率88.81%。全县自来水普及率100%。（冯群青）

地方病防治

【概况】 2010年，继续抓好螺情监测和血吸虫病病情监测工作，加强疟疾、慢性丝虫病、甲状腺肿大等地方病的监测检查和防治工作，确保人民群众身体健康。

【抓好螺情监测工作】 抓好春、秋两季查螺工作，采用分轮查、重点查和联防查方法，全年共查螺118个村4115条块，面积220万平方米；其中轮查29个村，占24.57%，共查1594条块，面积89.04万平方米；重点查89个村，占75.43%，共查1736条块，面积130.96万平方米；联防查7个村，共查46条块，面积3.41万平方米。春秋两季查螺共投工4762个，未发现螺点。对有螺区域（3年内）在春秋两季采用土埋与药物相结合方法进行复灭，共进行3次。巩固性灭螺投工321个，灭螺面积2.29万平方米，消耗氯硝柳胺0.2吨。在县域毗邻地区的主要河道设点打捞漂浮物7202公斤，未发现钉螺。开展种养殖户调查，春秋两季共调查全县118个村中3449户，未发现从疫区引进水生动植物。

【抓好血吸虫病病情监测】 各镇（街道）在中心小学六年级学生中进行新感染监测，共检查581人，发现血清学阳性1人，阳性率0.17%。阳性者经粪检追踪，呈阴性。各医疗单位在门诊中发现有血吸虫病体征患者1234人，经检查无阳性。在外来人员、往返于疫区人员和新居民子弟学校学生中（来自89个血吸虫病流行县和38个疫情回升县）进行血吸虫病监测，共检查7879人，血吸虫病阳性24人，阳性率0.30%。对血清学阳性者5人进行粪检追踪，无阳性。开展血吸虫病血清学阳性者（嘉善县和平湖市）及新申请晚血救助人员大便孵化工作，共检测132人份，未查到血吸虫虫卵和毛蚴。抓好成年血吸虫病血清学阳性者扩大化疗，共治疗8人。继续开展晚期血吸虫病人内科治疗救助,共救助196例,其中2009年在册的救助对象175名,2010年死亡20例,新申请救助41例。

【开展其他地方病监测防治工作】 抓好疟疾、疑似疟疾、不明原因发热病人疟原虫血检工作,共监测2490人,未发现疟疾病人。开展病例侦查30次,血检97人,未发现疟疾病人。设立慢性丝虫病患者关怀照料点,常年开展"慢丝门诊"。全年随访慢丝病人332名。在惠民、大云、西塘、陶庄、魏塘等5个镇(街道)的中心小学2~4年级(8~10岁)的学生中进行甲状腺肿大检查、尿碘检查。共检查697人,查出Ⅰ度甲肿12人,甲肿率1.72%;尿碘检查100人,尿碘中位数214.0μg/L。开展居民食盐全定量检查,共检查288份,合格279份,合格率96.88%。在盐业加工厂开展每月1次全定量监测,共监测108份,合格108份,合格率100%。 (吴永先)

红十字会

【概况】 全县红十字会深入贯彻《中华人民共和国红十字会法》和红十字会章程,牢记红十字会宗旨,履行红十字会职责,弘扬"人道、博爱、奉献"红十字精神。组织开展赈灾救助、无偿献血、造血干细胞捐献、遗体捐献、初级卫生救护培训等工作,协助上级红十字会开展"博爱帮困"捐助困难群众活动。

【组织抗震救灾募捐活动】 4月,青海省玉树藏族自治州发生7.1级地震后,县红十字会发出倡议书,呼吁热心公众和社会各界关注灾情,奉献爱心。期间共接收社会各界捐款208648.5元,全部经省红十字会转往灾区,帮助灾区人民抗震救灾,重建家园。

【开展卫生救护知识培训】 全年,县红十字会为各企事业单位和部门举办初级卫生救护培训班9期,630人参加培训。新发红十字救护员证480张(人),群众自救互救能力得到提高。

【推进无偿献血工作】 5月第一周,在县城世纪联华超市广场开展博爱周活动,宣传无偿献血和现场救护知识等。全年参加无偿献血合格采血人数3100人,总血量1049800毫升。临床用血总量995960毫升,无偿献血占用血比例为105%。

【组织造血干细胞捐献活动】 举办全县红十字会造血干细胞捐献宣讲会,现场采集志愿者造血干细胞样本。参加宣讲会的100人中有33名志愿者现场采集造血干细胞样本,样本采集后经市红十字送到省骨髓库进行存档。

【开展遗体(器官)捐献登记工作】 继续开展遗体(器官)捐献登记工作,有多人电话联系或到红十字会进行咨询,并领取申请表。有1人被接收站确认,多人正在申请办理。 (蒋 琪)

社会生活

人民生活

【概况】 2010年,嘉善县以科学发展观为统领,深入推进“科学发展示范点”和“创先争优活动示范点”建设,全县居民收支继续稳步提高。全年抽样调查显示:全县城镇居民全年人均可支配收入28190元,同比增长12.0%;人均消费性支出16019元,同比增长4.2%。农村居民人均纯收入14383元,同比增长12.8%;人均生活消费支出10205元,同比增长16.2%。城乡居民恩格尔系数分别为34.1%和32.3%。年末,城镇居民人均住房建筑面积35.03平方米,农村居民人均拥有住房面积61.98平方米。

【城镇居民收入稳步增长】 城镇居民人均家庭总收入30775元,同比增长12.0%。其中:人均可支配收入28190元,同比增长12.0%,增幅比2009年上升1.2个百分点。从收入来源看,四项收入呈现全面增长态势:人均工资性收入18487元,增长10.8%,工资性收入占家庭总收入的比重为60.07%,拉动家庭总收入增长5.9个百分点;工资性收入增长平稳,在居民收入来源中仍占主导地位。人均经营性收入4355元,增长23.1%,拉动家庭总收入增长2.65个百分点,增幅与2009年相比上升2个百分点。人均转移性收入6105元,增长12.5%,拉动家庭总收入增长2.2个百分点。人均财产性收入1828元,增长0.3%。全年,个体私营经济和民营经济发展迅速,居民创业热情高涨,城镇居民就业渠道得到拓宽,经营性收入成为居民收入新的增长点,在四项收入中增幅位列第一,成为近年来拉动居民收入增长的一大亮点。

【城镇居民消费支出小幅上扬】 全年城镇居民人均家庭总支出达23695元,人均消费性支出16019元,同比增长4.2%。从城镇居民消费支出构成看,八大类消费支出呈现“六升二降”特点:娱乐文教支出增长最快,同比增长24.6%,增幅位列八大类消费之首;食品支出与上年基本持平,同比增长1.9%;设备用品及服务支出、居住支出、衣着支出和其他商品和服务支出增幅较明显,分别同比增长17.7%、17.6%、16.5%和9.3%;医疗保健、交通和通信支出与上年同期相比有所下降,同比下降20.4%和8.4%。城镇居民人均恩格尔系数为34.1%,同比下降0.76个百分点。从居民消费领域看,居民服务性消费支出比上年同期略有下降,下降0.1%。城镇居民人均消费支出16019元,同比增长4.2%,其中:人均服务性消费支出4165元,比2009年下降0.1%,占消费支出比重为26%,同比下降1.12个百分点。

【城镇居住条件得到改善】 年末,嘉善城镇居民人均住房建筑面积35.03平方米,比2009年同期增加0.47平方米,同比增长1.36%。居民住房配套设施日趋完善,有厕所、浴室的家庭占94%,同比上升2个百分点。使用管道液化气的家庭占37%,同比上升1个百分点。

【农村居民年纯收入持续增长】 年底,全县300户农村住户抽样调查汇总结果显示,农村居民人均纯收入14383元,与上年同期相比增加1632元,增长

12.8%。农民收入在2009年增长11.0%的基础上继续保持两位数的增长势头。从农村居民收入构成的比重看,工资性收入占全部收入的44.5%,家庭经营收入占46.7%,两者收入合计占全部收入的比重达91.2%,是农村居民人均纯收入的主要来源。从农村居民收入增长来看,工资性收入持续快速增长。农民人均工资性收入6402元,增长14.3%,增速比2009年高3.1个百分点。家庭经营收入平稳增长。2010年,农村居民家庭经营收入人均6716元,增长18.3%。其中,第一产业纯收入同比人均增加94元,增长3.9%;非农产业纯收入同比人均增加943元,增长29.0%。农民人均纯收入增长速度连续7年快于城镇居民人均可支配收入增速。农民收入与城市居民收入差距逐步缩小,农村居民人均纯收入与同期城镇居民家庭可支配收入的比例从2004年的31.7 ∶ 68.3提高至2010年的33.8 ∶ 66.2。

(蒋寒冰　张　钧)

人口和计划生育

【概况】 2010年,嘉善县在创新宣传教育,深化优质服务,提高育龄群众满意度,加强基层基础建设等方面下功夫,全县人口计生工作取得新进展。全县年末总人口384095人,比上年增加1188人;已婚育龄妇女总数80717人,比上年减少78人;出生2221人,年出生率5.79‰;死亡2813人,年死亡率7.34‰;年自然增长率-1.55‰;计划生育率98.69%。

【推进行政执法工作】 开展文明执法专项活动,聘请12名由县人大、县政协、县监察局等领导及镇(街道)人大主席组成的行风监督员队伍,加强行政执法监督。规范再生育审批工作,实行集体讨论审批制度,缩短审批承诺时限,全年再生育审批373对,其中特殊情况生育审批58对。全年无一例征收、审批违法或侵权行为发生。

【深化优生“两免”政策】 继续实施免费婚前医学检查和免费孕前优生检测(优生“两免”)。计生、民政、卫生等部门建立集婚前检查、婚姻登记、计生宣传“三位一体”的“一条龙”综合服务平台。落实优生“两免”联席会议、每月通报、评估考核等制度。探索出生缺陷由一级干预向二、三级干预延伸工作,实现孕前咨询指导、风险评估、孕期保健、产前筛查、产后跟踪随访全程指导和监测。全县婚检率为87.24%、孕检率为94%,目标人群优生知识普及率及“两免”告知率均在95%以上,病残儿家庭再生育咨询指导率达100%。嘉善县被省人口与计划生育领导小组评为“全省优生‘两免’工作先进集体”。

【加强服务阵地建设】 加强县、镇(街道)、村三级计划生育服务机构标准化建设。县计划生育宣传技术指导站通过ISO9001国际质量管理体系认证,打造“数字化”指导站。全县9个镇(街道)全面完成计生服务站规范化建设任务,其中姚庄镇计生服务站被评为“全国计划生育优质服务示范站”、罗星街道计生服务站被评为“市级计划生育优质服务示范站”。下发《关于加强村(社区)计划生育服务室规范化建设的指导意见》,按照有场所、有挂牌、有工作制度、有宣传栏、有药具专用柜(箱)、有活动服务记录的“六有”标准,推进村(社区)服务室建设。

【推进“三优”促进工作】 实施优生优育优教(简称“三优”)促进工作,姚庄镇、魏塘街道、罗星街道先行试点。出台《关于进一步加强优生优育优教促进工作实施意见的通知》,整合人口计生、教育、卫生、各类社会早(幼)教育机构等资源,以镇(街道)为主体筹建“三优”指导中心。姚庄镇被列为省级“三优”指导中心,魏塘、罗星街道被列为市级“三优”指导中心。

【创新协会组织模式】 整合中小企业以成员单位的身份加入计生协会,成立企业计生协会联合会。至年底,全县9个镇(街道)全部建立企业计生协会联合会,共吸纳企业近400家,涉及企业职工总数约2.1万人,其中外来流动人口占80%,育龄妇女占40%左右,企业计生服务管理对象的覆盖面达到全县三分之二以上。陶庄镇企业协会联合会被评为“全国计划生育协会企事业先进单位”。

【加强生育文化建设】 实施“新农村生育文化工程”,加强生育文化特色村创建活动。建成生育文化特色村98个,其中市级9个、县级37个,创建率83.51%。

加强部门联合宣传，县、镇（街道）两级共开展部门联合宣传服务活动139场（次），发放宣传资料16.6万份，宣传服务群众4.3万人次。举办已婚育龄妇女计生政策、生殖健康知识培训班732期，培训8.1万人次。开展人口文化进校园活动，举办校内外青少年生殖健康知识培训班88期，培训学生近万名。开展“婚育阳光课堂”进企业活动，发放流动人口计生服务管理宣传资料10万份。

【实施“强基提质”工程】 推进队伍能力建设及职业化建设国家级试点工作。4月，出台《关于加强人口和计划生育干部队伍能力建设及职业化建设的实施意见》。制订《嘉善县人口计生干部教育培训工作制度》，编印《镇（街道）、村计生干部技术服务知识手册》，下发到每名计生干部手中，实施“千人培训计划”。全县70名专职计生干部报名参加全国生殖健康咨询员考试，41人考试合格，通过率近60%。

（周建良）

民　　政

【概况】 2010年，嘉善县民政工作紧紧围绕县委、县政府工作中心，从提高工作绩效出发，创为民解困新业绩，从改进工作作风入手，树为民服务新形象，推动全县民政事业持续健康发展。

【救助困难群众】 开展基层低保工作规范化建设。做好动态管理下应保尽保、应补尽补、应退尽退，至年底，全县共有低保对象2985户、4323人，全年共发放低保救助金848.24万元。4次发放低保和部分低保边缘户基本生活价格补贴131.51万元。加大困难群众医疗救助、危房改造及临时困难救助力度，先后为926人次城乡困难群众实施医疗救助，发放医疗救助金333.88万元。完成危旧房改造183户，发放救助金130.35万元。临时救助1572人次，发放救助金56.89万元。节日期间对全县五保户、低保户、因病致贫等困难户开展扶贫济困送温暖活动，共慰问11317人次，慰问金额182万元。

【推进社会福利工作】 社会化养老服务水平得到明显提高，姚庄社会福利养老服务中心投入使用，干窑镇社会福利养老服务中心扩建项目完成并投入使用，启动惠民、西塘、大云等镇（街道）敬老院改扩建工程，全县新增养老机构床位183张。全县54家福利企业全年实现销售收入17.03亿元；安置残疾职工1385人，残疾职工人均月收入1539元，达到现有企业全部职工收入人均1760元的87.4%；福利企业回报社会公益事业124万元。全年共销售福利彩票7000万元，筹集福利彩票公益金270多万元。举办“中福在线与您同行”公益金救助活动。11月，嘉善县被国家民政部命名为全国养老服务示范单位。

【推进双拥优抚安置】 深入开展第四轮省级双拥模范县创建活动。7月，嘉善县人民政府被省委、省政府、省军区命名为浙江省爱国拥军模范单位。按时提高各类重点优抚对象优抚金标准，做好重点优抚对象医疗费“一站式”结报工作，发放医疗补助338人次共39万元，发放临时困难补助61人次共2.84万元，安排78名重点优抚对象去省荣军医院短期疗休养。完成城乡退役士兵安置任务，做好退伍军人的技能培训和介绍就业工作，推荐就业率达到86%以上。切实落实军队离退休干部政治生活待遇，加强烈士陵园管理。

【提高社会管理水平】 开展村务公开和民主管理规范化建设活动，探索开展居务公开，全县104个村全部达到村务公开民主管理规范化建设标准，90%的城镇社区（共41个）建立居务公开制度，大云镇完成村民委员会换届试点工作。组织开展创建和谐社区建设活动，全县有省级和谐示范社区1个、市级十佳和谐社区2个、市级和谐社区27个，创建率66%。完成88家农村社区“一站式”服务大厅建设，完成率84.6%。推进城市社区“一站式”服务大厅建设，累计完成41家，完成率91.1%。制定《城市社区专职工作者管理实施细则（试行）》，明确社区专职工作者的基本职责、管理体系、录用方式、薪酬待遇等制度。推进社区服务信息中心规范化建设，96345服务范围覆盖全县各镇（街道），加盟服务队伍180家，服务人员300多人，全年共受理市民求助1.97万多件次，服务满意率99.8%。组织全县107家社会团体和60个民办非单位参加年检，合格率95%。全年共批准筹备社团10家，办理成立登记8家、变更12家、注销6家;民办非单位成立登记2家,变更17家。组织开展社会工作师年度报名考证和社工岗位试点工作。

【规范专项事务管理】 开展春节困难移民慰问活动,慰问16户共8000元,慈善救助4户共1万元。移民列入低保救助4户,临时救助35人次共1.6万多元。规范地名管理,全年受理地名命名更名申报42件,审核各类新地名52条、更名1条,受理门牌核准与确认服务4388件,为新建建筑物(住宅区)制作各类门(楼)牌8150块。开展平安边界建设创优活动。加强殡葬管理,全年共火化遗体3017具,火化率100%。推行节地"生态葬法","三沿五区"坟墓治理率和生态葬法村覆盖率均为100%,探索推进公墓生态化、园林化、艺术化、规范化建设。依法办理婚姻和收养登记,全年共办理结婚登记2698对、离婚登记832对,补发离婚证37本,补发结婚证书690份,出具无婚姻登记记录证明3131份,办理收养登记58件,婚姻和收养登记合格率100%。

【提升民政干部队伍素质】 创新开展"用脚丈量民情、用心化解民忧"的"两用"主题实践活动,下基层访贫问苦470多人次,看望民政服务对象400多人,解决实际问题70多件,发放民政法规政策宣传资料7500多份,撰写并发表《访民解忧实录》20多篇。抓好镇(街道)民政办规范化建设,扎实开展党风廉政建设和反腐败工作,开展岗位风险排查和党员干部承诺。 (周 竑)

老龄工作

【概况】 2010年,嘉善县围绕"老有所养、老有所医、老有所教、老有所学、老有所为、老有所乐"的工作目标,大胆创新,开拓进取,发展老年文化、体育、教育事业,开展为老服务,完善城乡一体社会化养老服务体系,探索社会化与市场化有机结合的养老模式,推进城乡一体社会化养老服务体系建设,全县老龄事业快速发展。至年底,全县有60周岁以上老年人82633人,占总户籍人口数的21.5%,老龄化程度为全市最高。

【获老龄工作先进县】 县十四届人大四次会议提出《进一步推动我县老龄事业全面发展》议案,全面推进全县社会化养老服务体系建设工作。完成敬老院改扩建项目,提升干窑和姚庄镇社会福利养老服务中心的养老服务能力与水平。出台《2010年老龄工作行动计划》。认真落实为老年人办实事项目,开展"十一五"老龄事业规划执行评估工作,加快启动编制老龄事业发展"十二五"规划工作。下发《关于进一步加强老龄宣传工作的意见》。完成2010年春、秋季老年电大招生工作任务,至年底,全县老年电大共建起教学点9个、教学班147个,全县老年电大有学员9868人,占老年人总数的12.39%。11月,嘉善县被国家老龄委命名为全国老龄工作先进县。

【养老服务工作再上台阶】 全县养老机构供养能力得到提升,供养水平不断提高,11家养老机构有床位2008张、护理人员86人(持证上岗率100%);养老机构入住老人1464人,其中"三无"、五保人员集中供养428人,"三无"、五保老人集中供养率100%,供养标准人均全年7700元。社会老人入住养老机构的人数1036人,首次突破千人,同比增长6.9%。村(社区)居家养老服务覆盖面不断扩大,服务能力得到增强,全县有142个村(社区)建立居家养老服务站,覆盖全县6.7万多人,居家养老服务走向社会化。社区为老服务志愿者队伍不断扩大,有队伍378支、7391人。

【完善社会化养老保障体系】 基本实现养老保险体系全覆盖,至年底,全县基本养老保险参保人数15.69万人,其中离退休人员2.44万人,发放养老金3.38亿元,全年为6.6万60岁以上人员发放基础养老金5426万元。基本建立多层次的医疗保障体系,医疗保险制度覆盖城乡全体居民,其中职工基本医疗保险参保人数12.95万人,城乡居民合作医疗保险参保人数为28.23万人。 (周 竑)

关心下一代工作

【概况】 2010年,嘉善县坚持以加强青少年思想道德教育和社会主义核心价值体系建设为主线,立足基层,拓展领域,充分发挥"五老"(老干部、老战士、老专家、老教师、老劳模)优势,为青少年健康成长营造良好的环境。

清明节前后，组织全县45所学校6500多名学生参加祭扫活动，组织全县中小学生参加“关爱明天，普法先行”的全国青少年普法教育活动，开展第五届“法育未来”的法律知识竞赛活动，有20所中学5551名学生参加。开展暑期社会实践活动811次，32971人次参与，开展“五小”活动1000次，19039人次参与。做好结对帮扶工作，全县有577名“五老”直接参与结对关爱活动，被帮扶人员358人；配合相关部门资助贫困学生321人，资助金额671904元。拓宽关工组织领域，建立10家民营企业关工组织。在县内主要媒体播出专题电视节目《家园》13期、报纸专栏《未来苑》8期，推进家庭教育工作。

全年，县关工委报告团共作报告126场，受教育64680人，其中，爱国主义教育报告39场，受教育20880人次；道德法制教育报告58场，受教育39350人次；科技教育报告17场，受教育1600人次；其他报告12场，受教育2890人次。为基层关工委举办3期关工工作培训班，共有200多人次参加。（唐小萍）

劳动就业

【概况】 2010年，嘉善县新增城镇就业岗位6612人，帮助城镇失业人员实现再就业3396人，开发公益性岗位200个，其中就业困难人员再就业1016人，农村劳动力转移就业6853人。城镇登记失业率控制在3.4%。

【推进充分就业村（社区）创建】 开展充分就业村（社区）创建复检工作，深化城乡统筹就业，推进城乡一体化就业进程。保证城乡劳动者享受基本公共就业服务，推进公共服务均等化。对全县劳动力就业状况进行动态调查管理，健全对失业人员特别是就业困难人员动态管理的长效工作机制。加大公益性岗位的开发，动态消除“零就业家庭”，帮助“低保家庭”中有劳动能力和就业愿望的成员实现就业。全县91个村、45个社区达到省级充分就业村（社区）创建标准，分别占比87.5%和100%。全年共发放创建奖励补贴94万元、公益性岗位补贴70.16万元、各类社会保险补贴140.90万元。

【注重职业技能培训】 把技能人才培养作为培训工作的重点，提升培训工种（专业）的技术含量及档次、技能鉴定质量、服务层次和资源整合。开展技能人才评价和直接认定工作，实现由初级工培训为主向中级及高技能人才培训为重点的转移。全年组织城镇失业人员再就业培训1854人，中级工培训598人，高技能人才考核鉴定935人，获得证书541人，其中新技师培训93人，技能考核鉴定7235人，创业骨干培训246人。多部门联合开展劳动技能竞赛5次；跨省劳动力职业技能提升培训4521人，县劳保局、团县委共同组织SYB（创办你的企业）青年创业培训班。

【加大劳动维权力度】 全面加强劳动保障监察网格化、网络化“双网”监管，制订ABC企业分类管理的标准和办法，推进劳动用工领域预防性监测，推行全员维稳责任制，圆满完成世博安保任务。接待群众来信来访咨询3530件，计3963人次，受理群众举报投诉456件，涉及职工3119人，追回劳动者工资报酬407万元。处理突发事件38件，涉及职工1895人，追回工资、经济补偿金340万元，处罚案件17件，罚款7.9万元。接受案件、接待人数、追回工资等三类指标均比上年下降。县劳动监察大队被评为省级先进集体。加强法制宣传教育，举办政策业务培训12次，1100多人次参加，发放资料9000余份。依法行政，创新工作体制机制，下移服务流程。全县85%以上有工会组织的企业建立劳动争议调解组织，规范工作制度。加大劳动争议调解仲裁办案机制创新力度，推出“流动仲裁”，全年受理162件案件，结案158件，结案率98%。制订工伤认定简易程序，全年受理工伤案件2736件，作出认定2687件，通过简易程序认定256件，行政复议2件（均维持原具体行政行为），无行政诉讼案件，即时调处52件。受理群众来信来访103件；受理县长热线交办单251件，全部按规定按时答复处理，完成率100%。

（梁　铮）

劳动保障

【概况】 2010年，嘉善县参加职工基本养老保险的单位6365户，参保人数123765人，净增参保人数14308人。基本养老基金总收入45810万元，总支出31818万元，累计基金结余64957万元，基金收缴率99%；比2009年末净增13992万元,实现新增人员在做实个人账户情况下,统筹账户略有积余,基金支付能力为25个月,比上年末提高3个月。参加职工基本医疗保险的单位6807户,参保人数129501人,净增参保人数10900人,基本医疗基金总收入15826.28万元,总支出8496.15万元,累计基金结余26015万元。参加失业保险的单位6697户,参保人数83255人,净增参保人数11854人,失业保险基金总收入4828.67万元,总支出826.08万元,累计基金结余12483.06万元。参加工伤保险人数147832人,净增25601人,工伤基金总收入3285万元,总支出1072万元,累计基金结余5712万元,共有1547人次享受工伤保险待遇。参加生育保险人数95097人,净增11028人,生育基金总收入1593万元,基金总支出907万元,累计基金结余3095万元,共有1242人次享受生育保险待遇。全县16周岁以上养老保险应保人数31.58万人,已有27.17万人纳入养老保障,占85.3%。安置被征地居民2922人,其中养老安置2826人;被征地居民累计参加基本生活保障47164人,其中已按月领取养老待遇29176人。全县参加城乡居民社会养老保险107279人,净增52648人,享受该项待遇的人数为66208人,其中缴费享受人数为12703人。

【推进城乡居民保障全国全省试点县工作】 9月29日,浙江省政府在嘉善召开全省城乡居民社会养老保险工作推进会。在推进试点工作中,积极探索城乡居民社会养老保障体制机制,扩大社会保险覆盖面,创新政策措施,建设基层平台,基本形成城乡统筹型的普惠制养老保障新格局。同时,实现新老政策的平稳过渡,开发县镇村三级信息网络系统,使群众缴费实现银行扣缴。

9月29日,全省城乡居民社会养老保险工作推进会在嘉善召开。 梁 铮 摄

【推进基层平台建设】 继续推进“基层网格平台建设年”。建立健全基层组织,强化劳保所职能,出台《关于印发嘉善县构筑基层公共服务平台,进一步完善村(社区)社会保障服务站建设意见的通知》。推出“流动仲裁”、“工伤简易程序”、“二人以下的投诉举报案件交镇(街道)办理”等举措。加快全县劳动保障信息化建设,做实“三网融合”(就业、社保、监察)平台,初步实现县、镇(街道)、村三级信息网络系统;实现网上业务操作,有1254家企业实行网上申报,信息化建设走在全市前列。

【做好政策宣传工作】 开展“为民先锋”创先争优活动,推出“劳动保障实践论坛”,积极创建“群众满意”服务窗口,巩固“青年文明号”、“巾帼文明岗”等创建成果。围绕“三服务”(服务发展、服务群众、服务基层),转变工作作风、创新工作思路、提升为民服务能力。组织政策咨询团,深入企业、基层、农村,听取基层群众和企业在劳动就业、社会保障、执法监察、信访调处等热点、难点问题上的想法,普及法律知识。

(梁 铮)

新居民事务

【概况】 2010年,嘉善县把握居住证制度改革发展方向,将保平安、促和谐、服务经济平稳较快发展作为首要任务,推动新居民服务管理工作上新台阶。据嘉善县公安局《暂住人口统计年报》显示全县共有新居民309093人,其中,男性171826人,女性137267

人;务工232833人,经商15797人,从事服务行业24342人,务农2006人;居住1月~1年171308人,居住1年以上130156人;居住处所在租赁房屋的新居民有257969人,住在单位内部有41301人;新居民中有党员1009人、团员7846人。

【做好居住证作用宣传和发放工作】 下发《关于明确新居民居住证实施中有关政策的通知》,明确规定新居民持有《浙江省临时居住证》可享受的12项和持有《浙江省居住证》可享受的22项配套优惠政策。通过多种形式,大力宣传居住证在新居民子女享受义务教育、城乡合作医疗、就业培训等方面的作用,提高新居民登记办证主动性。全年共编印发放《条例》相关宣传资料17万份,通过新居民沟通网信息平台发送手机短信46.8万人次。至年底,全县年度累计发证总数215358张(其中:临时居住证197051张,居住证18307张)。年度注销证件168440张。年度登记发证率为95%以上、人户一致率为90%以上、出租房屋备案率为100%,新居民基础信息采集录入准确率为100%。

【开展新居民公共服务工作】 开展两轮新居民儿童脊灰疫苗的强化免疫工作,共有14216人次新居民儿童免费服用脊髓灰质炎疫苗;完成新居民儿童麻疹强化免疫工作,累计发放接种通知单11259份,张贴、发放各类宣传资料14683份,协助接种新居民适龄儿童10665人,免疫接种率96.89%;开展新居民儿童国家免疫规划接种率抽查评估工作。全年,共协助发放0~7岁新居民儿童预防接种通知单49231份,孕妇围产保健检查通知单2906份。协助开展人口与计划生育跨省核查工作,核查新居民对象1376人。至年底,共协助发放计生三查通知单51742份、计生服务管理卡79867份。

【深化新居民服务内涵】 推进新居民参政议事工作,出台《关于进一步加强新居民参政议事工作的实施意见》,成立由24名新居民议事委员组成的县级新居民议事委员会,并率先建立全市首个乡镇级新居民议事委员会民情工作室——奔辉联络工作室。建立新居民议事委员工作制度、新居民议事委员业绩评估制度、新居民议事委员联系制度等三项制度。全县共有8个镇(街道)建立新居民议事委员会,公开聘任议事委员55名。加强新居民自我服务管理工作。姚庄镇在新居民人数百人以上规模企业建立"新居民家园工作室"共23个,为企业内的新居民服务,重点宣传国家的法律、法规和县新居民的有关政策,帮助调解和化解新居民之间的矛盾,扶持有困难的新居民。依托新居民事务所居住证办理窗口,设立新居民入工会工作窗口,在新居民新办、补办和到期续办居住证件时,同步办理入会申请,确保"十小行业"新居民在第一时间加入工会组织。至年底,各镇(街道)均已建立新居民联合工会,共吸收新居民会员1695人。拓展新居民党员服务管理工作。开展"党旗在心中,奉献在嘉善"主题实践活动,组织90名新居民党员代表游西塘古镇、瞻仰倪天增故居、重温入党誓词、参观世博园等。建立新居民党员信息库,共采集录入新居民党员982人。开展新居民有关专题调研工作。重点完成新居民生活状况、新居民党员基本情况、新居民就业生活状况、新居民学校教育情况、新居民留善定居意愿等调研报告。开展新居民在善过年活动。深入走访慰问40多户困难新居民,发放慰问金合计1.6万余元,并做好节日期间维权服务工作。

【做好新居民基础信息排查工作】 截至10月底,共排查用人单位、出租房屋等各类部位49560家,新登记新居民24558人,新发证数169018本,新列管高危人口490人,新登记出租房屋2006家,全年共开展9次月抽查。各新居民事务部门共提供各类有效线索3301条,协助公安机关抓获各类违法犯罪嫌疑人393人,其中治安处罚194人、刑事处罚99人、网上逃犯31人,共协助查处治安案件152起、破获刑事案件130起。

【深入开展新居民法制宣传教育】 实施新居民普法宣传教育,覆盖面达到60%以上。开展"文明出行,为世博喝彩"新居民道路交通安全宣传教育、"呵护常相随,健康齐分享"食品药品安全系列宣传教育、"周末大舞台·有我更精彩"——我行我秀新老居民才艺比赛等系列活动。全年共放映电影109场,展出宣传展板109块,举办文艺演出66场,开展技能培训等各类培训

11 月 28 日,举办嘉善县"文明出行,为世博喝彩"新居民演讲比赛。 县新居民事务局 提供

222 期,受教育新居民 14.7 万人次。加强新居民法制宣传教育。编发"温馨提示"彩信、发放《致全县新居民的一封信》、开展现场宣传教育咨询、发放各类安全知识宣传资料等。

【切实维护新居民合法权益】 健全新居民调解组织、新设新居民远程法律援助视频系统、完善新居民维权工作网络,及时化解各类矛盾纠纷。全年共受理各类纠纷 248 起,涉及 1022 人,调处成功率 88.71%,协办法律援助案件 38 件,提供法律政策咨询 4206 人次,为新居民挽回经济损失 797.79 万元。

【创新社会管理方式】 姚庄镇开发区试点建立"1+N"企业 QQ 群组信息采集模式,将该区内 83 家企业纳入 1 个联络体系,企业通过 QQ 平台直接向新居民事务所申报新居民相关基础信息,事务所提供配套的预约上门统一登记办证等便民服务。同时,利用自主研发的流动人口和出租房屋管理平面图信息系统,将新居民基础信息和出租房屋信息有效整合,实现"分层绘图、以图管房、以房找人、图数互动、资源共享"的新居民实有人口信息动态管理。大云镇推行以"三卡"、"三盒"、"一夹"为基础的"三三一"卡片式信息采集模式,实行一人一卡,协管员随行携带,及时变更、注销新居民基础信息。健全"五统一"机制,即卡片统一填写、统一编号、统一变更、统一注销、统一存档。大云镇试点后,新居民登记办证率、人户一致率分别为 96% 和 92%。罗星街道建立"六式六制"IC 卡并用信息采集模式,将娱乐场所等特业场所从业人员办理临时居住证列为办理 IC 卡的前置条件,要求各特业场所做好对其从业人员每日上岗刷卡检查,及时掌握并报送员工流动信息,实现登记办证率 100%。开发区(惠民街道)毛家社区全面推行出租房屋"百分制"责任考核管理新模式。对出租房屋每季度定期专项考核,根据考核成绩分为优秀、良好、及格和不及格四个档次并用不同颜色在平面图上标注区分。实行"百分制"责任考核管理后,该辖区房屋出租人共向新居民事务所报送新居民流动信息 392 条,新居民办证率、人户一致率始终保持在 95% 以上,出租房屋备案率达到 100%。

【深化建设规范化事务所工作】 下发《关于开展新居民事务所规范化建设提升年活动的实施意见》,深化完善已达标事务所建设,规范工作台帐,开展市县"服务民生满意站所"创建活动,将规范化建设拓展延伸至基层工作站。至年底,全县已成功创建规范化事务所 8 个,达标率为 88.89%,达到上级部门要求。建立百人以上规企、村居新居民事务站 325 个。同时,加强协管员队伍管理,分别于 3 月、6 月对全体协管员分期分批进行统一专题培训。

【做好新居民子弟学校安全保卫工作】 组建新居民子弟学校安全专项巡查宣教小组、组织各所协助排查安全隐患、加强校园周边人员信息排查、建立协管员护校队,切实保障学生出入平安。至年底,累计开展校园安保工作 6084 次,参与新居民志愿者、协管员 1.29 万人次。

【组织新居民世博平安志愿服

务】 共组织新居民志愿者开展各类世博宣传活动177次,参与各类治安巡防908次,参与世博安保响应期间驻点守护639次,收集各类治安信息834条,发现传递各类违法犯罪线索482条,协助抓获各类犯罪嫌疑人87名,排查发现各类社会矛盾148起,成功化解120起,发放各类世博宣传资料114744份,参与志愿者42488人次。

【开展新居民普查登记"百日竞赛"】 至年底,共普查用人单位、出租房屋、建筑工地等部位46585家,投入协管员、新居民志愿者等力量5159人,共培训协管员7359人次,发放宣传资料手册43042本,悬挂横幅52条,发送手机短信15793条,提供政策咨询服务1756次;新登记新居民21717人,新发证59623本,新登记出租房屋817家。 (张冬强)

消费者权益保护

【概况】 2010年,嘉善县以保障消费安全为目标,开展宣传"新消费运动"、汽车销售服务领域专项整治、"家电下乡"、"汽车摩托车下乡"专项执法、第九届消费者信得过单位评比等活动,做好消费者权益保护工作,各项工作有序推进。全年共解答咨询921件,分流举报200件,受理消费申诉183件,为消费者挽回经济损失21.35万元。

【组织开展3·15纪念活动】 围绕"新消费运动"和"消费与服务"年主题,在3月15日前后,组织开展形式多样的宣教活动,重点部署开展全县消费维权执法宣传月专项行动。在《嘉兴日报·嘉善版》开辟3·15专版,宣传"消费与服务"年主题,公布2009年消费维权十大典型案例、五大投诉热点;在县城主要街道悬挂纪念3·15权益日的宣传横幅25条;3月13日,通过县广播电台"效能与行风热线"——局长在线直播室,介绍近年来工商局、消协开展效能行风建设、服务经济发展、维护市场秩序、保障消费者权益等方面的工作,围绕"消费与服务"年主题与广大听众进行沟通交流。3月15日,18个职能部门和6家企业在中山路世纪联华超市广场举行主题为"消费与服务"的3·15大型现场宣传咨询活动。共受理消费者咨询130起、投诉9起,内容涉及商品房、通讯器材、家用电器、食品、电信服务消费等方面,发放各类宣传资料5000余份。组织工商、县消协工作人员进社区、学校、农村开展维权宣传。全年,共组织和参与在企业、社区《消费者权益保护法》宣传9次,向消费者发放《消费维权口袋书》、12315宣传单、《消费指导丛书》等宣传资料5000余份。

【开展"牵手消费爱国行"活动】 5月,举办校园肉食品消费体验评价活动。组织全县近50名中小学、幼儿园分管校(园)长和学校消费者代表组成消费体验评价团,前往海盐县浙江青莲食品公司,实地参观青莲食品公司"膳博士"生猪产品质量安全的全过程,考察该公司注重生猪源头的控制、屠宰前后的检疫检验和售后的安全追溯等质量安全措施。

【开展汽车销售服务领域专项整治】 开展汽车销售服务领域专项整治行动,成立嘉善县汽车销售服务领域专项整治领导小组,开展汽车销售服务领域排摸工作。全县共有汽车销售单位22家、汽车维修服务单位22家、汽车配件销售单位47家、汽车美容装潢单位21家,无汽车销售4S店。对照上级要求逐项进行核查,共出动执法人员70人次,检查上述各类销售单位95家。在应对"丰田汽车召回事件"中,共受理汽车消费咨询2起,无汽车消费投诉。

【开展家电下乡、汽车摩托车下乡专项执法活动】 先后2次对全县家电下乡、汽车摩托车下乡市场组织开展专项执法活动。发挥"12315"消费者申诉举报网络和基层监管网络作用,采取多种形式,帮助农民消费者提高识别能力,引导其到指定网点购买合格家电、汽车摩托车。对批准审核的64家下乡销售指定店进行重点检查走访,对家电下乡产品进行检查。强化打击力度,维护农民权益。 (张兰英)

民族 宗教

【概况】 2010年,嘉善县认真贯彻落实党的民族宗教政策和《宗教事务条例》,依法加强民族宗教事务管理。签订民族宗教工作目标责任书,健全完善县、镇、村三级民族宗教工作网络,落实属地管理责任。开通全市首家县级民族宗教事务局信息网站——

"嘉善县民族宗教事务局"信息网站,开展横向交流活动。全县28个宗教场所全年未发生影响社会稳定的安全事故,未发生外来非法渗透,县民宗局被县委、县政府授予嘉善县世博安保工作先进单位,1人被评为"环沪护城河"安保工作先进个人。

【依法管理宗教事务】 从严审批非通常性大型宗教活动,确保21次宗教活动依法有序安全举行,确保世博期间民族宗教领域的全面稳定。做好5月初天主教佘山朝圣的安全稳定工作,协调处理征地和天主教政策落实工作。加强宗教活动场所的财务监管和提高僧职人员的素质,举办宗教场所负责人的讲经比赛和财务人员的业务培训、规范公文写作等培训班,开展宗教活动场所的财务检查和消防演练。加强《宗教事务条例》的宣传引导,定期对全县23个不规范基督教聚会点进行到点核查,掌控信息。做好教职人员的认定培训,组织13个依法批准对外开放的基督教场所的60名传道员参加全市首批义务传道员培训班。化解民族宗教方面的矛盾问题,妥善调处圆觉禅寺、地藏禅寺、大云禅寺、西塘基督教堂等矛盾问题,依据《宗教事务条例》民主选举产生新一届西塘基督教堂堂管会。

【开展平安宗教场所创建活动】 开展全国省市和谐寺观教堂及星级平安宗教场所创建活动,推进宗教活动场所规范化建设。全县28个宗教活动场所中27个被评为市级平安宗教活动场所,大云禅寺、龙庄讲寺、古药师禅寺、圆觉禅寺、洪溪基督教堂、干窑基督教堂、嘉善天主堂等7个场所被评为市级首批三星级平安宗教活动场所,龙庄讲寺被评为首批省级和全国创建和谐寺观教堂活动先进场所,本义法师作为全省佛教界获奖代表参加全国和谐寺观教堂创建先进表彰大会。组织宗教界开展爱心献慈善活动,全年宗教界共计捐款捐物19.5万元,龙庄讲寺、云台禅寺、大云基督教堂获得市第二届宗教慈善奖。

1月15日,召开少数民族联络员迎春茶话会。县民宗局 提供

【合理调整宗教场所布局】 合理调整宗教场所布局,编制《2011~2015年全县宗教活动场所完善布局用地总体规划》。安排宗教单列用地指标25亩。协调落实魏塘基督教堂、天凝基督教堂和西塘天主堂的征地工作。圆觉禅寺万佛宝塔、古药师禅寺大雄宝殿、长寿禅寺、东岳净寺、礼妙禅寺观音殿、大云禅寺天王殿、地藏禅寺厢房等工程先后竣工。

【加强少数民族工作】 4月30日,开展少数民族基本情况详细调查。调查显示,全县有土家族、苗族、彝族、侗族、壮族、回族、仡佬族、布依族、瑶族、白族、满族、哈尼族、畲族、蒙古族、朝鲜族、黎族、傣族、水族、藏族、傈僳族、东乡族、佤族、羌族、土族、仫佬族、达斡尔族、拉祜族、毛南族、景颇族、纳西族、维吾尔族、撒拉族、普米族、锡伯族、布朗族、鄂温克族、阿昌族、怒族、鄂伦春族、保安族、高山族、塔塔尔族等42个少数民族,其中常住少数民族22个973人;苗族最多,有284人,其次为土家族,有272人;大专以上文化程度有78人。暂住少数民族42个15751人,土家族最多,有4572人,其次为苗族,有4470人,第三是彝族,有1382人。做好少数民族成分变更初审和少数民族考生加分资格审核工作,为7名少数民族办理其子女民族变更手续,为13名少数民族考生加分出具民族成分证明。开展走访困难少数民族家庭活动,帮助解决工作或生活方面困难。加强少数民族联络员队伍建设,每季度召开一次联络员座谈会，加强与少数民族的联系联络，组织联络员赴绍兴等地参观学习。选拔优秀的少数民族代表参加政协、妇联组织和县“两会”旁听，邀请少数民族代表参加中秋、迎春等各界人士座谈会、茶话会。妥善解决涉及少数民族的矛盾问题。

（李　鸣）

慈善事业

【概况】 2010年，嘉善县开发和整合社会慈善资源，拓宽募捐渠道，加大救助力度、拓展救助领域，全县壮大慈善组织，发展参与力量，提升救助能力，社会效果不断显现，慈善公信力不断提升，慈善事业得到健康快速发展。全年共募集慈善资金887.64万元，发放各类慈善救助款489.42万元，惠及1698人次。

【完善慈善组织网络】 培育和完善城乡各类慈善组织网络，逐步将慈善工作组织网络延伸到村和社区，形成县、镇（街道）、村（社区）三级慈善网络。全县共有社会捐助接受站（点）3个，建立3家“慈善超市”。建立一支有9名助理员、149名联络员组成的慈善工作队伍，发展志愿者服务站9个、志愿者9300人。在全县三星级以上旅游宾馆、银行和商场设置长期捐款箱20只。

【拓宽善款募集渠道】 组织开展“慈善一日捐”活动，全县有400多家机关事业单位、1.1万多名干部、职工参与，共募得善款287.68万元。培育发展“慈善冠名基金”，新增冠名捐赠企业6家，增加冠名基金数350万元，全县冠名企业累计有54家，冠名总基金计2761万元。实施县、镇两级善款募集机制，对各镇（街道）分会募集资金，共募集善款238.16万元。

【创新慈善救助载体】 实施以大病医疗救助为主的助学、助房、助困和低保户困难慰问及赈灾救助等慈善救助活动。开展春节慈善救助活动，共救助562户，发放慈善救助金161.55万元。创新推出“关爱尿毒症患者”血透救助项目，救助对象已增加到83名，全年共支付救助金54万余元，累计支付救助金超过70万元。继续开展“圆我大学梦”慈善助学活动，共救助351人次，发放助学款96万元，其中新结对困难学生86人，发放助学款23.7万元。在姚庄镇试点实施“关爱精神病患者”慈善门诊医疗救助项目。开展赈灾慈善募捐活动，发动市民，为青海玉树地震赈灾捐款610393.10元，为西南旱灾赈灾捐款110743.56元，为舟曲泥石流灾区捐款31553.68元。

【普及社会慈善理念】 开展青年志愿者上街宣传、到企业和村劝募等活动，利用电视、报刊宣传捐赠者和被救助者的典型事例，在中心城区主要路口设置慈善宣传公益广告，在各大宾馆设置楼宇广告。增强慈善组织公信力，增加善款运作透明度，在《嘉兴日报·嘉善版》公布救助对象名单，接受社会监督，确保善款全部用于慈善项目。在《嘉兴日报·嘉善版》开设《慈善之窗》专栏，举办民政杯“我和慈善”征文活动。

（周　竑）

魏塘街道

【概况】 魏塘街道总面积57平方公里，耕地面积2385公顷(3.58万亩)。户籍人口85548人，新居民103281人，辖城市社区9个，村、农村社区16个，居民小组678个，村民小组(包括农村社区)339个。2010年，实现生产总值56.53亿元，同比增长16.9%；完成财政总收入4.54亿元，同比增长13.6%，其中地方财政收入1.98亿元，同比增长12.5%；农村居民人均收入15430元，同比增长15.1%，城镇居民人均收入28190元，同比增长12%；城乡居民储蓄11.94亿元。街道被评为嘉兴市平安镇(街道)、卫生强街道、爱国卫生先进单位、基层妇联组织建设示范街道。嘉辰社区、小东门社区被评为省民主法治社区和省廉政文化"六进"示范点，日晖社区、长秀村分别获浙江省体育先进社区、体育小康村。

【发展农业经济】 全年实现农业总产值3.61亿元，同比增长17.4%。农业基础设施投资335万元。粮食播种面积2669公顷(4万亩)，产量1.7万吨。经济作物3145公顷(4.72万亩)。年末拥有农业机械5875台，27357千瓦。机插秧面积245.7公顷(3190亩)，机收割面积2603公顷(3.9万亩)，机收率达97.4%。发挥农业合作组织服务功能，水稻植保统防面积212.7公顷(3190亩)，组织完成政策性农业保险266.3公顷(3995亩)。完成绿化面积61.6公顷(923.5亩)，城桥社区为市级绿化示范村(社区)。发展精品农业79.9公顷(1199亩)，加快精品芦笋、油桃、杜鹃、瓜菜、蓝莓等示范点及基地建设。长秀村尚品芦笋基地被列为省农业科技示范场、省农技资金示范基地。魏塘杜鹃盆景园获全国及市、县13项金、银、铜奖。

【发展工业经济】 全年完成工业总产值125.3亿元，同比增长24.6%；实现销售收入120.3亿元，同比增长28.6%；实现利税7.65亿元。131家规模以上企业工业产值81.49亿元，同比增长41.6%，占经济总量的65.03%，年产值超亿元企业21家。木业和五金机械两大主导产业占工业经济总量的比重分别达到36.9%和29.1%。完成外贸出口交货值26.01亿元，同比增长74.6%，其中直接出口3.09亿元，同比增长53.2%；固定资产投资17.19亿元，同比增长45.3%。全年合同利用外资2054万美元，实际利用外资2128万元，引进县外内资3.24亿元，新批内资项目55个，获利用县外内资优胜单位一等奖。

【推进第三产业发展】 街道新增服务业法人单位64家，总数达693家，个体工商户10234户。三产投资总额3.44亿元，总收入33.1亿元，同比增长13.9%。投资2980万美元，占地12.2万平方米的普洛斯物流园区项目已开工建设。投资5亿元的钢贸城(华东城际钢铁贸易物流基地)项目，已完成征迁工作，即将开工。投资20亿元，占地26.67公顷(400亩)的兴业市场项目一期工程年底征迁工作已完成70%，投资方2000万保证金已到位，项目建成后将为嘉善的酒店、餐饮、物流、房地产、金融等第三产业带来新的发展机遇。

【建设社会事业】 落实世博安保工作,开展卡点值守和志愿者活动,登记注册志愿者1847人,累计志愿服务5.2万小时,获县级世博安保先进集体。做好10.33万名新居民的管理服务工作,街道新居民事务所先后获市新居民法制宣传教育十佳先进集体和市规范化新居民事务所。全年街道共受理群众来信来访294件,同比下降37.5%,办结率98.6%。受理县长电话457件,办结率和反馈率均为100%,获县长电话考核一等奖。成功调解各类矛盾纠纷354起,涉及1200人次,浒弄社区"和阿姨"谈早云被授予"全国妇女维权先进个人"称号。城乡居民参加合作医疗4.418万人,参保率98.87%,有14.56万人次,享受补偿金额1192.67万元。实现就业和再就业分别1550和1423人次,农村劳动转移就业1639人次。街道低保对象573户935人,全年发放低保金191万元。医疗救助143人,危房改造18户,助学、助困197人,救助总金额118.8万元。开展文体活动,举办文体活动26场,成立魏塘戏迷俱乐部,举办第十二届老年运动会,小东门社区老年舞蹈队表演的《油菜花开》在省民间民族乐团(队)大赛上获得创作银奖和表演银奖,解放路成为县内首条语言规范使用示范街。采用发放小额贷款和进行技术辅导,鼓励帮助农村妇女创业。嘉辰社区成立县内首个社区女企业家协会,街道获县妇女工作创新一等奖。街道团委在县内率先实行团代表常任制,被嘉兴市评为"五四"先进团委。圆满完成34名新兵征集任务,人武部获年度征兵先进集体。

【举办经贸洽谈会】 11月8日,魏塘金秋经贸洽谈会在嘉善宾馆举行,与会者实地考察魏塘工业园区的基础设施、产业分布和生态环境;"魏塘科技创业园"和"魏塘村级经济创业园"举行揭牌仪式。会上,钢贸物流城、汽摩配、二手车市场、木雕、红木家具城、万泰集装箱等18个项目签约;项目总投资27.18亿元,其中外资7508万美元,注册资本12.7亿元,其中外资注册资本3698万美元;举行街道与上海浦东康桥镇结为友好街镇的签约仪式。

【实施科技创新】 全年完成新产品产值39.3亿元,产值率48.2%。新增国家重点新产品1项,省重大项目申报1项,8家企业24个省级新产品通过验收。2010年专利申报144项,获省级著名商标、市级名牌产品各1家。新华昌木业获国家农业成果转化资金项目和认定为省级农业研发中心,有5家企业列入省科技中小型企业,东方氟塑列入市高新技术企业。浙江省裕华木业有限公司和嘉善新华昌木业有限公司与高校及科研院所进行合作,分别建立中国林科院和南京林业大学博士后工作站。

【"农民信箱"通过县级考核】 6月,街道农民信箱建立农业主体用户239个,其中农业专业大户211个,农家乐2个,涉农企业10家,集体采购单位8家。年底,信箱用户累计4471户,启用4350户,累计发布买卖信息24104条,公共信息4413条,其中两篇报道被百万农民信箱专题报道录用。网上考试通过人数550人,共发布"每日一助"信息39条。网上共设摊45个,展销产品125个。"农民信箱"顺利通过县级考核。

【省委书记赵洪祝到嘉辰社区考察】 8月4日,省委书记赵洪祝率队到魏塘街道嘉辰社区考察指导创先争优工作。赵洪祝对嘉辰社区基层党组织建设和创先争优活动取得的成效给予肯定,对普通党员通过一句话承诺的形式参与创先争优活动的做法表示满意。他指出,社区创先争优活动要和学习型党组织建设结合起来,要充分发挥老党员作用,围绕社区服务,敬业争先,多作贡献。赵洪祝还到老党员家拉家常,赞扬老党员退休后仍热心公益,发挥余热,并勉励在创先争优活动中,继续带头做好为民服务工作。同时,希望各级党组织和全体共产党员要以实际行动参与创先争优活动,让人民群众得到看得见的实惠。

【完善服务设施】 12月,街道便民服务中心大楼建成并投入使用。投资300万元,建筑面积1000平方米,底楼为服务大厅,大厅内统一配置办公设施,设立工作人员岗位公示牌、群众休息区和意见箱,增设大屏幕电子显示屏。对财务管理、计生、综合等部门设立单独的服务室和咨询室。12个部门集中对外服务,其中,合作医疗、村建、招投标、劳保、土地流转、财政、计生、综合等8个部门整体进驻,做到"一站式服务"。日晖社区新建办公楼,投资170万元,建筑面积950平方米,服务用房设有教育中心、一站式服务大厅、健身房、党员活动室、老年人活动室、计生服务站、警务室、图书阅览室等。解放社区完成一站式办公房改造,香山社区完成办公楼装修,永安、乐安、小东门3个开放式小区进行功能改造。

【创建市卫生强街道】 出台《魏塘街道农村环境卫生长效管理考核办法》,实行月考制度、检查结果公开制度、存在问题反馈制度、整改意见承诺制度。每个月对各村(农村社区)绿化、河道、保洁人员的工作经费、村庄道路的卫生状况进行考核。建成两座垃圾中转站,取消6个村级垃圾填埋场,16个村(农村社区)全部实现生活垃圾无害化收集处理。继续加大出租房厕所整治力度,消灭出租房简易户厕和露天粪缸。建立健全社区卫生服务网络,社区服务中心下设22个社区卫生服务站,实现20分钟基层卫生服务体系。配制社区责任医生44人,责任护士44人,使群众享有基本卫生安全保障。

【缔结友好街道】 11月8日,魏塘街道与上海浦东康桥镇举行友好街镇的签约仪式。康桥镇是市级工业园区——康桥工业区的所在地,有知名品牌美特斯·邦威、创研智造商务大厦和中国服饰博物馆。魏塘街道与康桥镇缔结友好街镇,走出一条跨区域合作的新路,变接轨上海为融入上海,实现优势互补、发展共赢。

【推进计划生育】 街道落实法制计生、流动人口属地管理、企业法人责任制、生育关怀行动等计生管理服务措施,计划生育率98.97%。林荫路步行街建成县内首条生育文化特色街,浙江龙森木业有限公司建立企业生育文化园,长秀村芦笋基地被列为省生育关怀“少生快富”项目,建立全市首个“三优”志愿者讲师团,与安徽霍邱县彭塔乡建立县内首家流动人口计划生育协会。做好社区计划生育管理服务,推广“和阿姨”队伍“一对五”结对服务工作方法,实现社区计生服务管理组织网络全覆盖,街道计生办获省“十一五”计生工作先进集体。

排舞　　魏塘街道　提供

【整治规范“十小”行业】 街道有“十小”行业1519家,整治达标1495家,达标率98.75%。街道办事处抽调有关部门人员组成“十小”行业整治工作领导小组,设立办公室,分别与各部门、村(社区)签订目标责任书,工作纳入年终考核。通过媒体和刊物进行宣传,编发《工作简报》,制作宣传牌60余块,解放东路开设整治专栏,发放宣传资料1600余份,组织业主、从业人员教育培训15次938人次。开展“十小”示范店创建活动和星级文明卫生工商户评比活动,树立示范单位15个。街道办事处投入21万元新建1个液化气站,遏制小液化气站分散经营存在安全隐患的现象。中寒圩村投资216万元建造村集贸市场,虹桥村投资260多万元改建农贸市场,改变“脏乱差”问题。对经过整治仍达不到规范要求的15家小餐饮店、8家非法小音像店、2家小农资店予以取缔。

【开展排舞活动】 城东村(社区)将一块闲置空地建成1600平方米健身广场,供近200名居民晚上跳舞。虹桥村聘请县老年舞蹈队老师指导,排舞队伍发展到200多人。香山社区将一块空地作为居民跳排舞的场所。街道支持鼓励开展排舞活动,年底已形成排舞活动点15个，其中国美电器广场、滨江花园广场、康济滨河公园、建设局广场以及城东、香山社区、虹桥村开辟的排舞场地均在250平方米以上，参加人数100人以上，最多有近500人。

（任致贤）

罗星街道

【概况】 街道区域面积39.50平方公里，辖11个社区居民委员会，4个村，506个居（村）民小组。在册总户数15984户，总人口45034人，年末耕地面积1842.8公顷（27642亩）。2010年，实现生产总值26.52亿元，比上年增长16.2%，其中，第一产业增加值1.61亿元，增长3.2%；第二产业增加值8.96亿元，增长14.7%（工业6.25亿元，增长11.7%；建筑业2.71亿元，增长17.3%）；第三产业增加值15.95亿元，增长16.0%（交通运输业0.69亿元，增长10.89%；金融0.75亿元，增长11%；批零业0.94亿元，增长16.5%；住宿餐饮业0.91亿元，增长34.9%；其他服务业7.67亿元，增长10.8%；房地产业4.99亿元，增长24.6%）。一、二、三产业比重为6.1 ∶ 33.8 ∶ 60.1。财政总收入2.26亿元，比上年增长13.5%，其中地方财政总收入1.18亿元，比上年增长27.9%；农民人均纯收入15918元，增长17%；全年合同利用外资3752万美元，完成全年任务的187.6%，实际利用外资1835万美元，完成全年任务的183.5%。2010年度被授予浙江省妇联首批基层组织建设示范镇（街道）、浙江省“五四”红旗团委、浙江省群众体育先进单位、省级生态街道、第二批嘉兴市卫生强街道。

【稳定农业经济】 全年农林牧渔业总产值2.90亿元，比上年增长13.5%。其中，农业产值2.69亿元，增长12.6%；牧业产值1506万元，增长35.3%；渔业产值455万元，增长8.9%；农林牧渔服务业产值160万元，增长14.3%。全年粮食作物面积1266.3公顷（1.90万亩），经济作物复种面积2262.7公顷（3.39万亩）。经济作物中果瓜面积612.6公顷（9189亩）；蔬菜面积1607.9公顷（2.41万亩），其中，大棚蔬菜面积566.8公顷（8502亩）。粮经比例36 ∶ 64。全年粮食总产量达到7706吨。其中，春粮1023吨，晚稻5837吨。全年经济作物产量9.04万吨，增长0.9%。经济作物中果瓜产量1.98万吨，蔬菜产量7.05万吨，其中，大棚蔬菜产量2.76万吨。形成蔬菜、甜瓜、葡萄三大主导产业，拥有“银嘉膳”、“小蜜蜂”、“宏联”3个农产品注册商标。全年生猪饲养量1.53万头，增长36.9%。生猪存栏9584头，增长53.6%；肉猪出栏5730头，增长15.8%；家禽出栏6.64万只，增长10.0%；羊出栏400只，增长12.0%；兔出栏424只，增长16.2%。渔业生产养殖面积12.53公顷（188亩），水产品总产量266吨，其中，名特优养殖面积2.8公顷（42亩），产量54吨，占水产品总量20.4%。水产品加工企业1个，水产冷库65座。农业机械总动力达到1.74万千瓦，增长0.7%。其中，柴油机1万千瓦，汽油机287千瓦，电动机7050千瓦。城西圩区通过县级验收，并组建城西圩区管理协会，有50名会员。

【发展工业经济】 街道实现工业总产值37.57亿元，同比增长12.1%。其中，工业区完成产值23.52亿元，同比增长17.1%。规模以上工业企业（年主营业务收入500万元及以上的工业法人企业）58家，比上年增加9家，增长18.4%。全年规模以上工业实现增加值4.89亿元，增长38.7%。其中，轻工业增加值2.35亿元，增长34.6%；重工业增加值2.54亿元，增长42.8%。规模以上工业产值24.82亿元，同比增长42.0%；实现销售收入22.48亿元，增长30.1%；工业产品产销率90.6%；实现利税2.36亿元，增长44.1%。五金机械、纺织服装、木业家具三大支柱产业共42家，实现销售收入18.01亿元，增长30.6%，占规模以上企业销售收入80.1%。五金机械实现增加值2亿元，增长42.6%；纺织服装实现增加值7401万元，增长23.6%；家具木业实现增加值8940万元，增长77.1%。

【提升三产服务业】 全年三产服务业投资完成22.97亿元，同比增长82.1%。三产服务业项目（不含房地产项目）29个，其中500万以上项目25个，累计投资7.19亿元。新增注册三产法人单位153家（其中注册资本100万元以上法人单位66家），注册三产个体单位349家，新增注册资本100万元以上生产性服务业企业19家。成功引进并培育由嘉兴禾众汽车商贸有限公司等联合开发的汽车商贸项目;三浦灵狐动漫公司项目;上海坤伦文化传播、美国KSTV控股公司合作从事媒体制作、数据处理的文化创意项目;以"金岛酒业"为代表的总部经济。

【加强社会事业发展】 街道有中学1所,在校学生1392人;小学2所,在校学生2641人;幼儿园5所,在园幼儿2028人。适龄儿童入学率100%,初中入学率100%,"三残"少年儿童入学率100%。参加农村社会养老保险25779人,新增参保人员1954人,同比增长25%。低保户194户,321人,低保补助标准农村提高到236元,城镇提高到392元。全年发放困难家庭医疗救助金额30.8万元。城镇"三无"人员、农村"五保"对象集中供养率100%。参加合作医疗25411人,参保率98.6%,其中农村居民参加合作医疗9281人,参保率99.4%,城镇居民参加合作医疗16130人,参保率98.1%。全年合作医疗报销100022人次,报销金额782万元。农村改厕率为98.78%,改水受益率100%。育龄妇女13167人,计划生育率98.4%,节育率85.9%,独生子女领证7140人,有效领证率67.1%。4月20日,成立企业计划生育协会联合会。有各种文体队伍41支,参加人员549名。文体精品村(社区)5个,比上年增加1个。获县运动会团体总分第一名,广播操比赛金奖。嘉善县图书馆罗星分馆藏书共2.5万册,同比增长56.25%,全年文艺活动55场次,下乡放映电影60次(120场)。农村广播有线(数字)电视用户共6016户,同比增长11.6%,通达率100%。3月16日,街道总工会成立,选举产生第一届委员会。

【推进科技事业发展】 街道科技经费投入2256万元,占生产总值比重0.9%。年末,有省级或省级以上科技部门认定高新企业2家,科技部门认定的省级研发中心1家、市级1家、县级3家,省著名商标2个、市著名商标2个,名牌农产品1个、市名牌产品6个、驰名商标1个。规模以上工业企业通过ISO14001认证的5家。申报专利137件,其中发明专利3件、实用新型专利44件。

【推进"两新"工程】 完成街道"两新"建设规划布局,形成"1+2"的总体布局,加快中心点、X点的建设和农户集聚步伐,全年集聚农户911户。建立街道"两新"工程领导小组,下设一办四组(办公室、协调组、征迁组、督察组、宣传报道组)统筹领导"两新"建设的各项工作。罗星新市镇一期项目总投资7.2亿元,建设周期3年,用地面积30.53公顷(457.95亩)。一期项目的基础设施建设完成招标工作,已进入桩基工程建设。

【被命名为省级生态街道】 年内,对18个农居点实施生活污水纳管工程建设,关停污染企业,治理河道,建设生态小区,在生态建设和环境整治方面取得明显成效。注重企业落实节能减排措施,浙江嘉丰机电有限公司太阳能加热项目、嘉善马仕兰电子有限公司太阳能光伏电站项目等为企业节能降耗做出表率。并涌现出南亚家具纺织(嘉善)有限公司、浙江嘉丰机电有限公司等绿色企业。12月,省环保厅正式发文命名罗星街道为第二批省级生态街道,成为全省被命名的15个省级生态街道之一。

【获"嘉兴市科普示范单位"称号】 街道成立以来,建立科普教育基地。街道辖区内的气象科普馆被命名为第四批"嘉兴市科普教育基地";有2000多人次到馆参观学习。建立科技活动特色学校。嘉善县泗洲小学(原魏塘镇第四小学)是嘉善县科技教育特色学校、嘉兴市科普教育基地。近年来,学校学生在全国、省、市、县的各类科技竞赛中获得100多个奖项。建立街道科普活动中心。街道科普活动中心面积450平方米,有工作人员3人,藏书1.4万册,电脑12台。投入4.5万元在各村建立10米科普宣传栏。完成省、市级科普示范单位的创建工作。年内新增省级科普示范单位1个、市级科普示范单位3个。获市级农村科技示范户2户、县级十佳农村科技示范户1户、县级农村科技示范户11户、县级科普家庭31户,省级高级农技师1名。2010年,罗星街道被命名为"嘉兴市基层科普示范单位"。

【南亚家具获企业奖称号】 9月14日,在上海世博会美国馆举行的沃尔玛能效建设杰出供应商世博园颁奖典礼上,罗星街道的南亚家具纺织(嘉善)有限公司在众多企业中脱颖而出,成为浙江省唯一一家获得沃尔玛能效提升项目优秀表现企业奖称号的企业,也成为长三角区域获此认定的两家企业之一。南亚家具实施节能照明、生产线加装变频器、安装太阳能热水器、淘汰高能耗设备等项目,单位产品电能消耗在3年内下降23.41%,实现公司提高能源利用率7%以上的目标,为可持续发展赢得巨大空间。

【神州毛纺被认定为省创新试点企业】 浙江神州毛纺织有限公司是一家纺纱、织布、染色、后整理配套的粗纺呢绒面料专业生产企业。年内,公司研究开发省级新产品5个,完成浙江省重大科技专项(优先主题)重大工业项目——毛衫产业优质低耗关键技术研发及产业化项目,当年新产品产值率达到65%。2010年,浙江省科技厅、省发改委、省财政厅、省质监局、省总工会等十部门联合发文,浙江神州毛纺织有限公司被认定为浙江省创新型试点企业。

【"活力时装秀"节目走进央视】 罗星街道"大学生村官""活力时装秀"节目应县广电台邀请,3月18日,参加央视7套《乡村大世界》"我行我秀"的海选活动。"活力时装秀"节目表现一群年轻人在农村基层尽情挥洒青春的情景,节目诙谐幽默,有着强烈的视觉冲击和舞台表现力。经过层层选拔,最终"活力时装秀"脱颖而出。3月21日,街道"大学生村官"前往北京参加央视7套《乡村大世界》的现场录制。

【马家桥村建成高标准广播电视示范村】 马家桥村高标准广播电视示范村建设工程由魏塘网络中心站负责实施,共架设光缆8公里,新增光点11个。数字电视平移前该村有线电视开通数为421户,平移后开通数达515户,数字电视转换率100%,入户率由原来的72.5%提高到88.8%,增加16个百分点,共安装室内调频广播463只,室外调频广播15只,广播普及面99%以上。4月底,马家桥村顺利通过县广电台高标准广播电视示范村验收组的验收。

罗星街道"大学生村官"参加中央电视台《乡村大世界》节目演出

罗星街道　提供

【加强服务业新居民管理】 罗星街道有新居民3.75万人,其中从事服务业的新居民有0.78万人,占20.97%。街道新居民事务所从2009年底开始,探索实践服务行业新居民服务管理工作"六项制度",创新场所管理新模式。建立"析出式"专项治安组制度。场所管理专项治安组,配备2名协管员专职负责大型娱乐场所、餐饮、宾馆、酒店内新居民的服务管理工作,避免管理盲区的出现。建立"监察式"分类建档制度。根据行业类别不同,治安组对这些多用单位分类建立档案信息数据库,保持动态更新。完善"申报式"信息报送制度。与各场所用工单位签订《流动人口用工单位责任书》,明确用工单位法律责任,从业人员的增减要每日电话报告和及时办理居住证件,核对变更相关信息。建立"前置式"IC卡并用制度。将娱乐场所从业人员临时居住证列为办理IC卡的前置条件,各娱乐场所做好对其他从业人员每日上岗刷卡检查,及时掌握员工去向。建立"回访式"定期上门制度。推行定期上门登记制,检查员工名册,落实专人专管,健全员工花名册档案。建立"联动式"传递单制度。对在居住证申领发放工作中发现的违法犯罪线索,填报《可疑(流动人员/物品)线索传递单》,确保社会稳定、治安平稳、秩序良好。

【“大学生村官”创业实践服务中心挂牌成立】 12月8日,罗星街道“大学生村官”创业实践服务中心在县科创中心挂牌成立。确定浙江省善银节能科技有限公司、嘉善在线信息科技有限公司、浙江一网通信息科技有限公司3家优秀企业作为街道“大学生村官”创业实践基地,搭建起“大学生村官”创业创新实践平台。8名“大学生村官”按照自由组合的方式与企业家结对,签订期限为两年的结对带培训协议书。创业实践服务中心为“大学生村官”创业确定三大发展方向,即以现代农业为内容的“田园创业”、以现代新兴商务为内容的“网络创业”和依托街道三产服务业的“市场创业”,并给予帮助扶持。

【开展两岸邻里节活动】 12月25~26日,来自中国台湾南投县鹿谷乡竹丰村代表团一行12人与罗星街道晋阳社区、玉兰社区、柳洲社区开展“两岸邻里节”友好结对活动。通过开展“共创和谐,共谱友谊”两岸社区建设交流会、种植亲情树、同吃团圆饭、家庭大联欢等7项活动,加强两岸民间交流交往,增进两岸民众感情沟通,探索两岸社区建设经验,共同营造“互帮互爱,和谐温馨”的邻里关系,为善台两地民众交流互动搭建良好平台。

(周洪林　杨胜年)

县开发区(惠民街道)

【概况】 见经济园区篇目嘉善经济开发区分目。

【推进农村新社区建设】 新农村社区“X”点建设,枫南新社区规划总用地61.33公顷(920亩),规划安置农户2171户,占全街道总农户数的31%。新社区基础设施建设全部到位,前期启动15.33公顷(230亩),有500户农户进区施工。位于惠民集镇规划区内的中心集聚区,规划用地面积52公顷(780亩),住户2144户,被评为县农村新社区优秀规划;工程共分两期:已实施建设7.67公顷(115.2亩),建筑面积9万平方米。一期工程共430套安置房,包括部分社区管理、公共服务和商业配套用房,预计2011年7月竣工,建成后使中心集聚区与惠民集镇的各项配套功能互补和完善。在一期工程北侧2.53公顷(38亩)地块内为二期工程。中心集聚区建成后,将整合优家村等已入住农户,形成3467户大集聚区,占全街道总农户数50.12%。全年农房改造集聚1672户,占全街道总农户数24.2%。

【实施强村计划】 全年实施强村计划项目13个,竣工项目7个,占54%;施工建设项目3个,占23%;前期准备项目3个,占23%。竣工项目为横泾桥社区生产服务用房项目、惠通村菜市场项目、毛家社区创业园标准厂房项目、横泾桥社区菜市场项目、张汇社区新农村小区配套房项目、枫南村公建配套用房项目、优家村公建配套用房项目等,为村级集体收益1000多万元;摘掉新润、大泖等村经济薄弱村帽子。

【发展现代农业】 抓好精品农业示范点建设。鲜食大豆、南美白对虾、甲鱼3个精品农业示范点建设开始实施,按照精品农业3年建设方案,共建设面积45.33公顷(680亩),总投资426.5万元,3年总产值6407.5万元,总效益2326万元。发展现代农业。在稳定粮食生产的同时,培育优势特色产业,推进现代农业设施建设。投入420万元,完成13.33公顷(200亩)大棚设施和3.33公顷(50亩)葡萄喷滴管设施建设。调整农业产业结构。农作物播种面积5813.33公顷(8.72万亩),其中粮食作物面积4066.67公顷(6.1万亩)。实现农业产值3.3亿元,同比增长3.3%。农村居民人均收入13970元,同比增长8%。

【推进社会事业发展】 推进世博“环沪护城河”工程,组建群防群治力量强化治安防范基础。综治中心窗口接待来信来访200批次,做到反映有登记,诉求能解决。开展不稳定因素排查8次,调处各类矛盾纠纷11起,累计办理县长热线交办单332件。推进文化、教育、卫生等工作,加强精神文明建设。开展创建市级文明街道、市级卫生强街道活动。区(街道)编排的《盛世花开》节目代表嘉善县参加“嘉兴市端午民俗文化节”活动。实施惠民卫生院、大通幼儿园、污水收集管网、农危桥改造、便民中心等一批惠民实事项目。每年投入300万元,建立农村居住环境长效保洁机制。成立区(街道)企业计划生育联合协会,强化流动人口计生管理与服务工作。全民国防教育、"双拥"工作和国防后备力量建设继续得到加强。老龄、关心下一代、广电、档案等社会事业进一步发展。

【加强党的建设】 通过"双休培训课堂"、"红色节庆课堂"、"远程教育课堂"、"先锋展示课堂"等形式,组织党委理论学习中心组、村干部读书会、非公有制企业党建研讨会,建立健全干部学习培训制度。结合纪念建党89周年"红船节"活动,组织红色"经典、激情、奉献、温暖"四大系列活动,开展讲党史、讲形势、讲法律、讲发展"四讲"教育,实施远教进户、数字进户、简报进户"三进工程",举办"唱响红歌"文艺活动。表彰8个先进基层党组织和"十佳勤廉高效先锋"、"十佳为民服务先锋"、"十佳转型发展先锋"共产党员,并制成流动展板在村、社区、企业流动展出。成立非公有制企业工作党委,开展党组织组建,完成相关企业党组织升格工作。非公有制企业按照"地域相近、行业相邻、资本来源、历史沿革"等特点,划分成17个网格,每个网格成员单位在20个左右。每个网格确立1个龙头企业为牵头企业,并明确在该企业建立区域化党建活动站。在村(社区)推行农村(社区)法律顾问,构建农村便民服务新模式,建立村级财务联审机制。聘请20名党风廉政建设监督员(行风监督员)及机关效能督查员,完善行风评议工作机制。实施效能建设,履行监督检查职能,发挥村(社区)监督组织作用。

【"绿色家园"工程通过县级验收】 1月29日,开发区(惠民街道)2009年度"绿色家园"工程顺利通过县级验收。区(街道)完成绿化面积50.8公顷(762.7亩),完成率162.3%。其中,生态林面积8.6公顷(128.9亩),新发展经济林面积34公顷(510.8亩)[蜜梨种植面积占32.2公顷(483.3亩)],经济林惠及3个村。"四旁"绿化1.76万株,折合面积7.33公顷(110亩),并完成新润村实施创建县级绿化示范村申报工作。

惠民梨农喜摘蜜梨　　开发区(惠民街道)　提供

【精品蜜梨示范点建设通过县级验收】 年内,县开发区(惠民街道)精品蜜梨示范点建设通过县精品农业考核小组的验收工作。至此,县开发区(惠民街道)包括瘦肉型猪在内的2个精品农业示范点通过县级验收。

【管道灌溉工程开工建设】 年内,县开发区(惠民街道)管道灌溉工程建设项目正式开工建设。该工程属嘉善县农田水利重点县建设工程,是全省2009~2011年度10个小型农田水利重点工程之一。该项目涉及大通、新润和大泖3个村的农田水利建设。一期建设灌区面积1113.33公顷(1.67万亩),其中管灌面积953.33公顷(1.43万亩)、微灌面积160公顷(2400亩)。固定灌溉渠道改造344.38公里、新建和改造输水管道121.4公里、泵站28座,新建机耕路7公里。

【"龙洲鳖"生产基地通过国家审核】 年内,"龙洲鳖"生产基地通过国家有机食品生产基地审核,成为嘉兴市首批获此殊荣的生产基地。生产基地由嘉善县惠民蔬菜专业合作社、嘉善龙洲绿色生态养殖有限公司、嘉善县惠民水产专业合作社负责实施,共涉及面积45.33公顷(680亩)。

【省委常委组织部长蔡奇到优家村调研】 7月6日,省委常委、组织部长蔡奇一行到优家村调研村级创先争优活动开展情况。市、县领导陈德荣、杨立平、张明超、郑明、滕根林等陪同调研。蔡奇在实地考察中,高度赞扬优家村创先争优活动的开展情况。

(杨　祎　陆冰清)

西塘镇

【概况】 全镇总面积82.92平方公里,建成区面积8.5平方公里,耕地面积5306.67公顷(7.96万亩),户籍人口5.77万人,外来人口2.87万人。辖18个村、4个社区、1个水产养殖场。2010年,全镇实现地区生产总值24.4亿元,同比增长10%;完成财政总收入3.59亿元,同比增长8.7%,其中地方财政收入1.37亿元,同比增长10.6%;农民人均纯收入14229元,同比增长12%;完成全社会固定资产投资16.1亿元,同比增长43.9%。一、二、三产产业比为11.1 : 50.4 : 38.5。

【发展农业经济】 全年实现农业总产值5.5亿元,同比增长0.9%。完成粮食复种面积6066.67公顷(9.1万亩),产量3.7万吨。种粮大户直补和晚稻良种贴补等落实到位。推广优良品种,全镇良种覆盖率98%。全年完成标准化鱼塘改造134.73公顷(2021亩),4年累计完成改造713.33公顷(1.07万亩)。新增花卉苗木9.27公顷(139.2亩),果树种植28.2公顷(423亩)。发挥农业合作组织服务功能,完成统防统治面积340公顷(5100亩),机插秧面积413.33公顷(6200亩)。深化订单农业信用体系建设,全镇订单粮食429户,433.33公顷(6500亩)。精品农业提升,有4个点列入县级精品农业示范点,重点推进西塘精品蛋鸭加工区和百果岛生态休闲园等项目建设。落实畜禽重大疫病防控措施,全年无重大动物疫情发生。全年供沪农产品2100余吨,确保供沪农产品安全。

【发展工业经济】 坚持“开放带动战略”,推进产业转型升级。规模以上工业企业产值25.8亿元,同比增长35%。全年完成工业总产值146亿元,同比增长11.5%。合同利用外资7845万美元,同比增长70.5%;实际到位外资7840万美元,同比增长287.7%。引进县外内资2.1亿元,完成注册资本金1.09亿元,引进3个总投资超亿元项目。实行“双联挂”制度,帮助企业破解实际困难。全年千万元以上工业项目的开工率、竣工率和投产率分别为100%、66.7%和61%。推进服装辅料创业园园区道路、供热和污水管网建设,市场区一期主体工程完成结顶。工业区二期18个项目全部开始建设。富士康富鼎一期项目于年内投产,实现产值2.6亿元。服装辅料创业园一期14个项目竣工投产,二期18个项目全部开工建设,全年完成工业生产性投入11.5亿元,同比增长78.5%。加强平台建设,嘉兴出口加工区B区于2007年开始建设,于2010年8月通过国务院批准、验收,正式封关运作。

【发展旅游业】 全年累计接待游客268.5万人次,同比增长35.3%。西塘景区被评为全市服务业十大休闲旅游景区。融入上海世博会,在世博园中国国家馆展示古镇风采。全面加强市场营销,参加2010港澳浙江周和德国柏林旅展等活动,成功举办中国西塘·2010国际低碳生态灯光艺术展。推进景区硬件配套建设,纽扣博物馆改扩建、第三游船码头和古镇牌楼等一系列工程相继建成。开展景区综合治理工作,强化古镇消防设施建设,营造安全、有序、整洁的旅游环境。

【推动新市镇建设】 全年共新建、续建政府性项目11项,完成投资8155万元。配合有关部门,做好两条特高压输电线路和善江公路拓宽工程西塘段的征迁工作。落实上海世博会“环沪护城河”安保工作,重点强化旅游景区巡查管控,出色地完成世博安保的各项任务,被县委、县政府评为“环沪护城河”安保工作突出贡献单位。深入开展打黑除恶和反盗“两车”打“两抢”专项行动,全年共破获各类刑事案件191起,社会治安好转。新增54个视频监控点,完善全镇社会治安视频监控体系。成立西塘镇“两违”整治专职中队,规范土地市场和建设秩序。加强社区建设和管理,提升社区在城市化进程中的基础性作用。

【加强新农村建设】 镇、村两级配套成立土地流转服务平台,全年流转土地233.33公顷(3500亩),推动农业的规模化经营。加强农业面源污染治理,382户

11月18日，举行嘉善县图书馆西塘分馆——赵宪初图书馆开馆仪式。

西塘镇 提供

养殖户通过省级验收，畜禽污染排放明显改善。全镇280公里内港河道加强长效保洁。开展村庄整治提升扩面工作，完成1个村的省定生活污水标准化处理项目建设。全面开展“两分两换”工程，推进翠南、鸦鹊村的基础设施建设。全年完成农房改造集聚781户，同比增长123%。推动“强村计划”，全镇有16个村18个项目通过立项审批，6个项目已竣工，其余项目正常推进。开展文明创建活动，有2个村和1个单位通过市级考核验收。强化农村生态环境保护，加强农业面源污染治理，382户养殖户通过省级验收，畜禽污染排放明显改善，获得全县畜禽污染治理工作二等奖。推进村庄整治工作，完成1个村的省定生活污水标准化处理项目建设。提升村庄绿化水平，全年完成造林面积63.73公顷(955.8亩)，鸦鹊村通过省级绿化示范村验收。

【推进社会事业】 做好就业培训和社会保障工作，开展充分就业村(社区)创建工作。农村和城镇居民合作医疗参保率分别为98.3%、94.4%。农村“五保”和城镇“三无”对象集中供养率100%。坚持计划生育“一票否决制”，计划生育率98.5%。推进食品安全工作，连续6年未发生重大食品安全事故，通过市级食品安全示范镇验收，成功创建嘉兴市卫生强镇。完善城乡文体设施，推进基层文化建设，建成西塘镇文化体育中心和镇图书分馆，成功举办2010古镇西塘顾锡东越剧票友节。深化农民“种文化”系列活动，实施农村电影“2131”工程，群众性业余文化生活日益丰富。开展文明创建活动，有2个村和1个单位通过市级考核验收。实施文化遗产保护工程，文化遗产得到有效保护和传承。举办西塘镇第二届综合运动会，通过省级体育强镇复评验收。支持国防建设，圆满完成27名新兵征集任务。全年完成农村劳动力转移培训755人，开发公益性岗位23个，完成4个充分就业村创建达标。重视发展教育事业，较好完成义务教育各项指标，全年初中升高中比例达到92.4%，抓好学前教育，成人“双证制”教育工作成效明显。发展公共卫生事业，15个卫生服务站覆盖全镇村和社区，全镇城乡居民有45480人参保，参保率98.07%，同比增加1.11个百分点。

【加强农田水利基础设施建设】 完成总投资600万元的西丁线(大舜段)道路改扩建工程，全年共完成总长度为1.5公里的连村公路和22公里到组道路建设，实施农危桥改造6座。完成河道疏浚36公里，内港块石护岸建设6公里，加高加固外港圩堤20.6公里，完成防洪墙建设10.2公里。高标准完成镇南圩区国家农业综合开发项目建设任务，建成1066.67公顷(1.6万亩)标准化圩区。新建镇村ECP视频系统，完成基层防汛防台体系建设。全力抗击60年一遇的特大春汛，取得抗汛工作的全面胜利，获得浙江省气象防灾减灾示范乡镇称号。

【推进科技创新】 推进节能减排，落实合理有序用电，推进节能降耗，提升资源利用率。启动排污权交易分配量核定工作，完善减排补助机制，有27家企业开展排污权交易。创建1家县级企业技术研发中心，同时新申报并列入省级新产品15个，新申报专利146个，其中发明、实用新型专利

30个。“DS”(大舜)牌纽扣被评为市级名牌产品。“生活着的千年古镇”被评为省级著名商标和浙江名牌,“远通建材”被评为市级著名商标和市级名牌产品,“西塘人家”被评为市级著名商标,“西塘”牌黄酒已进入国家驰名商标认定程序。

【建设纽扣特色产业园】 纽扣产业是西塘的一大特色产业,西塘大舜村是全国著名的“纽扣之乡”,产量占到全国的一半。纽扣产业园市场区项目已办理建筑规划施工许可证并开工建设。首期项目中完成5个项目的环评审批、绿化图纸设计审核及竣工验收。完成二期18个项目进区企业厂房的设计、修改、开工备案等工作。完成9个项目用地规划许可证和建设工程规划许可证及8个项目的设计、修改工作。三期第一批9个项目已经确定,其中3个项目已完成招拍挂工作。抓好招商引资,继续引进能够带动和提升服装辅料产业的项目,有5家企业有意向进驻纽扣产业园。 (张海斌)

干窑镇

【概况】 干窑镇位于嘉善县中部,距县城4.5公里,全镇区域面积37.08平方公里,耕地面积2086.67公顷(3.13万亩)。下辖9个村、1个社区。总人口4.44万人,其中新居民1.9万人。2010年,实现国内生产总值18.57亿元,同比增长13.4%,其中工业增加值11.71亿元,同比增长15%;财政总收入1.55亿元,同比增长5.6%,其中地方财政收入6124万元,同比增长10%;全社会固定资产投资10.42亿元,同比增长16.1%;农村居民人均纯收入15150元,同比增长15.1%。为全国经济千强镇、浙江省经济百强镇、浙江省体育强镇、“2008～2009首届浙江最佳投资乡镇20强”、嘉兴市民间文化艺术之乡。年内,干窑镇获“全国亿万农民健康促进行动暨浙江省农村公共卫生项目健康教育示范镇”称号,干窑村获“全国人口计生基层自治示范村”称号。

【发展农业经济】 全年实现农业总产值3.6亿元,同比增长15.63%。粮食复种面积2536.8公顷(38052亩),其中晚稻1643.6公顷(24654亩),春粮871.7公顷(13075亩),总产量16927吨。利用“富硒”土壤资源发展精品农业,建立53.33公顷(800亩)一类区粮食示范基地和13.33公顷(200亩)二类区蔬果示范基地。“范泾草莓”精品园区被立项为省级精品农业示范园区,4个精品农业示范点通过县级验收。成功举办上海“范泾草莓”推介会,“范泾草莓”打入县大型超市直供销售。抓农业标准化建设,新建晚稻测土配方施肥高产示范区100公顷(1500亩),水稻粮食功能区200公顷(3000亩),测土配方施肥面积推广至1333.33公顷(2万亩),机械化插秧面积达到180公顷(2700亩),农业植保统防统治面积221.93公顷(3329亩),基本农田示范区建设通过市级验收。抓好畜禽污染治理和动物防控工作,超额完成50头以上养殖户的污染治理任务。生猪免疫12.06万头次,家禽免疫163.28万羽次。进行定期免疫监测,加大对甲型HIVI流感疫情的防控。加强水利基础建设,落实防汛工作责任制,整改防汛隐患32处,完成护岸建设8.8公里,加固加高圩堤4.8公里,新建防洪墙6.2公里,总投资1672万元。加强防汛防台体系建设,确保安全度汛,全面完成万亩高标准圩区工程建设。强化村庄整治,完成范泾村、黎明村、新星村3个省定农村生活污水处理项目的考核验收。

【发展工业经济】 全年新增规模以上企业4家,规模以上工业企业总产值45.78亿元,同比增长43.29%;利税4.82亿元,同比增长56.81%。合同利用外资2390万美元,同比增长117.7%;实际利用外资814万美元,同比增长51.6%;县外内资实际到位2.99亿元,同比增长15.9%;新增注册资本1.67亿元,同比增长46.5%。工业园区建设全年完成投资3395万元,顺利通过嘉兴市乙级转型升级工业园区达标考核验收,完成俞曹路向南延伸工程和荷花池道路工程,扩大绿化种植面积,启动建设二期污水管网与供热管道工程。全年申报省级新产品24项,立项23项。嘉善东菱电子科技有限公司被列为国家级高新技术企业,其“数字型大功率高效伺服控制器的研发及产业化”项目通过省级重大专项验收;嘉善友菱机电有限公司的“高效风力发电变桨伺服控制系统”项目列入2010年第一批国家创新基金项目;嘉善科达电力设备有限公司申报省级中小科技型企业；浙江双飞无油轴承有限公司申报市级以上创新型示范企业。成功创建市级专利示范镇。全镇完成申请专利250件，嘉善野牛工具有限公司被评为市级专利示范企业，嘉善东菱电子科技有限公司取得软件著作权4件。全镇已有市级以上著名商标12个，市级以上名牌产品8个。推动节能改造，实施县重点节能降耗项目2个，总投资2500万元。努力做好人才工作，引进高层次人才7名，组织5家企业负责人赴清华大学参加县“创新转型优化升级”企业总裁（工商管理）高级研修班。

【推进三产服务业发展】 全年完成三产服务业投入2.89亿元，同比增长67.7%。加快服务业功能区块规划建设，启动实施康民路、三仙路等集镇主要道路两侧工业企业“退二进三”工作，一期涉及企业15家，面积16.67公顷（250亩）。总投资5000万元的新博雅大酒店动工建设，龙庄讲寺扩建工程顺利推进。

【加强镇村建设】 推动农房改造集聚，推进干窑中心集聚区和范泾中心村集聚区建设，完成农房改造集聚709户，完成中心集聚区总投资680万元的“一路二桥”基础工程。优化集镇综合环境，对集镇老区进行改造，实施路面彩砖铺设、道路雨水管道改造和绿化工程，完成2个居民生活小区的雨污分流改造。开展土地复垦工作，全年完成土地复垦5.93公顷（89.4亩），推进农村土地综合整治，确定胡家埭村农村土地整治项目，规划复垦面积21.47公顷（322亩）。引导促进土地有序流转，完成流转土地104.6公顷（1569亩）。推进实事工程建设，完成水浜桥、鹿形浜桥、长丰至翁村连村公路、范泾大道大中修等康庄工程，实施庆丰桥、新开河桥农危桥改造项目。

【提升社会事业】 促进就业，新增城镇就业岗位400个，实现城镇失业人员再就业300人，农村劳动力转移就业400人，组织劳动力技能培训787人次，充分就业村创建率77%。扩大社会保险覆盖面，新增城乡居民社会养老保险参保1955人，镇财政共补贴全镇养老保险缴费111.92万元，新增企业职工养老保险参保676人。城乡居民合作医疗参保率99.05%，镇财政补贴合作医疗费160万元，全镇共有75690人次得到报销，补偿金额达到650万元。发放60岁以上老人基础养老金3013人、108.47万元。加大救济力度，发放最低生活保障金319人、72.78万元。救助大病医疗59人次、26.04万元，临时救助163人次、6.47万元。开展“扶贫帮困送温暖”活动，走访老党员、老干部和困难家庭、新居民、残疾人等群体4次、379人次，发放慰问金（品）13.74万元。优化社会养老服务，加快推进城镇“三无”、农村“五保”对象集中供养工作，建成总投资380万元的社会福利养老服务中心新老年公寓，新增床位130个。完善村级养老服务网络，实现“星光老年之家”全覆盖。在各村（社区）建立老年大学教学点，参加老年大学学习老人比例占15.3%。支持慈善事业，募捐金额达到31.34万元，救助27名大学生、高中生9.85万元。发放现役军人优待金33.24万元、退伍安置费10.5万元、重点优抚对象配套资金14.5万元。组织镇村干部与残疾儿童结对帮扶，关心三峡移民生产生活，积极救助困难移民。推进素质教育，提高九年制义务教育质量，中小学入学率、残疾少儿入学率均达到100%，幼儿三年入园率98%，中小学吸纳新居民子女755人。改善基础教学条件，范泾小学改扩建工程动工建设，启动干窑小学迁建。优化人口计生工作，巩固低生育水平，人口自然增长率为-2.51‰。创建计划生育基层基础强镇和村（居）民自治示范村，干窑村获“全国人口计生基层自治示范村”称号。成立干窑镇企业计划生育协会联合会，镇计生站获“嘉兴市群众满意站所”称号。巩固省级卫生镇创建成果，开展爱国卫生运动，打造“惠民卫生”与“和谐卫生”双品牌，获“全国亿万农民健康促进行动暨浙江省农村公共卫生项目健康教育示范镇”称号。推进健康工程，全年组织6696人次参加体检。深化新居民服务工作，加强新居民协管员队伍建设。范泾、范东、胡家埭3个村全面完成数字电视整体转换工作。老干部、老龄、关心下一代、统战、档案和史志等工作取得新成绩。

【繁荣文化事业】 结合纪念建党89周年，开展“建设学习型窑乡”主题读书月活动。推动农村（社区）、企业、学校文化阵地建设，巩固省级东海明珠文化工程创建成果，开展窑乡农民种文化

"天天舞、月月演、年年比"广场文化系列活动。培育民间文艺骨干队伍,鼓励文艺节目创作,男子群舞《最后的窑工》获全省农村题材舞蹈大赛铜奖,"踏白船"节目在'10中国·嘉兴端午民俗文化节闭幕式南湖"踏白船"表演赛上获铜奖。成立全县首家镇(街道)体育舞蹈协会,镇舞蹈队在全县体育舞蹈大赛中获金奖。开展全民健身活动,获全县第十二届运动会镇(街道)团体第二名,长生村运动员金亚娟在广州2010年亚残运会上获女子铅球F42—46级比赛金牌。做好文物和非物质文化遗产保护工作,京砖产业基地申报省级非物质文化遗产产业基地,"小瓦制作技艺"列入第四批市级非物质文化遗产名录,同时申报列入省级非物质文化遗产名录,江南窑文化博物馆申报嘉兴市第五批爱国主义教育基地。

【强化平安维稳】 全面落实全员维稳责任制,认真开展矛盾纠纷大排查大化解活动,开展社区矫正"护城河"工程和禁毒安保工作。抓治安防控,开展社会治安重点地区排查整治工作,加大违法犯罪打击力度。推进社会治安视频监控系统建设,全年新建58处。实施反盗"两车"打"两抢"人民战争专项行动,组建摩托化专业巡逻队,新增警用摩托车4辆。认真落实校园及周边安全工作。黄赌毒等社会丑恶现象得到有效遏止,全年共查处聚众赌博违法犯罪团伙4个,刑事处罚11人,治安拘留41人。破获贩卖冰毒850克案件1起,刑事处罚4人,治安拘留21人。高效侦破"5·14"、"7·7"凶杀案。严格监管安全生产,签订安全生产责任书591家,签订率100%,检查各类企业943家次。认真开展法制宣传教育,全面完成"五五"普法任务,并通过县、市考核验收。推进基层民主法治创建,4个村(社区)成功创建市级民主法治村(社区)。

【举办"范泾草莓"推介会】 12月28日,在上海江苏饭店举办干窑"范泾草莓"推介会。推介会上,"范泾草莓"专业合作社与上海山华果品有限公司签订300吨销售合同,"范泾草莓"种植基地与上海虹口区大买场水果有限公司签订150吨销售合同,干窑范泾西甜瓜种植基地与浙江温州忠毅果品有限公司签订500吨销售合同,镇农技水利服务中心与上海农科院签订农业技术服务合作协议,加强新品种、新技术的开发。全镇"范泾草莓"种植面积98.67公顷(1480亩),涉及农户362户。

【基本农田保护示范区建设项目通过市级验收】 扎实推进范泾村、新星村基本农田保护示范区建设项目工作,基本实现"基本农田标准化、基础工作规范化、保护责任社会化、监督管理信息化"的要求。12月22日,基本农田保护示范区建设通过市级验收。

【健康教育示范镇通过省级验收】 加大健康教育工作力度,开展创建"全国亿万农民健康促进行动暨浙江省农村公共卫生项目健康教育示范镇"工作,成效明显。在创建过程中,将健康教育活动和社区卫生服务有机结合起来,做到村村有健康宣传员和宣传阵地,户户有宣传资料,月月有健康培训。开展形式多样、适合不同人群的健康教育活动,如义诊宣传、健康讲座、文艺演出、播放电影、知识竞赛、有奖竞猜、健身比赛等,在全镇营造"人人参与健康行动、人人重视健康生活"良好氛围。11月,省考核组对干窑镇创建"全国亿万农民健康促进行动暨浙江省农村公共卫生项目健康教育示范镇"工作进行考核验收,并顺利通过。

【新星村通过市生态村验收】 新星村实施农村环境"五整治一提高"工程,开展养殖污染整治,开展农村环境综合整治,达到相关建设标准,村环境面貌得到改善。全村养殖场严格按照"两分离、三配套、零排放"要求治理,建造雨污分离220米、干粪池3座、污液储存池90立方米、沼气池120立方米。开展生活污水治理,投资近20万元共建造生活污水处理模块177个,全村62%农户受益。开展农村固废垃圾集中整治,全村配套垃圾箱38只,垃圾桶325只,配备保洁员9名,垃圾做到日产日清,生活垃圾集中收集率100%。落实农村环境卫生制度,健全长效机制。开展农药化肥污染整治,开展测土配方施肥和农药残留控害增效示范,提倡使用生物农药、生物肥料和生物药剂,农药化肥使用量明显减少。开展河沟池塘疏浚工程,全村共疏浚河道8条,池塘3个,修建块石护岸5.86公里,改善农村人居生活环境。推进"千顷绿化工程”，全村绿化面积10.6公顷（159.7亩），绿化率26.8%。10月19日，干窑镇新星村通过市级生态村验收。

【举办’10嘉善·窑乡道德风尚节】 9月17至29日，干窑镇举办了’10嘉善·窑乡道德风尚节。整个活动内容包括“全民齐动员、争当志愿者”活动、三大系列评选、“干事为先、窑铸文明”全县摄影作品大赛、“十佳和美新家庭”事迹巡回展、“说说我们的窑乡故事”中学生演讲大赛、全县“十万农民种文化”青年农民艺术家展演。并表彰镇“十大创业创新先锋”、“十大道德风尚之星”、“十佳和美新家庭”。

召开中共干窑镇第十三次代表大会　　王建超　摄

【开展公推直选镇党委班子试点】 干窑镇作为全市乡镇党委班子换届公推直选试点，8月28至29日，中国共产党干窑镇第十三次代表大会隆重召开。会议通过公推直选，选举产生中共干窑镇第十三届委员会、中共干窑镇纪律检查委员会。大会听取和审议了中共干窑镇第十三届委员会工作报告、中共干窑镇纪律检查委员会工作报告，审议通过了《关于推进经济建设社会全面转型、建设“幸福和谐美好”新干窑的决定》。省委组织部、市委组织部有关领导到会指导。县领导张明超、郑明、李泉明、滕根林、何全根出席会议。嘉兴市五县（市）两区组织部门有关负责人到会观摩。

【东菱电子省重大科技专项通过验收】 7月15日，浙江省科技厅在嘉善召开由嘉善东菱电子科技有限公司承担的浙江省重大科技专项项目“数字型大功率高效伺服控制器的研发及产业化”（计划编号，2008COI032—1）验收会。以浙江大学傅建中为组长的专家验收组对该重大专项的执行，绩效情况给予很高评价。自2008年10月省重大专项实施以来，东菱电子累计投入研发经费430.98万元，实现销售收入1630万元。项目实施期间获实用新型专利3项，计算机软件著作登记证书4项。

【3处文化遗产被列入县文物保护单位】 黎明村的清代澜翠桥、干窑村的清代晋贤桥和干窑社区河西街沈家宅被列入县第四批文物保护单位。澜翠桥占地86平方米，单孔石拱桥，东西偏北走向跨急水港，桥长26米，宽3.3米，矢高5.5米，为嘉兴地区老拱桥且桥上有石刻题记和如意纹饰，具有一定的历史、艺术价值。晋贤桥占地133平方米，单孔石拱桥，东北对西南走向跨亭桥港，桥长27米，宽4.9米，矢高4.9米，年代较久远。沈家宅占地280平方米，坐西朝东，由三进三开间二层楼房围合而成，第二进为正屋，梁枋雕刻十分精美。

（万秀龙）

大云镇

【概况】 大云镇位于嘉善县南端，镇域面积28.7平方公里，总人口3.5万人，下辖缪家、大云、江家、东云、曹家、洋桥6个村，1个居民委员会。2010年实现国内生产总值12.1亿元，比上年增长16.01%；财政总收入1.75亿元，增长19.58%，其中地方财政收入6801万元，增长23.95%；全社会固定资产投资8.4亿元，增长36.76%，其中工业生产性投入5.02亿元，增长6.66%，三产投入3.12亿元，增长112.96%；出口交货值10.16亿元，增长18.03%；农民人均纯收入15697元，增长17.4%。大云镇党委被评为嘉兴市先进基层党组织，并获“红船先锋”称号。大云镇被评为市级农村指导员工作先进镇、药品安全示范镇、市级征兵工作先进单位,市级平安镇。成功创建浙江省旅游经济强镇、省级气象防灾减灾示范镇。

【优化产业结构】 提升精品农业。全年实现农业生产总值2.28亿元,增长16.92%。优化产业结构,在完成粮食生产任务的基础上,继续发展花卉、果蔬两大产业。全年新增花卉面积24.93公顷(374亩),其中新发展花卉连栋大棚13.33公顷(200亩),花卉年产值1.3亿元。建成精品花卉示范点,推进精品盆花和水稻2个示范点建设,完成投入300多万元。成功承办全省农业综合开发现场会,协办“2010中国·嘉善杜鹃花展”。加快工业转型。坚持立足上海、主攻欧美,重点引进科技含量高、产品附加值高、投资强度高的大项目,支撑全镇经济加快发展。加大技改投入,加快品牌创建,实现产品转型。全年新产品产值11.78亿元,同比增长28.33%,新产品产值率达41.47%。新增国家高新技术企业2家,累计6家,占全县总数的24%。有科技创新“六个一批”示范企业8家,占全县的30%。申报各类专利132项,申报省著名商号1家、省名牌1家、市名牌2家,有3家企业产品打入世博会。发展生态旅游。开展温泉项目推进和基础设施建设大会战,如期完成温泉地块征地拆迁、土地挂拍前期准备、基础设施建设等相关工作,全年旅游区基础设施投入5000多万元。成功举办生态旅游暨花乡艺术节等重大节庆活动3次。全年共接待游客92万人次,实现旅游收入3000多万元。碧云花园成为浙北地区首个全国自驾游基地,拳王农庄成功创建AA级景区,大云温泉生态旅游网正式投入运行。

【增强工业发展后劲】 加强招商引资。突出新兴工业产业定位,强化产业招商、平台招商、以商引商工作力度,全年举办经贸洽谈会、中国·大云第二届碧云葡萄节外商投资说明会等重大节会活动3次。引进县外内资项目10个,外资项目5个。合同利用外资2839万美元,完成县下达目标任务的142%;实到外资完成883万美元,完成县下达目标任务的110%;县外内资投入3.09亿元,完成县下达目标任务的155%。加强项目推进。以县重点督查项目和千万元以上项目为重点,以完善项目班子成员联挂、重点工作班子成员目标责任分解、图表工作演示法等工作制度为抓手,细化每个项目的具体推进进程。推进过程中做到每周专题汇报研究一次,每月推进有新进展,全力推动项目开工、竣工、投产、达效。全年千万元以上项目新开工9个、竣工5个、投产5个。加强平台建设。以“工业园区投入年”为抓手,抓工业园区平台建设,全年投入2000万元。同时,结合产业布局和产业优势,按照打造专业化平台和二、三产业融合发展的要求,编制工业区南区核心区规划,新开辟66.67公顷(1000亩),打造欧洲工业园区。

【改善城乡面貌】 以“小城镇形象提升年”为抓手,全面提升集镇服务配套功能。编制新一轮大云镇发展的总体规划,修编完善小城镇控制性详规。集镇重点工程建设全面推进,中心绿地公园和云溪北路延伸工程建成投入使用,信用社大楼、派出所大楼等工程有序推进。加强集镇管理,成立大云执法中队,开展乱张贴等专项治理,重点对影响镇容镇貌的现象进行整治。房地产全年完成投入1.52亿元,同比增长27倍。按照上级关于“两新”工程建设总体要求,调整完成农村新社区布点规划。在广泛征求各方意见建议的基础上,制定“两分两换”政策。结合土地征迁、旅游开发、土地复垦等工作,加快推进农户向新社区集聚,全年集聚农户653户,累计集聚率41.7%。重视环境建设,通过国家生态镇复查验收。农综开发、块石护岸、河道疏浚等水利工程全年投入资金1000多万元。开展农村环境综合整治,开展农业面源污染治理工程。改善人居环境,推进花香大道、碧云花园、拳王农庄等6大绿色景点建设。健全卫生长效保洁机制,落实人员、经费。

【推进社会各项事业】 提高社会保障水平,落实基础养老金发放,加强失地农民社会保障、各类保险、劳动监察等工作。开展社会救助,落实低保政策、合作医疗、农民健康体检、传染病防控工作。新居民事务管理成效明显,推出出租房“卡片式”管理模式。教育事业不断进步,中考升学率再创历史新高。医疗公共服务体系不断健全,群众就医条件改善。法制计生、流动人口属地管理、企业法人责任制、生育关怀行动等计生管理服务措施落实。突出劳动关系和谐企业创建,推进区域企业集体协商集体合同签订,工会保障机制得到落实。推进妇女素质提升工程和巾帼文明岗创建,"巾帼大讲堂"学习品牌获县级创新奖。重视老年、共青团、关心下一代等工作。加强信访工作,共接待受理人民群众来信来访113件,接待群众235人。严厉打击各类违法犯罪活动,全年打击处理130人,刑事案件发案同比下降2.64%,无重特大刑事案件、治安事件发生。"五五"普法全面完成,成功创建省级民主法治村2个、市级民主法治村1个。民主法治建设的经验做法在省委召开的"法治浙江"电视电话会议上作典型发言。

【举办人力资源大型专场招聘会】 2月28日,在县城举办首场镇级人力资源(人才、劳务)大型专场招聘会。全镇55家缺工企业进场招聘,缺工企业与696人达成初步就业意向,其中专业人才159人,普工537人。同时,通过有关部门与各地66所中专、技校联系,为企业与院校建立用工合作关系牵线搭桥,尽量把企业用工短缺问题降低到最低限度。

【强化"三资"管理工作】 3月29日,全县农村集体资金、资产、资源("三资")管理试点工作在大云镇正式启动。在试点工作中,大云镇利用半年时间,建立"三资"管理制度,健全三资管理体系,建设"三资"管理信息化系统,明确三资管理范围,基本实现全镇农村集体"三资"管理工作组织网络化、产权明晰化、运作阳光化、监督多元化、管理信息化的目标,并在全县推广。

【举办'10中国·嘉善杜鹃花展】 4月17日,'10中国·嘉善杜鹃花展在碧云花园开幕,1000多盆杜鹃花迎风怒放,整个活动持续到5月3日。省林业厅厅长楼国华、副厅长叶新才,市、县领导蒋唯民、张明超、盛玉良、郑明、沈国强、吴建平、张来及省花卉协会等相关部门领导,省内外花卉专家、客商出席开幕式。

【举办'10中国·大云生态旅游暨花乡艺术节】 4月20日,为期6天的'10中国·大云生态旅游暨花乡艺术节在大云镇碧云花园开幕。此次生态旅游节以"风情大云、水韵花乡"为主题,举办全县中小学生风筝大赛、"沐浴春风·心临自然"大型露营活动、"拳王"杯全县垂钓大赛、"以花为媒·浪漫情缘"草坪婚典、全县首届农家乐特色菜大赛等活动。开幕式上同时举行全国汽车自驾游基地授牌仪式、嘉兴市摄影创作基地授牌仪式和大云温泉生态旅游网开通仪式。市、县领导赵友六、邵建华、盛玉良、郑明、梁晓英、奚掌福、沈国强、方明远、高洪明出席开幕式。

【建立村级党员关爱专项资金】 5月,大云镇6个村全部建立党员关爱专项资金,在全县率先实现村级党员关爱专项资金全覆盖,共募集村级党员关爱资金27.4万元。做到专款专用,主要用于开展经常性的党内走访慰问、送温暖活动,支持党员带头和带领群众创业致富。全年共走访慰问党员200余人次,占农村党员数总数的43.5%,慰问金额达6.03万元。

十里水乡游线一景　　大云镇　提供

【省委常委、组织部长蔡奇调研创先争优活动】 6月2日,省委常委、组织部长蔡奇到缪家村调研基层创先争优活动开展情况。蔡奇指出,缪家村不仅是全县的先进、更是全国的先进,不仅村级简报质量很高,而且村务公开可以直接在网上、数字电视上看到,便民服务延伸到基层农户家里,工作一流。特别是在创先争优活动中能带头行动,迅速部署,做出了榜样。市、县领导杨立平、张明超、姚高员、郑明、滕根林等陪同调研。

【召开温泉地块项目设计方案评审会】 6月23日,大云温泉生态旅游区温泉地块项目概念性设计方案评审会召开,来自省、市国土、建设、旅游方面的7位专家,对设计单位提交的温泉地块概念性设计方案进行评审。大云温泉生态旅游区温泉地块项目自4月20日公布预公告和方案设计任务书后,至报名截止期共有11家单位报名参加,其中有7家单位设计了概念性方案并参加方案评审。评审专家采取无记名投票的方式,最终确定5家单位进入土地招拍挂。

【举办农家女科学富家赛宝大赛】 7月23日,大云镇"花乡葡萄美、勤劳收获多"农家女科学富家赛宝大赛在碧云花园举行,来自全镇6个村的10名葡萄种植女能手带着自己种植的葡萄参加比赛。评委们通过对葡萄穗形、穗重、果粒整齐度、着色、光洁度、可溶性固形物、口感、风味、肉质等指标的评选打分,洋桥村沈建英种植的翠兰香葡萄得第一名。

【副省长陈加元调研养老保险工作】 9月29日,全省城乡居民社会养老保险工作推进会在嘉善县召开。副省长陈加元带领与会人员到大云镇调研城乡居民社会养老保险工作。在大云村,陈加元详细询问城乡居保的参保流程、保障范围、运行情况等,并观看城乡居保管理信息系统乡镇端操作演示。他指出,大云镇的城乡居保工作覆盖面广、参保率高,基础平台建设富有成效,值得学习借鉴。县委书记张明超陪同调研。

【省委书记赵洪祝调研创先争优活动】 11月11日,省委书记赵洪祝到大云村调研基层党组织创先争优活动。赵洪祝仔细察看村文化活动中心宣传栏内的村创先争优活动时间安排表、村"为民先锋"党员闪光点评议、党员先锋承诺等公示栏,并走进远教中心户张林根家开展座谈。调研中,赵洪祝对该村挖掘党员闪光点进行示范引领、远程教育入户等工作给予肯定。市、县领导李卫宁、杨立平、张明超、郑明等陪同调研。

【通过创建省级旅游强镇考核验收】 11月4日,大云镇创建浙江省旅游强镇工作以高分通过省考核验收组验收。浙江省创建旅游强镇考核验收组通过听取汇报、查看台账及实地检查大云禅寺、花香大道、碧云花园、拳王农庄等旅游景点后,经过综合评定,一致认为大云镇的创建旅游经济强镇工作领导重视,定位明确,规划科学,特色明显,重点项目建设推进有序并取得阶段性成果。

【完成村级组织换届试点】 按照市、县的统一部署,大云镇被确定为村级组织换届工作试点镇。从11月下旬开始,于12月底圆满完成村级组织换届试点工作任务。通过依法选举,共选举产生了32名村"两委"成员,其中交叉任职有7人,占21.9%;妇女12人,占37.5%;大专及以上文化20人,占62.5%;45岁以下20人,占62.5%;5名村后备干部进入村"两委"班子,1名"大学生村官"进入村"两委"班子。在村党组织换届中,党员参选率达93%,村委会换届选举选民参选率达99.9%。

【建成全县首条自行车绿道】 12月28日,大云镇花香大道两侧非机动车道正式竣工,这是全县镇(街道)建成的首条自行车绿道。该绿道自3月开始建设,工程分布于花香大道主干道南北两侧,从缪家村进入,通往拳王农庄和碧云花园,每侧长1.65公里,宽3米,南北两侧分别配套建设11米和9米的绿化带。作为大云温泉生态旅游区主干道的一部分,该绿道的修建充分考虑了游客休闲、观光、运动、安全等方面的需求和当地村民出行的安全。

【率先实现文明村全覆盖】 大云镇重视文明创建工作,广泛开展以"镇创文明镇、村创文明村、户创文明户"为主要内容的精神文明创建活动。至12月底,全镇6个村全部获文明村称号,其中缪家村为省级文明村,大云村、东云村为市级文明村,江家村、曹家村和洋桥村为县级文明村,在全县率先实现文明村全覆盖。

【省委常委、纪委书记任泽民到

缪家村调研】　4月9日，省委常委、纪委书记任泽民到缪家村调研村务监督、村务公开等工作。任泽民考察了村便民服务室、改革开放成果展厅和村务监督委员会办公场所，并与村务监督委员会人员亲切交谈。市、县领导冯志礼、张明超、李泉明等陪同调研。　（王　炜）

天凝镇

【概况】　天凝镇位于县域西部，与嘉兴市秀洲区油车港镇、王江泾镇相毗邻，区域面积75.39平方公里，下辖22个村、3个社区，总人口5.8万人。2010年实现地区生产总值24.58亿元，同比增长5.8%；完成财政总收入1.82亿元，其中地方财政收入7280万元，分别增长11.5%和8.6%；规模以上工业企业完成产值47.6亿元，同比增长33.9%；农业总产值5亿元，同比增长12.6%；全社会固定资产投入14.9亿元，其中工业生产性投入12.88亿元；农民人均纯收入14496元，同比增长10%。

嘉善雪菜上海推介会　　天凝镇　提供

【发展工业经济】　全年合同利用外资4975万美元，同比增长167.5%。实到外资423.9万美元。实际利用县外内资4.5亿元，完成县下达任务数的107%。以科技创新增强发展活力，全镇规模以上企业技术开发费用占销售收入2%以上。嘉善裕隆纺织有限公司、嘉善明伟植绒有限公司被认定为市级高新技术企业，嘉善德威磁电有限公司、嘉善博华绒业有限公司、嘉善吉达植绒有限公司、嘉善亿鑫植绒有限公司、嘉兴市汉威光电子技术有限公司等5家企业被认定为省级科技中小型企业。全镇35家企业（个人）申请专利140项，49个项目被列入省级新产品计划，25个项目通过省级科技项目验收。新成立浙江澳华饲料有限公司、嘉善长顺电子厂、嘉兴市锦丽纺织有限公司等3家企业研发中心，其中浙江澳华饲料有限公司被认定为省级农业科技研发中心。静电植绒行业发展水平得到提升，成为东华大学研究生实践基地，成功注册植绒行业集体商标“天蝴蝶”，被中国纺织工业协会再次命名为中国静电植绒名镇，并被列为纺织产业集群试点地区“十二五”期间试点镇。全年建设污水管网6.3公里、供热管网3.24公里。年初，按镇、村（社区）、生产经营单位三级逐级签订安全生产目标管理责任书，累计签订各类责任书868份。分别对管桩生产企业、冶金企业、危化品生产使用企业、船舶修造企业开展专项整治。在全县首家启用安监信息管理系统，对全镇118家规模以上企业的安全培训、企业特种设备及从业人员等情况进行信息化管理。推行企业安全生产诚信机制建设，以危化企业和管桩生产企业为重点，评选安全生产诚信企业。

【科技兴农】　新增无公害农产品1个（“六百亩荡牌”草鱼）、市级著名商标1个（“嘉善杨庙雪菜”证明商标）、省级农业龙头企业1家（浙江景明果品有限公司）、县级（重点）农业龙头企业1家（浙江景明果品有限公司）。新实施3个精品农业示范点，即新联雪菜精品示范点、天凝村水生作物精品示范点、天凝镇洪家滩葡萄精品示范点。杨庙雪菜获省农博会金奖，嘉善杨庙雪菜专业合作社被评为嘉兴市十佳专业合作社、省百强合作社。新组建农民专业合作组织1家，即天凝农丰植保专业合作社。实施种子种苗工程,在宏杨村培育20公顷(300亩)紫番薯种苗。开工建设天凝历史上规模最大的农综项目——万亩高标准农田建设示范项目,项目总投资2455万元,受益总面积1400公顷(2.1万亩)。实施现代农业设施装备示范工程,建设大棚经济作物面积15.07公顷(226亩),滴灌设施面积15.33公顷(230亩),完成老荡改造56.53公顷(847.9亩)。

【发展第三产业】 全年新增服务业注册资本1.12亿元,同比增长134%。新增服务业法人单位26家,个体工商户358家。引进全县首家信息服务公司——浙江探购信息技术服务公司。

【改善城乡面貌】 加大"两新"工程建设力度,加快新市镇新农村建设。编制天凝镇城镇总体规划(2010~2030)、2006~2020年天凝镇土地利用总体规划、"两新"工程规划、天凝镇装备制造产业园规划。加大基础设施投入,对天凝集镇建成区道路进行全面改造,加快推进工业园区框架道路的建设。4月,被省政府列入第二批省级中心镇。全年在建房地产项目3个、待建4个,总投入3.5亿元,建筑面积20万平方米。总投资2500万元的天凝镇招商科技综合服务中心、总投资800万元的天凝派出所办公楼开展前期准备工作,启动建设。总投资1000余万元,主要包括7条联网公路,总长4.2公里,开工建设。3个集镇和凝溪公路两侧开展绿化养护,并对集镇污水管道和道路进行维修。认真制订1+15的农村新社区布点规划,完成"两新"工程建设规划的编制。制订并修改完善《天凝镇农村新社区建设实施办法》。集中力量推进位于东方红村的主中心点建设,作为试点和示范推动全镇两分两换工作。开展主中心点一期工程的规划方案、设计方案、土地征用、房屋拆迁等前期工作,总建筑面积4.5万平方米的标准公寓房启动建设。加强土地执法巡查,共展开巡查80多次。全年出动600余人次,查处"两违"案件23起,强制拆除违章建筑7635平方米。全年完成复垦面积3.02公顷(45.3亩)。

【推进"平安天凝"建设】 全面开展反盗"两车"、打"两抢"行动,实施视频监控系统建设,开展冬季治安大巡防、世博大巡防等系列平安创建活动,有效遏制违法犯罪案件发生,被市委、市政府评为嘉善县上海世博会"环沪护城河"安保工作先进集体。加强信访工作,调整民间和谐员队伍,制作"民间和谐员"工作证和胸卡,272人持证上岗。在世博安保期间,招募1280名平安志愿者,加强治安群防群治工作。强化镇村(社区)调解工作,全年矛盾纠纷调处成功率98.6%。健全镇村归正人员安置帮教组织网络,落实帮教人员和帮教措施,帮教率98%以上,无归正人员重新犯罪。被县委、县政府评为平安建设一等奖,被市委、市政府评为嘉兴市平安镇。

【提高社会保障水平】 关心困难群体和群众生活,推进就业和再就业,提高社会保障水平。落实城乡居民最低生活保障制度,全年发放低保救助金107万余元。城乡居民合作医疗参保率达97.22%,全年补偿支出1360万元。城乡居保新增3991名,超额完成县下达新增任务数,镇财政补贴城乡居保专项资金271万元。开展城乡低保家庭基本生活价格补贴、生活困难群众慈善救助金、一次性生活补贴、临时救济金等专项补(救)助款发放工作,共计发放资金51万元。完成129户农危房改造,占全县总改造户数70%。全镇有544人参加农村劳动力转移就业职业技能资格鉴定培训,成功转移就业300人。全镇22个村、3个社区全部建成充分就业村(社区)。

【发展社会事业】 组织举办首届残疾人运动会、第二届全民健身运动会等系列镇级文体活动,并首次承办县级农村俱乐部篮球赛。洪溪村获浙江省文化示范村称号。发展教育事业,落实校园安全管理制度,总投资3700万元的新杨庙小学投入使用,撤除全镇最后一所村小——光明小学。巩固人口与计划生育工作,全年计划生育率99.1%,生育文化特色村建设率31.82%。完成第六次全国人口普查工作。档案、史志、老龄、关心下一代等工作取得新进展,老年"星光之家"实现村、社区全覆盖,三发、洪福、洪溪等3个村及洪溪社区通过省级示范化档案室验收。武装工作得到加强,保质保量完成年度征兵任务。

【推进创先争优活动】 在全镇设立3个党代表工作站,确定每月20日为“党代表接待日”，认真听取党员群众意见建议，对收集到的意见建议及时解决并反馈。健全和完善机关干部服务基层“民情夜话”制度，开展“网格化管理、组团式服务”工作，先后为2700多名群众提供服务。在全镇各村(社区)、机关各部门中开展“树标杆勇争先，谋发展争跨越”活动。推进新社会组织党建“立体式工程”建设，新建杨庙雪菜合作社党支部、天凝镇农合联党支部两个新社会组织党组织。对全镇范围内的非公企业党组织实施网格化管理、组团式服务。开展机关事业单位全员岗位管理工作，推出四办六中心共28个中层岗位进行竞聘上岗。制定《天凝镇2010年度村干部岗位责任制考核办法》和《天凝镇2010年度机关部门工作绩效考核办法》，加强对镇村干部的考核管理。新申报7项强村计划，通过组团开发、强村带弱村的办法，使村村有项目、村村有发展，全面增强村级集体经济实力。7个强村项目中有公建配套项目4个，总投资5480万元，总建筑面积4.32万平方米。生产性服务用房项目2个，总投资2450万元，建筑面积1.72万平方米。商业开发项目1个，总投资2500万元，建筑面积1.68万平方米。

【杨庙雪菜专业合作社】　嘉善杨庙雪菜合作社创建于2003年3月，2006年5月根据浙江省农民专业合作条例要求，重新注册登记为嘉善杨庙雪菜专业合作社。合作社由12家雪菜深加工企业和2个雪菜专业村及100多户雪菜种植户组成，有400公顷(6000亩)无公害蔬菜生产基地和34.4公顷(516亩)核心示范区。有高级农艺师1人、助理农技师3人、技术员12人。专业社制订《嘉善杨庙雪菜生产技术操作规程》、《小包装加工标准》、《嘉善杨庙雪菜腌制技术规程》。承担国家级星火计划项目1项、省级星火计划项目2项，省标准化推广示范项目1项、县农业精品示范点项目2项。年内，嘉善杨庙雪菜专业合作社获嘉兴市十佳专业合作社、省百强合作社称号。

【天蝴蝶商标获核准注册】　10月，嘉善静电植绒行业协会向国家工商总局商标局申请了“天蝴蝶”集体商标。该集体商标于2010年8月经国家商标局核准注册，打造静电植绒区域品牌。2010年底，天凝镇静电植绒产业园有植绒生产企业50家，注册资本(金)总额9000多万元，总投资7.5亿元，总用地面积38.13公顷(572亩)。其中已投产企业44家，建成流水线127条，2010年植绒企业创产值12.7亿元，实现销售额12.6亿元。

【实施万亩高标准农田示范项目】　天凝是一个典型的江南水乡，河流湖泊面积占总面积的13.67%。由于地势低洼(目前黄海标高大约2.6米)，每年汛期农业受到一定的洪涝影响。万亩高标准农田示范项目是天凝历史上最大的农综项目，总投资2455万元，总受益面积1466.67公顷(2.2万亩)，涉及10个村。该项目被列为省级农综开发项目，建设资金由国家、省、县、镇、村五级分担，工程量包括建设水闸17座、排涝站10座、机埠29座、灌溉渠道87公里、排水渠道64公里、机耕道51公里、桥梁7座、通村公路1.56公里等。项目从2010年初开始动工，计划在2011年7月竣工。

【开展生态创建】　开展无公害基地建设、农业面源污染治理等生态农业工程建设，加大污水处理工程、节能降耗等生态工业建设力度。全年整治河道231公里，建设生活模块处理池890只。成功创建全市第一批国家级生态村1个、第一批市级生态村1个、第二批市级生态村2个、县级生态村1个，通过省级生态镇复查验收。被命名为“全国亿万农民健康促进行动暨浙江省农村公共卫生项目健康教育示范镇”和市级卫生强镇。　(孙　羡)

姚庄镇

【概况】　姚庄镇区域总面积74.48平方公里，户籍人口40065人，新居民27467人，辖18个村、4个社区，耕地面积4220公顷(6.33万亩)。2010年，实现生产总值45.01亿元(人均GDP约1.77万美元)；工农业总产值210.34亿元，其中工业产值201.5亿元(规模以上工业产值131亿元)，农业产值8.84亿元；财政总收入3.6亿元，其中地方财政收入1.2亿元；农村居民人均纯收入1.59万元。获中国优秀乡镇、浙江省最具竞争力中心镇、浙江省新农村科技示范镇、浙江省森林城镇、浙江省群众体育先进单位等称号。姚庄镇被省委、省政府确定为全省27个小城市培育试点之一。

【推进工业四大建设】 推进大产业、大平台、大项目和大企业等“四大建设”。围绕光伏能源、精密机械、新材料、高档食品等特色主导产业,抢抓“三大机遇”(世博机遇、高铁机遇和大虹桥机遇),开展招商选资。新引进四大产业比重占80%,其中央企国资项目有重要突破,与中国航天科强科技有限公司签订注册资本达2000万美元的“太阳能巡日控制系统产业化和升级研发项目”。浙江昱辉阳光能源有限公司六厂区全面建成,总体生产能力提高1倍以上,光伏能源产业链得到延长。精密机械大产业崛起,百亿产业基本形成。项目落户有新突破,镇工业园区(光伏产业园)核心区面积扩大到3.6平方公里。21个千万元以上工业项目已全部开工建设。省级新产品立项33项,新产品覆盖企业6家。

【推进农业规模化生产】 新建5个标准化基地,有6个县级精品农业示范点、1个省级现代农业综合区、1个世博会特供农产品基地和嘉兴市最大的“四大家鱼”繁育场。蘑菇生产引进机械化操作模式。农作制度创新经验在全省推广,列入国家级星火项目1项。“锦雪”牌黄桃通过国家有机产品认证,“锦雪”商标继续复评成为“浙江省著名商标”。镇12片圩区建成乡镇水文遥测系统,实现对汛情、险情、灾情的全天候动态监控。

【推进第三产业发展】 申嘉富钢贸城启动建设,明珠大酒店开业,天然气公司成功落户(建成后,年产值将超20个亿)。新开发加洲阳光、都市花园等6个楼盘。农业银行姚庄支行、村镇银行以及一批连锁餐饮、超市等开张营业,小城市的配套服务功能完善。举办第五届桃花节与第十届黄桃节,做好“旅游搭台,经贸唱戏”文章。浙北桃花岛、沉香柑橘园、渔村、长白荡、白鱼荡等旅游资源渐成规模,全年累计接待150个旅游团队,游客9.2万人。

【加快新社区建设】 投入3.2亿元,建成桃源新邨,已入住850户农户。有序推进“1+2”农房改造集聚工作,第二批自愿申报置换户达1600多户。全国1000多个团队2万多人次参观考察“姚庄模式”。桃源新邨探索“政府主导+社区自治”相结合的新社区管理模式。建立社区党总支、管委会、党员议事会和居民议事会的“1+3”组织框架,设立一办三中心,开展管理服务工作,新社区管理工作逐渐走上常态化。

【加快小城市建设】 编制完成《姚庄镇土地利用总体规划》和“1+2”新社区建设规划,加快新市镇配套设施建设,“二十分钟交通圈”全面贯通。在全省镇(街道)率先实现“村村亮”,全镇绿化覆盖率达21.3%。社会福利养老服务中心、农产品交易中心、公路管理站、农贸市场改造等一批公共设施全面建成。城市建成区规模达8.7平方公里,成为浙江省20个最具竞争力的中心镇之一。投资1.15亿元的文体中心开工建设。

【加强小城市管理】 巩固“三镇联创”成果,顺利通过国家卫生镇、全国环境优美乡镇的复查验收。完善城乡环境卫生长效管理体系建设,完成611户“十小”行业整治和农村面源污染养殖污染整治任务。圆满完成上海世博会“环沪护城河”安保。从组织机构、人员配备、财力保障等方面加强城市管理。完善人民调解机制,规范信访秩序,化解矛盾纠纷,维护社会稳定。

【完善社会保障】 全镇劳动年龄段就业率96.8%,城乡合作医疗参保率99.72%,被征地农民安置率达到100%,慈善事业、老龄事业和社会救助体系得到完善。全镇94名残疾人、290户低保户和150户低保边缘户做到应保就保。投资1800多万元的社会福利养老服务中心正式落成,124名老人入住。

【推进文化繁荣】 加强文化阵地和文体队伍建设,全年举办18场“欢乐村村行”,观看群众1.4万人次。投资80多万元建成丁栅、俞汇、桃源新邨3个图书分馆,构建图书阅览网络,全年借阅22.2万人次。开展农民和职工篮球赛等群众体育健身运动,承办第十四届省运会专家团到姚庄考察活动。举办第五届桃花节、第十届黄桃节、第三届田歌节和纪念建党89周年暨庆祝行政区划调整一周年系列活动。弘扬大往圩文化,开展民俗文化物品征集活动,115件民俗文化物品得到妥善保管,保存珍贵的历史文化遗产。

【发展教育卫生事业】 撤并金星、中联、界泾港3所幼儿园。扩建改造俞汇小学。姚庄中心幼儿园建成全国示范性家长学校并通过省二级幼儿园验收。社区教育、人才等工作全面推进。开展农民健康体检,受检21430人。优化计生服务,全年计划生育率为99%,人口自然增长率-1.65‰。镇计生站被命名为全国计划生育优质服务示范站。镇妇联建立"妇女网"。

【构建干部教育体系】 形成以镇党委理论学习中心组为龙头,机关干部"锦绣论坛"、党组织书记"联谊会"、村(社区)党员干部"流动课堂"为重点的党员干部学习教育体系。全年,镇党委理论学习中心组共组织学习17次,"锦绣论坛"举行4个主题11期400人次的讨论活动,"村党组织书记联谊会"举办4次,"流动课堂"共举办跨村党日活动5次。姚庄镇"周末课堂"被评为全省学习型党组织建设优秀范例。

【加强干部监督管理】 深化22项镇村干部工作制度,建立工作效能网格化管理制度。推出村干部辞职承诺制度,11名村干部按照规定辞去职务。成立4个效能督查小组进行明查暗访,发书面通报23期,对18名违反工作制度的干部进行通报。加强村务监督委员会工作,加强对村级的监管,实行村级招待费月通报制度,落实超支部分由村干部承担制度。开展"助廉、创业、争示范"家庭助廉活动。

【招商选资再创新高】 合同利用外资1.17亿美元,完成县下达任务的139%,实际利用外资6029万美元,完成县下达任务的103%,均居全市各镇(街道)首位。县外内资实际到位5.2亿元,完成县下达任务的140%,居全县各镇(街道)前列。引进外资项目10家,增资外资项目8家,新办内资企业8家,内资增资项目5家。

【六塔鳖获中国名鳖称号】 由中国渔业协会龟鳖产业分会联合中国渔业报等单位主办的首届"中国名鳖"评选活动在北京落幕。评判专家从生物学特征、营养成分、肉质等多方面对参评企业的鳖种逐项打分,最终评选出8个产品授予"中国名鳖"称号。姚庄镇六塔鳖名列其中,成为全市唯一入选产品。

姚庄体育馆开工奠基典礼现场　　　　姚庄镇　提供

【举办姚庄桃花节】 3月27日上午,'10嘉善姚庄桃花节在浙北桃花岛水韵风情区开幕。本次桃花节的主题:"魅力桃花源,幸福新姚庄"。活动内容主要包括:开幕式暨"柔·莱可"周末大舞台走进姚庄、"爱在基层·情定姚庄"嘉善县"大学生村官""锦绣婚典"、"今日桃花岛、印象新农村"《今日印象》、《旅游百事通》沪浙栏目走进姚庄、"聚焦桃花岛·共享桃花乐"嘉善旅游全国DV大赛姚庄浙北桃花岛采风活动、"相约姚庄·拥有未来"'10嘉善姚庄投资环境说明会、"桃乡美景·姚庄风情"嘉兴市农民"种文化"摄影大赛、"世博旅游年·寻找桃花源"万名沪杭游客桃乡体验之旅等7项活动。

【姚庄镇体育馆开工建设】 6月25日上午,姚庄镇隆重举行体育馆开工奠基典礼。国家体育总局群众体育司副司长刘国永,省体育局副局长应祖明,县委常委、常务副县长冯伟,县人大常委会副主任张炳祥,副县长毛永忠,县政协副主席丁金华等领导出席。11月10日下午,姚庄镇体育馆地基正式动工开挖,标志着镇体育馆建设正式启动。姚庄镇体育馆总用地 4 公顷(60 亩),建筑面积 2.3 万平方米,估算投资 1.15 亿元,建成后将是全国首批镇级高标准高规格体育场馆之一。

【举办姚庄黄桃节】 8 月 15～31 日,举办第十届嘉善姚庄黄桃节。活动主题:姚庄黄桃熟了。活动内容包括开幕式暨浙江电视台"流动大舞台走进嘉善田歌之乡"、嘉善县非物质文化遗产广场展示展览活动暨嘉兴市"桃乡美景·姚庄风情"农民"种文化"摄影比赛获奖作品展、姚庄黄桃北京、上海、杭州品质推介活动、"姚庄·幸福的家园"大型宣传报道暨媒体记者答谢会、"姚庄,投资的热土"经贸洽谈会、"姚庄黄桃熟了"黄桃采摘游等活动。

【举行社会福利养老服务中心落成典礼】 11 月 26 日上午,姚庄镇举行社会福利养老服务中心落成典礼,省民政厅社会福利处处长黄元龙,市民政局副局长陈卫东,县领导盛玉良、毛永忠、丁金华参加。姚庄镇社会福利养老中心占地面积 0.8 公顷(12 亩),总建筑面积 7800 多平方米,配有床位 260 张。投资 1800 多万元。

(徐其明)

陶庄镇

【概况】 陶庄镇位于嘉善县西北部,地处江、浙、沪两省一市的交界点,境内以"汾湖"最为著名。全镇总面积 45.94 平方公里,下辖 9 个村、1 个居民委员会、1 个水产养殖场。户籍人口 2.85 万人,外来人口近万人。2010 年,全镇实现国内生产总值 11.4 亿元,同比增长 15.8%;工农业总产值 82.2 亿元,同比增长 16.1%,其中规模以上工业产值 38.02 亿元,同比增长 42.9%;财政总收入 1.98 亿元,同比增长 42.4%,其中地方财政收入 6500 万元,同比增长 35.5%;农民人均纯收入 15050 元,同比增长 13.6%。

【农业经济稳定发展】 全镇实现农业总产值 2.2 亿元,同比增长 14.5%。加强粮食功能区建设,已完成 1533.33 公顷(2.3 万亩)。加强农业基础设施建设,已建成重点县灌区 166.67 公顷(2500 亩),渠道 8.57 公里,新建机埠 4 座,改建 1 座,机耕道路 2.95 公里。推广测土配方施肥 1733.33 公顷(2.6 万亩),推广现代农业设施装备项目 2 项。实施标准化农田质量提升工程 406.67 公顷(6100 亩),建设千亩示范区 1 个、百亩示范方 9 个。推动高效农业规模化经营,全年流转土地面积 86.67 公顷(1300 亩)。加快推进生态果园基地建设,栽种各类经济林面积 68.33 公顷(1025 亩)。突出精品渔业优势,做好"汾湖"系列水产品的品牌培育,建立名特优水产养殖面积 433.33 公顷(6500 亩),推广南美白对虾优质苗种 3.5 亿尾。抓好农产品质量安全,落实"助世博、保安全"专项行动,建成省级无公害基地及产品各 2 个,部级有机食品 2 项,引进农业项目 1 项,开发农业新产品 2 项。强化农产品品牌建设,成功创建"陶箩"农产品系列品牌。加强土地资源保护,全年完成复垦 5.2 公顷(78 亩)。

【发展工业经济】 全镇实现工业总产值 80 亿元,同比增长 16.1%;规模以上工业企业实现利税 1.66 亿元,同比增长 32%。加大招商力度,以"世博百日招商"活动和"奋战百日行动"为契机,与上海、东莞、温州等地合作,举办经贸洽谈会,确定项目 8 个,达成投资意向 11.4 亿元。成功引入县外内资 2.4 亿元。加强与沪浙两地院校对接,依托高校人才平台,完善引智招才机制。加快推进项目建设,千万元以上项目新开工 11 个,竣工项目 8 个,并已投产。列入县重点项目 6 个,竣工 3 个,投产 2 个。完成工业生产性投入 5.66 亿元,同比增长 22.4%。全年投入 5300 万元,完成工业区污水管网二期工程,实施园区内高压线搬迁和配套设施建设。初步完成再生金属产业园的控制详规,并启动基础设施建设。加强企业培育,实施"115 计划",新增亿元企业 2 家、规模以上企业 10 家。鼓励企业成立研发中心,进行自主研发,有 5 家企业完成 2.3 亿元的技改投入。申报国家级高新企业、省中小型科技企业各 1 家,2 家企业申报县级科技项目,1 家企业申报国家火炬计划项目。

【推进第三产业发展】 全镇实现三产服务业产值 4.83 亿元,同比增长 12.9%。发展三产重点项目,加快建设省级循环经济试点基地,实施再生金属产业园开发项目,并筹备申报"国家城市矿产"项目。水上运动中心二期工程顺利竣工,益百百货公司如期建成并开业,柳苑商务办公楼已结顶。继续加快旅游开发,完善各类基础配套设施,全年接待游客10万余人次。推进汾湖旅游开发工作,与投资商多轮洽谈并制定初步方案。提高三产服务水平,对服务行业提供免费办证服务,构建食品、药品行业服务体系。确定10家金属回收公司为税收试点单位。做好家电、机动车、农机下乡工作,繁荣农村市场。

【推进社会事业发展】 加强公共卫生工作,实施公共卫生服务项目,成功创建省级"健康教育示范镇",继续完善全镇医疗卫生公共服务体系,规划社区卫生服务站网点布局,2个社区卫生服务站完成规划设计。认真落实城乡居民合作医疗制度,全年城乡居民合作医疗参保率97.34%。开展第三轮农民免费健康体检工作,参检7605人次。加强人口和计划生育工作,继续稳定低生育水平,启动0~3岁儿童早期教育工作。加强计生协会工作,企业计生协会联合会工作经验在全市推广,并获国家级计生协会先进单位荣誉称号。发展文体事业,成立全省首支镇级文化志愿者服务队,获浙江省老年体育特色项目舞龙之乡称号。举办2010浙江·陶庄汾湖民间文化艺术节和首届全民读书节。参加第8届中国国际民间文化艺术节和嘉兴全国龙舟邀请赛,开展广场舞、莲湘等丰富多彩的"种文化"活动。加强历史文物和非物质文化遗产保护,列入非遗名录11个,其中省级1个、市级3个、县级7个。建立陶庄镇综合门户网站,继续办好《今日陶庄》,全年出版12期,发行6万份。推进社会保险工作,完成城乡居民养老保险保费收缴任务,全镇新增参保人数1614人。加大困难群体救助力度,加快残疾人小康工程建设,完成农村困难群众危旧房改造11户,全年发放各类助困、助残、助医、助学资金173万元。加强老龄工作,全镇"星光老年之家"达到全覆盖。及时发放低保金、困难救助金。继续做好60周岁以上人员基础养老金、70周岁以上高龄老人养老生活补助金的发放工作,共计48.5万元。加大"充分就业村"创建力度,已创建9个。做好就业指导、帮助工作,组织举办全镇人才招聘会1场。

【举办民间文化艺术节】 11月,第五届浙江陶庄·汾湖民间文化艺术节拉开帷幕。本届艺术节的主题为"相约金秋、吴越风韵、共建文明、魅力陶庄",艺术节历时共5天。主要内容有汾湖夷婆彩船水上巡游、江浙沪环汾湖非物质文化遗产(宣卷)展演、优秀影片进村放映周、中国陶庄省级循环经济试点基地产业物流园启动仪式及陶庄经贸洽谈会、"吴越风、汾湖情"摄影大赛、汾湖水产品十大民间菜肴展评、全县"十万农民种文化"优秀节目展演等活动。

【获全国计划生育协会表彰】 12月,在中国计划生育协会第七次全国会员代表大会暨先进表彰会上,陶庄镇企业计生协会联合会获全国计划生育协会企事业先进单位称号。陈玉珍获全国计划生育协会先进个人称号。

【成立镇级文化志愿者服务队】 3月,陶庄镇组建成立全省首支由群众志愿者组成的镇级文化服务队。服务队计划分3批共招募500名文化志愿者,组建6支镇级文化志愿者服务队和12支村级文化志愿者服务分队,第一

民间文化艺术节开幕彩船　　　　陶庄镇　提供

批已招募254名志愿者。

【陶庄镇门户网站正式上线】 6月,陶庄镇门户网站上线运行。网站栏目包括动态信息、网上办事、工业经济、民间文艺、便民服务、集镇建设、招商引资等15项,成为宣传陶庄、了解陶庄和方便群众及投资者办事的重要窗口。

【“莲湘舞”列入嘉兴市非物质文化遗产名录】 11月,陶庄镇传统民间舞蹈“莲湘舞”被列入第四批嘉兴市非物质文化遗产名录。“莲湘舞”于清朝初期由苏北传入陶庄,并逐步发展形成陶庄特有的民间舞种之一。

【陶庄再生金属产业园开工建设】 11月,浙江省循环经济试点基地——陶庄镇再生金属产业园正式奠基开工建设。产业园总面积66.67公顷(1000亩),总回填土约300万立方米,基础设施投资约3亿元,总投资达8亿元。项目建成后,预计年废旧金属回收能力达200万吨、成交金额达100亿元,可为国家创造税收5亿元以上,可提供直接就业岗位2万个。

【省级卫生单位与陶庄镇卫生院建立对口帮扶关系】 11月,由省卫生厅党组书记、厅长杨敬带领的省卫生系统“创先争优”活动领导小组莅临陶庄镇卫生院,省人民医院和省疾控中心分别与陶庄镇卫生院签订对口帮扶协议。省人民医院在陶庄镇卫生院挂牌“浙江省人民医院技术指导医院”。两年中,卫生院将享受省人民医院的技术指导、人员培训、转诊绿色通道等7个方面的帮扶待遇。省疾控中心将开展建立系统联动机制、安排专项公共卫生工作项目等5个方面的帮扶。

【“陶箩”大米上市销售】 12月,陶庄镇金湖村“陶箩”大米开始上市销售。“陶箩”大米由陶庄镇首个稻米专业合作社嘉善金穗粮食专业合作社按照全程机械化、无公害化生产要求种植,已经通过农业部无公害产品认证。首批进入市场的大米品种为“嘉禾218”,种植面积6.67公顷(100亩)。“陶箩”商标由金穗粮食专业合作社在2009年注册,包含粮食、蔬果、家禽三大类共29个品种。

【陶庄镇图书馆开馆】 12月,嘉善县图书馆陶庄分馆开馆,面积逾650平方米,内设图书外借、少儿阅览、报刊阅览、电子阅览、共享工程等区域,有阅览坐席150余个。馆内藏书超2万册,报纸、期刊230多种。

【陶庄镇便民服务中心启用】 12月,陶庄镇便民服务中心正式启用,建筑面积400平方米,总投资85万元。中心大厅设有医保、社保、村建、计生、民政、综合等6个服务窗口。

【污水处理二期工程完工】 2010年,陶庄段污水处理收集管网一期、二期工程完成。污水输送到西塘污水处理厂进行处理,设计容量1.5万吨。一期、二期工程完成管网铺设14.52公里,泵站2座,总投资2742万元。利生村、汾湖村、汾玉村、翔胜村、金湖村、陶庄村、陶中村等7个村完成生活污水生态模块建设,农村生活污水得到良好的处理。

【绿化园林成效显著】 2010年,完成各类绿化面积35.4公顷(531.1亩),完成县政府下达任务的118%,其中生态林12.13公顷(182.1亩),完成121.4%;经济林(苗木片林)23.27公顷(349亩),完成116.3%。创建省级、市级、县级绿化示范区各1个,建设精品林业示范点1个。全镇有绿化示范村省级2个、市级2个,县级4个。新发展黄桃3.85公顷(57.7亩),设施葡萄3.6公顷(54亩),引进猕猴桃新品种种植9.71公顷(145.6亩)。推广标准化生产流程和“果园喷滴灌设施装备”等新技术应用。全镇建成黄桃、葡萄、柑橘、蜜梨、猕猴桃等果园27个,面积69.73公顷(1046亩),香樟、广玉兰、女贞、雪松、柳树等苗木林13片,面积62.47公顷(937亩)。

(黄燊桦)

名录

先进个人

【中共中央、国务院表彰】

世博安保先进个人

杨　武

【国务院表彰】

全国劳动模范

王志康　西塘镇星建村党支部书记

【国务院第一次全国污染源普查领导小组办公室、环保部、国家统计局、农业部表彰】

第一次全国污染源普查先进个人

沈韩艳

【国家安监总局、国家煤矿安全监察局表彰】

2009 年度安全生产监管监察先进个人

孟　进

【中国关工委、中央文明办表彰】

全国关心下一代工作先进个人

任衣丹

【中宣部、科技部、中国科协表彰】

全国科普工作先进工作者

张建林　嘉善县科协主席

【交通运输部表彰】

世博安保先进个人

李志杰　嘉善县交通局党委委员、副局长

【交通运输部海事局表彰】

个人二等功

周锦和　嘉善县港行管理处主任

【全国妇联表彰】

全国妇女儿童维权工作先进个人

谈早云　魏塘街道浒弄社区“和阿姨”

【中国共产主义青年团中央委员会表彰】

优秀共青团员

施军军

全国优秀共青团干部

杨丽萍

【环保部表彰】

全国环境信访工作优秀个人

徐　奕

【农业部表彰】

“2009 年农产品质量安全整治暨执法年活动”先进个人

缪忠明

【全国农业综合执法先进个人】

高豪春

【人社部、全国纺织协会表彰】

全国纺织工业劳动模范

金贵兴

【中国计划生育协会表彰】

全国计划生育协会先进个人

陈玉珍

顾德英

沈林芳

徐　萍

【中共浙江省委、省人民政府表彰】

世博安保工作先进个人

樊关根　嘉善县交通局党委书记、局长

第五批省优秀农村工作指导员

顾大夏

省级社会治安综合治理先进个人

吴建平

【省政府、省军区表彰】

2009 年冬季征兵工作先进个人

陆灿明

【中共浙江省委表彰】

浙江省关心下一代工作先进个人

曹觉民　魏塘街道关工委常务副主任

徐建康　魏塘街道关工委报告团讲师

【浙江省人民政府表彰】

全省禁毒工作先进个人

刘　忠

全省百万亩生态型水产养殖塘标准化建设先进个人

吴春其

2009年度浙江省农业科技成果转化推广奖

张根祥

浙江省2009年度污染减排工作先进个人

苏建林

2009年度省重点建设立功竞赛先进个人

祝美芳

浙江省五一劳动奖章

宋福才　嘉善县公路管理段养护工

【中共省委办公厅表彰】

全省党史工作先进工作者

林丽冬

【浙江省高级人民法院表彰】

全省法院审判监督工作先进个人

朱　晓

全省优秀法院院长记三等功

李忠平

【浙江省委宣传部、省社会治安综合治理委员会办公室、浙江省公安厅、浙江日报报业集团、浙江省见义勇为基金会表彰】

浙江省见义勇为勇士

费建坤

【浙江省粮食局、省工商局、省农业厅表彰】

2010年浙江省订单粮食“重合同守信用”优秀售粮大户

沈正明　西塘镇礼庙村

【浙江省科学技术厅表彰】

浙江省科技工作先进个人

陆　健

【浙江省农业厅表彰】

全省基层农技推广突出贡献者

张加放　姚庄镇高级农艺师

【浙江省支援青川县恢复重建指挥部表彰】

浙江省支援青川县农村饮用水工程先进个人

施军军

浙江省支援青川县灾后恢复重建工作功勋奖

施军军

【中国人保财险浙江分公司表彰】

全省系统先进个人

陈华强　嘉善支公司总经理

【嘉兴市人民政府表彰】

2009～2010年度嘉兴市“十佳”优秀新居民名单

苏红雷　嘉善百汇人力资源有限公司

先进集体

【国务院表彰】
国家级教育改革试点
义务教育教师流动
【农业部表彰】
全国粮食生产先进县
嘉善县
秸秆还田腐熟剂应用推广项目县
嘉善县
全国(浙江省)一事一议筹资筹劳典型示范县
嘉善县
棉油高产示范创建项目县
嘉善县
【民政部表彰】
全国养老服务示范单位
嘉善县
【教育部表彰】
全国信息技术职业能力培训中心
嘉善中专
【中国教育电视协会表彰】
第七届中国中小学校园电视校园新闻金奖
《心连心·手拉手·“港浙川”三地儿童共庆六一节》视频互动节目
【国家体育总局表彰】
2010 年全民健身活动先进单位
姚庄镇
【国家工商行政管理总局表彰】
中国商标发展综合实力百强县
嘉善县
全国工商系统合同管理工作先进单位
嘉善县工商行政管理局
【全国普法办、司法部表彰】
全国法治县(市、区)创建活动先进单位
嘉善县
【国家人口计生委表彰】
全国计划生育优质服务示范站
姚庄镇计生服务站
【中国计划生育协会表彰】
全国计划生育协会企事业先进单位
陶庄镇企业协会联合会
【国家人口计生委、国家计划生育协会表彰】
全国人口计生基层自治示范村
干窑村
【全国老龄工作委员会表彰】
全国老龄工作先进单位
嘉善县
【中国农工民主党中央表彰】
全国社会服务工作先进基层组织
农工党嘉善县总支
【中国民主建国会中央委员会表彰】
全国民建先进基层组织
民建嘉善县总支
【中央统战部、国家宗教事务局表彰】
全国创建和谐寺观教堂活动先进场所
龙庄讲寺
【人力资源和社会保障部、财政部表彰】
全国财政系统先进集体
嘉善县财政局
【国家统计局表彰】
全国经济千强镇
干窑镇
【国家统计局浙江调查总队表彰】
2010 年度浙江省畜禽监测调查优胜单位
嘉善县统计局
【国家卫生部等 9 部委联合表彰】
全国亿万农民健康促进行动暨浙江省农村公共卫生项目健康教育示范镇
干窑镇
【公安部表彰】
全国公安机关爱民模范集体、执法示范单位
嘉善县公安局
【交通运输部海事局授予】
集体二等功
红旗塘海事所
【知识产权局表彰】
国家知识产权局专利
可调式线夹固定装置
【全国残疾人康复工作办公室表彰】
第三批全国白内障无障碍县
嘉善县
【中华全国总工会表彰】
“五五”普法先进单位
嘉善县总工会
【中国区域经济与金融品牌颁奖盛典暨系列论坛活动表彰】
“十一五”规划贡献奖——中国十佳省级经济开发区
嘉善经济开发区【全国汽车服务高科技产业化委员会表彰】
全国汽车自驾游基地
大云镇
【中共浙江省委表彰】
浙江省关心下一代工作先进集体
大云镇缪家村
【中共浙江省委、浙江省人民政

府表彰】
浙江省爱国拥军模范单位
嘉善县
上海世博会“环沪护城河”安保工作突出贡献单位
嘉善县
浙江省最具竞争力中心镇
姚庄镇
浙江省世博安保工作先进集体
嘉善县公安局
社会治安综合治理工作先进集体
嘉善县
【浙江省委办公厅表彰】
浙江省全省党委信息工作先进单位
中共嘉善县委办公室
【浙江省委、省政府、省交通运输厅表彰】
世博安保先进集体
嘉善县交通局
【浙江省人民政府表彰】
“811”环境保护新三年(2008~2010年)行动先进集体
嘉善县
第二批省级中心镇培育工程
姚庄镇
天凝镇
全省社会治安综合治理先进集体
嘉善县
浙江省块状经济转型升级示范区第二批试点名单
嘉善电子信息产业集群
【浙江省政府办公厅表彰】
浙江省小城市培育试点镇
姚庄镇
【浙江省农业厅表彰】
全省基层农技推广先进服务集体
姚庄镇农技水利服务中心
第一批省级现代农业综合区创建名单
西塘—姚庄省级现代农业综合区
【浙江省粮食局表彰】
2010年度粮食收购先进单位
嘉善县粮食局
【浙江省水利厅表彰】
全省万里清水河道建设先进单位
嘉善县水利局
【浙江省教育考试院表彰】
浙江省教育考试先进集体
嘉善县教育局招考办
【浙江省教育技术中心表彰】
浙江省百佳教育网站
嘉善高级中学历史学科基地网站
大云中心学校网站
嘉善县第二实验小学网站
【浙江省档案局表彰】
浙江省社会主义新农村建设档案工作示范县
嘉善县
2010年度全省档案系统推进“平安浙江”建设先进单位
嘉善县档案局
【浙江省人口计生委表彰】
省级“三优”指导中心
姚庄镇
【浙江省人口与计划生育领导小组表彰】
流动人口计划生育服务管理工作和优生“两免”工作省级先进集体
嘉善县
【浙江省妇联表彰】
浙江省妇联系统信访工作先进集体
西塘镇妇联
浙江省妇联基层组织建设示范街道
罗星街道
【浙江省旅游局表彰】
浙江省旅游经济强县
嘉善县
浙江省旅游信息化工作先进单位、浙江省旅游标准化工作先进单位
嘉善县
浙江省旅游经济强镇
大云镇
【浙江省林业厅表彰】
浙江省森林城镇
姚庄镇
【浙江省气象局表彰】
省级气象防灾减灾示范镇
大云镇
西塘镇
【浙江省环保厅表彰】
省级生态街道
罗星街道
【浙江省综治办、省高院、省高检、省公安厅、省司法厅表彰】
浙江省社区矫正“环沪护城河”工程先进集体
罗星街道司法所
【浙江省检察院表彰】
浙江省检察机关信息工作先进单位
嘉善县检察院
【浙江省司法厅、省民政厅、省普法教育领导小组办公室表彰】
省级民主法治村
天凝镇洪溪村
大云镇缪家村
【浙江省民政厅、省普法办表彰】
浙江省民主法治社区
小东门社区
【浙江省公安厅表彰】
2009~2010年度浙江省优秀公安局、浙江省打防控工作优胜单位
嘉善县公安局
【浙江省高级人民法院表彰】
浙江省优秀法院、浙江省法院司法警察工作考核优秀单位、“强素质、夯基础、保平安、助世博”主题活动先进集体
嘉善县人民法院
【浙江省农村基层党风廉政建设

工作领导小组办公室表彰】
第二轮省级农村基层党风廉政建设示范村
姚庄村
曙光村
干窑村
【浙江省纪委等表彰】
浙江省廉政文化“六进”示范点
小东门社区
【浙江省纪委等8部门联合表彰】
浙江省廉政文化“进机关”示范点
嘉善县城市管理行政执法局
【浙江省广电、省农办、省财政厅表彰】
全省广播电视对农节目服务工程建设考核优秀单位
嘉善县广播电视台
【浙江省广播电影电视局、省农业和农村工作办公室、省财政厅表彰】
浙江省广播电视对农节目服务工程建设考核优秀单位奖
嘉善广播电视台
【浙江省文化厅表彰】
创建工作示范县
嘉善县
【浙江科协表彰】
浙江省首批省级科普示范县
嘉善县
【浙江省体育局表彰】
浙江省群众体育先进单位
罗星街道
【浙江省地方税务局、浙江省国家税务局表彰】
浙江省“AAA”级纳税信用单位
嘉善县供电局
【浙江省工商联表彰】
浙江省工商联系统宣传工作一等奖、工商联工作创新奖
嘉善县工商联
【浙江省人民政府台湾事务办公室表彰】
2010年度浙江省对台工作综合先进单位
嘉善县人民政府台湾事务办公室
专项工作嘉奖
嘉善县人民政府台湾事务办公室
【浙江省卫生厅、省人力资源和社会保障厅及省总工会表彰】
浙江省粉尘与高毒物品危害治理专项工作先进集体
嘉善县总工会
【浙江省城建城管协会表彰】
浙江省城建城管工作先进集体
嘉善县城市管理行政执法局
【浙江省总工会表彰】
“强化生活后勤保障、促进劳动关系和谐”活动优秀组织单位
嘉善县总工会
【“浙江省青年文明号,青年岗位能手”活动组委会表彰】
省级青年文明号
姚庄环境保护所
【浙江省道路交通安全工作领导小组表彰】
2009～2011年度第一批平安畅通县(市、区)
嘉善县
【浙江省电力公司表彰】
世博保供电先进集体
嘉善县供电局
供电服务品牌三十佳
光明电力服务队
【嘉兴市委、市政府表彰】
2010年度工作目标责任制考核、“五型”机关创建考核先进集体二等奖
嘉善县
2010年度嘉兴市工业经济发展目标考核奖二等奖
嘉善县
社会治安综合治理优秀县(市、区)和维护社会稳定先进集体
嘉善县
2010年度嘉兴市教育工作业绩考核先进镇(街道)
姚庄镇
嘉兴市充分就业村(社区)创建工作先进集体
天凝镇洪溪村
2010年度嘉兴市“十佳”企业职工文化建设示范单位
浙江新嘉联电子股份有限公司
“十一五”嘉兴市节能降耗工作考核优胜单位
嘉善县
2010年度生态市建设工作考核优秀奖
嘉善县
2010年度列入检查的推进惩防体系建设和落实党风廉政建设责任制优秀单位
嘉善县
统筹城乡党建工作先进县(市、区)
嘉善县
嘉兴市“发展强、党建强”先进企业
晋亿实业股份有限公司
2010年度深化完善统筹城乡综合配套改革推进“两新”工程建设优胜单位
嘉善县
“百村示范、千村整治”工作先进县(市、区)一等奖
嘉善县
2010年度全市综合考评十强新市镇
姚庄镇
农村土地整治工作先进单位
嘉善县人民政府
2010年利用外资先进县(市、区)
嘉善县
2010年度项目推进先进集体三

等奖
嘉善县人民政府

【中共嘉兴市委表彰】

嘉兴市先进基层党组织
嘉善县城市管理行政执法局

城乡统筹基层党建工作先进县
嘉善县

【嘉兴市政府表彰】

水利建设先进集体、防洪工作先进集体、水资源管理先进集体
嘉善县水利局

2010 年度节能降耗工作先进单位
嘉善协联热电有限公司

国民经济统计资料

统计示意图

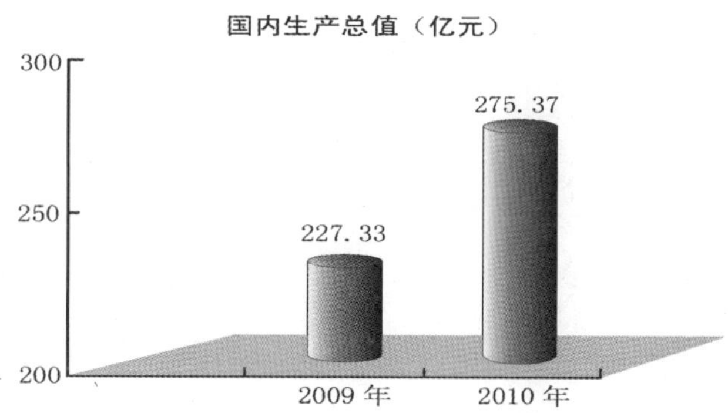

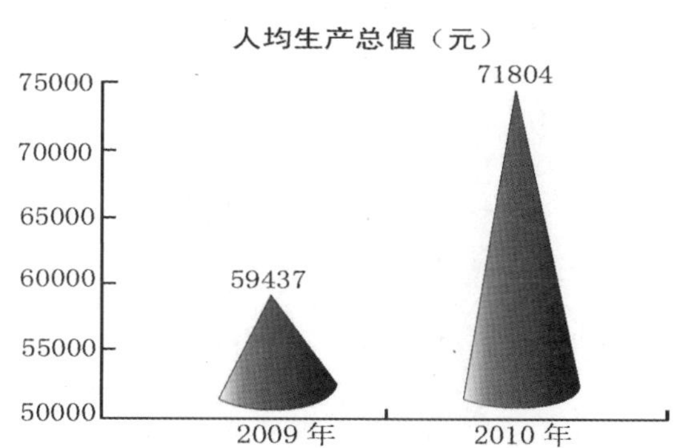

2010 年生产总值构成

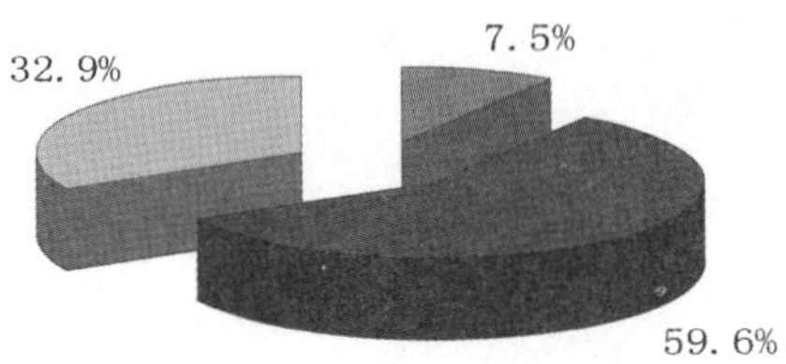

第一产业 第二产业 第三产业

固定资产投资（亿元） 社会消费口零售总额（亿元）

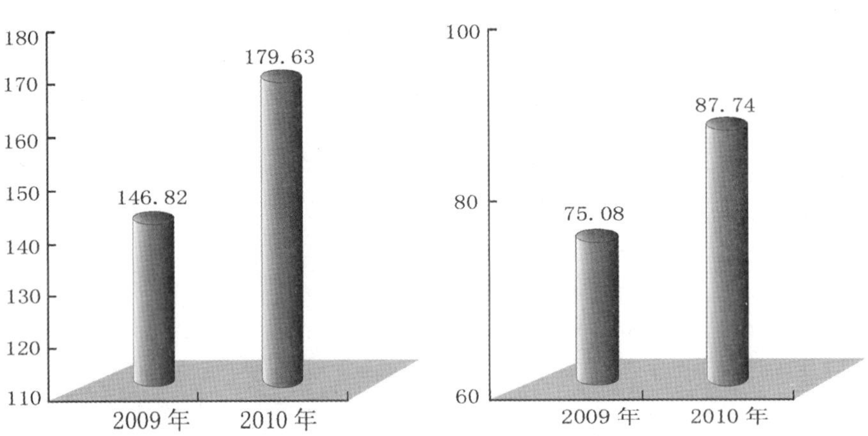

城镇居民人均可支配收入与农村居民人均收入
（元）

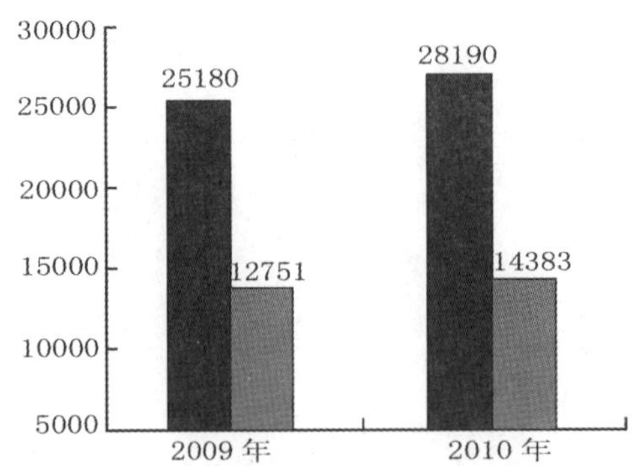

城镇居民人均可支配收入 农村居民人均纯收入

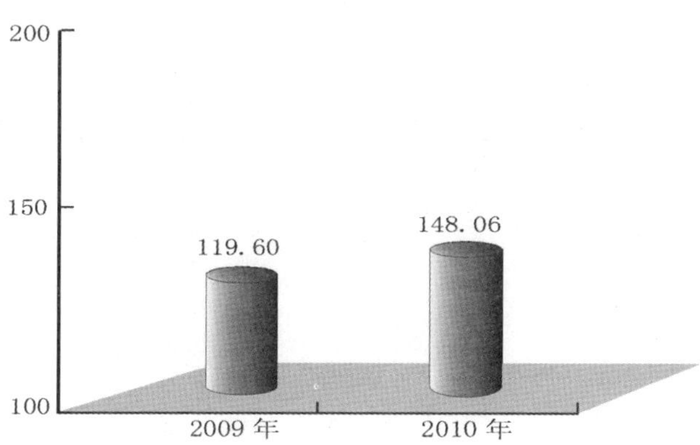

工业生产性投入（亿元）

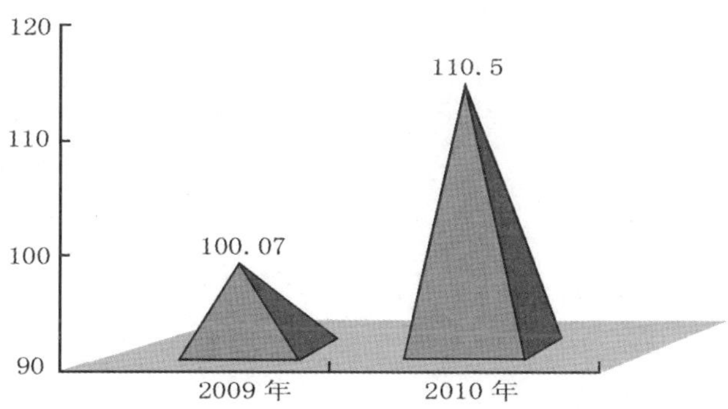

规模以上工业产值（亿元）

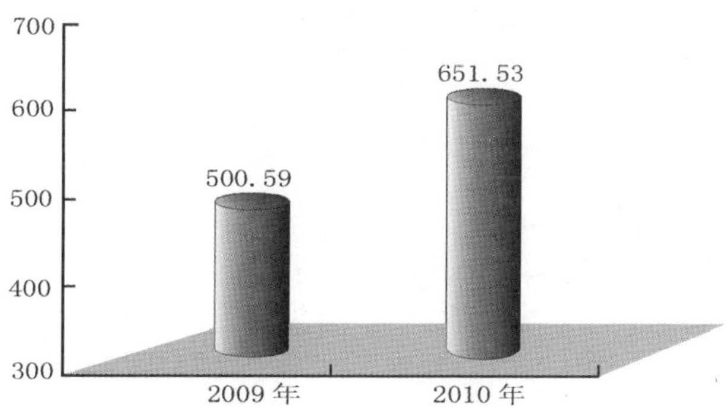

（嘉善县统计局提供）

统 计 表

2010 年嘉善县国民经济和社会发展计划主要指标

指标	单位	实绩	增幅(%)
生产总值	亿元	275.37	15.4
财政总收入	亿元	38.00	13.9
地方财政收入	亿元	18.82	17.8
全社会固定资产投资	亿元	179.63	22.3
社会消费品零售总额	亿元	87.74	19.4
进出口总额	亿美元	29.40	37.0
出口总额	亿美元	20.65	33.6
合同利用外资	亿美元	5.42	12.6
实际利用外资	亿美元	2.96	6.1
城镇居民人均可支配收入	元	28190	12.0
农村居民人均纯收入	元	14383	12.8

2010 年嘉善县生产总值与第三产业发展

单位:亿元

年份	GDP	增幅	第三产业	增幅	第三产业占 GDP 比重
2009	226.36	10.5%	76.30	13.5%	33.6%
2010	276.11	15.4%	90.44	12.6%	32.9%

(嘉善县统计局提供)

2010年嘉善县国民经济主要指标

指标	单位	实绩	增幅(%)
生产总值	亿元	275.37	15.4
一产增加值	亿元	20.72	3.6
二产增加值	亿元	164.21	18.5
其中：工业	亿元	148.06	19.8
三产增加值	亿元	90.44	12.6
人均GDP	元	71804	15.1
三次产业比	7.5∶59.6∶32.9		
农林牧渔业总产值(现价)	亿元	42.28	16.6
主要农产品产量：粮食	万吨	18.38	-3.2
蔬菜	万吨	56.81	8.1
果用瓜	万吨	6.25	-1.7
肉类	万吨	5.97	0.1
水产品	万吨	2.82	1.5
社会消费品零售总额	万元	877361	19.4
全社会固定资产投资	万元	1796325	22.3
财政总收入	万元	380034	13.9
地方财政收入	万元	188182	17.8
金融机构年末存款余额	万元	3574998	22.2
城乡居民储蓄余额	万元	1761626	16.3
农村居民人均纯收入	元	14383	12.8
城镇居民人均可支配收入	元	28190	12.0
全社会用电量	亿千瓦时	37.31	22.1

(嘉善县统计局提供)

文 件 目 录

2010 年中共嘉善县委文件目录

善委文号	标　　题
1	关于进一步加强安全生产工作的意见
2	关于建立县十四届四次人代会十二届政协四次会议临时党委和人代会代表团政协委员组临时党支部及组成人员的通知
3	关于表彰第五批嘉善县优秀农村工作指导员的决定
4	关于嘉善县经济社会发展情况的汇报
6	关于表彰 2009 年度基层武装工作先进单位和先进个人的通报
7	关于深化医药卫生体制改革的实施意见
8	关于表彰 2009 年度嘉善县先进基层党组织和优秀共产党员的决定
9	关于表彰 2009 年度先进集体和先进个人的决定
10	关于公布 2009 年度全县基层党组理论学习中心组先进单位的通知
11	关于 2010 年度全县干部理论学习的实施意见
12	关于申报创建浙江省科普示范县和全国科普示范县的报告
13	嘉善县深化作风建设和效率效能提升年活动的实施意见
14	关于申报 2009 年度嘉兴市法治县市区工作先进单位的请示
16	关于建立健全学习实践科学发展观长效机制的意见
17	关于深入开展以学习实践科学发展观建设服务型基层党组织为主要内容的为民先锋创先争优活动的意见
18	关于成立创先争优活动领导小组的通知
19	关于加强城乡一体新社区党建工作的意见
20	关于加大治庸治懒力度，做好调整不称职、不胜任、不作为领导干部工作的若干意见
21	关于印发嘉善县领导干部德的评价实施办法试行的通知
22	关于同意给予郑富明开除党籍处分的批复

2010 年中共嘉善县委文件目录(续一)

善委文号	标　　题
23	关于同意给予单五一开除党籍处分的批复
24	关于加强创业创新型高层次人才队伍建设的实施意见
26	关于建立县党代表大会年会制度工作领导小组的通知
27	关于印发中国共产党嘉善县代表大会年会制实施办法试行的通知
28	关于印发县党代表提案制度试行和县党代表提议制度试行的通知
29	关于表彰嘉善县第六届文学艺术红杜鹃奖获奖作品的决定
30	关于加快农房改造集聚推进两新工程建设的指导意见
31	关于认真学习贯彻实施中国共产党领导干部廉洁从政若干准则的通知
32	关于表彰县第二届勤廉好干部的决定
33	关于同意成立中国共产主义大云镇缪家村委员会的批复
35	关于开展干窑镇党委换届公推直选试点工作的实施意见
36	关于成立嘉善县开展干窑镇党委换届公推直选试点工作领导小组的通知
37	关于印发推进学习型党组织建设的实施意见的通知
38	关于全面创建发展优党建强双品牌非公有制企业深入推进创先争优活动的实施意见
39	关于批转嘉善县科学技术协会党组关于召开嘉善县科学技术协会第八次代表大会的报告
40	关于同意召开干窑镇第十三次代表大会的批复
41	关于同意给予沈其荣同志撤销党内职务处分的批复
42	关于中共干窑镇第十三届委员会组成人员候选人预备人选的批复
43	关于中共干窑镇纪律检查委员会组成人员候选人预备人选的批复
44	关于中共干窑镇第十三次代表大会选举结果的批复
45	批转关于召开中国少年先锋队嘉善县第六次代表大会的报告的通知
46	县委批转县台办关于召开嘉善县第五次台胞台属联谊会代表大会的请示的通知
47	县委批转关于召开嘉善县文学艺术界联合会第六次代表大会的通知
48	关于明确县委县政府 2010 年度考核表彰项目和进一步规范考评工作的通知
49	关于推进经济社会全面转型建设科学发展示范点的决定
50	关于扎实推进创先争优活动全力服务经济社会全面转型的实施意见
51	批转组织部关于全面开展面向基层一线公开选拔镇街道副科级领导干部的实施意见的通知
52	关于吴慧春同志任职的批复
53	关于认真学习习近平同志重要批示精神的意见
54	县委关于贯彻省市委精神扎实推进生态文明建设的实施意见
55	关于创建国家级生态县的实施意见
56	关于开展城乡绿化造林建设绿色家园的实施意见
57	关于加快推进公共财政管理改革的意见
58	关于表彰嘉善县上海世博会环沪护城河安保工作先进单位先进个人的决定

2010年中共嘉善县委文件目录(续二)

善委文号	标　　题
59	关于嘉善县台胞台属联谊会第五届理事会组成人员的通知
60	关于成立嘉善县文化建设领导小组的通知
61	关于同意成立中国共产党大云镇缪家村纪律检查委员会的批复
62	关于同意嘉善县文学艺术界联合会第六次代表大会选举结果的批复
63	关于同意嘉善县科学技术协会第八次代表大会选举结果的批复
64	关于同意开放第十八批年满三十年的历史档案的批复
65	关于开展以学习贯彻党的十七届五中全会精神为主要内容的形势政策宣传教育的实施意见
66	关于提名陆志林同志为补选的嘉兴市第六届人大代表候选人的通知
67	关于加强社区社团社工建设进一步完善社会管理体制的意见
68	关于制定嘉善县国民经济社会发展第十二个五年规划的建议

2010年嘉善县人大常委会文件目录

县人大 文　号	标　　题
1	嘉善县人民代表大会常务委员会2009年工作要点
2	关于周焰等同志职务任免的通知
3	关于表彰嘉善县2009年度人大工作各类先进的决定
4	关于停止冯小弟执行嘉善县第十四届人民代表大会代表职务的决定
5	关于许可对县十四届人大代表胡昌林采取强制措施的决定
6	嘉善县人民代表大会常务委员会关于许可对县十四届人大代表姚建忠采取强制措施的决定
7	嘉善县第十四届人民代表大会常务委员会关于确定县人民法院人民陪审员名额的决定
8	关于县人民政府《“十小”行业质量安全工作情况汇报》的审议意见
9	嘉善县人大常委会关于《县人民政府关于对加快转变经济发展方式、推进经济转型升级工作审议意见落实情况的报告》的审议意见
10	关于重点督办县十四届人大第四次会议议案、建议、批评和意见的通知
11	关于接受何全根同志辞职请求的决定
12	关于毛永忠同志任职的通知
13	关于顾新宇等同志职务任免的通知
14	关于冯萍等同志免职的通知
15	关于王佳佳等40名同志任职的通知
16	关于批准嘉善县人民政府《关于提请审议“两新”工程融资贷款的议案》的决定
17	关于我县服务业发展情况的审议意见
18	关于《嘉善县义务教育实施情况汇报》的审议意见
19	县人大常委会关于对县民政局工作评议的实施意见

2010年嘉善县人大常委会文件目录(续一)

县人大文号	标题
20	嘉善县人大常委会关于批准嘉善县2009年财政决算的决议
21	嘉善县人大常委会关于同意嘉善县2010年度政府投资项目计划调整的决定
22	关于李斌等同志职务任免的通知
23	关于郑斌等同志职务任免的通知
24	嘉善县人大常委会关于《水污染防治"一法一条例"贯彻实施情况检查报告》的审议意见
25	关于嘉善县2010年上半年财政预算执行情况的审议意见
26	关于2010年度嘉善县财政预算执行及其他财政收支审计工作报告的审议意见
27	关于嘉善县2010年上半年国民经济和社会发展计划执行情况报告的审议意见
28	关于蒋雪青等同志职务任免的通知
29	关于俞文华同志免职的通知
30	关于对县民政局工作的评议意见
31	关于县人民检察院《关于民事行政检察工作的报告》的审议意见
32	嘉善县人民代表大会常务委员会关于接受耿立平辞去嘉善县第十四届人大常委会委员职务请求的决定
33	关于沈庆中等同志职务任免的通知
34	嘉善县第十四届人大常委会关于同意嘉善县2010年度政府投资项目计划调整的决定
35	嘉善县第十四届人大常委会关于同意嘉善县2010年财政预算调整的决定
36	嘉善县第十四届人大常委会关于同意姚建忠等辞去县十四届人大代表职务的决定
37	关于《全县医药卫生体制改革和合作医疗工作情况的汇报》的审议意见

2010年嘉善县人民政府文件目录

善政文号	标题
1	关于调整县长、副县长分工的通知
2	关于同意在县级国家出资企业中试行财务总监制度的批复
3	关于同意《嘉善县城东北区控制性详细规划》的批复
4	关于进一步加大培育扶持力度促进建筑业快速健康发展的实施意见
5	关于同意调整县经济开发区2008G-43号地块用地性质的批复
6	关于同意组建嘉善县新市镇建设投资有限公司的批复
7	关于要求变更浙江清华长三角研究院第二届理事会理事的函
8	关于重新确定嘉善县广播电视台等49家单位为治安保卫重点单位的批复
9	关于印发嘉善县创建浙江省卫生强县实施意见的通知
10	关于同意收回2010G-1号等地块并招标、拍卖、挂牌出让国有土地使用权的批复
11	关于同意2010-95号等地块适时公开出让的批复
12	关于同意2010年度嘉善城镇廉租住房保障相关标准的批复

2010年嘉善县人民政府文件目录(续一)

善政文号	标　　题
13	关于表彰2009年度县级行政执法先进单位、规范化单位及首批政府法制工作"创新奖"项目的决定
14	关于同意实施2009年度县本级财政预算执行和其他财政收支审计总体方案的批复
15	关于同意2010年嘉善县城市房屋拆迁年度计划的批复
16	同意发布嘉善县统计局关于2009年嘉善县国民经济和社会发展统计公报的批复
17	关于对原浙江嘉善诚达药化有限公司历史沿革及改制资产确认的批复
18	关于做好2010年度民兵预备役部队组织整顿工作的实施意见
19	关于同意征收、收回2010G－3号等地块并招标、拍卖、挂牌出让国有土地使用权的批复
20	关于同意调整《嘉善城市新区控制性详细规划》中C17、C20号地块指标的批复
21	关于印发《嘉善县建立县镇二级政府偿债准备金实施办法(试行)》的通知
22	关于嘉善县城乡供水一体化运营实施意见
23	关于公布县红十字会第二届理事会组成人员名单的通知
24	关于同意2010年度嘉善县城市房屋拆迁相关补偿标准的批复
25	关于同意局部调整干窑镇区规划的批复
26	同意发布嘉善县第二次经济普查主要数据公报的批复
27	关于调整最低工资标准的通知
28	关于同意收回、征收2010G－7号等地块并招标、拍卖、挂牌出让国有土地使用权的批复
29	关于同意设立桃源社区居民委员会的批复
30	关于同意收回国有土地使用权的批复
31	关于同意征收、收回2010G－9号等地块并招标、拍卖、挂牌出让国有土地使用权的批复
32	关于同意调整《嘉善城市新区控制性详细规划》中C03号地块指标的批复
33	关于同意调整嘉善县农村五保供养标准的批复
34	关于修改《嘉善县农村村民宅基地管理办法》的通知
35	关于同意2010年社会保险费临时性减征实施办法的批复
36	关于同意《车站北路、老汽车站等改造地块拆迁优惠奖励办法》的批复
37	关于同意征收2010G－12号等地块并招标、拍卖、挂牌出让国有土地使用权的批复
38	关于同意天凝镇洪南新社区村庄建设规划的批复
39	关于同意征收(收回)2010G－2号等地块并招标、拍卖、挂牌出让国有土地使用权的批复
40	关于同意征收2010G－15号等地块并招标、拍卖、挂牌出让国有土地使用权的批复
41	关于同意原社会停车场东侧地块规划安排的批复
42	关于印发2010年度工业转型升级实施方案的通知
43	关于给予单五一行政开除处分的决定
44	关于印发《嘉善县物业专项维修资金管理实施细则》、《嘉善县物业保修金管理实施细则》、《嘉善县物业区域相关共有设施设备管理实施细则》的通知
45	关于同意征收2009－16号等地块并招标、拍卖、挂牌出让国有土地使用权的批复

2010 年嘉善县人民政府文件目录(续二)

善政文号	标　　题
46	关于同意轮换县级储备粮晚粳谷的批复
47	关于公布嘉善县第四批县级文物保护单位的通知
48	关于调整用人单位养老保险费缴费比例和进一步扩大社会保险覆盖面有关工作的通知
49	关于推进粮食生产功能示范区建设切实抓好 2010 年粮食生产的通知
50	关于表彰 2009 年嘉善县政府质量奖获奖单位的通知
51	关于同意拨付 2009 年度财政专项扶持资金的批复
52	关于同意举办嘉善县第四届残疾人运动会的批复
53	关于同意给予艾肖云行政开除处分的批复
54	关于同意调整《嘉善城市新区控制性详细规划(修编)》中 B－90－2 号地块(世贸广场)指标的批复
55	关于冯剑飞同志工作分工的通知 2010－6－22
56	关于撤销嘉善县人民政府驻京联络处机构设置的通知
57	关于同意《嘉善县住房保障规划(2010—2012 年)》的批复
58	关于同意更正有关划拨土地使用权补办出让批准文件的批复
59	关于同意嘉善县大云镇曹家村地热采矿权挂牌出让实施方案的批复
60	关于同意征收、收回 2010G－18 号等地块并招标、拍卖、挂牌出让国有土地使用权的批复
61	关于同意征收 2010－8 号地块并招标、拍卖、挂牌出让国有土地使用权的批复
62	关于同意收回 2010G－20 号地块并招标、拍卖、挂牌出让国有土地使用权的批复
63	关于同意县城市管理行政执法局行政处罚具体项目调整的批复
64	关于同意惠民街道横泾新社区建设规划的批复
65	关于王松涛同志工作分工的通知
66	关于同意征收 2010G－21 号等 3 个地块并招标、拍卖、挂牌出让国有土地使用权的批复
67	关于加强基层农业公共服务体系建设的实施意见
68	关于同意人防工程平战转换工作的批复
69	关于同意收回国有土地使用权的批复
70	关于同意征收 2010G－31 号地块并招标拍卖挂牌出让国有土地使用权的批复
71	关于同意陶庄镇创建国家级生态镇的批复
72	关于同意惠民街道张汇新社区建设规划的批复
73	关于同意嘉善县惠民街道枫南新社区建设规划的批复
74	关于进一步加强职业病防治工作的意见
75	关于同意征收收回 2009－26 号等地块并招标拍卖挂牌出让国有土地使用权的批复
76	关于同意征收 2010G－24 号等 9 个地块并招标拍卖挂牌出让国有土地使用权的批复
77	关于表彰县长电话工作先进单位的通知
78	关于给予县公安局记集体三等功的决定
79	关于嘉善县城乡统筹一体化农民安置房建设项目有关问题的履约承诺函

2010 年嘉善县人民政府文件目录(续三)

善政文号	标　　题
80	关于嘉善县城乡统筹一体化农民安置房建设项目工程融资方案的批复
81	关于加快工业新兴产业发展的意见
82	关于推进工业传统产业转型升级的实施意见
83	关于同意征收 2010G－34 号地块并招标拍卖挂牌出让国有土地使用权的批复
84	关于同意征收收回 2010－55 号等地块并招标拍卖挂牌出让国有土地使用权的批复
85	关于限期上缴 2008 年问题乳粉的通知
86	关于同意县粮食收储有限公司去东北组织粮食的批复
87	关于开展第六次全国人口普查清查摸底的通告
88	关于同意征收 2010G－35 号等 4 块地块并招标拍卖挂牌出让国有土地使用权的批复
89	关于嘉善县城乡天然气利用工作若干问题的批复
90	关于同意征收 2010－64 号地块并招标拍卖挂牌出让国有土地使用权的批复
91	关于表彰 2009 年度冬季征兵工作先进单位和先进个人的通知
92	关于开展第一次水利普查的通知
93	关于印发嘉善县加快实施基本公共服务均等化行动计划工作意见的通知
94	关于同意罗星路北侧地块列入城中村改造的批复
95	关于同意征收 2010－73 号等地块并招标拍卖挂牌出让国有土地使用权的批复
96	关于成立嘉善县人民政府金融工作领导小组的通知
97	关于同意收回征收 2010G－39 号等 2 个地块并招标拍卖挂牌出让国有土地使用权的批复
98	关于推进城乡绿化造林的若干政策意见
99	关于进一步加强乡镇财政管理的意见
100	转发浙江省人民政府关于进一步支持福利企业发展促进残疾人就业若干意见的通知
101	关于同意收回国有土地使用权的批复
102	关于同意调整《嘉善城市新区控制性详细规划(修编)》A－60 号地块指标的批复
103	关于任谊同志工作分工的通知
104	关于同意调整嘉善县燃气专项规划(2008－2020)的批复
105	关于同意征收 2010－85 号等地块并招标拍卖挂牌出让国有土地使用权的批复
106	关于同意征收 2010－91 号地块并招标拍卖挂牌出让国有土地使用权的批复
107	关于同意征收 2010G－51 号等 4 个地块并招标拍卖挂牌出让国有土地使用权的批复
108	关于同意征收 2010G－41 号等 10 个地块并招标拍卖挂牌出让国有土地使用权的批复
109	关于同意对嘉善马路口药店有限公司违法建筑实施行政强制拆除的批复
110	2010 年征兵命令
111	关于同意县科技创业服务中心加速器二期扩容的批复
112	关于给予嘉善县公安局等单位通令嘉奖的通报
113	关于同意设立“浙江恩益迪电声技术服务有限公司”的批复

2010年嘉善县人民政府文件目录(续四)

善政文号	标　　题
114	关于同意征收2010G－55号地块并招标拍卖挂牌出让国有土地使用权的批复
115	关于同意收回征收2010G－56号等7个地块并招标拍卖挂牌出让国有土地使用权的批复
116	关于同意征收2010－92号等地块并招标拍卖挂牌出让国有土地使用权的批复
117	关于同意嘉善县中心城区住房建设规划(2010－2012)的批复
118	关于同意下达2010年度县级储备粮轮换补库收购计划的批复
119	关于同意解除顾永和同志行政撤职处分的批复
120	关于同意给予顾根兴行政开除处分的批复
121	关于2011－2015年宗教活动场所用地规划的批复
122	关于同意魏塘街道国庆钟家桥港新社区建设规划的批复
123	关于同意惠民街道惠民新社区建设规划(2010－2030)的批复
124	关于同意罗星街道新村桥港等4个小区建设规划的批复
125	关于同意罗星街道卢家浜小区建设规划的批复
126	关于同意罗星街道家英小区建设规划的批复
127	关于同意罗星街道和合新区建设规划的批复
128	关于同意姚庄镇农村新社区一期建设规划的批复
129	关于同意罗星街道李家新区建设规划的批复
130	关于同意魏塘街道车站小区建设规划的批复
131	关于同意干窑镇范泾新社区建设规划的批复
132	关于同意罗星街道徐家港小区建设规划的批复
133	关于同意罗星街道沈家埭小区建设规划的批复
134	关于同意罗星街道苏家浜小区建设规划的批复
135	关于同意魏塘街道网埭港新社区建设规划的批复
136	关于同意魏塘街道南苑新社区建设规划的批复
137	关于同意魏塘街道三里桥新社区建设规划的批复
138	关于同意魏塘街道里泽新社区建设规划的批复
139	关于同意魏塘街道魏塘新社区建设规划的批复
140	关于同意魏塘街道长秀村新泾湾里新社区建设规划的批复
141	关于同意魏塘街道长秀村南里港新社区建设规划的批复
142	关于同意魏塘街道智果新社区建设规划的批复
143	关于加强科技创新和人才建设支撑经济转型升级的实施意见
144	关于加快推进职业教育改革与发展服务地方经济转型升级的实施意见
145	关于同意收回征收2010G－63号等9个地块并招标拍卖挂牌出让国有土地使用权的批复
146	关于同意征收2010G－72号地块并招标拍卖挂牌出让国有土地使用权的批复
147	关于实施天然气置换工程的通告

2010年嘉善县人民政府文件目录(续五)

善政文号	标　　题
148	关于推进旅游产业转型升级的实施意见
149	关于同意征收2010G-73号等4个地块并招标拍卖挂牌出让国有土地使用权的批复
150	关于同意调整嘉善城市新区控制性详细规划(修编)B-87-1号地块指标的批复
151	关于同意收回县城市基础设施投资有限公司土地储备职能的批复
152	关于同意组建嘉善罗星投资开发有限公司的批复
153	关于同意对嘉善洪溪酒业有限责任公司等两家企业实施关闭的批复

2010年政协嘉善县委员会文件目录

善政协文　号	标　　题
1	关于邀请参加县政协十二届四次会议第二次全体会议(委员大会发言)的通知
2	关于收集社情民意信息的通知
3	关于表彰优秀文史征文的通知
4	关于表彰文史工作先进个人的通知
5	关于做好春节期间走访慰问离退休老同志的通知
6	关于召开县政协十二届35次主席会议的通知
7	关于认真做好县政协十二届四次会议重点提案和十二届三次会议重点追踪提案办理工作的通知
8	关于认真做好县政协十二届四次会议重要提案办理工作的通知
9	关于召开县政协十二届36次主席会议的通知
10	关于印发政协民主监督大组活动安排的通知
11	关于表彰2009年度政协社情民意信息先进个人的决定
12	关于创建“五型机关”的实施方案
13	2010年县政协机关推进惩治和预防腐败体系建设工作计划
14	关于召开城建组委员约谈会的通知
15	关于召开县政协十二届第三十七次主席会议的通知
16	县政协十二届四次会议期间委员讨论《政府工作报告》的意见建议
17	关于“建议公路管理部门对这个危险地段抓紧整修”社情民意信息办理情况的函
18	关于召开县政协十二届第三十八次主席会议的通知
19	关于颁发《政协嘉善县委员会关于镇(街道)政协委员联络室的考核评比意见》的通知
20	关于召开政协各界别活动组组长会议的通知
21	关于召开县政协十二届第三十九次主席会议的通知
22	关于召开社法组委员约谈会的通知
23	嘉善县政协组织开展“服务群众、倾听民声、促进和谐”界别活动日实施方案
24	关于召开县政协十二届第十九次常委会议的通知
25	县政协机关党支部创先争优活动实施方案
26	关于对辛国瑞录用考察的情况报告

2010年政协嘉善县委员会文件目录（续一）

善政协文号	标题
27	关于拟录用辛国瑞为公务员的请示
28	关于召开县政协十二届第40次主席会议的通知
29	关于召开政协委员联络室工作交流会的预备通知
30	关于举行委员约谈会的通知
31	政协机关纪念“七一”“红船节”活动方案
32	关于召开政协委员联络室工作交流会的通知
33	关于召开民主监督大组组长会议的通知
34	关于召开医卫组委员约谈会的通知
35	关于召开县政协十二届第四十一次主席会议的通知
36	关于举办政协常委读书会的通知
37	关于举办全县经济形势报告会的通知
38	关于召开县政协十二届第四十二次主席会议的通知
39	关于上报县政协十二届二十次常委会协商审议议题调研课题的通知
40	关于召开农业组委员约谈会的通知
41	关于召开县政协第十二届43次主席会议的通知
42	关于“两个报告”讨论情况的反馈意见
43	关于提升嘉善中医院发展水平的建议
44	关于召开三胞组委员约谈会的通知
45	关于召开县政协第十三届第四十四次主席会议的通知
46	关于召开县政协十二届四十六次主席会议的通知
47	关于召开县经济组委员约谈会的通知
48	关于召开教育组委员约谈会的通知
49	关于召开提升西塘旅游业研讨会的通知
50	关于开展提案办理“回头看”活动的通知
51	关于召开县政协十二届四十七次主席会议的通知
52	关于召开文史组委员约谈会的通知
53	关于召开县政协十二届第二十一次常委会议的通知
54	关于召开县政协十二届第48次主席会议的通知
55	关于召开科技组委员约谈会的通知
56	关于召开县政协第十二届49次主席会议的通知
57	关于召开民主监督工作交流会的通知
58	关于召开党派、团体、委组负责人会议的通知
59	关于召开政协活动小组和联络室工作交流会的通知
60	关于召开经济形势报告会的通知
61	关于召开县政协第十二届50次主席会议的通知

附　录

2010年中央级报刊报道嘉善文章目录

媒体名称	刊登时间	录用版面	标　题
《人民日报》	4月2日	头版头条	科学发展惠民生
人民日报《党建周刊》	第35期		创先争优进行时 浙江强化基层党组织服务功能
《人民日报》	3月25日	海外版	浙江省嘉善:免费接种疫苗新居民比率高
《人民日报》	5月18日	第二版	沪杭客专成功合龙世界第一转体拱桥
《人民日报》	12月3日	头版头条	争科学发展之先创和谐社会之优——浙江省嘉善县、山东省桓台县开展创先争优活动纪实
《半月谈》	第17期		长三角:转型路上风生水起
《经济日报》	9月2日	头版	沪杭高铁列车在浙江嘉善境内进行调试
《解放日报》	10月25日	第十四版	沪杭高铁:不只是一条交通线
《解放日报》	10月25日	第十四版	高铁密切沪浙边界"双城"枫泾姚庄亲上亲
《农民日报》	11月12日	第五版	统筹城乡的民生践行——浙江深层探索农村公路"建管养运一体化"见闻
《解放军报》	12月3日	头版头条	创先争优催生"多重效益"——浙江省嘉善县开展创先争优活动见闻

（嘉善县委宣传部提供）

2010 年嘉善电台被中央电台录用播出稿件

被录用栏目	被录用时间	主要内容
全国新闻联播	1 月 3 日	元旦假期,奋战在沪杭客运专线施工现场的上万名工人正加班加点,推进工程进度,以自己特殊的方式祝贺新年
直播中国	1 月 4 日	浙江省嘉善县新居民文化活动丰富多彩
全国新闻联播	1 月 25 日	浙江嘉善县首次推出了农民工工资“双卡”制度
直播中国	1 月 29 日	浙江嘉善送车票到企业服务新居民
直播中国	2 月 7 日	浙江嘉善为留在本地过年的新居民举办一系列文艺活动,让他们欢乐过新年
直播中国	2 月 15 日	浙江嘉善县是浙江省台商最多的县之一,今年有许多台商选择了留在嘉善过年
直播中国	2 月 24 日	浙江嘉善一企业在老员工中设立“就业联络员”,破解企业用工难题,各地各有妙招,
直播中国	3 月 15 日	浙江嘉善 3.15 活动走进新居民居住地
直播中国	3 月 17 日	浙江嘉善:春耕备耕新事多
直播中国	3 月 29 日	浙江嘉善,乘公交车、鲜花代替塑料花,低碳祭扫成主流
直播中国	3 月 30 日	浙江嘉善,清明祭扫不忘文化古人
全国新闻联播	4 月 2 日	浙江嘉善改善农民生活成为全国城乡差别最小的县
直播中国	4 月 3 日	浙江嘉善少先队员们牵挂西南旱情,大家争捐一瓶爱心水,涓涓细流润灾区
直播中国	4 月 10 日	情系西南旱情,浙江嘉善在公共场所设立爱心捐款箱,广大市民争献一份爱心
直播中国	4 月 11 日	今天起,为了做好世博会安保工作,嘉善县进沪班车开始实行乘客实名登记
直播中国	4 月 19 日	身在青川,心系玉树,浙江嘉善在青川援建人员为玉树灾区献爱心
直播中国	5 月 10 日	世博志愿者:我为世博会守好南大门
全国新闻联播	5 月 19 日	沪杭高铁成功合龙世界第一转体拱桥,连创 3 项世界纪录
直播中国	5 月 25 日	端午节将至,浙江嘉善本地传统粽子受到欢迎
直播中国	5 月 31 日	浙江嘉善:孩子们最想收到的六一礼物是爸爸妈妈多陪陪我
央广新闻	6 月 1 日	省市县三级质监部门重点把好儿童商品安全关
直播中国	6 月 2 日	高考将至,浙江嘉善多部门为考生营造良好环境
直播中国	6 月 6 日	浙江嘉善:高考前夕引导学生以良好心态迎战高考
全国新闻联播	6 月 13 日	全国各地喜迎端午:古镇西塘端午未到香囊好销
央广新闻	6 月 29 日	浙江嘉善:新居民党员在第二故乡共庆党的生日

2010年嘉善电台被中央电台录用播出稿件(续一)

被录用栏目	被录用时间	主要内容
直播中国	6月30日	浙江嘉善等地果农们采取措施应对连续阴雨天
直播中国	7月16日	浙江嘉善多部门合作为新居民学生实现暑期梦想
央广新闻	7月25日	浙江嘉善小学生暑假当起"啄木鸟",查找不规范用字
全国新闻联播	8月1日	八一建军节,坚守在嘉善世博安保卡点的武警战士过了一个特殊的八一节
央广新闻	8月6日	沪杭客运专线轨道铺设工作完成,160公里的高铁全线贯通
新闻和报纸摘要	8月7日	世博安保卫士高温天坚守岗位
全国新闻联播	9月3日	嘉善:瞻仰"抗日嘉善阻击战纪念碑",纪念抗战胜利65周年
直播中国	9月3日	浙江嘉善:抗日掩体,今成文物保护单位
新闻和报纸摘要	9月6日	血型是RH阴型的浙江嘉善青年倪仲翌,五年献血小板三十多次,把爱献给需要的人
全国新闻联播	9月13日	昨天起海峡两岸经济合作框架协议正式生效,嘉善的台商和嘉善的本土企业纷纷看好协议带来的商机
直播中国	9月20日	中秋、国庆将到,嘉善:严厉打击黑车,营造良好的出行环境
央广新闻	9月30日	浙江嘉善:国庆将至国旗俏
全国新闻联播	10月21日	国家投放30万吨食用油,平抑价格,浙江嘉善市民表示欢迎
直播中国	10月20日	浙江嘉善:让党旗在世博卡点高高飘扬
新闻和报纸摘要	10月28日	《辉煌十一五》浙江嘉善等地加强交通建设拉近距离
全国新闻联播	11月3日	农副产品的涨价,牵动政府的心,嘉善县提高城乡居民最低生活保障标准
直播中国	11月20日	昱辉阳光:打造千亿新能源企业
直播中国	11月30日	浙江嘉善县创先争优
新闻和报纸摘要	12月3日	浙江嘉善立足本地实际,助推创先争优活动接力续航
新闻和报纸摘要	12月8日	浙江嘉善翠南村建立"先锋连心四站"为民服务
直播中国	12月18日	浙江嘉善打击黑网吧
新闻纵横	12月19日	浙江嘉善:新居民可以参加合作医疗

2010 嘉善电视台被中央电视台录用播出稿件

被录用栏目	被录用时间	主要内容
焦点访谈	3 月 29 日	学习实践结硕果
新闻联播	4－1	【深入开展学习实践科学发展观活动】中共中央政治局常委联系点县(市)学习实践科学发展观活动扎实有效
	4－5	【深入开展学习实践科学发展观活动】直挂云帆济沧海－－全党深入学习实践科学发展观活动纪实
	4－6	全党深入学习实践科学发展观活动总结大会隆重举行,胡锦涛发表重要讲话
	4－9	巩固学习实践活动成果,在更高水平上推动经济社会科学发展
	4－10	【上海世博倒计时】上海世博为长三角经济融合带来新契机
	5－14	强化村务监督筑牢反腐防线
	5－17	沪杭客运专线上万吨拱桥对接成功
	6－17	世博会带动周边省市旅游业发展
	11－18	各地加强消防检查消除火灾隐患
	12－2	浙江嘉善:党员在创先争优中当先锋做模范
新闻 30 分	3－.8	嘉兴等地遭遇 60 年来最强春汛
整点新闻	3－08	罕见旱汛来袭各地全力抗汛排涝
整点新闻	3－24	入沪陆路最大卡点准备就绪
整点新闻	3－25	沪外第一张入沪车辆通行证发出
整点新闻	3－25	沪外人员如何办理进沪车辆通行证
共同关注	3－25	安保检查:从“盘查”警察开始
午夜新闻	3－26	安保检查,公安人员也不例外
新闻直播间	4－08	世博志愿者嘉善在行动
整点新闻	4－11	出入境船舶安检评估系统投入使用
整点新闻	4－24	汛期持续降雨数次开闸泄洪
整点新闻	5－04	世博安保明日恢复常规级别
整点新闻	6－17	世博红利外溢辐射效应持续扩散
整点新闻	8－31	暑期结友谊惜别“小候鸟”
整点新闻	9－30	幼儿唱红歌祝福祖国
朝闻天下	10－02	客流高峰提前旅游市场开门红
整点新闻	10－16	【世界粮食日】浙江嘉善:做个爱惜粮食的小公民
整点新闻	10－16	百岁老人穿针引线动作娴熟
整点新闻	10－26	直升机与高铁竞速沪杭高铁贴地飞行

2010年度嘉善县十佳转型升级示范企业名单

浙江恒丰包装有限公司
嘉善东菱电子科技有限公司
嘉善新华昌木业有限公司
晋亿实业股份有限公司
浙江昱辉阳光能源有限公司
嘉善华瑞赛晶电气设备科技有限公司
浙江双飞无油轴承有限公司
阿克苏诺贝尔涂料(嘉兴)公司
浙江众成包装材料股份有限公司
田中精机(嘉兴)有限公司

2010年国税收入工业企业纳税大户(含免抵调库)

晋亿实业股份有限公司
阿克苏诺贝尔涂料(嘉兴)有限公司
台升实业有限公司
嘉善县供电局
浙江众成包装材料股份有限公司
浙江昱辉阳光能源有限公司
浙江恒科实业有限公司
浙江友信机械工业有限公司
嘉善华瑞赛晶电气设备科技有限公司
浙江嘉善黄酒股份有限公司
浙江长盛滑动轴承有限公司
田中精机(嘉兴)有限公司
浙江大隆合金钢有限公司
嘉兴中集木业有限公司
嘉兴中正桩业有限公司

2010 年度嘉善县获嘉兴名牌产品名录

序号	企业名称	产品名称	名牌类别	总数	商标	新增复评	辖区	备注
1	浙江恒丰包装有限公司	电化铝烫印箔	浙江名牌	9	恒鹰	新增	大云镇	
2	浙江西塘旅游文化发展有限公司	西塘旅游	浙江名牌	10	生活着的千年古镇、西塘	新增	西塘镇	
3	浙江嘉善黄酒股份有限公司	黄酒	浙江名牌	11	汾湖(西塘)	复评	西塘镇	
4	浙江龙森木业有限公司	实木地板	浙江名牌	12	图形	复评	魏塘街道	
5	嘉善绿峰木业有限公司	实木复合地板	浙江名牌	13	图案,艺之家	复评	开发区	
6	浙江弘安纸业有限公司	高强度瓦楞原纸	浙江名牌	14	弘安+图形	复评	姚庄镇	
7	浙江长盛滑动轴承有限公司	滑动轴承	浙江名牌	15	长盛/CSB	复评	魏塘街道	
8	浙江双飞无油轴承有限公司	无油润滑材料轴承	浙江名牌	16	ZOB	复评	干窑镇	
9	浙江宝狮电子有限公司	汽车用扬声器	浙江名牌	17	SPL	复评	大云镇	
10	嘉善县丁栅镇农技站服务部	番茄	浙江名牌	18	东泉	复评	姚庄镇	
11	嘉善县锦雪农产品实业公司	锦绣黄桃	浙江名牌	19	锦雪	复评	姚庄镇	
12	嘉善江南食品有限公司	雪菜	浙江名牌	20	古镇	复评	天凝镇	
13	嘉善县西塘镇农工商开发服务公司	罗氏沼虾	浙江名牌	21	西塘	复评	西塘镇	
14	浙江省嘉善县六塔鳖业有限责任公司	六塔鳖	浙江名牌	22	六塔	复评	姚庄镇	
15	嘉善龙洲绿色生态养殖有限公司	中华鳖	浙江名牌	23	龙洲	复评	惠民街道	
16	嘉善大舜钮扣服饰特色园区有限责任公司	纽扣	嘉兴名牌	18	Dashun	新增	西塘镇	
17	浙江瑞欣装饰材料有限公司	高压装饰层积板	嘉兴名牌	19	瑞欣	新增	姚庄镇	
18	嘉善新富华木业有限公司	细木工板	嘉兴名牌	20	WANBAOLU	新增	魏塘街道	
19	嘉兴市环环通塑业有限公司	塑料管	嘉兴名牌	21	善通	新增	天凝镇	
20	嘉善县弘安索具有限公司	索具	嘉兴名牌	22		新增	干窑镇	
21	浙江远通建筑材料有限公司	混凝土砌块	嘉兴名牌	23	远通	新增	西塘镇	
22	嘉善县维克托塑化有限公司	特种静电粉末涂料	嘉兴名牌	24	维克托	新增	天凝镇	
23	嘉兴市嘉诚拍卖有限公司	拍卖	嘉兴名牌	25	申请中	新增	罗星街道	服务业
24	嘉善县罗星阁宾馆	餐饮及住宿	嘉兴名牌	26		新增	罗星街道	服务业
25	浙江宝狮电子有限公司	汽车用功率放大器	嘉兴名牌	27	SPL 牌	复评	大云镇	
26	浙江嘉善黄酒股份有限公司	糟烧(白酒)	嘉兴名牌	28	汾湖牌	复评	西塘镇	
27	浙江大隆合金钢有限公司	特种钢钢锭	嘉兴名牌	29	大隆牌	复评	陶庄镇	
28	嘉善粮油食品工贸有限公司	大米	嘉兴名牌	30	银杜鹃牌	复评	粮食、魏塘街道	
29	嘉善县干窑粮油工贸有限公司	精制粳米	嘉兴名牌	31	干窑牌	复评	粮食、干窑镇	

2010年嘉善县著名商标名录

序号	商标名称	企业名称	使用商品	级别	认定时间
1	神州毛纺	浙江神州毛纺织有限公司	呢绒	省级	2010
2	COMPUPAL	浙江恒科实业有限公司	扬声器音箱	省级	2010
3	生活着的千年古镇	浙江西塘旅游文化发展有限公司	观光旅游	省级	2010
4	HANDIJACK	嘉善海力达工具有限公司	升降设备、车用千斤顶	市级	2010
5	远通	浙江远通建筑材料有限公司	蒸压加气混凝土砌块	市级	2010
6	宏联	嘉善宏联食品有限公司	速冻大豆	市级	2010
7	野牛	嘉善野牛工具有限公司	木工钻头	市级	2010
8	申南	嘉善申南塑胶有限公司	塑料球阀及管配件	市级	2010
9	嘉灵	嘉善海峡净水来化工有限公司	净水剂	市级	2010
10	艺之家	嘉善绿峰木业有限公司	地板	市级	2010
11	嘉善杨庙雪菜	嘉善杨庙雪菜产业管理协会	腌制蔬菜	市级	2010
12	M	浙江嘉善梅园大酒店有限公司	旅馆、餐饮	市级	2010

2010年度嘉善县县级以上农业龙头企业生产加工型生产经营情况一览表

序号	级别	企业名称	资产总额（万元）	总产值（万元）	税收（万元）	出口创汇（万美元）	原料基地规模					签订合同数（户）	经营主业或主导产品
							基地面积（万亩）	水产养殖业（万亩）	饲养量（万只/头）	家畜饲养量（万头）	其他		
1	省级	嘉兴碧云花园有限公司	10379	18000	0		0.1						花卉苗木、水果、休闲观光
2	省级	嘉善宏联食品有限公司	6688	11980	196		0.91	0.35					速冻水产品、蔬菜
3	省级	嘉善县干窑粮油工贸有限公司	9532	1890	17.8		4.85					5082	大米
4	省级	浙江景明果品有限公司	9464	20088	180							15000	水果种植、销售
5	市级	嘉善江南食品有限公司	1395	1651	31		0.7					850	甏腌雪菜深加工
6	市级	浙江拳王实业有限公司	11953	35000	82		0.015	0.015	0.07	0.07			饲料加工

2010年度嘉善县县级以上农业龙头企业生产加工型生产经营情况一览表(续一)

序号	级别	企业名称	资产总额(万元)	总产值(万元)	税收(万元)	出口创汇(万美元)	原料基地规模					签订合同数(户)	经营主业或主导产品
							基地面积(万亩)	水产养殖业(万亩)	饲养量(万只/头)	家畜饲养量(万头)	其他		
7	市级	浙江省嘉善县六塔鳖业有限责任公司	2180	1784	0		0.0513	0.0513				59	鳖养殖及销售
8	市级	嘉善祥盛生态养殖有限公司	4000	1200	0		0.018	0.018					有机鳖的养殖
9	市级	嘉兴泰晟来福食品有限公司	746	1500	50	183	0.6					850	速冻蔬菜
10	市级	嘉兴年代速冻食品有限公司	1849	2500	48	20	0.3					200	速冻果蔬制品
11	市级	嘉善粮油食品工贸有限公司	1930	3143	30		1.44					2000	“银杜鹃”大米
12	市级	浙江凌龙纺织有限公司	26369.4	13159.6	353.2	326			0.026	0.026		280	粗纺呢绒、毛针织纱
13	市级	浙江明辉饲料有限公司	8095	20366	97		0.0288	0.0288				1000	饲料加工、虾饲料、膨化鱼饲料
14	市级	浙江嘉善杨庙蔬菜厂	380	1220	37		0.3					723	大头菜、雪菜加工
15	市级	嘉善县特种水产有限公司	1991	2700	0		0.12	0.12				28	水产品
16	县级	嘉善龙洲绿色生态养殖有限公司	5000	1850	0		0.023	0.023					鳖养殖及销售
17	县级	嘉善县锦雪农产品实业公司	658	411	0		0.5					1000	黄桃、蘑菇
18	县级	嘉善县东麟湖蔬菜厂	1120	2520	16							300	大头菜、雪菜加工
19	县级	嘉善子陵滩酒业有限公司	902	1118	45.8								生产(加工灌装)“子陵滩”系列黄酒
20	县级	嘉善县洪家滩葡萄产业园	500	880	0		0.07						鲜食葡萄

2010年度嘉善县县级以上农业龙头企业生产加工型生产经营情况一览表(续二)

序号	级别	企业名称	资产总额（万元）	总产值（万元）	税收（万元）	出口创汇（万美元）	原料基地规模					签订合同数（户）	经营主业或主导产品
							基地面积（万亩）	水产养殖业（万亩）	饲养量（万只/头）	家畜饲养量（万头）	其他		
21	县级	嘉兴天大饲料有限公司	645	806	0		10		11.2	1.2			猪、鸭、水产用配合饲料
22	县级	嘉善丁栅金鸿制丝有限责任公司	2338	2560	98.6								生丝、生丝副产品、蚕丝被、靠垫被
23	县级	嘉善县江南龟鳖种苗繁育场	350	146	0		0.0058	0.0058			26000只	11	龟鳖种苗
24	县级	嘉善祥和食品有限公司	600	550	40							20	酱油、米醋
25	县级	浙江嘉善黄酒股份有限公司	26034.53	24635	2354								黄酒
26	县级	嘉兴嘉德园艺有限公司	1550	1250	0		0.0515						花卉
27	县级	浙江粤海饲料有限公司	9662	10240	33		0.5	0.5				180	南美白对虾配合饲料、海水鱼配合饲料、乌鳢配合饲料、黄颡鱼配合饲料、罗氏沼虾配合饲料。
28	县级	嘉善县种子公司	486.5	434	6		0.31					34	农作物种子
29	县级	嘉善佳佳豆制品有限公司	1100	2680	11							150	豆制品

嘉善县无公害农产品产地、无公害农产品清册

序号	申报单位	产地名称	产品	产地证书号	产地规模（公顷）	产品证书号	批准产量（吨）
1	嘉善县丁栅镇农技服务部	浙江省无公害蔬菜产地	番茄	WNCR－ZJ06－10373	800	WGH－03－00478	48000
2	嘉善魏塘益农西甜瓜专业合作社	浙江省无公害瓜菜产地	西瓜	WNCR－ZJ08－10316	200	WGH－05－01612	5200
3	嘉善县丁栅镇农技服务部	浙江省无公害蔬菜产地	鲜食玉米	WNCR－ZJ08－10319	100	WGH－05－01639	683
4	嘉善魏塘益农西甜瓜专业合作社	浙江省无公害瓜菜产地	甜瓜	WNCR－ZJ09－11107	333.3		
5	嘉善杨庙雪菜专业合作社	浙江省无公害蔬菜产地	雪菜等	WNCR－ZJ08－10673	400	WGH－03－00482（杨庙蔬菜厂）	2000
						WGH－03－00481（东麟湖蔬菜厂）	2000
						WGH－07－03208（江南食品）	1700
						WGH－07－03209（江南食品）	300
						WGH－08－11324（康民蔬菜）	1800
						WGH－09－08378（之乡蔬菜）	1400
6	嘉善县惠民蔬菜专业合作社	浙江省无公害瓜菜产地	茄子	WNCR－ZJ08－10538	333.3	WGH－09－04723	25000
7	嘉善泗洲农贸有限公司	浙江省无公害水果产地	桑果	WNCR－ZJ05－10324	62.8	WGH－07－06464	1250
8	嘉善凝溪稻田养鸭合作社	浙江省无公害畜牧业产地	稻田鸭 稻田鹅	WNCR－ZJ05－60036	20.6万只	WGH－07－00671	321
9	嘉善县西塘镇农工商开发服务公司	浙江省无公害水果产地	柑橘	WNCR－ZJ09－11078	72.3	WGH－06－01179	2012
10	嘉善县洪家滩葡萄产业园	浙江省无公害水果产地	葡萄	WNCR－ZJ09－11077	80	WGH－06－01178	1500
11	嘉善县干窑粮油工贸有限公司	浙江省无公害稻米产地	稻米	WNCR－ZJ06－10372	710.67	WGH－03－00484	5500
12	嘉善县姚庄镇农贸实业公司	浙江省无公害食用菌产地	蘑菇	WNCR－ZJ06－10375	189万平方米	WGH－03－00479	11746
13	嘉善县范泾草莓专业合作社	浙江省无公害瓜菜产地	大棚草莓	WNCR－ZJ07－10043	70	WGH－03－00483	1700
14	嘉善县惠民镇蔬菜专业合作社	浙江省无公害蔬菜产地	鲜食大豆	WNCR－ZJ06－10374	340.5	WGH－03－00480	2500
15	嘉善县惠民蜜梨专业合作社	浙江省无公害水果产地	蜜梨	WNCR－ZJ09－11548	333.3	WGH－03－00039	4500
16	嘉善县姚庄镇农贸实业公司	浙江省无公害水果产地	黄桃	WNCR－ZJ08－10674	300	WGH－03－00343	6750

嘉善县无公害农产品产地、无公害农产品清册(续一)

序号	申报单位	产地名称	产品	产地证书号	产地规模(公顷)	产品证书号	批准产量(吨)
17	嘉善县丁栅镇农技服务部	浙江省无公害水果产地	柑橘	WNCR-ZJ06-10171	100	WGH-08-04045	6093
18	嘉善县姚庄镇农贸实业公司	浙江省无公害蔬菜产地	茄子 番茄	WNCR-ZJ06-10298	266.7	WGH-07-06478	18000 (茄子)
19	嘉善县西塘镇农工商开发服务公司	浙江省无公害蔬菜产地	莲藕	WNCR-ZJ06-10297	167	WGH-07-06482	5000 3123 (番茄)
20	嘉善县丁栅镇农技服务部	浙江省无公害粮油产地	稻米	WNCR-ZJ06-10296	67	WGH-08-04021	370
21	嘉善魏塘益农西甜瓜合作社	浙江省无公害蔬菜产地	瓠瓜等	WNCR-ZJ06-10303	201	WGH-07-06481	10749
22	嘉善魏塘益农西甜瓜合作社	浙江省无公害蔬菜产地	莴笋等	WNCR-ZJ06-10302	205.7	WGH-07-06480	12000
23	嘉善粮油食品工贸有限公司	浙江省无公害稻米产地	大米	WNCR-ZJ07-10406	961.5	WGH-08-03931	5000
24	嘉兴年代速冻食品有限公司	浙江省无公害蔬菜产地	速冻蚕豆 速冻毛豆	WNCR-ZJ07-10408	66.7	WGH-08-03932	510 (蚕豆)
						WGH-08-03933	510 (毛豆)
25	嘉善县洪溪大白鹅产销合作社	浙江省无公害畜牧业产地	活鹅	WNCR-ZJ07-60136	10万羽	WGH-08-02358	350
26	嘉善县天凝镇农技水利服务中心	浙江省无公害稻米产地	稻谷	WNCR-ZJ08-10131	124.7	WGH-08-10706	1215
27	嘉善县丁栅镇农技服务部	浙江省无公害蔬菜产地	黄瓜	WNCR-ZJ08-10035	47	WGH-08-10704	2500
28	嘉善县丁栅镇农技服务部	浙江省无公害蔬菜产地	大蒜	WNCR-ZJ08-10573	37	WGH-08-10634	660
29	嘉善县丁栅镇农技服务部	浙江省无公害蔬菜产地	莲藕	WNCR-ZJ08-10572	47	WGH-08-10705	1000
30	嘉善魏塘益农西甜瓜专业合作社	浙江省无公害蔬菜产地	番茄	WNCR-ZJ08-10533	66.7	WGH-09-04717	4320
31	嘉善汾湖观光果园	浙江省无公害水果产地	柑橘	WNCR-ZJ09-11016	35	WGH-09-08377	1400
32	嘉善汾湖水产有限公司	浙江省无公害水产品养殖基地	河蟹	WNCR-ZJ07-80215	240.0	WGH-03-00858	15
33	嘉善县祥符罗氏沼虾合作社	浙江省无公害水产品养殖基地	罗氏 沼虾	WNCR-ZJ06-80174	206.67	WGH-05-00093	620
34	嘉善麟溪生态鳖养殖研究所	浙江省无公害水产品养殖基地	中华鳖	WNCR-ZJ06-80214	129.25	WGH-03-00859	15
35	嘉善县惠民水产专业合作社	浙江省无公害水产品养殖基地	南美 白对虾	WNCR-ZJ07-80267	49.0	WGH-05-00094	275
36	嘉善龙洲绿色生态养殖有限公司	浙江省无公害水产品养殖基地	中华鳖	WNCR-ZJ07-80268	33.0	WGH-06-02087	55

嘉善县无公害农产品产地、无公害农产品清册(续二)

序号	申报单位	产地名称	产品	产地证书号	产地规模（公顷）	产品证书号	批准产量（吨）
37	嘉善县魏塘镇农业技术推广站	浙江省无公害水产品养殖基地	甲鱼	WNCR－ZJ05－80024	15	WGH－06－01832	27
38	嘉善县丁栅镇农技服务部	浙江省无公害水产品养殖基地	河蟹	WNCR－ZJ05－80030	57	WGH－06－01830	75
39	嘉善县六合农业综合开发公司	浙江省无公害水产品养殖基地	生态鳖	WNCR－ZJ05－80023	23	WGH－06－02091	20
40	嘉善汾湖水产有限公司	浙江省无公害水产品养殖基地	青虾	WNCR－ZJ05－80028	17.4	WGH－06－02090	24
41	嘉善县西塘镇农业技术推广站	浙江省无公害水产品养殖基地	鳜鱼	WNCR－ZJ05－80029	21	WGH－06－01831	36
42	嘉善凝溪稻田养鸭合作社	浙江省无公害水产品养殖基地	青虾	WNCR－ZJ05－80027	12.3	WGH－06－02096	13
43	嘉善县干窑生态鱼专业合作社	浙江省无公害水产品养殖基地	河蟹	WNCR－ZJ05－80026	32	WGH－06－02106	46
44	嘉善县干窑生态鱼专业合作社	浙江省无公害水产品养殖基地	鳜鱼	WNCR－ZJ08－80190	43.3	WGH－06－02107	235
45	嘉善县干窑生态鱼专业合作社	浙江省无公害水产品养殖基地	青鱼	WNCR－ZJ07－80265	37.2	WGH－05－00152	485
46	嘉善县丁栅镇农技服务部	浙江省无公害水产品养殖基地	青虾	WNCR－ZJ06－80216	754.8	WGH－04－00301	560
47	浙江省六塔鳖业有限责任公司	浙江省无公害水产品养殖基地	中华鳖	WNCR－ZJ07－80123	140.27	WGH－03－00857	156.8
48	嘉善凝溪稻田养鸭合作社	浙江省无公害水产品养殖基地	鲢	WNCR－ZJ06－80069	60.7	WGH－07－04646	115
49	嘉善凝溪稻田养鸭合作社	浙江省无公害水产品养殖基地	鳙	WNCR－ZJ07－80218	60.7	WGH－08－05316	71
50	嘉善县西塘镇农技水利服务中心	浙江省无公害水产品养殖基地	加州鲈鱼	WNCR－ZJ06－80071	41	WGH－07－04647	310
51	嘉善县干窑生态鱼专业合作社	浙江省无公害水产品养殖基地	青虾	WNCR－ZJ06－80068	37.9		
52	嘉善汾湖水产有限公司	浙江省无公害水产品养殖基地	南美白对虾	WNCR－ZJ06－80065	37.9	WGH－07－04650	227
53	嘉善县陶庄水产养殖场	浙江省无公害水产品养殖基地	异育银鲫	WNCR－ZJ06－80066	43.4	WGH－07－04649	63.15
54	嘉善县特种水产养殖公司	浙江省无公害水产品养殖基地	花鲢、河蟹	WNCR－ZJ09－80068	80	WGH－07－03918	105
						WGH－07－03919	22
55	嘉善县丁栅镇农技服务部	浙江省无公害水产品养殖基地	草鱼	WNCR－ZJ06－80070	33	WGH－07－04648	300
56	嘉善县东泉水产专业合作社	浙江省无公害水产品养殖基地	南美白对虾	WNCR－ZJ07－80125	33.9	WGH－08－05344	213

嘉善县无公害农产品产地、无公害农产品清册(续三)

序号	申报单位	产地名称	产品	产地证书号	产地规模（公顷）	产品证书号	批准产量（吨）
57	嘉善县西塘镇农技水利服务中心	浙江省无公害水产品养殖基地	鲢、鳙鱼	WNCR－ZJ07－80131	57	WGH－08－05348	100
						WGH－08－05349	70
58	嘉善县凝溪稻田养鸭合作社	浙江省无公害水产品养殖基地	日本沼虾、鳜鱼	WNCR－ZJ07－80132	15.66	WGH－08－05351	12
						WGH－08－05350	5
59	嘉善县海丰水产专业合作社	浙江省无公害水产品养殖基地	草鱼 鳊鱼	WNCR－ZJ07－80133	30.6	WGH－08－05346	50
						WGH－08－05347	28
60	嘉善县西塘镇农技水利服务中心	浙江省无公害水产品产地	南美白对虾	WNCR－ZJ08－80049	34	WGH－09－02029	210
61	嘉善县凝溪稻田养鸭专业合作社	浙江省无公害水产品产地	南美白对虾、草鱼	WNCR－ZJ08－80050	33.5	WGH－09－02030	70
						WGH－09－02031	100
62	嘉善县东泉水产专业合作社	浙江省无公害水产品产地	黄颡鱼	WNCR－ZJ08－80051	35.4	WGH－09－02032	28
63	嘉善县麟溪鳖业专业合作社	浙江省无公害水产品产地	草鱼	WNCR－ZJ09－80060	40	WGH－10－03151	230
64	嘉善新胜水产专业合作社	浙江省无公害水产品产地	河蟹	WNCR－ZJ09－80069	35.34	WGH－10－03150	42
65	浙江明辉饲料有限公司	浙江省无公害水产品产地	翘嘴红鲌	WNCR－ZJ09－80188	34.5		
66	嘉善祥符罗氏沼虾专业合作社	浙江省无公害水产品产地	罗氏沼虾	WNCR－ZJ09－80189	35		
67	嘉善县东泉水产专业合作社	浙江省无公害水产品产地	鳙	WNCR－ZJ09－80066	35.6	WGH－10－03152	67
68	嘉善县新源水产种业养殖场	浙江省无公害水产品产地	鳜	WNCR－ZJ09－80071	34.5	WGH－10－03149	160

共计:68 个基地,认定规模 9189.96 公顷(13.8 万亩)、74 个产品。

嘉善县绿色食品一览表

序号	企业名称	企业信息码	产品名称	产品类别	注册商标	批准产量（吨）	标志编号
1	嘉善县惠民蜜梨专业合作社	GF330421081774	蜜梨	18	惠绿牌	8015	LB－18－0812114456A
2	嘉善县锦雪农产品实业公司	GF330421080116	锦雪双孢蘑菇（鲜）	21	锦雪牌	2000	LB－21－0904112223A
			锦绣黄桃	18	锦雪牌	5250	LB－18－0801110260A
3	嘉善县洪家滩葡萄产业园	GF330421061693	洪家滩牌鲜食葡萄	18	洪家滩牌	1050	LB－18－0912115036A
4	嘉兴市三高园艺研究所	GF330421061750	小蜜蜂牌鲜食葡萄	18	小蜜蜂牌	1450	LB－18－0912115372A
5	嘉善魏塘益农西甜瓜合作社	GF330421061724	银嘉膳牌甜瓜	18	银嘉膳牌	11250	LB－18－0912115111A
6	嘉善县惠民蔬菜专业合作社	GF330421070105	翠丰牌鲜食大豆	15	翠丰牌	3480	LB－18－1008112779A
7	嘉善县范泾草莓专业合作社	GF330421070837	范泾草莓(鲜）	18	范泾牌	2102	LB－18－1008112779A
8	嘉善宏联食品有限公司	GF330421091091	宏联＋图形牌速冻鲜食大豆	16	宏联牌	1500	LB－16－0908112660A
9	嘉善大拇指现代生态农业园	GF330421091086	三里桥＋拼音＋图形牌油桃	18	三里桥牌	380	LB－18－0908112641A

2010 年长江三角洲城市主要经济指标

地区	地区生产总值（亿元）	市区城市居民人均可支配收入（元）	全社会固定资产投资（亿元）	地方财政收入（亿元）	实际利用外资（亿美元）	社会消费品零售总额（亿元）
浙江省	27226.75	27359	12488.07	2608.47	110.02	10163.20
杭州	5945.77	30035	2753.13	671.34	43.56	2146.08
宁波	5125.82	30166	2206.48530.93	23.13	1704.51	
温州	2925.57	31201	930.28	228.49	1.76	1498.10
嘉兴	2296.00	24815	1518.56	176.83	16.10	799.36
湖州	1301.56	25572	764.95	97.27	9.19	516.09
绍兴	2782.74	27626	1253.60	193.23	9.53	852.89
金华	2094.70	25029	777.71	155.93	3.53	916.23
衢州	752.78	21811	489.62	46.98	0.60	290.82
舟山	633.45	26242	413.84	61.04	0.98	212.54
台州	2415.12	28583	950.24	164.88	1.32	960.45
丽水	644.04	22495	320.38	44.94	0.32	266.13
南京	5010.36	28312	3306.05	518.80	26.76	2267.77
无锡	5758.00	27905	2985.65	511.89	33.00	1809.08
常州	2976.68	26269	2103.55	286.18	24.43	1044.73
苏州	9168.91	29219	3617.82	900.55	85.35	2380.06
南通	3417.88	23541	2168.38	290.81	20.61	1265.36
扬州	2207.99	21750	1331.85	167.78	20.56	719.48
镇江	1956.64	23075	1327.08	138.10	16.15	559.52
泰州	2002.58	21359	1538.03	165.54	13.63	550.29
上海	16872.42	31838	5317.67	2873.58	111.21	6036.86

（嘉善县统计局提供）

2010 年底城市公交线路通车情况表

线路	起讫站	投放车辆	沿途停靠站点	投运时间
101	城西 ~ 丁香花园 (5.8KM)	8 辆	城西密封公司、地藏禅寺、城西警队、西门、西城门、第二高级中学、卖鱼桥、影剧院、亭桥、国商大厦、思贤商场、梅园大酒店、东方大厦、解放三村、永安里、杜鹃小区(魏塘一小)、华都广场、嘉辰花苑、丁香花园(19)	2002 年 1 月
102	商城 ~ 四幼 ~ 商城 (11KM)	6 辆	嘉善商城、东方医院、善东路、泗洲公园、交警大队、东方大厦、梅园大酒店、格林春天、汽车总站、保险大楼(火车站)、百姓缘大药房、城北新村、丝绸路、四幼、敬老院、西城门、第二高级中学、卖鱼桥、硕士花园、丝绸路、城北新村、百姓缘大药房、保险大楼(火车站)、汽车总站、格林春天、梅园大酒店、东方大厦、交警大队、泗洲公园、善东路、东方医院、嘉善商城(32)	2002 年 1 月
K103	高铁站 ~ 嘉善商城 (11KM)	7 辆	高铁站、客运中心、钱桥村、高级中学、体育中心、广电中心、证大东方名嘉(县政府)、办证中心、玉兰小区、谈公路菜场、嘉善宾馆、交警大队、泗洲公园、善东路、东方医院、嘉善商城(16)	2002 年 1 月
K105	高级中学 ~ 子胥苑 (6KM)	9 辆	高级中学、体育中心、欣达小区、信用联社、玉兰小区、谈公路菜场(新华书店)、东方大厦、梅园大酒店、农工商超市、嘉善一中、钱家汇、东龙桥、永福花苑、体育路口、子胥苑(15)	2004 年 1 月
K201	庄港村 ~ 高级中学 (6.5KM)	6 辆	庄港村、华东建材市场、体育路立交、镇政府、汽车总站、格林春天、梅园大酒店、思贤商场、罗星阁宾馆、嘉善法院、职业学校、工商局、市民广场、体育中心、高级中学(15)	2002 年 1 月
K205	汽车总站 ~ 优家 (9KM)	6 辆	汽车总站、保险大楼(火车站)、农工商超市、梅园大酒店、东方大厦、解放三村、永安里、杜鹃小区(魏塘一小)、华都广场、嘉辰花苑、老年公寓、城东村、善江公路口、开发区管委会、浙嘉型材、武夷路、嘉业阳光城、优家村、优家(19)	2004 年 8 月
K207	汽车总站 ~ 高禾服装 (6KM)	3 辆	汽车总站、保险大楼(火车站)、百姓缘大药房、花亭小区、吴镇纪念馆、影剧院、卖鱼桥、实验幼儿园、魏塘中学、质监局、和合村(嘉善公墓)、善西路、嘉善中学、民兵训练场、高禾服装(15)	2004 年 8 月
K701	城中环线(一) (6.5KM)	6 辆	汽车总站、交警大队、田园小区、华都广场、杜鹃小区、永安里、解放三村、谈公路菜场、玉兰小区、信用联社、城南新村、罗星阁宾馆、国商大厦、嘉善一中、百姓缘大药房、保险大楼、汽车总站(17)	2002 年 1 月
202	商城 ~ 魏中村 (4.3KM)	1 辆	嘉善商城、华通复轴厂、三维公司、晋亿公司、远方物流、凌龙纺织、董氏木业、华意木业、百花地板厂、魏中村(10)	2002 年 1 月

2010年底城市公交线路通车情况表(续一)

线路	起讫站	投放车辆	沿途停靠站点	投运时间
K228	火车站 ~ 毛家村 (10KM)	5辆	嘉善火车站、保险公司、农工商、梅园大酒店、嘉善宾馆、交警大队、田园小区、嘉辰花苑、老年公寓、城东村、城桥村口、新泾港、城桥村部、台升西大门、台升实业、利和纸业、德承家具、开发区电站(长江路)、松海路、隆全路、嘉善汽校、毛家村(22)	2006年8月
K121	嘉善客运中心北站(西塘) ~ 新农贸市场 (1.6KM)	1辆	嘉善客运中心北站(西塘)、宏福路路口、第二人民医院、胥塘桥、烧香港路口、新农贸市场(6)	2009年5月
111	公交总站 ~ 高铁站 (11KM)	6辆	公交总站、农工商超市、嘉善一中、嘉善法院、县政府、世博大酒店、客运中心北、高铁站(8)	2010年10月
107	公交总站 ~ 高铁站 (13KM)	5辆	公交总站、斜家桥、交警大队、嘉善宾馆、新华书店(谈公路菜场)、玉兰小区、办证中心、县政府广电中心、世博大酒店、盈湖小区、客运中心西(单向)、客运中心换乘区(单向)、客运中心西(单向)、客运中心北、高铁站(16)	2010年10月

2010 年嘉善县城乡公交线路通车情况表

序号	线路类型	线路编号	线路名称	车辆数	班次间隔（分钟/班）	客位	里程
1	一级	K151	嘉善～嘉兴（北）	6	15－20	360	23
2		K152	西塘～嘉兴	2	30－40	120	35
3		K153	嘉善～嘉兴（西）	5	15－20	265	32
4		K155	天凝～嘉兴	4	20－30	76	27
5	二级	202	嘉善商城～魏中村	1	30		5
6		K203	魏塘镇城西环线	2	70	62	24
7		205	汽车站至优家	6	25－50		10
8		206	里巷港（智果村）至商城至毛家村	1	70		12
9		208	火车站～姚浜	2	60	38	9
10		209	嘉善商城～魏塘费家浜	1	120	27	24
11		K211	嘉善～大云	7	15－20	315	10
12		K212	嘉善～大通	8	13	310	14
13		K213	嘉善～姚庄～丁栅	16	5－10	560	25
14		K215	嘉善～西塘～丁栅	16	5－10	560	25
15		K216	嘉善～汾湖	28	5－10	962	28
16		K217	西塘～洪溪	1	45	35	10
17		K218	嘉善～天凝	16	5－10	402	20
18		K219	嘉善～杨庙	5	5－10	135	14
19		221	嘉善～范泾	4	30	148	14
20		223	庄港～秀北	1	60	19	15
21		225	火车站～惠民镇曙光村	3	60	81	10
22		226	嘉善北片商城环线	1	60	19	11
23		K228	火车站～毛家村	6	10－15		10
24			嘉善～俞汇	0	35－50		
25			嘉善～西塘（直达）	3	10	76	13
26	三级	301	西徐浜～展丰村	1	60	27	9
27		302	大金～西浒	1	50－60	27	10
28		303	吕公桥～碧云花园	4	10－20	84	14
29		304	大云汽车站～高一村	3	10－20	65	10
30		K305	西塘镇中心小学～费家村	1	60	27	11
31		306	光明村～翁村村	1	60	19	9.5
32		307	丁栅镇～俞汇村	1	60	27	10
33		308	洪溪镇～董家村（联宜村）	1	60	19	6.5
34		309	姚庄镇～北鹤村	1	60	17	6
35		K310	湖滨村～水闸桥	1	90	27	10.5
36		312	范泾村～堰溇（胡家埭村）	1	50	19	12

2010年嘉善县城乡公交线路通车情况表(续一)

序号	线路类型	线路编号	线路名称	车辆数	班次间隔(分钟/班)	客位	里程
37	三级	K313	东汇~雨落	2	40	38	14
38		315	大舜村~四吕村	与317共1辆	90	19	10
39		316	天凝环线	2	40	38	13
40		317	大舜村~三成村~钟葫	与315共1辆	120	19	4
41		318	王家村~大通村~斜泾村	1	60	27	10
42		319	洪溪镇~塘东村	1	60	19	5.8
43		320	卫红~下甸庙~肖家圩(星建村)	1	60	36	9
44		323	杨庙~芦荡	1	60	35	4.7
			机动	6		146	
合计			一级:4 二级:21 三级:19 共计:44	176		5286	599

说　明

1. 本索引包括汉语拼音索引、汉字笔画索引两种。

2. 汉语拼音索引按拼音字母顺序和音序排列。汉字笔画索引按首字笔画排列。

3. 本索引采用主题分析方法，标引词后数字表示内容所在页码。

4. 阿拉伯数字、标点符号、外文字母开头的词，以词中第一个中文字开始排序。

5. 篇目、分目用黑体字标明，表格用楷体字标明；“特载”、“名录”、“国民经济统计资料”的内容不作索引。

汉语拼音索引

D

K

P

Q

T

W

X

汉字笔画索引

一画

二画

三画

四画

五画

六画

七画

八画

九画

十画

十一画

十二画

十三画

十四画

十四画以上

1 全县新居民党员专题学习会现场

2 2月7日，组织新居民党员宣誓入党。

3 5月25日，开展新居民志愿者讲文明树新风“公共秩序日”集中宣传行动。

4 10月24日，举办嘉善县“中国电信天翼杯”新居民道路交通安全知识竞赛。

5 11月28日，举办嘉善县“文明出行，为世博喝彩”新居民演讲比赛。

1 沪善两地网络文化产业的对接沟通和合作交流

2 全球第三大零售商Tesco乐购全市首家门店暨第五家节能店——Tesco乐购嘉善体育南店开业

3 中国·嘉善第二届欢乐动漫节开幕式现场

4 召开嘉善县旅游业发展暨省旅游经济强县创建动员大会

1

2

3

4

5

1 8月18日，浙江省财政厅厅长钱巨炎到嘉善调研乡镇财政工作。

2 4月21日，举行“政企同心、共谋转型——‘春风’专项行动”启动仪式。

3 召开嘉善县国资系统中高段管理人员党风廉政教育辅导报告会

4 税务干部走上街头开展税收宣传，现场解答纳税人咨询。

5 自编配乐诗朗诵《勤廉者之歌》在嘉善县“清风礼赞”廉政文艺晚会上演出

1 4月10日，市、县领导蒋仁欢、张明超携手人行杭州中心支行、省银监局和省农信联社的领导，共同点亮庆典彩球，浙江嘉善农村合作银行隆重开业。

2 6月2日，嘉善县“文明信用户”评创活动现场会在大云镇举行。

3 8月6日晚，嘉善农村合作银行在县孙道临文化艺术广场上演“周末大舞台”专场。

4 12月21日，国家外汇管理局嘉善支局和嘉善农村合作银行联手在嘉善宾馆召开外汇业务推进会，嘉善农村合作银行全面开通外汇业务。

5 在全行开展“标杆”网点建设

1 积极助推县平安联防系统建设。图为县领导何全根和公司总经理屠建权在县综治基层基础现场推进会上试用平安联防产品。

2 积极推进“商务领航”、“我的e家”、“天翼”等客户品牌的发展。图为营业人员正在办理业务。

3 全力保障我县农村综合信息服务平台全面开通。图为全县平台建设推进会现场。

4 荣获“嘉善县上海世博会‘环沪护城河’安保工作先进集体奖”

5 不断促进装维人员服务技能和水平的提升。图为机线员代表参加市级“装维全能王”比赛。

嘉善年鉴 2011

Jiashan Nianjian

1 2010年中国嘉善杜鹃花展1000余盆杜鹃花尽展迷人姿态

2 嘉善番茄进军上海"世博餐桌"

3 荣获"全国粮食生产先进县"称号

4 粮食高产创建取得显著成效

5 全县种子种苗工程得到大力发展

嘉善县农业经济局

嘉善县水利局

1 10月27日，浙江省水利厅厅长陈川（中）到嘉善县调研圩区建设工作。

2 召开全县水利工作会议暨水利普查动员会

3 景观河道——砖桥港中段

4 生态型河道整治（姚庄镇北鹤村）

5 世界水日水法宣传活动现场

1 嘉善县农联担保有限责任公司成立大会现场

2 银农贷款担保授信签约仪式现场

3 嘉善县农联担保公司运行启动仪式暨三方联席签约仪式现场

4 农村劳动力转移培训

5 东方大厦省级青年文明号微笑服务

嘉善县文化广电新闻出版局（体育局）

1 参加2010年上海世博会“春涌浙江”世博浙江周活动

2 省运会男足比赛在嘉善举行

3 承办中国女排联赛

4 汾湖水上运动中心

5 吴镇诞辰730周年纪念活动开幕仪式现场

1 1月19日，召开水价调整听证会。

2 8月11日，县长姚高员调研城乡供水一体化工作。

3 12月29日，嘉善县太浦河长白荡饮用水水源地建设保护工程正式开工。

4 供水管网施工现场

5 嘉善县太浦河长白荡饮用水水源地建设保护工程施工现场

1 7月10日，交通运输部部长李盛霖一行对嘉善县交通工作进行调研，考察在建的平黎公路西塘至省界段拓宽工程。

2 上海世博会召开前夕，组织安全生产检查组对各下属公司的安全设施及世博安保措施进行检查。

3 9月27日，组织营运车辆重大行车事故（火灾）应急处置演练。

4 12月17日，嘉善县“六个一”交通建设工程之一，总投资2.4亿元、全长12.5公里的平黎公路西塘至省界段拓宽工程建成通车。

5 交投集团董事长陈善雨一行到善江公路各在建工程工地检查工程进展情况

1 中共嘉善县委书记张明超、县长姚高员视察城市建设

2 中共嘉善县委副书记郑明视察新城区重大项目进展情况

3 副县长黄晓明在县天然气供气启动仪式上

4 天然气门站撬装台

5 新城道路——阳光路

6 保障性住房建设基地——“锦和苑”

嘉善县城市建设投资集团有限公司

1 中共嘉善县委书记张明超视察农贸市场工作

2 电子信息园区配套项目—平川商贸中心

3 嘉善商投集团党风廉政建设巡察工作动员会现场

4 连心结对慰问

5 灭火演练

嘉善四中从建校到现在已经走过半个多世纪的风雨历程，从最初简陋的民办学校发展到现在一流的现代化初中，这期间包含上级各部门及社会各界的大力支持和无私关爱，体现县教育尤其是“十一五”以来所取得的巨大成就。现学校紧紧抓住搬迁新校址的大好契机，以博学笃志、厚德育人为校训，牢固树立“全面发展+特色教育”的办学理念，内强管理、外塑形象，努力打造充满活力、追求特色、魅力四射的崭新四中！

校长 钱海燕

1 学校行政领导班子

2 优秀教育资源共享——与求是中学签约结对

3 “希望杯”数学邀请赛师生获奖证书(部分)

4 丰富多彩的文体活动

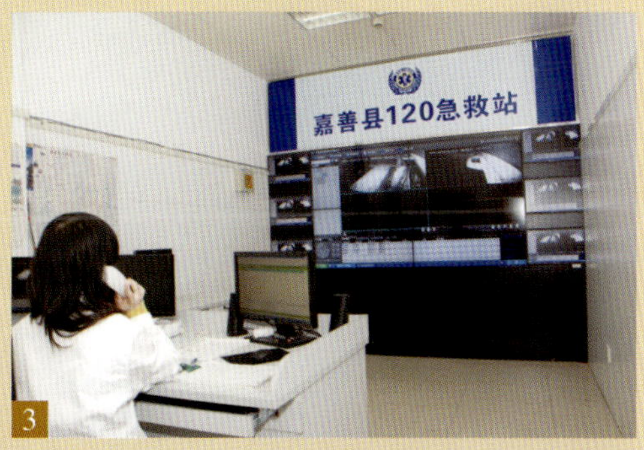

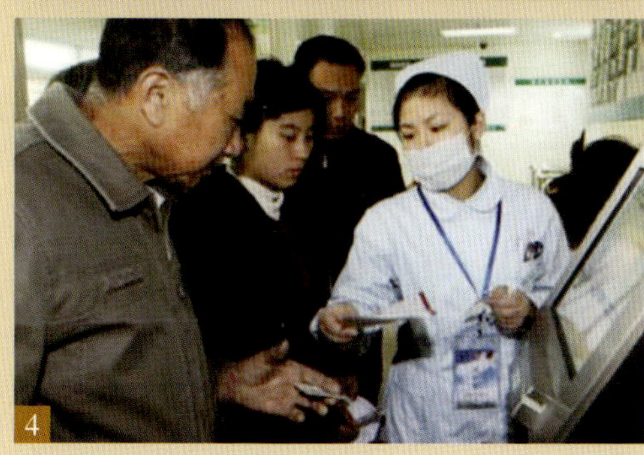

1 中共嘉善县委书记张明超一行视察医院迁建工程

2 嘉善县医学临床检验中心成立仪式现场

3 嘉善县120急救站

4 医院党团员志愿者利用休息时间在门诊大厅开展导诊和咨询服务

5 荣获县文明单位称号

嘉兴行游天下旅行社有限公司（杭州海外旅游有限公司加盟店）

嘉兴行游天下旅行社有限公司主要业务领域包括观光旅游、公务商务考察策划实施、会展奖励、单项业务（如票务代理、租车订房、导游讲解）、旅游产品销售等。公司一直以“同价质最优，同质价最廉”为目标，希望制作的不仅是旅游产品，更是满足游人对幸福生活的向往！2010世博旅游年，公司成功承办“万名中小学生参观世博活动”，得到政府有关部门的高度赞扬；被列入嘉兴市十强旅行社。

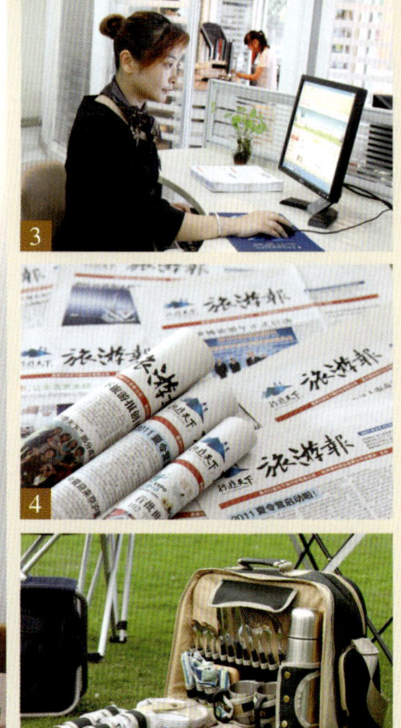

1 门面全景

2 旅游接待

3 网上报名支付

4 旅游报

5 户外用品

嘉兴市善通运输(集团)有限责任公司

1

3

2

4

5

1 8月4日，中共浙江省委书记赵洪祝（右二）到嘉善客运中心考察创先争优活动开展情况。

2 7月10日，交通运输部部长李盛霖一行对嘉善县交通工作进行调研。

3 4月29日，嘉善客运中心举行落成启用庆典仪式。

4 客运中心为旅客设立流动服务车

5 10月26日，沪杭客运专线正式运营，嘉善南站同时启用，善通公司于当日开行嘉善南站公交线路，实现嘉善南站与主城区交通的衔接。

浙江嘉善县新华书店有限公司（原为浙江省嘉善县新华书店）创建于1949年8月，于2000年9月完成“事转企”改制，成为国有独资企业，隶属于浙江出版联合集团旗下的浙江省新华书店集团有限公司。60多年来，嘉善新华书店为嘉善人民提供丰富的精神食粮，为全县的两个文明建设做出贡献。它从无到有、从小到大，在努力满足人民群众日益增长的精神文化需求的同时，自身的飞速发展也为全县人民瞩目。

嘉善新华书店新大楼位于县城新区人民大道，2008年10月动工建设，2010年8月全面竣工，2010年11月进入试营业（2011年4月8日隆重开业）。大楼层高11层，总建筑面积15600平方，占地8.2亩，建设总投资4000万元。新大楼设计别致，其一站式的文化消费综合体为我县的文化产业确立新的地标。

1 新华书店新大楼开业仪式现场

2 书城

3 夜幕下的新华书店大楼

浙江众成包装材料股份有限公司成立于2001年，是全球知名的高品质POF热收缩膜制造商和国内优秀的POF热收缩膜整体包装解决方案提供商。2010年，公司实现销售3.97亿元，出口创汇2.39亿元，上交税金4024万元，净利润7433万元。

公司拥有15条自动生产线及150多台套配套设备，目前年生产能力2.27万吨。公司主要从事功能性、环保型热收缩包装材料——POF热收缩膜的研发、生产和销售。其中，主要产品聚烯烃高收缩（交联）薄膜和聚烯烃高性能（低温）热收缩薄膜为国家火炬计划项目、浙江省高新技术产品。

2010年，公司被评为国家高新技术企业。公司的“ ”字商标获浙江省著名商标，“众成”商号被认定为浙江省知名商号，“ ”牌聚烯烃热收缩薄膜获浙江名牌产品、浙江出口名牌称号。公司产品销往全球50多个国家和地区，国内市场占有率为12%，全球市场占有率为5.36%。2010年12月，公司在深圳证券交易所中小板市场成功挂牌上市，首次公开发行股票2667万股，募集资金8亿元。

1 12月10日，公司在深圳证券交易所上市。

2 公司全景

3 半成品仓库

4 成品膜

嘉善年鉴 2011 Jiashan Nianjian

浙江乔克房地产开发有限公司

乔克国贸中心2011年商业地产钜献

嘉善首个5A甲级纯写字楼 / 嘉善首个香港品牌连锁产权式酒店 / 嘉善首个"拎包入住型"城市公馆 / 嘉善首个五星体验式购物广场

嘉善的高度在哪里？

新城CBD核心 / 15万平方米城市综合体 / 嘉善唯一超百米高楼

嘉善新城核心地标之作——乔克国贸中心，15万平方米嘉善首席一站式商业航母。由五星体验式购物广场（大象世界）、5A甲级写字楼、爱客康（香港）商务酒店、精装城市公馆组成，拥有嘉善第一高楼，是一个集娱乐、购物、休闲、运动、餐饮、居住、办公、酒店为一体的城市多功能综合体。多维商业业态形成有机联动，办公、居住、商旅、购物各功能系统相互支撑，组成以国际理念为核心的高效价值链，有效实现高端资源的整合与配置，产生强大的综合优势，重构嘉善商业格局，开创嘉善商业新时代。